당신이 창의적인 일을 하는 사람이라면, 이 책을 놓치는 순간 후회하게 될 것이다. 이 혁신은 20년 동안 진행되었으며 지금도 진행중이다. 아난드는 그 혁신의 과거, 그리고 미래를 훨씬 더 분명하게 만들고 있다.

_세스 고딘, 〈뉴욕타임스〉 베스트셀러 《미트볼 선디Meatball Sundae, 린치핀Linchpin》 저자

디지털 시대의 비즈니스에 관한 책. 연구 결과보다는 막연한 가정을 기<u>반으로 하는</u>것을 바로잡아준다. 이 책에 담긴 풍성한 일화와 통찰력을 당신이 피해 갈 수 있도록 이끌어줄 것이다.

_디팩 초프라

바라트 아난드가 전략에 대한 깊은 통찰력과 엄청난 충격을 결합시킨 진귀한 책을 탄생시켰다. 기존의 사고방식을 하나씩 하나씩 파괴해가면서 오늘날의 디지털 혁명을 이해하는 데 반드시 필요한 지식을 전달한다. 그의 통찰력은 대단히 날카롭고, 놀라울 만큼 독창적이다.

_데이비드 가빈, 하버드경영대학원 교수

디지털에 대해 생각하고, 디지털 시대를 살아가며, 디지털이 불러오는 어려움과 기회를 수용할 마음이 있는가? 그렇다면 당신은 이 책을 반드시 읽어야 한다.

_라주 나리세티, 뉴스코프 전략 담당 부사장, 〈월스트리트저널〉 디지털 및 〈워싱턴포스트〉 전 편집장

음반 회사부터 잡지사에 이르기까지, 연결 관계를 보지 못하고 과거의 성공에 갇혀 사는 사업체들의 이야기가 가득하다. 새로운 마스터플랜을 수립해 콘텐츠와 수익 사이의 연결 고리를 강화하는 전략적 선택을 내려 성공한 사업체들의 이야기 또한 가득하다.

_〈월스트리트저널〉

바라트 아난드는 내가 30년간 만나본 사람 중 가장 명확하고 선구적인 사고를 지닌 사람이다. 콘텐츠 대 유통, 집적 대 타기팅 등 당연하게 여기고 떠받드는 기존의 이론을 뛰어넘게 만든다.

_필 켄트, 터너 브로드캐스팅 전 CEO

콘텐츠의 미래

THE CONTENT TRAP

콘텐츠의 미래

바라트 아난드 지음 | 김인수 옮김

콘텐츠 함정에서 벗어나는 순간, 거대한 기회가 열린다

리더스북

옮긴이 김인수

미국 웨스턴일리노이대학교 경영대학원과 제주대학교 통번역대학원을 졸업했다. 2002년 월드컵 제주 서귀포경기장 언론 담당관으로 활약했다. 글밥아카데미 수료 후 현재 바른번역의 회원으로 활동하고 있다. 옮긴 책으로는 《죽어라 일만 하는 사람은 절대 모르는 스마트한 성공들》《당근과 채찍》《승부의 신》《부품사회》《승자의 본질》 등이 있다.

콘텐츠의 미래

초판 1쇄 발행 2017년 11월 13일
초판 11쇄 발행 2023년 9월 4일

지은이 바라트 아난드 **옮긴이** 김인수

발행인 이재진 **단행본사업본부장** 신동해
편집장 김예원 **마케팅** 최혜진 백미숙 **홍보** 반여진 허지호 정지연 송임선
국제업무 김은정 **제작** 정석훈

브랜드 리더스북
주소 경기도 파주시 회동길 20
문의전화 031-956-7362(편집) 031-956-7129(마케팅)
홈페이지 www.wjbooks.co.kr
인스타그램 www.instagram.com/woongjin_readers
페이스북 www.facebook.com/woongjinreaders
블로그 blog.naver.com/wj_booking

발행처 ㈜웅진씽크빅
출판신고 1980년 3월 29일 제406-2007-000046호

한국어판출판권© ㈜웅진씽크빅 2017
ISBN 978-89-01-21946-2 03320

구글러가 비즈니스 파트너들에게
선물하는 책

책장 한쪽 넘기기 힘들 정도로 끈적끈적한 날씨가 이어지던 여름날, 바라트 아난드 교수의 책을 접하게 되었다. 여느 추리소설에서도 느끼기 어려운 숨막히는 서스펜스, 블록버스터급 사례가 주는 재미에 빠져 740여 쪽의 원고를 2주 만에 두 번 완독할 수 있었다.

책을 덮는데 뉴스 하나가 떠올랐다. 저스틴 비버와 아리아나 그란데를 제치고 방탄소년단(이하 'BTS')이 2017 빌보드 뮤직어워드에서 '톱 소셜 아티스트Top Social Artist 상'을 거머쥐었다는 소식이다. 미국에 정식으로 진출하지 않고도, 흔히 말하는 현지화 전략도 없이, 어떻게 그토록 큰 성공을 거둘 수 있었을까. 그들의 성공 레시피가 궁금했다.

BTS의 성공을 견인한 것은 단순히 콘텐츠가 아니다. 콘텐츠를 뛰어넘는 플랫폼, 다양한 연결성, 국가별 접근 등 다층적인 면모가 돋

보였다. 히잡을 쓴 무슬림 팬에게는 종교적 예의를 갖추는 등 문화를 이해하고 수렴하는 자세를 보였다. 끝없이 확장되고 진화하는 각종 채널과 글로벌 플랫폼을 적극 활용해, 데뷔 전부터 수년간 멤버들이 유튜브 클립을 직접 업로드했다. 그들의 성공 전략은 남달랐고, 이는 분명 지금까지의 아이돌 매니지먼트에서는 찾아보기 어려운 것이었다.

이들은 콘텐츠 자체에 매몰되지 않았다. '어떤 콘텐츠를 만들까'에 함몰되지 않고, 기획 단계에서부터 '어떻게 전달할까'를 고민했다. 이런 꾸준한 노력의 결과로, 팬들은 자신들이 직접 아이돌을 키워냈다는 자부심, 계속 옆에 있어줘야 한다는 책임감을 갖게 되어 강력한 '양육 팬덤'을 구축하기에 이른다. 콘텐츠의 질quality을 논하는 단계를 넘어서서 확장에 집중한 덕분이다. 이런 성공 요인을 명확히 정의 내린 것이 이 책의 처음과 끝을 관통하는 한 단어, 바로 '연결성connection'이다.

저자가 말하는 세 가지 연결, 즉 사용자 연결, 제품 연결, 기능적 연결은 대단히 흥미로운데 특히나 전동 공구 이야기가 인상적이었다. 블랙앤데커Black&Decker 전동 공구의 경쟁자는 누구일까? 흔히 다른 회사의 공구 제품을 생각한다. 하지만 실제로는 어떨까? 집주인이 공구를 살 필요 없게 만드는 수리공, 이케아의 조립식 가구, 수리를 하느니 차라리 쓰다 버리는 게 나은 저렴한 가구일 수 있다. 심지어 넥타이가 경쟁자이기도 하다. 아버지의 날에 '전동 공구를 선물할까, 넥타이를 선물할까' 갈등하게 만들기 때문이다.

기존의 관습대로 핵심 제품과 콘텐츠를 중심으로 경쟁을 정의하고 시장을 파악해선 그 자리에 머물 수밖에 없다. 아니 도태한다. 기획자, 생산자의 눈이 아닌 사용자의 눈으로 경쟁 상대를 읽고 시장을 정의하는 순간, 어떨까? 이제껏 보지 못한 새로운 연결 고리를 읽어낼 수 있지 않을까? 실패한 프로젝트, 사양 산업, 구시대 유물이란 '오명'을 뒤집어쓰고 버려진 것들을 다시 생각하게 만든다.

구글과 글로벌 기업들과의 미팅 테이블에서는 다양한 이야기가 오간다. 이 책에 담긴 이야기들은 여러 주제로 변주가 가능하거니와 그 인사이트가 폭넓고 깊어 다양한 산업, 여러 직군에 있는 사람들과 미팅을 진행하는 나에게 중요한 내러티브가 되고 있다.

많은 기업들이 비즈니스 모델을 수립하고 전방위적인 마케팅 캠페인을 기획 진행할 때 단계별로 다양한 고민을 한다. 기대 매출액을 가늠하고, 제품의 USP(Unique Selling Proposition)를 정의하며, 마케팅 크리에이티브Creative를 기획하는 데 밤을 지새운다. 바라트 아난드 교수는 이런 일련의 과정에서 우리가 흔히 'What'에 매몰되어 'How'와 'Why'의 중요성, 그 연결 효과에 대해 간과함을 지적한다. 여느 독자들은 이 대목에서 사이먼 사이넥Simon Sinek의 골든 서클golden circle을 떠올릴지도 모르겠다. 하지만 이건 분명 다른 이야기이다.

저자가 펼쳐내는 갖가지 사례들은 우리가 쉽게 정의 내려온 '경계'들을 다시 보게 만든다. 내 제품의 경계, 내 시장의 경계, 내 소비자의 경계, 내 사고의 경계까지, 모든 것을 다시 그리게 한다. 그렇게 호락호락하게 선을 그을 수 없음을, 아니 그렇게 해서는 안 된다는 것을 너무나 여실히 보여준다. 말 그대로 놀라움, 그 자체였다.

뒤통수를 강하게 맞은 듯한 충격은 사례에서 그치지 않는다. 빅데이터와 머신러닝의 시대에 넘쳐나는 쿼리Query와 트래픽Traffic을 바라보는 여러 방법론, 수많은 정보 중 어떤 데이터에 방점을 찍어야 최적의 전략을 수립하는 데 도움이 되는지에 대한 인사이트까지 공유하고 있다. 복잡다단한 사건과 정보를 정리하고 의사결정을 위해 가중치와 의미를 배분하는 데 있어 저자가 사용해온 방식은 꽤나 이례적인데 이 또한 우리나라 모든 의사 결정자들과 마케터들 사이에 건강하고 건설적인 논란을 불러일으킬 만하다.

이 책에 담긴 갖가지 시사점, 곳곳에 적용할 만한 연구 결과, 저자의 남다른 관점에 대해서는 여기서 이만 설명을 줄이겠다. 독자들의 넓고 깊은 식견 안에서 의미 있게 해석되길 기대하며 그 가능성을 오롯이 남겨두고자 한다.

4차 산업혁명 시대, 어떤 비즈니스 모델과 마케팅이 성공하고 실패하는지에 대해 많은 전문가들이 기준을 제시하지만 각인될 만한 시원스런 설명을 접한 경험은 많지 않다. 이에 대한 명쾌한 이유와 설명을 듣고 싶은 이들에게 이 책보다 더 좋은 선택은 없다고 자신한다. 다만 바라트 아난드 교수의 통찰과 메시지는 행간과 도처에 숨어 있으니 책의 구석구석, 마지막 부분까지 면밀히 읽기를 추천한다.

끝으로 이 지면을 빌려 아난드 교수가 직접 전달하길 당부한 메시지를 전한다.

"이 책이 한국 독자들에게 좋은 울림이 된다면 특별히 더 행복할 것 같다."

더불어 이 글은 추천사가 아닌, 저자 그리고 책을 읽고 함께 생각을 나눌 독자들에게 드리는 감사 인사임을 알리고 싶다.

오늘도 미팅 후에 글로벌 기업 파트너들에게 드릴 요량으로 책상 옆에 쌓아둔 책 두세 권을 빼들어 몇 군데에 책갈피를 꽂았다. 내가 이 책에서 얻은 감동과 혜안, 책을 읽는 내내 느꼈던 놀라움과 기쁨을 모두가 함께할 수 있길 기대하며.

구글 비즈니스 솔루션 매니저

조용민

콘텐츠 함정에서 벗어나 연결과 융합이 창조하는 시너지에 집중하라

나는 어린 시절부터 음악을 아주 좋아했다. 어머니가 부르는 노래 소리를 들으면 기분이 좋아졌고 사실 나도 노래 부르기에 빠져 지낸 적이 있다. 책과 신문, 잡지를 자주 탐독했고, 발리우드Bollywood에서 만든 영화는 물론 광고도 즐겨 보았다. 인도 미디어의 수도라 할 수 있는 뭄바이에는 어딜 가나 음악과 예술이 빠지지 않았는데 우리 가족은 늘 인도의 음악과 예술에 빠져 살았다.

그러다가 몇 년 후, 인터넷이 등장했다. 우리가 듣고, 보고, 읽는 것에 미치는 인터넷의 영향은 놀라웠고 나는 금세 매료되었다. 결국에는 승용차와 택시, 호텔과 항공사, 은행과 패션은 물론이고 다른 많은 것들도 인터넷의 영향을 받게 될 거라 생각했다. 그런데 그보다 먼저 영향을 받은 분야가 있었다. 단순한 영향이 아니라 파괴 위협을 받은 것이다.

처음은 음악이었고, 그다음에는 신문, 그러고는 책과 영화, 텔레비전, 교육으로 옮겨갔다. 이들은 변화의 위험을 가장 먼저 느끼는 분야들이므로, 파괴와 재창조가 거듭되는 변화의 시험장이나 마찬가지 역할을 하고 있다. 때문에 현재 이 분야의 사업들은 최첨단 기술을 갖췄다.

다른 사람들처럼 나 또한 이런 세상을 어떻게 이해해야 할지 몰랐다. 그러다가 문득 이상한 점을 발견했다. 다음엔 어떤 일이 일어날지 예측하는 일이 유행처럼 번진 것이다. 텔레비전이나 신문의 미래는 어떨까? 다음의 혁신적인 아이디어는 어디에서 나올까? 차세대 대박 상품은 무엇일까?

미래를 예측하는 일은 즐거우면서도 소모적이다. 게다가 예측이 맞은 적도 거의 없다. 나는 이런 일이 별 의미가 없다는 사실을 깨달았다. 그리고 10여 년 전 하버드경영대학원 동료인 펠릭스 오베르홀저-기Felix Oberholzer-Gee와 함께 디지털 전략에 관한 프로그램을 만들어냈다. 다가오지 않은 미래를 예측하기보다는 지금 우리가 서 있는 장소와 이곳에서 일어나는 일을 이해하자는 취지였다.

나는 학교에서 이 프로그램을 수년간 가르쳤다. 가르치면서 보니, 전문가 세계에서 벌어지는 현상이 눈에 들어왔다. 새로운 아이디어가 하루걸러 나오고, 새로운 이론과 처방이 한 주가 멀다 하고 생겨났다. 그중에는 멋진 것들도 많았다. 하지만 시대에 뒤처지지 않고 늘 새로운 아이디어와 이론을 따라잡으려는 이들에겐 다소 지치는 일이기도 했다.

하이퍼타기팅Hypertargeting, 개인화Personalization, 코어 콤퍼턴스Core Competence, 포커스Focus, 액셀러레이터Accelerators, 인큐베이터Incubators,

네트워크 Network, 플랫폼 Platform, 번들링 Bundling, 디스럽션 Disruption 등등. 눈 깜박하는 사이에 새로운 개념이 등장하고 처음 보는 용어가 나타났다.

그리고 그다음에 또 다른 사실을 깨달았다. 이런 이론들을 이해하기 위해 힘들게 노력하는 게 그다지 중요하지 않다는 점이다. 사실 이론을 이해하는 건 그리 어렵지 않다. 이런 이론들이 어디에 중요한지 이해하고, 어떤 연관성이 있는지 알아내야 한다. 그리고 한계를 보이는 곳에서는 사용하지 말아야 할 때가 있음을 알아야 한다. 중요한 건 바로 이런 점들이다.

우리 프로그램에 참여했던 기업가, 관리자, 편집인, 예술가, 분석가, 투자가들은 저마다 급격히 변화하는 세상을 경험하고 있었다. 이들은 뒤처지지 않기 위해 언제 행동에 나서고, 어떻게 행동해야 하는지 알고 싶어했다. 무슨 일이 일어나고 있는지 이해하고자 애썼다. 무엇보다도, 이들은 명백하고 확실한 것을 바라고 구하고자 했다. 바로 그런 이유 때문에 나는 이 책을 쓰게 되었다.

이 책은 디지털 변화와 그 변화에서 길을 찾는 방법에 관한 내용을 담고 있다. 20년 전부터 지금까지 벌어지고 있는 변화와 그 변화를 이해하려는 노력들이 고스란히 담겨 있다. 내일은 완전히 다른 날이 될 것이라는 사실을 인지한 상태에서 오늘날 어떤 일이 벌어지고 있는지 살펴본다.

하지만 '지금 이 순간'에만 집중하거나 내일에만 사로잡힌 채 일을 시작해서는 안 된다. 오히려 정반대여야 한다. 오늘 일어나는 일을 제대로 이해하기 위해서는 거기서 한발 물러서야 한다. 즉 거리두기가 필요하다. 총알처럼 달리는 기차에서 잠시만이라도 내려야 그 기차가 어디로 향하는지 볼 수 있는 것과 같은 원리다. 게임에서 이기는 방법을 알려면 게임하는 방법을 먼저 알아두어야 한다.

이 책에 소개한 이론들은 내가 세운 것들이 아니다. 하지만 각 이론들의 한계를 이해하고, 그 사이에 있는 점들을 연결하고자 노력했다. 그리고 어떤 경우에 어떤 실수를 흔히 저지르는지, 올바른 해결책은 무엇인지 알아내기 위해 노력하다 보니 깨닫게 되었다. 디지털 변화의 항해는 결국 마음자세 또는 사고방식에 달려 있다는 사실을 말이다.

디지털 변화를 성공적으로 이끈 사람들에게서 그들의 마음자세를 볼 수 있었다. 그들은 자신이 통제할 수 없는 것은 겸손하게 인정하는 대신 할 수 있는 것에 대해서는 철저하게 준비했다. 자신이 모든 대답을 알고 있다고 고집 피우지 않는 대신 정당한 질문을 던지는 데에 주저함이 없었다. 남들이 다 그렇다고 할 때 아니라고 말하기를 두려워하지 않았다. 이들은 처음부터 끝까지 숲과 나무를 모두 볼 줄 안다. 그리고 그것이 바로 이 책의 요지다.

상황을 똑바로 이해하기 위해서는 사소한 것들이 중요한 것들과 어떻게 연결되어 있는지를 이해해야 한다. 좀더 구체적으로 말하자면, 다음의 세 가지를 이해해야 한다. 우리가 하는 일이 다른 사람들이 하는 일과 점점 연계성이 많아지고 있다는 사실이다. 연관되어 있지만 보이지 않는 기회에 초점을 맞추기 위해 현재 우리의 활동 무대 너머를 바라봐야 한다. 그리고 우리가 하는 일이 우리가 있는 곳에 의해 어떻게 영향받는지 깨달아야 한다.

먼저 이들의 연관 관계를 인식하고, 그다음 연관성에 대해 잘 생각해서 연계를 모색하고, 지렛대로 활용해야 한다. 그렇게 해야 많은 사람들을 실패로 몰아넣는 콘텐츠의 함정 Content Trap 을 피할 수 있다.

나는 증거와 사례에 근거해 주장을 펼치고자 했다. 경제학, 마케팅, 전략 등 다양한 분야에서 실시한 조사 및 연구 자료, 다양한 조직에서 경험한 내용을 활용했다. 집필을 위해 다양한 루트로 방대한 자료를 조사했다. 어느 분야의 비즈니스나 디지털이라는 문제에 직면한다. 이 힘든 과제를 풀어가는 핵심 인물들과 대화를 나누기 위해 전 세계를 누볐다. 연구원, 관리자, 기업가, 분석가들은 자신이 어떤 부분을 정확히 이해했고, 어떤 부분을 놓쳤는지에 대해 설명해주었다. 나는 그 모든 교훈을 이 책에 담아냈다.

이 책은 나의 개인 경력과도 연관이 있다. 3년 전, 하버드경영대학원에서 교육과 관련된 디지털 미래에 관해 우리만의 비전을 구상하기 시작했다. 우리만의 강의실은 어떤 모습이어야 하는지를 상상해보았다. 그리고 뜻을 같이하는 동료들과 함께 이 과제에 참여하면서 주도적인 역할을 맡아달라는 부탁을 받았다. 그렇게 앞장서서 진행하다 보니, 디지털 강의실에 대한 아이디어와 집필 내용이 서로 도움을 주고받는 관계가 되었음을 알았다. 디지털 강의실의 특정 부분들은 이 책의 산물이라 할 수 있다.

반대로, 이 책 내용의 일부 또한 우리가 디지털 강의실을 만들어가면서 얻은 경험에서 탄생한 결과물이기도 하다. 이렇게 이어지는 과정을 통해, 나는 디지털 변환 digital transition 에 따르는 노력을 구경만 하던 방관자에서 어느덧 힘을 더하는 참여자가 되었다.

이 책은 음악, 신문, 책, 텔레비전, 영화, 광고, 교육의 세계에서 벌어지는 디지털 변환digital transformation에 중점을 두고 있다. 앞에 열거한 분야를 흔히 정보재information goods라 한다. 본질적으로 움직이는 정보, 비트와 바이트에 의존하는 제품이란 뜻이다. 하지만 독자들이 여기서 얻은 내용과 영감을 이 분야들을 넘어서서 활용할 수 있기를 바란다. 그리고 그렇게 되리라 믿는다.

비즈니스맨이나 교육자, 경찰, 학생, 예술가, 기업가를 포함한 모든 이들이 이제는 다른 사람들과 직접 연락하고 교류할 수 있는 세상, 즉 개개인 모두가 미디어 회사인 세상이기 때문이다.

차례

PART 1　콘텐츠 함정 벗어나기 1　사용자 연결 관계

PART 4   그리고 광고와 교육

비즈니스의 패러다임을 바꿀
디지털 혁명의 불길에 어떻게 대응할 것인가

화재를 관리하는 현명한 방법

1988년 옐로스톤 화재

1988년 7월 22일, 아이다호 Idaho 주에 있는 타기 국유림 Targhee National Forest. 여러 시간 동안 벌채 작업을 하던 인부가 동료 3명과 쉬는 시간에 모여 담배를 피운다. 그리고 아직 불씨가 남은 담배꽁초를 그대로 잔디 위에 버린다. 그는 잔디에 작은 불길이 일어나는 것을 눈치 채지 못한다. 몇 시간 안 돼서 불길은 2,000제곱미터의 숲을 삼키며 퍼져나간다. 일명 '노스 포크 화재 North Fork Fire'는 동쪽의 옐로스톤 국립공원을 향해 번져갔다. 타기 국유림에서 옐로스톤 국립공원 경계까지의 거리는 1.2킬로미터에 불과했다.

옐로스톤은 세계에서 가장 오래된 국립공원으로 미국 북서부의 와이오밍 Wyoming, 아이다호, 몬태나 Montana 주에 걸쳐 8,900제곱킬로

미터의 크기를 자랑한다. 노스 포크 화재가 일어난 후 3주 만에 214 제곱킬로미터에 달하는 공원은 초토화되었다. 그리고 옐로스톤 국립 공원의 116년 역사상 가장 큰 화재에 이름을 올렸다.

그런데 여기서 끝이 아니었다. 8월 15일, 편자에서 튄 불꽃이 몬태나Montana 주 갤러틴 국유림Gallatin National Forest에 있는 덤불에 옮겨 붙으면서 결국 헬로어링 화재Hellroaring Fire라는 대형 화재로 변하더니, 이 또한 옐로스톤을 향하기 시작했다. 8월 20일, 옐로스톤에서는 이날을 블랙 토요일Black Saturday이라 부른다. 이날 시속 128킬로미터의 돌풍이 불어대는 바람에 불길은 더욱 사나워졌다. 90미터 이상 치솟은 화염 속에서 나무들은 이쑤시개처럼 힘없이 쓰러졌고, 불길에 의해 또 다른 돌풍이 일었다. 나무들이 전선 위로 쓰러지면서 두 건의 화재가 더 발생했다. 화재 발생 8시간이 지날 무렵, 옐로스톤 화재는 그 규모가 2배로 커져 있었다.

거의 한 달이 지나 불길이 사그라들 즈음, 두 건의 대형 화재가 휩쓸고 지나간 자리는 1,821제곱킬로미터. 전체 옐로스톤 면적의 20퍼센트에 달했다.

화재가 발생한 원인은 사소했지만 화재 진압 노력은 사소하지 않았다. 옐로스톤에서는 몇 주 전부터 여기저기서 화재가 발생했지만 국립공원관리국National Park Service은 인명과 재산을 위협할 정도가 아니라고 판단해 불길을 그냥 내버려두었다. 그러다 눈 깜짝할 새에 손을 쓰지 못할 정도의 대형 화재로 이어진 것이다.

옐로스톤의 감독관 로버트 바비Robert Barbee는 혹독한 비난을 당했다. 주민들은 그의 이름을 풍자해 '바비큐'라고 적은 현수막을 걸었다. 옐로스톤의 화재와 화재가 미치는 영향을 연구하는 데 평생을 바친 미국의 환경 과학자 돈 디스페인Don Despain은 더 큰 수모를 당했다. 이번 일로 화재가 옐로스톤에 미치는 영향에 대해 연구할 수 있는 기회가 생겼다며, 마치 그가 화재를 반기는 듯한 모습을 보였기 때문이다. 〈덴버 포스트Denver Post〉는 이런 디스페인의 반응을 기사로 실으며 '타올라라, 불길아 솟아라'라는 제목을 달았다.

얼마 후, 산림관리원의 부주의를 지탄하는 〈덴버 포스트〉의 기사가 모든 뉴스의 중심이 되었다. 당시 설립한 지 얼마 안 된 CNN은 매 시간마다 화재에 관한 소식을 전했다. NBC 뉴스 진행자 톰 브로코Tom Brokaw도 빠지지 않고 한마디 거들었다. "국립공원관리국이 이번 화재에 책임이 있고, 불길을 너무 오랫동안 방치했다고 믿는 많은 사람들이 성난 목소리를 내고 있습니다." 뉴스에서는 연일 불이 활활 타오르는 장면이 나왔고, 이는 보는 사람들의 감정에도 불을 질렀다.

당시 대학을 갓 졸업한 나는 열렬한 케이블 뉴스 시청자였다. 속절없이 불길이 퍼져가는 모습을 뉴스로 보면서 눈을 떼지 못했다. 여느 수백만 명의 미국인들처럼 나도 이런 비극이 일어나는 이유를 이해할 수 없었다. 왜 불길이 타도록 그냥 내버려두었단 말인가? 왜 불길이 처음 시작됐던 날부터 진압 작업을 시작하지 않았을까?

나중에 알려진 사실이지만, 화재 대응 방법을 두고 인접한 공원과 숲의 관리자들 사이에 심각한 의견 차이가 있었다고 한다. 타기 국유림 관리자 존 번스John Burns는 옐로스톤 관리자 바비와 늘 긴밀한 관계를 유지하던 사이였다. 하지만 이번 화재를 놓고는 두 사람의 의견이 갈렸다.

번스는 화재 규모와 위험성을 인식한 듯 "옐로스톤에서 번개로 촉발된 화재가 타기 국유림으로 번지는 일은 용납할 수 없으며, 불길이 그냥 타도록 내버려두지도 않을 것"임을 알렸다. 브리저-테톤 국유림Bridger-Teton National Forest 관리자 브라이언 스타우트Brian Stout는 이와 반대되는 의견을 냈다. 7월 17일에 번개 때문에 시작된 밍크 크릭 화재Mink Creek Fire가 브리저-테톤 늪지와 옐로스톤의 남동부 지역을 위협하고 있었기 때문이다. 이 화재에 온 힘을 쏟아야 하는 스타우트는 불길이 타도록 내버려두자고 했다.

7월 중순경, 바비는 옐로스톤의 모든 자원을 총동원해 불길 진압에 적극적으로 나서기로 마음먹지만 반대 의견에 부딪히고 말았다. 일부 직원들이 화재는 자연적인 현상이니 그대로 두자는 의견을 내놓았기 때문이다. 바비가 중장비를 사용해 땅을 뒤집고 구덩이를 파 불길이 옮겨가는 것을 막으려 하자 환경론자들은 인위적으로 구덩이를 파면 생태계에 미치는 피해가 더 커질 것이라며 우려를 표했다. 무엇 하나 쉽게 할 수 있는 일이 없었다.

9월 10일, 국립공원이 폐쇄되었다. 개장 이래 처음 있는 일이었다. 마치 인간이 백기 들고 항복하기를 기다렸다는 듯, 바로 다음 날 하늘에서는 그해 첫눈이 내렸다. 그리고 불길도 사그라지기 시작했다. 옐로스톤 주변의 주민들은 9월에 크리스마스 캐럴을 불렀다. 불길은 사라졌지만 피해는 고스란히 남았다. 향후 수십 년, 어쩌면 수백 년까지도 지워지지 않을 화마의 상처를 남긴 뒤였다.

옐로스톤에서 초기 화재가 발생하고 3개월이 지난 후, 미국 최고의 국립공원이 입은 피해는 엄청난 것으로 드러났다. 5,260제곱킬로 미터가 넘는 옐로스톤 광역생태계Greater Yellowstone ecosystem가 파괴되었고, 공원의 36퍼센트가 손실됐다. 관광객들을 맞이한 것은 시커멓게 그은 산들이었다. 200만 톤의 미립자 오염물질과 440만 톤의 일산화탄소가 공기중으로 배출되었다. 일부 지역은 낮에도 너무 어두워서 사진 촬영이 불가능할 정도였다. 공기 오염은 저 멀리 동부해안 그리고 남쪽으로는 텍사스 주까지 퍼져 나갔다.

산림 화재에서 디지털 화재로

1988년에 일어난 옐로스톤 화재에는 몇 가지 특징이 있다.

첫째, 담배꽁초나 편자에서 시작된 작은 불씨처럼 순전히 운이 나빠서 화재가 시작되었다는 점이다. 이런 요인은 양성 도화선이라 할 수 있다.

둘째, 소극적으로 관리 대응했다는 점이다. 물론 화재 전문가들의 예견이 심하게 빗나간 탓도 있지만 공원 관리자들은 화재에 별 주의를 기울이지 않았다. 예를 들어, 8월 1일까지도(8월이면 이 지역이 흔히 그러듯) 비가 오거나 바람이 약해질 거라 믿었다. 게다가 어린 로지폴 소나무들이 많아서 불길을 잡을 수 있을 거라는 낙관적 의견이 우세했다. 디스페인도 같은 의견이었다. "비가 오지 않아도 8월 말이면 불길은 상당히 줄어들 겁니다. 비가 오면 화재 지역도 우리가 예상했던 것보다 훨씬 더 줄어들겠죠. 지금 상태보다 크게 나빠질 것 같진 않아 보입니다."

셋째, 대응 방식을 두고 관리자들이 심각한 의견 충돌과 갈등을 빚었다는 점이다. 옐로스톤, 타기, 브리저-테톤, 쇼쇼니Shoshone 국유림의 관리자들은 어떤 방법으로 얼마나 신속하게 화재를 진압할지를 두고 서로 다른 주장을 했다. 미국 산림청U.S. Forest Service과 국립공원 관리청의 의견도 엇갈렸다. 정치인이나 상원의원들도 저마다 목소리를 높였다.

이런 논쟁 속에서 옐로스톤의 광역생태계는 처참하게 피해를 보았다. 파괴된 숲은 스스로 살아남아야 했다. 나무가 죽으면, 나무의 속살이나 이끼, 산쑥을 먹고 사는 엘크와 여러 야생 동물도 살 수 없게 된다. 백송 솔방울에 있는 씨를 먹는 회색 곰도 예외는 아니다. 병충해가 심해질 테고, 죽은 나무들은 또 다른 화재가 발생하면 불길을 키우는 연료가 되어 공원은 화재에 더욱 취약해질 것이다. 토양 침식이 심해지고 강에 토사가 밀려들면 물고기들도 살지 못하게 될 것이다. 그리고 관광객들도 현저하게 줄어들게 된다.

1988년 있었던 옐로스톤 화재는 관리의 중요성에 대해 교훈을 남겼다. 실수에서 얻은 가르침이다. 이는 단지 공원 화재에 머무는 교훈이 아니다. 20년 넘게 '디지털 화재'를 겪고 있는 미디어와 엔터테인먼트 분야에서도 마음에 새겨야 할 가르침이다.

먼저 양성 도화선이라는 측면에서 생각해보자. 페이팔PayPal의 직원이자 동료 세 사람은 온라인상에서 비디오 클립을 찾다가 동영상 콘텐츠를 공유하는 사이트 유튜브YouTube를 만들었다. 그리고 이를 통해 디지털 영상 공유 산업의 시동을 걸게 된다.

또 다른 친구 3명은 다른 사람들과 MP3 음악 파일을 공유할 수 있도록 해주는 서비스 냅스터Napster를 개발하고, 냅스터는 음악 산업에 치명적인 파괴력을 발휘했다. 대학 2학년생이 친구들에게 여학생들을 2명씩 보여주면서 '더 괜찮은' 한 사람을 선택할 수 있도록 만든 프로그램은 페이스북으로 발전했다. MBA를 졸업하고 헤지펀드에서 일하던 젊은이가 초등학교 6학년 조카에게 산수를 가르치려고 만든 짧은 동영상은 후에 칸 아카데미Khan Academy 설립으로 이어졌고, 교육 분야에서 300년 만에 가장 큰 변화를 불러오게 된다.

이는 표면적으로 보면 특별한 소수의 사람들이 어쩌다 성공한 생뚱맞고 별 것 아닌 듯한 사건으로 보인다. 하지만 이 모든 사건들은 각 분야에 대단한 영향을 끼쳤다. 이런 유형의 사건들은 다른 곳에서도 벌어진다.

경찰관에게 부당한 폭행을 당한 청년 상인이 분신자살을 하면서 아랍의 봄Arab Spring을 촉발시켰다. 단식 투쟁에 나선 80세 노인 때문에 인도 의회는 수십 년 만에 처음으로 부패방지법안을 통과시켰다. 이런 지역에서 흔히 있어왔던 노점상 투쟁이나 단식 투쟁 같은 행동이 정치와 사회의 거대한 변화를 촉발시키는 도화선 역할을 한 것이다. 특별히 더 고귀하다거나 전례 없는 행동이 아니다. 이처럼 작은 계기가 거대한 영향을 미칠 수 있다. 작은 시도가 엄청난 변화를 만들어낼 수 있다.

두 번째 특징인 소극적인 관리 대응은 미디어 분야에서 흔히 볼 수 있다. 블록버스터Blockbuster 비디오 대여점에 연체료 40달러를 물면서 생각에 잠긴 리드 헤이스팅스Reed Hastings는 1997년에 넷플릭스

Netflix를 설립한다. 당시 블록버스터는 대응을 자제했다. 그렇게 6년이 흐른 후에도 블록버스터의 수익은 50억 달러로, 넷플릭스가 벌어들인 수익의 10배가 넘었다. 하지만 상황은 서서히 달라졌다. 블록버스터가 넷플릭스에 대응하기로 결정했을 때는 이미 늦은 상태였고, 결국 2010년에 블록버스터는 파산을 선언했다.

신문사들은 온라인으로 옮겨가기를 주저하며 한참을 기다렸다. 초기에는 디지털 변환을 위한 노력에 미온적인 태도를 보이고 자원을 활용하기도 꺼렸다. 출판사들도 마찬가지였다. 그들이 전자책 시장에 발을 담근 이유는 그나마 아마존Amazon에 대응하는 차원에서였다. 녹음실은 P2P 서비스가 자신들의 발목을 잡을 거란 위협을 느끼고서야 디지털 방식에 반응하기 시작했다.

텔레비전 채널과 케이블 운영자들은 케이블 가입, 묶음판매bundling, 심지어 가격 상승 방법까지 동원하며 구세대 방식에 매달리고 있었다. 현실에서는 초고속 인터넷을 활용한 브로드밴드 비디오 제공과 시청자 맞춤 영상 서비스가 활성화되고 있었는데도 말이다. 이를 보면 문제가 코앞에 다가왔다고 해서 움직이는 것은 아닌 모양이다.

관리자들의 의견 차이와 갈등도 반복적으로 나타나는 현상이다. 디지털 변환만큼 논쟁거리를 만들어낸 사안은 찾기 힘들다. 언제 어떻게 대응해야 하는가? 어떻게 준비해야 하나? 새로운 서비스를 추가해야 하나? 이 질문들을 두고 사람들은 격렬하게 논쟁을 벌인다. 어느 미디어 기업에서나 관리자가 사후에 비난받고 에디터가 해고되고 이사진이 비판받는 일은 허다하다. 그리고 다음에 들어온 책임자도 한 해가 지나면 똑같은 운명을 맞는다.

이 세 가지 특징을 콘텐츠 비즈니스와 연결시켜보자. 그 결과는 옐로스톤이 맞이했던 참혹한 피해와 유사하다. 음반업계가 디지털 형식이 무엇인지 이해하기 시작할 무렵에 MP3 플레이어와 P2P는 이미 사업이 진행중이었다. 한마디로 때는 이미 늦었다. 2004년부터 2014년까지 CD와 디지털 싱글, 즉 음악 '콘텐츠' 판매는 50퍼센트가량 감소했다. 수익은 더 가파르게 떨어졌다. 미디어와 엔터테인먼트업계 전반에 위험한 조짐이 나타나기 시작했다. 서점과 음반 상점들은 추풍낙엽처럼 쓰러졌다. 더이상 신규 케이블 가입자가 생기지 않았다. 극장은 문을 닫았다. 1990년대에 월드 와이드 웹World Wide Web의 탄생과 함께 시작된 '문화 산업'의 대량 학살 과정은 이제 마지막을 향해 달리고 있었다.

옐로스톤 화재가 주는 진정한 교훈

옐로스톤을 태워버린 1988년 여름의 화재와 디지털 화재는 여러 면에서 유사하지만 단 하나 다른 점이 있다. 옐로스톤 화재는 그 원인, 관리, 영향에 대한 설명을 그대로 받아들이기 어렵다. 왜냐하면 설명이 잘못되었기 때문이다. 화재의 진짜 원인과 화재에서 얻을 수 있는 진정한 교훈은 앞서 설명한 것과 상당히 다르다.

화재의 진짜 원인은 따로 있다

담배꽁초의 불씨나 편자에서 튄 불꽃 때문에 100년에 한 번 있을

법한 대형 화재가 발생하는 일은 드물다. 그보다는 번개로 인한 화재가 훨씬 더 빈번하다. 실제로 그해 여름에 옐로스톤에 발생했던 스톰 크리크 화재Storm Creek Fire, 쇼쇼니 화재, 팬 화재Fan Fire, 미스트 화재Mist Fire, 클로버 화재Clover Fire, 폴스 화재Falls Fire 등 여러 건의 대형 화재들도 대부분 번개가 원인이었다. 사실 옐로스톤 화재가 그토록 극심한 피해를 입은 데에는 화재를 촉발시킨 요인보다 불길이 퍼져 나가도록 만든 요인의 역할이 더 크다.

그전에도 화재는 수천 건이나 발생했었다. 하지만 1988년 여름의 화재가 그토록 위험했던 데는 다른 이유가 있다. 그해 여름은 112년 만에 처음이라고 할 정도로 대단히 건조했다. 서부 지역은 2년 연속 이어진 가뭄으로 고생하던 중이었고, 5월 말이 되면서 산림과 방목장은 급속하게 건조해졌다. 담배와 편자가 아닌 건조함이 옐로스톤 화재를 키운 원인이었다.

모두 타도록 내버려둔 것은 잘한 일인가, 잘못한 일인가

옐로스톤 화재는 정말 공원관리자들이 부주의하거나 무능해서 생긴 일일까? 꼭 그렇지만은 않다. 그런 비난은 벌목 작업자의 소홀함이나 편자에서 튄 불꽃이 대형 화재의 원인이라고 탓하는 것만큼이나 근거 없는 것이다. 공원관리자들은 수십 년 전에 세운 정책에 따라 이성적으로 화재에 대응했다.

불을 보는 순간 누구나 본능적으로 꺼야 한다고 생각한다. 1886년에도 몇 달 동안 화재가 지속되었는데, 이때 육군 대장 모세스 해리스Moses Harris가 화재를 진압하기 위해 군대를 이끌고 나섰다. 사실 불길을 잡은 건 군대가 아닌 눈이라고 할 수 있지만, 어쨌든 그 일로 해리스는 영웅이 되었다. 그리고 강압적인 화재 진압이 국립공원의 화재 대응 원칙으로 자리 잡았다.

화재 대응 전략은 체계화 과정을 거치며 발전했다. 팀 전체가 업무를 분담하고 화재 조기 발견을 위해 망보는 초소를 설치했으며, 화재가 발생하면 신속하게 대응에 나선다. 옐로스톤에서 처음 실시한 야영지 운영도 사실은 화재 예방이 목적이었다. 관광객들을 위해 군데군데 별도로 준비한 야영지는 화재 발생시 불길이 쉽게 퍼져 나가지 못하도록 막아주는 역할을 하라고 만든 것이었다.

하지만 수십 년이 지나면서 화재를 바라보는 시각도 점차 달라졌다. 여러 과학자, 환경 연구원, 공원관리인들이 일련의 문제들을 해결해가면서 그때마다 놀라운 결론에 도달했다. 예를 들어, 국립공원 관리자 알도 레오폴드Aldo Leopold는 황폐화된 대초원을 복구하는 과정에서 고유 식물native plant의 씨를 뿌리면 예상치 못했던 잡초들이 번성하게 된다는 사실을 알았다. 이 문제를 해결하는 방법 중 하나가 화재였다.

또 다른 예로는, 공원 내에 감당할 수 없을 정도로 규모가 커진 엘크 무리를 들 수 있다. 여러 해결 방안을 고민해보았지만 대부분 비용이 너무 많이 들거나 논란의 소지가 많았다. 이때 비용이 적게 들면서도 자연스러운 해결 방안으로 대두된 것이 화재다. 국립공원 식물 종을 좀더 다양화하는 연구를 하던 생태학자들은 숲의 나무들이 너무 빽빽하고 높게 들어서 있음을 지적했다. 이 문제 역시 화재가 해결책이 될 수 있었다.

1960년대에 이르러서는 화재에 대한 시각이 완전히 바뀌었다. 레오폴드의 아들이자 야생 생물학자인 A. 스타커 레오폴드A. Starker Leopold는 캘리포니아대학 버클리캠퍼스에 재직중이었다. 처음에는 옐로스톤 엘크 무리의 규모를 줄이는 방법에 대해 연방정부에 조언해주는 일을 맡았다.

그를 비롯해 다른 과학자들은 동물 개체군 줄이기를 포함해 서식지에서 내보내기, 토착종 부활시키기 또는 외래종 제거하기에 이르기까지 여러 문제를 해결할 수 있는 방법을 찾으려 했다. 그리고 원시 상태의 모습으로 되돌려놓는 것이 가장 좋은 방법임을 깨달았다. 그러려면 관리가 필요했다. '식물 종을 인위적으로 조정하는 여러 방법 중에서 적용하기 가장 쉽고 비용이 저렴하며 자연스러운 방법은 화재를 조절해 제어하는 것이다'라는 결론에 도달했다.

스타커 레오폴드의 보고서는 국립공원 화재 대응정책의 진로를 바꾸는 데 결정적인 역할을 했다. 채프먼Chapman, 디스페인, 바비도 그와 비슷한 생각을 하고 있었다. 1971년에 옐로스톤 관리자에 오른 바비는 국립공원의 화재에 대해 '타도록 내버려두자' 정책을 실시했다. 향후 15년 동안 옐로스톤은 이 방침을 고수했고, 이는 놀라운 반전을 불러왔다.

옐로스톤에서 1972년부터 1987년 사이에 번개 때문에 발생한 화재는 235건이었다. 그런데 강제로 진화하지 않고, 모두 알아서 꺼질 때까지 그대로 두었다. 이 많은 화재로 손실을 입은 면적은 137제곱킬로미터에 불과했다. 그랬기에 1988년에도 바비는 불길이 타도록 내버려두었던 것이다.

올바른 결정은 전후 상황에 따라 다르다

1988년 화재가 발생하자 대응 방법을 놓고 의견 대립이 치열했다. 당장 진압에 나서야 한다는 이도 있었고 타도록 그대로 두자는 이도 있었다. 화재에 대한 전문 지식이 없는 나로서는 이 얘기를 들으면서 화재를 그대로 두는 건 너무 위험한 일 아닌가 하는 걱정이 들었다. 하지만 내 걱정은 기우에 불과했다.

일반적으로 우리가 걱정하는 이유는 편견을 지니고 있기 때문이다. 올바른 결정을 내리기 위해서는 콘텐츠 또는 사건의 맥락을 고려해야 한다. 그런데 사람들은 전후 사정을 고려하지 않은 채 보편적으로 올바른 해결책을 찾는 경향이 있다.

예를 들어, 숲의 크기가 옐로스톤의 반밖에 되지 않는다면 불이 꺼질 때까지 기다리는 방법은 효력을 발휘하지 못한다. 소형 화재만으로도 숲 전체가 타버릴 수 있으니 말이다. 사람이 많이 사는 도시에 있는 집에서 불이 났다고 생각해보자. 이때 '타도록 내버려두는 정책'을 실행한다면, 그건 범죄행위나 다름없다. 타는 듯한 7월의 옐로스톤에 이미 국립공원의 4분의 1이 타버린 상태에서 또 화재가 발생한다면 공원관리자들이 그랬듯 모든 이들이 인력과 자원을 총동원해 소화 작업에 힘을 다할 것이다. 하지만 같은 규모의 화재가 봄에 발생한다면 이야기가 달라진다. 그냥 타도록 내버려두는 것이 정확한 해결책일 수도 있다.

왜 우리는 불길이 타오르도록 내버려둔다는 생각을 하면 절로 몸이 움츠러드는 것일까? 화재가 불러올 끔찍한 결과부터 떠오르게끔 사고 체계가 잡혔기 때문이다. 건물과 재산이 사라지고, 폐허뿐인 모습이 먼저 떠오르기 때문이다. 화재로 좋은 일이 생기지는 않는다고 믿기 때문이다. 하지만 공원관리자의 입장이라면 다른 결론을 내릴 수 있다.

우리는 이 간단한 명제를 기억해야 한다. '올바른 결정은 전후 상황에 따라 다르다'는 것. 이는 비즈니스에도 많은 점을 시사하는데, 이에 대해서는 나중에 살펴보도록 하자.

1988년 화재의 결과로 옐로스톤은 파괴됐어야 했다. 모든 식물과 동물, 야생 생물이 사라졌어야 했다. 공원관계자들은 앞으로 몇 년간 풀밭만이 방문객들을 맞을 것이라고 했다. 하지만 그 말은 사실이 아닌 것으로 판명 났다.

당장 눈앞에 보이는 옐로스톤은 폐허 상태였지만, 그 안에 미래 성장의 씨앗을 품고 있었다. 소나무, 가문비나무, 전나무들은 천천히 썩어가면서 화산토에 영양분을 공급했다. 부식을 막아주고 새와 곤충들에게 안식처를 제공했으며, 다른 동물들에게도 보호처가 되었다.

산불은 높은 온도로, 로지폴소나무 솔방울의 겉을 둘러싸고 있던 송진을 제거하고 안에 있던 씨앗들을 산림 지표면으로 날려 떨어지게 했다. 수십 년 전에 전문가들이 예측한 그대로였다. 새로운, 유전학적으로 다양한 사시나무들은 자신보다 키 높은 나무들이 사라진 환경에서 마음 놓고 자라났다. 수십 년 동안 옐로스톤에서 자취를 감췄던 희귀한 식물과 동물들이 번성하기 시작했다. 식물들 중에는 30년이라는 세월을 기다리다가 화재가 발생한 덕에 싹을 틔운 것들도 있었다. 2004년에 이를 즈음에는 보기 좋게 자란 로지폴소나무들이 잿더미 속에서 4~5미터까지 솟아올랐다.

국립공원 방문객이 사라지기는커녕 화재 발생 후 그 수는 매년 증가했다. 2015년에는 350만 명의 관광객이 옐로스톤 국립공원을 찾았는데, 이는 1988년보다 60퍼센트 증가한 수치다. 심지어 관광객들은 대부분 1988년에 화재가 있었다는 사실조차 몰랐다.

옐로스톤 국립공원은 파괴되지 않았다. 어느 공원관리인의 말처럼 "재탄생해서 재건을 거쳐 활기를 되찾았다."

콘텐츠 함정이 뻗치는 음흉한 손길

"너무 밝은 빛은 이런 남자들의 눈을 멀게 한다. 이들은 나무만 보고 숲을 보지 못한다."

– 크리스토프 마르틴 빌란트 Christoph Martin Wieland, 《무자리온 Musarion》, 2장 (1768)

옐로스톤 국립공원에는 수백 만 에이커에 이르는 대지에 걸쳐 사람들의 가슴을 설레게 하는 식물들과 동물들이 살고 있다. 그리고 옐로스톤 국립공원 관리인들에게 이 동식물만큼 소중한 자산은 없다. 그런데 그 소중한 자산, 즉 '콘텐츠'가 타버렸다. 그것도 가장 아긴다고 하는 사람들의 방관 속에서.

표면적으로는 황당한 이야기다. 하지만 이 이야기 속에는 디지털 화재, 다시 말해 디지털 기술에 의해 유발된 경제적 대화재에 맞서는 엄청난 가르침이 들어 있다.

전 세계 수십억의 사람들에게 자신이 매일 접하는 콘텐츠, 즉 책,

음악, 각종 프로그램, 신문, 영화는 무엇보다 소중한 자산이다. 그렇다면 모든 사업체와 기업가 그리고 창의성을 발휘하는 사람들이 '최고의' 콘텐츠를 육성하고 생산하기 위해 노력하는 것은 너무도 당연한 일이다. 그 가치를 훼손하거나 아니면 반대로 가치를 높일 수 있는 계기나 도화선에 초점을 맞추는 것도 당연하다. 거침없이 추락하는 콘텐츠의 가치를 지키기 위해 노력하는 것은 지극히 자연스러운 일이다. 그리고 콘텐츠를 생산하고 관리하는 다른 사람들의 도움을 받아 해결책을 찾으려는 것 또한 당연하다.

이는 외견상으로는 모두 이성적이고 당연한 행동처럼 보이지만 사실은 잘못된 행동이다. 이게 바로 콘텐츠 함정이다.

앞으로 콘텐츠 함정의 주요한 특징에 대해 설명할 것이다. 사람들이 어떤 실수를 저질러서 함정에 빠지는지, 그리고 어떻게 그 함정을 극복할 수 있는지에 대해 상세히 알려주려 한다. 하지만 그 전에, 디지털 화재가 어디에서부터 시작되었는지를 먼저 살펴보자.

디지털 화재의 근원지는 어디인가

오늘날 사용자들은 거의 돈 한 푼 들이지 않고도 다른 사람들과 상호 교류할 수 있다. 바로 이것이 디지털 기술의 핵심이다. 파일 공유 서비스, 소셜 네트워크, 마이크로블로그, 뉴스 피드, 비디오 업로딩, 인스턴트 메시징, 애플리케이션 공유, 바이럴 광고, 교육 플랫폼 등이 이에 속한다.

누구나 콘텐츠를 공급하고 배포할 수 있다. 이런 현상을 '미디어의 민주화'라며 높이 사기도 한다. 하지만 대안이 너무 다양하게 급증하고, 제품에 대한 집중력이 흐트러지면서 조직은 혼란을 느끼고 있다.

작가와 계약하고 로열티를 지급하는 등의 전통적인 방식으로 출판사가 내놓는 책이 미국에서만 1년에 3만 권이 넘는다. 전통적인 출판 방식을 따르지 않고, 출판사의 도움 없이 독자적인 노력으로 탄생하는 책도 1만 권이 넘는다. 40년 전에는 10여 개에 불과하던 미국의 텔레비전 방송 채널이 현재는 900개나 된다. 그뿐인가? 1분마다, 72시간 분량의 동영상이 유튜브에 올라오고, 300만 개의 콘텐츠를 페이스북 사용자들이 공유하며, 매일 23만 장의 사진이 인스타그램에 게재된다.

매년 9,000만 개 이상의 웹사이트가 만들어진다. 진짜 깜짝 놀랄 만한 수치는 이것이다. 2011년에는 이틀에 한 번꼴로 5엑사바이트의 콘텐츠가 생성되었다. 수치가 가늠이 되는가? 5엑사바이트_{exabyte}는 지구의 탄생부터 2003년까지 인간의 입에서 나온 모든 말을 저장할 수 있는 양이다.

방송 채널이 4개밖에 없던 시절에는 누가 적인지, 경쟁사의 전략에 어떻게 대응해야 할지 판단하기가 쉬웠다. 채널이 900개가 넘고 수백만 개의 비디오 영상이 밀려오는 오늘날의 상황에서는 자기가 생산하는 제품을 소비자들에게 알리기조차 쉽지 않다. 이런 현상을 '주목받기의 문제'라고 해두자.

비용을 거의 들이지 않고 콘텐츠가 확산된다는 말은 일단 콘텐츠를 생산한 이후에는 관리가 아주 힘들다는 뜻이기도 하다. 디지털 권리_{digital rights}에 대해서는 아직도 논란이 많다. 정식으로 판매를 시작하기도 전에 콘텐츠가 외부로 유출되기도 한다. 노래나 영화는 음반사나 제작사가 발표도 하기 전에 이미 파일 공유 사이트에서 돌아다니는 일이 허다하다. 그리고 냅스터Napster, 그누텔라Gnutella, 비트토렌트Bit-Torrent에서 보듯이 단 한 사람 또는 한 건의 침해 행위가 다양한 영향을 끼칠 수도 있다. 이런 이유들 때문에 두 번째 문제가 발생한다. 제공한 제품에 대한 비용을 부과할 수 없게 되는 것이다. 이를 '대가 받기의 문제'라 하자.

이 문제들은 따로따로 상대해도 해결하기가 쉽지 않다. 하물며 두 가지 문제가 함께 공격한다면 콘텐츠 비즈니스는 그야말로 파멸의 위협에 놓이게 된다. 사실상 디지털 세계에서 콘텐츠를 화형에 처하는 셈이나 다름없다.

콘텐츠 함정에서 벗어나는 세 가지 방법

사람들의 주목을 받기도, 그들로부터 대가를 받기도 어려운 상황에 맞서 고군분투하는 거의 모든 조직이 콘텐츠 함정에 빠져 있다. 여기에는 미디어에서 금융, 교육까지, 이야기를 생산하는 곳에서 전화기를 디자인하는 곳까지 모든 조직이 포함된다. 옐로스톤 화재에서 보았던 세 가지 실수처럼 콘텐츠 함정도 크게 세 가지로 설명할 수 있다.

첫째, 확산을 불러온 상황을 인식하기보다 빌미에만 집착하는 것이다. 이는 사용자들이 공유와 연결 관계를 택하게 된 원인은 제쳐두고 제품의 특징만으로 성공과 실패가 결정된다고 믿는 것과 같다. 초점을 제대로 맞추지 못한 오류이자 원인과 결과를 잘못 이해한 결과다.

둘째, 콘텐츠를 둘러싼 기회를 잡으려 하기보다 어떻게 해서든지 콘텐츠를 지키려고 노력하는 것이다. 이는 제품의 경계를 너무 좁은 범위로 설정해버리는 오류다.

셋째, 디지털 화재에 맞설 수 있는 최고의 방법이 하나만 있다고 믿고 최상의 방식만을 끊임없이 찾는 것이다. 화재 주위의 상황과 환경을 고려한 올바른 진압 방법이 무엇인지 알아보려 하지 않는다. 전략이 아닌 일반적인 해결 방법에 의존하는 실수라 할 수 있다.

거의 모든 디지털 영역에서 이런 오류가 발생한다. 그리고 공통점도 있다. 사람들로 하여금 전체적인 연계성을 보지 못하게 하고, 모든 것들을 따로따로 구분해서 보게 만든다. 나무만 보고 숲은 보지 못하게 만드는 것이다. 이러한 오류 때문에 사람들은 사실상 가장 중요한 '연결 관계'를 놓치고 만다.

이 책에서 설명하겠지만, 연결 관계는 오늘날 디지털과 관련된 모든 비즈니스를 구성하는 핵심 요소이다. 이 사실은 가까운 미래에도 변함없을 것이다. 그리고 연결 고리를 인식하고 이를 이용하며 관리할 수 있는 능력이 성공과 실패를 가르는 핵심 요인이라는 사실도 변함없을 것이다.

콘텐츠 함정과 마찬가지로, 연결 관계에도 세 가지 유형이 있다. 사용자 연결 관계, 제품 연결 관계, 기능적 연결 관계다. 이 연결 관계들은 개별적으로 그리고 총체적으로, 우리를 콘텐츠 함정 밖으로 이끌어줄 것이다. 또한 연결 관계가 어떻게 성공과 실패를 결정하는 역할을 했는지 방대한 사례를 통해 보여줄 것이다. 이것을 콘텐츠 삼각 구조라 부르겠다([그림1]).

그림1 | 콘텐츠 삼각 구조

사용자 연결 관계 _사건의 도화선보다 확산 원인에 집중해야 하는 이유

삼각 구조의 첫째는 불꽃이 튀게 된 상황이 아니라 불똥 내지는 도화선에 초점을 맞추는 일이다. 이는 옐로스톤 화재가 담배꽁초 때문에 발생했다고 믿는 것과 같다. 사람들은 비즈니스의 성공과 실패의 주요 원인도 이와 같다고 본다. 콘텐츠 세계에서는 소비자의 활동이나 취향, 행동을 잇는 연결 고리를 보기보다는 하나씩 개별적으로 조명한다. 사용자들이 콘텐츠를 서로 공유하게 만드는 것이 무엇인지를 알아보기보다 '최고의' 콘텐츠를 만드는 일에 집중한다. 천재의 창의력이 번뜩이는 아이디어와 그 아이디어를 키우는 방법에만 초점을 맞춘다. 혹은 특정한 위협과 그 위협을 억제하는 방법만 고민한다. 하지만 거의 대부분의 경우, 한 제품의 성공에 따라 발생한 부작용이 화재의 진짜 원인이 된다.

디지털 산불, 즉 디지털 비즈니스 세계에서 성공과 실패의 전파는 콘텐츠의 질이나 어느 개인의 행위보다는 개인들 간의 밀접한 관계에서 더 많이 비롯된다. 사람들에게 서로 의사소통하고 공유할 수 있도록 허락하면 양성 도화선은 엄청난 속도로 효력을 발휘한다. 하지만 같은 도화선이라 해도 관계를 차단하면 아무 일도 일어나지 않는다. 한 예로, 미디어 제품의 불법 복제를 들 수 있는데, 이는 어제오늘의 일이 아니다. 수십 년 전부터 존재했다. 변한 건 콘텐츠를 공유하고 확산시키는 능력이다.

1984년, 애플은 개인용 컴퓨터 매킨토시Macintosh를 내놓았다. 경쟁 제품보다 사용, 경험, 안정성 면에서 훨씬 우수한 제품이었다. 10년이 지나고 매킨토시의 시장점유율은 10퍼센트 미만에 그쳤고 그마저 하락하고 있었다. 당시 애플이 고전했던 이유는 좋은 제품을 만들지 못해서가 아니다. 사용자 간의 연결을 활용하는 데 실패했기 때문이다. 사용자들이 PC를 사용하면서 얻는 가장 큰 이점은 품질이나 사용의 편이성, 안정성이 아니다. 친구나 동료들과 파일을 나눌 수 있는 능력, 즉 연결할 수 있는 능력이다.

이 책 파트 1의 핵심 내용이기도 한 '사용자 연결'은 중국의 인스턴트 메시징 회사가 어떻게 세계에서 가장 가치 있는 인터넷 기업 중 하나로 성장했는지를 설명해준다. 스칸디나비아의 신문사가 디지털 변환에 성공하면서 서방 세계에서 굴지의 신문사로 자리 잡을 수 있었던 이유도 설명해준다. 〈뉴욕타임스The New York Times〉의 2013년 페이월paywall 서비스가 예전 페이월 서비스와 비교해 훨씬 더 많은 소득(수억 달러의 연소득)을 벌어들일 수 있었던 이유, 그리고 페이월 서비스가 다른 곳에서는 왜 성공하지 못했는지도 알려준다.

시청자라면 거의 모두가 반길 만한, 케이블 채널의 개별 판매가 반대에 부딪힌 이유, 그리고 개별 판매로 인해 결국 시청자들이 후회할 수밖에 없었던 이유도 알려준다. 그리고 디지털 광고업계의 일부 회사들이 입소문을 퍼뜨릴 수 있는 도화선을 예측하는 대신 입소문이 퍼져 나갈 시기와 방법을 예측해서 대성공을 거둘 수 있었던 이유는 무엇인지 설명해줄 것이다.

제품 연결 관계 _위협 요소에 주목해야 하는 이유

콘텐츠 함정의 두 번째 형태는 불붙은 나무를 어떻게든 지키려 하는 것이다. 디지털 세계에서는 무너지고 사라질지도 모르는 콘텐츠 하나에 집중한다. 가진 것이 그것뿐이라는 생각 때문이다. 하지만 현명한 전략을 세우기 위해서는 현재의 아픔보다 내일의 혜택을 바라봐야 한다. 콘텐츠의 죽음이나 붕괴가 아니라 그 안에 숨은 기회에 집중하는 것이다.

지금은 위협처럼 보이는 요소들 속에 큰 성공 기회가 내재돼 있는 경우가 많다. 음악 불법 복제의 경우를 살펴보자. 이는 산업의 파멸을 불러올 것 같았지만 오히려 가치를 확보할 수 있는 새로운 기회를 창출했다. 파트 2에서는 어떻게 새로운 기회가 창출됐는지, 그리고 음악이라는 한 분야에서 일어난 파괴가 다른 분야에서 더 많은 가치를 창출해낼 수 있었던 요인은 무엇인지 살펴볼 것이다.

이는 제품 연결의 한 사례에 불과하다. 미디어와 엔터테인먼트 산업에서는 이런 사례가 비일비재하다. 인도의 '스타 TV Star TV'에서 방영한 프로그램 하나가 어떻게 시장점유율을 엄청나게 끌어올리는 원동력이 되었을까? 하나의 프로그램이 전국적으로 텔레비전 시청률을 높이는 활력소가 된 원인을 소개할 것이다. 미디어 비즈니스에서 히트곡이나 베스트셀러를 예측하려는 부질없는 노력 대신 인기를 얻는 제품에 동승하는 방식으로 대성공을 거둔 사례들도 설명할 것이다.

'시너지'를 두고 벌어지는 논쟁의 양측도 살펴보려 한다. 시너지를 구조적으로 체계화해서 발생시키려는 노력은 종종 실패한다. 반면 기존에 발생한 시너지를 활용하려는 노력은 효과를 발휘한다. 그 이유를 자세히 알아볼 것이다. 그리고 운동선수들을 위한 평범해 보이는 몇 가지 서비스를 조합해 스포츠업계에서 확고한 위치에 오른 한 기업가에 대해서도 살펴볼 것이다. 위에 열거한 사례들 중 하나의 제품에만 집중해 성공을 거둔 경우는 없다. 모두가 제품군의 상황을 분석해서 앞으로 나갈 방향을 정하는 제품 포트폴리오product portfolio 관리를 통해 성공을 거뒀다.

제품 간의 관계를 살펴보면서 새로운 기회들을 볼 수 있다. 어느 한 제품에서 얻은 아픔을 수용하는 일이, 어떻게 제품 포트폴리오의 다른 부분들에 도움을 줄 수 있는지 알게 될 것이다. 불법 복제를 인정하고, 거기서 나아가 능동적으로 수용하거나 제품의 품질을 낮추거나 제품의 가격을 내리거나 무료로 제공하는 등의 반직관적인 조치를 취하는 조직이 성공을 맛볼 확률이 점점 높아지고 있다.

핵심 제품에 집중하는 조직은 콘텐츠를 새로 만들어내기 위해 더 많은 노력을 쏟거나 콘텐츠의 가격을 올리려 한다. 하지만 이런 기업은 점점 성공에서 멀어질 확률이 높다. 제품 하나에만 집중하면 제품들 간의 관계를 보지 못하고, 따라서 다른 곳에 있는 큰 가치를 지닌 기회를 놓치게 된다.

기능적 연결 _다르다는 것이 자연스러울 뿐만 아니라 바람직한 이유

콘텐츠 함정의 세 번째 유형은 불을 끄는 옳은 방법이 하나밖에 없다는 믿음이다. 불길에 맞서든지 아니면 타도록 내버려두는 것이다. 디지털 세계를 마주한 콘텐츠 비즈니스에서는 마법의 특효약을 찾는 노력이 일반적이다. 파괴를 막고 가치를 지키는 마법의 특효약을 찾는 것만이 유일한 해결책이라고 믿기 때문이다. "경쟁사를 모방하라", "다른 이들에게서 배워라", "모범 사례를 적극 수용하라" 등등. 비즈니스의 모든 영역에서 귀에 못이 박히도록 이런 조언을 하고 있다. 하지만 중요한 것은 전후 상황을 파악하고 활용하는 것임에도 사람들은 이를 무시한다.

앞에서도 말했지만, 같은 국립공원이라도 건조할 때와 습할 때의 화재 관리 방법은 다르다. 같은 상황이라도 공원의 규모에 따라 차이가 크다. 그리고 화재 장소가 사람이 많은 도시인지 사람이 살지 않는 공원인지에 따라서도 관리 방법은 달라진다. 이런 식으로 차이를 정리하다 보면, 어떤 조건에서 가장 좋은 방법이 다른 조건에서는 적절치 못하다는 사실을 명확히 알 수 있다. 이처럼 각각의 상황이 다른데 이를 고려하지 않고, 천편일률적인 결정을 내리거나 행동을 취할 때가 허다하다.

요즘 출판사는 모두 상대 출판사들이 어떤 방식으로, 얼마나 신속하게 전자책 시장으로 진입하는지 눈여겨보고 있다. 텔레비전 방송국은 브로드밴드 전략을 놓고 경쟁 방송사를 지켜본다. 모든 신문사가 〈뉴욕타임스〉를 주시하며 따라할 게 없는지 살핀다. 그러나 이런 방식의 노력은 초라한 실패를 맞이할 확률이 높다.

비즈니스는 외적 상황뿐 아니라 스스로 만들어내는 내적 상황도 있다. 사업체에서 내리는 모든 결정들의 세트라 할 수 있다.

우리 디지털 제품의 가격을 얼마로 책정해야 할까? 모바일 앱의 디자인은? 디지털 관련 사업과 비관련 사업의 구조 정리는? 이런 식으로 질문을 구분하면 서로 연관된 다른 결정들이 모인 숲을 보기보다 동떨어진 정책이나 결정, 즉 나무 한 그루에 의존하기 쉽다. 디지털 제품의 '적정한 가격'은 어떤 마케팅을 선택하느냐에 따라 달라진다. 새로운 사용자들에게 시도할 것인지, 이미 당신 제품을 사용하는 기존 고객들에게 집중할 것인지 말이다.

모바일 디자인은 콘텐츠 전략에 어울려야만 하며, 그 반대 역시 마찬가지다. 디지털 사업과 앞서 벌였던 전통 사업을 분리하는 일은 두 사업에서 나오는 제품이 보완적이냐 아니냐에 달렸다. 각각 별개의 기능을 지닌 결정들은 여러 사안들과 '기능적 연결'을 만들어내면서 밀접한 관계를 맺고 있다.

대성공을 거둔 기업들은, 기능적 연결이라는 전체 지도를 보고 결정을 내린다. 해답을 다른 곳에서 보려 하지 않고 스스로 찾아낸다. 이것이 전략의 기본 원칙이다. 다른 이들과 다르다고 해서 전략이 반드시 성공하지는 않는다. 그렇지만 달라야 한다. 비즈니스에서 다른 이들과 차이가 없다면 죽음을 맞이하게 될 것이다.

비즈니스 전략에서는 두 가지가 중요하다. 상대할 사람은 누구이고, 이길 방법은 무엇인가. 올바른 답을 찾으려면 제대로 된 제품을 만들고 소비자를 파악하고 이런 요소들이 시장에서 어떻게 변하고 있는지를 이해해야 한다. 앞으로 더 자세히 설명하겠지만 이제는 이것만으로도 충분하지 않게 되었다. 자신이 서 있는 풍경을 제대로 보기 위해서는 제품과 소비자만이 아니라 그들의 관계 또는 연결 상황 또한 생각해야 한다. 이기는 방법을 알기 위해서는 다른 조직에게서 답을 기대하지 말고, 당신 조직의 내부에서 벌이는 활동들 사이의 관계에서 답을 찾아야 한다.

우리가 흔히 듣는 세 가지 조언

콘텐츠 함정은 음흉한 손길을 여기저기 뻗친다. 앞으로 콘텐츠 함정이 발생하는 여러 상황을 살펴보고 특정 기업들이 콘텐츠 함정을 피해간 방법에 대해서도 알아볼 것이다. 이를 통해, 디지털로 연결된 세상에서 전략적 사고가 선택과 기회를 더 손질하고 다듬는 데 어떻게 도움을 주는지 알 수 있을 것이다.

콘텐츠 함정이 위험한 이유는 사회적 통념과 전문가 의견이라는 것들이 사람들을 유혹해 함정으로 밀어 넣기 때문이다. 기업들은 예외 없이 창의력 번뜩이는 천재와 우수한 품질을 도화선으로 사용해야 한다고 믿는다. 이미 보유한 제품에 집중하고 더욱 전문화하라는 조언을 듣는다. 다른 기업들의 모범 사례를 참고해서 결정을 내리라는 주문을 받는다.

콘텐츠에 집중하는 행동, 즉 콘텐츠를 개선하고 가격을 매기고 다른 기업에게서 장점을 배우는 행동은 문제될 게 없다. 그러나 사용자연결, 제품 연결, 기능적 연결이라는 관계의 역할을 보지 못하면 콘텐츠에 집중해도 실패를 피할 수 없다. 연결을 등한시하고 콘텐츠에만집중하는 한, 옐로스톤 화재에서 얻은 소중한 교훈을 활용하지 못한채 디지털 화재와 맞서 싸우는 꼴이 될 것이다.

이 외에도, '디지털 변화'와 관련해서 가장 자주 접하게 되는 조언세 가지가 있다. "변화는 위협이다", "고객의 말을 경청하라", "예측은 귀중한 것이다"라는 기본 전제를 바탕으로 하는 것들이다. 이 책에서는 이런 통념과는 다른 의견을 제시한다.

변화는 위협인가

연결은 비즈니스에 해만 끼치는 게 아니다. 도움을 줄 수도 있다. 예부터 미디어 전문가들은 새로운 기술이 탄생하면, 그 기술과 연결된 업무를 하는 관리자는 목이 날아갈 것이라 생각했다. 이렇게 새로운 기술이 끼칠 영향에 대해 예측하는 경우는 수도 없이 많았다. 라디오가 음악 판매에 미칠 영향, 불법 복제가 음악 산업에 미칠 영향, 비디오카세트리코더가 광고 수익에 미칠 영향, 디지털비디오리코더가 텔레비전 광고에 미칠 영향, 라이브 스트리밍이 케이블 시청에 미칠 영향, 그리고 개방된 인터넷에서 방송 프로그램, 영화 등 미디어 콘텐츠를 제공하는 오버더톱over-the-top(또는 소비자에게 직접 광고하는 DTC direct-to-customer)이 케이블 방송에 미칠 영향 등에 대한 예측이 그 예다. 각 경우마다 실제적인 영향은 예측 내용과 달랐다. 완전히 반대인 경우도 많았다. 겉으로는 부정적으로 보였던 연결이 긍정적 결과로 나타나기도 했다.

사람들은 변화를 '위협', '대치', '붕괴'라는 단어와 연결시키면서 너무 쉽게 부정적인 관계를 떠올린다. 그 이유는 대부분 긍정적인 연결을 찾는 데 익숙하지 않기 때문이다. 실제로 이런 단어들은 관리자를 잘못된 방향으로 이끌기 쉽다. 사람들은 기술을 포용하고 받아들이기를 꺼리거나, 어쩔 수 없는 일이라고 포기해버리거나 아니면 반대를 외치는 목소리에 동조한다.

고객의 말을 경청해야 하는가

고객 중심Customer Centric이 되려면 어떻게 해야 하나? 이 오래된 질문을 연결이라는 렌즈를 통해 보면 새로운 관점을 발견할 수 있다. 예전부터 기업에 떠도는 세 가지 상투적인 조언이 있다. 가치를 가장 잘 전달하고 싶거든 "모든 고객을 충족시켜라", "집중할 대상을 좁혀라", "고객의 말에 동의하라"는 것이다. 하지만 연결이라는 렌즈로 살펴보면 이와는 다른 조언이 보인다.

- 모든 고객을 충족시켜라 : 나는 "사용자 포트폴리오를 관리해야 한다"고 주장한다. 사용자 연결을 이해하고 나면 이런 생각이 들 수밖에 없다.

- 집중할 대상을 좁혀라 : 나는 사용자 중심이 되려면 폭을 넓혀야 한다고 주장한다. 심지어 당신의 "제품 포트폴리오를 다각화

해야 한다"고 주장할 것이다. 제품 연결을 이해하고 나면 이런 생각이 든다.

- 고객의 말에 동의하라 : 기능적 연결을 이해한다면 늘 찬성하기보다는 필요할 때 "거절할 줄 알아야 한다"는 것을 깨닫게 될 것이다.

예측은 귀중한 것인가

당신이 이 책을 읽을 즈음이면, 또 많은 것들이 달라져 있을 것이다. 여기에 소개한 사례들 중 일부는 이미 시대에 뒤처진 내용이 될지도 모르겠다. 그게 오늘날 미디어와 엔터테인먼트의 현실이다. 기술은 인간의 예측보다 훨씬 더 빨리 변화한다. 디지털 기업가의 얘기를 들어보고 미디어에 관련된 보고서를 읽어보고 엔터테인먼트 관련 회의에 가보라. 모두가 미래의 기술에 대해 얘기하고, 그 기술이 미디어와 엔터테인먼트를 변화시킬 세상에 대해 얘기한다. 그리고 그 예측들 중 맞는 것은 거의 없다.

나는 이 책에서 어떤 예측도 하지 않을 것이다. 디지털 비즈니스를 움직이는 특정한 영향력과 그 영향력이 어떻게 전략과 의사결정을 형성할 것인가에 대한 나의 소견을 밝히려 한다. 변화를 촉발하는 기술에 관계없이 산업이 계속해서 변해간다 하더라도, 나의 생각이 기업가, 관리자, 예술가, 다양한 업계 종사자들에게 도움이 되었으면 한다.

달리 말하자면, 이 책은 다음 화재의 도화선이 될 담배꽁초나 편자에서 튄 불꽃이 아니라 화재가 일어났을 때 어떤 일이 벌어질 것인가에 대한 내용을 담고 있다. 도화선을 예측하는 일은 헛된 수고에 불과하다. 하지만 도화선에 불이 붙은 후 그 불을 관리하는 일은 의미가 있다. 도화선의 작은 불씨는 엄청난 폭발을 일으키기도 하고 때로는 시들하게 꺼져버리기도 한다. 어떤 경우든 둘 다 다른 제품에 영향을 미친다. 하지만 처음부터 예측할 수 없을 때가 많다. 실제로 미디어 비즈니스에서는 "뭐가 히트칠지 우리도 모른다"는 말이 흔히 쓰인다. 결과가 나타난 후에야 제대로 알 수 있다는 뜻이다.

관리 측면에서 실수를 저지르기 쉬운 부분이 바로 이 부분이다. 상승효과가 발생하고 나면, 후에 그것을 활용하려 하기보다 미리 상승효과의 관계를 조직화하려고 한다. 아무도 알 수 없는 일을 하려고 노력하는 것이다. 이는 오만에서 비롯된 태도다. 사람의 예측에 한계가 있다는 사실을 이해하지 못해 벌어지는 실수다.

옐로스톤 화재를 미리 막을 수 있었을까? 불길이 시작된 바로 그날부터 화재 진압을 시작했으면 막을 수 있었다고 답하는 사람도 있다. 논점을 비켜간 말이라고 주장하는 사람도 있다. 불길이 그렇게 주체하지 못할 정도로 급속하게 대화재로 이어질지는 그 어떤 분석의 대가도 예측할 수 없었다. 화재 진압 방법에 회의적인 의견을 지녔던 사람들도 나중에는 "미국 군대를 다 풀어놨어도 7월 중순에 발생한 화재는 통제 불능이었을 것"이라고 인정했다. 불길을 통제할 수 있었던 건 관리자가 아닌 자연이었다.

인간은 통제를 벗어난 상황을 관리하는 데 익숙하지 않다. 하지만 익숙해져야 한다. 개입할 때를 알아야 전략을 세울 수 있다. 개입할 방법을 알아야 과정을 예측할 수 있다. 통제할 수 없는 상황 관리는 자연 불변의 법칙에 관한 일이 아니다. 신중함, 판단, 의지의 힘 그리고 한계를 아는 일이다.

　각 상황마다 연결 또는 관계를 이해할 때 우리는 더 나은 결과를
도출해낼 수 있다.

PART 1

콘텐츠 함정 벗어나기 1

사용자
연결 관계

CHAPTER 1

십스테드와 텐센트

다르면서 닮아 있는 두 기업,
악전고투에서 살아남다

위기에 강한 스칸디나비아의 전사

노르웨이의 겨울은 일찍 찾아온다. 2001년 11월 2일, 기온이 영하로 떨어진 오슬로에는 이미 북극의 추위가 찾아왔다. 빨간 벽돌로 평범하게 지은, 노르웨이 미디어 그룹 십스테드Schibsted의 본사 건물 내부에도 냉랭한 기운이 감돌았다. 그곳에서는 CEO 셸 아모트Kjell Aamot의 거취를 놓고 이사회가 열리고 있었다.

지난 2년간 십스테드 그룹이 보유한 노르웨이 유력 일간지 〈아프텐포스텐Aftenposten〉과 〈VG〉의 수익은 지속적으로 감소했다. 인터넷 경쟁업체들에게 독자와 광고주를 빼앗겼기 때문이다. 십스테드는 6년 전 뛰어든 온라인 시장에서 성장세를 보이긴 했지만 여전히 투자에 비해 수익은 초라했다. 게다가 얼마 전 인터넷 거품이 붕괴하면서

52

추락한 기업의 주가는 반등의 기미를 보이지 않았다. 아모트는 당시의 상황에 대해 이렇게 털어놓았다.

> 뜻대로 되는 일이 하나도 없었습니다. 7년간 그룹의 모든 분야에서 막대한 손실이 이어졌죠. 거품이 붕괴되면서 노르웨이 돈으로 2억 크론에 달하는 엄청난 손실을 봐야 했습니다. 전적으로 제 책임이었고요. 이사회에서는 일부 사업을 접어야 한다는 의견이 팽배했어요. 다들 제가 책임지고 물러나기를 바라는 눈치였습니다.

단 한 사람, 십스테드의 최대 주주인 티니우스 나엘-에릭센Tinius Nagell-Erichsen의 지지 덕분에 아모트는 해임을 면할 수 있었다. 하지만 위기가 사라진 것은 아니었다. 명확한 인터넷 사업 전략을 제시해야 한다는 압박감이 경영진을 짓누르고 있었다.

인터넷의 위협에 맞서 고전하던 인쇄 매체 기업은 십스테드만이 아니었다. 전 세계 수백 개에 달하는 신문사가 삽시간에 퍼지는 인터넷의 불길에 휩싸였다. 2001년에 〈뉴욕타임스The New York Times〉는 인력의 9퍼센트 감원을 발표했다. 2001년과 2006년 사이에 기업 가치가 반토막 났고, 2016년에는 손실이 75퍼센트를 넘어섰다. 〈워싱턴포스트The Washington Post〉는 편집보도국 인원을 25퍼센트 감축했으며, 〈보스턴글로브Boston Globe〉 역시 감원을 피해갈 수 없었다. '누가 신문을 죽였나?'(〈이코노미스트The Economist〉, 2006), '고전 미디어의 몰락을 애도하며'(〈뉴욕타임스〉, 2008) 등의 제목을 단 기사들이 쏟아져 나왔다.

이런 혼란의 와중에 오슬로에서는 뜻밖의 상황이 펼쳐졌다. 2003년을 기점으로 십스테드가 온라인 사업에서 수익을 거두기 시작한 것이다. 초반에 미미했던 이익은 점점 늘어났다. 2006년에는 온라인에서 거둬들인 이익이 그룹 전체 이익의 35퍼센트를 차지할 정도로 불어났다. 초반에 불안한 모습을 보였던 십스테드는 놀라운 반전을 이뤄내며 성공의 탄탄대로를 달렸다. 〈이코노미스트〉에 따르면 2006년에 '비참한' 결과를 기록한 대부분의 서방 신문사들과 달리 십스테드는 온라인 사업에서 이익을 창출하며 '극히 예외적인' 성공을 거두었다. 2011년 십스테드는 그룹 전체 이익의 60퍼센트에 해당하는 2억 2,000만 달러의 이익을 온라인 사업부가 거둬들였다고 발표했다.

중국의 가상공간을 거머쥔 진격의 거인

오슬로에서 남동쪽으로 9,700킬로미터 떨어진 곳에, 중국에서 가장 빠른 성장을 거듭하는 도시 선전深圳이 있다. 30년 전만 해도 수천 명의 주민들이 농사와 고기잡이를 주업으로 살아가던 마을이 어느새 인구 1,100만 명을 자랑하는 대도시로 탈바꿈했다. 선전은 1979년 경제특구 지정을 시발점으로 발전의 시동을 걸었다.

이제 선전은 제조업의 중심축이자 중국 남부의 금융 중심지일 뿐만 아니라 세계적으로 유명한 그룹 화웨이Huawei와 ZTE의 본사가 자리 잡은 곳이기도 하다. 비록 발전을 이루고 유명 기업들을 유치하는 데 외부의 도움을 받고는 있지만 이 도시가 지닌 진정한 자부심은 따로 있다. 선전이 배출한 기업인 마화텅馬化騰과 장즈둥张志东이 설립한 기업의 본사가 선전에 있다는 사실이다.

1988년 선전대학 컴퓨터공학과를 졸업한 두 젊은이는 중국의 인터넷 붐을 타고 텐센트Tencent라는 기업을 설립했다. 처음에는 지역 통신 기업과 무선 호출기 센터에 서비스를 제공하면서 평범하게 출발했다. 중국의 여느 스타트업과 마찬가지로 이들도 서양 기술을 모방하여 제품 개발에 나섰다.

결과는 매우 좋았다. 텐센트가 선보인 첫 작품은 무료 인스턴트 메시징instant messaging(이하 'IM') 서비스인 OICQ였다. 이는 AOLAmerica Online.Inc.의 메신저 프로그램 ICQ(I Seek You를 소리 나는 대로 표기한 것)를 거의 똑같이 베껴 만든 것이었다. 하지만 텐센트는 모방에만 그치지 않았다. OICQ는 사용이 간편한 통신 플랫폼을 유지하면서 대화방과 모바일 서비스의 기능을 추가했다. 서비스를 선보인 지 3년 후 OICQ는 QQ로 이름을 바꾸었고 5,000만 명 이상이 사용하는 중국 최대의 메신저 서비스로 자리 잡았다. 그러자 텐센트가 그랬듯 이들을 모방하는 기업들이 줄을 이었다.

IM은 수익 창출이 매우 힘든 사업이다. 많은 기업들이 도전했다 실패를 맛본 분야다. 텐센트가 중국의 다른 스타트업 기업보다 시장 진출 시기가 빠른 건 아니었다. 하지만 대부분의 벤처기업들이 고전을 면치 못하는 상황에서 텐센트는 그 유명한 펭귄 마스코트를 앞세운 IM을 발판으로 활발하게 사업 영역을 확장해나갔다. 소셜 네트워크 사이트, 검색 포털, 모바일 플랫폼, 혼자 또는 여럿이 할 수 있는 게임, 마이크로블로깅 서비스까지 다각도로 손을 뻗쳤다.

가장 최근에 출시한 제품 위챗WeChat은 음성 채팅(스카이프Skype와 유사한), 사진 공유(인스타그램Instagram과 유사한), 소셜 네트워크(페이스북Facebook과 유사한), 전자상거래(아마존Amazon과 유사한), 그룹 메시징, 워키토키까지 모든 기능을, 그것도 무료로 제공하는 모바일 앱이다. 오늘날 10억 명이 넘는 중국인이 휴대전화, PC, 인터넷 카페를 통해 텐센트의 제품과 서비스를 이용하고 있다.

여느 전자상거래 사이트와 마찬가지로 텐센트에서도 소비자들은 의류, 애완동물, 식품 등을 구입할 수 있다. 하지만 단 하나 명심해야 할 점이 있다. 텐센트 제품은 기업이 만든 가상 화폐 'Q 코인'을 사용해 구매하는, 온라인상에만 존재하는 가상 재화virtual goods라는 사실이다.

비록 가상의 제품을 판매하고 있지만 현실에서 텐센트의 재무 상태는 상상을 초월한다. 2015년에 거둔 수익 160억 달러는 페이스북과 맞먹는 수준이며 링크드인LinkedIn과 트위터Twitter의 이익을 합친 금액의 3배가 넘는 액수다. 2015년 기준, 텐센트는 시가총액 2,000억 달러를 넘어서면서 구글Google, 페이스북, 알리바바Alibaba에 이어 세계에서 가장 가치 있는 인터넷 기업 4위에 올랐다.

모두가 악전고투할 때 스칸디나비아의 신문사는 어떻게 온라인 사업에서 수익원을 찾아냈을까? 텐센트가 무료 IM 서비스라는 초반의 혹독한 시련을 넘어서고, 이를 디딤돌 삼아 향후 15년간 엄청난 제품 다각화에 성공할 수 있었던 비결은 무엇일까? 어떻게 가상 세계에서만 존재하는 제품을 사용자가 구매하도록 만들 수 있었을까?

그리고 이 두 가지 사례가 전하는 교훈을 우리는 어떻게 활용할 수 있을까?

얼핏 보면 십스테드와 텐센트 사이에는 아무런 연관성이 없어 보인다. 한 기업은 서양 선진국에, 다른 기업은 동양의 신흥경제국에 사업의 발판을 두고 있다. 하나는 전통적 미디어 기업이고 다른 하나는 디지털 스타트업이다. 한쪽은 언론계에서 30년 이상 잔뼈가 굵은 임원들이, 다른 쪽은 인터넷 말고는 아는 것이 없던 30대들이 운영했다. 하지만 두 이야기 사이에는 불가분의 관계가 있다.

두 이야기를 묶는 연결 고리는 뛰어난 품질도 아니고 혁신적인 제품을 먼저 선보이는 능력도 아니다. 사용자들의 연결 관계를 알아내고 관리하는 능력이다. 미디어, 기술, 인터넷 기업에게 사용자 연결 관계라는 원칙은 너무도 중요하다. 하지만 이 원칙을 제대로 이해하는 기업은 거의 없다.

이 개념에 대해 알아보기 위해서 다시 신문 얘기로 돌아가 보자.

소매 광고 vs. 안내 광고

멸종위기에 놓인 신문사의
진짜 문제

신문사는 멸종위기에 처한 동물이나 다름없는 듯하다. 흔히들 말하는 이유는 뻔하다. "독자들이 온라인으로 옮겨가고 있으니까!" 왜 안 그렇겠는가? 온라인 뉴스는 대부분 무료다. 언제, 어디서나 접속이 가능하다. 새로운 정보가 계속해서 올라오고, 자기가 원하는 내용만 골라 볼 수 있다. 다른 사람과 교류할 수도 있고 정보를 찾아볼 수도 있다. 디지털 버전이 이렇게 월등한 우위를 점하는 분야가 신문 말고 또 있을까 싶을 정도다. 이런 이유들로 뉴스 산업은 막심한 피해를 입고 있다.

아니, 그렇지 않다. 사실은 다르다. [그림 2]는 미국의 가구당 신문 구독률이 지속적으로 하락하고 있다는 걸 보여준다. 줄어드는 각도를 보니 정신이 번쩍 들 정도로 놀랍기도 하고, 한편으로는 인터넷 때문이니 당연하다는 생각도 든다. 그런데 [그림 3]은 똑같은 자료지만 가로변에 연도를 기입한 그래프다.

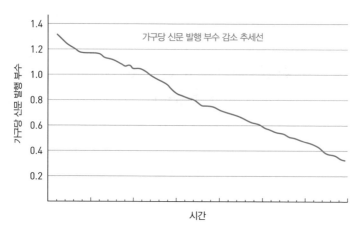

그림 2 | 시간의 흐름에 따른 가구당 신문 발행 부수

구글의 수석 경제학자 할 베리언Hal Varian이 미국신문협회에서 제공한 미국 내 모든 신문의 발행 부수를 토대로 작성한 자료

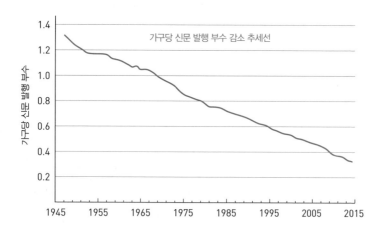

그림 3 | 시간의 흐름에 따른 가구당 신문 발행 부수

1947년부터 2007년까지의 자료는 베리언이, 2008년부터 2014년까지의 자료는 저자가 작성함.

독자 수의 감소를 디지털의 영향 탓으로만 돌릴 수는 없다. 독자 수는 60년 전부터 차츰 감소해왔으니 말이다.

1950년대 라디오와 뉴스 방송이 등장하면서부터 시작된 독자 수 감소는 1960년대 텔레비전 방송망의 출현 이후에도 계속 이어졌다. 1980년대 케이블 TV가 등장하고 뉴스 채널이 247개로 늘어난 이후로는 독자 수 감소가 멈출 줄 몰랐다. 요지를 말하자면, 인터넷이 신문에 끼친 영향이 그 이전의 다른 요인들이 끼친 영향보다 크다고 단언할 수 없다는 것이다.

신문이 지닌 진짜 문제점은 다른 곳에 있다. 그중 하나가 종이 신문들의 비용 구조다. 신문의 제작과 유통에 들어가는 비용은 대부분, 경제 용어로 '고정비fixed costs'다. 고정비는 독자 수에 관계없이 발생한다. 기자, 인쇄 시설, 관리와 유통 등의 경상비, 즉 기사를 쓰고 신문을 인쇄해서 독자의 집 앞에 배달하기까지 연속적이고 반복적으로 일정 경비가 지출된다는 말이다.

성장 단계에서는 고정비가 아무 문제가 되지 않는다. 독자 수가 수천 명만 늘어나도, 추가로 들어가는 비용에 큰 변화는 없으니 수익은 껑충 뛴다. 독자 수가 많아지면 1인당 들어가는 고정비 부담이 줄어드는 셈이다. 하지만 같은 이유로 독자 수가 하락하는 단계에서 고정비는 엄청난 고통을 안겨준다. 독자 수가 3퍼센트만 감소해도 이익은 바로 손익분기점을 위협할 정도로 떨어진다.

이렇게 보면 인터넷 시대를 맞아 신문사가 고전하는 이유가 고정비용 때문이라는 설명이 그럴듯하다. 하지만 정말 그럴까? 1950년 이후 1970년대까지는 가구당 구독률은 줄어들었지만 인구가 늘어난 덕분에 전체 구독률은 크게 줄어들지 않았다. 그러다가 인구 증가 속도가 줄어들기 시작할 무렵인 1980년대에는 신문의 전체 구독률 도 줄어들었다. 그래도 상황이 그리 나빠진 않았다. 많은 신문사들이 구독료를 인상함으로써 구독자 수 감소를 상쇄했기 때문이다. 상위 25위 안에 드는 신문사들은 지난 20년 동안 평균적으로 구독료를 50 퍼센트 인상했다. 이 덕분에 1994년부터 2014년까지 독자 수가 감 소했는데도 신문 판매 수익은 증가했다. 그러니 고정비가 신문이 겪 는 위기의 주범이라고 할 수도 없다. 주요 원인은 다른 데 있는 것이 틀림없다.

그렇다면 금세 드러나지 않으면서도 훨씬 더 중요한 역할을 하는 진짜 원인에 접근해보자. 진짜 문제점은 콘텐츠나 비용 구조가 아니 라 연결 관계와 관련이 있다. 신문의 광고 구성이 바로 그것이다.

대부분의 신문에 실리는 광고는 크게 두 가지로 볼 수 있다. 하나 는 소매 광고retail ad(《뉴욕타임스》의 3면을 거의 독차지하다시피 하는 메이 시스Macy's 광고)이고, 다른 하나는 안내 광고classifieds ad(신문 뒤편으로 밀 려난 자동차 광고, 구인 광고, 부동산 광고)이다.

1994년에서 2008년까지, 신문의 소매 광고가 약간 증가하는 동 안 안내 광고는 20퍼센트 감소했다. 신문사의 수익이 최고조에 달했 던 2000년 이후로 이 차이는 더욱 극명해진다. 2000년부터 2010년 사이에, 미국 신문의 안내 광고 수익이 자그마치 75퍼센트나 감소했 다. 39퍼센트 줄어든 소매 광고에 비해 감소량이 거의 2배에 이르는 수준이다. ([그림 4] 참조)

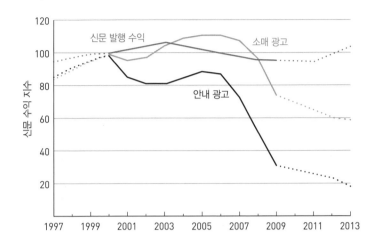

그림 4 | 시간의 흐름에 따른 신문 수익

신문 발행 수익

소매 광고

안내 광고

신문 수익 지수

120

100

80

60

40

20

1997 1999 2001 2003 2005 2007 2009 2011 2013

2000년 지수를 100으로 했을 때

안내 광고의 감소 자체가 놀라운 건 아니다. 정작 놀라운 점은 안내 광고와 소매 광고 그리고 신문 발행의 수익이 감소하는 차이다. 이 세 부분 모두 온라인이 제공하는 실시간 업데이트, 더 뛰어난 검색 능력, 더욱 다양하고 풍성한 매체 형식, 언제 어디서고 가능한 접속, 낮은 가격이라는 동일한 위협 요인에 취약하다. 그럼에도 유독 안내 광고 수익이 훨씬 더 급격한 하락세를 보였다. 이 내용을 정리한 다음 페이지의 표([표 1])를 참조하기 바란다.

왜 안내 광고 부분만 날개 없는 추락을 거듭하는 것일까? 신문 판매 수익은 그렇지 않은데 말이다. 해답은 사용자 행동에서 찾을 수 있다.

표 1 | 부분별로 신문에 가해지는 온라인의 위협

	뉴스	안내 광고
실시간 업데이트	위협	위협
검색 용이성	위협	위협
뛰어난 다양성	위협	위협
매체 형식	위협	위협
시간, 장소를 불문한 접속	위협	위협
낮은 가격	위협	위협
이익 감소	미미함	중대함

독자는 뉴스가 궁금할 때 자기에게 가장 알맞은 소식을 제공하는 뉴스 사이트를 찾는다. 하지만 안내 광고를 읽는 '구매자'는 광고 수가 가장 많은 곳을 찾는다. 즉 뉴스의 경우 품질과 특징이 의사 결정의 기준이 되지만, 안내 광고는 상품을 홍보하는 광고주의 수가 가장 중요한 의사 결정 요인이 된다.

이 간단한 차이가 엄청난 결과를 초래한다. 수입 창출 면에서 뉴스의 경제학은 독자들을 한 명씩 끌어들이는 방법에 의존한다. 반면, 안내 광고의 경제학은 구매자와 판매자 사이의 연결 관계라는 이론을 바탕으로 한다. 이는 결과물이 원인이 되어 더욱 증폭된 결과를 불러오는 양성 피드백 고리positive feedback loops에서 비롯된다. 전문용어로는 네트워크 효과network effect(특정 상품에 대한 소비자의 수요가 모여 네트워크를 형성하고 이는 또 다른 사람들을 불러들이는 효과를 발휘함 - 옮긴이)라 한다. 광고가 많으면 많을수록 더 많은 구매자를 끌어들인다. 그리고 많아진 구매자는 더 많은 광고를 끌어들인다. 정리하자면 신문 뉴스와 온라인 뉴스 사이의 구독 결정은 독자 한 명 한 명이 개별적으로 하는 선택으로 이뤄진다는 것이다. 반면 신문 안내 광고와 온라인 안내 광고 중 어느 쪽을 선택하느냐는 많은 이들의 선택을 바탕으로 이뤄진다.

그 결과 뉴스 전쟁에서는 기업의 규모가 아무리 커도 시장의 독자들과 일대일로 싸워야 한다. 안내 광고 전쟁에서는 양성 피드백 고리의 힘을 받은 선도자가 점점 더 많은 시장점유율을 차지하다가 결국엔 전체 시장을 차지하게 된다.

이는 결국 구글이나 CNN.com, 뉴스 블로그를 포함한 모든 온라인 뉴스가 신문의 진짜 위협이 아니라는 뜻이다. 실제로 신문 독자들이 온라인으로 옮겨가는 속도는 상당히 느리다. 인터넷 시대가 열리고, 1994년부터 2006년까지 첫 13년 동안은 〈뉴욕타임스〉 독자의 평균 감소율이 7퍼센트였다. 감소율이 1년에 0.5퍼센트에 불과했다. 그러나 80년 만에 최악의 불황을 겪었던 2008년부터 2011년까지의 기간을 포함하면 1년당 감소율이 약 1.5퍼센트까지 상승한다. 다른 말로 하자면, 인터넷 시대를 맞아 매년 〈뉴욕타임스〉 독자 100명 중 한두 명이 떠났다는 말이다. 다른 주요 일간지의 상황도 별다르지 않다.

신문을 위협하는 주범은 바로 구직사이트 몬스터닷컴Monster.com, 온라인 벼룩시장 크레이그리스트Craigslist, 트레이더 온라인Trader Online이다. 인터넷은 신문에 많은 변화를 불러왔다. 하지만 안내 광고의 피드백 고리는 예전과 달라진 게 없다. 원래 신문 혹은 뉴스를 생산하는 곳이 한 도시에 하나만 있으란 법은 없다. 하지만 피드백 고리, 특

64

히 승자가 독식하는 안내 광고의 특성 때문에 미국 대다수의 도시에 신문이 하나만 존재하는 것이다. 그리고 안내 광고가 일단 옮겨가기 시작하면 이동 속도가 급격하게 빨라지는 이유도 피드백 고리 때문이다.

뉴스의 미래를 논하는 회의에 가보라. 점점 거세지는 디지털 위협 속에서 더 많은 보조금이 필요하다는 신문사들의 아우성이 들릴 것이다. 하지만 안내 광고의 역학을 이해하고 난 뒤 이런 소리를 들으면 신문사들이 늘, 심지어 최근까지 보조금을 받았다는 사실이 진짜 문제임을 알 수 있다.

신문사의 잘못은 더 빠르게, 더 싸게, 더 나은 뉴스를 온라인으로 제공하지 못한 것이 아니다. 그런 잘못된 믿음은 콘텐츠 함정에 빠지는 지름길이다. 신문사의 진짜 잘못은 안내 광고에서 들어오는 수익을 보호하지 못한 것이고, 수익의 온라인 이동을 제대로 관리하지 못한 것이다. 또한 사용자들의 연결 관계를 잡아두는 경쟁에서 디지털보다 한 발 늦은 것이다.

이런 연결 관계의 역학을 이해하지 못하는 한 그 어떤 노력이나 창의적인 전략으로도 제대로 된 해결책을 찾지 못할 것이다. 하지만 앞으로 소개할 몇몇 기업들이 그랬듯, 그 연결 관계를 알아내기만 한다면 엄청난 성공을 거둘 수 있다.

CHAPTER 3

네트워크의 힘

콘텐츠의 힘을 믿지 말고
연결의 힘을 믿어라

네트워크 효과의 핵심은 사용자 연결이다

안내 광고의 피드백 고리는 네트워크 효과가 디지털 비즈니스에서 중요한 개념 중 하나라는 사실을 명확히 보여준다.

이 개념은 1974년 벨연구소 연구원 제프리 롤프스Jeffrey Rohlfs의 논문에 처음으로 등장했다. 그의 논문 제목은 〈통신사업을 위한 상호의 존적 수요 이론A Theory of Interdependent Demand for a Communications Service〉이었다. 롤프스는 영상 통화 서비스 시장에 관심이 있었다. 하지만 매사추세츠공과대학교 리처드 슈말렌지Richard Schmalensee 교수가 최근에 지적했듯이, 롤프스가 연구한 분야는 사실상 오늘날의 페이스북과 같다. 롤프스는 페이스북이 탄생하기 35년 전에 이미 그 분야에 관심을 가졌던 것이다.

네트워크 효과의 핵심은 사용자 연결이다. 기술 기업들이 전통적 기업들과 다른 행태를 보이는 듯한 이유도, '공짜' 모델, 빠른 성장, 신속한 시제품화에 그토록 집착하는 이유도 모두 네트워크 효과 때문이다.

네트워크를 갖춘 제품과 그렇지 않은 제품을 비교해보면 개념을 쉽게 이해할 수 있다. 네트워크 제품이 아닌 드레스나 셔츠, 자동차를 생각해보라. 이런 제품을 고를 때는 가격, 품질, 색상, 상점 위치, 서비스 등을 고려한다. 하지만 네트워크 제품은 이런 요소들 외에 얼마나 많은 사람들이 그 제품을 구입했는지를 고려해서 구매 결정을 내린다([그림 5]). 네트워크 제품은 사용자들이 더 많을수록 더 매력적으로 다가온다. IM 서비스, 페이스북 같은 소셜 네트워크, 페이스타임 같은 영상 채팅, 언어(글로벌화되는 세상에서 영어 사용 인구가 늘어나는 걸 생각해보라), 패션(물론 사용자가 너무 많으면 매력이 떨어지기도 한다) 등을 예로 들 수 있다. 즉 네트워크 제품은 사용자가 적으면 가치도 떨어진다. 아무리 좋은 전화기나 팩스라도 당신 말고 사용하는 사람이 없다면 어떨까? 그것이 과연 가치 있는 물건일지 의문이 든다.

그림 5 | 전통적 제품과 네트워크 제품

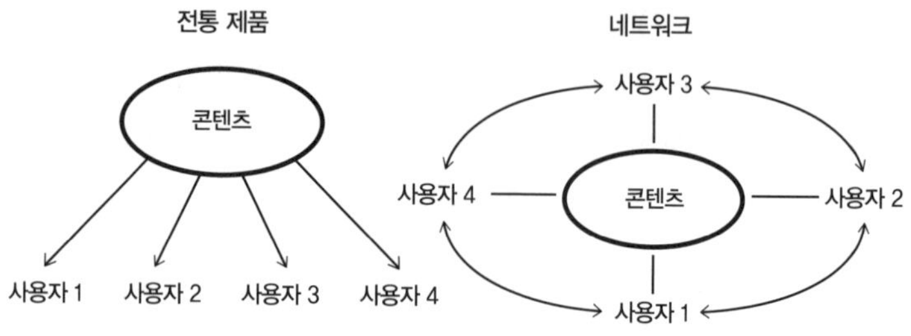

이런 차이가 얼마나 대단한 결과를 불러오는지 알고 싶다면 멀리 갈 것도 없다. 애플Apple을 보라. 그 파란만장한 역사를.

스티브 잡스의 실패가 보여주는 것

지난 10년간 유례없는 성공을 이끈 'i'로 시작하는 애플의 제품에 대해 물어보면 사람들은 뛰어난 제품, 아름다운 디자인, 멋진 마케팅이라고 답한다. 사실 미디어뿐만 아니라 의류나 호텔을 포함한 다양한 시장에서도 이 공식은 성공의 열쇠다.

하지만 애플은 개인 컴퓨터 시장에서 글로벌 리더 자리를 놓고 마이크로소프트Microsoft와 벌인 전투에서 지난 20여 년간 이 공식을 따랐다가 패하고 말았다.

1984년 맥 출시를 시작으로 애플은 운영체제를 놓고 마이크로소프트와 전면전을 시작했다. 맥은 사용이 더 간편하고 더 안정적이었다. IBM이나 휼렛패커드Hewlett-Packard, 델Dell에서 만든 기계들보다 멋졌다. 애플은 마이크로소프트보다 몇 년 앞서 그래픽 사용자 인터페이스graphical user interface(제록스를 따라함)를 도입했다. 그리고 기억에 남을 만한 광고도 제작했다. 애플이 제작한 '빅브라더' 광고는 1984년 슈퍼볼 경기중에 단 한 번 공개되고 그 이후로는 나온 적이 없다. 그런데도 광고 역사상 높은 시청률을 기록한 광고 중 하나로 남아 있다.

하지만 매킨토시 출시 후 20년 동안 애플은 전 세계 개인 컴퓨터 시장에서 지속적인 하락세를 보여주었고, 2004년에는 시장점유율이 1.9퍼센트까지 떨어졌다. 98퍼센트가 넘는 사용자들은 모두 마이크로소프트를 선택했다. 도대체 왜 그랬을까?

개인용 컴퓨터 구입을 고려하는 사용자의 주 관심사는 두 가지다. 친구, 가족, 동료 등 다른 사람과의 의사소통이나 정보 공유가 얼마나 쉬운가? 호환되는 소프트웨어 응용프로그램의 범위와 품질은 어떤가? 사실 이런 연결성이 없다면 컴퓨터는 아무 쓸모없는 물건이나 다름없다. 물론 가격이나 디자인, 색상, 마케팅도 중요한 요소다. 하지만 다른 사람들이 그 제품을 얼마나 많이 사용하고 있는지가 훨씬 더 중요하다.

개인용 컴퓨터가 처음 나왔던 당시 마이크로소프트가 누렸던 이점에 대해 말할 때면, 초기 선도자들에게 득이 되는 두 가지 유형의 네트워크 효과가 언급되곤 한다.

첫째는 사용자 대 사용자 네트워크다. 처음으로 개인용 컴퓨터를 사용하는 사람들은 맥보다 마이크로소프트에서 더 큰 가치를 느꼈다. 기존 PC 사용자의 수가 더 많았기 때문에 새로운 사용자 입장에서는 더 많은 사람들과 의사소통할 수 있으리라고 판단한 것이다. 둘째는 사용자와 응용소프트웨어 개발자 사이의 피드백 고리다. PC를 선택하는 사람들이 많아질수록 개발 고정비가 희석되기 때문에 개발자들이 느끼는 플랫폼의 가치도 그만큼 올라간다. 그러면 응용소프트웨어가 많아지고 더 많은 사용자들을 끌어들이게 된다. 그리하여 강력한 '간접적' 또는 '양측 교차 cross-side' 네트워크 효과가 발생한다.

직접적 네트워크 효과는 비슷한 사용자들의 연결에서 발생한다.

이것은 질문 하나면 이해가 가능하다. 특정 제품을 구매하고 그것을 사용하는 사람들이 많아질수록 그 제품의 가치는 올라가는가? 간접적 네트워크 효과는 서로 다른 유형의 사용자와 공급자 사이의 연결에서 발생한다. 고객과 응용소프트웨어 개발자가 이에 해당된다. 이역시 질문 하나로 알 수 있다. 공급자 또는 한 유형의 사용자 수가 늘어날수록 다른 유형의 사용자가 느끼는 가치가 올라가는가? ([그림 6] 참조)

그림 6 | 직접적 네트워크 대 간접적 네트워크 효과

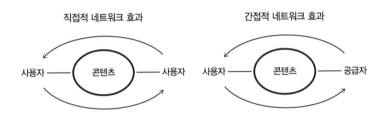

안내 광고에서 보았듯이 간접적 네트워크 효과도 직접적 네트워크만큼이나 강력하다. 수집가 제품 부분의 시장에서 이베이eBay가 누리는 이점에 대해 생각해보자. 이베이에서 특정 제품에 대한 잠재고객이 많아질수록 판매자는 다른 사이트보다 이베이에 물건을 올릴 확률이 높아진다. 그러면 이베이 사용자들의 선택의 폭과 깊이는 더 넓고 깊어진다.

직접적이든 간접적이든 네트워크 효과는 그것 하나만으로도 기업에 큰 성공을 안겨줄 수 있다. 마이크로소프트는 두 가지를 모두 챙겼다. 반면에 지난 세기 최고의 제품 설계자라고 불리는 스티브 잡스

Steve Jobs는 시장의 3퍼센트만을 차지했다.

애플과 마이크로소프트의 대결은 개인용 컴퓨터 시장에만 영향을 끼친 것이 아니다. 네트워크 효과 연구에도 상당한 영향을 끼쳤다. 롤프스가 연구했던 '상호의존적 수요', 즉 양성 사용자 연결은 해당 분야에서 폭발적인 관심을 끌었다.

1980년대 기술경제학을 연구하던 2명의 프린스턴대학교 조교수 칼 셔피로Carl Shapiro와 마이클 카츠Michael Katz는 이 분야의 발전에 많은 공헌을 했다. 최근에 셔피로는 이런 말을 했다. "개인용 컴퓨터가 막 인기를 끌던 시절이었어요. 이건 VHS video home system와 베타맥스의 대결을 잇는, 새로운 플랫폼 전쟁이었습니다. 네트워크에 대해 따지기 시작하면 전화까지 거슬러 올라갑니다만, 개인용 컴퓨터는 플랫폼 경쟁의 새로운 장이 열리고 있다는 걸 보여준 겁니다."

셔피로를 비롯한 여러 사람이 산업 조직에 관해 연구하면서 그 영향은 사법부에도 미쳤다. 사법부는 네트워크 시장을 위한 독점 금지정책을 마련하는 노력을 기울였다. 그리고 새로운 용어 탄생에도 영향을 끼쳤다. 호환성, 역학, 개방성 같은 용어들이 기사에 실리기 시작했다. 최근에는 디지털 미디어 비즈니스의 성공을 의미하는 단어에도 변화가 생기고 있다. 제품 품질과 창조적인 마케팅 같은 용어가 네트워크, 커뮤니티, 대화 같은 단어에게 자리를 내어준 것이다.

기술과 마찬가지로, 미디어에서도 성공에 필요한 요소로서 콘텐츠의 입지는 점점 줄어드는 반면에 연결 관계의 중요도는 점차 올라가고 있다.

꼭 알아야 할 네트워크의 기본 지침 네 가지

네트워크 효과(네트워크 외부성network externalities이라고도 함)에서는 사용자 간의 연결이 중요하다. 의사소통, 공유, 소셜 같은 요소들이 성공을 결정짓는 단어가 되면서 디지털 시장 어디에서나 네트워크 효과를 볼 수 있다. 기업이 이에 대해 지속적으로 배워나가면서 다음의 네 가지를 마음에 새긴다면 더욱 좋은 결과를 얻을 수 있을 것이다.

제품의 품질로 이기려 할 필요가 없다

두 기업이 서로 아주 다른 접근방식을 사용해 맞대결을 펼친다고 상상해보자. 한 곳은 뛰어난 제품, 멋진 디자인, 쉬운 사용법 등을 고안하는 데 초점을 맞추고 있다. 다른 곳은 자신만의 혁신적인 기술보다는 재빠른 모방에 의존하면서 외관상 투박하고 어딘가 이상해 보이는 제품을 마구 찍어낸다. 두 번째 기업의 방식으로는 도무지 이길수 있을 것 같지가 않다. 그러나 이길 수 있다.

이것은 애플과 마이크로소프트가 벌인 PC 전쟁 방식을 간략하게 설명한 것이다. 그렇다고 마이크로소프트의 임원들이 품질 향상과 혁신을 일부러 게을리했다는 뜻은 아니다. 단지 우선순위를 다른 곳에 두었다는 말이다. 1994년 초 빌 게이츠Bill Gates는 자신의 전략을 한마디로 표현했다. "우리는 네트워크 외부성으로 기회를 찾는다."

마이크로소프트는 일단 시장점유율에서 1위에 올라서자 최종 소비자에게는 사실상 아무런 판매 노력도 기울이지 않았다. 기존 고객들이 새로운 고객을 끌어모으는 영업자 역할을 해주었기 때문이다. 애플과 마이크로소프트의 대결은 결국 끊임없는 노력 대 투자비용 대비 가치의 차이라 할 수 있다. 네트워크의 이점이 없는 제품은 품질 향상을 위해 파격적인 노력을 기울여 비용을 절감할 수 있는 제품 특성을 만들어내야만 한다. 네트워크 제품의 경우는 일단 선두에 올라서면 느긋이 앉아서 들어오는 돈만 세면 그만이다. 제품의 품질이 향상되지 않아도 더 많은 사람들이 사용에 동참하기 때문이다.

네트워크 시장에서는 네트워크 효과가 제품 특징을 압도한다. 크레이그리스트는 모든 라이벌을 제쳤고, VHS는 베타맥스와의 싸움에서 이겼다. 이들이 이길 수 있었던 이유는 우수한 제품을 생산해서가 아니다. 더 높은 네트워크 점유율을 서둘러 차지했기 때문이다. 징가 Zynga가 제공하는 팜빌 FarmVille과 시티빌 CityVille 또는 최근 모장 Mojang이 만든 마인크래프트 Minecraft 같은 소셜 비디오게임을 보라. 그래픽이나 3D 기능성이 뛰어나지도 않고 온 정신을 빼앗길 만큼 재미있지도 않다. 일렉트로닉 아츠 Electronic Arts의 매든 NFL이나 블리자드 엔터테인먼트 Blizzard Entertainment의 월드 오브 워크래프트 World of Warcraft와 비교해보면 암울한 수준이다. 하지만 징가의 두 제품은 출시 몇 달 만에 각각 1,000만 명 이상의 사용자를 끌어모았다. 이는 일렉트로닉 아츠와 블리자드가 몇 년에 걸쳐 이뤄낸 일이다. 게다가 모장의 마인크래프트는 역대 비디오게임 판매에서 2위까지 올랐다. 징가와 모장 둘 다 완벽한 게임 제작에서 성공을 찾지 않았다. 게임의 네트워크화에서 성공의 기회를 발견했다.

여전히 수많은 디지털 미디어 관리자들이 연결 관계를 관리하고 찾아내는 대신에 제품 자체로 고객들에게 다가가려 한다는 사실이 놀라울 따름이다. 미디어 소비가 늘 사회적인 요소에 의해 이뤄졌다는 사실을 안다면 더욱 그렇다.

2006년 사회학자 매슈 샐거니크Matthew Salganik와 덩컨 와츠Duncan Watts는 다른 사람들의 선택이 개인의 음악적 취향에 영향을 끼치는지 알아보기 위해 온라인으로 특이한 실험을 했다. 참가자들은 무명의 밴드가 연주하는 48곡의 노래를 듣고 마음에 드는 노래를 다운로드할 수 있었다. 연구원들은 실험 초반에 참가자들에게 각각의 노래를 얼마나 많은 사람들이 다운로드했는지 알려주었다. 실험 결과, 노래의 다운로드 정보가 참가자의 취향에 영향을 준 것으로 드러났다. 많이 다운로드했다고 알려준 노래일수록 참가자들이 많이 다운로드한 것이다.

하지만 그 결과만으로 다른 사람의 선택이 취향에 영향을 준다고 확신할 수는 없었다. 어쩌면 참가자들이 비슷한 취향을 지니고 있었는지도 모르기 때문이다. 그래서 실험 방식을 바꿔보았다. 연구원들은 노래의 다운로드 정보를 거꾸로 바꿔 참가자들에게 보여주었다. 실제 다른 사람들이 가장 적게 다운로드한 48위 노래를 1위로, 두 번째로 다운로드를 적게 받은 47위 노래를 2위로 뒤바꿔 참가자들에게 보여준 것이다. 결과는 인상적이었다. 실제로는 가장 인기가 없었던 곡들을 참가자들은 훨씬 더 많이 듣고 다운로드했다. 단지 그 노래의 인기 순위가 높다고 생각했기 때문이다. 더욱 흥미로운 점은, 참가자들이 실제로 인기 있는 곡을 다운로드한 횟수보다 실제로는 인기 없는 곡을 다운로드한 횟수가 더 많다는 사실이다. 그 효과는 장기간

지속되었다.

음악 청취자 개인의 고유한 취향이 사회적 효과에 의해 눌린 것이다. 샐거니크와 와츠는 노래 실험을 통해 애플이 마이크로소프트와의 전투에서 배워야 할 점을 제시했다. 중요한 것은 콘텐츠가 아니라 사용자 간의 연결 관계라는 점 말이다.

스콧 쿡scott Cook은 기술 분야에서 전문가 중의 전문가라 할 수 있는 인물이다. 실리콘밸리 기업가들이 걸음마를 시작하던 30년 전에 그는 이미 재무관리 소프트웨어 분야의 거인 인튜이트Intuit를 공동 설립했다. 사업과 기술 측면에서 모르는 게 없다고 봐도 무방할 정도였다. 전자상거래 분야에서 우위를 차지하기 위한 경쟁을 바로 옆에서 관전하기 전까지는 아마 그 스스로도 그렇게 생각했을 것이다.

1990년대 말, 이베이가 온라인 옥션에서 부동의 1위를 차지하고 있을 때 야후Yahoo와 아마존은 자신만의 옥션 서비스로 이베이에 도전장을 내밀기로 결심했다. 당시 야후는 웹상에서 가장 많은 데이터 전송량을 자랑하는 홈페이지를 지닌 인터넷 강자였고, 이를 기반으로 새롭고 인상적인 디자인으로 무장한 야후 옥션 사이트를 홍보했다. 전자상거래 분야의 거인이었던 아마존은 구매자와 판매자가 무료로 거래할 수 있는 옥션 서비스를 제공했다(반면에 이베이는 수수료를 부과했다). 쿡은 이베이와 아마존 양쪽의 이사회에 참여했는데, 그는 그날 일에 대해 내게 이렇게 말했다.

아마존 CEO 제프 베저스Jeff Bezos가 내게 전화했고, 벤처 투자가 존 도어John Doerr도 아스펜에서 비행기로 날아와서 함께 저녁식사를 했습니다. 그 자리에서 베저스가 아마존 옥션을 시작하겠다고 하더군요. 그러면서 내게 이베이 이사회를 그만둬야 할 거라고 했습니다. 이베이는 역사의 뒤안길로 사라지게 되어 있다면서요. 다른 업계였다면 충분히 가능성 있는 일이었지요. 아마존 같은 업계 최대 경쟁자가 자신의 제품을 모방해서 기술적으로 더 좋게 만든 다음 공격적인 홍보를 하고, 심지어 무료로 제공하겠다고 하니 말입니다. 그런데 지금 어떻습니까? 아마존이나 야후나 마치 시작도 하지 않은 것 같지 않습니까?

결론을 말하자면 야후 옥션은 문을 닫았다. 아마존의 첫 옥션은 실패했다. 아마존은 나중에 마켓플레이스Marketplace라는 이름으로 옥션을 재개장했고 잘 운영했지만, 독립된 옥션 비즈니스로서의 모습은 결코 보여주지 못했다. 쿡은 이 경기에 대한 자신의 관전 소감을 이렇게 밝혔다. "모든 결과는 네트워크 효과 때문이었어요. 네트워크 효과라는 것이 내가 여태 보았던 그 어떤 것보다 심오한 의미를 담고 있다는 결론을 내릴 수밖에 없더군요."

대단한 제품과 우수한 콘텐츠로 성공할 수 있다는 믿음은 미디어 세계만의 이야기가 아니다. 쿡은 인터넷 초기 시절을 떠올리며 이렇게 말했다. "1994년이나 1995년에 개인용 컴퓨팅 기술 학회에 가보면 모두가 웹이란 것에 집중했어요. 그때는 누구나 콘텐츠가 왕이라고 믿었지요."

업계 전문가들은, 전 세계 어디로 가든 웹이 유통비용을 완전히 무료로 만들어줄 것으로 내다보았다. 그리고 콘텐츠 소유주가 인터넷을 지배하리라 예상했다. 콘텐츠라는 자산은 희귀하기 때문이다. 하지만 쿡은 이렇게 설명한다.

> 예상이 180도 빗나간 듯합니다. 많은 돈을 벌고 대성공을 거두고 엄청나게 많은 사용자들을 끌어모은 건 대체로 콘텐츠 없이 시작한, 또는 콘텐츠를 만들어내려고도 하지 않은 기업들이었으니까요. 사람들은 야후를 조롱하며 이렇게 말했었죠. "잠깐만, 그냥 다른 사이트로 이동하기 위해서 당신네 사이트로 사람들이 몰릴 거란 말입니까? 그런 멍청한 생각을 하다니!"

하지만 야후는 콘텐츠를 소유한 그 어떤 기업보다 큰 성공을 거두었다. 그리고 구글과 페이스북을 비롯해 다른 기업들이 그 뒤를 이었다.

다음에 인용한 쿡의 말이 바로 콘텐츠 함정에 관한 설명이다. 그는 솔직하게 자신의 견해를 밝힌다.

> 콘텐츠는 귀신입니다. 콘텐츠는 당신이 고객들을 즐겁게 해줄 무언가를 만들 수 있다고 유혹합니다. 당신으로 하여금 사용자가 기여하는 부분을 무시하게 만들죠. 콘텐츠에 사로잡힌 사람들은 자신만의 콘텐츠에 빠져들어요. 어떻게 하면 세계에서 가장 뛰어난 콘텐츠, 즉 사용자 누구나 참여해 만들어낼 수 있는 콘텐츠를 얻을 수 있을지 생각해야 하는데 말입니다.

네트워크는 실수에서 당신을 보호해준다

조직이 직면하는 큰 어려움 중 하나가 신기술, 경쟁력, 빠른 변화에 뒤처지지 않고 따라가는 일이다. 때문에 주위에서는 조직이 더 빠른 속도로 혁신해야 한다고들 한다. 네트워크 효과는 이런 선입견을 가볍게 뒤집어놓는다.

앞서 보았듯이 네트워크 효과는 시장에서 승리를 안겨주는 원동력이다. 그리고 네트워크 전투에서는 패색이 짙은 자들의 반격이나 역전을 쉽게 허락하지 않는다. 2010년에 구글은 페이스북과 겨루겠다며 소셜 네트워크 구글플러스Google+를 시작했다.

구글플러스를 사용해본 사람들은 단체 영상 채팅, 개인 공간, 그리고 위치 공유, 전체화면 HD 등의 혁신적인 기능에 박수를 보냈다. 하지만 구글플러스는 기존 사용자의 수가 부족하다는 문제가 있었다. 한 사용자는 이렇게 말했다. "계속 같은 문제를 겪습니다. 샌드박스 게임을 하고 싶은데, 참가자가 저 말고는 없어요."

2년이 지난 후, 페이스북은 구글플러스보다 훨씬 더 많은 가입자를 끌어모았고 적극적인 사용자가 거의 2배 이상 늘어났다. 페이스북은 구글플러스와의 격차를 더욱 벌리며 네트워크 시장에서 우위를 지켰다.

스마트폰 운영체제에서는 마이크로소프트의 윈도우 8이 애플의 iOS와 구글의 안드로이드보다 종종 높은 평가를 받는다. 그럼에도 개발자 네트워크의 부재로 마이크로소프트의 혁신적인 노력은 제대로 영향력을 발휘하지 못했다(애플은 20여 년 전 똑같은 경험을 통해 교훈을 얻었다). 온갖 노력에도 불구하고 마이크로소프트의 스마트폰 시장점유율은 2012년 2퍼센트에서 2015년 2.7퍼센트로 증가한 게 다였다.

이런 이유 때문에, 지속적인 혁신보다는 네트워크 효과가 경쟁 압박과 조직의 실수에서 당신을 보호해줄 가능성이 더 크다. 지난 10년간 마이크로소프트만큼 새로운 기업들과 경쟁업체들에게서 많은 도전을 받고 어려움을 겪은 기업은 없다. 모바일 기기와 운영체제, 소셜 네트워크, 검색, 전자상거래, 광고 등 각 시장의 선두는 다른 기업들이 차지했다. 마이크로소프트가 새로 선보인 제품에 대한 반응은 미지근했다. 여러 번의 구조조정을 거치기도 했다. 그렇게 거품처럼 사라져버릴 수도 있었다. 하지만 마이크로소프트는 2016년 기준으로 세계에서 가장 가치가 높은 기업으로 자리를 지키고 있다. 이것이 바로 네트워크의 힘이다.

운영체제와 응용프로그램 부분에서도 마찬가지다. 어느 누구도 마이크로소프트가 지닌 강력한 네트워크의 힘을 꺾지 못했다. 역으로 2002년부터 2016년까지, 애플은 역사상 그 어떤 기업도 이루지 못한 5,000억 달러 이상의 시장 가치를 창출했다. 하지만 개인용 컴퓨터 부분에서는 전 세계 시장점유율이 3퍼센트에서 7퍼센트로 증가했을 뿐이다. 전문가들은 윈도우를 "전 세계에서 가장 원대한 비즈니스"라고 평한다.

사람들은 종종 인터넷 기업의 성공은 창의성이 빛나는 자유를 고취하고 계급이 없는 열린 문화를 양성함으로써 성취할 수 있다고 믿는다. 하지만 네트워크가 성공 요인으로 작용할 때가 더 많다. 다시 스콧 쿡의 얘기를 들어보자.

오래전부터 제품 혁신에 있어서 중요한 화두는 과연 기업이 좋은 제품을 체계적으로 대량생산할 수 있느냐 하는 것이었습니다. 하지만 성공적인 인터넷 기업의 혁신적 능력에 대해 우리가 논해왔던 모든 것들을 볼 때, 연속적으로 혁신을 이뤄낸 기업은 거의 없습니다. 한 번의 혁신을 이뤄낸 곳이 대부분이죠. 대부분의 기업들이 아직도 집중적으로 그리고 의도적으로 제품 개발과 생산에 의존하고 있어요. 그러나 기업에게 높은 이윤을 안겨주고 경쟁사의 공격을 억제하고 상품의 제조 원가를 극적으로 낮춰줄 수 있는 것은 네트워크 효과입니다. 기업에게 영원히 지속 가능한 이점을 제공하는 것이 네트워크 효과인 것이죠.

그러나 네트워크 시장의 승자라고 해서 현실에 안주해도 괜찮다는 말은 전혀 아니다. 현실에 안주하는 건 어느 조직에나 독이 된다. 사실 조직이 살아남고 성공하려면 집착증에 걸릴 정도가 되어야 한다. 왜냐하면 네트워크 시장에서는 승자가 천국을 맛보는 동안 패자는 지옥을 맛보기 때문이다.

대부분의 신문사는 안내 광고 시장에서 점유율을 엄청나게 넘겨준 정도가 아니라 완전히 잃고 말았다. 한때 이베이는 중국 전자상거래 시장에서 80퍼센트가 넘는 시장점유율을 자랑했었다. 그런데 알리바바에 밀려 한번 하락세를 보이기 시작하더니 한없이 추락을 거듭했다. 몇 년이 지난 후 이베이의 시장점유율은 5퍼센트 이하로 떨어졌고, 중국에서 철수할 수밖에 없었다.

네트워크는 더 많은 가치와 연결을 창출할 수 있다

네트워크 제품의 내재적 기술 특성intrinsic technology property 에 대해 생각해보자. 다른 말로 하자면 관심 있는 사람들끼리 공유하는, 그들의 예측 불가능해 보이는 행위에서 발생해서 입소문으로 이어지며 얻을 수 있는 혜택 말이다. 이런 사용자 간 연결 관계는 관리자의 힘으로 어떻게 할 수 없는 그저 '자연적인 현상'으로 치부하기 쉽다. 하지만 그래선 안 된다.

2002년 아마존은 5년이라는 긴 시간을 투자한 끝에 전자상거래 시장에서 어마어마한 강점을 구축하게 되었다. 다른 전자상거래 기업들이 친사용자 플랫폼과 추천 엔진을 채택했던 것과 달리 아마존은 창고와 유통 운영을 통해 강점을 창출해냈다. 전국에 배송 센터를 짓고 최적의 배송 시간을 위해 알고리즘 개발에 투자했다. 또한 월마트Walmart를 비롯해 다른 경쟁업체에서 일하는 운영의 귀재들을 고용했다. 아마존은 그 누구보다 더 빠르게 더 싼 가격으로 미국 전역의 고객에게 제품을 보낼 수 있게 되었다. 그런데 경쟁자들과 격차를 벌이면서 앞서 나가던 그때, 아마존은 이해하기 힘든 결정을 내린다. 고객 주문 처리 과정과 창고 네트워크를 함께 사용하고 싶어하는 제3의 소매업자 누구에게나 개방하기로 한 것이다.

경쟁 우위를 차지하기 위해 그토록 열심히 노력해 이룬 결과물을 아마존은 왜 순순히 다른 이들에게 나눠준 것인가? 이런 결정은 아마존이 네트워크 효과에 대해 정확하게 이해하고 있었기에 가능했다. 아마존이 아무리 훌륭한 창고 네트워크를 구축해도 결국 다른 이들이 따라 할 것이다. 그러면 아마존이 쌓은 경쟁 우위는 사라지고 만다. 하지만 소매업 플랫폼을 만들어놓고 누구라도 아마존의 고객들에게 물건을 팔 수 있도록 허락한다면, 아마존은 경쟁에서 새로운 위치를 개척할 수 있다. 아마존은 자신만의 제품을 팔 수 있는 시장이 아니라 전체 전자상거래 시장에서 주도권을 얻어내기 위해 간접 네트워크 효과를 노렸던 것이다.

아마존은 마켓플레이스를 통해 제품 판매에서 플랫폼 소유로 전략을 바꾸었다. 오늘날 많은 기업이 '콘텐츠'냐 '플랫폼'이냐 하는 선택을 두고 고민에 빠져 있다. 신문사는 상근 기자를 두고 콘텐츠를 생산할지 아니면 다른 사람들이 생산한 콘텐츠를 종합하는 역할만 할지 고민하고 있다. 넷플릭스Netflix 와 아마존은 다른 곳에서 만든 텔레비전 프로그램과 영화의 대량 수집과 자신만의 프로그램 제작 사이에서 균형을 찾고자 노력중이다. PRX 라디오 방송 네트워크는 라디오 방송사 운영에서 라디오 프로그램 교환으로 초점을 변환했다. 독립적인 프로듀서들이 프로그램을 PRX 플랫폼에 업로드하면, 어느 방송사에서든 이를 다운로드할 수 있게 한 것이다.

2007년 페이스북은 페이스북 플랫폼을 도입했다. 이에 따라 그동안 내부적으로 개발한 제품에 치중하던 데서 제3의 개발자가 페이스북을 이용해 앱을 제공하는 플랫폼으로 전략을 바꾸었다. 다음 해에는 한발 더 나아간 플랫폼 전략을 담은 커넥트를 내놓으면서 다른 사이트의 사용자가 페이스북 친구의 정보를 외부 사이트에서 자유롭게 이용하고 댓글이나 리뷰를 업로드할 수 있도록 허용했다. 2008년 애플은 스마트폰용 앱스토어를 시작하면서 주로 애플 앱을 운영하는 기기에서 다른 앱도 운영 가능한 기기로 전략을 바꿨다.

마켓플레이스, 플랫폼, 커넥트, 앱스토어는 시장에서 고전하는 기업의 살아남기 위한 절박한 몸부림이 아니다. 디지털 시장에서 선두를 달리는 기업들의 전략적 선택이다. 제품에서 플랫폼으로 전략을 바꾸면서 얻는 이익은 엄청나다. 2004년부터 2008년까지, 아마존의 전자상거래 판매는 매년 25~30퍼센트씩 성장했다. 이는 2002년과 2003년에 비해 거의 2배에 이르는 성장률이다. 2007년부터 2015년까지, 페이스북 액티브 유저는 5,000만 명에서 10억 명 이상으로 늘어났다. 이는 플랫폼과 커넥트 출시 이전에 비해 2배나 빠른 속도다. 애플이 앱스토어를 출시하고 1주일도 채 안 돼서 아이폰 사용자들이 다운로드한 앱은 1,000만 개가 넘었다. 이 사례들에서 분명히 알 수 있다. 우수한 제품을 만드는 건 정말 좋은 일이다. 하지만 연결 관계를 활용하는 전략 구사는 그보다 더 좋은 일이다.

수년간 호텔들은 새로운 건물을 짓는 방법으로 성장했다. 하지만 에어비앤비Airbnb는 다른 길을 택했다. 방이 필요한 사람과 방을 가진 사람을 연결시켜주는 일에 중점을 두었다. 우버Uber도 방 대신 자동차를 이용했을 뿐 똑같은 방식을 택했다(우버의 경우 개인택시 사업자들과 함께 고급 차량을 이용해 프리미엄 콜택시 사업을 벌였을 때에도 꾸준한 성장세를 보이긴 했다. 하지만 운전자와 승객이면 누구나 연결시켜주는 플랫폼을 열면서 폭발적인 성장을 거두었다). 에어비앤비의 임원이 최근에 트위터에 올린 솔직하면서도 다소 과시적인 글을 보면 '제품 대 플랫폼' 전략의 명암이 여실히 드러난다. "메리어트Marriot 호텔은 올해 3만 개의 방을 더 지으려 한다. 그 정도의 객실을 우리는 2주 안에 만들어낼 수 있다."

핵심은 네트워크가 단순히 기술과 관련된 것이 아니라 창조해낼 수 있는 것이라는 점이다. 1996년에 나온 포켓몬Pokemon 카드는 그저 재밌고 귀여워 보였지만, 그 카드의 진정한 가치는 사용자 간 카드 트레이드에 있었다. 통신업체, 소액 거래 은행, 항공사 모두 사용자 개개인의 마음을 움직일 수 있는 제품과 서비스로 경쟁을 벌인다. 그러면서 '친구와 가족' 프로그램을 이용해 다수의 사용자를 겨냥하기도 한다. 〈워싱턴포스트〉의 와포랩스WaPo Labs가 개인용 맞춤 뉴스 사이트인 트로브Trove를 처음 내놓았을 때는 반응이 그닥 좋지 않았다. 하지만 페이스북과 긴밀한 협조 관계를 맺은 후에는 몇 달 안 돼서 사용자가 1,000만 명 이상 폭발적으로 늘어났다.

이미 기업들은 연결 관계를 창출해내고 있다.

네트워크 효과의 수익과 규모의 수익은 다르다

애플이 개인용 컴퓨터에서 그리고 신문이 안내 광고에서 겪었던 어려움을 이제는 많은 기업들이 직면하고 있다. 분명 네트워크가 존재하는데 기업은 그 사실을 알지 못한다. 기업들이 직면한 두 번째 어려움 역시 기업들을 헷갈리게 만든다. 그것은 네트워크 효과에 대해 눈을 뜬 관리자들이 아무데서나(네트워크 효과가 존재하지 않는 곳에서까지) 네트워크 효과를 찾는다는 것이다.

글로벌 비즈니스를 꿈꿨던 그루폰Groupon을 살펴보자. 그루폰 설립자는 오랫동안 기업이 네트워크 효과 덕을 보고 있다며 자신은 승자독식 방식을 즐긴다고 말하곤 했다. 그루폰 사용자가 늘어날수록 그루폰과 거래하려는 업자들이 많아졌고, 이는 또 더 많은 사용자를 불러들였다. 간접 네트워크 효과였다. 그리고 구매자가 많지 않으면 할인 혜택을 받지 못하므로 직접 네트워크 효과도 있었다. 그루폰은 빠른 성장을 거듭한 인터넷 기업 중 하나로 발돋움하며 네트워크 효과를 스스로 증명했다.

그루폰의 네트워크 이야기가 사실인지는 장담할 수 없다. 업자들은 그루폰 외에도 여러 사이트에 쉽게 물건을 올릴 수 있었다. 그리고 그루폰에서 혜택을 받기 위해 필요한 구매자 수가 무리할 정도로 많지는 않았기 때문에 대부분의 거래가 성립되었다. 소셜이라는 특성이 중요한 역할을 하지 않았다는 말이다. 그루폰에서 의미 있는 네트워크 효과가 나타났다기보다는 규모의 혜택을 보았다는 표현이 적절하다. 그루폰은 확장을 거듭하며, 소규모 기업들은 엄두도 내지 못할 정도로 많은 판매 인력을 고용하고 마케팅 노력을 기울였다. 하지만 그러한 노력이 기하급수적인 성장이나 승자독식의 결과를 만들어내지는 못했다. 2011년 11월 주식공개상장 이후 그루폰의 주식은 몇 달 안 돼 시가총액의 75퍼센트가 날아갔다. 그 이후 그루폰은 예전의 모습을 되찾지 못하고 있다.

이처럼 규모의 수익과 네트워크 효과의 수익을 혼동하는 문제는 흔히 발생한다. 규모의 수익은 고정비에서 나오지만 네트워크의 수익은 의사소통에서 나온다. 시장에서 네트워크 효과를 지니고 앞서 가면 모든 것을 차지할 확률이 높다. 하지만 규모에 의존해 경쟁한다면 다른 이들도 똑같은 고정비 지출을 감당할 수 있는 여력이 되는 한 당신을 따라잡을 것이다.

콘텐츠 비즈니스는 언제나 콘텐츠 자체로 자신들의 존재를 알리려 한다. 그런데 이것이 함정이다. 콘텐츠의 힘은, 네트워크 효과의 강력함을 지닌 사용자 연결의 힘에 점차 눌리고 있다. 콘텐츠 관련 사업으로 어떤 성공을 거둘 수 있는지 알아보기 위해 다시 스칸디나비아로 돌아가 보자.

CHAPTER 4

십스테드의 연결 관계
노르웨이의 작은 신문사가
42개국 광고 사업을 점령하다

내가 처음 십스테드를 방문한 건 2006년 11월이었다. 당시 국제 영업을 이끌던 스베레 뭉크 Sverre Munck 가 나를 맞아주었다. 뭉크는 낙관적이고 호기심이 많은 데다 머리 회전이 빨랐으며, 어떤 주제의 대화든 열변을 토하는 사람이었다. 그는 십스테드에 대한 이야기가 나오자 곧 차분해졌다.

제가 신문의 경제학에 관해서 여담으로 한마디 하겠습니다. 신문에는 자연독점 natural monopolies 현상이 존재한다고 하죠. 무언가를 팔거나 사고 싶을 때 다른 사람들도 많이 사고파는 곳을 찾는다는 면에서 보면 신문에는 네트워크 효과가 있습니다. 그래서 안내 광고도 독자 수가 가장 많은 신문으로 옮겨가는 것이고요. 그렇게 안내 광고를 가장 많이 유치하게 되면 수익도 가장 많아지고 뛰어난 기자들도 구할 수 있으며, 가장 좋은 제품도 만들 수 있습니다. 그러면 독자들이 더욱 많아지고요. 선순환이 이뤄지는 겁니다.

자연독점? 네트워크 효과? 선순환? 마치 경제학 박사와 대화를 나누는 그런 기분이 들었다(실제로 뭉크는 경제학 박사 학위를 받았다). 1995년 초, 십스테드에서 일하던 뭉크와 그의 동료들은 네트워크 효과와 공급자와 구매자의 교환이 벌어지는 장소에 기회가 있다는 사실을 알았다.

오늘날에도 신문에 관해 뭉크처럼 설명하는 신문사 임원은 거의 보기 힘들다. 하지만 연결 관계의 중요성을 알아내는 것만으로는 성공의 충분조건이 될 수 없다. 십스테드가 해야 할 일은 연결 관계를 이용하는 것이었다. 하지만 시작은 순조롭지 않았다.

부진함을 탈피하기 위한 지렛대 효과

십스테드가 발행하는 〈아프텐포스텐Aftenposten〉은 노르웨이의 주요 일간지다. 이 일간지는 종이 신문 안내 광고 시장에서 가장 높은 점유율을 자랑했다. 〈아프텐포스텐〉에는 1995년부터 1999년까지 온라인 안내 광고 비즈니스를 창출하기 위해 파트타임 직원 한 명이 근무했다. 당시 많은 신문사들이 그랬듯, 온라인에 올라오는 광고는 종이 신문 광고를 그대로 가져온 PDF 형식이었다. 가격 구조는 온라인 안내 광고 모집을 더욱 힘들게 했다. 당시 온라인 광고는 종이 신문의 광고와 묶여 있었는데, 종이 신문의 광고 지면을 사면 온라인 광고는 무료로 제공하는 식이었다.

테리에 셀예세스 Terje Seljeseth는 당시 〈아프텐포스텐〉의 IT 관리자였다. 그는 당시 상황에 대해 "비즈니스 운영이 잘못되고 있다는 걸 삼척동자도 알 정도였다"고 했다. 인센티브 구조는 문제를 더욱 복잡하게 만들었다. 당시 국제 안내 광고 및 조사 담당 부사장이었던 로베르트 스텐 Robert Steen은 이렇게 설명했다. "광고 판매원이 신문 광고에서 2,000크로네를 버는데 인터넷 광고에서는 20크로네를 버니 당연히 인터넷 광고는 거들떠보지도 않았겠죠."

근시안적 사고, 자기잠식cannibalization에 대한 우려, 형편없는 운영 방식도 디지털 비즈니스 도입에 큰 장애가 되기에 충분하다. 게다가 경쟁사가 네트워크 효과를 이용한다면 단번에 심장부를 무너뜨려 상황은 더욱 악화된다. 스텐은 1999년까지 〈아프텐포스텐〉은 "안내 광고에 집중하는 잡라인 Job Line(취업), 스텝스톤 StepStone(자동차), 틴데 Tinde(부동산)보다 한참 뒤져 있었다"고 하면서 이렇게 말을 이었다. "우리의 새로운 계획은 완전하게 실패했다. 우리가 무슨 대응을 할 수 있었겠는가?"

새로운 물결을 막던 둑이 사라지다

온라인 시장에 진출한 이후 5년 동안, 〈아프텐포스텐〉은 노르웨이의 주요 신문사 다섯 곳과 파트너십으로 안내 광고를 운영했다. 합당한 선택이었다. 신문사 간에 지역을 두고 벌어지는 갈등도 거의 없었고, 각 신문사는 자기 지역에서 선두 자리를 유지했다. 안내 광고 사이트를 위한 플랫폼을 하나만 만들면 되기 때문에 비용 분담의 이점도 있었다. 그 무렵 이런 유형의 파트너십은 드물었다. 몇 년 후에는 대서양 건너 미국에서도 야후를 필두로 이와 유사한 노력을 시작하게 되었지만 말이다.

한 신문사에 있는 관리자들도 의견을 하나로 모으기가 쉽지 않다. 하물며 5개 신문사의 관리자들이 의견을 통일하는 것은 불가능에 가까운 일이다. 스텐은 이렇게 말했다. "동등한 자격을 지닌 5명의 소유주에다 각기 광고 담당 이사를 두고 있으니 의견도, 결정도 다 달랐습니다. 완전한 혼란 그 자체였어요. 온라인을 두고 협조란 찾아볼 수 없었습니다." 이후 미국에서도 이와 비슷한 갈등을 경험하게 된다.

하지만 이 같은 상황 악화가 오히려 〈아프텐포스텐〉에게는 기회였다. 1999년 셀예세스가 온라인 광고 프로젝트를 지휘하게 되었다. 더욱 적극적인 투자가 필요했다. 그럼에도 저만치 앞서가는 경쟁자들에게 맞서기 위해서는 투자 이상의 뭔가가 필요했다.

그들은 〈아프텐포스텐〉이라는 신문 브랜드를 지렛대로 이용했다. 온라인으로 바로 변환하는 대신 나중에 온라인으로 이용할 수 있는, 완전히 새로운 오프라인 브랜드를 먼저 만들어내는 것이었다. 십스테드가 발행하는 신문에 믿음을 보내는 독자들을 활용하자는 계산이 깔린 계획이었다. 또한 이제까지의 지역 안내 광고 비즈니스를 전국적인 비즈니스로 확대하겠다는 속셈도 있었다. 예를 들어 자동차와 취업 광고는 특정 지역을 넘어서도 효과를 볼 수 있는 부분이었다. 하지만 전국적인 브랜드를 만들어내기 위해서는 여전히 지역 신문들과의 파트너십이 필요했다. 스텐의 말을 들어보자.

안내 광고 솔루션을 만들어내는 것이 첫 번째 할 일은 아니었습니다. 여러 다른 지역에 있는 신문사들을 모두 모아서 핀Finn이라는 하나의 브랜드를 사용해 안내 광고 이미지를 새롭게 하는 것이 첫 번째 할 일이었어요. 핀을 단순히 온라인 브랜드로 한정 지을 마음은 없었습니다. 오히려 독자들이 핀에 대해 '150년 세월을 견디면서 독자들에게 믿음을 심어준 신문사와 하나'라는 인식을 갖기를 바랐죠. 당시 인터넷 기사는 신뢰성이 부족한 게 많았거든요. 신용 사기나 화이트칼라 범죄 등 손쉽게 돈을 버는 방법으로 악용되기도 했죠. 우리는 단기간에 확실한 브랜드 가치를 만들어내 전국적으로 알릴 수 있는 방법을 택한 겁니다. 사람들은 스타방에르에서 직장을 찾기 위해 신문을 고를 때 오슬로에서 보던 것과 똑같은 브랜드, 즉 핀을 보게 되는 거죠.

물론 신문사들의 각기 다른 결정 사항을 조정하는 어려움은 여전히 남아 있었다. 스텐은 그 문제의 해결책에 대해 이렇게 설명했다. "각 신문사별로 전국적 안내 광고를 차지한 비율에 따라 소유 구조를 나누는 방식으로 바꾸었습니다. 〈아프텐포스텐〉이 62퍼센트를 소유하고 나머지 신문사들이 각각 9퍼센트씩 차지하기로 했죠." 당시 상황도 이러한 동의를 이끌어내는 데 도움이 되었다. "그때는 다른 신문사들이 인터넷에서 마음이 멀어진 상태였어요. 해봐야 손해만 나는 사업으로 생각했죠. 그래서 신경조차 쓰지 않았습니다."

이제 새로운 물결을 막던 둑이 모두 사라졌다. 직원을 채용하기 시작했다. 직원은 거의 모두 외부에서 고용했다. 부동산 중개업자, 헤드헌터, 자동차 관련 종사자 등 '새로운 비즈니스를 이해하는, 인적 네트워크를 지닌 사람들'이 들어왔다. 보상 지급방식도 바꿨다. 새로온 직원들은 핀의 주식을 구입할 수 있었다. 판매부서와 제품 개발부서 간의 협조도 늘어났다. 십스테드 기획실은 자사의 타블로이드 신문이자 노르웨이의 유력 일간지인 〈VG〉가 안내 광고를 두고 함께 경쟁하도록 자극했다. 누가 이기든 십스테드에게는 이익이 된다는 점을 깨달은 〈아프텐포스텐〉의 CEO는 핀과 종이 신문과의 경쟁을 더욱 부추겼다. 셀예세스는 종이 신문의 광고 판매 담당자들이 자기들을 "죽도록 미워했다"고 회상했다.

〈아프텐포스텐〉의 광고부서는 핀에 판매 인력이나 마케팅 인력을 두지 말아야 한다고 주장했습니다. 제품이나 IT 관리부서 등은 괜찮지만 판매나 마케팅은 안 된다는 것이었죠. 그래서 판매 직원을 한 명만 두는 걸로 합의를 봤습니다. 그러고는 다른 명분으로 채용한 직원들에게 영업과 아무 관련 없는 직책을 준 다음 실제로는 계속 영업을 하도록 했죠.

공격적인 투자, 더욱 깔끔해진 관리 구조, 새로 영입한 인력 그리고 익숙한 브랜드로 핀은 유리한 위치에 설 수 있었다. 게다가 신사업 플랜은 기업 문화에 관해 별도의 조항을 두고 종이 신문과 달라질 것이라는 점을 명확히 했다.

스텐은 십스테드가 핀을 통해 새로운 방식을 시도했다고 말했다. 이는 두 가지를 고려한 방식이었다. 먼저 하나는 "종이 신문 사업에 종사하는 1,500명의 직원들에게는 '이게 늘 우리가 하던 방식'이라는 고정관념이 있다. 그런데 이제는 비즈니스에 잔존하는 옛날식 특정 행동을 잊어버려야 한다"는 것이다. 다른 하나는 "브랜드 가치, 고객과의 관계, 공짜 판촉이나 마케팅 등 가치가 있는 것이라면 새로 시작하는 비즈니스를 위해 빌려오는 것"이었다. 십스테드에서는 '잊어버리기와 빌려오기'라는 용어를 사용했고, 이는 오랜 기간 동안 기업의 디지털 비즈니스를 대표하는 말로 자리 잡았다.

닷컴 거품이 붕괴하고 이틀 뒤인 2000년 3월 17일, 핀은 첫발을 내디뎠다. 스텐은 핀의 출발 시점이 "최악이었다"고 지적한다. 하지만 이 유료 사이트는 그와 관계없이 성장을 거듭했다. "1년 반 만에 부동산 광고에서 1위를 차지했습니다. 곧 자동차 광고에서도 그랬지요. 그다음은 구직 광고였고요. 2004년 즈음에는 전체 광고 시장에서 1등이 됐더군요."

2007년 핀은 온라인 광고의 주요 제품 시장에서 90퍼센트 이상의 점유율을 차지했다. 자동차 부분은 심지어 115퍼센트의 시장점유율을 자랑했다. 그게 가능하냐고? 차량 거래 빈도수가 워낙 높다 보니 스웨덴과 독일에 있는 차량 소유주들도 노르웨이 사이트인 핀에 차를 올리게 되었다. 그래서 결국 노르웨이 시장의 전체 차량보다 더 많은 차량들이 거래되었던 것이다.

시장점유율이 높아지니 광고 가격도 올라갔다. 핀은 광고를 게재하는 데 드는 비용이 높은 사이트 중 하나다. 자동차 한 대의 판매 광고를 올리는 데 노르웨이 돈으로 400크로네(대략 미화 50달러)가 든다. 참고로 핀의 경쟁업체 중 가장 규모가 큰 곳은 무료로 광고를 실어준다. 2007년 즈음, 핀의 시장가치는 모기업인 〈아프텐포스텐〉보다 높아졌다.

최근에 셀예세스는 네트워크 효과를 통해 시장에서 이김으로써 얻는 이득에 대해 강조하며 내게 이렇게 말했다.

1등과 2등의 차이가 어마어마하죠. 처음 시작할 때 수익을 낼 수 있는 사업이라는 걸 알긴 했습니다. 하지만 5년 후에 5억 크로네씩 벌어들일지는 전혀 생각지도 못했어요. 〈아프텐포스텐〉이 노르웨이 부동산 광고의 90~95퍼센트를 싣곤 했지요. 지금은 우리가 〈아프텐포스텐〉보다 10배, 15배 더 많은 광고를 싣습니다. 더 이상 아무도 〈아프텐포스텐〉을 찾지 않습니다.

십스테드, 스웨덴으로 시장을 확장하다

십스테드 이야기를 여기서 마친다면 다른 신문사들에게는 희망이 없을지도 모른다. 모두들 이렇게 생각할 것 아닌가. 십스테드가 성공할 수 있었던 것은 운이 좋아 광고 분야에 일찍 진출한 덕분이라고. 결국 늦게 진출한 다른 신문사들에게는 시장에 진입할 가능성이 거의 없는 것 아니냐고 말이다.

다행히도 십스테드의 이야기는 2007년에 끝나지 않는다. 십스테드와 광고에 관한 이 이야기는 시작에 불과하다. 십스테드는 이후 몇 년간 펼친 사업을 통해 광고 시장과 사용자 연결의 중요성을 더욱 절실히 이해하게 되었다. 늦은 출발에도 불구하고 십스테드는 여러 지역에서 성공하는 모습을 보여주었다.

십스테드가 핀의 성공을 재현하기 위해 처음으로 찾은 시장은 스웨덴이었다. 현재 〈아프텐포스텐〉의 CEO인 롤브-에리크 리스달Rolv-Erik Ryssdal이 당시 스웨덴 프로젝트의 책임자였다. 노르웨이에서처럼 그는 스웨덴 대표 일간지인 〈아프톤블라데트〉의 지원을 받으며 사이트를 시작했다(〈아프톤블라데트〉는 십스테드가 발행하는 신문으로 이 역시 리스달이 관리하고 있었다). 그는 핀 성공의 원동력이었던 자동차 딜러, 부동산 중개업자, 헤드헌터 등 제3자들과 여전히 똑같은 관계를 형성했다.

그때 스웨덴에서는 블로켓Blocket이라는 소규모 사이트가 생기더니 다른 방식으로 네트워크 리더 자리를 노리고 있었다. 남자 2명이 PC 몇 대로 시작한 이 사이트는 광고 게재를 사업체에 한정하지 않았다. 누구나 팔고 싶은 물건을 올릴 수 있는 '소비자 대 소비자(이하 'C2C')' 방식을 따르고 있었다. 이는 연결 관계의 극단적인 형태로, 사이트는 자신의 물건은 전혀 팔지 않고 단지 소비자와 소비자를 연결시켜주는 플랫폼만 제공한다. 리스달은 후에 일어난 일에 대해 내게 이렇게 말했다.

블로켓이 그리 강한 상대가 아닌 듯 보여서 우리는 곧 우위에 올라설 수 있겠다고 믿었습니다. 그런데 알고 보니 블로켓은 C2C를 통해 발생하는 인터넷 트래픽이 많았습니다. 자잘한 물건들을 사고 팔다 보니 집이나 자동차처럼 덩치가 큰 물건보다 거래가 더 자주 일어나면서 트래픽이 많아지고 소문도 금세 나는 거죠. 게다가 나중에는 자본재까지 팔기 시작했습니다. 블로켓이 얼마나 빠르게 성장할지 느낌이 왔습니다. 6개월이 지나니까 블로켓이 우리를 훨씬 더 앞질러 있더군요.

2003년 봄, 리스달은 블로켓을 사들이기 위해 사이트 설립자를 만났다. 그는 5,500만 크로네를 제시했지만 거절당했다. 6개월 후, 리스달은 노르웨이의 핀과 똑같은 방식으로는 스웨덴에서 성공할 수 없다는 사실을 깨달았다. "제가 꼬리를 내리고 블로켓을 다시 찾아가서 재협상을 제안했죠." 리스달은 처음에 제시했던 매입가의 2배 이상을 치르고서야 블로켓을 사들일 수 있었다. 다행스럽게도, 블로켓의 성장은 이어졌다. "현재 기업 가치는 우리가 매입했던 금액의 30배가 넘었습니다. 지금은 50억 크로네 이상 나가니까요."

네트워크 효과를 이용한 역전승

십스테드가 노르웨이의 경험에서 얻은 교훈은 간단해 보인다. 일찍 시작하고 적극적으로 투자하라는 것 아닌가? 아니다. 그렇게 보일 뿐 사실은 그게 다가 아니다. 노르웨이의 성공 방정식이 스웨덴에서는 통하지 않았으니 말이다. 일단 십스테드는 가장 먼저 시장에 진출하지 않았다. 게다가 네트워크 효과를 두고 벌이는 경쟁에서는 6개월이라도 먼저 시작한 상대를 극복하기가 불가능할 수 있다. 1999년 이베이도 일본 시장에 야후보다 몇 개월 늦게 진입했다가 비슷한 아픔을 겪었다.

블로켓의 성공은 조기 진입뿐만 아니라 초기 무료 제공의 중요성을 보여준다. 또한 네트워크 효과를 창출해야 할 필요성을 인식하는 것만큼이나 그 방법을 아는 것이 중요하다는 것도 보여준다. 사용자 연결이 자연스럽게 발생해서 바이러스처럼 퍼져나갈 수 있는 환경을 만드느냐 아니면 하향식 방식으로 설계하느냐의 차이는 겉으로는 별것 아닌 듯 보인다. 하지만 그것이 초래하는 결과는 상당하다.

블로켓 모델을 20개국 이상에 수출했습니다. 핀 모델은 오직 한 나라, 노르웨이에서만 성공했어요. 다른 곳에서는 C2C가 더 잘 통하리라 판단했습니다. 우리가 누구보다 개념을 더 잘 이해했고 소프트웨어도 갖췄고 어떤 종류에 집중해야 하는지 알고 있었기 때문에 굳이 각 나라마다 광고주들을 알 필요도 없었지요. 우리는 C2C를 '민중운동'이라고 부릅니다. 순식간에 퍼져나가니까요. 텔레비전 광고보다 사람들의 입소문이 더 중요하고, 대도시보다 지방에서 먼저 시작됩니다. 스웨덴에서도 지방에서 시작했지요. 프랑스에서 르봉쿠앵Leboncoin으로 시작할 때도 마찬가지였습니다. 지방에서 시작해서 마지막으로 파리를 점령했지요.

스페인과 프랑스에서 안내 광고 분야의 진출은 늦었지만 십스테드는 결국 승리했다. 프랑스에서는 처음 시작할 때뿐만 아니라 계속해서 무료 제공을 이어가더라도 엄청난 수익을 거둘 수 있다는 점을 배웠다. 2015년 르봉쿠앵은 디스플레이와 검색 광고, 전문 판매업자, 추천 목록(판매자가 자신의 물건을 목록의 맨 위에 올리려면 돈을 내야 한다)에서 이익을 내면서 3,000만 달러가 넘는 수익을 거둬들였다. 소비자에게는 한 푼도 부가하지 않으면서 벌어들인 금액이었다. 십스테드는 신흥 국가에 진입하면서, 늦게 시작한다고 반드시 실패하는 것은 아니라는 사실을 배웠다. 인도네시아처럼 2년이나 진입이 늦은 곳도 있었다. 어쩌면 기존 경쟁사들의 시장 침투가 많지 않아서 가능했을 수도 있다.

십스테드는 포르투갈, 필리핀, 말레이시아 시장에도 뒤늦게 진출했지만 모두 승리했다. 조직의 성장과 더불어 자신감도 상승했다. 핀란드에도 진출했다. 이미 성숙한 시장이었던, 세계에서 브로드밴드 보급률이 높은 편에 속하는 핀란드에 늦게 진출했음에도 그곳에서 시장을 장악했다. 셸예세스는 다음과 같이 강조했다. "대부분의 유럽 시장에 늦게 진출했지만 성공을 거두었습니다. 이탈리아, 스페인, 오스트리아 모두 상당히 늦게 들어간 경우죠. 매우 성숙한 시장 경제의 나라에서 승리를 거머쥔 겁니다."

그 과정에서 십스테드는 시장 진입을 위해 '지연 경영postponing management'이라는 새로운 접근방식을 고안해냈다. 간단히 말하자면 새로운 지역에 '산탄총' 사이트를 개설하는 것이다. 이것은 십스테드의 C2C 플랫폼 기술을 바탕으로 새로운 지역에 사이트를 만들되 사실상 새로운 투자, 현장 직원, 자국의 별도 운영이 개입되지 않은 사이트를 말한다. 플랫폼은 스웨덴에서 효과적으로 원격 조정이 가능하다. 플랫폼으로 구매자와 판매자를 끌어모으면 십스테드가 지역에 맞게 범위를 조정한다. 이는 일종의 시행착오 경영 모델로, 십스테드는 이 방식을 통해 전 세계 여러 시장의 매력도를 신속하게 파악할 수 있었다.

2015년 말 기준으로, 십스테드의 안내 광고 사업은 42개국에 뿌리를 내리고 있으며 글로벌 안내 광고 시장에서 1위를 유지하고 있다. 십스테드의 최대 경쟁자는 남아프리카공화국의 거대 미디어 그룹으로 전 세계 안내 광고 시장에서 공격적인 투자를 거듭하며 십스테드를 뒤쫓는 내스퍼스Naspers(점차 경쟁이 심해지자 2015년 두 기업은 일부 국가에서 안내 광고 운영을 통합했다)다. 안내 광고는 십스테드가 벌어들이는 수익의 30퍼센트, 시장가치의 80퍼센트라는 놀라운 수치를 보여주고 있다. 사용자 연결의 힘을 이해함으로써, 십스테드는 지속적인 현금 흐름을 유지하고 더 많은 수익을 거둬들이면서 150년 동안 이어온 신문을 계속 운영할 수 있었다. 또한 그 과정에서 새로운 기업 문화를 탄생시켰다.

네트워크 효과는 사용자 연결 관계를 가장 잘 나타내는 단어이자 최근 수십 년 동안 가장 많은 연구가 이루어진 분야이기도 하다. 그럼에도 이를 실행하는 기업은 여전히 많지 않다. 칼 셔피로가 최근 이런 말을 한 적이 있다. "우리는 네트워크 효과와 그 힘에 대해 아직도 모르는 게 많습니다. 네트워크 효과의 진정한 근원은 무엇일까요? 그 효과를 무력화시키는 것이 가능할까요? 네트워크 효과의 한계는 어디까지일까요?"

십스테드의 여정에서 중요한 답을 찾을 수 있다. 세계로 확장하는 과정에서 십스테드는 남들이 채택하고 사용하는 방식의 한계를 뛰어넘으며 지평을 넓혀갔다. 시장에 늦게 진출하고도 시장을 장악했고, 승리를 거둔 후에도 무료 운영을 유지했다. 그리고 사업체 대 소비자가 아니라 사용자 대 사용자의 직접적인 연결이 더욱 홍보 효과가 높다는 사실을 깨달았다. 이런 교훈이 안내 광고 또는 네트워크 비즈니스에서 경쟁 기회를 엿보는 다른 기업들에게만 영향을 끼친 것은 아니다. 십스테드 그룹의 다른 부분, 특히 종이 신문에도 영향을 주었다.

온라인 뉴스는 어떻게 연결을 활용하는가

안내 광고와 달리, 뉴스는 네트워크 제품이 아니다. 그럼에도 네트워크, 그리고 사용자 연결이라는 개념은 십스테드의 뉴스 파트에 스며들었고 온라인 뉴스 제품을 변화시켰다.

서양에서 신문 사업을 완전히 탈바꿈시켜 대성공을 거둔 이가 어떤 유형의 사람일 거라고 짐작할지 잘 모르겠지만, 토리 페데르센 Torry Pedersen과 에스펜 에길 한센 Espen Egil Hansen은 우리가 흔히 생각하는 그런 사람이 아니다. 페데르센은 편집인으로 경력의 첫발을 내디뎠다. 한센은 사진기자였다. 2000년 두 사람은 〈VG〉의 온라인 파트를 이끌게 되었다.

처음에 십스테드가 안내 광고 분야에서 온라인을 소홀히 대했던 태도는 신문에서도 그대로 재현되었다. 종이 신문은 여전히 수익을 거두고 있었고 편집실 문화가 전체를 지배하고 있었다. 온라인 뉴스를 운영하기 위한 노력은 초라했다. 한센은 그때를 이렇게 회상했다.

아주 소규모 팀으로 시작했습니다. 기자 7~8명에 프로그래머 몇 명이 전부였죠. 모두들 자부심 같은 건 당연히 눈곱만큼도 없었어요. 자리도 편집실 계단 아래쪽에 있었는데, 쉽게 말해 왕따라고 생각하시면 될 겁니다. 기업에서 온라인은 언론으로 쳐주지도 않았습니다. 신문을 복사해서 갖다 붙이면 되는 것 아니냐는 분위기였지요. 그래서 토리하고 저하고 시작하면서 팀의 자리부터 옮기기로 했습니다. 편집실과 다른 층으로 옮겨간 겁니다.

전통 신문과 온라인 신문 부서가 다른 층에 위치했다고 크게 달라지는 것은 없었다. 신사업과 구사업을 구분했다고 새로워지는 것도 없었다. 몇 해 전, 하버드경영대학원의 클레이튼 크리스텐슨Clayton Christensen 교수가 자신의 베스트셀러《혁신기업의 딜레마The Innovator's Dilemma》에서 혁신을 위해 사업 구분 방식을 강조한 바가 있긴 했다. 하지만 실제로 혁신적인 사건은 〈VG〉에서 발생했다. 그것은 직감과 경험, 그리고 우연의 산물이었다.

이후 1년 반 사이에 두 가지 사건이 일어났다. 이 두 사건은 그동안의 접근방식과 신념을 통째로 바꾸는 계기가 되었다. 먼저 러시아 잠수함 커스크 호가 폭발하며 침몰한 사건이다. 한센은 이렇게 말했다. "베링 해에 가라앉은 잠수함 안에 갇힌 승무원들을 구조하기 위해 3~4일 동안 작업이 이어졌습니다. 계속 새로운 이야기가 쏟아져 나오고 마치 한 편의 극적인 드라마를 써내려가는 것 같았습니다. 우리도 계속 사건에 대해 업데이트를 해야 했죠. 제게는 정신을 번쩍 들게 하는 그런 사건이었습니다."

그다음 사건은 9·11 테러였다.

그때 대부분의 뉴스 사이트가 다운됐어요. 하지만 우리는 다운된 적이 한 번도 없습니다. 그게 우리에겐 큰 의미가 있습니다. 우리는 소식이 들어오는 대로 끊임없이 뉴스를 전달했으니까요. 기술팀의 도움이 컸습니다. 순식간에 대담한 결정을 내렸죠. 우리 사이트에서 다른 기사 연결은 모두 끊어버리고 위쪽에다 9·11 테러에 관한 소식을 4줄만 올려서 볼 수 있도록 한 겁니다. 덕분에 사이트가 다운되지 않았어요. 우리는 4줄만 계속 바꿔가며 테러 소식이 들어오는 대로 즉시 업데이트했죠. 그때 그 결정이 이후 우리 사이트 운영에 중요한 역할을 했습니다. 우리가 그때부터 일어섰다고 해도 과언이 아니죠.

이 경험을 바탕으로 페데르센과 한센은 저널리즘에 완전히 새로운 방식을 도입하게 되었다. 한센은 이를 '3단계' 방식이라 했다.

1단계는 라이브 혹은 거의 실시간 보도입니다. 일어나는 일을 있는 그대로 알리는 거죠. 결론에 도달하기 전 과정이라 할 수 있습니다. 그다음 단계는 이야기의 개요입니다. 무슨 일이 있었고, 우리가 알고 있는 사실이 여기까지라는 걸 좀더 편집해서 올리는 거죠. 그리고 마지막 3단계에서 전통적인 방식으로 기사를 쓰는 겁니다. 기사를 완벽하게 쓴 다음 편집해서 보도하는 거죠.

이런 변화들이 일어나면서 150년 동안 명맥을 이어온 상위 조직
과는 완전히 다른 뉴스 문화가 생겨났다. 그리고 이게 다가 아니다.
〈VG〉의 홈페이지에 가 보라. 뭔가 특별한 구석이 있다. 활자보다 사
진이 주를 이루고 별도의 '섹션'도 없다. 홈페이지에는 정치, 연예, 스
포츠, 문화에 관한 기사들이 죽 이어지며 섞여 있다. 게다가 홈페이지
가 정말, 정말 길다. 오늘날 대부분의 신문사에서 채택하고 있는 배
열 방식과는 아주 다른 방식이다.

'스크롤의 압박이 심한' 아주 긴 홈페이지는 우연히 탄생했는데,
이는 전통적인 편집 방식에 반하는 형태였다. 한센은 말을 이었다.

홈페이지의 대표 페이지가 길어진 건 어쩌다 그렇게 됐다고 보는
게 맞아요. 초반에 기사를 많이 만들어내다 보니 편집 인력이 부족
했습니다. 그래서 홈페이지가 점점 길어지게 된 거죠. 새로운 기사
는 위에다 게재하고 나머지를 그냥 밑으로 내린 겁니다. 토리가 보
더니 화를 내더군요. 기사의 우선순위를 정해야 한다고 말이죠. 그
래서 홈페이지 길이를 줄였습니다. 그런데 줄이자마자 트래픽이
확 줄어드는 겁니다. 그다음부터 홈페이지 길이를 늘였다 줄였다
하면서 독자들의 반응을 살펴본 결과, 사람들이 긴 홈페이지를 정
말 좋아한다는 걸 알게 됐습니다.
그러면서 시각적 언어와 표현 방식에 대한 미적 개념을 깨달은 겁
니다. 우리는 사람들이 스크롤을 한 번 움직일 때마다 나오는 화면

에서 모든 독자들에게 무언가를 제공하고자 합니다. 신문의 전통적 방식대로 '섹션'을 나누는 게 아니라 문화, 정치, 스포츠, 여행, 기술에 관한 무언가를 주려는 겁니다. 가장 중요한 기사는 맨 위에 배치합니다. 홈페이지에서 스크롤을 계속 내리다 보면, 지난 24시간 동안 있었던 일들 중 주요 사건에 대한 기사를 전부 볼 수 있다는 걸 알게 될 겁니다.

종이 신문에서는 각 면마다 주제별로 다른 이야기들을 모아야 하고 그렇게 하려면 서로 다른 팀들이 작업해야 한다. 이렇게 종이 신문 작업에서 발생하는 업무 조정 문제를 해결하기 위해 사용하는 방법 중 하나가 섹션을 나누는 것이다. 섹션을 나누면 각 섹션의 편집 팀은 일의 부담이 줄어든다. 각 팀은 자신들이 맡은 부분만 만들어내면 되기 때문이다. 그리고 각 부분들을 하나로 모은다. 그러나 온라인에서는 섹션별로 업무를 조정할 필요가 없다.

기사를 팔고 돈을 버는 방식에도 차이가 있다. 종이 신문은 사람들이 한 부씩 전체 신문을 산다. 온라인에서는 사람들이 특정 기사만 선택해서 읽는다. 따라서 온라인 뉴스 사이트는 홈페이지에 독자들을 끌어모으기 위해 필사적이다. 찾아온 사람들을 더 오래 머물게 해야 광고 가치도 올라가기 때문이다. 한센은 이렇게 설명했다. "우리도 처음 시작했을 때는 섹션이 있었습니다. 종이 신문처럼 말이죠. 하지만 토리는 처음부터 새로운 방식이 필요하다고 강조했습니다. 화면에 사진들을 올릴 때 뉴스와 스포츠, 연예 분야를 섞어야 한다는 거였어요. 왜냐고요? 스크롤을 내리는 화면마다 독자들이 읽을거리가 뭔가는 보이잖아요."

사진 이야기도 빠질 수 없다. 한센의 말을 들어보자.

전 사진 찍는 사람으로서 늘 지각 심리학perception psychology에 관심을 두고 있었죠. 그래서 커다란 사진으로 시작해봤어요. 토리가 보더니 무슨 사진을 이따위로 올리느냐면서 소리를 치더군요. 그래서 사진 크기를 줄였더니 트래픽도 줄어들더라고요. 큰 사진이 효과가 있었던 거죠. 그때부터 사진은 큰 것도 있고 작은 것도 있어야 한다는 점에 둘이 동의했습니다. 사진 기록을 보관하듯 다 똑같은 크기여서는 안 된다고 말이죠. 우리는 언론인으로서 뭐가 극적이고 뭐가 중요한지를 그런 방식으로 독자들에게 전해주는 겁니다.

오늘날 대부분의 뉴스 사이트에 사진이 별로 없는 이유는 결코 효과가 없어서가 아니다. 종이 신문에서 생겨난 고정 관념이 온라인 사이트의 형식과 디자인에 영향을 미치고 있기 때문이다. 전통적인 방식으로 신문을 만들 때, 기사에 사진을 넣을지 말지를 결정하는 일은 우선 사항이 아니라 마지막 사항이다.

전통적인 신문사들이 운영하는 뉴스 사이트에 가 보라. 수많은 활자, 적은 사진, 비슷비슷한 글자 크기, 다소 간결한 사이트 1면, 판수에 의해 결정되는 뉴스 게재, 월별로 순 방문자 수 측정하기(일별이 아니다), 편집 후 발행하기, 섹션 나누기 등 10년 전이나 지금이나 달라진 것이 별로 없다.

〈VG〉는 위의 모든 부분에서 과감한 변화를 꾀했다. 사실 전통적인 신문사의 온라인 뉴스 사이트는 형뻘인 종이 신문의 영향을 받을 수밖에 없다. 하지만 트위터나 페이스북처럼 종이 신문 없이 애초에 디지털로 만들어진 사이트들은 대부분 〈VG〉를 따라 하고 있다. 2015년 3월에는 ESPN도 홈페이지 메인 화면을 유사한 형태로 바꿨다. 그리고 몇 달 안 돼서 홈페이지 트래픽이 치솟았다.

기사가 아닌 독자들의 연결에 답이 있다

〈VG〉가 뉴스 사이트 구축과 운영에 활용한 새로운 접근방식은 2004년까지 이어졌다. 그해 겨울, 세계적인 사건이 또 하나 발생했다. 동남아시아를 쑥대밭으로 만든 지진 해일은 〈VG〉 온라인 편집실에도 확실한 특징 하나를 남겼다. 한센은 당시 상황에 대해 이렇게 말했다.

> 독자들이 사진이나 글을 보낼 수 있도록 프로그램을 만들었습니다. 우리가 그들을 초대한 거죠. 여기서 자신만의 이야기를 만들어 봐라. 그리고 당신이 어디 있는지 우리에게 알려달라는 의도였습니다. 반응이 엄청났어요. 수백 명이 프로그램에 참여했습니다. 독자가 현장에서 휴대전화로 찍어 보낸 사진을 활용한 곳은 우리가 세계에서 처음일 겁니다. 그 일을 계기로 대형 사건이 발생할 때마다 우리 스스로 묻고 또 묻게 됩니다.
> "독자들이 서로 도울 수 있도록 우리가 도울 순 없을까?"

그 일 이후로 대형 사건과 사고로 위기가 있을 때마다 〈VG〉 편집실은 늘 이 질문을 중심으로 보도에 임했다.

2009년 아이슬란드 에이야프얄라요쿨 화산 폭발로 뿜어져 나온 화산재는 아이슬란드와 스칸디나비아를 뒤덮었다. 그런 후 제트기류를 타고 유럽의 다른 국가들로, 멀게는 모로코까지 날아갔다. 그 결과 유럽 전역에서 9만 5,000편 이상의 항공기가 발이 묶였다. 노르웨이에서는 의료 구조용 헬리콥터까지 포함해 모든 비행기 운항이 취소되었다. 유례를 찾을 수 없는 사건이 발생한 것이다.

이 사건을 보도하는 〈VG〉의 목표는 단순히 더 많은 기사를 게재하는 것이 아니었다. 그들의 목표는 다른 데 있었다. 바로 앱을 만들어내는 것이다. 화산 폭발이 있던 그날 저녁 10시 즈음 〈VG〉는 '히치하이커스 센트럴Hitchhiker's Central'을 만들어냈다. 한센은 이렇게 설명했다.

뉴스가 주가 아니었던 겁니다. 중요한 건 프로그램이었죠. 프로그램을 개발해서 "제게 자동차가 있는데 트론헤임으로 갑니다. 함께 타고 가고 싶은 분은 연락주세요. 주유비용 분담해요"라든가 "여기서 꼼짝도 못하고 있어요. 저도 거기 가야 해요" 같은 메시지를 올릴 수 있도록 한 겁니다. 연락처를 비공개로 했지만, 그래도 도움이 필요한 독자들을 우리가 연결해준 것이죠. 그게 우리가 했던 일입니다. 사람들을 연결해주는 일.

반응이 아주 좋았어요. 인기가 대단했습니다. 노르웨이를 넘어 유럽 전역에서 우리가 연결해준 사람이 수천 명도 넘습니다. 우리 프로그램을 통해서 스페인, 불가리아, 프랑스 등등 유럽 각국의 수도에서는 버스를 준비하기도 했죠. 그렇게 해서 사람들을 결혼식에도 보내고 장례식에도 보냈습니다. 애들도 집에 데려다줬고요. 핀란드에서는 고양이 품평회에 참가해야 한다고 해서 고양이도 보내주었죠. 나중에 사람들이 고맙다면서 사진들을 보내주더군요. "지금 불가리아로 가는 길이에요. 고마워요, 〈VG〉." 이런 식의 인사를 많이 받았습니다.

여기서 두 가지 일이 발생한 겁니다. 기본적으로 모든 사람들이 참여하는, 진행 가능한 이야기의 장을 만들어낸 덕분에 우리는 많은 사진을 받았습니다. 또 사람들이 휴대전화로 사진을 보낸 덕분에 우린 전화번호를 얻었고, 그 사람들과 인터뷰를 할 수 있었죠. 우리 명성도 올라갔고 말입니다.

화산 폭발에 관한 기사를 다루면서 승용차를 함께 타도록 연결해주는 앱을 만든다는 발상은 일반 신문사에서는 하기 힘든 일이다. "독자들이 서로 도울 수 있도록 우리가 도울 순 없을까?" 사건 사고를 보도하면서 늘 이 질문을 던지는 〈VG〉만이 할 수 있는 일이었다. 한센은 이 질문의 중요성에 대해 이렇게 말했다.

사람들에게 전할 이야기가 있느냐 없느냐가 아니라 우리가 도울 수 있는 방법이 있을까를 묻는 겁니다. 큰 위험이 닥치거나 속보가 들어오면 우린 늘 이 질문을 합니다. 그리고 사람들에게 이렇게 말하는 겁니다. "거기 있나요? 사진을 찍었나요? 여기를 클릭하세요." 그러니까 무슨 일이 생기면 우리 사이트에 뭔가가 바로 올라오게 됩니다. 그게 우리가 일하는 방식입니다.

2009년 신종플루가 유행처럼 번졌다. 노르웨이 정부는 국민들에게 예방접종을 권하고 필요 의약품을 공급했다. 그런데 어느 지역에서 먼저 실행할지, 누가 먼저 접종을 받을지에 대한 결정이 각 지역 사회마다 달랐다. "정확한 정보가 필요한 상황이었죠." 한센은 이렇게 기억했다. 〈VG〉는 노르웨이에 있는 모든 지역사회를 포함하는 위키 기반의 지도를 만들었다. 즉 타인이 작성한 글에 대해서 자신이 직접 다른 내용을 덧붙여 쓰거나 수정할 수 있게 만든 것이다. 언제 어디서 예방접종을 받을 수 있는지에 대한 정보를 사용자들이 올릴 수 있도록 했다. 이 지도에 대한 호응 역시 엄청났다. "몇 분 안 돼서 정보가 올라오기 시작하더니 몇 시간이 지나자 지도가 완성된 겁니다. 다시 한 번 입이 쩍 벌어지더군요."

2007년 즈음, 〈VG〉는 엄청난 독자 수를 자랑하게 된다. 〈VG〉의 종이 신문은 〈아프텐포스텐〉보다 시장점유율이 적었지만 온라인 사이트는 노르웨이 그 어떤 사이트보다 더 많은 독자를 지니게 되었다. 게다가 일단 〈VG〉 온라인 사이트를 찾은 사람은 오랜 시간 그곳에 머문다. 사용자가 시스템에 접속하여 적극적으로 참여하는 횟수를 세션sessions 이라 하는데, 방문객당 세션 그리고 세션당 페이지 참여도를 측정해보니 〈VG〉가 〈뉴욕타임스〉를 비롯해 대부분의 사이트보다 거의 2배 정도 높았다. 노르웨이 사람들의 70퍼센트가 매달 〈VG〉 사이트를 찾을 정도로 방문 빈도가 높다 보니 광고료도 올라갔다.

2007년 〈VG〉 온라인 사이트의 광고료는 종이 신문 1면의 광고료와 같은 수준으로 올라섰다. 온라인 뉴스 사이트로서는 전례 없는 성공을 거둔 것이다.

　오늘날 십스테드는 많은 이익을 거두는 전통 미디어 기업 중 하나로 우뚝 섰다. '더 나은 콘텐츠'를 만들어내는 데 집중했기 때문이 아니다. 안내 광고의 위협을 인지하고 그에 대처했기 때문에 이룰 수 있었던 성공이다. 뉴스 전달자로서 온전히 새로운 방식을 창출해냈기에 가능했던 성취이다. 십스테드는 콘텐츠 함정을 피하면서 사용자 연결을 적극 수용하는 새로운 길을 개척하고 완성했다.

CHAPTER 5

페이월의 비밀

뉴욕타임스는 어떻게
유료화 장벽을 부쉈는가

네트워크 효과는 소비자들의 구매 결정을 직접 접속시킴으로써 사용자들을 연결한다. 사용자가 제품에 부여하는 가치는 그 제품을 이미 구매한 다른 사용자들의 수에 달려 있다. 하지만 그렇지 않은 경우에도 사용자 연결은 가능하다. 가격 책정 전략을 생각해보자. 어느 특정 그룹의 선호도에 맞춰 제품 가격을 결정하는 일은 다른 사용자들의 구매 결정에 종종 영향을 끼친다. 네트워크 효과와는 아무 관계가 없지만 그래도 이런 연결을 인식하고 관리하는 일은 중요하다.

〈뉴욕타임스〉는 2011년 3월 17일에 페이월paywall, 즉 유료화 장벽을 설치했다. 이 제도의 전망은 어두워 보였다. 2008년 경기 침체 이후 신문 광고 수익은 20퍼센트 하락했고, 온라인 광고 수익이 이 손실을 대체할 것이라던 약속은 광고 네트워크ad networks의 부상으로 치명적인 타격을 입었기 때문이다.

광고 네트워크란 기술 주도 방식을 사용하여 관계 기반의 판매 모델을 광고 인벤토리를 판매하는 모델로 바꿔주는 데이터 중심의 인터넷 기업을 말한다. 무엇보다 중요한 점은 온라인에서 새롭고 무한에 가까운 광고 공간을 공급한다는 것이다. 광고주들은 "이제는 웹사이트가 있는 기업이라면 누구나 퍼블리셔publisher"라는 말을 즐겨 사용한다. 광고 수익에 이어 〈뉴욕타임스〉의 구독료 수익 또한 수십 퍼센트 감소했다. 인터넷 시대에 맞서 15년을 끈질기게 버텨오던 구독료 수입이 2009년 이후 줄어들기 시작한 것이다.

〈뉴욕타임스〉가 온라인 콘텐츠에 변화를 일으키기 위해 유료화를 실시한 것은 2011년이 처음이 아니다. 2006년에 타임스실렉트TimesSelect라는 디지털 구독 방식을 실험한 바 있다. 어느 임원의 말에 따르면 타임스실렉트는 '거의 직감으로' 시작해서 '후딱 만든' 프로젝트였다. 하지만 이번 유료화는 그렇지 않았다. 내부적으로 몇 달의 설문 조사 연구를 거쳐 가격 구조를 결정했다. 매킨지McKinsey가 컨조인트 분석conjoint analysis(독자들이 돈을 지불할 의향이 얼마나 있는지 실험하는 정교한 통계분석 방법)과 포커스 그룹 테스트를 실행했다. 그리고 앞선 유료화 때와는 관리 방식도 달리했다.

페이월 도입 당시, 〈뉴욕타임스〉 디지털 운영 부문을 이끈 사람은 마틴 니센홀츠Martin Nisenholtz였다. 그는 내게 이렇게 말했다.

준비부터 과거와 완전히 달랐습니다. 먼저, 〈뉴욕타임스〉의 발행인 겸 회장인 아서 설즈버거 2세Arthur Sulzberger Jr.가 직접 관리에 나섰죠. 이번 프로젝트는 발행인이 아이디어를 내고 직접 챙겼습니다. 그렇지만 아서가 독단적으로 결정하고 그것을 전달하는 하향식은 아니었어요. 아서는 위원회를 만들어서 1주일에 한 번씩 미팅을 하고 그 자리에서 일을 처리했습니다. 이번 프로젝트가 〈뉴욕타임스〉에 정말 중대한 역할을 할 것이라는 생각 때문에 다른 방식으로 할 수밖에 없었죠.

〈뉴욕타임스〉에서 25년간 잔뼈가 굵은 데니즈 워런Denise Warren은 2011년 종이 신문의 디지털 변환을 감독하는 선임관리자 중 한 명이었다. 그녀는 당시 조직의 분위기에 대해 이렇게 회상했다.

그동안 침체일로에 있던 광고 시장이 불경기에서 벗어나고 있었어요. 디지털 광고가 상대적으로 괜찮긴 했지만 그룹을 유지하기엔 충분치 않다는 걸 다들 알고 있었습니다. 다른 매출원이 필요했습니다. 추가적인 무언가가 반드시 필요했죠. 프로젝트를 제대로 완수하기에는 상당한 위험이 있었습니다.

설즈버거, 니센홀츠, 워런은 '페이월 프로젝트'를 이끄는 디지털 리더십팀의 일원이었고, 이들은 이 프로젝트에서 희망을 보았다. "그동안 사람들은, 우리가 만든 종이 신문을 돈을 지불하고 살 의향이 있다는 걸 보여줬습니다. 모바일 기기의 유료 앱 시장이 부상하고 있었고요. 게다가 우리의 차별화된 콘텐츠가 우위를 차지하고 있다고 생각했어요." 하지만 많은 전문가들은 15년 동안 무료 온라인 뉴스 사이트에 길들여진 사람들이 그 콘텐츠를 위해 돈을 지불하지 않을 것이라고 주장했다.

페이월은 타임스실렉트와 운영 철학에서도 차이를 보였다. 타임스실렉트에서는 다른 콘텐츠는 무료로 제공했던 반면에 특정 유형의 콘텐츠, 특히 논설은 장벽을 세워 독자들의 접근을 막았다. 페이월은 다른 가격 전략을 제시했다. 전체적으로 장벽을 세우지 않고, 한 달에 20건 이상의 기사를 읽는 독자들에게 고정 월회비를 받았다. 독자들이 어떤 콘텐츠를 읽느냐가 아니라 실질적으로 얼마나 많은 콘텐츠를 읽느냐에 따라 비용을 부과한 것이다.

〈뉴욕타임스〉 페이월의 놀라운 점은 또 있었다. 첫째, 1주일에 7달러, 1년에 360달러는 다른 미디어의 구독료보다 적어도 2배 이상 비쌌다. 그러면서 〈뉴욕타임스〉는 기존 종이 신문 구독자에게는 온라인 콘텐츠를 완전히 무료로 개방하기로 결정했다. 둘째, 불안하게도 페이월을 시작하고 몇 분 지나지도 않아 오류가 발견되었다. 독자들이 페이스북과 구글 같은 사이트를 통해서, 간단한 URL 해킹이나 쿠키 삭제를 통해서, 다양한 기기로 사이트에 접근하는 방법 등을 통해서 지불 장벽을 피해갈 수 있었던 것이다. 블로거들은 저마다 유료화 장벽을 피해가는 방법을 알려주겠다며 난리를 피웠다. 셋째, 일요판을 활용한, 이해하기 힘든 가격 책정이었다.

일요판 신문 + 모든 디지털 콘텐츠 사용 : 7.95달러/1주일

모든 디지털 콘텐츠 사용 : 8.95달러/1주일

단순하게 말해 이는 더 적게 받으면서 더 많은 것을 제공하겠다는 것이다. 경제학자들은 이를 차익거래price arbitrage라 한다. 이런 방식으

로 제품을 제공하면 사람들이 가격이 높은 제품을 선택할 가능성은 거의 없다고 봐도 무방하다.

〈뉴욕타임스〉의 페이월 프로젝트는 여기저기 부족한 모습이 많아 보였다. 전문가들은 대부분 비판적인 의견을 나타냈다. 〈뉴욕타임스〉의 계획에 반대하는 사람이 대부분이었다. 종이 신문 구독자에게 온라인 접근을 완전히 허용하면서 일요판 신문으로 차익거래를 실행하는 방식은 종이 신문을 보호하려는 의도가 분명하다고 주장하는 사람들도 있었다. 물론 그 반대의 의견을 펼치는 사람들도 있었다. 인쇄 콘텐츠보다 디지털 콘텐츠를 더 저렴하게 제공하는 이유는 〈뉴욕타임스〉가 디지털 변환을 가속화하기 위해서라는 것이다. 다만 페이월의 허점이 종이 신문의 발목을 잡으리라는 것은 공통적인 의견이었다. 어느 블로거는 "〈뉴욕타임스〉는 내가 멍청하다고 생각하고 있거나 아니면 나처럼 똑똑한 사람은 몰래 들여보내 주겠다고 생각하거나 둘 중 하나다. 이 두 가지를 다 고려한다 해도 나는 〈뉴욕타임스〉의 의도를 도대체 이해할 수가 없다"라고 했다.

연결 1 _디지털 열성분자와 종이 신문 독자

매출 증가를 도와줄 새로운 디지털 제품을 2년에 걸쳐 만들어놓고, 115만 명이나 되는 기존의 종이 신문 독자들에게 무료로 제공하는 이유는 뭘까? 다른 신문 발행인들에게 이 질문을 던진다면 펄쩍 뛰면서 이렇게 대답할 것이다. "디지털 신문을 종이 신문보다 낮은 가격으로 책정하면 안 됩니다. 사람들이 인식하는 종이 신문 브랜드의 가치를 훼손하게 되니까요." 이와 동일한 이유로 "디지털 제품의 가격을 점차 내리거나 무료로 제공해서는 안 된다"는 대답도 나올 수 있다.

일부 분석가, 명성 있는 언론인, 블로거들은 묶음판매의 중심에 종이 신문을 보호하려는 〈뉴욕타임스〉의 의도가 숨어 있다고 보았다. 그렇지 않으면 왜 신문 구독자들에게 디지털 제품을 무료로 제공하느냐는 것이다. 〈뉴욕타임스〉는 무슨 생각을 했던 것일까?

묶음판매가 종이 신문을 보호하려는 의도라는 주장에 귀가 솔깃해진다. 하지만 이 주장은 틀렸다. 〈뉴욕타임스〉의 의도를 이해하기 위해서 일단 그런 결정을 내리게 된 상황부터 들여다보자.

새로운 매출원을 창출하기 위해서 웹사이트에 엄청난 공을 들였어요. 그 과정에서 디지털로만 가자는 전제하에 많은 분석을 했습니다. 그런데 컨조인트 분석을 통해 계속 나타나는 문제점이 있었어요. 자기잠식 효과가 일어난다는 것이죠. 즉 웹사이트가 우리 종이 신문 독자들을 빼앗아간다는 겁니다.

언뜻 들으면 놀라운 말이다. 디지털 제품에 예전보다 더 높은 가격을 매기면 결국엔 종이 신문 독자들을 빼앗기는 자기잠식이 발생한다? 정말 그럴까?

왜 그런 현상이 생기는지 그 이유를 알기 위해서 잠깐 다음의 상황을 생각해보자. 〈뉴욕타임스〉 독자는 두 가지 유형이 있다. 하나는

1주일에 15달러를 지불하는 종이 신문 독자이고, 다른 하나는 돈을 한 푼도 내지 않는 디지털 열성분자다. 온라인 뉴스를 무료로 제공하면 디지털 독자뿐만 아니라 종이 신문 독자에게도 이익이다. 원하기만 하면 온라인으로 뉴스를 접할 수 있으니까. 그러나 디지털 뉴스에 요금을 부과하면 이야기가 달라진다. 종이 신문 독자가 온라인 뉴스를 접하기 위해 돈을 더 지불하도록 만든다면, 이는 계속 종이 신문 구독을 이어가든지 아니면 돈이 적게 드는 온라인으로 옮겨가든지 둘 중 하나를 선택하도록 강요하는 셈이 된다. 분석 결과는 이러한 문제를 경고했던 것이다.

〈뉴욕타임스〉 경영진은 처음에는 이러한 문제점을 예상하지 못했다. 하지만 문제가 생긴 이상 이를 극복하기 위한 방법을 생각해내야만 했다. 종이 신문 구독료 수익은 건드리지 않으면서 디지털 열성분자들을 붙잡아 디지털 콘텐츠 가격을 부과할 수 있는 방법을 말이다. 모든 디지털 접근과 종이 신문을 결합하는 것도 하나의 대안이었다. 하지만 그것은 처음부터 계획했던 옵션이 아니기 때문에 후퇴 결정이나 다름없었다.

다시 말해서, 종이 신문 구독과 디지털 뉴스 무료 제공의 결합 결정은 처음부터 연구에 포함되었던 것이 아니라 연구 결과 나온 대안이었다. 디지털 가격 책정과 그에 따라 신문 독자들이 받는 영향의 관계를 파악하지 못하면 〈뉴욕타임스〉의 의도와는 아주 다른 결과를 얻게 될 터였다.

다른 유형의 소비자에게 서로 다른 가격을 책정하는 행위는 전형적인 전략 중 하나다. 이는 전문용어로 '가격차별화 price discrimination'라고 한다. 이는 구입자에 따라 다른 가격을 받는 행위가 도움이 된다는 뜻이다.

〈뉴욕타임스〉는 가격차별화를 놓고 고민에 빠졌다. 특정 고객 집단을 붙잡으려고 특별한 가격을 제시할 경우, 더 많은 돈을 내는 다른 고객들을 잃을 수도 있기 때문이었다. 고객 집단 사이의 관계를 무시하다가 가격 책정에 혼란을 빚게 될 수도 있었다.

〈뉴욕타임스〉가 내놓은 해법은 종이 신문과 디지털의 번들링 가격 정책bundling pricing이었다. 기업들은 각자의 전략에 부합하는 저마다의 가격 책정 방법이 있다. 항공사는 토요일 밤 경유지에 기착하는 항공권을 싼 가격에 제공한다. 승객의 시간을 비용으로 따져 가격을 책정하는 것이다. 소매점은 쿠폰을 활용한다. 모든 고객이 쿠폰을 사용한다면 그냥 저렴하게 판매하는 것과 다름없을 것이다. 하지만 쿠폰에 신경 쓰지 않고 원래의 가격으로 구입하는 사람들이 있기 때문에 쿠폰은 효과가 있다.

전직 컨설턴트 리처드 페어뱅크 Richard Fairbank와 나이절 모리스 Nigel Morris가 1944년에 세운 캐피털 원Capital One은 지난 20년 동안 큰 성공을 거둔 신용카드 기업 중 하나다. 캐피털 원은 그 유명한 '잔고 이전' 카드를 시작으로, 가격차별화를 중심에 두고 전체 전략을 세웠다. 그들이 직면한 문제는 모든 사람에게 카드를 발급해주기를 원하지 않는다는 사실이었다. 대출이자 또한 고객의 위험도에 따라 다를 수밖에 없다고 생각했다. 하지만 1994년에는 실상 모든 신용카드 기업들이 19.8퍼센트라는 동일한 연이율을 제공하고 있었다.

페어뱅크와 모리스는 특정 고객들에게 차별화된 연이율을 제공하기 시작했다. 평상시 제때 돈을 갚은 사람, 부채 완납자들은 연이율에 크게 신경 쓰지 않았다. 채무 불이행자 역시 연이율에 신경 쓰지 않았다. 이율이 바뀐다고 어차피 갚지 않으려던 돈을 갚아야겠다는 쪽으로 마음이 바뀌지는 않을 테니까. 그렇다면 결과는? 그 제도를 이용하러 온 사람들은 가격에 예민한, 최소액 또는 일부 액수만 변제해 카드빚이 남아 있는 대금 이월 고객들이었다. 이것이 바로 캐피털 원이 바랐던 것이다.

고객들이 자신의 위험도를 기준으로 스스로 특정 제품을 선택하도록 한 창의성 넘치는 이 제도는 큰 인기를 끌었다. 제도 시행 후 첫 5년 동안 캐피털 원은 빠른 성장을 기록하며 미국에서 가장 수익성이 높은 금융 서비스 기관으로 자리 잡았다. 가격 책정의 영향과 고객 집단의 차이를 정확히 짚어낸 아주 간단한 제도 덕분이었다.

성공적인 가격 책정 전략은 목표 고객을 위해 적절한 가격을 선택하는 일뿐만 아니라 다른 고객들이 적절한 가격의 혜택을 누리지 못하도록 확실히 하는 일도 포함한다. 고객들 사이의 이런 관계를 이해하면 이익을 누릴 확률이 높아진다.

연결 2 _유료 구독자와 각종 회피 수단

〈뉴욕타임스〉의 페이월에서 발견된 허점들에 대해 다시 생각해보자. 이제 그 이유가 보이기 시작한다. 기본적으로 독자들은 페이스북이나 구글을 통해 〈뉴욕타임스〉 기사에 접근할 수 있다. 마찬가지로 누구나 쿠키를 삭제하거나 URL을 바꾸는 등의 방법을 통해, 혹은 다른 기기를 통해 〈뉴욕타임스〉 기사를 읽을 수 있다. 페이월을 둘러가기 위해 고안된 북마크를 설치할 수도 있다.

하지만 그런 행위는 실제로 돈을 지불하지는 않지만 짜증이라는 비용을 지불하게 만든다. 기사를 읽기 위해서 사용중인 데스크톱 컴퓨터를 두고 태블릿을 찾으러 가야 한다면, 또는 쿠키 삭제 방법에 관한 글을 찾아 읽어야 한다면 여간 성가신 일이 아니다.

장벽을 둘러가는 방법을 알아내기까지 잠깐만 불편을 참으면 그만이라고 생각할 수도 있지만, 그 정도의 불편 때문에 장벽 둘러가기를 포기하는 사람들이 생각보다 많다. 거기에 정의나 도덕 같은 인간의 감정이 더해지고, 니센홀츠의 말처럼 "정말로 많은 사람들이 〈뉴욕타임스〉를 지지해야만 한다는 무시 못할 욕구"가 더해진다면, 공짜로 사용할 수 있는데도 1주일에 7달러를 내겠다는 사람들은 더 많아질 수밖에 없다. 이런 점들을 알고 나면 〈뉴욕타임스〉의 선택이 더 이상 놀랍지 않다.

장벽의 허점은 〈뉴욕타임스〉 경영진의 무능력이나 판단 부족이 아니었다. 일부러 의도한 뛰어난 가격차별화 전략이었다. 니센홀츠는 이를 한마디로 요약했다. "그 모든 것이 페이월 제작에 포함되어 있었죠." 워런이 설명을 덧붙였다.

돈을 낼 의향이 있는 사람들에겐 요금을 부과하되 그렇지 않은 사람들에겐 열려 있는 상태를 유지하고 싶었습니다. 계속 열어놓으려는 데는 두 가지 이유가 있습니다. 첫째는 그러지 않으면 광고 수익을 잃을 테니까요. 둘째는 방문객들도 언젠가는 구독자가 될 수 있으니까요. 그래서 사용자들에게 매달 많은 기사들을 무료로 볼 수 있다는 점을 알리는 '방문객 구독자 캠페인'을 오랜 기간 공들여서 펼친 겁니다.

당시 엔와이타임스닷컴 NYTimes.com 상품 담당 임원이었던 데이비드 퍼피치 David Perpich 는 다음과 같이 덧붙였다.

페이스북이나 구글을 통한 회피 방법을 다 알면서도 일부러 내버려두었어요. URL이나 자바스크립트는 우리가 의도한 건 아니었습니다. 물론 알고는 있었지만 고칠 필요가 없다고 생각했죠. 우리가 페이월을 도입한 이유는 광고 수익에 도움을 주기 위해서였습니다. 기본적으로 우리 의도는 '광고 사업에는 피해를 주지 말자'는 것이었죠. 게다가, 애초부터 회피 방법을 사용하는 사람들은 돈을 내고 구독할 마음이 없는 사람들입니다. 그러니까 구독료는 일종의 수수료인 셈이죠.

〈뉴욕타임스〉는 사람들이 지불 장벽을 회피할 가능성에 대해 알고 있었다. 하지만 회피하는 데 드는 노력이 귀찮아 차라리 유료 구독을 택하게 되리라는 사실 또한 정확히 파악하고 있었다.

페이월은 시작과 함께 한시적 할인, 출시 특가 등 판촉활동을 벌였다. 그 결과 몇 달 지나지 않아 효과가 나타나기 시작했다. 디지털 상품 담당 부사장 폴 스멀 Paul Smurl 은 출시를 앞두고 디지털 리더십팀이 걱정했던 세 가지 우려 사항에 대해 얘기했다. "사람들이 디지털 콘텐츠 사용을 위해 돈을 낼 것인가, 디지털만 구독하는 사람들 중 몇 명이나 마음을 돌릴 것인가? 광고 수익은 어떻게 될 것인가? 그리고 사람들이 구독 옵션의 상대적 가치를 따지면서 종이 신문에서 소비를 줄일 것인가?"

페이월은 순식간에 효과를 보였다. 워런은 당시 상황에 대해 이렇게 말했다. "첫날부터 너무 성공적이어서 전부 다 얼어붙었다고나 할까요." 한 명도 없었던 유료 디지털 구독자는 2년 후에 67만 6,000명으로 늘었다. 3,000만 명에 달하는 온라인 독자층에 비하면 적은 수라고 할 수도 있지만, 2013년에만 8,100만 달러의 수익을 안겨줄 만큼 충분한 수라고도 할 수 있다. 종이 신문 독자들의 자기잠식 현상도 전혀 없었다. 수년간 감소하던 구독료 수익은 진정 상태에 접어들었다가 2013년에는 1.7퍼센트의 성장을 기록했다. 광고 수익도 현상을 유지했는데, 페이월의 허점과 방문객 구독자 캠페인이 한몫해준 덕분이었다.

페이월이 초기 몇 년 동안 거둔 성공이 앞으로도 계속 이어질 거라는 보장은 없다. 하지만 사업 3년 차에 이룰 목표를 1년 안에 달성한 것은 사실이며 의미 있는 성공이다. 스멀은 〈뉴욕타임스〉의 분위기에 대해 언급했다. "물론 모든 일이 순조롭게만 흘러가는 건 아닙니다. 하지만 전체적으로 보면 정말 믿기 힘들 정도로 여러 면에서 성공적이었습니다."

연결 3 _유사 제품이 아닌 고객 선호도의 묶음

페이월은 적어도 지금까지는 성공을 거두고 있지만 여전히 궁금한 점이 남는다. 페이월보다 겨우 몇 년 전에 나왔던 타임스실렉트와 비교했을 때, 가격 책정 방식에 따른 결과의 차이를 어떻게 설명할 수 있을까? 타임스실렉트 프로젝트가 중단되고 난 이후 2008년 무렵에 몇몇 전문가들은 페이월은 절대 성공할 수 없다고 일축했다. 타임스실렉트는 1개월에 2.50달러로 대략 25만 명의 독자를 끌어모았다. 그러나 페이월은 그보다 2배가 넘는 가격으로 거의 3배가 넘는 독자들을 끌어모았다!

이 두 프로젝트의 차이를 이해하기 위해서는 '결합'이라는 측면에서 다시 살펴보는 것이 도움이 된다. 〈뉴욕타임스〉를 하나의 신문이 아니라 국제뉴스, 정치, 전문가 의견, 메트로, 문화, 예술, 여행 등 다양한 유형의 콘텐츠의 결합이라고 생각해보라. 타임스실렉트 모델의 접근방식은 지불 장벽 뒤에 어떤 유형의 콘텐츠를 둘 것인지 묻는 것이다. 이 질문에 대한 대답은 대부분의 독자들이 무엇을 위해 돈을 지불할 것이냐에 대한 당신의 생각에 달려 있다.

그런데 칼럼 중독자와 스포츠팬처럼 전혀 다른 유형의 독자들이 있다고 가정해보자. 칼럼 중독자들은 데이비드 브룩스David Brooks, 모린 다우드Maureen dowd, 폴 크루그먼Paul Krugman의 글에 빠져 있다. 반면, 스포츠팬들은 자기가 응원하는 지역의 팀과 더불어 하비 아라톤Harvey Araton, 윌리엄 로든William Rhoden, 조지 백시George Vecsey의 생각에 주의한다. 이밖에 국제뉴스 열독자, 문화 전위주의자, 지역 지킴이,

식도락가도 있다. 이들이 콘텐츠에 부여하는 가치는 각각 다르다. 이럴 경우 어떻게 해야 할까?

이를 소프트웨어에 대입해서 비교해보자. 일단 두 가지 제품이 있다고 가정한 뒤에 조목조목 살펴보겠다. 하나는 스프레드시트, 다른 하나는 워드프로세싱 소프트웨어 패키지다. 이 두 제품은 사용법이 다르다. 고객은 하나의 프로그램에 있는 내용을 잘라서 다른 프로그램으로 옮길 수 없다. 제품들은 별도로 판매된다. 그리고 설치도 따로 해야 한다.

자, 여기서 세 가지를 더 가정해보자. 첫째, 고객은 분석가와 언론인 두 유형뿐이다. 둘째, 각 유형의 고객 수는 동일하다. 셋째, 제품을 만드는 비용은 전혀 들지 않는다.

이제 마지막이면서 가장 중요한 점인 고객 선호도를 가정하자. 분석가는 스프레드시트 패키지에 10달러를, 워드프로세싱에는 2달러를 지불할 의향이 있다. 분석가들은 수학적 모형 만들기를 좋아하지만 글은 못쓴다. 언론인은 정반대다. 워드프로세싱에 10달러, 스프레드시트에 2달러를 낼 의향이 있다. 언론인은 글쓰기를 좋아하지만 수학과는 거리가 멀다. 아래 표는 이들의 지불 의향 정보를 보여준다.

표 2 | 지불 의향의 간단한 예

	스프레드시트	워드프로세싱
분석가	$10	$2
언론인	$2	$10

자, 이제 중요한 질문을 할 시간이다. 당신이 이 제품들을 판다면 어떻게 가격을 책정하겠는가?

먼저 '환상의 가격 책정'을 고려해보라. 기업이 각 제품을 팔면서 고객마다 다른 가격을 받을 수 있는 상황 말이다. 이렇게 이상적인 시나리오를 완전 가격차별perfect price discrimination이라 한다. 그렇다면 기업은 스프레드시트 가격을, 분석가에게는 10달러(또는 확실히 팔아 먹기 위해 9.99달러) 그리고 언론인에게는 2달러로 책정하면 된다. 그리고 워드프로세싱은 그 반대로 가격을 책정하면 된다. 그렇다면 총 수입은 얼마인가? 24달러다.

물론 완전한 가격차별은 하기도 힘들뿐더러 그 자체가 불법이다. 일반적으로 기업은 각 제품의 가격을 정해놓고 고객들이 선택하도록 한다. 이 경우 가장 좋은 방법은 각 소프트웨어 제품을 10달러로 책정하는 것이다. 그러면 기업은 4개가 아닌 2개를 팔아서 20달러의 이익을 챙기게 된다. 완전 가격차별이 불가능하다는 말은 제품을 다 팔 수는 없다는 의미다. 그래도 두 유형의 고객이 두 제품을 모두 구입하도록 만들기 위해 가격을 인하하는 것보다는 낫다. 이렇게 절충하는 핵심적 이유는 제품에 대한 고객들의 선호도가 다르다는 사실 때문이다.

하지만 좀더 나은 방법은 없을까? 이때 도움을 줄 수 있는 것이 결합이다. 두 제품 가격을 따로따로 책정하면 수익을 챙길 수 있는 기회를 다 잡을 수 없다. 하지만 상품을 결합해 가격을 12달러로 책정하면 두 고객 모두 미끼를 물게 된다. 고객들이 이 두 제품을 사는 데 총 12달러를 지불할 의향이 있었다는 사실을 기억하라. 이 기법의 가장 큰 장점은 무엇인가? 수익이 24달러로 증가했다는 점이다. 당신은 단 한 푼도 손해 볼 일이 없다. 묶음판매는 당신이 '환상의 가격정책'에서 얻을 수 있는 수익을 가능하게 해준다.

두 제품을 하나로 묶어서 모든 고객에게 동일한 가격으로 제공하면 이익을 25퍼센트 끌어올릴 수 있다. 두 제품의 사용법이 다른데도, 묶음판매 가격이 개별판매 가격의 총액보다 40퍼센트 더 싼데도 말이다!

이건 해리포터도 울고 갈 마술이다. 이것은 오피스 전쟁에서 뒤지고 있던 마이크로소프트가 역전승을 거둘 수 있었던 힘이기도 하다.

묶음판매 마술에는 비밀 하나가 숨어 있다. 제품에 대한 선호도를 기준으로 고객들을 바라보면 고객들이 아주 달라 보인다는 점이다. 고객의 지불 의향 가격을 모두 맞출 수가 없다. 하지만 결합제품에 대한 선호도를 기준으로 이들을 바라보면 고객들이 매우 비슷해보인다. 덕분에 모든 고객의 지불 의향 가격을 최대한으로 받을 수가 있다.

1976년에 경제학자 윌리엄 애덤스William Adams 와 재닛 옐런Janet Yellen (현 미국 연방준비제도 이사회 의장)은 명쾌한 설명을 곁들인, 다소 난해한 제목의 논문 〈상품 번들링과 모노폴리의 부담Commodity Bundling and the Burden of Monopoly〉에서 이 기법의 논리를 밝혔다. 묶음판매의 진정한 가치는 서로 유사한 제품의 묶음이 아니라 서로 다른 선호도를 가진 고객의 묶음에 있다.

묶음판매는 고객들에게 가격차별화를 적용할 수 있는 효과적인 방법이다. 고객 하나하나를 군이 다 알 필요는 없다. 고객들의 선호도가 어떻게 만나는지 또는 어떻게 다른지를 아는 것이 중요하다. 그것들이 어떻게 연결되는지를 알아야 한다.

그럼 〈뉴욕타임스〉 사례로 되돌아가자. 먼저 독자들의 선호도가 어떻게 다를 수 있는지 간단하면서도 그럴싸한 시나리오를 만들어보자.

각 유형의 고객들은 자신이 좋아하는 콘텐츠에는 10달러를 지불할 의향이 있지만, 나머지 콘텐츠에는 2달러밖에 지불할 의향이 없다.

표 3 | 다른 유형의 독자들의 지불 의향

	칼럼	스포츠	문화	메트로	음식
칼럼 중독자	$10	$2	$2	$2	$2
스포츠팬	$2	$10	$2	$2	$2
문화 전위주의자	$2	$2	$10	$2	$2
지역 지킴이	$2	$2	$2	$10	$2
식도락가	$2	$2	$2	$2	$10

이제 당신이 〈뉴욕타임스〉의 임원이고 상황이 심각해졌다고 가정해보라. 당신은 누가 어떤 유형의 독자인지 알지 못한다. 따라서 이런 어려움에 직면한다. 어떤 콘텐츠를 페이월로 막아야 할까?

〈뉴욕타임스〉가 지불 장벽을 구축하기 위해 활용한 두 가지 방식이 가진 근본적인 차이점이 여기에 있다. 타임스실렉트에는 어떤 콘텐츠에 독자들의 관심이 있는지 〈뉴욕타임스〉가 알고 있다는 믿음이 깔려 있다. 반면에 페이월에는 〈뉴욕타임스〉가 그것을 알지 못한다는 사실이 반영되어 있다.

2006년에 실시했던 지불 장벽은 이 질문으로 시작했다. "우리 콘텐츠의 어떤 부분이 독점적인가?" 그러나 2011년의 지불 장벽은 그때와 다른 점에 초점을 맞춘다. 고객마다 그 답이 다를 수 있다는 점을 암묵적으로 인정하고 있다. 따라서 전체 디지털 콘텐츠 묶음을 하나의 가격으로 책정하고 고객들이 원하는 기사를 선택할 수 있도록 하는 방법이 아마도 더 나을 것이다.

첫 번째 접근방식에서는 어떤 콘텐츠를 장벽으로 막아야 할지 결정하는 과정에서 실수가 발생할 수 있을 뿐만 아니라 잠정적 유료 구독자를 좁은 범위로 한정짓게 된다. 그러나 두 번째 방식에서는 어떤 고객이 어떤 유형인지 알 필요가 없이 돈을 낼 의사가 있는 모든 고객을 끌어모을 수 있다.

〈뉴욕타임스〉 경영진은 2006년 프로젝트 진행 과정에서 콘텐츠 함정에 빠지고 말았다. 독자들의 선호도보다는 콘텐츠가 가격을 결정한다는 믿음에서 비롯된 실수였다. 2011년 프로젝트에서는 고객 선호도 사이의 연결 관계를 최대한 활용했다. 이 연결 관계를 알아내면서 가격 책정에 필요한 정보를 확보했을 뿐만 아니라 새로이 도약할 큰 기회도 얻게 되었다.

연결 4 _ 독자와 광고주

묶음판매 이론은 왜 디지털 버전을 종이 신문 구독자들에게 보다 저렴한 가격으로, 심지어 무료로 제공하는지를 설명해준다. 그런데 일요일 신문에 대한 〈뉴욕타임스〉의 가격 책정은 어떤가? 실질적으로 〈뉴욕타임스〉는 일요판과 더불어 디지털 콘텐츠에 접근하는 독자들에게 돈을 지불하는 셈이었다. 꽤나 이상한 일이다.

사실 일요판 가격 책정은 현명한 결정이었다. 그 역시 연결 관계의 이해를 바탕으로 한 것이었다. 여기서의 연결은 아주 다른 두 유형의 고객, 독자와 광고주 사이의 연결 관계를 말한다.

독자를 더 많이 끌어모으면 광고 수익은 더 늘어난다. 독자 수가 적어지면 수익도 줄어든다. 자, 일요판은 가장 두껍다. 그래서 광고주들에게 가장 매력 있는 신문으로, 1주일 전체 광고 수익의 50퍼센트를 차지한다. 따라서 〈뉴욕타임스〉 한 부 한 부의 판매도 중요하지만 일요판 판매는 특히 중요했다.

이 때문에 일요판의 독자 관리는 중대한 사안이었다. 〈뉴욕타임스〉가 일요판 독자를 끌어들이기 위해 1달러를 지불할 정도로 중차대한 일이었다는 말이다. 그 결과는? 이후 2년 동안 일요판의 독자 수는 현상을 유지했고 광고 수익은 증가했다. 결국 일요판 가격 책정은 독자 수와 광고 수익에서 계속되던 출혈을 멎게 한, 탁월한 결정이었던 셈이다.

'차익 거래'가 가져온 결과에 대해서 〈뉴욕타임스〉 임원들은 흥분을 감추지 못하면서도 겸손한 모습을 보였다. 스멀은 "일요판 판매 부수에 도움이 된 건 분명한데, 사실은 우리가 알고 가격을 책정한 것은 아니었다"라고 털어놨다. 퍼피치 역시 "우리가 모든 걸 의도하고 뛰어난 전략을 세운 것처럼 보이지만 이 정도의 성공은 예상하지 못했다"고 말했다.

연결 관계를 어떻게 해야 할까

〈뉴욕타임스〉의 페이월 전략은 보조금이나 종이 신문 보호와는 거의 관계가 없다. 디지털의 가치를 떨어뜨리려는 의도도, 디지털 세상으로의 전환을 가속화하려는 의도도 없었다. 모든 것이 간단한 질문, 즉 "디지털 콘텐츠에 값을 매겨도 될까"라는 질문에서 시작되었다. 그리고 가격 결정에서 발생하는 고객들 간의 연결 관계에 대한 인식과 관리가 이뤄진 것이다.

페이월의 설계와 철학은 서로 다른 관심사를 지닌 고객들을 성공적으로 관리하고 그들이 하는 결정의 연결 관계를 제대로 파악한 대표적인 사례다. 종이 신문 구독자와 디지털 외골수 사이에는 연결 관계가 있다. 구독 의향이 있는 독자와 전혀 없는 독자 사이에도 연결 관계가 있다. 칼럼 중독자와 문화 전위주의자 사이에도 연결 관계가 있다. 그리고 독자와 광고주 사이에도 연결 관계가 있다. 이 연결 관계들은 사실 네트워크 효과와 관계가 없지만 사용자 행동에는 영향을 끼친다. 그리고 페이월의 설계와 성공의 이유를 밝히는 데 있어서 그 연결 관계의 중요성은 결코 네트워크 효과에 뒤지지 않는다.

〈뉴욕타임스〉는 2006년 실험에서 콘텐츠에 가격을 책정하는 실수를 저지르며 콘텐츠 함정에 빠지고 말았다. 그러나 2013년도에는 함정에서 벗어나 다른 선택을 했다. 새로운 페이월의 성공에서 가장 중요한 점을 꼽으라면 〈뉴욕타임스〉가 연결 관계를 인식함으로써 콘텐츠 함정을 피하고, 콘텐츠가 아닌 연결 관계에 가격을 책정하는 방식을 사용했다는 점이다.

두 고객 집단 간의 연결 관계를 관리하는 일은 힘들다. 하물며 서로 다른 여러 고객 집단의 연결 관계를 제대로 관리하는 일은 상상하기조차 힘들 정도로 어려운 일이다. 결국 가장 중요한 점은 〈뉴욕타임스〉가 페이월로 성공을 거둔 데에는 세심한 연구 결과를 바탕으로 한 경영진의 결정이 한몫했다는 사실이다. 하지만 또 한편으로 죽기보다 싫어도 인정할 수밖에 없는 사실이 있다. 이 모든 결과는 그저 기막힌 행운의 덕도 컸다는 사실 말이다.

텔레비전과 스트리밍의 대결

순한 양이었던 넷플릭스는
어떻게 늑대가 되었나

엔터테인먼트 분야에서 소비자 비디오만큼 폭발적인 디지털 변환을 경험한 시장은 없다고 해도 무방하다. 오늘날 유튜브YouTube에는 1분마다 300시간 분량의 비디오가 올라오고, 전 세계에서 매일 10억 명 이상의 시청자가 40억 편의 비디오를 감상한다. 넷플릭스 같은 신흥 기업, 아마존과 애플 같은 인터넷 거인, 훌루Hulu 같은 조인트벤처, 그리고 트위터, 인스타그램 등이 실시간 비디오 콘텐츠를 제공하는 수백 개의 기업 중 대표 격이라 할 수 있다. 실시간 비디오 콘텐츠는 전통적인 텔레비전의 대체 수단으로 점점 자리를 잡아가고 있다.

이것이 유료 텔레비전 산업, 특히 늘 논란의 중심이 되어온 케이블 사업자에게 의미하는 바는 무엇일까? 케이블 방송에는 세 가지 뜨거운 감자가 있다.

첫째는 75달러짜리 채널 묶음판매의 대안으로 떠오르고 있는 소비자 선택 주문 방식 또는 개별판매인 아라카르트à la carte 옵션에 대해 어떻게 대응해야 하는가의 문제다. 자기가 원하는 것에만 돈을 지불해야 한다는 시청자의 주장이 만만찮다. 어찌 보면 당연한 요구다. 하지만 사업자 입장에서는 수익에 해가 되는 방식을 무조건 받아들이기 힘들다.

그렇다고 아무 대응도 하지 않으면 두 번째 문제가 등장한다. 케이블 방송을 아예 끊어버리는 '코드 커터cord cutter'다. 그들은 원하는 비디오 콘텐츠를 온라인상에 업로드한 다음 스트리밍 방식으로 영상을 재생하는 스트림 비디오stream video를 통해 컴퓨터나 모바일 기기에서 본다. 케이블 사업자에게 이는 아라카르트 옵션보다 훨씬 더 우울한 소식이다. 아라카르트 옵션을 받아들일 경우에는 시청자가 선택하지 않는 채널에서 발생하던 수익만 줄어든다. 하지만 코드 커터가 생기면 75달러가 몽땅 날아가니 손실이 더 커지는 건 당연한 일이다.

셋째는 가장 기본적인 문제이다. 스트리밍에 어떻게 대응할 것인가? 맞서 싸워야 할까, 아니면 끌어안아야 할까? 빠져나갈 구멍이 있기는 한 것인가? 이 문제에 관해서는 긍정적인 시각을 찾기가 쉽지 않다. 〈뉴욕타임스〉는 이 문제에 대해 이렇게 평가했다. "현재의 케이블 방송은 10여 년 전 미국인들이 일반 전화를 포기하고 휴대전화로 갈아타면서 변화하던 전화 사업의 초기 단계와 비슷한 상황에 처해 있다. 그 변화는 힘을 얻기까지는 시간이 좀 걸리긴 했지만 나중엔 아무도 막을 수 없었다."

주위에서는 케이블 방송의 미래에 대해 종종 냉정한 평가를 내린다. 아라카르트 옵션과 코드 커터는 결국 텔레비전 비즈니스의 종말을 불러올 것이고, 스트리밍 비디오의 힘은 절대 무시할 수 없다는 것이 결론이다.

이러한 결론은 모두 콘텐츠의 힘과 연관되어 있다. 콘텐츠를 누가 가지고 있느냐, 어떻게 하면 더 낮은 가격에 더 많이 또는 충분히 얻을 수 있느냐에 주목한 것이다. 그러나 실제는 상당히 달랐다. 이를 이해하기 위해서는 사용자 연결 관계가 어떻게 작용하는지, 그 연결 관계가 어떻게 논란을 형성하는지를 알아둘 필요가 있다.

묶음판매가 기업과 소비자 양쪽에게 이익이 되는 이유

미국의 케이블 방송은 몇몇 기업이 장악하고 있다. 그중 가장 큰 5개 기업인 컴캐스트 Comcast, 타임워너 Time Warner, 차터 Charter, 콕스 Cox, 케이블비전 Cablevision이 텔레비전 시청 가정의 약 77퍼센트를 차지하고 있다. 기업들은 각기 위성 방송이나 이동통신 기업과 경쟁을 벌이지만 자기들끼리는 경쟁하지 않는다. 수십 년 전에 연방정보통신위원회가 케이블 사업 운영을 위한 인프라에 막대한 자본이 투자된다는 점을 인정해 '국지적 독점 local monopoly'을 허용해준 덕분이다. 그 결과 케이블 사업자는 '다 보든지 아니면 아예 보지 말든지' 식의 패키지를 제공할 수 있게 되었다. 대략 150개의 채널을 75달러를 내고 보든지 아니면 아무것도 보지 말라는 식이다.

디지털 기술 덕분에 케이블 파이프를 통해 전송하는 채널이 늘어났으니 시청자 입장에서는 싼 가격에 좋은 서비스를 받고 있다는 것이 케이블 사업자들의 주장이다. 기본 케이블 묶음판매에는 보통 100개 이상의 채널이 포함된다. 20년 전보다 몇 배나 많은 채널이다. 하지만 소비자들은 말도 안 되는 이야기라고 주장한다. 자주 시청하는 채널은 15개 정도에 불과한데 강제로 150개 채널에 부과되는 요금을 내야만 한다는 것이다. 그리고 지난 10년 동안 케이블 요금이 97퍼센트나 훌쩍 뛰었으니, 150개 채널에 75달러가 싼 가격은 아니라는 얘기다.

스탠퍼드대학의 알리 유루코글루Ali Yurukoglu 교수는 미디어 산업의 구성에 관해 연구하고 있다. 그는 지난 10년간 거의 모든 미디어 전문가, 투자가, 기업가들이 해온 질문을 다시 한 번 던졌다.

디지털 기술로 음악이 변했습니다. 뉴스가 변했습니다. 책이 변했습니다. 라디오가 변했습니다. 비디오 대여가 변했습니다. 많은 사람들이 물어봅니다. 케이블은 어떻게 될까요? 케이블은 왜 1997년과 똑같은 방법으로 서비스를 제공할까요? 다른 분야에서는 제품마다 개별적으로 가격을 매기고 있습니다. 개별판매 그리고 맞춤형 주문으로 옮겨가고 있습니다. 케이블은 왜 그렇게 하면 안 되는 거죠?

최근의 사례를 보면 케이블 방송의 묶음판매가 마침내 무너지고 있다는 생각이 들기도 한다. 2015년 1월, 디시 네트워크Dish Network는 슬링 TV를 도입한다고 밝혔다. 슬링 TV는 ESPN을 비롯해 몇 개의 주요 채널을 라이브로 제공하는 서비스다. 이보다 앞서 2014년 10월 6일에 CBS는 시청자들이 케이블에 가입하지 않고도 프로그램을 볼 수 있도록 하는 자사만의 스트리밍 서비스를 발표했다. 그보다 하루 전에 HBO도 유사한 서비스를 발표했다. 이에 대해 〈디 애틀랜틱The Atlantic〉은 "하루도 안 돼, 가장 호평받는 네트워크와 가장 시청자가 많은 네트워크가 인터넷 TV에 미래를 걸었다. 케이블 묶음판매가 지난 24개월보다 지난 24시간 사이에 더 많이 변화했다"고 평가했다.

하지만 대부분의 업계 관계자들은 케이블의 묶음판매가 없어질 것이라고 생각하지 않는다. 〈디 애틀랜틱〉 역시 마찬가지였다. 앞의 기사에서 "HBO와 CBS의 개별판매가 케이블을 폭파시키지는 않을 것"이라고 썼다. 〈뉴욕타임스〉 역시 '드디어 흐트러지는 케이블 묶음판매'라는 획기적인 제목을 단 기사를 내놨지만 정작 내용 면에서는 "케이블 묶음판매가 사라지지는 않을 것"임을 순순히 인정하고 있다.

유루코글루 교수의 질문으로 되돌아가 보자. 묶음판매는 왜 난공불락을 자랑하는가? 케이블 사업자가 너무 크고 강해서, 또는 케이블 사업자가 라이브 스포츠 방송을 쥐락펴락해서라고 주장할 수도 있다. 아니면 그냥 시청자들이 바꾸기 귀찮아하기 때문이라고 생각할 수도 있다. 하지만 이런 설명만으론 부족하다.

그 이유를 알아내기 위해서 아라카르트, 즉 개별판매에 관한 기본적인 주장을 다시 살펴보자. "내가 원하지도 않는 것을 위해 돈을 내라고 강요하지 마라. 내가 원하는 채널만 보게 해주면 내는 돈이 훨씬 줄어들 것이다."

이 주장의 핵심 논리는, 채널을 30개만 골라 보면 현재 내는 요금의 일부만 내도 될 것이라는 점이다. 거리로 나가 지나가는 사람을 붙잡고 이런 설명을 해주면 고개를 끄덕이는 이들이 많을 것이다. 하지만 이는 판단 착오에서 나온 주장이다.

앞서 예로 들었던 묶음판매 사례를 케이블 방송에 적용해 그 이유를 설명해보자. 제공되는 방송은 ESPN과 Food Network이다. 두 시청자 부류가 있고 그들의 선호도가 다르다고 하자.

표 4 | 스포츠광 대 식도락가의 가격 선호도

	ESPN의 가치	Food Network의 가치	묶음판매의 가치
스포츠광	$10	$2	$12
식도락가	$2	$10	$12

〈뉴욕타임스〉를 분석할 때는 아라카르트 가격(개별 기사에 요금 부과)을 결정한 다음 묶음판매의 가격(페이월 요금)이 어떻게 책정될지 확인했다. 이번에는 반대로 해보자. 현재의 상황, 즉 묶음판매 가격 책정을 확정한 다음 아라카르트 가격이 어떻게 책정될지 확인하는 것이다.

시청자들에게 묶음판매 외에 다른 선택권이 없다면 가격은 어떻게 될까? 각 시청자가 2개의 채널 모두를 구입하기에 딱 충분한 12달러가 될 것이다. 그럼 각 채널은 시청자당 6달러를 받는 셈이다. 6달러는 각 채널이 확보한 시청자 수(50퍼센트)의 몫을 보상하는 금액이다.

만약 각 채널이 아라카르트 방식으로 제공된다면 어떨까? 시청자는 당연히 자기가 좋아하는 채널만 구입할 것이다. 얼핏 보면 자기가 원하는 것만 보고 요금은 덜 내니 더 좋아 보인다. 그런데 예외 사항이 있다. 묶음판매시 각 채널의 '평균 가격'은 6달러였지만, 아라카르트 방식에선 채널 가격이 6달러로 통일되지 않을 것이라는 점이다. 요금은 이제 10달러가 된다. 이것은 묶음판매 가격에서 15퍼센트 정도 할인된 가격이다. 시청자가 얻는 것은 두 채널 중 하나, 즉 반으로 줄어드는데 말이다.

이 간단한 예를 통해 아라카르트 방식의 일반적인 주장에 허점이 있음을 알 수 있다. 시청자는 자기가 정말 좋아하는 채널만 가입할 수 있고 돈도 비교적 덜 내기 때문에 더 유리하다고 주장할 수 있다. 하지만 이 논리에는 중요한 사실이 빠져 있다. ESPN과 Food Network 측에서는 아라카르트 방식으로는 채널 충성도가 정말로 높은 시청자만 끌어들일 수 있기 때문에 가격을 현재와 동일하게 유지하지 않을 것이란 점이다. 케이블 사업자는 주요 시청자 층을 놓치지 않는 선까지 가격을 올릴 가능성이 있고, 이는 시청자들에게 불리한 상황을 만들어낸다.

여러 생각을 하게 만드는 이야기다. 묶음판매가 케이블 사업자의 수익 증가에 도움이 될 뿐만 아니라 시청자에게도 도움이 된다니 말이다. 묶음판매는 서로 다른 선호도를 지닌 시청자 전체에 걸쳐 가격을 평평하게, 즉 연결 관계를 고려해 가격을 올바르게 책정하는 방식으로 점차 낮은 가격에 더 많은 볼거리를 제공한다. 앞서 소프트웨어와 〈뉴욕타임스〉의 가격 책정 사례에서 보았던 것과 동일한 혜택이다.

반대로 각 채널은 별도로 제공될 때 가격이 훨씬 더 높아질 수밖에 없다. 기업 입장에서는 자기 채널에 충성도가 높은 시청자만 끌어들여 다양한 층의 시청자가 있을 때와 비슷한 수익을 창출할 수 있도록 가격을 책정해야 하기 때문이다.

묶음판매 가격 책정을 보조금이란 관점에서 보는 해석도 있다. 시청자의 선택권을 없애고 원하지도 않는 채널까지 억지로 가입하게 만드는 행위는 결국 몇몇 채널이 다른 채널들에게 보조금을 지급하는 것과 같다는 주장이다. 이 주장에는 소비자들의 선호도가 낮은 채널들은 아무리 가격이 낮아도 절대 구입하지 않을 것이라는 전제가 깔려 있다. 하지만 그렇지 않다. 앞의 예에서처럼 선호도가 떨어지는 채널이라도 2달러만 더 내서 볼 수 있다면 소비자는 그 채널을 구입할 것이다.

이 예가 시사하는 중요한 점이 또 있다. 어떤 채널이 보조금을 받느냐에 관해서는 시청자에 따라 의견이 다르다는 사실이다. ESPN이 Food Network에게 보조금을 준다고 생각하는 사람들도 있겠지만, 그 반대로 생각하는 사람들도 있다. 묶음판매가 효과가 있는 이유가 그 때문이다.

묶음판매와 개별판매를 두고 벌어지는 논쟁을 개인 소비자의 관점에서 바라본다면 왜 묶음판매를 선호하는지 쉽게 알 수 있다. 사용자 선호도가 어떻게 연관되어 있는지 그 연결 관계를 깨닫는 순간 완전히 다른 결론이 나온다.

이 예를 두 유형의 시청자와 2개의 채널을 사용해 표로 만들었다. 여기에 시청자 유형을 더하면 어떤 일이 벌어지는지를 살펴보자.

표 5 | 시청자 유형별 가격 선호도

	ESPN의 가치	Food Network의 가치	묶음판매의 가치
스포츠광	$10	$2	$12
식도락가	$2	$10	$12
카우치 포테이토족	$8	$8	$16
인터넷 서퍼	$4	$4	$8

서로 다른 유형의 시청자들 사이에 선호도 연관성이 아주 단순하지는 않지만(선호도가 서로 정반대는 아니지만) 얻는 결과는 똑같다. 묶음판매를 제공하면 더 많은 시청자를(12달러짜리 묶음판매로 인터넷 서퍼를 제외하고 모두를) 끌어올 수 있다. 채널을 개별적으로 판매하면 각 채널은 총수입을 극대화하기 위해 가격을 8달러에 맞추게 된다. 그렇게 되면 시청자를 잃지 않으면서도 채널당 가격을 빠르게 끌어올리게 될 것이다.

묶음판매와 개별판매의 가격책정 원리

적어도 이론상으로는 위의 예처럼 된다. 현실에서는 시청자 선호도가 훨씬 더 복잡하게 얽혀 있다. 그리고 아라카르트 방식이 묶음판매보다 확실히 더 비싸다고만 할 수도 없다. 케이블 사업자의 비타협적인 태도와 소비자의 타성을 없앨 수 있다면 아라카르트 방식이 반드시 비싸야만 할 이유가 없을지도 모른다.

만약 케이블 사업자가 아라카르트 방식으로 옮겨갈 수밖에 없다면 현실에서는 어떤 일이 벌어지게 될까? 이 질문에는 대답하기 힘들다. 가격에 미칠 영향을 예상할 수 있으려면 각 채널을 개별적으로 제공했을 때 나타날 소비자의 선호도를 알아야만 한다. 여기서 문제가 발생한다. 이제까지 시청자에게 각 채널에 대한 선호도를 밝힐 기회를 주는 옵션이 없었으므로 그에 따른 시나리오를 짤 자료가 없다. 그 결과 개별판매의 결과를 점치기란 불가능에 가깝다.

바로 이 때문에 오랫동안 논쟁이 중단되어 있었다. 실증적으로 알아낼 방법이 없었으니까. 그러다가 2009년 당시 뉴욕대학의 대학원생이었던 유루코글루와 하버드대학의 드미트리 비자로브Dmitri Byzalov는 각각 놀라운 사실을 깨달았다. 채널들은 묶음으로 제공되지만 시청 결정은 채널별로 각각 기록된다는 점이었다(닐슨Nielsen에서는 우리가 언제, 무엇을, 얼마나 오래 보는지에 대한 자료를 수집했다).

이 정보를 활용하면 각 채널별 시청자 선호도, 실제 채널별 '수요곡선'을 알아낼 수 있다. 그러면 이를 바탕으로 채널 개별판매시 어떻게 가격이 책정될지 알아낼 수 있게 된다. 이는 묶음판매를 통해 알아낸 채널 선호도를 이용해 마침내 개별판매시 가격을 추정할 수 있게 해준 기발한 접근방식이었다.

뉴욕대학과 하버드대학에서 내린 결론은 대동소이했다. 그레고리 크로퍼드 Gregory Crawford와 함께 이 문제를 연구했던 유루코글루는 만일 채널들이 개별판매를 하되 묶음판매 수준에서 정해진 가격으로 제공되면 소비자들이 혜택을 보게 된다는 사실을 알아냈다. 하지만 채널의 개별 가격이 변경되면(현실에서는 아마도 그렇게 되겠지만) 그 결과는 매우 달라질 것이다. 연구에 따르면 "케이블 사업자의 프로그래밍 비용이 103퍼센트 증가할 것이고, 가격도 덩달아 오를 것이다"라는 결론에 이르게 된다. 소비자 입장에서는 묶음판매의 세상보다 나아질 게 하나도 없다는 말이다.

광고 수익을 고려해도, 업스트림 채널의 거래 입장이 다르다는 점을 고려해도 기본적인 결과는 달라지지 않았다. 왜 그런 일이 벌어지는지 유루코글루는 그 배경을 이렇게 요약했다.

일반적으로 채널마다 그 채널의 특성에 딱 맞으며, 그 채널을 자주 보는 핵심 시청자들을 보유하고 있다. 그리고 가끔 그 채널을 시청하기는 하지만 그렇게 많은 돈을 내면서까지 볼 마음이 없는 사람들도 많다. 사업자는 묶음판매시에는 많은 시청자들을 끌어들이기 위해 낮은 가격을 선택한다. 개별판매시에는 충성도가 높은 시청자들에게 높은 가격을 책정하고 싶은 유혹을 느낀다. 따라서 모두를 위한 적당한 가격 책정에서 한정된 일부를 위한 특별한 가격 책정으로 옮겨가게 된다.

그렇다고 모두가 손해를 본다는 말은 아니다. 다른 채널에는 전혀 관심이 없는, 정해진 몇 개의 채널만 보는 일부 시청자는 개별판매의 혜택을 본다. 하지만 유루코글루는 "시청하는 채널이 많은 시청자일수록 손해가 커진다"고 말한다. 그리고 전체적으로 개별판매를 통해 시청자가 누리는 채널 선택의 유연성은 높은 가격으로 인해 상쇄되고 만다.

chapter 6 순한 양이었던 넷플릭스는 어떻게 늑대가 되었나

케이블의 묶음판매는 앞으로 몇 년 후면 과거의 산물이 될 가능성이 높다. 브로드밴드로 제공되는 비디오가 폭발적으로 늘어나면서 할리우드와 케이블 사업자가 더 이상 묶음판매에 매달리기가 쉽지 않을지도 모른다. 이건 놀랄 일이 아니다. 정말 놀라운 일은 개별판매를 경험한 후 자기가 원했던 것은 이것이 아니었음을 알게 될 시청자가 생각보다 많을지도 모른다는 점이다. 그러니 소원을 빌 때는 신중해야 한다. 당신이 원하는 콘텐츠만을 볼 수는 있겠지만, 당신이 지불해야 할 가격은 지금보다 비싸질 테니까 말이다.

덤 파이프에 대한 인식을 바꾸다

만약 개별판매 옵션이 콘텐츠 제공자와 케이블 사업자의 이익을 조금씩 갉아먹을 수 있다면, 코드 커터는 이들의 사업 자체를 완전히 무너뜨릴 가능성이 있지 않을까. 때문에 오늘날 케이블업계에서는 이 부분에 가장 많은 관심을 보이고 있다.

케이블 방송 산업은 거의 30년 동안 승승장구하며 성장을 거듭했으나 21세기에 들어서면서는 내리막길을 내달리고 있다. 코드 커터에 대한 두려움이 생겨난 것도 이때 즈음이다. 처음에는 디렉트 TV DirectTV와 디시 네트워크 같은 전국 위성 서비스 사업자가 케이블의 실행 가능한 대안으로 떠오르더니, 나중에는 비디오 스트리밍까지 등장했다.

표면적으로 코드 커터는 케이블 사업자에게 사형 선고나 다름없다. 소비자가 기본 케이블에 가입할 경우, 사업자는 사용자당 평균 75달러를 수익으로 얻는다. 거기에 브로드밴드 인터넷 사용으로 50달러를 추가로 얻는다. 15년 전에는 소비자가 두 가지 모두를 필요로 했다. 텔레비전은 쇼, 뉴스, 스포츠를 시청하는 데 사용하고, 브로드밴드는 다른 사람들과 연락하고 인터넷 파일 전송 속도를 높이기 위해 사용했기 때문이다. 하지만 사람들이 컴퓨터와 지내는 시간이 늘어나고 브로드밴드로 제공하는 엔터테인먼트가 급속히 팽창하면서 소비자는 텔레비전 시청을 끊어도 괜찮을 거라는 유혹에 빠져든다. 그러면 케이블 방송 시청료의 60퍼센트를 절약할 수 있으니까 말이다.

케이블 사업자들이, 케이블 방송 시청자가 가입을 해지하고 새로운 플랫폼으로 이동하는 코드 커팅 행태를 '최악의 악몽 시나리오'라 부르는 건 당연하다. 어느 업계 소식지는 이런 추세에 대해 "가라앉는 케이블 시청률, 증가하는 케이블 가입비, 텔레비전에서 디지털 미디어로 옮겨가는 광고 수익"이라고 표현했다. 그러면서 "케이블 사업자가 피해를 볼 것"이라고 결론 내렸다. 하지만 이 분석은 틀렸다.

크레이그 모펏Craig Moffet은 케이블 산업을 20년 넘게 지켜봐왔다. 그는 2001년 월스트리트의 샌퍼드 번스타인Sanford Bernstein에 분석가로 들어간 이후 지금까지 그곳에 몸담고 있다. 모펏은 늘 모호한 예측보다 확실한 정보를 선호했고 그 때문에 명성을 얻었다. 지난 10여 년 동안 아홉 번이나 월스트리트 최고의 분석가로 선정될 만큼 뛰어난 역량을 보여왔다.

2006년 모펏이 주도해 작성한 보고서가 발표되었다. 보고서에는 코드 커팅에 관한 생각을 완전히 뒤엎는 내용이 담겨 있었다. 〈덤 파이프의 역설The Dumb Pipe Paradox〉이라는 제목의 보고서는 먼저 통설에 대한 설명으로 시작한다.

"인터넷을 통해 비디오를 보내는 시대가 저물어가고 있다. 케이블 사업자들은 비디오 사업에서 발을 뺐다. 고객들은 웹을 통해 콘텐츠를 접한다. 다양한 전자 매체를 재생하는 데 컴퓨터를 사용한다. 자기가 원하는 것에만 돈을 낸다. 케이블 사업자들은 단순히 연결을 제공해주는 역할만 한다. … 그저 데이터 전송만 하는 덤 파이프에 불과하다." 그러면서 "많은 투자가들에게 이는 '최악의 시나리오'"라고 적었다.

그다음에 모펏은 이러한 통설에 반격을 가한다. 온갖 차트와 숫자, 감히 대응하기 힘든 전문용어를 사용한 상황 설정 등을 보여주면서 모펏은 덤 파이프가 그리 나쁜 시나리오가 아닌 이유를 설명한다. 모펏이 잠시 정신이 나갔던 것일까? 케이블 사업자들이 수익의 60퍼센트를 날릴 판인데 어떻게 상황을 개선하고 이익을 올릴 수 있단 말인가?

모펏이 주장하는 요점은 간단하다. 그의 주장은 다음의 세 가지 사실을 전제로 한다.

첫째, 브로드밴드가 대세인 세상에서 케이블 사업자의 수익은 줄어들겠지만 사업을 위해 사용하는 비용 또한 줄어들 것이다. 케이블 방송은 콘텐츠를 얻기 위해 지불하는 비용(수익의 3분의 1)이 많았고 이 비용은 점차 늘어나고 있다. 하지만 브로드밴드 수익에서는 콘텐츠 구입으로 빠져나가는 비용이 거의 없다(케이블 사업자는 인터넷 접속에만 돈을 부과하고 고객들은 자기가 원하는 걸 보기만 하면 된다).

둘째, 케이블 방송보다 브로드밴드에 설비 투자비가 훨씬 적게 들어간다. 브로드밴드는 셋톱박스도 없고, 네트워크 기반의 프로젝트나 하이엔드 서버(텔레비전 방송파를 수신하여 송출하기 위해 필요한 증폭기, 주파수 변환기, 복변조기 등의 장치)도 없다.

셋째, 미국 대부분 지역에서 케이블 사업자는 여전히 초고속 인터넷 서비스 제공자의 위치를 독점하고 있었으므로 브로드밴드의 가격을 인상할 여유가 있다(무선과 DSL 기업들이 경쟁에 뛰어든 지역은 미국 전 지역의 30퍼센트에도 미치지 못하고 있다). 그리고 수요에 따라 가격 조정도 가능하다. 인터넷 소비가 많은 소비자에게 더 많은 요금을 부과하면 수익은 훨씬 더 올라갈 것이었다.

더 낮아진 콘텐츠 구입비용, 더 저렴한 설비 투자, 잠재된 가격인상과 가격차별화 가능성, 이렇게 세 가지 주장을 내세우며 모펏은 '대단히 반직관적이며 일반적인 생각에 완전히 반하는' 결론을 내렸다. "덤 파이프 시나리오가 현재 사업 시나리오보다 실질적으로 더 낫다"는 것이다.

모펏이 내세운 전제는 논란을 일으키지 않았다. 그의 주장은 간결하고 타당했다. 현재, 업계 종사자나 분석가 모두 그의 연구 내용을 대부분 인정한다. 하지만 당시 그가 내린 결론은 독특함 그 자체였다. 그는 이렇게 설명한다.

돌이켜보면 그런 분석이 그리 놀랍지는 않을 겁니다. 그런데도 사람들이 제 연구 내용과 반대로 믿어온 것은 덤 파이프라는 말을 듣는 순간, 그게 무슨 뜻인지 생각해보지도 않고 즉시 거부의사를 나타냈기 때문이죠. 단어의 연상작용 때문에 부정적인 느낌을 받았으니까요. 그러니까 덤 파이프라는 단어에서 케이블을 죽어가는 다 늙은 미디어 공룡으로 인식했던 겁니다. 제 연구가 진정으로 도움이 된 부분은 덤 파이프라는 말이 진짜 그 이름처럼 멍청하고 나쁘기만 한 것인지 아닌지를 사람들로 하여금 생각하게 만들었다는 점입니다.

지난 10년간 저는 케이블 기업은 미디어 기업이 아니라는 점을 알리고자 노력했습니다. 케이블 사업자는 콘텐츠를 파는 기업이 아닙니다. 인프라를 제공하는 기업이죠. 그렇게 바라보면 온라인 미디어가 등장한다고 해서 케이블 방송이 죽는 건 아니라는 말이 쉽게 이해될 겁니다.

이렇게 설명해볼게요. "현재 우리는 석유나 가스로 움직이는 차에서 전기 차로 놀라운 변신을 앞두고 있다. 그래서 더 이상 도로가 필요하지 않게 될 것이다." 이건 정말 불합리한 추론인 거죠.

콘텐츠 제공자는 자신의 사업을 좁은 범위로, 즉 자신이 만드는 콘텐츠를 중심으로 스스로를 규정해도 괜찮을 수 있다. 하지만 콘텐츠 전송자는 자신이 제공하는 콘텐츠에 기업의 미래가 걸려 있다고 믿으면 안 된다. 이는 훨씬 더 심각하고도 사악한 콘텐츠 함정에 빠지는 길이다. 이런 문제는 일부 우리가 사용하는 언어에서 비롯되는 측면도 있다. '멍청한' 파이프와 '부가가치' 서비스라는 말이 주는 어감이 어떠한가?

모펏의 분석이 케이블 사업자들에게 희망을 준 이유에 대해 그는 이렇게 말한다. "대부분의 사람들이 무슨 말인지 직감적으로 이해하면서도 설명하기 힘들어하던 부분에 대해서 제가 설명할 수 있는 언어를 제공해주었습니다. 바로 이 점이 그들의 인식을 바꾸는 데 도움을 주었을 겁니다. 아직도 이런 얘기를 자주 듣는데 앞으로 10년은 더 듣겠죠."

2016년 어느 소규모 케이블 사업자가 자발적으로 콘텐츠에서 손을 뗐다. 케이블 방송에서 멀어져 브로드밴드에 집중하는 쪽으로 옮겨갔다. 어떻게 되었을까? 그 기업은 숨통이 트여 예전보다 편안하게 숨 쉬고 있다.

숲이 아닌 나무만 보다 사라진 기회

개별판매와 코드 커팅의 위협이 만만치 않아 보인다. 하지만 진짜 큰 위협은 따로 있다. 바로 넷플릭스다. 한때 소비자들은 DVD 대여에 푹 빠져 있었다. 그런데 2007년 넷플릭스가 비디오 스트리밍 시장으로 눈길을 돌린다. 얼핏 생각하기에, 이들의 행보는 텔레비전 세상에 엄청난 피바람을 몰고 올 것으로 보인다. 이미 블록버스터도 넷플릭스의 희생양이 되어 사라졌다. '파괴적 영향력을 지닌 기술disruptive technology'의 대명사격인 넷플릭스와 어떻게 경쟁해야 한단 말인가?

방송사들은 하나도, 둘도 아닌 세 가지 전략을 세워 넷플릭스에 대항했다. 첫째, 넷플릭스가 콘텐츠 판권 계약에서 을의 입장이라는 사실을 이용한 전략이다. 2013년 유료영화 케이블 방송 채널 사업자인 스타즈Starz는 영화 전송권 판권 계약금을 전보다 10배나 높여 요구했다. 넷플릭스가 인기 있는 콘텐츠를 구매하려면 자기들에게 기댈 수밖에 없다는 점을 이용한 것이다.

둘째, 가격차별화 전략이다. 사용 시간과 데이터 전송량에 따라 요금을 부과하는 '인터넷종량제usage-based pricing'는 개인에게만 적용할 수 있는 것이 아니었다. 모든 비즈니스를 초고속 인터넷인 브로드밴드에 의존하는 스트리밍 서비스 업체에게 적용할 경우 더욱 강력한 힘을 발휘할 수 있다. 넷플릭스는 황금 시간대에 모든 인터넷 사용의 35퍼센트를 잡아먹고 있으면서도 추가비용은 단 한 푼도 내지 않고 있었다.

셋째 전략은 미국 최대의 케이블 시스템 운영자가 생각해낸 것이다. 2009년 타임워너의 CEO인 제프리 뷰커스Jeffrey Bewkes는 'TV Everywhere' 전략을 발표했다. 자사 케이블 가입자에게는 타임워너의 방송 콘텐츠를 텔레비전이 아닌 다른 기기를 통해서도 추가비용 없이 볼 수 있도록 한다는 계획이었다. 비디오 콘텐츠에 추가비용을 물리지 않는다는 계획은 넷플릭스같이 저렴한 가격으로 비디오를 제공하는 업체와 맞서 싸우기에 아주 훌륭한 전략이었다. 타임워너는 케이블 방송 가입자를 유지하는 동시에 스트리밍 서비스업자의 힘을 약화시키려는 일거양득의 효과를 노렸다.

가격차별화 그리고 텔레비전-브로드밴드 결합은 몇 년 후에 〈뉴욕타임스〉가 페이월에서 사용해 많은 덕을 본 전략이기도 하다. 타임워너도 전략 실행 초기부터 성공을 거두기 시작했다. 2013년 가을, 스타즈와 판권 재계약에 실패한 넷플릭스는 300달러였던 주가가 9

개월에 걸쳐 58달러까지 추락했다. 방송사 입장에서는 전략만 제대로 세우면 어떤 파괴자라도 맞서 싸울 수 있을 듯 보였다.

그러나 3년도 채 지나지 않아 상황이 바뀌었다. 부상에서 회복한 넷플릭스의 시장 가치는 놀랍게도 30억 달러에서 400억 달러로 치솟았다. 인터넷종량제는 점차 늘어나는 규제에 발목을 잡혔고, TV Everywhere 전략은 제대로 떠보지도 못하고 사라졌다.

무슨 일이 있었던 것일까? 훌륭한 계획을 수립하는 것은 중요하다. 하지만 그 계획을 집중해서 실행하는 일 또한 중요하다.

케이블 사업자들은 가격차별화를 실시하면서 여러 가지 벽에 부딪혔다. 타임워너는 인터넷종량제를 텍사스 주 오스틴에서 먼저 실시했는데, 기술의 중심지인 오스틴 지역을 선택한 것은 명백한 실수였다. 그곳의 블로거들은 불평을 쏟아냈다. 또 생각지도 못한 곳에서 압박이 가해졌다. 오스틴에서 시작된 항의가 로체스터와 뉴욕까지 번져 나가자 지역 정치인들이 나서기 시작했다. 이들은 주민들의 감정을 등에 업고 인터넷종량제가 위헌이라는 법안을 도입했다.

좀더 근본적인 문제는 케이블 기업들이 합당한 가격차별을 원하는 목소리가 아닌 가격인상이라는 유혹의 목소리에 넘어갔다는 사실이다. 인터넷 사용량이 많은 사용자에게 돈을 더 부과한다면 덜 사용하는 사람에게는 가격을 낮춰주어야 하는데, 타임워너는 일률적으로 가격을 인상했다. 모펏은 이렇게 말한다. "40달러라는 예전 가격을 기준으로 사용량에 따라 인상만 했습니다. 가격인하는 하지 않았죠. 사람들은 케이블 사업자들이 인터넷종량제로 자신들을 등쳐먹으려 한다고 생각했습니다."

TV Everywhere는 어떻게 됐을까? 그 무렵 케이블업계는 또 다른 단맛에 빠져 있었다. 넷플릭스에게 '흥행성 없는' 콘텐츠, 즉 한참 지난 텔레비전 프로그램의 판권을 넘긴 것이다. 콘텐츠를 제공하는 입장에서 손쉽게 벌어들이는 수입은 굉장히 달콤했다.

모펏은 오래된 콘텐츠를 넘기고 수입을 챙기는 행위 자체가 잘못된 것은 아니라고 말한다. "시청자들이 잘 찾지도 않는 〈비비스와 버트헤드〉 같은 프로그램의 판권을 넷플릭스에 넘겼다고 케이블 가입을 끊는 사람은 아무도 없으니까요." 하지만 케이블 사업자들은 오래된 콘텐츠가 다 떨어지자 다소 최근에 제작한 프로그램의 판권까지 넘기기 시작했다. 그들은 이미 판권 수입이라는 달콤한 맛에 중독되어 있었기 때문에 멈출 수 없었다. 모펏은 "케이블 사업자들이 디지털 판권 판매라는 마약에 중독되어가는 사이에 순한 양이었던 넷플릭스는 늑대로 변해갔다"고 했다.

케이블 기업들은 영역을 확대해 몸집을 불리고 싶은 유혹에도 빠져들었다. 2014년 컴캐스트는 타임워너 케이블에 450억 달러를 제안하며 초대형 합병을 추진했다. 그러자 소비자들과 규제 당국이 합병에 대해 조사하기 시작했다. 결국 합병은 무산되었고, 업계의 규제 속도만 빨라지는 결과를 초래했다.

가격차별화와 묶음판매가 효과가 없다는 말이 아니다. 효과가 있었다. 캐나다의 최대 케이블 사업자인 로저스Rogers도 인터넷종량제를 실시했다. 그 때문에 넷플릭스는 그동안 성장을 이끌었던 인프라와 스트리밍 품질의 전환에 큰 어려움을 겪으면서 움츠러들 수밖에 없었다. 그리고 앞서 AT&T와 버라이즌Verizon은 무선 산업에서 인터넷종량제를 성공적으로 도입했다. 다만 가격 책정 방식이 케이블 사업자들의 그것과는 완전히 달랐다.

텔레비전 산업에서는 콘텐츠 제공 기업과 전송 기업 둘 다 제정신이 아니었다. 눈앞에 보이는 판권 수익의 유혹에 빠져 스트리밍을 제공하는 기업의 힘만 키워주는 꼴이 되었다. 또 가격인상의 유혹에 빠졌다가 결국 소비자의 역풍에 된서리를 맞았고, 초대형 합병을 통한 몸집 불리기의 유혹에 빠졌다가 합병은 무산되었으며, 인터넷종량제 실시는 더욱 힘들어졌다. 나무만 보다가 숲을 보지 못하는 우를 범한 것이다.

CHAPTER 7

연결로 커진 대중의 힘

인터피디아는 실패하고,
위키피디아는 성공한 이유

네트워크는 콘텐츠 창출뿐 아니라 콘텐츠 소비에도 활용할 수 있다. 요즘에는 크라우드소싱crowdsourcing, 사용자 생성 콘텐츠user generated content, 사용자 참여 네트워크user contribution network 같은 용어를 쉽게 들을 수 있다. 이것이 앞으로 콘텐츠 비즈니스에 격렬한 논쟁을 불러일으킬 것이라는 얘기도 들린다. 대중이 생성하는 콘텐츠의 등장이 점차 늘어나는 현상에 대해 코웃음을 치는 전문가들도 있긴 하지만, 결국은 대중이 생성한 콘텐츠가 전통적으로 창출되는 콘텐츠를 대체할 거라 믿는 사람들도 있다.

카림 라카니Karim Lakhani는 하버드경영대학원에서 10년 넘게 대중 연구에 몸담고 있다. 몇 년 전에 그는 과학적 문제를 해결하기 위해 이른바 대중의 지혜wisdom of crowds에 의존하는 조직들에 대해 강연한 적이 있다. 바로 이노센티브Innocentive의 '해결사 커뮤니티solver community' 같은 조직이다. 여기에는 2015년 기준으로 전 세계 국가에서 50만 명이 넘는 사용자가 참여했다. 어느 날 강연이 끝나고 한 관객이 라카니에게 자기 직장에 와서 강연을 해달라고 부탁했다. 강연을 부탁한 사람은 미항공우주국NASA의 의료책임자인 제프 데이비스Jeff Davis였다. 라카니는 그를 "우주 비행사의 목숨을 지키는 사람"이라고 표현했다.

라카니는 휴스턴을 방문해 데이비스의 팀원들과 자신의 연구 결과에 대해 얘기를 나눴다. 그러고는 크라우드소싱으로 문제를 해결할 수 있는지 실험해보기로 했다. 미항공우주국은 우주 비행에 필요한 최상의 메디컬 키트를 만드는 방법에 대해 10년 동안 고민하고 있었다. 당시 상황에 대해 라카니는 이렇게 설명했다.

매우 중요한 문제였습니다. 왜냐하면 우주선에 병원을 통째로 집어넣고 갈 수는 없는 일이니까요. 우주 비행용 메디컬 키트를 만들 때는 질량과 용량의 제약을 받는 데다, 우주로 쏘아 올리기에 적합하게 만드는 데 대략 킬로그램당 1만 달러의 비용이 듭니다. 거기다가 임무의 성격과 비행사의 건강 상태에 따라 또 달라져야 하죠. 임무 수행중에 비행사가 팔이 부러지거나 식중독에 걸릴 수도 있으니, 이 모든 상황에 대처할 수 있는 메디컬 키트를 만들어내야 하는 겁니다. 임무 도중에 지구로 돌아오는 일은 없어야 하니까요. 재미있는 건 우주에 있는 비행사들도 미국직업안전위생국 법규를 따라야 한다는 겁니다. 다시 말해서 아픈 직원을 치료할 수 없다면 집으로 데려와야 한다는 거예요.

154

미항공우주국은 이 문제를 해결하기 위해 탑코더 Topcoder 를 활용해서 2주간 아이디어 대회를 개최했다. 탑코더는 사용자 인터페이스에서 로고 디자인에 이르기까지 여러 과제에 대해 정기적으로 온라인 프로그래밍 경쟁을 유치하는 플랫폼이다. 우승상금으로 2만 5,000달러를 내걸었다. 400명이 넘는 사람들이 이 경쟁에 뛰어들었다. 한 사람이 다수의 솔루션을 제안하기도 하면서 총 2,000개 이상의 코드가 제출되었다.

미항공우주국은 두 가지 측정지표를 사용해 채점했다. 라카니가 말하는 측정지표는 이랬다. "메디컬 키트는 후송과 관련한 확률 요소를 염두에 두고 디자인해야 합니다. 데이터 세트 시뮬레이션에 근거해서 만일의 사태 발생시 키트가 제 역할을 하지 못할 경우를 생각해야 한다는 말입니다. 그리고 임무마다 제약이 있기 때문에 그 상황에 최적인 메디컬 키트를 꾸리는 데 걸리는 시간 계산도 중요합니다."

결과는 놀라웠다. 미항공우주국이 계산한 확률 요소를 능가하는 최고의 의견들이 제시되었다. 그렇다면 시간은? 나사팀의 알고리즘은 해결책을 내놓기까지 보통 3시간이 걸렸다. 반면에 우승팀이 제시한 알고리즘은 30분밖에 걸리지 않았다.

당시 국제우주정거장 의료장비 책임자였던 바라 레이나 Bara Reyna 는 "좀 과장해서 기절초풍할 정도였다"라고 말했다. 그 실험의 영향력은 대단했다. 미항공우주국은 유사한 크라우드소싱 실험을 하기 위해 하버드–미항공우주국 경연대회를 신설하는 데 자금을 지원했다.

그사이 대중 위주의 실험에 흥미를 느끼게 된 하버드메디컬스쿨 연구원들은 면역유전체학 분야에서 탑코더를 활용해 실험을 해보기로 결심했다. 이 실험에서는 알고리즘 특정 유전자염기서열 분석 과제를 해결하는 정확성과 시간을 기준으로 하는 객관적인 채점 방식을 택했다. 상금은 6,000달러였다. 122명의 참가자들이 대략 650개의 해결책을 제출했다. "최고의 솔루션들은 국립보건원 솔루션이나 하버드 연구원들이 개발한 솔루션보다 더 정확했고, 속도도 수십 배나 더 빨랐습니다." 라카니는 말을 이었다. "참가자들 중에는 의학에 대한 배경지식이 없는 사람들도 많았어요. 수학이나 컴퓨터공학 등 다른 분야를 공부한 사람들이었죠."

앞에서 언급한 실험에서 대중에게 제시한 문제는 짧은 비디오나 텍스트 블로그 같은 간단한 콘텐츠를 만들기 위한 문제들과는 다르다. 한 분야의 전문가들이 수년 혹은 평생을 바쳐가며 연구하던 문제였다. 그런데 대중은 전문가들을 능가하는 해결책을 내놓았다. 이게 도대체 무슨 뜻인가?

이에 대한 설명 중 하나는 대중이 콘텐츠의 전통적 생산 양식을 바꾸어놓을 것이라는 시각이다. 디지털 세상에서는 이미 대중 의존 모델들이 일반적이다. 대중들이 (트위터와 페이스북에서) 의견을 생성하고 (유튜브에서) 비디오를 만들어내며 (구글에서) 내부 프로젝트를 평가하고 (위키리크스Wikileaks에서는) 비밀을 폭로하며 (킥스타터 Kickstarter와 고펀드미GoFundMe에서) 기금을 조성한다. 또 중요한 정보를 알아내기도 한다.

몇 년 전 〈가디언〉은 정보와 관련한 놀라운 경험을 한 적이 있다. 영국 수상의 경비 청구서와 관련된 수십만 건의 서류를 확인해 위법 행위를 밝혀내는 일에 독자들의 도움을 받은 것이다. 결국 점점 더 많은 분야에서, 그리고 질의 향상을 거듭하면서 대중이 콘텐츠 창출의 강력한 모범 사례로 자리 잡아가고 있다. 우리는 이 사실을 인정해야만 한다.

물론, 아직까지는 긍정적인 시각보다는 부정적인 시각이 더 우세하다. 대중이 생성한 콘텐츠가 최고일 때도 있지만 보통은 그렇지 않다는 것이다. 라키니는 대중의 가치가 다양한 범위의 생산요소를 투입하고 이용하는 능력에 달려 있다고 말한다. 일부 전문가 집단에게 의존하는 전통적인 방식이 놓치고 있는 부분, 즉 '흩어져 있는 지식을 최대한 활용'하는 능력이 중요하다는 것이다. 하지만 비평가들은 대중 기반 웹사이트가 평균적으로 기준 이하라고 말한다. 게다가 대부분 사람들이 찾지도 읽지도 않는다고 지적한다. 그리고 온라인에서는 혼란을 부추기는 악의적인 행위 때문에 그 질이 더욱 저하된다고 주장한다(대중에게 노출하면서 필연적으로 발생하는 부작용이다). 〈가디언〉은 이를 '분노의 시대Age of Rage'라 이름 붙였다. 한편 〈이코노미스트〉는 냉소적인 표현을 사용해 '사용자 생성 불만User Generated Discontent'이라는 용어로 설명했다.

긍정적, 부정적 의견 모두 대중의 가능성을 질적인 관점에서 평가하고 있기 때문에 둘 다 핵심을 짚지는 못하고 있다. 품질은 평가의 기준으로 삼기에 적합하지 않은 경우가 많다. 그보다는 연결 관계의 관점에서 평가하는 것이 더 정확하다.

대중을 연결시키는 기회를 잡기 위해서는 다른 유형의 노력이 필요하다. 먼저 훌륭한 콘텐츠를 새로 만드는 일에 도전하고 그다음에 다른 사람들이 그 콘텐츠를 읽고 공유하도록 해야 한다. 이는 대중 기반 모델의 가장 중요한 목표다. 아닐 대시Anil Dash 가 한 말을 인용하자면 "커뮤니티를 창출하고 사용자들 사이에 메시지를 보내는 것"이 바로 그 목표다. 대시는 17년 동안 블로거로 활동했다. 경험으로는 누구에게도 뒤지지 않는 그가 말했다. "커뮤니티를 대중으로 바라본다면 실패할 수밖에 없다."

'블리처리포트'가 ESPN만큼 정확한 기사를 쓰지 못할 수도 있다. 〈허핑턴포스트 The Huffington Post〉와 〈버즈피드 Buzzfeed〉가 〈뉴욕타임스〉 만큼 양질의 기사를 제공하지 못할지도 모른다. 그럼에도 2011년에 블리처리포트는 ESPN의 뒤를 이어 두 번째로 많은 방문자를 자랑하는 스포츠 사이트가 되었다. 〈허핑턴포스트〉와 〈버즈피드〉는 독자 수에서는 〈뉴욕타임스〉를 앞섰다. 이들 조직의 성공은 콘텐츠가 아니라 공유를 전제로 했기에 가능했다.

〈허핑턴포스트〉의 전 발행인 재닛 발리스Janet Balis는 진정한 혁신에 대해 이렇게 말했다. "〈허핑턴포스트〉의 성장은 페이스북과 트위터의 사회적 역동성과 검색을 중심으로 발생하는 트래픽을 이용할 수 있었던 능력 덕이 큽니다. 예전에는 뉴스가 사람들을 '중요한 것' 앞으로 데리고 왔다면, 이제는 당신이 '중요한 것'을 사람들 앞에 데리고 와야만 합니다. 유통 흐름이 갑자기 바뀐 거죠. 이는 곧 포털 사이트의 사망을 뜻하고요."

흔히들 그런 사이트가 성장할 수 있었던 이유가 수많은 블로거를 포함해 누구나 콘텐츠 제작에 참여할 수 있는 기회를 만들어냈기 때문이라고 생각하기 쉽다. 하지만 사실은 그렇지 않다. 성장의 비밀은 콘텐츠 제작이 아니라 공유에 있다. 당신이 콘텐츠를 공유하면 긍정적인 연결 관계 또는 연쇄 고리가 생성되면서 사람들에게 기여하고 싶은 마음을 부추기게 된다. 그런 마음이 사라진다면 대중 역시 곧 사라져버릴 것이다.

"사람들은 자신의 기여가 미항공우주국의 실험처럼 좋은 일에 도움이 된다거나 혹은 자신의 존재나 재능을 누군가 알아줄 거라 믿어야 합니다." 아닐 대시의 말이다. "하지만 대중에 의해 생성되는 뉴스 보도는 '시의회 회의에서 무슨 일이 있었는지 우리에게 말해줘'라며 마치 사람들에게 숙제를 내주는 느낌을 주죠. 그러면 사람들은 자신이 기여하는 게 아니라 누군가가 내준 숙제를 한다는 생각에 사로잡히고 말지요. 그런 일을 하고 싶어하는 사람은 없을 겁니다."

공유화 과정에서 희생이라는 대가가 따르기도 한다. 2013년 보스턴 마라톤 폭발 사건이 발생한 후 브라운대학교 학생이 용의자라는 유언비어가 들불처럼 번졌던 일을 기억할 것이다. 또한 사회에 해로움을 주는 어떤 계기가 발생할 수도 있다. 긍정적인 연결 관계를 만들어내는 일 못지않게 어렵지만 해야 하는 일이 바로 부정적인 연결 관계를 방지하는 일이다.

연결 관계를 희생하며 기여 부분에만 집중하는 행위는 크라우드소싱에서 흔하게 발생하는 첫 번째 실수다. 두 번째 실수는 좀더 기본적인 것으로, 대중에게 '개방'하기만 하면 그들이 무조건 콘텐츠를 생성할 것이라는 생각이다.

세계에서 가장 많이 연구된 크라우드소싱 조직으로 위키피디아를 꼽을 수 있다. 소프트웨어 개발자에서 사회 과학자로 변신한 워싱턴대학교 교수 벤저민 마코 힐Benjamin Mako Hill은 "위키피디아에 관한 논문이 6,000건이 넘는다"면서, 위키피디아의 성공에 대해 연구하다가 흥미로운 점을 발견했다고 밝혔다. 그것은 자발적 참여를 중심으로 하는 온라인 협업 백과사전online collaborative encyclopedia을 만들려는 시도가 위키피디아가 처음이 아니라는 사실이었다. 위키피디아가 설립된 2001년 이전에 이미 일곱 차례나 협업 백과사전을 만들려는 노력이 있었다. 하지만 모두 위키피디아의 성공과 비교하면 새 발의 피에 불과했다. 위키피디아에 수록된 정보가 500만 개에 달하는 반면 다른 온라인 협업 백과사전은 50개 미만이다.

마코 힐은 열두 살 때부터 오픈 소스open source 소프트웨어 확장에 관심이 있었다. 그는 앞서 다른 사전의 실패를 온라인 백과사전 자체의 실패로 보지 않았다. "무료의 오픈 소스 소프트웨어 프로젝트라면 예외 없이 기여자들의 중앙치The median number는 1입니다. 우리는 위키피디아나 리눅스Linux, 아파치Apache처럼 크고 성공적인 프로젝트에 관해서만 얘기하죠. 이 프로젝트들 대부분은 누구를 강제적으로 동원한 적이 결코 없습니다. 대부분 자발적으로 참여했죠."

성공한 오픈 소스 프로젝트를 연구하면 도움이 된다. 하지만 프로젝트의 성공을 이끈 실제적인 요인을 알고 싶다면 실패한 경우 역시 살펴봐야 한다. "선택편향selection bias이라는 유사한 문제가 있습니다." 마코 힐의 말이다. 예를 들어 다른 사람들에게 영감과 용기를 부여한다거나 데이터 중심적 사고방식을 지녔다는 말은 성공한 리더들에게서 찾아볼 수 있는 특징이라고 한다. 하지만 연구해보면 실패한 리더들에게서도 이런 특징을 찾을 수 있다.

그렇다면 유사한 프로젝트들이 실패를 맛본 분야에서 위키피디아는 어떻게 성공을 거둔 것일까? 이에 대해 마코 힐은 몇 가지 설명을 내놓았다.

첫째, 어떤 콘텐츠를 필요로 하는지 대중이 확실히 알아야 한다. 흔히들 위키피디아가 백과사전을 대체하기 위해 애쓴다고 생각하지만, 이는 사실이 아니다. 위키피디아 설립자들이 실패한 프로젝트 설립자들과 달리 간절히 원했던 것은 백과사전을 '다시' 만드는 것이었다. 그리고 이들은 자신의 목표에 대해서 그리고 그 목표가 무엇을 의미하는지에 대해서 분명히 알고 있었다. 그래서 중립적일 것, 중요한 주제만 다룰 것, 독자 연구original research를 금지할 것, 모든 것은 출처를 밝힐 것 등의 원칙을 세웠다.

그에 비해 다른 프로젝트들은 다소 광범위했고 따라서 덜 명확했다. 'Everything2'라는 제목의 프로젝트는 유연한 웹 데이터베이스로서 '아이디어를 저장하고 연결하는 최선의 방법을 찾는 것'이 목표였다. 어느 참여자가 이렇게 물었다. "'모든 것'이 뭡니까?" 그러자 이런 대답이 돌아왔다. "모든 것은 당신이 만들어가는 것입니다. 그것은 어떤 제약도 두지 않고 열린 사고를 지니고 있으며 당신을 기다리고 있습니다." 또 다른 프로젝트의 참여자는 '모든 것'이 허구적인 자료까지 포함할 거라고 생각했다. 그 결과 프로젝트 설립자의 지적대로 사전에는 '쓰레기가 가득했다'. 역설적이게도, 위키피디아는 목표를 제한된 범위로 설정하고, 그것을 유지함으로써 더 많은 참여자를 끌어들였다.

둘째, 쉽게 만들어야 한다. 다른 프로젝트와 달리 위키피디아에서는 편집에 많은 노력이 필요하지 않았다. 때문에 누구나 쉽게 참여할 수 있었다. 로그인하거나 계정을 만들 필요도 없고 HTML을 배우지 않아도 된다. 한 전문가는 "누구나 지나가다 편집하고 떠날 수 있었다"고 했다. 그에 비해 다른 프로젝트는 모두 참여를 가로막는 많은 '장벽들'을 세워놓고 있었다.

물론 참여하기 쉽게 만들면 기대한 결과를 얻지 못할 수도 있다. 잡동사니 자료가 쌓이거나 자료가 훼손되거나 갈등이 발생할 수도 있다. 이 문제는 세 번째 설명으로 이어진다.

셋째, 유용한 것과 그렇지 않은 것을 구분해내는 메커니즘이 있어야 한다. 누구에게나 참여의 문이 열려 있었기 때문에 위키피디아는 갈등을 해소하고 훼손을 방지하고 적절치 않은 글을 제거할 방법이 필요했다.

그 메커니즘은 위키피디아가 누구를 끌어오고 싶은지, 무엇을 성취하고 싶은지에 따라 달라질 것이다. 여기에는 세심한 균형 관리가 필요하다. 기준을 낮추면 훼손과 갈등을 불러오게 될 것이다. 그러나 기준을 너무 높여 계정, 등록, 초대 등 요구가 지나치게 많아지면 다른 프로젝트들도 경험했듯이 소중한 참여자들을 쫓아내는 꼴이 될 것이다.

위키피디아는 초기에 세웠던 기준이 낳은 특정한 문제들을 해결하기 위해 조정을 거치면서 점차적으로 새로운 기준을 만들어낸 경우다. 위키피디아는 글에 대해 어느 한 사람의 독점적 저작권을 인정하지 않았다. 때문에 다른 사람들이 내용을 수정하기가 쉬웠다. 만일 편집 내용이 마음에 들지 않으면 온라인상으로 편집자와의 대화를 통해 문제를 해결할 수 있었다. 만약 콘텐츠 내용을 두고 분쟁, 즉 '편집 전쟁'이 벌어지면 관리자들(이전 기여도에 따라 자격을 부여했다)이 개입했다. 만약 누군가 편집 전쟁을 벌이고 있는 내용을 자동적으로 그리고 반복적으로 바꾸면 일종의 경고 깃발이 올라가면서 다른 편집자들이 개입하게 된다. 그래도 개선되지 않으면 출입을 금지 당한다.

만약 바보, 멍청이 같은 모욕적인 단어를 사용하면, 인간의 편집 패턴을 통해 베이지안 방식Bayesian manner 을 학습한 클루봇ClueBot 같은 알고리즘에 의해 자동적으로 삭제된다. 그리고 철저히 검증받은 표시가 있는 내용은 수정할 수 없다. 또 적극적으로 참여하는 편집자들이 표시해놓은 글들은 수정이 이루어지는 즉시 편집자에게 자동적으로 통보된다.

어느 신문사에 위아래 직급도 없고 편집을 위한 선발 과정도 없을 뿐 아니라, 기고된 글을 걸러내는 장치도 없다고 생각해보라. 게다가 기고된 글이 자동적으로 활자로 찍혀 나온다고 가정해보면 어떤가? 실수가 넘쳐나는 글, 방해꾼들에 의해 파괴되는 기업, 갈등이 난무하는 환경을 쉽게 예상할 수 있다. 위키피디아에 올라온 내용 중에도 실수로 인한 오류가 있다. 하지만 전체 위키피디아를 훼손시킬 만큼 실수가 만연하지 않다는 사실이 대단한 것이다. 어떻게든 모든 것이 제대로 돌아간다.

위키피디아를 대중의 기적으로 보아 넘기기 쉽다. 훼손하려는 자들이 스스로를 억제하고, 선이 악을 몰아내고, 집단의 관심이 개인적 관심을 능가하는, 뭐 그런 곳으로 치부하는 것이다. 하지만 그렇지 않다. 위키피디아는 기준과 규칙을 둘러싼 복잡한 시스템, 그리고 시간이 지나면서 생겨난 알고리즘 때문에 돌아간다. 위키피디아의 기준은 전통적인 콘텐츠 기업의 기준과 별다르지 않다. 하지만 일부 몇 사람에게 판단할 권리를 부여하는 대신 어떤 편집자도 거부권을 지니지 않으며 어느 누구도 조직의 꼭대기에 앉지 않았다. 집단에 의해 기준이 형성되고 다듬어졌다.

위키피디아의 이야기는 온라인 토론 포럼에도 적용될 수 있다. 그리고 그들이 왜 실패하는지에 대한 설명도 될 수 있다. 온라인 토론 포럼에서 코멘트를 개방한다고 다 되는 것이 아니다. '잘못된' 사람들의 입장을 허용하거나 그들의 부적절한 논평에 아무런 제재를 가하지 않으면 토론 자체에 문제가 생긴다. 대시는 이렇게 말한다. "유튜브 댓글을 보면 다른 사람들을 상처주기 위해 쓰여진 것들이 너무나 많습니다." 이는 부정적 연결이죠.

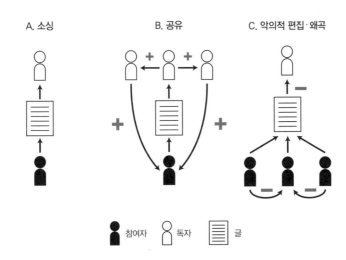

그림 7 | 대중과 연결 관계

문제는 기업에서 할 수 있는 일이 많은데도 하지 않는다는 사실이다. 몇 년 전 대시는 게시글 관리에 대한 글을 올리면서 몇 가지 방법을 제시했다. 사람이 감시하도록 하라. 커뮤니티 기준을 명확히 밝혀라. 익명성 대신 유효한 신원을 밝히도록 하라. 나쁜 행동을 찾아내고 멈출 수 있는 기술을 받아들여라. 노력과 돈을 들여 정화하라.

사실 이런 방법은 쉽게 할 수 있는 것들이다. 그러나 대다수의 웹사이트는 오히려 반대 방향으로 가고 있다. 정화 노력에서 거의 손을 놓다시피 하고 있다. 그 이유 중 하나는 정화가 개방에 위배된다는 믿음 때문이다. 이 논리는 타당하지 않다. 대시의 말을 귀담아들어야 한다. "유람선을 운영하는 기업은 구명 장비를 구입해야 하고, 술을 판매하는 기업은 술이 청소년의 손에 들어가지 않도록 노력해야 할 의무가 있다." 그가 올린 글의 핵심은 글의 제목에 그대로 나타나 있다. '당신의 웹사이트에 멍청하고 나쁜 놈들이 득실거린다면, 그건 당신 잘못이다.'

커뮤니티 정화 작업을 하찮은 일로 보는 사람이 많다. 아랫사람, 주로 인턴에게 그 일을 맡긴다. 급여도 적고 자존감도 낮고 이직률은 높은 데다 축적된 경험이나 노하우도 없다. 그러니 실패하는 게 당연하다. 또 기업이 활용하는 측정지표도 실패 원인이다. 기업들은 오랫동안 게시글의 수가 얼마나 되는지만 따져 성공의 척도로 삼았다. 그 방법은 쉽긴 하지만 이 수치는 실제로 사이트에 참여하는 사람들보다 사이트를 방문한 사람들의 수와 관련된 수치다. 이는 커뮤니티를 구축하는 최악의 방법이다. 사람들이 한 번 방문하고 마는 커뮤니티 센터를 상상해보라. 좋은 게시글들을 보장할 수 있는 방법은 얼마든지 있다. 단지 기업들이 해야 할 일을 하지 않을 뿐이다.

대중을 정확히 파악한 말이다. '개방'이 전부가 아니다. 대시는 이렇게 말한다. "예전부터 사람들에게 권한을 이양해야 한다는 유토피아적 믿음이 존재했습니다. 책임자도 따로 없고 모든 것이 받아들여지는 그런 세상 말입니다. 하지만 그런 세상은 필연적으로 상황이 점점 악화되다가 한계점에 다다를 수밖에 없죠."

달리 표현하면 대중은 관리가 필요하다는 말이다. 여느 조직의 기여자들처럼 대중에게도 선택과 유인 그리고 큐레이션 curation, 즉 양질의 콘텐츠를 목적에 따라 선별·조합해 특별한 의미를 부여하고 가치를 재창출하는 행위가 요구된다.

인터피디아 Interpedia 는 위키피디아와 비슷한 시기에 탄생했다. 둘 다 인터넷 프로젝트였고 협업에 의해 제작되었으며 참여자들에게 의존했다. 그리고 둘 다 백과사전이었다. 하지만 마코 힐의 지적대로 한 가지 다른 점이 있었다. "인터피디아는 백과사전을 만들기 위해 사람들이 함께 일하도록 만들어졌습니다. 하지만 각각의 콘텐츠가 한 사람에 의해 생성되도록 만들어졌죠." 반면에 위키피디아는 사람들이 다른 사람의 글을 편집하도록 만들었다([그림 8] 참조). 사람들에게 콘텐츠를 생성하라고 요구하는 것과 사람들이 하는 일을 연결시킬 필요성을 인식하는 것, 이것이 작지만 중요한 차이였다.

인터피디아가 사라지기 전까지 끌어들인 기여자는 500명, 생산한 글은 50개도 채 되지 않았다.

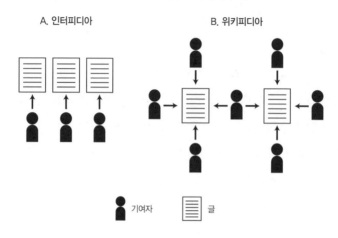

그림 8 | 인터피디아와 위키피디아 비교

A. 인터피디아

B. 위키피디아

기여자   글

〈허핑턴포스트〉를 비롯한 유사 사이트들의 힘은 사람들이 다른 사람들과 자신의 기여를 공유하는 데서 나온다. 위키피디아가 힘을 발휘하는 이유는 단지 누구나 기여에 참여할 수 있어서가 아니다. 사람들이 다른 사람의 기여를 향상시킬 수 있기 때문이고, 그러면서도 콘텐츠의 왜곡이나 훼손을 막아주기 때문이다. 미항공우주국의 사례처럼 대중을 기반으로 하는 실험들이 힘을 발휘하는 이유는 단지 누구나 기여할 수 있어서가 아니라 올바른 기여만 선택하도록 디자인되었기 때문이다.

어느 경우든 진정한 힘은 대중을 콘텐츠 생성에 활용하는 그 자체에서 나오는 게 아니다. 그런 경우는 거의 없다. 진정한 힘은 연결 관계를 최적화하는 데서 온다.

대중을 콘텐츠 생성을 위한 수단으로만 생각한다면 이 역시 콘텐츠 함정에 빠지는 길이다. 당신이 열어놓기만 하면 사람들이 찾아올 거라 생각한다면 오산이다. 특별히 노력하지 않아도 콘텐츠가 마구 생성될 거라는 생각도 오산이다. 올바른 기여자를 끌어들일 수 있는 확실한 방안을 마련해야 한다. 기여자들이 연결하고 공유하게끔 유도해야 한다. 긍정적인 의견이 오고가는 연결 관계를 만들어내야만 한다. 대중의 참여를 콘텐츠 생산을 위한 새로운 방법으로 생각하기 쉽다. 하지만 올바른 방안을 확립하지 않으면 똑같은 함정에 빠지고 말 것이다.

CHAPTER 8

월마트와 아마존의 공통점

고정비라는 불씨를 관리해
번지는 산불을 막다

출판계를 도발한 아마존의 킨들

2007년 아마존의 전자책 단말기 킨들Kindle의 등장만큼이나 출판업계를 놀라게 한 사건은 없다. 11월 19일, 아마존의 CEO 제프 베저스는 이 제품을 소개하면서 출판업계 인사들을 행사에 초대했다. 그 자리에 있었던 세계 최대의 일반 서적 출판사 랜덤하우스Random House의 중역 매들린 매킨토시Madeline McIntosh는 당시 분위기를 이렇게 설명했다.

베저스가 무대 위에서 새로운 기기의 특징에 대해 설명했죠. 그때는 대부분 전자책에 대한 인식이 별로였어요. 아마존에서 초대하니까 가긴 했지만 큰 기대는 하지 않았죠. 제품의 특징이 인상적이고 읽을 수 있는 책도 꽤 되는 데다 기기 값도 비싸더군요. 상당히 전문적인 기기처럼 보이기도 했고. 그런데 진짜 놀란 건 가격을 들었을 때였어요. 〈뉴욕타임스〉 베스트셀러를 9달러 99센트에 볼 수 있다니! 모두 말문이 막힌 사람처럼 조용해졌죠. 정말 머릿속이 하얘지더군요.

출판사들은 걱정에 휩싸였다. 베스트셀러는 아무리 할인해도 소비자 구매 가격이 15~20달러는 되기 때문이다. 게다가 그게 다가 아니었다. 아마존은 그 가격을 베스트셀러뿐만 아니라 다른 책들에도 적용하겠다고 했다. 그러면서 출판사에 종이책과 마찬가지로 12~13달러를 지급하겠다고 했으므로 전자책을 한 권 팔 때마다 손해를 본다는 뜻이었다. 아마존이 단기적으로 손해를 감수할 의사가 있다는 사실은 출판업계에 장기적으로 무슨 일이 닥칠지를 예상할 수 있게 했다. 일단 킨들이 확실한 인기를 얻고 나면 아마존은 태도를 바꾸고 요구 사항도 달라질 것이었다.

곧 출판업계를 떨게 하는 기사들이 속속 올라왔다. 〈뉴스위크 Newsweek〉는 '책의 재창조'라는 제목의 기사에서 킨들을 "텔레비전과 경쟁하느라 어려움을 겪는 과도기의 출판업계가 맞닥뜨린 획기적인 사건"이라 표현했다. 아셰트 북 그룹Hachette Book Group USA 회장 겸 CEO인 데이비드 영David Young의 말은 당시 출판업계의 분위기를 정확히 대변한다. "소비자들이 생각하는 책 한 권의 가치가 10달러 정도가 된다면, 제 생각에는 이 사업도 끝입니다." 출판사들은 이미 이윤이 줄어드는 상황을 견뎌내고 있었다. 그런데 도서 가격이 50퍼센트나 떨어지면 어떻게 살아남을 수 있단 말인가?

이런 두려움과 달리, 사실 9.99달러짜리 전자책만 있는 세상이 와도 출판사들은 무사할 수 있다. 만약 종이책이 사라진다면 그에 따른 많은 비용도 사라지기 때문이다. 인쇄업자에게 돈을 줄 필요가 없어진다. 반품되는 책을 떠안을 필요도 없다. 인쇄, 생산, 반품에 따르는 비용을 다 합치면 한 권당 3달러 정도다. 거기에다 출판사는 책을 창고에 보관하거나 다른 곳으로 배송할 필요가 없으니 추가로 2달러 정도를 절약할 수 있다.

소매 서점들 역시 오프라인 거래시 발생하는 비용을 지출하지 않아도 되는데, 그 비용이 평균적으로 한 권당 10달러 정도다. 기술과 관련해 새로운 비용이 발생할 수도 있으나 물리적으로 절약할 수 있는 비용에 비하면 상대적으로 적은 금액이다. 모두 따져보면, 기존 출판사와 서점이 각각 남기는 권당 1달러 정도의 이윤을 10달러짜리 전자책에서도 여전히 남길 수 있다.

전자책이 출판업계를 얼마나 후하게 대접하고 있는지 놀랍지 않은가! 매킨토시를 비롯해 다른 출판사들도 당시 이 사실을 알고 있었다. "만약 시장이 완전히 디지털로 바뀐다면 재무상으로는 더 이상 좋을 수가 없는 일이었죠. 많은 비용을 절감할 수 있으니까요. 디지털로 바꾸면 좋은 점이 많습니다."

이런 디지털 변환이 비용 측면에서 도움이 되는 업계는 출판뿐만이 아니다. 다른 유형의 미디어 콘텐츠도 유사한 비용 절감 효과를 누릴 수 있다. 신문 발행에 비해 디지털 뉴스 생산에 드는 비용은 미미하다. 예를 들어 2012년에 〈뉴욕타임스〉는 인쇄와 발행에 6억 달러라는 많은 돈을 썼다. 디지털만 존재하는 세상이라면 쓰지 않아도 되는 돈이다. 디지털 음악 파일의 생산과 전송에 드는 비용은 CD 제작과 판매비용의 반이 조금 넘을 뿐이다. 출판업계와 마찬가지로 제조, 유통, 소매점 운영에 들어가는 비용을 절감할 수 있기 때문이다.

그런데 뭔가 이상하다. 그렇다면 디지털 콘텐츠가 전통적인 미디어 기업에 불러올 거라던 대재앙은 도대체 무엇이란 말인가? 그리고 그 많은 출판사들이 디지털이란 단어만 들려도 겁에 질려 움찔댔던 이유는 뭐란 말인가? 모든 것이 디지털로 변한 세상을 출판사들이 예상하지 못했거나 아니면 그런 세상을 원치 않았기 때문은 아니다. 그보다는 거의 모든 콘텐츠 비즈니스가 공통적으로 지닌 특성, 콘텐츠 제조와 유통의 고정비용에 그 답이 있다.

고정비용이 왜 중요할까? 고정비용과 관련해 앞에서 했던 분석으로 돌아가 보자. 이번엔 출판사가 종이책 판매의 일부, 예를 들어 30퍼센트를 e북 때문에 잃었다고 하자. 종이책의 판매수량이 30퍼센트 떨어진다 해도 제작과 판매에 필요한 기반시설, 즉 인쇄소, 창고, 고객주문처리, 유통 지원에 필요한 고정비는 그대로 유지된다. (물론 편집이나 디자인 비용은 e북과 공유할 수 있다. 하지만 그렇다 해도 고정비 문제를 해결하기엔 충분하지 않다.)

이렇게 인쇄와 전자가 혼합된 세상에서 수익을 창출하는 일은 쉽지 않다. 인쇄 부분의 고정비는 꿈쩍도 하지 않는데 판매수량은 70퍼센트로 줄어드니 고역이다. 그 결과 종이책 판매가 조금만 줄어들어도 이익의 급격한 추락으로 이어진다.

따라서 e북은 종이책의 이익에 영향을 미친다. 왜냐하면 e북은 고정비를 희생해서 탄생한 것이고, e북 판매가 성장한다고 그에 맞춰 종이책 생산 인프라를 비율적으로 줄여갈 수도 없는 노릇이기 때문이다. 펭귄랜덤하우스 CEO 마커스 돌Markus Dohle은 이 문제를 간단하게 설명한다.

종이책과 관련해서 살펴보면 여러 분야에 고정비가 있습니다. 인쇄를 돌리는 생산부서, 생산과정을 지원하는 시스템, 유통센터 등에 고정비가 발생하죠. 그래서 인쇄 부수가 줄면 1부당 생산비용이 올라갑니다. e북이 점점 더 중요해진다 해도 종이책을 병행하는 한 인쇄와 디지털 두 부분을 모두 지원할 수밖에 없는 게 현실입니다. 이건 50년 후에도 변하지 않을 사실이죠.

콘텐츠 비즈니스에서 디지털 기술이 힘겨운 상대로 느껴지는 이유는 다음의 세 가지 중 하나다. 디지털 제품에 의한 전통 제품의 자기잠식, 신기술 수용을 거부하는 기존 관리자들의 안일함, 디지털 세상에서 콘텐츠 수익 창출의 악화. 그러나 이런 요인들은 힘차게 디지털 여정에 나서려는 기업들에게도, 이전부터 종이책을 출판하던 출판사들에게도 그다지 큰 의미로 다가오지 않는다. 출판사들이 속앓이를 하는 진짜 이유는 고정비 때문이다.

여느 콘텐츠 기업들과 마찬가지로, 출판사들이 직면한 문제는 인쇄에서 디지털로 넘어가는 과정에서 발생하는 50퍼센트의 가격 하락과는 별 관계가 없다. 그리고 완전한 전자책 세상이 온다 해서 수익을 못 거두는 것도 아니다. 진짜 문제는 큰 어려움 없이 인쇄에서 디지털로 옮겨가는 방법을 찾는 것이다. 그런데 이미 비용 구조가 고정되어 있기 때문에 문제가 생긴다.

인쇄에서 디지털로의 전환을 관리하는 것은 쉽지 않다. 돌의 말처럼 '2개의 인프라가 존재하는' 세상을 관리하는 것이 기존 사업자들에게는 큰 문제다. 그 생각이 맞다. 하지만 한동안만 그렇다. 기업가적 기업entrepreneurial firm으로 성장하기 전까지는 그렇다. 기존 사업을 확장해 새로운 사업으로 진입하는 기업은 발목을 잡히겠지만, 기업가적 기업은 새로운 비즈니스를 시작해도 발목을 잡을 기존 인프라가 없다.

리드 헤이스팅스Reed Hastings도 이를 알고 있었을 것이다. 그는 DVD 대여에 집중할 당시에는 넷플릭스 관리에 큰 어려움이 없는 듯했다. 그러다 두 가지 형태의 비즈니스, 즉 DVD 대여와 동영상 스트리밍을 관리하기 시작하자 바로 그날부터 큰 문제와 의문이 발생하기 시작했다. 핵심 사업 활동을 얼마나 신속하게 줄여 나가다 종료할 것인가? 신규 사업은 기존 사업과 얼마나 밀접하게 통합되어야 할 것인가? 2011년 많은 사람들의 조언에 따라 헤이스팅스는 두 사업을 완전히 분리하려 했다. 그러나 2010년 7월부터 2012년 1월까지 넷플릭스는 그동안 차지했던 시장점유율의 80퍼센트를 잃었다.

〈뉴욕타임스〉가 페이월을 통해 많은 수익을 거둬들이면서도 아직 위험에서 빠져 나오지 못하고 있는 이유가 바로 이 때문이다. 모든 콘텐츠가 디지털로 제작되는 세상이라면 인쇄, 유통, 창고에 들어가는 경비를 없애고 1년에 5억 달러 이상을 절약할 수 있다. 하지만 두 종류의 콘텐츠를 함께 운영해야 하는 세상, 종이 신문이 여전히 존재하지만 발행 부수는 줄어드는 현재와 같은 세상에서는 고정비 관리에 대한 고민은 늘 안고 살아갈 수밖에 없다.

문제는 디지털 발전이 아니라 고정비다

고정비는 말 그대로 고정되어 있기 때문에 고객 수의 변화에 영향을 받지 않는다. 그리고 거의 모든 콘텐츠 비즈니스에는 고정비가 존재한다. 신문을 50부 찍어내든 1,000부 찍어내든 인쇄와 생산에 들어가는 비용은 고정되어 있다. 텔레비전 프로그램도 마찬가지다. 시청자가 10만 명이든 100만 명이든 프로그램 제작비는 변하지 않는다. 이는 영화와 잡지도 다르지 않다.

　이런 이유 때문에 고정비는 사용자들을 '연결'한다. 고정비가 높은 사업에서는 어느 고객 한 명에게 서비스를 제공하고 얻는 이익이 다른 모든 고객에게 서비스를 제공하고 얻는 이익과 불가분의 관계를 가진다. 이는 당신이 끌어들인 혹은 놓친 고객 한 명 한 명을 별개로 볼 수 없다는 말이고, 그 고객 한 명이 다른 고객들로 인해 발생하는 이익과 손실에 영향을 준다는 뜻이다.

　고정비가 높은 사업에서는 고객 100명 중 3명만 잃어도 모든 이익이 사라질 수 있다. 디지털 기술을 받아들이고 싶어하는 미디어 기업들이 고민할 수밖에 없는 문제가 바로 이것이다. 고객들이 전통 콘텐츠에서 떼를 지어 탈출하는 것도, 새로운 디지털 콘텐츠가 전통 콘텐츠보다 훨씬 더 우수한 것도 문제가 되지 않는다. 고정비를 안고 가야 한다는 사실이 문제가 될 뿐이다.

고정비는 그동안 우리가 보았던 여느 사용자 관계와는 다른 사용자 연결 관계를 만들어낸다. 고정비와 관련해서 발생하는 사용자 연결 관계는 사업의 비용 구조와 관련이 있다. 그것은 고객의 선호도, 가격, 행동과는 아무런 관련이 없다. 그렇다고 관리에 소홀해도 된다는 말은 절대 아니다.

필립 마이어Philip Meyer는 《디지털 시대 저널리즘 구하기Vanishing Newspaper》에서 2043년에 마지막 독자가 떠나며 종이 신문은 종말을 고할 것으로 예측했다. 다행스럽게도, 이 예측이 완전히 들어맞지는 않을 것이다. 하지만 2043년에 종이 신문의 종말은 오지 않을지 몰라도 그 훨씬 이전에 신문사의 가치는 바닥으로 추락해 있을 것이다.

독자 수가 일정 수준 이하로 떨어지면 신문사는 인쇄소, 뉴스룸, 판매 인력 운영에 더 이상 자금을 대지 않게 된다. 고정비는 고객 감소 추세에 있는 콘텐츠 비즈니스에 티핑 포인트tipping point(서서히 진행되던 현상이 작은 요인으로 한순간에 폭발하는 극적인 순간 - 옮긴이)가 될 것이다. 독자 중 일부를 잃는 순간, 더 이상 사업 진행이 불가능해지며 포기에 이르는 상황이 발생할지도 모른다.

이는 신문사나 출판사만의 문제가 아니다. 고정비가 많은 비중을 차지하는 다른 산업에서도 이와 유사한 현상이 벌어질 수 있다. 항공, 호텔, 소매점 등이 그렇다. 항공 교통량은 9·11 사태가 발생했던 이듬해 대략 6퍼센트 감소했다. 그 정도 감소폭만으로 대부분의 항공사가 적자를 기록했다. 호텔은 객실 점유율이 90퍼센트에서 80퍼센트로 떨어져도 문을 닫을 수 있다. 소매점들은 영업 이익이 몇 퍼센트만 감소해도 파산하는 곳이 많다.

모두 고정비가 작은 발화 원인으로 작용해 대형 산불로 이어지는 경우다. 그래서 관리가 필요하다.

효율적인 고정비 관리가 주는 교훈

고정비 관리의 문제는 어제오늘의 일이 아니다. 그러므로 성공적으로 고정비를 관리한 기업들에게서는 배울 점이 많다. 지난 50년간 성공적으로 고정비를 관리한 기업 중 한 곳을 살펴보자. 이 기업은 고정비 관리 덕분에 성공했다고 해도 과언이 아니다.

1978년부터 2015년까지, 월마트는 21퍼센트가 넘는 누적연간성장률을 기록했다. 같은 기간에 활동했던 기업들 중 최고 수준에 속하는 수치다. 월마트의 전략에 대해서는 이미 많이 알려져 있다. 도시가 아닌 지방에 먼저 자리를 잡기로 한 결정, 점포들을 상대적으로 (경쟁사인 타겟 Target 보다 훨씬 더) 서로 가까운 거리에서 운영하도록 한 결정, 1990년대 초반 식료품 사업에 진입하기로 한 결정, 경쟁사보다 광고를 덜 하기로 한 결정 등이다.

얼핏 보면 그 어떤 결정도 타당해 보이지 않는다. 지방에 점포를 열면 고객이 적어진다. 가까운 거리에 모여 있으면 서로 손님을 빼앗아간다. 게다가 잡아먹지 않으면 잡아먹히는 치열한 경쟁에 쥐꼬리만 한 이윤을 남기는 곳이 슈퍼마켓 사업인데 식료품 사업에 뛰어들어봐야 수익만 줄어들 것 아닌가. 하지만 이 결정들을 고정비의 관점에서 살펴보면 다른 측면이 보인다.

할인소매업은 기본적으로 고정비 사업이다. 월마트 역시 소요되는 총 비용 중 대략 3분의 2가 매출원가(판매한 상품의 구입원가), 즉 제품 공급업자들에게 나가는 변동비variable costs다. 그리고 나머지가 상점을 짓거나 임대하는 데 필요한 자본적 지출capital expenditure과 창고, 트럭, IT 시스템 운영에 들어가는 비용 등으로 지출되는 고정비다. 흔히들 월마트가 매출원가를 낮춤으로써, 즉 공급업자들에게 단돈 몇 푼이라도 덜 지불해서 이익을 남기는 줄 알고 있다. 사실은 그렇지 않다. 매출원가를 통해 성공을 이어가긴 힘들다. 월마트가 거둔 성공의 비밀은 매우 효율적인 방법으로 고정비를 관리하는 능력에 있다.

월마트의 선택들을 다시 살펴보자. 지방에 매장을 오픈하면 사람들을 끌어들이기가 어려운 것이 사실이다. 하지만 사람들을 끌어들이기가 어렵기 때문에 경쟁자가 몰려들지 않는다. 따라서 그 매장은 경쟁이 훨씬 덜한 고객 전체를 대상으로 고정비를 분산시킬 수 있다.

매장들을 가까운 거리에 모아두면 기업은 고정으로 나가는 창고 비용을 가까운 매장들로 분산시킬 수 있다. 우유나 상하기 쉬운 식료품을 팔아봐야 이윤은 얼마 남지 않는다. 하지만 고객들은 식료품을 사러 매장에 더 자주 올 것이고, 일단 오면 다른 상품을 구입할 수도 있으므로 매장은 손익분기점을 낮추게 된다.

광고를 줄이면 고객도 줄어들 거라고 생각할 수 있지만, 월마트는 상품을 대량으로 쥐고 있지 않아서 할인 행사를 위해 크게 광고할 이유가 없다. 상품 재고가 많아야 할인을 하는 법인데 월마트는 고정비가 많이 들어가는 IT 시스템을 활용해 재고를 최저 수준으로 유지하고 있다.

월마트의 성공은 가격에 합당한 상품 제공이나 깐깐한 협상 같은 특유의 문화 덕분이기도 하다. 하지만 경쟁사들보다 뛰어난 고정비 관리가 더 큰 요인이다.

고정비는 오프라인 사업과 연관되어 있는 경우가 더 많지만, 디지털 기업과도 연관이 있다. 아마존을 예로 들어보자.

가정에서 온라인으로 주문하면 편하고 좋으니까 아마존이 오프라인 소매점보다 장점이 있다고 생각하기 쉽다. 하지만 온라인 구매에는 단점도 존재한다. 구매한 제품을 받기까지 더 오랜 시간이 걸린다는 점이다. 아마존이 영업을 개시한 후부터 1997년까지만 해도 제품 배달에 1주일이 걸렸다. 고객이 가까운 서점에 운전하고 가서 책을 사는 데 걸리는 시간이 1시간이라면, 아마존의 책 배달은 6일하고도 23시간이 더 걸렸다는 말이다. 고객 입장에서는 참기 힘든 시간이라 할 수 있다.

아마존은 배달 시간을 줄이기 위해서 물류센터와 창고를 짓기 시작했다. 고정자산의 가치를 높이기 위해 수십억 달러를 투자해 2015년 즈음에는 50개가 넘는 주문이행물류센터fulfillment center를 소유하게 되었다. 아마존은 거대한 고정비를 투자의 개념으로 운용했다. 물류센터를 짓는 데는 많은 비용이 들어갔지만 그만큼 시장을 확장하기에 유리하다는 뜻이다. 아마존이 성장하면서 동일한 제품을 경쟁사보다 낮은 가격으로 판매하는 비용우위cost advantage도 커졌다. 2002년 아마존이 5,000만 달러의 성장을 이룰 때마다 단가는 대략 30센트가 줄어들었다. 이윤이 적은 사업에서는 상당한 이점이다.

아마존의 고정비 관리 방식은 월마트와 놀라울 정도로 흡사했다. 2002년 아마존은 다른 상인들도 수수료를 내고 아마존의 웹사이트와 주문이행물류센터를 통해 물건을 판매할 수 있도록 하는 마켓플레이스라는 새로운 기능을 발표했다. 그리고 새로운 형태의 매장 결집을 시작했다. 아마존 제품 판매에 해가 될 수 있다는 경고도 있었다. 하지만 그보다는 더 늘어난 제품 판매량을 통해 고정비 부담을 줄일 수 있는 혜택에 주목한 것이다.

2001년부터 2006년까지 아마존은 IT 서버 투자를 늘려가며 월마트와 유사한 자신만의 IT 전략을 도입했다. 미국 전역에 걸쳐 200만 개가 넘는 서버를 구축하게 된 것이다. 아마존은 그동안 투자했던 엄청난 고정비 부담을 줄이기 위해 자사의 서버와 클라우드를 원하는 사람 모두가 사용할 수 있도록 개방했다. 2013년에 아마존은 클라우드컴퓨팅cloud-computing 부문에서 세 손가락 안에 드는 기업으로 올라섰다. 이런 획기적인 성공은 클라우드컴퓨팅이 아마존의 핵심 사업이어서가 아니다. 서버 구축에 들어간 고정비를 지렛대로 활용해 고객에게 어느 누구보다 더 빠르고 더 나은 온라인 경험을 제공했기 때문이다.

월마트가 식료품 판매를 시작했듯이, 2007년에 아마존은 스트리밍 비디오 콘텐츠 시장에 진출했다. 이는 콘텐츠 재배급 권리를 사들이기 위해 할리우드 영화제작사에게 거금을 지불해야 하는 쉽지 않은 사업이었다. 하지만 월마트의 '우유'와 마찬가지로, 비디오 콘텐츠는 아마존의 기기와 e-스토어에 고객을 더 많이 그리고 더 자주 끌어들이기 위한 유인책이었다. 프라임 멤버십 가입자들에게 비디오 콘텐츠를 제공한 뒤 고객 총지출은 증가했다. 그 덕분에 아마존은 고정비 부담을 더욱 줄일 수 있었다.

월마트와 아마존은 서로 공통점이 없어 보이지만 고정비 관리 측면에서는 놀라울 정도로 유사한 방식을 취하고 있다. 두 기업은 더 많은 제품과 더 많은 상점을 통해서 고정비 부담을 줄여나간다. 그리고 고정비 부담을 낮추면서 새로운 이익의 흐름을 찾아낸다. 고정비 부담이 높은 기업이라면 이런 전략을 어떻게 실행하느냐에 성공 여부가 결정되는 것이다.

이 원칙은 오늘날 위축되어 있는 대부분의 콘텐츠 비즈니스 시장에도 적용된다. 이런 환경에서 고정비를 관리하기란 고역에 가깝다. 그래서 자연스럽게, 거의 반사적으로 비용 절감cost-cutting(종종 해고와 유사한 뜻으로 사용된다)이라는 방식을 떠올리게 된다. 하지만 몇몇 미디어 기업은 이런 전형적인 방식에 의존하지 않고 특이하면서도 훨씬 더 효율적인 전략을 취했다.

타사와 고정비를 공유하는 전략

2008년 전자책이 폭발적으로 성장하면서 출판업자들은 인쇄 인프라를 둘러싼 고정비 부담으로 어려움을 겪었다. 컨설턴트와 업계 전문가들은 주로 소유자산과 고정 인프라를 없애야 한다고 조언했다. 인쇄와 유통을 아웃소싱함으로써 고정비를 가변화variablize 하라는 것이었다.

이는 적절한 진단이었다. 하지만 단 한 곳, 펭귄랜덤하우스는 다른 길을 택했다. 고정비를 가변화하기보다 인쇄에 투자를 거듭하면서 고정비를 늘리는 방식을 밀고나갔다. 도대체 왜?

돌은 말했다. "종이책이 사업의 80퍼센트를 차지하고 있는 상황에서 고정비 부담을 피하기만 하는 것은 위험했기 때문이었죠." 매킨토시도 이렇게 덧붙였다. "디지털 성장이 수평을 유지하고 있다는 사실이 자료에 분명히 나타납니다. 종이책이 다시 살아난다는 말은 아니지만 그렇다고 사라지는 것도 아니었죠. 종이책은 여전히 힘을 유지하고 있고 심지어 우세하기까지 합니다. 디지털은 예전의 폭발적인 성장세를 보여주지 못하고 있습니다."

펭귄랜덤하우스는 좋은 책을 만들고 적절한 타이밍에 서점에 배달하는 방식이 우리 곁에서 그렇게 금방 사라지지 않을 것이라고 확신했다. 그래서 종이책 사업을 밀고나가면서 소매업자들에게 신속하게 책을 공급할 수 있는 능력을 키우는 데 중점을 두었다. 돌의 말을 좀더 들어보자.

기한이 촉박한 주문에도 신속하게 서적을 배달하는 능력이 우리 장점인데 그 능력을 더욱 강화했습니다. 아마존을 비롯한 소매점들은 재고가 부족하면 불안해하죠. 우리는 다른 출판사보다 더 빨리 책을 제작해서 재고를 다시 채워주었습니다. 이건 서비스 수준만 높아지는 게 아닙니다. 재고가 예전보다 적어지고 반환되는 책도 줄어들고 책 배달 시간도 빨라지니까 이익이 늘어난다는 뜻입니다. 소매업자들이 돈을 더 번다는 말이죠. 또 이 정도 관리 능력이 있는 출판사가 거의 없기 때문에 우리는 시장점유율을 더 높일 수 있게 되지요.

시장이 하락세로 들어서면 경영진은 반사적으로 이런 질문을 던집니다. 유형 자산을 어떻게 처리하지? 비용을 어떻게 처리하지? 이 문제를 어떻게 잠재우지? 그런데 우리는 완전히 반대로 간 거죠. 모두가 "네"라고 할 때 우리는 "아니요"라고 한 겁니다.

이러한 전임자의 전략을 참고로, 몇 년 후 돌은 한 발자국 더 나아가는 전략을 선보였다.

우리가 다른 출판사들의 아웃소싱 파트너가 되기로 한 겁니다. 많은 출판사가 고정 인프라를 없애고 유통을 아웃소싱하려고 생각하고 있었거든요. 그걸 이용해 사업을 확장하자는 거였죠. 그 서비스를 우리가 경쟁하지 않는 이들에게 제공하는 것은 우리 총매출과 순이익에도 도움이 됩니다. 그리고 권당 관리비용을 적절한 수준에서 유지하도록 창고에 안정적인 수량을 보관할 수 있습니다.

어디서 들어본 소리 같지 않은가? 펭귄랜덤하우스의 '인소싱'은 아마존의 마켓플레이스와 주문이행물류센터 전략의 복사판이다. 우위를 차지하기 위해 고정비에 집중 투자한다. 그다음 고정비를 자사의 사업뿐만 아니라 다른 업자들의 사업에까지 골고루 분산해 부담을 줄여간다. 제3의 출판사가 거둔 이익으로 자신은 수백만 달러의 수입을 벌어들인다. 장기적으로 종이책 시장의 하락에 직면한 출판사치곤 아주 좋은 결과를 얻어냈다고 할 수 있다. 그들이 콘텐츠 연결에 집중했기 때문이다.

비용을 줄일 수 없다면 새로운 수익을 찾아라

2012년 스타 인디아Star India는 새로운 토크쇼 〈사뜨야메브 자야떼〉를 방송하기 시작했다. 프로그램의 안정적인 정착을 위해 발리우드 스타 아미르 칸Amir Khan이 쇼의 진행을 맡았다. 이 프로그램은 흥미 위주의 여느 프로그램과 매우 달랐다. 여아 태아 살해, 가정폭력 등 사회적으로 큰 이슈가 되는 문제를 주제로 다뤘다. 인도에서는 이런 프로그램을 방송한 적이 없었다.

CEO인 우다이 샹카르Uday Shankar의 말에 따르면 그 프로그램은 "과격하지 않은 초당적인 입장을 취하도록" 제작되었다. "우리가 이 프로그램을 내보내던 당시에 도시 중산층 이상의 사람들에게 심각한 냉소주의가 스며들고 있었습니다. 경제적으로는 위대한 인도의 꿈이 정체기를 맞았고, 정치도 그 어느 때보다 지저분한 행태를 보이는 상황이었죠. 인도의 미디어는 이런 심각한 문제들에 대해 전략적이고 얄팍한 태도를 보이면서 손을 놓고 있었습니다. 우리는 이 프로그램 제작을 위해서 엄청난 조사를 했고, 결국 권위 있고 믿음이 가는 품질의 콘텐츠를 만들어냈습니다. 이 토크쇼는 결코 가벼운 프로그램이 아니었어요."

프로그램 제작은 복잡했다. 거의 2년의 제작 기간을 거친 후에야 방송할 수 있었다. 비용도 많이 들었다. 제작 기간도 길었던 데다 아미르 칸의 출연료가 높았기 때문이었다.

그렇다면 수익은 어떻게 창출했을까? 샹카르는 이렇게 말한다. "프로그램 내용과 아미르 덕이 컸습니다. 그리고 우리 방송사가 최대한 많은 사람들에게 다가가자는 결정을 내린 것도 중요한 역할을 했습니다." 스타 TV는 프로그램을 여러 지역별 공용어로 더빙해서 지역 방송국에 보냈다. 그리고 인도 국영 공중파 방송인 두르다르샨Doordarshan에도 보내는 과감한 선택을 했다. 샹카르가 그 이유를 설명해주었다.

두르다르샨에서는 좋아했죠. 이런 콘텐츠를 방송한 지 정말 오래 됐으니까요. 게다가 제 생각에는 그들은 그런 콘텐츠를 제작해서 내보낼 수 있는 상황이 아니었어요. 국영 방송과 협상할 때는 금전적인 문제가 복잡해질 수 있었습니다. 우리는 일을 복잡하게 만들고 싶지 않았어요. 그래서 한 푼도 주지 않아도 좋다고 했죠. "우리가 무료로 콘텐츠를 제공하겠다. 하지만 광고료는 반반씩 나누자"고 했습니다.

오랫동안 사람들은 지상파와 케이블을 경쟁상대로만 보았다. 인도에서는 여전히 지상파의 시청 범위가 넓었다. 총 가구의 45퍼센트가 케이블을 수신하는 반면에 지상파는 88퍼센트가 수신하고 있었다. 스타 TV는 매출 신장을 위해 편을 가르지 않고 지상파에 지지를 요청했다. 스타 TV의 마케팅팀과 브랜드팀에서는 자사가 제작한 프로그램을 타 방송사에서 방영한다는 소식을 그리 달가워하지 않았다.

하지만 결과는 달콤했다. 스타 TV에서 단독 방영했을 때보다 훨씬 더 높은 시청률을 기록한 것이다. 그리고 두르다르샨의 광고 수익의 반을 챙길 수 있었다. 프로그램의 영향력은 소셜 미디어에까지 뻗쳤다. 텔레비전 방영 후 프로그램에 관한 대화를 나누기 위해 만든 웹사이트에는 12개의 에피소드가 방영되는 동안 10억 개 이상의 소감이 쌓였다. 세계 어느 프로그램과도 비교 불가능한 숫자였다.

"정말 누이 좋고 매부 좋은 결과였습니다. 두르다르샨은 싼 가격에, 사실 자기 돈은 하나도 안 들이고 고품질의 유명 프로그램을 방영할 기회를 얻었습니다. 그리고 우리는 더 많은 시청자들에게 다가갈 수 있었죠. 덤으로 상당한 수익도 얻었고 말입니다." 샹카르의 말이다. "영역 확장, 샘플링, 공동 마케팅 전략은 우리가 안고 있던 고정 생산 비용을 나눌 수 있는 방법이었습니다." 비용을 줄일 수 없다면 이익을 늘려라. 간단하지만 실행하기 어려운 공식이다.

스타 TV와 두르다르샨의 합의는 이례적인 일이었다. 프로그램은 자사 방송국에서만 방영하는 것이 그동안의 규칙 아닌 규칙이었기 때문이다. 사실은 이보다 앞서 할리우드에서도 유사한 방식으로 이익을 도모한 적이 있었다. 오늘날 영화업계에서 널리 사용하는 전략인 공동배급Co-syndication은 1990년대에 시작됐다. 할리우드 영화의 해외 수요가 늘어나면서 영화 제작사들은 생산과 마케팅에 소요되는 사전비용을 공동 분담하기 위해 국제 배급사들과 계약을 체결하기 시작했다.

그보다도 더 전에 시작된 '창구화 windowing' 전략도 있다. 제작사는 영상 콘텐츠를 제작하면 다양한 형태로 배급하는데, 제일 먼저 극장, 그다음은 해외 시장, 그다음은 DVD, 그리고 나서 마지막으로 유료 채널과 지상파 텔레비전에 콘텐츠를 푼다. 이렇게 시차를 두고 차례로 배급하면 똑같은 고정비로 다양하게 이익을 창출할 수 있다.

다시 인도로 돌아가자. 〈사뜨야메브 자야떼〉는 인도의 텔레비전 시장에서 새로운 사업을 창출하는 데 촉매 역할을 했다. 스타 TV와 두르다르샨은 추가로 프로그램 3개에 대해 이전과 유사한 협의를 맺었다. 스타 인디아의 라이벌인 소니 엔터테인먼트 텔레비전 Sony Entertainmnet Television 과 컬러스 Colors 는 그보다 한 발 더 나아갔다. 황금 시간대 드라마를 텔레비전에서 방영하고 30분 이내에 유튜브에서 무료로 제공하는 실험에 나선 것이다.

샹카르는 이런 변화가 시작에 불과하다고 말한다. "기술은 1차적인 방송 행태를 분해하고 있고, 이런 현상은 점점 더 많이 발생할 것입니다. 이런 움직임에 대비하기 위해 고정비를 관리하고 시청자 층을 넓히는 등의 대처 방법을 모색할 필요가 있습니다. 우리 사업의 한계가 어디까지인지, 일반적 통념에 의문을 품을 필요가 있다는 겁니다."

계획된 언론, 고정비를 줄이고 퀄리티를 높이다

더 많은 시청자에게 다가가고 수익을 증대하는 것은 업계 규모가 줄어들 때 고정비를 관리하는 방식 중 하나다. 고정비를 줄이는 일은 이보다 더 힘들다. 미디어 기업들은 이를 위해 다양한 방법을 강구하고 있다. 많은 비용이 드는, 대본이 필요한 드라마에서 비용이 적게 드는, 대본이 필요 없는 리얼리티 쇼로 옮겨가는 추세는 이미 부인할 수 없는 방송업계의 변화다. 신문의 경우에는 비용 절감이 훨씬 더 힘들다.

잡지와 달리, 일간신문은 뉴스 속보를 다뤄야 한다. 뉴스 속보는 마감 전쟁을 의미한다. 막판까지 거듭되는 혼란과 다급한 기사 작성을 뜻한다. 이것도 비용을 증가시킨다. 콘텐츠를 제 시간에 완성하기 위해서는 막판에 뉴스룸의 자원을 충분히 높은 상태로 유지해야 하기 때문이다. 경제학에서는 이를 '최대 부하의 문제점peak-load problem'이라 한다. (최대 부하의 문제점은 전기 수급에서 흔히 일어나는데, 하루 또는 한 달 중 특정 시간 동안 예측하기 힘들 정도의 상당한 수요가 발생하는 것을 말한다.) 공장은 최대 부하가 생길 때 전력 수급을 충족시키기 위해 충분한 전력이 필요하다. 문제는 최대 부하 시간이 아닐 때도 초과 설비와 초과비용이 발생한다는 점이다.

라디오와 텔레비전이 뉴스 시장에 진출하면서 신문의 역할이 축소되었다. 하지만 신문의 뉴스 생산 방식은 거의 변하지 않았다. 십스테드의 자기업인 〈스벤스카 다그블라더트Svenska Dagbladet〉(이하 〈SVD〉)를 비롯해 일부 신문들은 방식의 변화를 꾀하고 있다.

SVD는 스웨덴에서 5위 안에 드는 일간신문이다. 오늘날 대부분의 신문과 마찬가지로, SVD도 기사의 품질과 생산량에 영향을 끼치지 않는 한에서 고정비 절감에 들어가야 하는 어려움에 직면해 있었다. 2011년 SVD는 뭔가 다르게 생각할 필요가 있다는 사실을 깨달았다. 최근 십스테드의 회장 올레 야콥 선데Ole Jacob Sunde는 이런 말을 했다. "SVD가 궁금했던 건 이거였죠. 우리가 가장 잘할 수 있는 것은 무엇인가? 그에 대한 답은, 사람들에게 무슨 일이 있었는지 알려주는 것만으로는 안 된다는 것이었습니다. 왜 그런 일이 일어났는지를 알려주어야 한다는 생각이 든 거지요. 하지만 그러기 위해서는 우리가 할 일에 대해 더 철저한 계획을 세워야 했죠."

일반적으로 뉴스는 예상할 수 있는 것이 아니라고 생각한다. 그런 뉴스를 위해 계획을 짠다니 앞뒤가 안 맞는 말처럼 들릴 수 있다. 24시간 마감시간에 맞춰 돌아가는 환경에서 그런 일이 가능하기나 한 것일까? 논의가 거듭되었고 중요한 두 번째 의견이 나왔다.

십스테드 CEO 롤프-에리크 리스달이 바로 두 번째 의견을 낸 사람이다. "무엇이 뉴스 주제가 될지 대부분은 며칠 전에 알 수 있습니다. 지진이나 테러 공격 같은 돌발적 사건이 아닌 이상 뉴스는 사실상 대부분 예상 가능합니다. 그래서 무작정 기다리기보다는 2~3일 전에 계획해서 기사를 작성하기로 한 겁니다. 그러고 나면 신문을 만들기가 훨씬 더 쉬워질 테니까요."

선데는 이 아이디어를 듣고 업계가 보였던 반응에 대해 이렇게 회상했다. "〈가디언〉의 편집장 앨런 러스브리저Alan Rusbridger는 우리 아이디어를 듣고 처음에는 믿지 못하겠다고 했습니다. 그래서 본인이 직접 자기 팀과 함께 신문에 나온 기사 중 이전 24시간 동안 일어난 일과 관련이 있는 기사가 몇 개나 되는지 세어보았답니다. 그러고는 깜짝 놀랐다고 하더군요. 거의 없으니까요. 기사 중 70퍼센트가 24시간 이전에 이미 알려진 주제를 다룬 기사였던 겁니다."

그 이후로 SVD는 뉴스 생산에서 소위 '계획된 언론'으로 접근방식의 방향을 틀었다. 계획된 언론의 핵심은 취재와 편집을 분리해 각기 다른 속도로, 한쪽은 빠르게 다른 한쪽은 느리게 일을 진행하는 것이었다. 십스테드의 스베레 뭉크는 이렇게 설명한다.

느긋한 편집 데스크는 명상하는 듯했죠. 보도 기사는 이미 1주에서 3주 전에, 신문 1면은 1주일에서 열흘 전에 계획이 끝난 상태였어요. 다른 쪽은 예전 언론의 모습과 비슷했습니다. 바쁘게 움직이고 마감일에 쫓겼죠. 신문은 탐사 보도를 준비할 때는 항상 속도를 천천히 가져갑니다. 그런데 이제 그 스타일을 일상 뉴스로까지 넓힌 거죠. 말하자면 데스크가 2개, 편집장도 2명에다가 일하는 방식도 두 가지인 겁니다.

이 방식은 기자의 수를 줄일 수 있을 뿐만 아니라 시간이 지남에 따라 결과물을 분산할 수 있다는 점에서 중요한 의미를 지닌다. 마치 창고비용을 군집한 매장들로 분산하는 월마트의 전략을 연상시킨다. 계획된 언론은 기자 수의 감소뿐만 아니라 생산성 증대로도 나타났다. 기자들은 더 좋은 글을 더 많이 쓸 수 있게 되었다.

뭉크는 일반적인 견해와 대비되는 의견을 내놓았다. "적시생산방식just-in-time을 하면 실수가 많아지고 디자인도 안 좋아지고 유연성도 떨어지고 편집권한도 약화되고 비용도 많이 들고 직원들도 늦게까지 일해야 합니다. 그런데도 기사는 여전히 오래된 거고요. 하지만 반대로 미리 계획하면 시간에 여유가 생겨서 퀄리티가 좋아집니다. 자료

조사는 물론이고 팩트 조사도 더 샅샅이 할 수 있으니, 마감 시간 5분 전에 끝내는 기사에 비해 그래프 등 더 풍성한 멀티미디어도 활용할 수 있는 겁니다."

그 결과는 놀라웠다.

예전에는 기사의 90퍼센트 정도가 마감 1시간 전까지도 안 들어왔거든요. 결국 막판에 뒤죽박죽이 되곤 했죠. 효율성이라고는 찾아볼 수가 없었습니다. 요즘은 점심시간이면 50퍼센트 정도가 끝납니다. 퇴근 시간에 맞춰 집에 갈 수 있으니 기자들도 더 좋아하고요. 게다가 비용도 50퍼센트 이상이 절감됩니다.

CHAPTER 9

중국의 연결 관계

텐센트는 어떻게 IM으로
천억 달러를 창출했을까

그리고 우리의 모든 답사가 끝나면

처음 출발했던 곳에 도착하게 될 거야

그리고 처음으로 그곳에 대해 알게 되겠지

― T.S 엘리엇, 〈리틀 기딩 Little Gidding〉

다시 중국의 텐센트로 돌아가서 처음 품었던 의문에 대해 생각해보자. 텐센트는 IM으로 어떻게 1,000억 달러를 창출해낼 수 있었을까? 어떻게 광고 수익에 의존하지 않은 채 페이스북만큼 가치 있는 기업을 만들어낼 수 있었을까? 어떻게 사용자들에게 온라인 제품과 서비스를 구매하도록 설득할 수 있었을까?

아마 텐센트만큼 흥미로운 인터넷 기업을 찾기는 쉽지 않을 것이다. 텐센트의 성공을 페이스북과 비교해보자.

표 6 │ 페이스북과 텐센트 비교

비교 기준	페이스북	텐센트
첫 제품	소셜 네트워크	IM
사용자 수	10억 명 이상	10억 명 이상
연매출(2015)	약 180억 달러	약 160억 달러
시장가치(2015년 4월 기준)	2,000달러 이상	2,000억 달러 이상
광고 수익 비중	95퍼센트 이상	20퍼센트 미만

네트워크 효과의 이용이나 가격차별화의 이해, 고정비 관리 또는 사용자 콘텐츠를 위한 플랫폼 제작 중 어느 하나만으로는 이 질문에 답할 수 없다. 이 모두가 답이다. 텐센트의 모든 전략은 그 어떤 기업보다도 사용자 연결 관계에 중심이 맞춰져 있다.

IM은 가장 간단한 형태의 미디어 제품이다. 사용자들이 콘텐츠를 제공하고(메시지), 기업은 단지 사용자들이 의사소통할 수 있는 플랫폼만 제공한다. 이 일은 시작하기 쉽고 일단 사용자들이 생기면 확장하기도 쉽다. 이는 IM 사업이 강력한 네트워크 효과를 지니기 때문이다. 사용자가 많아질수록 사용자 개인 입장에서는 더욱 많은 사람들과 교류할 수 있기 때문에 그 플랫폼의 가치가 더 높아진다. 때문에 IM 플랫폼에서 거둔 승리는 곧 대성공으로 이어진다.

IM의 문제점은 본질적으로 무료 제품이라는 데 있다. 사용자들이 공짜 사용에 익숙해질수록 돈을 받고 상품화하기는 더욱 힘들어진다. 텐센트는 그 부분에서 새로운 영역을 개척했다. 사용자들에게 개인 식별번호를 준 다음 거기에 요금을 부과했다. 물론 처음부터 노림수가 있었던 건 아니다.

1998년만 해도 중국 가정의 95퍼센트는 개인용 컴퓨터가 없었고 당연히 이메일 주소도 없었다. 텐센트는 사람들에게 처음으로 온라인 개인 번호, QQ라는 자사 플랫폼을 위한 여러 자리 번호를 주었다.

여러 자리의 번호를 기억하기란 쉬운 일이 아니다. 그 결과 다른 사람과 쉽게 구별되는 특수한 사용자 번호가 인기를 끌게 되었다. 특별한 의미를 담은 번호와 함께, 연속 번호(예를 들어 2345678), 동일한 번호, 대칭 번호(예를 들어 9888889) 등이 급속하게 인기를 얻었다. 그러다 사람들이 돈을 주고받으며 번호를 바꾸기 시작했다. 한 예로, 89975(데이비드 베컴David Beckham의 결혼 날짜 앞에 중국에서 행운을 뜻하는 8을 붙였음)는 옥션에서 거의 1,000달러에 팔렸다. 또 한때 텐센트 CEO가 소유했던 88888은 3만 달러 이상에 팔리기도 했다. 사용자에게 중요한 의미를 담은, 예를 들어 생일이나 휴대폰 번호를 결합한 번호는 그 가치를 인정받았다.

QQ가 성장함에 따라 개인을 식별하는 메뉴도 다양해졌다. 처음에 텐센트는 사용자에게 만화 캐릭터 비슷한 아이콘(수백 개의 옵션 중 선택할 수 있음)을 개인 식별번호에 추가할 수 있도록 했다. 그다음에는 2002년에 간단한 시각적 이미지로 아바타를 제공했다. 'QQ 쇼'라는 아바타는 텐센트의 두 번째 주요 제품이었다. 수백 개나 되는 다양한 종류의 아바타들 덕분에 텐센트에는 점점 더 많은 사용자들이 몰려들었다.

심리학자와 사회학자는 관계에 있어서 신분이 중요한 역할을 한다고 본다. 우리 모두에게는 개인적(자아상, 존중심, 개성) 신분도 있고, 사회적(다른 사람과 비교되는 자신의 위치 반영) 신분도 있다. 일상의 많은 부분, 예를 들어 음식점에서 식사를 하고 차를 구매하고 옷을 입는 행동은 개인적인 요소와 사회적인 요소를 모두 지니고 있다. 이런 행동들은 우리에게 즐거움을 주거나 자아상을 구축하는 데 기여하고, 또 다른 사람들에게 우리가 어떤 사람인지를 알리는 역할을 한다. 우리는 입는 옷(아르마니 혹은 아베크롬비), 먹는 음식(프렌치 혹은 에티오피안), 읽는 책(그리샴 또는 글래드웰), 듣는 음악(펑크록 또는 펑크팝) 등을 통해 관계적 정체성relational identity을 드러낸다.

모두들 인터넷의 큰 장점은 익명성이라 생각했다. 사용자는 자신의 신분을 밝히지 않고도 다른 이들과 교류할 수 있었다. 의견을 개진하고 불만사항을 드러내고 풀뿌리운동의 씨앗을 뿌릴 수 있었던 것은 익명성 덕분에 보복이나 징벌의 두려움이 없었기에 가능한 일이었다. 하지만 인간 사이의 의사소통과 소셜 웹이 성장하면서 재미있는 현상이 발생했다. 실제 세상에서 중요했던 관계적 정체성이 온라인에도 자리 잡게 된 것이다.

텐센트는 기가 막히게도 이 사실을 일찍이 깨달았다. 사용자들은 텐센트의 IM 플랫폼으로 몰려들면서 수백만 명의 다른 사람들과 자신을 차별화하고 싶어했다. 한 사용자가 다른 사람보다 돋보일 수 있는 기회를 주기 위해서 텐센트는 더욱더 많은 옵션을 제공했다. 사용자들은 자신의 아바타를 특별하게 만들기 위해 행복한 표정, 산뜻한 단발머리, 세련된 모자, 구찌 가방, 귀여운 강아지 등을 1달러 정도의 적은 금액으로 구매할 수 있었다.

2003년에는 텐센트 사용자 중 자신의 신분 향상을 위해 돈을 쓰는 사람이 10퍼센트도 되지 않았다. 연간 1인당 구매금액도 대략 5달러 불과했다. 하지만 실제 사용자 수를 생각한다면 사용자의 10퍼센트는 3,000만 명이 넘는다. 따라서 구매금액은 총 1억 5,000만 달러에 이른다. 게다가 텐센트가 가상의 구찌 가방을 만들어내는 데는 비용이 한 푼도 들지 않았으니 가상의 물건들을 판매하는 사업은 정말 대단한 아이디어였다고 할 수 있다.

텐센트가 보여준 것은 가장 간단하고 강력한 형태의 가격차별화였다. 텐센트는 모든 사용자에게 최고급 아바타를 팔려고 하지 않았다. 아니, 실은 모든 구매자가 최고급 아바타를 구매하는 것을 원하지 않았다. 그렇게 되면 차별화의 의미가 퇴색되었을 테니 말이다.

후에 노벨 경제학상을 받은, 1974년 당시 하버드의 젊은 경제학자였던 마이클 스펜스 Michael Spence는 신호의 가치와 신호가 전달되는 방법에 관한 글을 썼다. 그는 신호의 힘은 그것이 신분, 능력 또는 개인의 자질, 행동 등 어떤 것이라도 신호 그 자체에 내재하는 것이 아니라고 했다. 그 힘은 다른 사람들이 똑같은 신호를 사용하려면 많은 비용이 든다는 사실 또는 희생이나 대가를 치러야 한다는 사실에서 나온다고 했다.

따라서 스마트한 학생들은 대학 졸업장이라는 신호를 통해 자신의 지능을 알린다. 교육을 통해 특별한 지식을 전수받기 때문이 아니다. 그보다는 필요한 공부를 열심히 하는 행위에 차별성을 제공할 만큼 충분히 많은 비용과 희생이 들어갔다는 점을 암시하는 것이다. 기업은 광고라는 신호를 통해 자사의 성공을 드러낸다. 광고가 반드시 효과가 있어서가 아니라 성공에 이르지 못한 기업은 광고를 할 능력이 없기 때문이다.

텐센트는 가상 제품이 강력한 신호를 보낸다는 사실을 깨달았다. 즉 값비싼 구찌 가방을 가상으로 구매하는 행위가 실제로 구매하는 행위와 비슷한 신호 효과 signaling effect 를 선사한다는 것이다. 이렇게 간단하고 직관적인 깨달음을 통해 텐센트는 자사 비즈니스에 대한 인식을 재정비했다. 그리고 사용자 연결 관계를 비즈니스의 기회로 보았다. 이제 텐센트는 더 이상 커뮤니케이션 플랫폼만을 제공하는 기업이 아니었다. 텐센트 사업의 핵심은 정체성 판매로 변했다.

기업 설립 후 3년이 지난 2003년, 텐센트는 수익 창출은 물론이고, 65퍼센트가 넘는 매출총이익을 즐겼다. 2004년 텐센트는 중국 인터넷 기업 중 최초로 주식을 공개하며 홍콩 증시에 상장되었다.

하나의 네트워크에서 서로 연결된 네트워크로

텐센트는 곧 다른 기업이 선점하고 있는 분야로까지 영역을 넓혀갔다. 2003년에 온라인 게임 사업에 진출한 것이다. 중국 게임 개발의 선두주자인 샨다 Shanda 와 시노 Sino 에 비해 2년 늦었지만 텐센트는 게임 사업에서도 성공을 거두었다.

물론 텐센트가 더 좋은 게임을 만들어서 성공할 수 있었던 것은 아니다. 20여 년 전 애플에 맞섰던 마이크로소프트처럼, 텐센트도 자사가 지닌 기존의 강력한 네트워크로 유리한 고지를 점령했기 때문에 성공했다. 텐센트는 자사의 IM 플랫폼을 사용해 게임을 홍보했다. 즉, 사용자는 게임을 하기 위해 다른 사이트로 이동할 필요 없이 자신의 IM 스크린에 직접 게임을 받을 수 있었다. 텐센트는 자사의 서비스들을 효과적으로 결합해 사용할 수 있도록 했다. 사용자가 게임 중에 채팅을 하거나 자신의 아바타를 불러올 수 있는 서비스를 제공했다. 그리고 한 제품에서 형성된 네트워크 효과의 강점을 다른 제품에도 적용시켰다. 사용자가 친구들과 함께 게임을 즐기기 위해 QQ에서 텐센트 게임으로, 자신의 상태나 프로파일, 친구 목록, 올린 사진이나 동영상 등의 소셜 그래프social graph를 불러올 수 있도록 했다.

텐센트는 승자독식의 시장에서 당연히 해야 할 일을 하고 있었다. IM, 게임, 마이크로블로그 등은 각각의 사용자 연결에 의존하고 있는데, 텐센트는 개별 사용자 연결을 한데 묶어 성공적으로 연결시킨 것이다. 사실상 텐센트는 자신의 강점을 하나의 네트워크에서 서로 연결된 네트워크로 이동시켰다.

텐센트는 이런 강점을 수익으로 만들어내기 위해 다시 한 번 가격차별화로 눈을 돌렸다. 한국 게임 기업들이 시작해서 널리 쓰이게 된 방법을 빌려왔다. 게임은 무료로 제공하되 게임 경험을 향상시킬 수 있는 특징이나 아이템들을 유료로 판매한 것이다.

돈을 내고 게임을 한 단계 건너뛸 수 있게 만든 기능을 생각해보자. 게임을 하다 보면 첫 번째 단계를 넘어가지 못해 짜증이 나는 사람이 있다. 실력을 향상시킬 능력이 부족해서가 아니라 그럴 시간이 부족해서다. 이때 가상의 검이나 총은 완벽한 가격차별화 도구가 된다. 게임광이야 이런 도구들이 필요하지 않겠지만 아마추어, 특히 게임에 전념할 시간은 없지만 돈은 있는 사람이라면 이를 활용하게 된다.

이는 디즈니월드의 패스트패스FastPass와 비슷하면서도 그보다 나은 기능이라 할 수 있다. 디즈니월드에는 유달리 사람들이 많이 기다리는 놀이기구들이 있는데 패스트패스는 이 긴 줄에서 기다릴 필요 없이 시간에 맞춰 오면 바로 이용할 수 있도록 하는 일종의 사전 예약 시스템이다. 이 제도의 장점이라면 시간을 엄청나게 절약할 수 있다는 점이다. 게다가 패스트패스는 무료다(패스트패스 수량이 정해져 있긴 하다). 그럼 문제점은? 패스트패스를 사용하는 사람들 때문에 그냥 줄서서 기다리는 사람들의 대기 시간이 더 길어질 수 있다. 텐센트 게임의 가상 검은 공짜는 아니지만, 대신에 게임하는 다른 사람들에게 어떤 부정적인 영향도 미치지 않는다.

10여 년 전 벤 콜라이코Ben Colayco는 레벨업Level Up을 시작했다. 레벨업은 필리핀에 본사를 둔 게임업체로 텐센트가 49퍼센트의 지분을 인수한 후 인도와 브라질로 진출했다. 콜라이코는 게임의 가상 제품과 그 변천사에 대해 이렇게 말했다.

가상 제품은 2000년대 초반만 해도 시장이 크지 않았습니다. 아시아에서는 돈을 지불하고 PC에서 하는 게임이 대부분이었죠. 한국의 게임들이 그렇게 운영됐고 중국에서는 그걸 따라했습니다. 우리도 마찬가지였고요. 게임마다 가격이 비슷하게 책정되어 있었습니다. 누가 가장 좋은 콘텐츠를 가지고 있느냐의 싸움이었죠.

하지만 중국의 게임 개발업체인 샨다가 무료 게임을 제공하면서 모든 것을 바꿔놓았다. 콜라이코는 이렇게 말했다. "다들 제정신이 아니라고 했어요. 게다가 샨다는 현금이 필요한 주식공개기업이었거든요. 어쨌든 6개월 후에는 게임업계 전체가 샨다를 따라 했습니다."

무료 게임은 모두에게 축복이었다. 사용자들은 비용을 들이지 않고도 원하는 만큼 게임을 즐길 수 있게 되었다. 게임을 좀더 특별하게 즐기고 싶은 사람은 가상 아이템을 구입할 수 있었다. 콜라이코는 자사에서 만들어낸 새로운 제품을 떠올렸다.

맞서 싸우기엔 너무 강한 괴물이 등장하는 부분을 만들었습니다. 그리고 신비의 물약을 판매했죠. 1달러에 신비의 물약 10개를 주는 겁니다. 사용자가 게임에서 그 물을 사서 마시면 엄청난 힘을 얻을 수 있죠. 우리가 파는 건 자기표현을 더 잘할 수 있게 해주고 사용자 경험과 참여를 증진시키고 플레이어의 지식을 높여주는 그런 제품입니다. 멋진 셔츠나 강력한 검도 제품이 될 수 있어요. 한 번은 가상 검을 옥션에서 3만 달러에 판매한 적도 있습니다. 사용자는 자신에게 필요한 걸 돈을 주고 사는 겁니다. 어떤 게이머는 1시간 동안 게임을 하면서 20달러를 쓰기도 하고 또 어떤 게이머는 8시간 게임을 하면서 한 푼도 쓰지 않습니다. 우리는 사람들이 지불할 의향이 있는 금액만큼만 사용할 수 있도록 맞춰주면 됩니다.

텐센트는 이런 기능은 물론이고 더 많은 것을 제공했다. 2000년대 초, 텐센트는 다시 한 번 묘안을 짜내며 자사만의 가상 화폐를 만들어냈다. 사용자들은 자신만의 개성을 더하기 위해, 즉 부가가치가 높은 서비스를 위해 돈을 지불하고 텐센트의 다양한 제품을 구매할 수 있다. 이때 사용하는 화폐가 텐센트 플랫폼에서만 사용할 수 있는

Q 코인이었다. 환율은 일대일로 정해졌다. 1위안으로 1Q 코인을 살수 있었다. 사용자들은 게임을 더 오래 하거나 더 잘하면 Q 코인을 받을 수 있었다. 사용자들이 돈을 시간으로 대체할 수 있도록 하면서 다시 한 번 새로운 가격차별화 방식을 구사한 것이다.

Q 코인의 특징 중 하나는 실제 화폐와 교환할 수 없다는 점이다. 일단 Q 코인을 구입한 후에는 위안화로 바꿀 수 없다. 왜 이렇게 이상한 규칙을 만들었을까? 연결 관계의 힘은 관계를 맺는 것뿐만 아니라 소유하는 데서도 나온다는 사실을 떠올려보라. 일단 네트워크를 구축하고 나면 자신만 혜택을 받을 수 있는 방법을 강구하고 싶어진다. 위안화 교환 불가라는 특징 때문에 사용자들은 텐센트의 제품 안에 머무를 수밖에 없었다.

할리우드 영화 〈겁쟁이 아이의 일기〉에 나온 대화를 보면 Q 코인에 대한 아이디어를 쉽게 이해할 수 있다. 영화의 주인공은 그렉이라는 겁쟁이 아이로, 자기 형 로드릭을 비롯해 다른 사람들에게서 사랑을 많이 받지 못하는 인물이다. 어느 날 그렉과 로드릭 형제의 어머니는 자칭 기발한 아이디어를 생각해낸다.

어머니 : 너희 둘 요즘 사이가 너무 안 좋구나. 지금은 잘 모르겠지만 형제가 있다는 건 인생에서 무척 중요한 거란다. … 그러니 서로에 대해서 알 수 있는 시간을 좀더 많이 가질 필요가 있겠어. 그래서 말인데, 너희 둘이 시간을 보내면 엄마가 상을 주는 아이디어를 생각해냈어. 일명 엄마 화폐라는 건데….

로드릭 : 지금 가짜 돈으로 장난치시는 거예요?

어머니 : 네가 동생하고 1시간 보낼 때마다, 예를 들어서 동생한테 드럼을 1시간 가르쳐주면 엄마 화폐를 줄게. 나중에 그걸 진짜 돈으로 바꿀 수도 있어. 자, 그럼 처음 하는 거니까 일단 엄마 화폐 5개를 줄게. 똑똑한 사람이라면 이 돈을 잘 모아야겠지.

로드릭 : 지금 진짜 돈으로 바꿀 수 있어요?

어머니 : 로드릭, 그걸 모으면….

로드릭 : 그러니까 지금 바꿀 수 있냐고요?

어머니 : 그렇긴 한데….

로드릭 : 그럼, 지금 바꿔주세요.

로드릭의 어머니는 자신이 만든 규칙을 지킬 수밖에 없었다. 로드릭이 가진 엄마 화폐 5개를 진짜 돈으로 바꿔주었다. 로드릭은 금광을 발견한 기분이었다.

가상 화폐나 엄마 화폐처럼 재미있는 화폐를 만드는 일은 좋은 아이디어가 될 수도 있다. 하지만 사용자가 진짜 화폐로 교환할 수 있도록 허락하는 순간 당신은 그 돈의 사용처와 사용 시기에 대해 아무런 권한도 지닐 수 없게 된다.

라스베이거스에서 가장 규모가 큰 하라 카지노Harrah Casino 역시 로드릭의 어머니와 비슷한 경험을 한 적이 있다. 하라 카지노에서는 고객들을 위해 당일 현금 제도를 시작했다. 고객의 재방문을 장려하기 위한 목적으로, 그날그날 고객이 카지노에서 사용한 돈의 일부를 돌려주는 제도였다. 카지노를 정기적으로 찾는 사람들은 카지노에서 현금을 돌려주니 당연히 좋아했다. 그런데 문제는 고객들이 재방문하는 횟수가 제도를 도입하기 전에 비해 전혀 늘지 않았다는 점이다. 그래서 하라 카지노는 제도를 바꿨다. 이번에는 현금화할 수 없는 특별한 칩을(하라를 다시 찾아야만 사용할 수 있는) 고객들에게 감사의 표시로 제공했다. 이 제도는 상당한 성공을 거두었다.

가상 화폐의 시초를 따지자면 처키치즈Chuck E. Cheese로 거슬러 올라갈 수 있다. 처키치즈의 설립자 놀런 부슈널Nolan Bushnell은 비디오게임업계에서 유명한 사람으로, 전자 엔터테인먼트 산업의 개척자 격인 아타리Atari의 창업자다. 처키치즈는 게임센터가 가미된 미국의 대형 피자 체인점이다. 부슈널은 아이들을 매장 안으로 끌어들이는 데까지는 성공했지만 한 번 왔던 아이들을 다시 오게 만들기가 더 어렵다는 사실을 깨달았다.

그러다가 한 가지 아이디어를 생각해냈다. 아이들이 게임을 하기 위해서 가짜 동전을 구입하도록 만든 것이다. 이 가짜 동전은 구입 후 환불이 되지 않았다. 또한 게임에서 우수한 성적을 거둔 사용자에게는 티켓이 주어졌다. 이 역시 돈으로 바꿀 수는 없었지만 플라스틱 반지 같이 소소한 장난감과 교환할 수 있었다. 결과는 어땠을까? 한참 놀고 난 아이들의 손에는 가짜 동전이 잔뜩 들어 있는 컵이나 무엇으로 바꾸어야 할지 모르는 티켓들이 쥐어져 있었다. 이런 가짜 동전이나 티켓은 아이들을 다시 끌어들이는 역할을 했다. 이 방식을 통해 처키치즈는 급성장했다. 고객을 다시 오게 하는 힘을 지닌 처키치즈의 가짜 동전은 온라인 가상 화폐의 시초였다.

가상 화폐를 발행하면서, 텐센트는 사용자들의 지갑을 여는 방법뿐만 아니라 사용자들을 자사의 플랫폼에 잡아두는 방법까지 찾아낸 것이다. 하지만 사용자 입장에서는 가상 화폐가 골칫거리가 될 때도 있다. 돈 아닌 돈이 쌓이게 되는 것이다. 그러면서 웃긴 상황이 전개되었다. 2000년대 말, 중국에서 텐센트의 플랫폼이 폭발적으로 성장하면서 2차 유통 시장이 생겨났다. 사용자들은 사용하지 않는 Q 코인을 실제 상품, 예를 들어 의류, 화장품 등과 교환하기 시작했다. 실질적인 암시장이 생겨난 것이다.

일부 기업가들은 노동력 착취 공장sweatshop을 만들었다. 어린 노동자들에게 돈을 주고 게임을 하도록 해서 Q 코인을 획득한 다음 다른 사람들에게 파는, 소위 골드 파밍gold farming(컴퓨터 게임을 통해 획득한 가상 재화를 실제 돈을 받고 파는 행위 – 옮긴이)을 한 것이다. 위안화 대비 Q 코인의 가치가 가파르게 상승하자 중국 중앙은행이 개입해 가상 화폐와 실제 상품의 교환을 제한하는 조치를 취하기도 했다. 가상 화폐와 실제 상품의 교환 행위는 중국의 통화량에도 영향을 줄 정도로 위협적이었다.

2003년부터 2013년까지 텐센트는 머리가 어지러울 정도로 많은 제품을 쏟아냈는데 그중 하나가 'Q 존'이었다. 2005년에 나온 Q 존은 소셜 네트워크이자 포털로 사용자들이 자기표현의 즐거움을 누릴 수 있는 기회를 제공했다. Q 존에 실제 사진을 올리고 블로그를 할 수 있을 뿐만 아니라 취향에 따라 가상의 집에 인테리어를 할 수도 있었다. Q 존에서는 음악도 실시간으로 들을 수 있었다(페이스북이 스포티파이Spotify와 협력해 서비스를 제공하기 5년 전이다).

어떤 제품이든 간에 성공의 열쇠는 이러한 특징들이 다른 제품들과 얼마나 쉽게 연결되느냐에 달려 있었다. 텐센트는 Q 존에 IM을 설치할 수 있도록 했다. 사용자는 다른 친구들이 들었던 노래 목록을 확인해 들을 수 있었고, 아바타를 수정하거나 변경하면 바뀐 모습이 친구의 페이지에 자동적으로 나타나도록 했다. 늘 그랬듯 일부 기능은 무료로 제공하되 개인 취향의 가구와 실내장식에서 배경음악에 이르는 부가서비스는 사용자가 구매하도록 했다. Q 존은 출시 후 몇 년 만에 1억 5,000만 명 이상의 액티브 유저, 즉 일정 기간 동안 한 번 이상 접속하는 사용자를 확보했다.

텐센트는 IM 그룹, 챗 로봇, 보이스 QQ, 야후와 유사한 포털, 트위터와 유사한 마이크로블로그인 웨이보Weibo 등 비슷한 유형의 제품을 추가로 생산해냈다. 각 제품은 시장의 선두 제품에 비해 출시 시기가 2년 내지는 5년이나 늦었다. 하지만 텐센트는 매번 자사의 강점을 활용했다. 기존의 사용자 베이스를 대상으로 교차 홍보를 하고 기존 제품들의 네트워크를 연결하고 가상 화폐로 수익을 거두는 방법을 사용했다. 텐센트의 제품은 출시되는 족족 예외 없이 시장점유율 1위로 올라섰다.

2005년에 출시한, 아주 간단한 게임 'QQ 펫'은 텐센트 성공의 좋은 사례다. QQ 펫은 개, 고양이, 펭귄 같은 가상의 동물을 사용자들이 선택해 데리고 놀 수 있도록 한 게임이다. 캐릭터는 비록 가상 애완동물이지만 실제 동물과 닮은 점들이 많다. 가상의 애완동물에게도 먹이와 물을 먹여야 했고 사랑을 주어야 했다(게임에서는 애완동물과 함께 보낸 시간, 즐긴 활동으로 이를 측정한다).

게임은 급속히 성장했다. 성공의 열쇠는 언제나 그렇듯, 애완동물 주인들을 어떻게 다시 오도록 만드느냐에 달려 있었다. 텐센트는 아주 영리한 방법을 생각해냈다. 주인이 돌보지 않고 사랑을 주지 않는 애완동물은 침울한 표정을 짓거나 아픈 것처럼 보이도록 했다. 그리고 가상의 약을 구입해서 먹이면 다시 회복되는 것이다. 그보다 더 흥미로운 점은 사용자들이 다른 사용자와 그의 애완동물을 만나서 정보를 공유하거나 노는 날을 정할 수 있도록 했다는 것이다. 또 애완동물의 순위와 사랑 지수는 사용자들 사이에 대화를 이끌어내는 역할을 했다.

QQ 펫은 상당한 수익을 창출해냈다. 애완동물 먹이 구입하기, 데리고 놀러가기, 집 꾸미기를 하려면 주인은 Q 코인을 쓸 수밖에 없었다. 채 2년도 안 돼서 텐센트는 QQ 펫으로 4,000만 달러가 넘는 수익을 벌어들였다. 게다가 이 게임은 예측이 가능했고 상황 조절도 할 수 있었다. 분기 말에 목표치가 미달되었다 싶으면 게임 관리자들이 아픈 애완동물의 숫자를 높이면 그만이었다.

2013년 텐센트 수익 중 90퍼센트 이상이 사용자에게 직접 부과하는 요금에서 나왔다. 광고에서 거두는 수익은 10퍼센트에 불과했다. 이는 거의 정반대 상황을 보이는 페이스북과 비교하면 확실히 다른 점이다. 그리고 수익 구성에서 보이는 확연한 차이점은 경영에서도 그대로 드러난다. 페이스북은 창의적인 광고를 발굴해내기 위해 애쓰다가 종종 사용자들의 짜증을 유발했다. 텐센트는 이런 갈등을 거의 겪지 않았다. 광고에 의존하는 기업은 사용자와 광고주 사이에서 필연적으로 발생하는 부정적 연결 관계를 줄이고 관리하느라 늘 신경을 써야 한다. 반면에 텐센트의 사업 모델은 기업이 긍정적인 연결 관계에 더욱 집중할 수 있도록 해주었다.

중국 인터넷 시장의 3대 거인, 알리바바, 바이두 Baidu, 텐센트가 거둔 성공을 인정하기 힘들 수도 있다. 중국의 인터넷은 폐쇄적인 시장을 유지하고 있으며 3개 기업이 그 덕을 본 것도 사실이기 때문이다. 하지만 그렇다고 누구나 성공을 보장받지는 못한다. 중국 내에서 수백 개의 인터넷 기업들이 오랫동안 3대 거인의 자리를 호시탐탐 노려왔지만 모두 실패했다. 텐센트의 성공을 파격적인 제품이나 중국만의 독특한 규범, 가상 화폐의 고유한 특징 덕으로만 돌려서는 안 된다. 그 아래 실제 존재하는 네트워크, 결합, 플랫폼 그리고 가격차별화와 연관된 텐센트의 사업 원칙을 볼 수 있어야 한다. 여기에서 소개한 여러 사례가 증명하듯, 이 사업 원칙은 어떤 곳에서든 적용된다.

다음 목적지는 어디인가

2011년 즈음, 텐센트는 중국의 인터넷을 이끄는 선두 기업으로 자리매김했다. 시가총액이 1,000억 달러를 넘어서며 전 세계에서 가치 있는 세 번째 기업으로 (구글과 아마존 다음으로) 올라섰다. 하지만 그동안의 모든 성공에도 불구하고 여전히 의문점이 존재했다. 중국의 사용자들이 모바일로 옮겨가고 있는데도 텐센트는 모바일 중심의 틀을 만들지 못하고 있었다. 또 인도를 비롯해 일부 국가에서 상당한 노력을 기울였음에도 불구하고 중국 밖에서는 사실상 성공이라 부를 만한 성과를 거두지 못한 것이다. 그리고 알리바바가 지배하고 있던 중국 전자상거래 시장의 진입 시도 또한 맥을 못 추고 있었다.

10여 년에 걸쳐 사업 확장을 거듭하는 과정에서 텐센트가 전략을 세울 때마다 놓치지 않은 것이 있다. 바로 사용자들 사이의 연결 관계, 그리고 커뮤니케이션이라는 전략의 핵심요소다. 텐센트는 이 간단한 아이디어로 재무장하고 성가신 문제들을 한 번에 해결하고자 했다. 그리하여 2011년 3월 새로운 프로젝트, 나중에 위챗으로 재탄생하게 되는 웨이신Weixin을 내놓는다. 웨이신은 더 높은 곳을 향해 비상하려는 텐센트를 도와줄 프로펠러나 다름없었다.

위챗은 앨런 장Allen Zhang이 탄생시킨 작품인데, 그는 중국 화중대학교에서 통신 석사 학위를 받았다. 장은 텐센트의 직원이 아니다. 그는 텐센트의 중추신경이라 할 수 있는 본사가 위치한 선전과 베이징에서 멀리 떨어진 광저우에서 살고 있다. 그의 첫 제품인 팍스메일을 텐센트가 사들인(그리고 QQ 메일로 이름을 바꾼) 후에도 그는 거처를 옮기지 않고 그곳에 살고 있다.

QQ 메일은 후발주자였다. 중국의 이메일 서비스 시장을 손에 넣기 위해 탄생했지만 다른 제품에 비해 5년이나 늦게 나왔다. 텐센트의 선임 기술 담당 엔지니어인 딜런 장Dylan Zhang은 QQ 메일의 성공 요인에 대해 간단명료하게 밝힌다. "더 빠르고 더 믿을 만한 데다 사용자 친화적이죠." 물론 QQ 메일이 텐센트의 네트워크를 활용할 수 있었다는 점이나 창업주인 마화텅이 초기부터 적극적인 홍보를 펼쳤던 점이 도움이 된 것은 사실이다. 하지만 딜런은 덧붙인다. "네트워크 덕도 있었지만 원래 제품 자체가 훌륭했습니다. 이미 사용하는 이메일이 있는 사람들이 많은 수고를 감수하며 QQ 메일로 돌아선 걸 보면 제품이 좋은 게 틀림없어요."

2010년 즈음 앨런 장은 심심한 나날을 보내고 있었다. 그런데 모바일 시장에서 전개되는 특이한 상황이 그의 시선을 끌었다. 그해에 출시된 킥이라는 제품이었다. 킥은 짧은 메시지를 무료로 보낼 수 있는 모바일 서비스였다. 전화 기능 없이도 와이파이만 있으면 사용이 가능했으므로, 사용자들은 전송량에 따라 요금을 낼 필요가 없었다. 킥을 모방한 제품들이 순식간에 넘쳐났다.

그는 다시 일에 복귀했다. 대여섯 명 정도로 소규모 팀을 꾸리고 마화텅에게 이메일을 보냈다. 그리고 6개월 후 킥과 유사한 제품을 만들어냈다. 2011년 3월 웨이신은 서비스를 시작했다. "성공적이진 않았습니다." 딜런이 말했다. 여느 단문 메시지 무료 서비스와 다른 점이 거의 없었기 때문이다.

하지만 텐센트 내에서 한 번 해보자는 분위가 일기 시작했다. 10년 넘도록 QQ 모바일 버전은 별도의 팀이 관리하고 있었다. QQ 모바일 버전의 성운은 지역 통신사와의 수익 분배에 모든 것이 달려 있었다고 해도 과언이 아니었다. 텐센트는 통신사가 QQ의 단문 메시지 사용 요금으로 사용자들에게서 얻는 수익의 40퍼센트를 받고 있었다. 그런 상황에서 무료 문자 메시지 제품인 웨이신이 등장하자 QQ 모바일의 매출 흐름이 위협받기 시작한 것이다. 전형적인 제 살 깎아먹기 현상이었다. 전통적 기업이 아닌 인터넷 기업 내부에서 이런 현상이 펼쳐지고 있다는 사실만 제외하면 말이다.

앨런 장은 웨이신을 밀어붙이기로 마음먹었다. 마화텅 역시 같은 생각이었기에 힘이 되어주었다. 2012년 12월에 출시된 두 번째 버전은 첫 번째와는 완전히 다른 모습의 제품이었다. 위챗의 핵심은 당연히 사용자 연결 관계에서 어떻게 동력을 얻느냐 하는 것이었다. 마화텅의 가장 중요한 관심사는 위챗이 QQ의 광대한 사용자 층에 다가갈 수 있도록 하는 것이었다. 그는 사용자들이 QQ 아이디로 위챗을 사용할 수 있도록 함으로써 로그인 순간부터 거부감을 없앴다. 기존의 주소록도 사용할 수 있었다. 사람들에게 무료로 음성 메시지를 남기거나 그룹 채팅도 할 수 있었다.

딜런은 위챗이 성공할 수 있었던 진정한 이유에 대해 그리고 그것이 텐센트에서 차지하는 중요성에 대해 이렇게 말한다.

위챗은 텐센트 제품 중 처음으로 모바일을 메인으로 한 제품이었습니다. 디자인은 PC 기반 제품과 차이가 거의 없었지만 그래도 중요한 역할을 했습니다. 사용자가 PC에서는 온라인일 수도 있고 아닐 수도 있습니다. 하지만 모바일 사용시에는 항상 온라인 상태라고 보는 게 맞겠죠. 그래서 장은 앱을 빨리 켤 수 있는 방법을 생각했습니다. 매번 로그인할 필요도 없고 패스워드도 필요 없는 방법을 말이죠. 모바일 기기 사용자들은 10초 이상 기다리질 않습니다. 그래서 우리는 모든 과정에서 지연 상황이 발생하지 않도록 신경을 썼어요. 그리고 그룹 채팅도 훨씬 더 쉽게 만들었습니다. 예전 QQ에서는 그룹을 구성해야만 했는데, 위챗에서는 그때그때 그룹을 만들 수 있게 했고 사람도 그때그때 추가하거나 삭제할 수 있게 했습니다. 누구나 새로운 사람들을 그룹에 추가할 수 있게 된 거죠.

위치 기반 서비스도 제공했는데요, 주변 탐색 기능을 사용하면 그 순간 위챗을 사용하고 있는 이용자를 자신과 가까이 있는 순으로 보여줍니다. 그리고 흔들기 기능은 사용자가 스마트폰을 흔들면 자신과 가까운 곳에서 역시 스마트폰을 흔들고 있는 사람을 찾아주는 겁니다. 우리는 그냥 깜찍한 기능 정도로만 여기고 별 인기는 없을 거라고 생각했는데 이게 아주 인기가 많았죠.

기업 내에서는 부서 간 긴장이 고조되며 적대감이 극에 달했다. "저쪽에서는 위챗을 죽기보다 싫어했습니다." 하지만 그 누구도 위챗을 막을 수는 없었다. 2013년 3월, 더 많은 기능을 탑재한 세 번째 버전의 위챗이 탄생했다. 앨런 장은 "모멘트라는 기능 하나만으로도 웨이보의 위치를 빼앗기에 충분했다"고 말하며 이렇게 덧붙였다. "모멘트를 사용해서 사진을 올리고 친구의 사진에 댓글을 달 수 있게 됐습니다. 그렇다고 아무나 댓글을 볼 수는 없습니다. 댓글을 받은 친구만 볼 수가 있죠. 이런 것이 바로 위챗이 웨이보나 페이스북과 구별되는 중요한 차이점입니다. 사용자들은 자신이 주도권을 쥐고 있다는 느낌을 받으니까요."

위챗은 계속해서 기능을 추가했다. 먼저 뉴스 서비스, 다음으로는 사용자가 바코드를 스캔하면 한 번의 클릭으로 텐센트의 전자상거래 플랫폼을 통해 제품을 구매할 수 있는 QR 코드 기능(이 기능이 알리바바에게 실질적인 첫 번째 위협이었다고 보기도 한다)을 더했다. 2013년에 이르면서 위챗의 사용자는 3억 명을 넘어섰다. 그해 12월에 위챗은 해외로 진출했고, 외국에서 위챗에 가입한 사람들의 수는 1년 만에

1억 명에 달했다.

앨런 장은 온 세상 사람들에게 자기 일을 떠벌리는 사람이 아니다. 그런 그가 2012년에 위챗의 본질, 그리고 연결 관계를 맺는 제품 개발에 따르는 원칙에 대해 의견을 밝혔다. 그중 주목할 점은 여러 특징들이 구체적으로 세 가지 사용자 요구 사항에 맞춰져 있다는 사실이었다. 그것은 다른 사람에 대한 사람들의 호기심에서 나오는 요구, 당신이 주는 피드백과 친구들이 주는 피드백에서 나오는 요구, 다른 사람과의 상호교류를 통해 얻는 존재감에서 나오는 요구였다.

기술 산업에 관한 뉴스를 전하는 온라인 소식지 〈테크크런치〉는 2012년 위챗을 왓츠앱WhatsApp, 스카이프, 아이메시지iMessage, 인스타그램, 그리고 구글 서클즈Circles 가 지닌 최고의 장점들을 모아놓은 결합체라고 묘사했다. 과장된 부분이 없진 않지만 텐센트 전략의 흥미로운 진화 과정을 보여주는 표현이다. 텐센트의 과거 성공은 IM이라는 한 가지 제품에서 얻은 네트워크의 강점을 게임, 뉴스 서비스, 소셜 네트워크, 마이크로블로깅 등 여러 제품군에서 활용함으로써 가능했다. 위챗은 사용자 연결 관계를 다양한 방법을 통해 성공적으로 활용한 최신 사례일 뿐이다. 이제 모든 연결 관계가 하나의 제품 안으로 결합되고 있다.

텐센트의 발전과 더불어 수익 구조도 진화했다. 텐센트 수익 창출은 QQ 아바타에서 모바일 QQ로, 그다음은 가상 제품, 소셜 게임 유료화, 그리고 위챗으로 그 주역이 바뀌었다. 텐센트처럼 사용자 연결 관계에 뿌리를 두고 있는 기업은 찾기 힘들다. 이러한 연결 관계를 알아내고 만들어서 그 관계를 반복적으로 수익 창출에 활용한다는 원칙과 기본 제품은 계속 무료로 유지하는 원칙을 지닌 기업은 더더욱 찾아보기 힘들다.

아마도 네트워크 시장에서 왕좌를 차지한 기업에게 가장 어려운 점이 있다면 다시 한 번 그 영광을 재현할 방법을 찾아내는 일일 것이다. 인튜이트의 스콧 쿡은 "성공적인 인터넷 기업의 혁신 능력에 대해서 많이들 이야기하지만 그것을 되풀이해서 발휘하는 기업은 거의 없다"고 말했다. 한 번 성공을 거둔 기업은 다음의 세 가지 중 한 가지 길로 빠지는 경우가 허다하다.

첫 번째는 새로운 시장에서 네트워크 효과를 구현해줄 다음 번 '대작'을 만들어내는 일에 집착하는 길이다. 두 번째는 첫 번째 성공을 이용해 수익을 창출하겠다는 희망을 품고, 기업의 방향을 사용자 경험에서 광고 수익으로 변경하는 길이다. 마지막 길은 애초에 자사의 성공신화를 창조해주었던 사용자 행동에 대해 품었던 깊은 이해심을 잃어버리는 길이다.

그러나 텐센트는 그렇지 않았다. 텐센트는 획기적인 아이디어와 변화를 도입하고 나서, 신제품에 기존의 사용자 연결 관계를 완벽하게 활용했다. 텐센트는 수익이 발생하면 새로운 수익을 창출하기 위해 광고에 의존하지 않았다. 그보다 연결 관계에서 얻는 가치를 위해 자발적으로 돈을 지불하는 사용자들을 확보하려 애썼다. 그런 다음 연결 관계의 심리 작용에 대한 이해를 더욱 새롭게 다졌다. 이 일들을 반복해서 하고 또 했다. 텐센트는 진정한 연결 관계의 관리가 무엇인지를 우리에게 보여주었다. 텐센트의 이야기는 우리에게 많은 점을 시사한다.

CHAPTER 10

연결을 창출하는 법

나무가 아닌 숲을 보고, 산이 아닌 산맥의 흐름을 보아라

제품, 품질, 하이퍼타기팅hypertargeting (기업이 사용자를 나이, 성별 등 특정 기준으로 구분하고 그에 따라 구체적인 광고를 내보내는 일 – 옮긴이), 개인화 personalization는 오늘날 디지털 기업의 성공을 위한 처방전이라 할 수 있다. 그런데 어쩌면 이런 처방전 때문에 그리도 많은 기업들이 디지털 변환을 힘들어하고 진정한 위협이 무엇인지 잘못 진단해 성공의 기회를 놓치고 있는지도 모른다.

이런 처방전은 종종 기업이 고객 하나하나에게 집중하도록 만듦으로써 잘못된 길로 인도한다. 여러 고객을 하나의 대상으로 관리할 때 발생하는 연결 관계를 보지 못하게 만든다는 말이다. 때문에 기업들은 네트워크가 승리를 거두고 있는데도 여전히 허브앤드스포크 hub-and-spoke (모든 것이 중심 거점을 통해 움직이도록 하는 방법 – 옮긴이) 마케팅이 우세하다고 믿게 된다. 또 이런 처방은 더 좋고 더 다양한 디지털 콘텐츠가 고객들을 끌고 가는 바람에 전통적인 미디어가 위협

214

을 받는다고 생각하게 만든다. 고정비라는 주범이 엄연히 있는데도 말이다. 이 모든 것이 우리를 콘텐츠 함정으로 인도한다.

사용자 연결 관계는 여러 다른 형태로 모습을 드러낸다. 네트워크 효과(PC 전쟁과 안내 광고), 선호도 연결 관계(인쇄 – 디지털 사용 또는 브로드밴드 – 케이블 시청) 또는 고정비(대부분의 콘텐츠 비즈니스) 등의 모습으로 나타나는 것이다. 연결 관계를 알아내고 그 연결 관계를 최대한 잘 활용하면 당신은 성공을 거둘 수 있는 전제 조건을 마련하게 될 것이다.

마이크로소프트, 이베이, 우버, 에어비앤비, 십스테드, 텐센트까지 모두 다 마찬가지였다. 놀라운 점은 이들 중 상당수가 콘텐츠나 제품을 소유하지 않고도, 단순히 연결 관계를 지렛대로 활용함으로써 수십억 달러의 수익을 창출했다는 사실이다. 이런 연결 관계를 놓치면 대가를 치르게 된다. 애플이 지난 20년 동안 그랬고, 디지털 위협에 대응하던 많은 기업들이 그랬다.

연결 관계를 이해하면 첫 번째 도전에서 실패를 맛보았던 〈뉴욕타임스〉가 2011년 페이월로 성공할 수 있었던 이유를 알 수 있다. 또케이블 기업의 묶음판매가 본질적으로 사라지기 힘든 이유도 알 수 있으며, 그것이 기업뿐만 아니라 시청자에게도 혜택을 주는 이유를 알 수 있다. 연결 관계는 디지털이 출판업자와 케이블 기업에게 진정한 위협이 되지 않을 수도 있다는 점과 그 이유를 명확히 설명해준다. 그리고 텐센트 같은 신출내기 스타트업이 어떻게 10년 후 지구상에서 손에 꼽히는 가치 있는 기업으로 성장했는지를 알려준다.

하지만 사용자 연결 관계는 그냥 두면 되는 것이 아니다. 그것은 관리해야 하는 것이다. 거기에는 두 가지 이유가 있다.

첫째, 조직이 사용자가 아닌 제품에 중점을 두려 하는 함정에 빠지기 때문이다. 신문의 가치는 뉴스에 있다고 생각했다. 케이블의 가치는 채널에, PC의 가치는 기기 사용의 편리성에 있다고 생각했다. 하지만 진정한 가치는 안내 광고에, 케이블 파이프에, 그리고 상호운영성interoperability에 있었다.

둘째, 개인 사용자들을 그 사이의 연결 관계가 아닌 분석 단위로 보려 하는 함정에 빠지기 때문이다. 특히 이 두 번째 함정은 표면상 사용자 중심적인 혹은 사용자 중심을 표방하는 조직에서 발생하기 때문에 더욱 찾아내기가 힘들다.

고객들 한 명 한 명과의 관계에 초점을 맞추거나 그들을 위해 생산하는 콘텐츠에 주력한다면 당신은 결코 성공의 비밀을 풀지 못할 것이다. 성공은 콘텐츠를 만들어내는 데서만 오는 것이 아니다. 성공은 연결을 만들어내는 데서 온다.

PART 2

콘텐츠 함정 벗어나기 2

제품
연결 관계

CHAPTER 11

스포츠 마케팅과 연결 관리

60년간 스포츠 마케팅계를 장악한
맥코맥의 성공신화

때는 2000년 초였다. 스포츠 역사상 가장 큰 금액의 광고 계약을 맺은 타이거 우즈Tiger Woods가 50여 년 동안 깨지지 않던 최장 연승기록 도전을 향한 발걸음을 내딛고 있었다. 마이클 조던Michael Jordan은 NBA 역사에 중요한 획을 긋고 은퇴했다가 구단주이자 선수로서 농구 코트로 돌아왔다. 웨인 그레츠키Wayne Gretzky는 아이스하키 역사상 가장 뛰어난 업적을 남긴 선수로 명예의 전당에 헌액되었다. 아이스하키 리그는 전 구단에서 그의 등번호를 영구 결번시켰는데, 이런 영예를 안은 선수는 그가 처음이었다.

이러한 스포츠의 역사적인 순간들이 지나갔다. 그리고 얼마 후 〈스포츠 일러스트레이티드Sports Illustrated〉는 그해 '스포츠에서 가장 영향력이 큰 인물' 순위를 발표했다. 이때 1위 바로 아래 이름을 올린 사람은 뜻밖에도 마크 매코맥Mark McCormack이었다.

마크 매코맥은 스포츠 마케팅 관련자가 아니라면 사실상 아무도

220

모를 인물이다. 하지만 스포츠 마케팅업계에서는 거의 신적인 존재나 다름없다. 사실상 40년 전 스포츠 마케팅이라는 분야를 처음 만든 사람이 바로 마크 매코맥이다.

월리엄메리대학에 재학중이던 매코맥은 괜찮은 아마추어 골프 선수였다. 하지만 그는 골프 능력보다 자신을 보는 능력이 더 뛰어났다. 매코맥은 프로 골퍼로 성공할 자질이 없다는 사실을 깨달은 순간, 자신을 냉정하게 들여다보며 생각했다. "나는 프로선수로서 가능성이 없어. 내 스윙은 좋지 않아. 나는 그리 뛰어난 선수가 아니야." 그리고 결정을 내렸다. 매코맥은 로스쿨에 진학했다.

대학 시절 함께 골프를 치던 선수 중에는 웨이크포리스트대학교에 다니던 아널드 파머Arnold Palmer도 있었다. 그는 법조인의 길을 걷기 시작하면서도 아널드 파머를 유심히 지켜보았다. 그가 보기에 파머는 뛰어난 운동 실력에 인간성도 좋은 사람이었다. 매코맥은 파머 같은 선수라면 이미지를 중시하는 기업에서 광고 제안을 받을 수도 있기 때문에 시합 외적으로도 돈을 벌 수 있을 거라 생각했다. 그뿐만 아니라 파머라면 스포츠를 한 단계 업그레이드하는 역할도 할 수 있을 것 같았다. 이런 생각은 새로운 분야에 발을 들이게 만들었고, 결국 매코맥은 스포츠 마케팅 분야에 대변혁을 불러왔다.

1960년, 매코맥은 IMG International Management Group를 설립했다. 그리고 아널드 파머를 첫 고객으로 맞아들였다. 매코맥은 그때 파머에게 이런 말을 했다며 당시를 떠올렸다. "내가 두 가지는 확실하게 얘기하지. 첫째, 내가 모르는 게 있으면 자네에게 얘기하겠네. 둘째, 내가 모르는 게 있으면 그 일에 대해 아는 사람을 찾아주겠네." IMG와 계약을 맺고 2년이 지난 후, 5만 9,000달러였던 아널드 파머의 광고 수입은 50만 달러로 상승했다.

파머의 광고 계약은 액수도 컸지만 내용도 새로웠다. 예를 들어 하인즈 Heinz는 파머에게 1년에 500달러와 함께 무제한 케첩 구입권을 제공했다. 파머가 성공을 거두면서 2명의 새로운 고객이 매코맥을 찾았다. 잭 니클라우스 Jack Nicklaus와 게리 플레이어 Gary Player 였다. "한참 후에야 깨달았어요." 매코맥이 말했다. "내가 계약한 선수들이 모두 훌륭한 선수들이라는 것을요." 이후 10년간 파머, 니클라우스, 플레이어는 골프계를 주름잡았다.

매코맥은 사업 초기에 유례없는 성공을 거두었지만 자만하지 않고 마음을 다잡았다. 그는 당시를 회상하며 이렇게 말한다. "투어에 나서는 골프 선수가 250명인데 그중에 우리가 최고 선수 3명을 다 잡고 있었죠. 로또에 당첨된 거나 마찬가지였어요. 사업 초반부터 너무 큰 성공을 거두었던 겁니다. 하지만 우리가 얼마나 똑똑한지 자화자찬하면서 또다시 호박이 넝쿨째 굴러 떨어지기만 기다릴 순 없었죠. 그냥 앉아서 또 다른 '대박 3인방'이 제 발로 찾아오기만을 기다릴 수는 없었단 말입니다."

인재 관리 talent management는 대박이 터지기만을 기다려야 하는 위험 부담이 큰 사업이다. 대형 에이전시는 한 선수만이라도 성공하기를 바라며 수백 명의 젊은 인재들을 길러내는 일에 투자한다. 그러다가 누군가 성공을 거두고 스타의 자리에 올라도 위험 부담은 여전히 존재한다. 왜냐하면 그 스타에게 다른 에이전트들이 늑대처럼 달려들어 유혹의 손길을 내밀기 때문이다. 그러면 그는 처음에 함께했던 에이전시와 더 이상 함께할 필요를 느끼지 못한다. 한마디로 돈이 목소리를 높이는 세상이 되는 것이다. 그리고 의리는 남의 얘기가 되고 만다.

이렇게 버림받은 에이전시가 입는 손해는 얼마나 될까? 먼저 선수의 우승 상금이나 광고 수입에서 나오는 수수료를 받을 기회가 사라진다. 그다음은 에이전시의 명성이 타격을 입어 유능한 인재 계약이 어려워질 수 있다. 또한 스타를 발굴하고 마케팅하는 데 투자한 돈과 시간을 되찾을 수 없으므로 매몰비용 sunk cost 이 발생한다. 10년 넘게 해온 투자가 순식간에 물거품이 되는 경우도 종종 있다.

게다가 실상은 더 안 좋다. 수익은커녕 투자비용조차 건지지 못하는 경우가 수두룩하다. 열두 살짜리 운동선수가 스타가 될 확률은 로또에 당첨될 확률만큼이나 낮다. 따라서 한 명의 스타를 배출한다는 말은 그 선수와 오랜 관계를 맺으며 들인 투자비용뿐만 아니라 소속된 다른 선수 모두에게 들인 투자비용을 회수한다는 의미이기도 하다. 그래서 "한 명의 스타를 잃으면 기분이 나쁘지만 3명의 스타를 잃으면 곤경에 빠진다"는 말이 나오는 것이다.

여러 면에서 인재와 대리인의 관계는 다른 미디어 비즈니스보다 훨씬 더 취약하다. 음악이나 출판과 달리 스포츠 에이전시는 어떠한 지적재산권도 행사할 수 없다. 선수가 떠나면 수익을 만들어줄 재산이 그냥 사라지는 셈이다. 그래서 조직을 군이 대형화할 필요도 없다. 에이전트 각자가 단 한 명의 선수와 소중한 관계를 맺고 그걸 바탕으로 에이전시를 운영할 수 있다. 영화 〈제리 맥과이어 Jerry Maguire〉를 기억해보라.

이렇게 우울한 에이전시 비즈니스 환경 속에서 IMG는 모두의 예상을 뒤엎었다. IMG는 사업 초기에 이룬 성공에 만족하지 않았다. 오히려 테니스로 눈을 돌려 1968년에 호주의 로드 레이버Rod Laver 그리고 마거릿 코트Margaret Court 와 계약했다. 다음해에는 모터스포츠로 진출해 재키 스튜어트Jackie Stewart 를 영입했다. 이후 10년에 걸쳐 IMG는 육상, 야구, 미식축구로 스포츠 분야 내에서 확장을 거듭했을 뿐만 아니라 패션모델, 문학 작가, 클래식 음악가 등 스포츠 외의 분야까지 개척했다. 놀랍게도 IMG를 대리인으로 내세운 인재들은 하나같이 정상의 자리에 올랐다.

IMG의 이야기는 궁금증을 불러일으킨다. 관계의 취약성으로 유명한 스포츠 에이전시 사업을 하면서, IMG는 어떻게 그토록 오랫동안 견뎌낼 수 있었던 걸까?

IMG의 성공 요인을, 사람을 다루는 뛰어난 기술(매코맥의 직감이 뛰어나기로 소문이 나긴 했지만)이나 꼼꼼한 협상 능력, 기업가적 혁신에서 찾으려 하면 안 된다. 물론 이 모든 요소가 성공의 발판이 될 수는 있지만 그것이 성공을 지속시킬 수는 없다. 진정으로 IMG의 성공 신화를 이해할 수 있는 열쇠는 한 가지 사업 원칙에 있다. 그것은 제품들 사이의 연결 관계를 관리하는 것이다. 이 원칙은 IMG뿐만 아니라 오늘날 거의 모든 비즈니스에서도 중요하다. 그런데 이것은 수많은 사업가들이 주장하는 묶음 해제, 제품 중심, 핵심 역량이라는 원칙에 반하는 것이다.

제품들 사이의 연결 관계를 이해하려면 무엇이 성공적인 미디어 비즈니스를 만드는지 이해하고, 그 방법에 대해 나르세 생각해야 한다. 그러면 어떻게 신생 방송국이 기존 방송국을 넘어서는지 설명이 되고, 지난 10년 동안 애플이 보여준 놀라운 반전을 이해할 수 있다. 또한 할리우드와 실리콘밸리 사이에 벌어지는 불편한 전쟁에 고개를 끄덕이게 된다. 인쇄와 디지털을 결합하려는 신문사의 노력이 왜 종 종 무위로 돌아가는지, 기업들이 왜 무관해 보이는 사업 분야로 진출 해서 놀라울 정도의 성공을 거두는지에 대해서도 감을 잡을 수 있다.

그럼 이제 가장 힘들다고 하는 미디어 비즈니스, 음악에 대해 살 펴보기로 하자.

CHAPTER 12

불법 음원 다운로드와 콘서트
산업의 종말이 아니라
가치가 이동한 것일 뿐이다

디지털 기술이 음반 산업에 얼마나 큰 충격을 주었는지에 대해서는 모르는 사람이 없을 것이다. 인터넷의 등장은 개인도 누구나 온라인에서 콘텐츠 유통업자가 될 수 있는 가능성을 열어주었다. 파일 공유 기술은 1999년에 냅스터 Napster의 P2P 파일 공유 서비스로 시작해서 그누텔라 Gnutella, e동키 eDonkey, 프리넷 Freenet으로 이어졌다. 냅스터가 서비스를 시작하고 몇 달도 안 돼 음악 산업은 온라인 공유의 물결로 뒤덮였다. 2002년에는 단 한 주 동안 전 세계적으로 수십억 개의 파일이 사용자에 의해 올라오기도 했다.

CD 판매의 감소는 1990년대만 해도 한 해에 평균 3~5퍼센트 정도로 속도가 그리 빠르지 않았다. 하지만 2001년이 되자 댐이 무너지듯 5퍼센트 넘게 떨어졌고, 향후 몇 년 동안은 매년 두 자릿수씩 급락했다. 타워레코드Tower Record, HMV, 버진 메가스토어Virgin Megastores를 포함한 대형 음반사의 소매 체인점들은 매장 문을 닫거나 파산했다.

업계 전문가들은 이런 변화가 곳곳에 영향을 주다가 결국 음악 창작 자체에도 충격적인 영향을 끼칠 것으로 내다봤다. 음악 프로듀서와 예술가들의 수입이 감소할 것이고 결국 음악 콘텐츠 생산을 질적으로나 양적으로나 저하시킬 것이라고 예상했다. 그렇게 10년이 넘게 흐르자 '음악 산업의 죽음', '누가 음악 산업을 죽였나?' 같은 제목의 기사들이 여기저기서 터져 나왔다.

이런 끔찍한 예상 중에서 일부 기본적인 사실은 정확히 들어맞았다. 하지만 대부분 사실이 아니었다.

CD 판매가 감소한 건 사실이다. 무려 80퍼센트 이상 줄었다. 스튜디오의 수익도 감소했다. 급격하게 감소한 곳도 있었다. 하지만 그

그림 9 | 콘서트 입장권 가격의 성장세, 1980~2014 (지수 : 1980=100)

이 그래프는 크루거 Krueger 2012년 자료를 업데이트한 내용임. 1980년부터 2003년까지의 데이터는 크루거 2012에서 얻었고, 2003년부터 2014년까지의 데이터는 폴스타 Pollstar에서 얻은 자료로 작성했다.

동안 업계의 다른 부분에서 무언가 색다른 상황이 나타났다. CD 수요가 감소하는 만큼 라이브 콘서트의 입장권 가격이 상승하기 시작했으며 이에 따라 콘서트 수익이 증가한 것이다([그림 9] 참조). 1981년부터 1996년까지 입장권 가격 상승은 물가 상승보다 약간 높은 정도였다. 그런데 1990년대 말 파일 공유가 폭발적으로 늘어나자 콘서트 입장권 가격도 급상승했다. 1996년과 2012년 사이에는 입장권 가격 상승률이 물가 상승률의 3배에 육박할 정도였다. 1981년에 13달러에 불과했던 유명 예술가의 행사 입장권 가격이 2014년에는 71달러로 올랐다.

해적행위로 인한 저작권 침해piracy가 극심한 CD 판매 감소를 초래하는 원인 중 하나라는 사실에 대해서는 어떻게 생각하는가? 놀랍게도 많은 예술가들은 이 사실에 개의치 않았다. 닐 영Neil Young은 "나하고는 아무 상관이 없어요. 왜냐하면 나는 인터넷이 새로운 라디오라고 생각하니까요"라고 했다.

이 의견에 동조하면서 불법 음원 다운로드가 좋은 것이라고까지하는 사람들도 있었다. 라디오헤드의 멤버 에드 오브라이언Ed O'Brien은 심지어 불법 다운로드를 포함한 저작권 침해가 음악 산업을 죽이고 있다는 사실 자체에 의문을 표하기도 했다. 그러면서 사무적인 말투로 "전 그 말을 믿지 않습니다"라고 했다. 레이디 가가Lady Gaga는 사람들이 자신의 노래를 불법 다운로드받아도 별 문제가 되지 않는다고 했다. 샤키라Shakira 역시 불법적인 파일 공유를 지지하며 "파일 공유는 어떤 면에서 음악의 민주화를 뜻하는 겁니다. 음악은 선물이에요. 선물은 그냥 주고받는 게 정상이잖아요"라고 했다.

이런 발언들을 보면 음악인들은 누구에게나 무료로 음악을 즐길 권리가 있다고 믿는구나 하는 생각이 들지도 모르겠다. 하지만 여기엔 수입의 비밀이 숨어 있다. 15달러짜리 CD 한 장을 팔면 가수는 겨우 1달러 정도만 가져가고 나머지는 음반사가 챙긴다. 하지만 입장료가 100달러인 콘서트를 하면 가수는 자기 몫으로 관객 한 명당 50달러 이상을 가져갈 수 있다. 애초에 음악인들은 평균적으로 수입의 70퍼센트를 콘서트에서, 10퍼센트를 CD에서 얻었다. 나머지 20퍼센트는 주로 퍼블리싱에서 얻었다. 자, 그렇다면 어떤 결론이 나올까? 파일 공유로 저작권 침해가 음악 산업을 뒤흔든 지 10년도 더 지난 시점에서 유명 음악인의 1년 수입은 1억 달러를 넘어섰다. 한 번 콘서트를 열 때마다 100만 달러 이상을 벌어들인다.

음악인들이 CD 판매가 감소해도 그다지 신경을 쓰지 않는 듯 보이는 이유는 처음부터 CD로 그리 많은 수입을 벌어들이지 못했기 때문이다. 진정한 수입원은 콘서트였고 이제 라이브 콘서트가 붐을 이루고 있다.

콘서트의 중요성을 알아본
데이비드 보위의 선견지명

최근 수십 년 동안 음악 산업은 완전히 달라졌다. 저작권 침해가 횡행하는 가운데서도 예술가들, 특히 일류 예술가의 수입은 실제로 증가했다. 그 이유를 이해하기 위해서는 여러 요인 중에서도 우선 콘서트 입장권 가격의 상승을 이끈 요인을 이해해야 한다.

앨런 크루거Alan Krueger라는 이름을 들어본 사람이라면 그가 음악과 무슨 관계가 있나 싶을지도 모르겠다. 그는 프린스턴대학의 신망받는 노동경제학자로 백악관 경제자문위원회 의장을 지내기도 했던 사람이다. 10년 전, 크루거는 음악 산업에 관심을 둔 적이 있다. 물론 "미국 경제를 뒤흔드는 요인들 중 많은 부분이 음악 산업과 비교하면 이해가 가능하다"는 그의 발언처럼 학술적인 이유 때문이었다.

20만 건이 넘는 음악회 관련 자료를 조사한 크루거는 1990년대 중반부터 콘서트 입장권 가격이 놀라운 인상률을 보였다는 사실을 알아냈다. 그래서 그 이유를 설명하고자 했다.

그의 설명 중 가장 고개가 끄덕여지는 부분은 1996년 이후로 몇 명의 콘서트 프로모터가 사업을 독점하다시피 하고 있다는 사실이었다. 그해 미국에서는 전자통신법Telecommunications Act 제정으로 라디오 방송사의 소유권에 대한 규제가 느슨해졌다. 클리어 채널 커뮤니케이션즈Clear Channel Communications가 이 틈을 타 콘서트 프로모터 사재기에 나섰다. 하지만 크루거는 이 설명을 스스로도 납득하기 어려웠다. 클리어 채널이 독점을 통해 전국적인 파워를 누리긴 했지만 그렇다고 콘서트 입장권의 가격을 조절할 권한은 없었기 때문이다. 게다가 대부분의 콘서트 기획은 거의 도시를 중심으로 이루어지고 있었다.

크루거는 좀더 깊이 연구해보기로 마음먹었다. 그는 1994년부터 2001년까지 특정 지역에서 콘서트 프로모터들이 얼마나 집중적으로 활동했는지, 그리고 그 지역에서 콘서트 입장권 가격이 얼마나 올

230

랐는지를 조사했다. 하지만 두 요인 사이에는 아무런 연관성도 없었다. 다음으로 그는 한 도시에서 클리어 채널이 차지한 라디오 방송사 비율과 그 지역의 콘서트 입장권 가격을 살펴보았다. 그러다가 미국과 달리 라디오 방송사 규제를 풀지 않았던 캐나다와 유럽에서도 콘서트 입장권 가격이 상승했음을 알았다. 크루거가 내린 결론은 무엇이었을까? "음악 산업은 지역의 독과점을 소유하는 데서 전국 대상 거대기업을 소유하는 쪽으로 옮겨가면서 경쟁이 줄어들었다. 하지만 아마도 도시들 내에서 벌어지는 경쟁은 증가했을 가능성이 있다"라는 것이 다였다.

경제학자라면 당연히 자신의 주장을 입증해야 한다. 크루거는 다른 이유를 찾아 나섰지만 모두 헛수고였다. 혹시 콘서트장 내에서 가장 비싼 자리만 가격이 오른 것은 아니었을까? 그렇지 않다. 비싼 자리는 물론이고 싼 자리도 입장권 가격이 올랐다. 입장료 상승이 일부 밴드에 한정된 것도 아니었다(유명 밴드의 콘서트 입장료가 유달리 천정부지로 치솟긴 했지만). 그렇다고 연예와 스포츠업계 전체가 모두 가격 상승 추세인 것도 아니었다. 영화, 스포츠 경기의 입장료도 오르긴 했지만 콘서트 입장료의 상승에 비하면 절반 수준에 불과했다.

그리고 콘서트 입장료의 상승은 비용 증가 때문도 아니었다. 시청각 장비 비용 같은 특정 주요 경비는 내려갔다. 또한 프로모터들이 돈을 많이 남겨먹으려 해서 콘서트 입장권 가격이 오른 것도 아니었다. 마지막으로 가수의 스타성도 아니었다. 록 백과사전에서 어떤 가수를 멋지고 장황하게 소개한다고 해서 그 가수의 콘서트 수입이 오르지 않는다는 것을 크루거는 증명했다. 그보다는 CD 판매 하락과 콘서트 횟수 증가에 관계없이 특급 가수들의 콘서트는 항상 가격이 더 높은 편이었다. 결국 크루거는 직접적인 원인을 찾지 못했다.

길고도 고된 분석을 끝낸 크루거가 내린 결론은 이랬다. "데이비드 보위David Bowie의 말이 맞구나."

2002년에 보위는 CD 판매 하락과 파일 공유 증가에 대해 "음악이 수돗물이나 전기처럼 되어가고 있다는 뜻"이라고 말한 적이 있다. 예술가의 입장에서 보위는 "가수라면 계속 공연 다닐 준비를 해두는 것이 좋을 거다. 왜냐하면 이제 남은 건 그것밖에 없으니까"라고 조언했다. 크루거는 보위의 예상이 그대로 맞아떨어졌다고 말할 수밖에 없었다.

보완재의 역전 현상이 만든 시너지

CD와 콘서트의 관계를 이해하기 위해서는 우선 보완재complements라는 비즈니스 전략의 중심 개념을 살펴봐야 한다. 보완재라는 용어는 사실 오래전에 탄생했지만, 최근에 애덤 브란덴버거Adam Brandenburger와 배리 네일버프Barry Nalebuff가 사용하면서 대중화되었다. 보완재란 이런 것이다. 사용자가 두 가지 제품을 함께 사용하는 데서 얻는 가치가 두 제품을 따로따로 사용할 때 얻는 각각의 가치를 더한 것보다 크면 두 제품은 보완재다.

달리 말하자면 2개의 보완재를 함께 팔면 고객은 두 제품을 따로따로 구입할 때보다 더 많은 돈을 지불하고도 구입할 것이라는 뜻이다. 케첩과 핫도그를 예로 들어보자. 케첩과 핫도그를 따로따로 먹는 것보다는 함께 먹을 때 더 맛있게 먹을 수 있지 않은가.

케첩과 핫도그처럼 보완재에서는 한 제품의 가치 또는 효용이 다른 제품의 가치와 효용에 영향을 받는다는 점을 생각해야 한다. 보완적 관계를 가격 효과price effects의 관점에서 설명할 수도 있다. 구체적으로 말해서 보완재 중 한 제품의 가격이 하락하면 나머지 제품의 수요가 증가한다는 말이다.

이게 음악 산업과 무슨 연관이 있을까? 먼저 CD와 콘서트가 보완재라는 점에 주목해야 한다. 둘 중 하나의 가격이 하락할수록(따라서 소비량이 늘어난다) 나머지 제품의 수요는 더욱 증가한다. 오랫동안 콘서트는 값싼 보완재 역할을 하며 CD 판매를 밀어올렸다. 하지만 파일 공유가 늘어나고 CD 가격이 떨어지자 음악을 즐기는 사람들이 많아졌고, 그러다가 그들이 라이브 콘서트로 향하게 된 것이다.

인터넷이 활성화되기 이전에 콘서트란 CD 판매를 효율적으로 광고하기 위한 도구였다. 그러나 파일 공유가 폭발적으로 늘어난 후에는 그 관계가 뒤바뀌었다. CD가 라이브 콘서트의 이상적인 보완재이자 광고 도구가 된 것이다.

콘서트 프로모터들은 이런 역전 현상에 대해 굳이 기쁜 마음을 숨기지 않는다. 세계 최대의 라이브 음악 이벤트 기획사 중 하나인 AEG 라이브AEG Live의 임원은 이렇게 말했다. "음반업계가 해적행위 때문에 타격을 입으면서 마이스페이스myspace나 유튜브YouTube 같이 인터넷 어디에서나 밴드들이 연주하는 모습을 볼 수 있게 됐습니다. 솔직히 말씀드리면, 우리야 그 혜택을 받은 사람들이죠."

가치의 이동과 재분배에 의한 산업의 변화

CD의 보완재는 콘서트뿐만이 아니었다. 다른 것들도 많다. 다른 보완재들이 어디 있는지 살펴보려면 다시 보완재에 대한 설명으로 돌아가야 한다. CD 가격의 하락으로 혜택을 얻을 수 있는 음악 관련 제품이나 서비스 또는 주변 기기는 뭐가 있을까? 먼저 CD 버너와 공CD, CD 플레이어가 있었다. 그 이후에는 MP3 플레이어가 최대 보완재가 되었다. 그다음은 브로드밴드다. 파일 공유 수요가 증가하면서 초고속 인터넷의 수요도 증가했다. 그와 더불어 음반사의 콘텐츠 판매는 줄고 인터넷 서비스 공급업체와 전송망 사업자의 이익은 급증했다.

음악 산업이 겪는 어려움이 무엇인지 관계자에게 물어보면 아마도 이런 대답을 듣게 될 것이다. "젊은 사람들이 더 이상 돈을 내고 제품을 사용하려 하지 않아요." 수많은 디지털 비즈니스가 수익을 내지 못하는 이유에 대해 다들 이렇게 한탄한다. 흔히 듣는 불평이다. 하지만 이 말은 옳지 않다.

만약 당신이 음반사 임원이고, 당신의 비즈니스가 CD 판매 수량에 좌지우지된다고 생각한다면 젊은이들을 나무라도 상관없다. 하지만 당신의 사업이 음악 그리고 그와 관련된 모든 보완재 (MP3 플레이어, 콘서트, 브로드밴드 등)에 달려 있다고 생각한다면 당신은 젊은 사람들이 그 어느 때보다 더 많은 돈을 내고 있다는 사실을 깨닫게 될 것이다.

다음 페이지에 나오는 그림은 지난 20년 동안 두 가지 음악 관련 보완재인 콘서트와 아이팟 iPod의 판매 성장을 나타낸 차트다. 놀랍게도 CD 판매가 감소하자 그 감소분보다 더 많이 보완재 판매가 증가했음을 알 수 있다.

그림 10 | 음악 관련 보완재의 판매 추이, 1990~2014

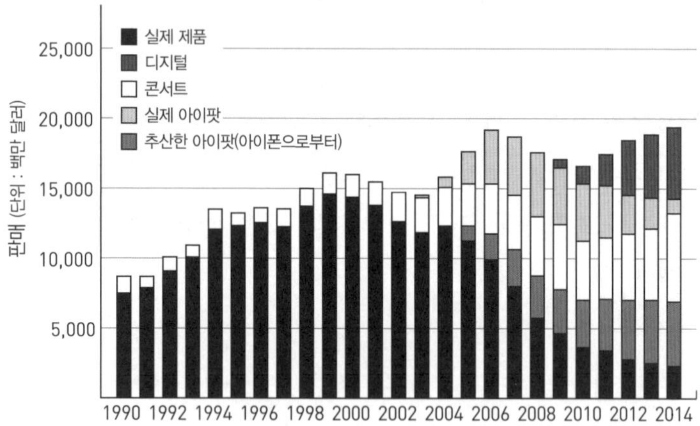

오베르홀저-기 Oberholzer-Gee 와 스트럼프 Strumpf, 2010 자료 참조

　음악 산업의 사망 선고는 너무 일렀다. 죽기는커녕 오히려 지난 10년간 음악 산업은 수십억 달러의 가치를 창출해냈다. 단지 가치의 재분배가 일어났을 뿐이다. 음반사에서 음악가로, 소매 판매점에서 기술 제조사로, CD에서 라이브 콘서트로 가치가 옮겨갔다. 녹화된 음악에 있던 가치가 음악의 보완재로 이동한 것이다.

CHAPTER 13

게임 체인저 애플

소유권의 장벽을 허물고 난 뒤
오히려 애플이 얻은 것들

미치도록 뛰어난 제품에 대한 불편한 진실

지난 10년간 애플은 기업 역사상 가장 큰 반전을 이루며 기쁨을 만끽했다. 2002년만 해도 주가 1달러, 빈약한 수익, 개인용 PC 시장점유율 3퍼센트라는 비참한 성적으로 사면초가에 몰려 있던 애플이 2011년이 되자 세계에서 가장 가치 있는 기업으로 성장했다. 많은 사람들이 애플의 반전을 이야기하며 언급했듯이, 주기적으로 우수한(스티브 잡스의 말에 따르면 '미치도록 뛰어난insanely great') 제품을 생산해내는 가히 신기에 가까운 애플의 능력 덕분이었다. 하지만 사람들이 놓친 부분도 있다. 지옥에서 천국행 다리를 놓아준 그것, 바로 보완재의 역할에 대해서다.

아무나 붙잡고 애플의 성공 요인에 대해 물어보라. 십중팔구 '혁신, 품질, 사용 편의성, 디자인' 같은 대답이 돌아온다. 그 대답을 듣

236

는 사람 또한 너무나도 자명해 보이는 사실에 달리 반박할 말이 없다. 하지만 그것만으로는 애플의 성공을 설명하기에 충분하지 않다. [표 7]은 애플의 세대별 제품이 시장에서 성공한 정도를 보여주는 것이다. 그 안에 숨겨진 불편한 진실을 깨달아야 진정한 애플의 성공 요인을 알 수 있다.

표 7 | 애플 : 제품 포트폴리오와 시장점유율

제품	품질	제품 특징	출시 5년 후 애플의 시장 점유율
맥 (1984)	미치도록 뛰어남	디자인, 멋짐, 브랜드, 플러그 앤드 플레이, 혁신적, 사용 쉬움	10퍼센트 미만
아이팟 (2001)	미치도록 뛰어남	디자인, 멋짐, 브랜드, 플러그 앤드 플레이, 혁신적, 사용 쉬움	70퍼센트 이상
아이폰 (2007)	미치도록 뛰어남	디자인, 멋짐, 브랜드, 플러그 앤드 플레이, 혁신적, 사용 쉬움	약 30퍼센트
아이패드 (2010)	미치도록 뛰어남	디자인, 멋짐, 브랜드, 플러그 앤드 플레이, 혁신적, 사용 쉬움	약 30퍼센트

애플은 1976년 설립 이후 계속해서 거의 '미치도록 뛰어난' 제품을 만들어왔다. 하지만 첫 20년 동안의 사업 성적은 최근과 비교해 전혀 뛰어나다고 할 수 없다.

· '미치도록 뛰어난' 제품은 기업의 성공을 보장하지 못한다. 사업 초기에 애플은 그런 제품을 만들면 성공할 수 있을 거라 생각했다. 그래서 다른 무엇보다 그 점에 집중하는 실수를 저질렀다. 다른 많은 미디어 기업들도 그와 같은 실수를 저지른다. 뛰어난 콘텐츠를 생산하기만 하면 다른 일들은 저절로 풀릴 것이라고 확신하기 때문이다.

이런 실수가 콘텐츠 함정이다.

애플의 역사가 전해주는 진정한 교훈은 이것이다. 제품의 품질은 디자인, 조직 구조, 비전 같은 요인에 의해 바로 결정되지만, 기업의 성운은 대체로 그 제품의 보완재를 얼마나 훌륭하게 관리하느냐에 달려 있다. 이 교훈의 의미를 명확히 이해하기 위해 1984년으로 돌아가 보자.

뛰어나지 않은 제품, 하지만 뛰어난 보완재

매킨토시는 당시 업계에서 생산한 그 어떤 개인용 컴퓨터보다 우수하다는 평을 얻었다. 마이크로소프트보다 7년이나 앞선 시기에 이미 놀라울 정도로 간단한 그래픽 사용자 인터페이스를 자랑했다. 매킨토시의 '플러그 앤드 플레이plug and play', 즉 컴퓨터 주변 기기를 설치할 때 복잡한 설치 과정 없이 코드만 꽂아서 바로 사용할 수 있게 만든 기능은 컴맹 수준의 사용자도 편안함을 느낄 정도였다. 디자인은 애플만의 고유한 특성을 드러내며 전문가 수준의 사용자에게도 어울렸다. 그럼에도, 놀랍게도, 매킨토시의 시장점유율은 15퍼센트를 넘어선 적이 없다. 왜일까?

애플의 시장점유율이 그렇게 낮았던 이유 중 하나는, 앞에서 보았듯이, 네트워크 효과를 두고 마이크로소프트와 벌인 전쟁에서 패했기 때문이다. 하지만 그 패배를 불러온 또 다른 중요한 이유는 보완재를 둘러싼 애플의 전략 때문이었다. 애플은 '닫힌' 전략을 사용했다. 소프트웨어가 없는 하드웨어는 무용지물이다. 소프트웨어와 하드웨어를 별개의 수익원으로 여길 경우에는 가격이 아무리 낮아져도 보완재 판매를 자극할 수 없게 된다. 애플은 제3의 개발자가 자사 제품과 함께 사용할 애플리케이션을 개발하지 못하도록 막아버림으로써 성공으로 향하는 길을 막았다. 1985년에 맥Mac에서 사용 가능한 소프트웨어는 PC에서 사용 가능한 소프트웨어에 비해 그 수가 극히 적었다. 그리고 이런 상황은 시간이 지나면서 더욱 악화되었다. 말 그대로 '게임 오버'나 다름없어 보였다.

2002년에 출시한 아이팟은 완전히 패배한 듯했던 애플에게 다시 시작할 수 있는 기회를 선사했다. 그뿐 아니다. 결과론적인 이야기지만, 행운의 여신을 부활시키는 신호탄 역할을 했다. 아이팟은 MP3 시장에서 85퍼센트 이상의 점유율을 차지할 정도로 급성장했다. 아이팟의 성공에 대해서도, 사람들은 애플이 혁신과 비전으로 무장해서 MP3 플레이어 시장에 진입했고 디지털 청취에 대한 관심이 높아지는 추세를 계획적으로 잘 활용했다고 얘기한다. 하지만 그런 제품을 시장에 내놓은 기업은 애플이 처음이 아니었다. 그 전에 이미 RCA의 리라Lyra, 크리에이티브 랩Creative Labs의 노마드Nomad, 다이아몬드 멀티미디어Diamond Multimedia의 리오 XRio X를 포함해 여러 제품이 시장에 출시되었다. 몇몇 제품은 기술면에서 심지어 아이팟보다 더 정교하기도 했다.

6개월 먼저 진출할 경우 기선 제압이 가능한 시장에서 후발 주자로 나선 제품이 어떻게 라이벌 제품들을 압도할 수 있었을까? 아이팟의 초기 성공은 소프트웨어 보완재인 아이튠즈iTunes의 이용 가능성에서 그 원인을 찾을 수 있다. 다른 종류의 MP3 플레이어를 사면 음원을 다운받기 위해 종종 이름도 들어본 적 없는 별도의 사이트를 찾아야만 했다. 하지만 아이팟은 그 과정이 간단했다. 아이튠즈 스토어에 가면 바로 20만 곡을 훑어볼 수 있고, 클릭 한 번으로 자신의 기기에 음원을 옮겨 담을 수 있었다.

사업 초반 맥에서 겪었던 뼈아픈 실패, 하드웨어에는 소프트웨어가 필요하다는 사실을 스티브 잡스가 배운 것이 분명하다. 그는 몇 달 동안 음반사와 협의를 거듭했다. 그리고 아이팟 출시 날짜에 맞춰 음원 도서관을 준비해 그 가치를 분명히 세우려 했다. 합법적으로 음원 한 곡을 다운받는 데 99센트라는 가격 또한 적절했다. 게다가 시스템도 개방되어 있었다. 아이튠즈 소프트웨어를 PC에도 설치할 수 있게 함으로써 아이팟을 초대형 컴퓨터 플랫폼과 호환할 수 있게 만들었다.

지난 10년간 시장의 판도를 뒤바꿔놓은 중요한 게임 체인저game changer는 애플의 뛰어난 제품 개발 능력만이 아니었다. 보완재를 이용하는 애플의 능력이 진정한 게임 체인저였던 것이다.

보완재의 적절한 가격 책정

아이튠즈는 아이팟의 도움이 없었더라도 놀라운 성공을 거두었을 것이다. 2002년에서 2013년 사이에 아이튠즈 플랫폼을 통해 다운받은 음원이 100억 곡이 넘었다. 그러니 벌어들인 수익도 상당했으리

240

라 예상된다.

그런데 사실 당시 애플은 아이튠즈에서 거의 이익을 보지 못하고 있었다. 그렇다. 100억 달러의 수익을 벌어들였는데 이윤은 0에 가까웠다. 음원 한 곡에 99센트를 받으면 그중에서 약 70센트는 녹음실로, 나머지 20센트는 신용카드 수수료로 나갔기 때문이다. 결국 애플은 10센트 정도를 손에 쥐는 셈이었다.

사업하는 사람 아무나 붙잡고 100억 달러의 수익을 벌어들이면 이윤을 얼마나 남길 수 있느냐고 물어보라. 모두가 스티브 잡스보다는 잘할 자신이 있다고 큰소리칠 것이다. 하지만 아이튠즈를, 그리고 애플에 있어 아이튠즈가 지닌 가치를 단순히 그런 관점에서 보아서는 안 된다. 이윤을 남기지 않는 아이튠즈의 선택은 치밀한 계획의 결과였다.

아이튠즈에 있는 음원들이 아이튠즈와는 관계없는 별도의 상품stand-alone product이라고 생각한다면 당신은 가능한 한 많은 요금을 내야 할 것이다. 그러나 그 음원들을 보완재라고 생각한다면 가능한 한 최소 요금을 내게 될 것이다. 왜냐하면 돈은 아이튠즈가 아닌 아이팟으로 벌어들일 것이기 때문이다. 판매가 250달러짜리 아이팟은 생산 비용이 130달러 정도에 불과하니 꽤 많은 이윤이 남는 장사였다. 다른 말로 하자면, 음원 가격을 최대한 낮추는 전략은 소비자에게 이익을 돌려주기 위함이 아니었다. 다른 곳에서 훨씬 더 많은 이윤을 남기기 위한 전략이었다.

잡스는 보완재의 가격 책정에 있어서 흠 잡을 데 없는 솜씨를 보여주었다. 하나의 제품(아이튠즈)을 사용하기 쉽게, 싸게, 널리 사용할 수 있도록 만들어서 그 제품의 보완재(아이팟)에 대한 수요가 폭발하도록 만들었던 것이다. 라이벌 기업들이 만든 MP3 플레이어도 혁신적인 하드웨어임에는 틀림없었다. 하지만 그들은 애플과 달리 소프트웨어라는 기회를 놓치고 말았다.

보완재는 값이 싸면 좋고 공짜면 더 좋다

아이팟 관련 이야기에는 반전이 숨어 있다. 2007년 스티브 잡스는 대형 녹음실에 디지털 저작권 관리digital rights management, 즉 불법 복제나 변조 같은 디지털 콘텐츠의 무단 사용을 막는 서비스나 기술인 DRM을 폐지하라고 종용했다. 사용자가 다운로드한 파일을 누구와도 공유할 수 있도록 허락하자는 의도였다. 오랫동안 음악 산업은 애플을, 합법적인 디지털 판매를 보호해주는 구세주로 여기고 있었다. 그런데 갑자기 잡스가 인터넷에 '음악에 대한 견해'라는 제목의 글을 올려 "DRM에서 자유로워져야 사용자 친화적이 되고 경쟁을 장려할 수 있으며, 프로그램의 진정한 상호 정보 교환이 가능한 음악 시장"이 될 거라 주장한 것이다.

많은 이들이 그 글에 담긴 속뜻을 분석하느라 분주했다. 그동안 애플은 음반사와 협상하면서 소비자를 위한 합법적인 다운로드 서비스 환경을 만들겠다는 단호한 태도를 보여왔다. 그랬던 애플이 왜 이제 와서 갑자기 태도를 바꾼 것일까? 애플은 아이튠즈의 음원 판매로 손해를 입을 수도 있는데, 왜 사용자들이 아무 사이트에서나 다운로드받는 행위를 허락하자는 걸까?

우선 몇 가지 수치, 잡스가 자신의 글에 직접 명시했던 숫자를 보자. "2002년에서 2006년 사이에 소비자들은 총 9,000만 대의 아이팟을 구입했고, 아이튠즈 스토어에서 20억 곡의 음원을 다운받았다. 평균적으로 아이팟 한 대당 아이튠즈에서 22곡의 음원을 다운받은 셈이다."

아이팟 한 대당 22곡이라니! 놀라울 따름이다. 2010년까지도 그 숫자는 크게 증가하지 않았다. 대략 3억 대의 아이팟이 팔렸고 약 100억 곡의 음원이 아이튠즈에서 판매되었다. 아이팟 한 대당 약 33곡인 셈이었다. 아이팟의 저장용량은 잡스가 글을 남길 당시 1,000곡 정도였다가 5년 후에는 1만 곡으로 급증했는데, 이에 비해 다운받는 음원의 평균 개수는 별로 늘지 않았다는 말이다.

잡스가 이렇게 누구나 숫자를 다 볼 수 있도록 적어놓았는데도 전문가들은 행간의 뜻을 이해하지 못했다. 아이팟은 애초부터 아이튠즈에서 쉽게 음원을 다운받을 수 있도록 만드는 일에는 관심이 없었다. 아이팟의 주요 관심사는 어디에서나 쉽게 음원을 다운받을 수 있도록 만드는 것이었다. 아이튠즈는 아이팟이라는 하드웨어의 훌륭한 보완재였지만, 단지 그것뿐이었다. 게다가 값싼(음원 한 곡에 99센트) 보완재보다 훨씬 더 나은 것이 있었다. 바로 공짜 음원이었다.

한 업계 전문가는 말했다. "아무데서나 무엇이든 플레이할 수 있게 된다면 소비자 전자기기 기업은 확실히 승기를 잡을 수 있겠지만 콘텐츠 기업은 재앙을 맞이할 가능성이 있다." 누군가는 이렇게 말했다. "여러 면에서 볼 때, 애플이 아이튠즈에 활용한 사업 모델은 파괴에 목마른 온라인 해적들의 행위와 거의 다름없다."

애플은 뛰어난 하드웨어를 대량 생산하던 기업에서 (음악) 콘텐츠와 소프트웨어를 적극적으로 활성화시키는 기업으로 방향을 틀었다. 애플은 모든 자사 제품 가격을 높게 책정하던 기업에서 자사 보완재의 가격을 낮게 책정하는 행위를 두려워하지 않는 기업으로 바뀌었다. 애플은 소유권이라는 장벽을 세우던 기업에서 언제 그 장벽을 허물어야 할지를 아는 기업으로 바뀌었다.

CHAPTER 14

보완재의 4가지 교훈

디지털 거인들의 전쟁에서 깨달은 보완재의 경제학

교훈 1 _ 비전을 좁히지 말고 넓혀라

콘서트와 아이팟 관련 이야기는 음악 산업에서 보완재가 얼마나 극적인 역할을 할 수 있는지를 보여준다. 반대로 보완재를 무시하면 심각한 위험에 처할 수 있다는 점도 보여준다. 그런데도 많은 기업의 관리자들은 왜 보완재를 간과하는 것일까? 콘서트와 CD, 음원과 MP3 플레이어처럼 자사의 핵심 제품과 매우 밀접한 관계가 있는 분야에서 벌어지는 일을 보면서도 왜 기회를 잡지 못하는 것일까? 녹음실이 성장하는 콘서트 비즈니스에 대한 권리 주장의 기회를 날려버린 이유는 무엇일까? 또는 선발주자로서 먼저 유리한 고지를 차지했던 MP3 플레이어 제조업체가 어떻게 승리의 문턱에서 발목을 잡히게 된 걸까?

　가장 큰 이유를 대자면, 오랫동안 우리가 그들에게 그런 기회를 무시하라고 얘기해왔기 때문이다.

지난 수십 년간 경영 세계에서는 '집중'과 '핵심 역량'을 찬양했다. 그러고는 기업 관리자들에게 "당신이 가장 잘하는 일을 하라"고, "새로운 분야로의 진출은 피하라"고, "더 나은 핵심 제품을 만들어서 높은 가격을 책정하라"고 충고했다. 그 어디에도 보완재가 들어설 자리는 없었다. 이런 조언은 자신의 사업 분야에서 시장점유율을 최대한으로 끌어올리는 데는 매우 적절한 처방이 된다. 하지만 업계 전체가 위협에 처한 시점에서는 이런 처방이 사업을 바라보는 시야를 좁히고 그 경계를 제한적으로 규정하는 원인이 된다.

　　어떤 보완재들은 눈에 확 들어온다. 핫도그와 케첩, 프린터와 카트리지, 면도기와 면도날, 오른쪽 신발과 왼쪽 신발은 보는 순간 서로가 보완재인지 알 수 있다는 말이다. 그런데 그렇지 않은 경우도 많다.

　　타이어 제조업체가 레스토랑 가이드를 제공하더니 이 책자가 유명세를 타면서 결국에는 세계적인 레스토랑 평가의 기준으로 자리잡았다. 타이어 제조 기술을 음식 평가에 적용했다는 게 아니다. 맛있는 음식을 알게 된 고객들이 먼 곳에 있는 음식점이라 해도 차를 타고 달려가도록 자극한다는 데 그 의미가 있다.

　　미국과 영국의 일부 극장들은 가격을 올리면서도 더 많은 관람객을 불러들이고 있다. 그렇다고 더 좋은 영화나 더 편안한 좌석 또는 더 싼 팝콘을 제공하는 것도 아닌데 말이다. 그럼 무엇 때문인가? 바로 옆 공간에서 어린아이들을 돌봐주는 서비스를 제공하기 때문이다.

　　유럽의 전자상거래에서도, 더 나은 거래 조건이나 판촉행사 또는 신제품을 제공하지 않으면서도 매출을 늘리는 업자들이 있다. 어떻게? 택배물건 찾아가기 센터를 세워서 고객들이 퇴근길에 자기가 주문한 물건을 찾아갈 수 있도록 한 것이다. 고객 입장에서는 부재중에 집에 배달된 물건이 분실될 일이 없으니 좋아할 수밖에 없다.

보완재는 종종 혁신적인 제품의 성공과 실패를 가름하는 역할도 한다. 아마존의 킨들은 간편한 휴대, 우아함, 가벼운 무게, 괜찮은 배터리 수명, 다양한 전자책 선택권, 상당한 저장용량, 쾌적한 독서 환경 제공 등의 모든 기능을 399달러에 제공한다는 점에서 전자책 시장에 혁신을 일으켰다고 생각하는 이들이 상당히 많다. 하지만 그보다 한 해 먼저 나온 소니Sony의 리브리에LIBRIe 역시 이 모든 기능을 갖추었으며 심지어 판매 가격은 더 낮았다. 그럼에도 주목을 받지 못했다.

킨들이 성공을 거둘 수 있었던 이유는 전자독서e-reading의 기능을 한 단계 더 끌어올렸기 때문이 아니다. 그보다는 전자구매e-purchasing, 즉 무선 접속을 용이하게 한 보완재 덕분이라 할 수 있다. 킨들 이전의 기기들은 전자책을 다운받으려면 먼저 케이블을 사용해 컴퓨터와 연결하고 그 컴퓨터에서 책을 구입해 파일을 전송해야만 했다. 그러나 아마존은 사용자가 무선 데이터 서비스인 위스퍼넷Whispernet을 이용해 별도의 접속료나 무선인터넷 공유기 없이도 언제 어디서나 단 한 번의 클릭으로 전자책을 킨들에 다운받을 수 있도록 했다. 킨들 발표회장에서 아마존의 CEO 제프 베저스가 "이건 기기가 아닙니다. 서비스입니다"라고 강조했던 이유가 바로 그 때문이다.

2009년 인도의 다국적 자동차 기업인 타타자동차Tata Motors는 나노Nano를 출시하면서 2,500달러에 판매했다. 이는 세계에서 가장 싸다고 하는 다른 어떤 자동차와 비교해도 반값에 불과한 가격이다. 업계의 유력 전문지를 비롯해 여기저기서 나노의 낮은 가격은 물론 디자인, 뛰어난 내구성에 대한 찬사가 쏟아졌다.

하지만 나노는 주저앉고 말았다. 출시 후 1년 동안 월평균 판매대수가 500대에 불과해 기대의 100분의 1에도 미치지 못했다. 안전 문제, 낮은 브랜드 이미지, 제조 결함도 저조한 판매 실적에 한몫했다. 하지만 더 큰 문제는 보완재의 결여였다. 딜러 연결망은 허술했고 융자 및 보증 프로그램이 제한적이었으며, 시운전을 하기도 불편했다. 그리고 나노를 구입할 가능성이 높은 2륜 또는 3륜차 소유주들에게 보상 판매 시스템도 거의 적용되지 않았다. 타타자동차는 굉장한 제품을 만드는 데만 집중하느라 보완재를 만드는 일에 소홀했던 것이다.

제품이나 사업의 경계를 너무 좁은 범위로 한정짓지 않는 것이 좋다. 이를 위해서는 고객들이 제품을 구입했을 때 제품의 어떤 점이 마음에 드는지만 물어보지 말고 어떤 보완재가 있으면 유용할 것 같은지도 물어보라([그림 11]) 참조). 성장과 혁신은 더 나은 콘텐츠 제공이 아니라 더 좋고 더 싼 보완재에서 올 때가 종종 있다. 제품 간 연결 관계에서 성장과 혁신이 생겨난다는 말이다.

그림 11 | 콘텐츠 대 보완재

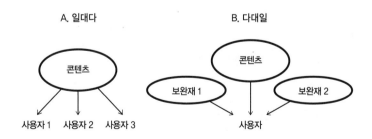

보완재와 스마트폰 전쟁

애플은 2007년에 첫 스마트폰을 출시했다. 여느 애플 제품들과 마찬가지로 이 스마트폰 역시 디자인, 혁신성, 사용 용이성 그리고 품질 면에서 박수갈채를 받았다. 애플 스마트폰 기본형의 가격은 499달러로 당시 괜찮다고 하는 휴대전화에 비해 5배 정도, 가장 잘나가던 리서치인모션Research In Motion의 블랙베리BlackBerry 보다도 2배 정도 비쌌다. 하지만 판매 실적은 엄청나서 출시 후 첫 두 분기 만에 1억 1,500만 달러의 수익을 벌어들였다.

그런데 사람들에게 고품질의 휴대전화란 이런 것이라는 인식을 심어주는 데 성공할 무렵, 애플은 갑자기 180도 확 달라진 전략을 내놓았다. 2008년 7월, 50퍼센트 이상의 가격인하를 단행한 것이다. 자사 아이폰iPhone이 타사 제품보다 품질 면에서 뒤진다고 생각해 양심적으로 가격을 내린 것이 아니었다. 그보다는 자사 제품을 더 좋게 만들어주는 것이 무엇인지 알았기 때문이다.

출시 당시, 아이폰은 몇 가지 특징을 지닌 휴대전화일 뿐이었다. 지도, 증권 시세, 날씨, 아이팟 계산기, 메일, 카메라 등을 포함해서 아홉 가지 기능을 모두 갖추고 있었다. 하지만 이런 앱들은 아이폰에만 있는 것이 아니었다. 블랙베리와 노키아Nokia의 휴대전화도 이런 기능을 일부 갖추고 있었다. 하지만 애플 제품은 손가락으로 스크린을 터치하는 동작만으로 앱들의 실행이 가능했기에 사용이 매우 편하고 쉬웠다. 애플이 하드웨어에서의 혁신을 다시 한 번 성공으로 이어가는 듯했다.

그런데 아이폰 출시 후 1년 남짓 돼서 발표된 소비자 연구조사 결과가 사뭇 색다르고 흥미로웠다. 스마트폰 총 사용 시간 중 스마트폰의 기본 기능, 즉 통화하는 데 사용하는 시간이 차지하는 비중을 알아보는 연구였다. 그 수치가 다른 스마트폰 사용자들은 70퍼센트를 넘어서는 반면에 아이폰 사용자들은 50퍼센트에도 미치지 않았던 것이다. 그러니까 아이폰 사용자들은 스마트폰 하드웨어의 보완재인 9개의 앱을 사용하는 데, 총 사용 시간의 55퍼센트 이상을 할애하고 있었다는 말이다.

이러한 결과는 통화 서비스나 제품 디자인 자체가 아이폰에 대한 흥미를 불러일으킨 것이 아니었다는 의미다. 사람들은 앱에 관심을 보였다. 499달러라는 높은 가격과 앱 개발에 있어 폐쇄적인 플랫폼 환경 때문에, 애플 제품은 20년 전에 그랬듯이 이번에도 스티브 잡스에게 불행한 종말을 불러올 수도 있었다.

그래서 애플은 2008년 7월, 응용 소프트웨어 거래장터인 '앱스토어App Store'를 만들어내면서 동시에 아이폰의 가격을 내렸다. 기기의 주요 보완재 생산을 모두에게 개방한 것이다. 그리고 앱스토어에 애플리케이션을 등록한 개발자에게는 판매수익 1달러당 70센트를 지급했다. 이런 행태는 애플의 초기 스마트폰 전략과 상반되는 움직임이었고, 개인용 PC인 맥을 내놓았을 때에는 상상조차 할 수 없었던 일이었다. 앱스토어가 서비스를 시작한 지 3일 만에 앱을 다운받은 횟수는 1,000만 번을 넘어섰다. 또 만 2년이 지날 즈음에는 5만 명이 넘는 독립 개발자들이 만들어낸 아이폰 앱이 약 10만 개에 달했다.

보완재를 잘 살리면 얼마나 큰 효과를 발휘하는지, 반대로 보완재를 무시하면 얼마나 중대한 위험에 처하는지를 가장 잘 보여주는 사례가 바로 최근 블랙베리와 안드로이드가 처한 대조적 운명이다. 애플이 아이폰을 내놓을 무렵에 블랙베리는 50퍼센트의 시장점유율을 차지하고 있었다. 구글이 처음으로 안드로이드를 시장에 내놓은 시기는 2009년으로 아이폰보다 거의 2년, 블랙베리보다는 10년이나 늦은 시기였다.

　구글은 상대방이 써먹었던 작전을 그대로 사용해 적을 무찌른다는 계획을 세웠다. 하드웨어 제조업자들의 경쟁을 부추기고 (따라서 자사 전화기의 가격을 낮추고) 개발자 누구나 제약과 관리를 받지 않고 자사 플랫폼을 위한 앱을 만들어낼 수 있도록 했다. 반대로 블랙베리는 폐쇄적인 플랫폼을 고수했다. 2013년 6월의 시장점유율을 보니, 블랙베리는 1퍼센트에도 미치지 못한 반면에 안드로이드는 75퍼센트를 넘어섰다.

교훈 2 _ 낮은 가격을 책정하되
어느 제품에 어떻게 적용할지 알아라

보완재를 이용하기 위해서는 먼저 어떤 것이 보완재가 될 것인지를 면밀히 파악해야 한다. 그런 후 공급을 늘려야 위기를 피할 수 있다. 그뿐만 아니라 보완재의 가격을 적절하게 책정해야 한다. 그런데 '적절하게'란 대체 얼마를 말하는 걸까?

　아이팟과 아이튠즈에 대한 애플의 가격 책정은 보완재 가격 책정을 위한 이론 중에서 가장 유명한 '면도기-면도날 모델razor-razor blades model'을 위반했다고도 할 수 있다. 가격을 책정할 때는 "내구성이 높은 제품은 가격을 싸게 책정하고 수익은 소모품에서 올린다"는 것이 일반적인 생각이었다. 질레트Gillette를 비롯해 여러 면도기 제조사들이 이 방식으로 수십 년 동안 효과를 보았다. 프린터와 카트리지, 비디오게임과 콘솔 같은 제품들도 이 모델 덕을 톡톡히 보았다.

애플은 이미 여러 제품에서 효과가 입증된 이 방식을 왜 뒤집었던 것일까? 애플의 결정은 수익을 나눌 때 테이블 반대편에 앉게 되는 협상 상대가 누구인지와 관계가 있었다. 소비자가 다운받는 모든 음원에 대해 예술가의 권리를 소유하고 있는 녹음실은 단 한 군데였다. 따라서 음원 가격을 협상할 때 애플은 을의 입장이었고, 마주앉은 독점 기업은 힘 있는 갑의 입장이었다. 하지만 아이팟에서 얻을 수 있는 애플의 수익이 100달러라면 얘기가 달라진다. 애플은 수십 명의 제품 제조업체와 협상에 임하므로 갑의 위치에서 가격을 결정할 능력이 있었다.

'하드웨어는 낮게, 서비스는 높게' 가격을 책정하라는 규칙은 면도기나 프린터처럼 한 기업이 하드웨어와 보완재를 모두 만드는 환경에서는 효과적이다. 하지만 애플의 경우는 그들과 달랐다. 두 가지를 다 만들지 않았으니까. 애플의 보완재 가격 책정에서 배울 수 있는 핵심은 이것이다. 다른 기업들이 따르는 일반적인 규칙이 아니라, 자신이 경쟁적 우위를 차지한 곳이 어디냐에 따라 가격을 달리 책정해야 한다.

교훈 3_사업 초기에는 자사만의 독점적 보완재를 만들고 지켜라

99센트짜리 아이튠즈 음원 또는 공짜 해적 유통 음원 중 어떤 것이 아이팟 판매의 진정한 보완재로서 중요했을까? 둘 다 사용자가 원하는 만큼 오래 들을 수 있다. 그리고 둘 다 애플이 아이팟으로 수익을 낼 수 있도록 기여했다. 하지만 둘은 중요한 점에서 차이가 있다. 아이튠즈는 아이팟 사용자들에게만 혜택을 준다. 페어플레이FairPlay라는 DRM 기술 덕분에 다른 MP3 플레이어로는 아이튠즈에 접근할 수 없기 때문이다. 반면에 해적 유통되는 음원은 모든 MP3 플레이어 제조사에게 도움을 주었다.

다시 말해서 아이튠즈가 소유권이 있는 제조사 애플의 보완재였다면, 불법 파일 공유는 업계 전체의 보완재였던 셈이다.

보완재는 좋은 것이다. 소유권이 있는 보완재는 더 좋다. 기업들이 제품수명주기product life cycle의 초기 단계에서 수요와 경쟁이 흘러가는 경로가 확실하지 않을 때, 자사에만 유리한 독점적 보완재를 만들려고 하는 이유가 바로 이 때문이다.

그렇다고 해서 비독점적nonexclusive 보완재가 당신 사업에 피해를 준다는 말은 아니다. 단지 당신뿐 아니라 다른 모든 사람들에게도 도움이 된다는 말이다. 미슐랭이 멀리 떨어진 음식점에 별을 주면 미슐랭 타이어 판매에 도움을 줄 수도 있다. 반면에 브리지스톤Bridgestone, 굿이어Goodyear, 피렐리Pirelli에게도 도움을 준다. 하지만 극장의 아이 돌봄 서비스와 전자상거래 업자의 택배 물품 찾아가기 센터는 그 서비스를 제공하는 기업에게만 독점적으로 도움을 준다.

그렇다면 더 이상하다. 왜 애플은 소유권이 있는 보완재에서 손을 뗀 것일까? 잡스가 '개방형 생태계open ecosystem' 찬양론자라 그런 것이 아니다. 아이튠즈가 록인lock-in 현상을 만들어낼 만큼, 즉 소비자가 다른 제품으로 도망가지 않게 계속 붙잡아둘 만큼 강력하지 않다는 사실을 깨달았기 때문이다.

물론 애플 제품이 갑자기 공정한 게임을 하게 되었다는 말은 아니다. 잡스가 DRM이 없는 음원을 받아들일 때쯤에는 이미 애플 제품의 보완재들이 많이 나와 있었다. 나이키Nike 암 밴드, 아이팟과 호환되는 스피커는 물론이고 아이팟을 넣을 수 있는 접는 형태의 지갑, 벨트, 사각팬티, 침대, 화장지 걸개까지 별의별 애플 보완재들이 쏟아져 나왔다. 어차피 보완재를 독점할 수 없었던 것이다.

아마존도 이런 논리에 따라 킨들 출시 후 재빨리 전략을 변경했다. 처음에 킨들 기기는 아마존에 소유권이 있는 책들만 읽을 수 있었고 그런 형태를 갖춘 전자책은 오직 킨들에서만 읽을 수 있었다. 아마존은 성공하기만 하면 전자책과 하드웨어 시장을 모두 석권할 수 있다는 야망 속에서 두 사업의 독점권을 모두 지키려 했다. 하지만 1년도 안 돼 경로를 수정하며 다른 형태의 전자책에게도 킨들을 개방했다. 더 이상 초기 전략을 유지할 수 없음을 인정한 것이다.

여전히 진행중인 스마트폰 전쟁에서도 독점적 보완재가 가능한지 아니면 멀티 플랫폼으로 공존 가능성이 있는지를 확인중이다. 경쟁 관계에 있는 iOS와 안드로이드에 등록되는 앱을 예로 들어서 살펴보자.

표 8 | iOS 플랫폼과 안드로이드 플랫폼을 기반으로 한 앱의 수

일자	iOS 플랫폼에 있는 앱 개수	안드로이드 플랫폼에 있는 앱 개수
2011. 1.	350,000	180,000
2012. 2.	500,000	400,000
2013. 1.	775,000	800,000
2014. 6.	1,200,000	1,300,000
2015. 7.	1,500,000	1,600,000

앱 개수를 보면 상당히 놀라운 수치인데 어딘지 모르게 웃긴다. 스마트폰 사용자는 보통 30개 이하의 앱을 사용한다. 100만 개의 앱을 사용하는 사람은 없다.

그런데도 기업들이 앱을 둘러싸고 호들갑을 떠는 이유는 사용자들에게 앱의 총 개수가 중요한 역할을 해서가 아니다. 중요한 것은 앱에 대한 독점권이다. 100만 개의 앱을 만들어냈다고 치자. 그러면 당신의 기기에 어울리는 강력한 생태계를 창조해낸 것처럼 보인다. 하지만 앱들이 경쟁사 플랫폼에서도 사용 가능하다면 그 앱의 경쟁 효과는 무효로 돌아간다. 당신의 플랫폼에서만 사용할 수 있는 끝내주는 앱을 만드는 순간, 당신 라이벌에게는 악몽이 시작되는 것이다.

지도를 생각해보라. 2012년에 애플은 구글이 만든 길 찾기 앱의 대명사 맵스 Maps를 자사의 기본 앱에서 제거해버렸다. 구글 맵스가 품질이 떨어지거나 사용하는 사람이 없어서가 아니다. 사실은 정반대라 할 수 있다. 스마트폰 사용자의 25퍼센트 정도가 구글 맵스를 활발하게 사용하고 있었다. 때문에 제품 개발자(애플) 입장에서는 끝

내주는 보완재 제공자(구글)와의 협상이 악몽처럼 느껴졌는지도 모른다.

맵스를 제거하기로 한 결정을 소프트웨어의 질적인 면에서 본다면 애플은 어리석은 선택을 한 것이다. 하지만 보완재 관리라는 면에서 본다면 애플의 선택에 고개가 끄덕여지기도 한다.

교훈 4 _ 가치 창출의 기회를 관리하려면 적과 친구를 제대로 구분하라

고객을 위한 가치 창출에 있어 보완재는 훌륭한 역할을 한다. 하지만 그 가치를 잡아두려 한다면 언제나 그에 대한 비용을 지불해야 혜택을 얻을 수 있다. 면도기와 면도날, 프린터와 카트리지, CD와 콘서트의 관계를 생각해보라. 모두 한 제품이 얻는 혜택이 더 낮은 가격의 다른 제품에서 나온다. 따라서 중요한 것은 어떤 비즈니스를 하고 있는지는 물론이고, 그 비즈니스가 다른 비즈니스의 보완재가 될 수 있는지 없는지를 아는 것이다.

"기업들은 핵심 전략에는 충분히 집중하면서 자사의 보완재 전략에는 신경 쓰지 않습니다. 그게 일반적인 비즈니스 행태입니다." 예일대 경영대학원 교수 배리 네일버프가 최근에 한 말이다. "세계 최고의 주유 펌프가 있어도 그 서비스를 제공할 장소가 없다면 장소를 소유한 사람에게 질 수밖에 없는 겁니다. GM은 자동차 판매보다 계열금융사인 GMAC의 자동차 금융을 통해 더 많은 돈을 벌었습니다.

철도기업들은 철로 자체보다 함께 사용되는 파이버fiber에 더 많은 가치가 있다는 사실을 10여 년 전에 깨달았고요."

많은 기업들이 종종 두 가지 실수 중 하나를 저지른다. 적을 친구라고 믿거나 아니면 친구를 적으로 믿는 실수다.

적을 친구라고 믿기

2003년 파일 공유가 폭발적으로 늘어날 즈음 워너뮤직Warner Music은 이를 초기에 퇴치할 전략 하나를 생각해낸다. 파일을 불법 다운로드받아 사용한 사람의 이름과 IP 주소를 추적하는 것이었다. 워너뮤직이 이런 아이디어를 생각해낸 이유는 당시 시장을 선도하던 인터넷 서비스 공급자인 타임워너 케이블Time Warner Cable을 믿고 있었기 때문이다.

그런데 어쩌면 그것은 워너뮤직 임원만의 생각이었던 듯하다. 당황스럽게도, 타임워너 케이블 측에서 협조를 거부했다. 설상가상으로 타임워너 케이블은 무단으로 음원 파일을 다운받았다고 추정되는 사람들의 명단 제출을 거부하던, 워너뮤직의 라이벌인 버라이즌Verizon의 입장을 변호하기까지 했다. 워너뮤직 입장에서는 적과 동침하고 있었던 셈이다.

이를 해적행위에 대항하려 노력하는 워너뮤직과 타임워너 케이블의 갈등 관계로 바라본다면, 뭔가 사적인 반감이나 정치적 판단이 작용했기 때문이라고 결론 내릴 수도 있다. 하지만 이를 보완재를 사이에 두고 벌어지는 상황으로 바라본다면 수익 문제 때문임을 바로 알 수 있다. 타임워너 케이블에서 고객 정보 제공을 거부하기로 결정한 이유는 자신의 동료나 다름없는 워너뮤직이 미워서도 아니고 정보 검색에 터무니없이 많은 비용이 들기 때문도 아니었다. 진짜 이유는 정보 제공으로 많은 것을 잃을 수 있었기 때문이었다. 브로드밴드 서비스에 대한 수요가 탄력을 받는 데는 파일 공유의 덕도 일부 있었다. 브로드밴드 트래픽의 약 30퍼센트 정도가 음악 및 영화 파일 공유에서 나오고 있었던 것이다. 타임워너 케이블로서는 괜히 자기 발등을 찍는 짓을 할 필요가 없었다.

이와 유사한 갈등 상황이 다른 곳에서도 일어났다. 2002년 월트 디즈니 CEO 마이클 아이스너 Michael Eisner가 상원 상업위원회에 나가 애플 컴퓨터의 "찾아라, 섞어라, 구워라"라는 광고 문구가 소비자들에게 "이 컴퓨터를 사면 도둑질을 해도 좋다"는 인식을 심어준다고 주장하면서 갈등이 시작되었다. 이후 그와 스티브 잡스는 공개적으로 입씨름을 벌였다. 또 2003년, 레코드 음반업체 BMG의 임원은 눈엣가시 같은 냅스터에 BMG의 모기업인 베텔스만 Bertelsmann이 투자한다는 소식에 경악하기도 했다. 이런 갈등 상황은 정치적 혹은 개인적인 문제로 치부하기 쉽다. 하지만 대부분의 경우 보완재의 경제적 역할에 갈등의 진짜 원인이 숨어 있다. 한쪽의 이익은 다른 쪽의 희생에서 나오는 법이기 때문이다.

친구를 적이라고 믿기

신문사가 겪는 고통의 원인으로 구글 같은 뉴스 취합 제공 웹사이트 news aggregator를 지적하는 경우가 많다. 이런 웹사이트는 이미 만들어진 콘텐츠를 돈도 지불하지 않고 가져다가 다시 무료로 재분배한다. 그 결과 독자들이 자연스럽게 신문사 온라인 사이트가 아닌 뉴스 제공 웹사이트로 몰려들게 된다는 것이 일반적인 생각이다.

한쪽의 희생으로 다른 쪽이 이득을 얻는 제로섬 게임이라고 보는 것이다. 하지만 좀더 자세히 들여다보면 여기에도 보완재 관계가 작동하고 있음을 알 수 있다. 뉴스가 사라진다면 뉴스 제공 웹사이트는 독자들에게 아무런 가치도 제공하지 못하게 될 것이기 때문이다.

뉴스 생산자와 뉴스 제공 웹사이트가 보완재 역할을 한다고 해도 한 가지 우려스러운 점은 있다. 이러다가는 뉴스 생산자 사이에 차이가 없어지고 결국 소모품으로 전락하지 않겠느냐는 것이다. 게다가 언론 매체, 블로그, 트위터 모두가 뉴스의 생산자 역할을 하면서 그렇게 될 가능성은 더욱 커 보인다. 하지만 자료가 보여주는 사실은 다르다. 놀랍게도 상위권에 있는 뉴스의 경우에는 많은 독자들이 뉴스의 출처를 확인하고 기사를 읽는 것으로 나타났다.

2014년에 우리는 구글 뉴스에서 뉴스 출처의 순위를 분석했다. 한 달이 넘는 기간 동안 2만 건의 기사를 무작위로 선택해 살펴보았다. 얼핏 보기에는 뉴스가 소모품으로 전락할 수 있다는 위협이 사실처럼 보였다. 어떤 기사는 2,000개가 넘는 뉴스 출처가 링크되어 있었다. 만약 뉴스가 아무런 구분이 되지 않는 것이라서 상위권에 오른 뉴스 출처가 다른 출처들과 다를 바 없다면 어떨까? 그렇다면 상위권에 있는 뉴스 출처 각각이 차지하는 시장점유율은 아주 작은, 정확하게는 2,000분의 1 또는 0.05퍼센트가 되리라 예상할 수 있다. 상위권 30개 언론 매체의 시장점유율을 다 합쳐봐야 겨우 1.5퍼센트라는 계산이 나온다. 그렇다면 정말 심각한 상황이다.

하지만 자세히 들여다보면 상당히 다른 사실이 보인다. 구글 뉴스에서 가장 자주 등장한 뉴스 출처는 〈뉴욕타임스 The New York Times〉로 2만 개의 기사 출처 중에서 642회를 기록했다. 따라서 최고의 시장점유율 3퍼센트를 차지했고, 상위 30개의 언론 매체를 합하니 시장점유율은 35퍼센트였다.

기사를 섹션별로 구분해서 따져보면 더욱 놀라운 수치가 도출된다. 예를 들어 정치 기사에서는 최상위권에 이름을 올린 〈뉴욕타임스〉가 15퍼센트를 차지했다. 정치 기사 중에서 가장 많이 본 5개의 기사만으로 계산하면 적어도 상위 열 군데 출처 중 한 곳이 링크된 곳에서 독자들이 기사를 읽은 확률이 40퍼센트나 된다. 주목할 점은 구글 뉴스 중 독자들이 가장 많이 찾은 뉴스 출처 열 군데 모두가 '전통' 언론 매체였다는 점이다. 블로거나 신흥 디지털 기업은 한 군데도 없었다.

전통 미디어 없이는 구글도 힘을 쓰지 못한다는 사실이 명확해졌다. 이런 이유 때문에 신문의 미래는 신문사 소유주뿐만 아니라 구글에게도(최근에는 페이스북에게도) 주요 관심사로 떠올랐다. 이런 상황을 알면 전 세계 여러 시장에서 나타나는 기업들의 변화를 좀더 쉽게 이해할 수 있다.

집단적 힘을 깨달은 주요 신문사들이 각자의 콘텐츠를 하나의 웹사이트에서 무료로 제공하기 위해 함께 모이기도 했다. 중국 최고의 온라인 뉴스 포털인 텐센트 Tencent 에는 매달 10억 명이 넘는 독자들이 방문한다. 텐센트는 독점적인 콘텐츠를 위해 깜짝 놀랄 만한 액수로 계약하기도 하고 자사만의 디지털 변환 관리에 대한 교육 프로그램을 제공하기도 하면서 새로운 언론 매체를 찾는다.

출판 시장은 어땠는지 보자. 애플이 한 곡에 99센트를 받고 음원을 제공했다면 킨들은 소매가에서 40퍼센트가 할인된 9달러 99센트에 책을 내놓았다. 출판사들도 결국 음반사가 택했던 길을 똑같이 따라갈 수밖에 없을 듯 보였다. 아마존이 도서 시장을 일용상품화해서 하드웨어 기기 판매를 위한 보완재로 삼겠다는 의도를 드러낸 것처럼 보였기 때문이다. 이런 추세에 대항하기 위해 5개 대형 출판사는 애플과 계약을 체결했다. 전자 소매업자가 아닌 자신들이 직접 소매가를 결정하며 70퍼센트를 가져간다는 내용이었다. 이후 가격 담합에 대한 독점금지 조사가 이루어졌고, 현재 이 동의 내용은 무효로 돌아갔다. 그런데 세계 최대의 출판사인 랜덤하우스는 여기에 참여하지 않았다.

5개 출판사들은 '적의 적은 친구다'라고 판단한 것이다. 보완재 관리를 위해 당연한 일이었다. 10여 년 전, 브란덴버거와 네일버프는 "당신의 보완재들을 경쟁하게 만들라"고 충고했다. 그렇다면 어떤 경쟁자와 손을 잡고 공동전선을 펼쳐야 하는가? 이 부분에서 랜덤하우스와 다른 출판사 간에 의견이 갈렸다. "디지털 소매업 쪽에서 아마존은 우리에게 최상의 고객이었죠." 랜덤하우스의 임원이 한 말이다. "애플 같은 경우에는 글쎄요, 음악업계에서 무슨 일이 있었는지 모두가 봤잖습니까."

이런 사례들이 보여주듯이, 기업 입장에서는 누가 친구이고 적인지 알아내기 위해 더 열심히 생각해야 한다. 콘텐츠 기업들은 실수를 통해 비싼 대가를 치러가며 보완재의 경제학에 관해 배워 나가고 있다. [그림 12]는 디지털 거대 기업들이 어디에 전선을 형성하고 있는지 보여주기 위해 단순화한 도표이다. 2014년 기준으로, 마이크로소프트는 여전히 수익의 90퍼센트 이상을 소프트웨어(자사의 운영체제와 애플리케이션)에서 얻고 있다. 애플은 기기에서 마이크로소프트와 비슷한 수준의 수익을 거두고 있다. 구글과 페이스북은 광고에서 수익을 얻는다. 아마존과 이베이는 전자상거래에서, 케이블 사업자들은 인프라 시설 사용권으로 수익을 거두고 있다.

그림 12 | 콘텐츠 대 보완재 : 디지털 거인들 간의 전투

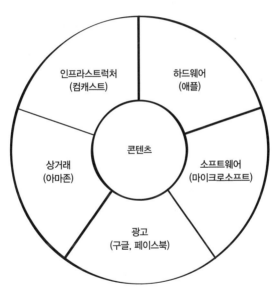

그림이 보여주는 사실이 놀라운 이유는 단지 디지털 거인들의 핵심 사업 위치가 너무도 다르다는 사실 때문이 아니다. 각 기업마다 자신이 추구하는 가치를 위해 다른 기업에게 도움을 요청했다가 나

중에는 그 가치를 차지하려는 시도를 선제적이고 적극적으로 했다는 사실 때문이다. 종종 도움을 요청했던 기업의 희생을 발판 삼기도 했다. 99센트와 DRM 없는 음원은 애플의 선택이었고, 문서도구인 독스Docs를 통한 무료 오피스 기능은 구글의 선택이었다. 9.99달러짜리 전자책과 자가 출판self-publishing 그리고 낮은 가격의 하드웨어는 아마존의 선택이었다. 각 선택마다 핵심 사업의 가치를 키우기 위한 전략은 물론이고 보완재의 가격을 낮추려는 혹은 일상용품처럼 누구나 손쉽게 사용할 수 있도록 하려는 의도가 연관되어 있다.

콘텐츠 생산자들에게 가장 어려운 문제가 아마도 거기에 있을 것이다. 그들의 미래는 자신이 무엇을 만드느냐뿐만 아니라 인접 상권에 존재하는 가치 창출 기회를 얼마나 효과적으로 관리하느냐에 달려 있다. 그렇지 않으면 보완재가 그들의 희생을 발판 삼아 그 가치를 잡아채갈 것이다.

CHAPTER 15

전통 제품 vs. 디지털 제품
위협의 진짜 원인을 알면, 숨겨진 금광이 보인다

그렇다. 기업들은 기회를 잡을 수 있는 상황에서도 보완재와 제품 연결 관계의 영향력을 알아채지 못하고 한 박자 느리게 움직인다. 그런데 굼떠서 늘 실수를 하는 것만은 아니다. 때로는 정반대다. 너무 급하게 행동에 돌입해 실수를 저지르기도 한다.

음악 산업이 딱 그렇다. 음악 산업이 첫 번째로 범한 오류는 터널 비전tunnel vission 현상에 기인한다. 즉 음악의 미래가 CD를 보존하는 데 달려 있다는 믿음 때문에 주변 상황을 제대로 보지 못했다. 두 번째 오류는 원인과 결과의 혼동이다. CD 판매의 감소가 거의 전적으로 해적행위 때문이라고 믿었다.

해적행위는 틀림없는 주범이었다. 해적행위의 증가는 파일 공유의 증가와 거의 동시에 발생했으니까 말이다. [그림 13]은 CD 판매의 감소 추세를 보여준다. 미국음반산업협회Recording Industry Association of America는 이 둘의 연관성을 확신하면서 해적행위 때문에 "매년 125억 달러의 경제적 손실이 발생했고, 7만 1,060개의 일자리가 사라졌으며, 27억 달러의 근로자 소득이 날아갔다"고 주장했다. 이 주장에 설득당한 상원에서도 초당적으로 독점금지를 위한 입법에 들어갔다. ('온라인 저작권 침해 금지 법안'은 2011년 제출되었지만 통과하지 못했다.)

그림 13 │ CD 판매 변화(1975~2013)

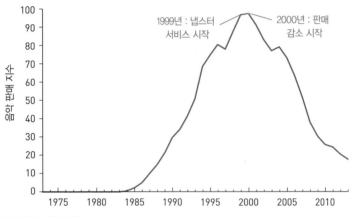

RIAA 자료로 차트 제작

그런데 CD의 추락을 그럴듯하게 설명할 수 있는 또 다른 요인들도 있다. 그것은 해적행위와는 아무 관련이 없는 요인들이다. 시간이 지나면서 CD 가격은 상승했다. 하지만 2000년이 되자 경기가 후퇴하기 시작했고, 자연스럽게 디지털 형태의 음악이 CD를 대체하기 시작했다. 그뿐만 아니라 음악 산업에서 '날아간 수익'을 계산하는 방법에도 문제가 있었다. 여기 불법으로 3,000곡을 다운받은 젊은이가 있다. 만약 저작권 보호가 강력하게 실행되었다면 그 젊은이는 3,000곡에 대한 비용을 다 지불하고 음악을 들었을까? 당연히 그렇지 않았을 것이다. 이 말의 요지는 해적행위가 모두 판매 이익의 손실과 직결되지는 않는다는 뜻이다.

이번에는 [그림 13] CD 판매 변화를 변형한, 포맷 변화의 역할만 보여주는 [그림 14]를 한 번 보자. 변형된 그림에서는 CD 판매의 감소 추이를 이전에 발생했던 레코드판과 카세트테이프의 판매 감소 추이와 비교한다. 그러면서 자연스러운 제품 교체 주기product replacement cycle를 맞아 새로운 포맷의 등장과 함께 각 제품이 대체되는 모습을 보여주고 있다. ([그림 14]는 서로 다른 시기에 발생한 현상을 좀더 직접적으로 비교하기 위해 각 포맷의 최고 판매값을 100으로 정했다.)

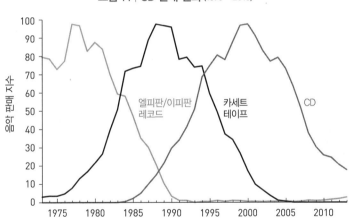

그림 14 | CD 판매 변화 (1975~2013)

RIAA 자료로 차트 제작. 포맷 변화가 음악 판매에 미친 영향, 1975~2013 (모든 포맷의 최고 판매값을 100으로 정했음.)

당신이 음악업계의 임원이라면 [그림 13]만 보고는 분명히 이런 반응을 보일 것이다. 해적행위에 대항하기 위해서 유능한 변호사를 당장 고용해야 한다고 말이다. 음악업계의 임원들은 실제로 그렇게 했다. 당신이 상원의원이라면 어떤 반응을 나타낼지 보지 않아도 알 수 있다. 저작권 침해를 막을 수 있는 법안을 도입하자는 것 아니겠나. 실제 상원의원들도 당신과 똑같은 반응을 보였다.

자, 이제 [그림 14]를 보면서 진단을 새롭게 내려보자.

CD 판매 감소 추이가 파일 공유 증가 추세와 그 시기가 일치한다는 단순한 사실만으로는 음악 산업에 대한 진단을 내릴 수 없다. 원인과 결과를 분리해야만 정확한 진단이 가능하다. 그동안 잘못된 진단을 내린 이유는 아주 오래전부터 이어온 통계적 추측statistical inference, 즉 상관관계와 인과관계를 구분하지 못하는 실수를 저질렀기 때문이다.

이런 현상은 어디에서나 볼 수 있다. 텔레비전 시청이 비만의 원인일까, 아니면 비만인 아이들이 텔레비전 시청을 더 많이 하는 경향이 있는 걸까? 아시아인은 천부적으로 수학을 더 잘하는 것일까, 아니면 수학을 더 열심히 공부했기 때문에 더 잘하는 것일까? 단순히 상관관계만 보면 두 변수 사이에 어떤 인과관계가 있을 것이라는 추측을 하게 된다. 실제로는 아무 관계가 없을 수도 있는데 말이다.

두 변수 사이의 인과관계를 밝혀내기 위해 가장 많이 사용하는 접근방식은 둘 중 하나의 변수에만 영향을 끼치는 제3의 변수, 통계학 용어로 '도구 변수instrumental variable'를 찾아보는 것이다. 그렇다면 음악의 경우에도, 파일 공유를 증가시켰을 가능성이 있으면서 CD 감소와는 직접적인 관계가 없는 어떤 도구 변수가 있었을까? 만약 있었다면 그 변수의 변화와 그 변화가 CD 판매에 끼친 영향을 알아봄으로써 해적행위가 CD 판매에 끼친 '원인적 효과$_{causal\ effect}$'를 밝혀 낼 수 있을 것이다.

해적행위가 CD 판매에 끼친 원인적 효과에 대한 논의는 지난 10년 동안 학계에서 많은 논란을 불러왔다. 도구 변수를 찾기가 쉽지 않았기 때문이다. 사실 해적행위에 힘을 실어준다고 생각했던 가장 그럴듯한 요인들이 CD 판매에도 직접적으로 영향을 끼치는 요인이었다. 초고속 인터넷도 변수가 될 수 있다. 불법으로 음원을 다운로드 하는 시간을 줄여서 결과적으로 파일 공유를 가속화했으니까.

하지만 이 또한 온라인 엔터테인먼트의 선택권을 넓혔고 그것은 CD 판매가 감소하는 원인으로 작용했다. 대학도 학생들에게 다운로 드에 필요한 컴퓨터 사용법을 가르쳤으니 변수가 될 가능성이 있다. 하지만 대학생은 원래부터 CD 구매를 가장 덜 하는 고객 집단이므로 CD 판매 감소는 대학생들의 해적행위 때문이라기보다 선호도 차이에서 비롯되었다고 보는 것이 맞다.

펠릭스 오베르홀저-기$_{Felix\ Oberholzer-Gee}$와 콜만 스트럼프$_{Coleman\ Strumpf}$는 2005년에 실시한 연구에서 독일 학교의 방학이 미국의 파일 공유와 CD 판매에 끼친 영향을 살펴보았다. 그게 무슨 변수가 될수 있겠느냐는 생각이 들겠지만, 사실은 논리적 근거를 바탕으로 한 주장이었다. 연구원들은 독일의 학생들이 방학 기간 동안에(물론 학생들은 단지 시간이 남아돌았기 때문에 그런 것이었지만) 파일을 더 많이 다운받았다는 이유를 내세웠다. 게다가 독일은 미국 시장에서 파일을 많이 다운받는 나라 중 하나였기 때문에(미국에서 다운받는 총 파일의 15퍼센트를 차지함) 연구원들은 이런 현상이 미국 CD 판매에 끼친

'공급 충격 supply shock' 영향을 추적해보기로 한 것이다.

　연구원들은 자료 검토 후 독일 학교들의 방학 기간에 파일 공유가 늘었다는 사실을 확인했다. 좀더 구체적으로는, 특정 지역의 학교들이 방학에 들어갈 때마다 동시에 그 지역의 파일 공유도 증가했다(독일에서는 지역에 따라 방학 기간이 다르다). 이런 현상이 결국 미국에서의 파일 공유 증가로 이어진 것이다.

　이 연구의 결과부터 말하자면, 연구원들은 독일에서 벌어진 행위에 의해 촉발된 미국의 파일 공유 증가가 미국 CD 판매 변화에 의미 있는 영향을 전혀 끼치지 않았다고 결론 내렸다. 즉 인과관계가 성립하지 않는다는 결론이었다. 연구원들이 인과관계가 없다는 결론을 내린 이유는 파일 공유와 CD 판매 사이에 연관성을 증명할 통계 수치를 찾아내지 못해서가 아니었다. 연구원들은 그 수치를 찾아냈지만 그 수치가 0이었다.

　음악업계 전문가들은 연구원들이 발표한 결과를 일축해버렸다. 반대로 파일 공유를 하는 사람들은 이 결과를 반겼다. 오베르홀저-기는 내게 이렇게 말했다. "마치 100만 명의 친구와 적을 동시에 얻은 기분이라네. 내가 실질적으로 한 연구에 대해서는 아무도 신경 쓰지 않아. 오직 결과만 중요하게 생각하지. 결과를 반기는 쪽은 내가 인류를 위해 무슨 대단한 일이라도 한듯이 생각해. 반대편에서는 내가 역대 최악의 연구를 했고 음악 사업에 대해서 문외한이라고 몰아붙이고 있고. 여태 이렇게 미움을 받으며 살아본 적이 없네."

　내가 이 일을 언급하는 이유는, 그 연구가 저작권 침해와 CD 판매 사이의 인과관계를 정확히 짚어내지 못했다는 사실을 말하려는 것이 아니다. 인과관계를 밝혀내는 일이 그만큼 힘들다는 사실을 지적하기 위해서다. 실제로 이 연구는 그동안 선입견만으로 논쟁을 벌이던 사람들에게 데이터로 객관적인 사실을 밝혀내는 일이 얼마나 힘들고 중요한 일인지 깨닫게 해주는 기회가 되었다.

특정 제품에 대한 수요 감소만 보고 대응 방법을 찾을 수는 없다. 먼저 어떤 이유로 수요가 감소했는지를 알아야만 한다. CD 판매의 감소만 보고 해적행위로 인한 저작권 침해가 원인이라고 결론내리는 것은 적절하지 않다. 앞서 신문 구독자 수가 감소한 것이 인터넷 때문이라고 결론지을 수 없는 이유와 같다.

요즘 유료 텔레비전을 둘러싼 논란 또한 이와 유사한 어려움을 겪고 있다. 거의 30년 동안 성장을 거듭하던 케이블 방송 산업 관련자들은 이제 가입률 하락에 괴로워하고 있다. 그러면서 나름대로 범인을 확신하는 듯하다. 인터넷을 통해 낮은 가격에 더 다양한 프로그램을 제공하는 넷플릭스 같은 서비스, 즉 오버더톱over-the-top(이하 'OTT')을 주범으로 지목하고 있다. 이 주장을 믿는 케이블 사업자라면 어떻게든 넷플릭스를 잡기 위해 온 힘을 다할 것이다. 엉뚱한 용의자를 지목하는 것일 수도 있는데 말이다.

음악이나 신문과 마찬가지로, 케이블 방송 가입자 감소에 대해서도 그럴싸한 이유들이 많다.

'페이스북 효과' 때문일 수도 있다. 사람들이 인터넷과 모바일 검색, 비디오게임까지 다양한 형태의 엔터테인먼트와 소셜 네트워크에 점점 더 많은 시간을 할애하면서 텔레비전 시청 시간은 점점 줄어들고 있다. 페이스북 효과 때문이 아니라면 '코호트 효과cohort effect(같은 시기에 특정한 사건을 함께 겪은 사람들 사이에 내부적 동질성이 높아지는 현상 - 옮긴이)' 때문일 수도 있다. 나이 어린 시청자 집단은 단말기와 비디오게임 속에서 자란 코드 네버cord nevers로서 한 번도 케이블이나 위성 TV에 가입해본 적이 없고 앞으로도 그럴 것이다.

또는 '나이 효과'일 수도 있다. 젊은이들에게는 한 달 100달러에 이르는 가입료가 무리일 수도 있다. 물론 이 효과는 나이가 들면서 사라지겠지만 말이다. '빈곤 효과'도 가능성이 있다. 텔레비전 시청료 상승과 함께 2008년과 2009년 경기 침체 후 특히 저소득층 가정의 구매력이 하락했기 때문이다.

'보완재 효과'는 어떤가. 제공하는 콘텐츠는 같지만 서비스에서 차별화를 이룬 OTT가 상대적으로 더 매력적이다. 서비스의 상대적 매력이란 설치, 수리, 검색 인터페이스, 콘텐츠 추천 면에서 용이하다는 뜻이다. (2014년 고객만족도를 보여주는 주요 지표인 순수 추천고객 지수net promoter score에서 넷플릭스가 54점을 받은 반면에 주요 케이블 사업자들은 평균적으로 마이너스 점수를 받았다.)

각각의 원인마다 케이블 TV 가입률 감소에 대한 설명을 제공한다. 가입률 감소라는 결과는 같지만 각각의 원인에 대처하는 전략은 달라야 한다. 근본 원인은 알아보지 않고 하락 사실만 보고 대응 방법을 강구해서는 안 되는 이유가 바로 이것이다. 어쩌면 엉뚱한 대상에게 화살을 돌리는 실수를 저지를 수도 있으니까.

자, 다시 음악 얘기로 돌아가자. 이제 우리는 사실이 무엇인지 알고 있다. 해적행위에 따른 저작권 침해가 CD 가격을 압박하면서 콘서트와 다른 보완재로 가치가 넘어가는 원인을 제공했다. 포맷의 변화가 CD에서 디지털로 수요 이동을 야기한 것도 분명하다. 그 외에 나머지는 모두 추측일 뿐이다. 음악 산업은 해적행위가 사라지면 CD 판매 감소 현상도 사라질 것이라는 희망 속에서 저작권 침해를 방지하는 데 온 힘을 다했다. 이는 첫 번째 실수였다. 업계는 그 무엇보다도 CD 보존을 강조했다. 이는 두 번째 실수였다.

디지털 화재에 대처하는 음악 산업의 행태가 옐로스톤 화재를 연상시키는 것 같아 많은 생각을 하게 된다. 음악 산업이나 옐로스톤 국립공원이나 화재로 인해 얼마나 심각한 피해를 입게 될지 예측하지 못했다. 옐로스톤 관계자들은 적어도 화재의 원인은 밝혀냈다. 하지만 음악 산업은 아직도 정확한 원인을 밝혀내지 못하고 있다.

위협에 대해 잘못 파악한 원인과 결과

파일 공유 기술에 대해 음반사가 보인 반응은 그동안 우리가 보아온 반응과 다르지 않다. 미디어 산업의 역사는 위협의 실체를 오인한 사례들로 가득하다. 모두 자신의 콘텐츠가 포위당해 공격받고 있다는 잘못된 믿음에서 비롯된 것들이다. 콘텐츠가 포위 공격을 받은 적은 거의 없다.

1900년대 초반, 라디오 방송국은 처음으로 상업음악을 내보냈다. 음반사의 대응은 간단했다. '대항하라.' 무료 라디오는 분명 유료 음악을 위협하는 존재로 보였다. 대법원의 판결 덕도 있었지만 어쨌든 상업 라디오는 살아남았다. 향후 수십 년 동안 음반사의 레코드 판매량은 어떻게 되었을까? 줄어들기는커녕 더욱 늘어났다. 그 이유가 뭘까? 라디오 무료 청취가 앨범을 홍보하는 역할을 했기 때문이다.

1984년에는 MTV가 등장했다. 이때도 역시 음반사의 대응은 단순 그 자체였다. '대항하라.' 파격적이고 멋진 비디오와 함께 음악을 무료로 감상하는 행위는 유료 음악을 위협하는 존재가 분명해 보였다. 향후 음반사의 레코드와 카세트테이프 판매는 줄어들기는커녕 실제로는 늘어났다. 그 이유는 뭘까? 뮤직 비디오가 음반을 엄청나게 홍보하는 마케팅 도구가 되어주었기 때문이다.

1985년에는 VCR이 모습을 드러냈다. 영화제작자와 방송사가 보인 반응은 이번에도 간단했다. '대항하라.' 공짜 비디오 녹화와 영화 공유도 모자라서 광고까지 테이프 빨리 감기로 넘겨버리는 행위는 방송사와 홈 무비home movie 사업에 분명한 위협으로 비쳐졌기 때문이다. 대법원까지 갔던 유니버설 대 소니Universal vs. Sony 사건에서, 유니버설은 소니가 저작권을 침해했다며 VCR 판매를 금하도록 요청했지만 받아들여지지 않았다. 그런데 유니버설 스튜디오는 그 이후 수입이 놀라울 정도로 증가했다.

그 이유는 무엇일까? VCR이 오히려 텔레비전 프로그램과 영화의 강력한 홍보 도구로 작용하면서, 제때 영화나 방송을 보지 못한 사람들을 끌어들여 영화사를 위한 새로운 수익 원천을 마련해주었기 때문이다. 그저 과거에 있었던 웃지 못할 해프닝이 아니다. 유사한 사례들이 오늘날에도 벌어지고 있다.

2002년 DVR(디지털 비디오 리코더) 티보TiVo가 등장하면서 사람들은 프로그램을 자동으로 녹화할 수 있고 광고가 나오면 빠르게 감아 건너뛸 수도 있게 되었다. 방송사의 반응은 간단했다. '대항하라.' 광고를 보지 않고 빠르게 감아 건너뛰는 행위가 방송사의 광고 사업에 위협이 된다고 생각했기 때문이다.

정말 위협이 됐을까? 놀랍게도 주요 방송 네트워크의 광고 수입은 이후에도 거의 변하지 않았다. 그 이유는 무엇일까? DVR 때문에 사람들이 광고를 덜 보는 것은 사실이었다. 하지만 대부분의 시청자는 원래 광고를 보고 싶어하지 않기 때문에 어차피 광고 시간에는 부엌이나 화장실로 가서 할 일을 했던 것이다. 결국 변한 것은 별로 없었다.

DVR이 제품 판매에 끼친 영향에 대해 심도 있게 파고든 한 연구는 이렇게 발표했다. 티보 출시 다음 해를 살펴보았을 때 티보가 시청자의 구매 행동에 영향을 주었다고 판단할 수 있는 어떤 통계적 증거도 찾을 수 없었다.

2012년에는 NBC에서 처음으로 올림픽을 라이브 스트리밍으로 보내는 실험을 했다. 그 이전까지 방송 네트워크가 라이브 스트리밍을 향해 보인 반응은 단순했다. '대항하라.' 실시간 방송은 텔레비전의 황금시간대 프로그램 시청자들을 빼앗아가고 방송사의 젖줄이나 다름없는 광고 수익을 악화시킬 것이므로 싸워야 한다는 것이었다. 하지만 런던 올림픽이 열리는 동안, NBC 간부는 황금시간대 시청률이 증가했다는 사실을 목격했다. 왜 그랬을까?

라이브 스트리밍이 선수들의 경기가 끝난 후 시청자들에게 더 많은 걸 보고 싶도록 흥미를 돋우는 역할을 했기 때문이다. 올림픽이 다 끝나고 나서, NBC는 스트리밍 실험 덕분에 텔레비전 황금시간대 올림픽 시청률 역사상 최고를 기록할 수 있었다고 발표했다.

연결 관계 인식에 서투른 세 가지 이유

앞의 사례들에서 눈여겨볼 점은 기업 관리자들이 신기술의 위협을 과대 포장했다는 사실이다. 하지만 실제로 새로운 기술 또는 제품은 기존 수익에 아무런 영향을 끼치지 않았고 심지어 수익을 증가시키는 역할을 했다. 모두 처음에 생각했던 것만큼 위협적이지 않았거나 때로는 유용한 보완재 역할을 해주었다는 뜻이다.

우리는 연결 관계를 인지하는 일에 서투르다. 연결 관계를 깨닫는다 해도 종종 긍정적인 관계를 부정적인 관계로 오인한다. 아니면 아무런 연결 관계도 없는데 부정적인 연결 관계를 연상한다. 정확한 연결 관계를 인식하기가 이렇게 힘든 데에는 세 가지 이유가 있다.

사고방식의 문제

대부분의 콘텐츠 비즈니스가 그랬듯이, 누구나 가격 압박을 받게 되면 핵심 제품의 가치를 보존하기 위해 가격을 올리는 반응을 나타낸다. 보존 본능은 자연스러운 반응이다. 하지만 이런 노력은 종종 헛수고로 그치고 만다. 제품이나 콘텐츠 중심의 사고방식을 따르면 결국 콘텐츠 함정에 빠지게 되는 것이다. 그 대신 핵심 제품을 보완재로 생각하는 상황을 들여다보면, 즉 가치가 이끄는 대로 따라가면 새로운 기회를 맞이하게 될 것이다.

보완재는 콘텐츠 비즈니스에서 늘 중요한 역할을 해왔다. 영화관은 티켓 판매 외에 팝콘 판매로 돈을 벌었다. 텔레비전과 신문은 콘텐츠 판매는 물론 광고로도 돈을 벌었다. 음악가는 CD뿐만 아니라 콘서트로 돈을 벌었다. 이런 보완재 관계와 수익의 흐름은 오랜 시간이 지났어도 별로 변하지 않았다. 오늘날 달라진 점을 찾자면, 디지털 기술이 미래의 보완재는 어디에 있을지, 어떻게 주도적으로 보완재 관리에 나설지 생각해보라며 압박을 가하고 있다는 것이다.

보완재는 또한 법과 경제 사이에 차이가 존재한다는 점을 분명하게 해준다. 이 차이를 알기 위해서 해적행위로 인한 저작권 침해 주장과 그에 대처했던 노력에 대해 다시 살펴보자. 미디어업계 임원들은 음원 다운로드가 널리 퍼지는 현상을 목격하자 활용 가능한 다른 기회를 찾기보다 보존 본능에 따라 다운로드에 맞선 법적 제재에 거의 모든 신경을 쏟았다. 문제 해결을 위해 법적으로 싸우는 전략이 잘못되었다고는 할 수 없다. 단, 법적 조치를 유일한 해결 수단으로 생각했기 때문에 문제가 발생한 것이다.

불법 다운로드에 맞선 법적 제재 노력이 힘을 쓰지 못한다는 사실은 이미 10년 전부터 명확해지고 있었다. 대신 '시장 중심 전략market-based strategy'을 통해 문제를 해결해야 한다는 학문적 주장이 대세를 이루는 상황이었다. 이런 주장은 1983년에 예일대학의 연구원들이 30개 산업에 종사하는 600명 이상의 기업 관리자를 대상으로 실시한 유명한 연구조사 후에 나타나기 시작했다. 그 연구는 거의 모든 비즈니스(제약 산업은 제외)에 있어서 공식적인 지적재산권 보호가 중요하지 않다고 밝히고 있다. 그러면서 기업들이 자사의 혁신 기술을 보호하기 위해 이용한 다양한 전략들도 소개했다.

10년 후 디지털 기술과 인터넷이 폭발적으로 증가하던 무렵, 카네기 멜런Carnegie Mellon에서도 예일대와 유사한 결과를 얻었다. 경제학자

미셀 볼드린Michele Boldrin과 데이비드 러바인David Levine은 2004년 그들의 저서에서 훨씬 더 도발적인 의견을 피력했다. 특허 보호는 역동적이고 효율적인 시장 경제와 공존할 수 없다고 주장한 것이다. 일부 학자들은 법정 권리가 자동적으로 그에 따른 이익 확보를 보장하는 것은 아니라는 점을 밝히면서 법적 권리와 실질적인 재산권의 차이에 주목했다. 논쟁의 흐름이 변하자 많은 사람들이 콘텐츠 비즈니스가 저작권 침해에 법으로 대항하는 전략을 넘어서서 좀더 창의적인 해결 방안을 찾아야 할 시기가 다가오고 있음을 확신하게 되었다.

언어의 문제

연결 관계를 정확히 파악하지 못하는 문제는 기업 관리자의 부적절한 마음자세나 무능력과는 관계가 없다. 그보다는 우리가 사용하는 언어와 관계가 있다. 산업 융합industry convergence, 초경쟁hypercompetition, 파괴disruption 같은 말들이 최근에 급속히 퍼지고 있다. 이런 단어들이 뜻하는 바는 거의 일맥상통한다. 당신의 사업이 신기술의 위협을 받고 있으니 무슨 조치를 취하는 것이 좋겠다는 것이다.

산업 융합을 당장 눈앞에 직면한 기업의 관리자에게는 이런 상황이 연습이 아닌 실전이고, 안정이 아닌 불안을 뜻한다. 인터넷으로 탄생한 신기술의 영향을 받는 산업이라면 특히나 심각한 충격을 받을 수밖에 없다. 이런 현상을 예전에는 없었던, 오늘날에만 벌어지는 기이한 현상으로 보아 넘기기가 쉽다. 하지만 10년도 더 전에 경제학자들은 최근에 퍼지고 있는 이런 여러 상황(산업 경계의 모호성, 제품 융합, 파괴)에 대해 대체재substitute 개념을 활용해 이미 정리해놓았다.

대체재는 보완재와 정반대다. 가격이 더 낮거나 더욱 널리 사용되는 어떤 제품이나 서비스가 당신의 핵심 제품에 대한 수요를 감소시키면 그 제품이 대체재다. 경쟁이라는 측면에서 보면 대수롭지 않게 들릴 수도 있다. 하지만 이 정의만 보고는 대체재의 실체를 알 수 없다는 데 은밀한 함정이 있다.

리틀 야구를 예로 들어보자. 흔히 예전부터 리틀 야구의 '경쟁 상대'는 축구나 농구 같은 다른 스포츠였다. 하지만 밖에 나가서 신발에 흙을 묻히고 옷에 먼지가 폴폴 나도록 2시간 동안 야구를 하면서 에너지를 발산하던 아이들이 오늘날에는 초고화질의 생생한 화면과 3D 기능의 비디오게임을 즐기면서 시간을 보낸다. 즉, 비디오게임이 리틀 야구의 대체재인 셈이다.

또 블랙앤데커Black & Decker의 전동 공구를 생각해보라. 당연히 경쟁자는 보슈Bosch, 크래프츠맨Craftsman, 마키다Makita였다. 하지만 이는 전동 공구라는 유사한 제품으로 경쟁의 한계를 한정 지은 결과다. 실제로는 잡일꾼(그가 공구를 가지고 있으니 주인은 공구가 필요 없다), 이케아IKEA(짜 맞추기만 하면 되니 전동 공구가 필요 없다), 저렴한 렌탈 가구(수리하기보다 갖다버리는 게 더 쉽다)는 물론이고 접착제도 블랙앤데커의 경쟁자인데 말이다. 이렇게 따지기 시작하면 그 범위는 더욱 늘어날 수 있고 심지어 넥타이도 대체재가 될 수 있다.

넥타이? 넥타이가 전동 공구와 무슨 연관이 있을까? 전동 공구 판매가 아버지 날Father's Day, 크리스마스, 밸런타인데이에 급증한다는 사실을 생각해보라. 전동 공구가 아버지, 남편, 사랑하는 사람, 친구에게 주는 선물로서 가치를 지닌다는 뜻이다. 남자에게 선물로 자주

하는 제품이 전동 공구 외에 뭐가 있을까? 이제 이해가 될 것이다.

당신의 핵심 제품이나 콘텐츠를 중심으로 경쟁을 정의하려 한다면 한 부류의 경쟁자에게만 초점을 맞추게 된다. 이번에는 고객의 입장에서, 전동 공구를 선물용으로 구입하는 사람의 입장에서 경쟁을 정의해보라. 완전히 새로운 경쟁자들이 보일 것이다. 대체재는 당신으로 하여금 당신이 제공하는 콘텐츠의 입장이 아니라 당신의 고객입장에서 경쟁을 바라보도록 만든다. 대체재가 중요하면서도 무서운 이유가 바로 이 때문이다.

디지털 기술의 증가는 대체재 개념에 다시 관심을 불러일으켰다. 예전의 대체재는 산업 융합, 초경쟁, 파괴처럼 포장을 바꾸어가며 등장했다. 하지만 이 모든 단어들이 의미하는 바는 동일하다. 대체재를 조심하라는 것이다. 신기술이 무섭고 두려운 건 너무도 자연스러운 현상이다. 경쟁이 벌어지지 않는 곳이 없다. 파괴의 순간이 다가오고 있다. 당신 사업은 그 어느 때보다 더 큰 위협에 처해 있다. 당신의 제품이나 콘텐츠를 대체할 값싼 또는 아예 돈이 들지 않는 대안이 등장한다면 어떨까? 이런 말을 들으면 대부분의 기업가들은 기회가 아닌 위협으로 받아들인다. 긍정적인 연결 관계보다는 부정적인 연결 관계의 관점에서 생각하도록 훈련받아왔기 때문이다.

자료의 문제

기업이 변화를 꾀하려면 가장 먼저 해야 할 일은 문제를 바르게 진단하는 것이다. 하버드경영대학원 교수 얀 리브킨Jan Rivkin은 이를 인식perception의 문제로 보았다. 특히 보완재와 대체재를 구분하는 일은 중요하다. 왜냐하면 전략의 방향이 달라지기 때문이다. 대체재를 마주했을 때는 그 대체재의 가격을 올리고 접근성을 제한하는 것이 좋다. 대체재를 보완재로 잘못 판단해서 정반대의 전략을 세우면 오히려 역풍을 맞게 된다.

보완재와 대체재의 구분이 간단할 때도 있다. 예를 들어 하드웨어와 소프트웨어는 하나가 없으면 다른 하나가 무용지물이므로 분명한 보완재다. 하지만 그 차이가 전혀 드러나지 않는 경우도 많다.

종이 신문과 온라인 신문을 보자. 한쪽이 다른 쪽의 가치를 감소시키므로 이 둘을 대체재라고 생각할 수 있다. 또 어떻게 보면 보완재처럼 보인다. 사람들이 종이 신문에서 기사를 읽다가 온라인 신문에서 더 많은 정보를 찾아보게 되거나 반대로 온라인 신문을 보다가 종이 신문을 읽을 수도 있다는 점에서 타당한 말로 들린다.

이렇게 모순되는 설명들을 구별하기가 힘든 이유는 우리가 주로 의존하는 자료 때문이기도 하다. 다음의 예는 신문사 임원이 보게 되는 전형적인 자료이다. 아래 표에 나온 숫자는 인위적이지만 표 자체는 스탠퍼드대학의 경제학자인 맷 겐츠코프Matt Gentzkow가 〈워싱턴포스트〉의 종이 신문과 온라인 신문을 실제로 분석한 내용이다.

표 9 | 가상 신문의 종이 신문 독자 수와 온라인 신문 독자 수에 관한 자료

30일 기간	ABC.com 읽기	ABC.com 읽지 않기
ABC 신문 읽기	900	3,000
ABC 신문 읽지 않기	300	3,300

맷 겐츠코프 2007년 자료를 변형해서 활용함.

300명이 온라인 신문에서 뉴스를 읽었지만 종이 신문에서는 읽지 않았음을 보여주는 표의 왼쪽 하단만 보면 두 콘텐츠가 대체재임을 암시한다. 하지만 그 300명 모두가 어떤 경우에도 종이 신문은 읽지 않을 완전히 새로운 구독자라면 그 해석은 옳지 않다.

마찬가지로 왼쪽 상단에 있는 900명의 독자들이 종이 신문과 온라인 신문을 둘 다 읽었다는 사실 자체만 보면 서로가 보완재라고 생각할 수 있다. 하지만 그 생각은 틀렸을 수도 있다. 이 900명이 그저 뉴스에 목마른 사람들이라 출처를 따지지 않고 이것저것 다 읽었기 때문이라면 보완재라고 단정 지을 수 없다는 말이다.

종이 신문과 온라인 신문이 보완재인지 아니면 대체재인지 구분하기 위해서는, 그 제품이 없을 때 각 항목의 사람들이 무엇을 사용했는지 알 필요가 있다. 왼쪽 하단의 온라인 독자들은 온라인 사용이 가능하지 않을 때 종이 신문을 읽을까, 아니면 그냥 아무것도 읽지 않을까? 이 질문에 대한 정확한 답을 얻지 못하면 엉뚱한 결론을 내릴 수 있다. 따라서 표에 나온 숫자만 보고는 답을 알 수가 없다. 하지만 동일한 독자들의 행동을 오랜 시간에 걸쳐 관찰한다면, 새로운 포맷을 접했을 때 그 독자들의 행동 패턴이 어떻게 달라지는지를 확인할 수 있다면, 문제에 대한 답을 구할 수도 있다.

자료는 많다고 좋은 것이 아니라 정확해야 좋은 것이다. 게다가 틀린 자료를 가지고 있으면 아예 자료가 없느니만 못할 수도 있다.

이것이 음악업계에서 우리가 배워야 할 진정한 교훈이다. 하지 말아야 할 일이 무엇인지 알아야 한다는 것 말이다. 해적행위로 인한 저작권 침해가 CD 판매 하락의 주범이라고 확신한 임원들 대부분은 한 가지 해결책, 대항하는 일에만 전념했다. 훗날 일부 임원들은 업계가 새로운 비즈니스 모델을 창출하기보다 불법행위와 싸우는 데 시간을 소비했다는 사실을 인정했다. 그들은 부정적인 연결 관계에만 매몰되어 긍정적인 연결 관계를 이용할 가능성을 사장시키고만 것이다.

관리 능력에 따라 대체재가 보완재가 될 수도 있다

교과서적인 해석으로 보면, 보완재란 존재할 수도 있고 아닐 수도 있다. 하드웨어와 소프트웨어, 프린터와 카트리지, 게임 콘솔과 게임, 휘발유와 자동차, 면도기와 면도날, 램프와 전구는 모두 하나가 없으면 다른 하나도 쓸모가 없어진다. 이 제품들 중 하나와 경쟁하려 한다면 그 기업은 반드시 가치를 제공하는 다른 제품을 가지고 있어야만 한다. 위의 경우 모두 보완재의 역할은 기업의 선택이 아닌 제품의 특성에서 발생했다.

보완재의 역할은 기업의 선택에 의해 생겨날 수 있다. 타이어를 구매하는 사람에게 반드시 레스토랑 가이드를 제공할 필요는 없다. 극장이 관객을 끌어들이기 위해 꼭 아이 돌봄 서비스를 마련해야 할 필요는 없다. 자전거 전용도로가 반드시 있어야만 자전거를 구입하는 것은 아니다.

부동산을 구입한다고 해서 반드시 대출을 받을 필요는 없다. 카펫 세제가 있어야만 개를 키울 수 있는 것은 아니다. 이런 보완재들의 경우 반드시 필요하지는 않다. 하지만 활용이 가능한 경우에는 기업이 제공하는 콘텐츠의 가치가 올라간다. 따라서 기업은 새로운 보완재를 제안할 창의적인 방법을 생각해야 한다.

당신이 종이 신문과 온라인 신문에 똑같은 콘텐츠를 담아 제공한다면 당신 스스로 독자들에게 인쇄와 디지털을 대체재로 받아들이라고 말하는 것이나 다름없다. 인쇄 버전과 디지털 버전에 서로 다른 콘텐츠가 들어간다면, 콘텐츠를 한쪽 버전에만 독점적으로 넣든지, 내용을 가공해서 양쪽 버전에 다 넣든지 해서 2개의 보완재를 손에 쥘 수도 있다. 종이책과 전자책의 가격을 달리 해서 제공하면 독자들에게는 두 제품을 별도로 구분해서 대하라는 뜻으로 들린다. 둘을 묶어서 할인된 가격에 팔면 고객은 두 제품 모두를 살 수도 있다. 이런 아이디어는 누구라도 생각해낼 수 있다. 아래 예를 보라.

그림 15 | 보완재

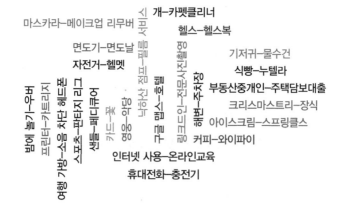

그리고 티셔츠와 관련된 예도 있다. 아래처럼 비슷한 모양의 티셔츠 두 장을 제공한다면 둘은 대체재다.

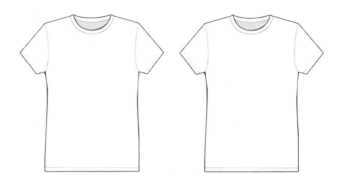

여기에 '콘텐츠'를 더하면 대체재가 순식간에 보완재로 변한다.

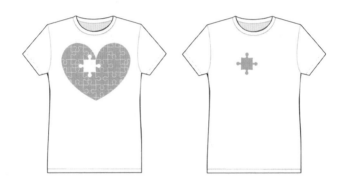

디지털 제품이 전통 제품의 도우미가 되는 비결

미디어 기업의 임원은 디지털 포맷이라는 말만 들어도 긴장하며 이렇게 묻는다. "디지털 제품이 전통 제품의 매출 감소를 불러오겠지?"

이는 대체재와 파괴, 즉 부정적인 연결 관계의 마음자세다. 하지만 새로운 포맷을 새로운 버전 내지는 완전히 새로운 제품을 만들어낼 수 있는 기회로 바라본다면 긍정적인 연결 관계를 창출해낼 수도 있다.

이제 미식축구의 도움을 받아보자. 미식축구에서는 긍정적인 연결 관계를 아주 손쉽게, 아무것도 하지 않고도 찾아냈다.

판타지 스포츠는 새로 생긴 스포츠가 아니다. 이것이 처음으로 시작된 것은 60여 년 전으로, 그냥 친구들이 모여 자기가 좋아하는 선수들의 이름을 죽 적어놓고 그 선수들의 성적을 찾아보는 식의 놀이였다. 그러다가 골프에서도 판타지 스포츠가 시작되었다. 골프 선수 같은 경우에는 측정 기준을 숫자로 나타내기가 비교적 쉬웠기 때문이다. 야구도 그 뒤를 이었는데, 이번에는 특정지표가 좀더 많아졌다. 1980년대 초반부터는 출판사들이 운동선수들의 중요한 통계자료를 기록한 안내서를 발행하기 시작했다. 그러자 미식축구도 당당히 판타지 무대에 등장했다.

판타지 스포츠는 팬들에게 말 그대로 판타지를 선사한다. NFL(프로미식축구리그) 판타지 풋볼에서는 누구나 리그에서 뛰는 선수들 중에서 스타 선수들을 뽑아 자신만의 팀, 즉 판타지 팀을 꾸릴 수 있다. 판타지 팀의 성적은 자기 팀 선수들이 실제 리그 경기에서 기록한 성적을 바탕으로 결정된다. 참가자들은 표준화된 경기 기록을 비교하는 방식으로 다른 사람과 경쟁을 벌인다.

적어도 시작은 그랬다. 처음에 판타지 리그는 그저 소셜 게임이었다. 그러다가 인터넷과 합쳐지면서 폭발적인 결과를 불러왔다. 실시간으로 분석이 이루어지고 결과도 바로 나왔다. 모든 사람들이 똑같은 플랫폼에서 참여했다. 야후에서 처음으로 판타지 리그 진행을 위해 인터넷 플랫폼을 만들어냈다. 그리고 ESPN이 곧 뒤를 이었다. 알고리즘이 결과를 계산해냈다. 한동안 많은 판타지 리그가 무료로 제공되었다.

참가자가 폭발적으로 증가하기 시작했다. 2015년에는 3,300만 명이 넘는 사람들이 판타지 리그에 참여했다. 주로 친구들과 함께했지만, 때로는 모르는 사람들과도 함께했다. 어떤 리그들은 계속 무료를 고수했지만 일부 리그에서는 참가비로 50달러 이상을 받기도 했다. 2015년 당시 판타지 리그 참여자의 90퍼센트 정도가 NFL 풋볼 리그에 쏠려 있다. 얼핏 생각하면 판타지 리그는 오가는 돈도 많지 않고 그저 친구들과 즐기는 흥미 위주의 게임일 뿐이다. 하지만 이 덕분에 NFL에서 벌어들인 총수익을 보면 더 이상 그런 말을 할 수가 없어진다.

판타지 리그에 참여하는 사람들은 자신의 지역팀에만 관심을 두지 않는다. 이들은 자신의 판타지팀 선수로 누굴 선택할지 결정하기 위해 거의 모든 선수를 유심히 지켜본다.

이들은 소셜 미디어를 통해 선수의 건강과 부상 상태를 챙기며, 내일 벌어질 경기에 대해 친구들과 채팅한다. 선수 드래프트를 소개하는 책자를 사고, 웹사이트와 텔레비전 프로그램에서 선수에 대한 조언이나 선수 간 맞대결이 펼쳐지는 경기를 확인한다. 주요 선수들의 활약상을 보고 또 본다. 이들은 텔레비전을 훨씬 더 자주 시청하고 경기 시청 시간도 평균 8시간으로 판타지 리그에 참여하지 않는 사람들보다 2시간 더 길다.

판타지 리그에 대한 관심이 폭발하면서 액세서리와 보완재도 덩달아 증가했다. 그중 가장 유명한 것이 NFL이 판타지 리그 팬들의 입맛을 사로잡기 위해 만들어낸 텔레비전 채널 레드 존Red Zone이다. 레드 존에서는 일요일 오후 내내 광고 없이 경기 하이라이트 장면을 내보낸다. 지난주에 벌어진 경기들의 득점 장면을 모두 보여주면서 한 달에 5달러 정도를 받는다. 2015년에는 주요 케이블 및 위성방송 사업자들이 모두 이 채널을 제공했다.

또 다른 보완재들도 있었다. 드래프트 키트는 팀들이 선수를 드래프트하는 데 도움을 주고, 커닝 페이퍼cheat sheet는 선수들의 기록을 종합해 제공했다. 모바일 애플리케이션도 빠질 수 없다. 판타지 매거진은 어딜 가나 눈에 띄었다. 심지어 판타지 선수들의 보험 가입도 가능해졌다.

판타지 스포츠가 NFL 한 종목에 끼친 영향만 봐도 숨이 멎을 정도다. 전문가들 추산으로는 2015년에 전국에서 판타지 리그를 통해 오간 돈이 110억 달러에 이르렀다. NFL 플랫폼에서만 판타지 스포츠 시장의 6분의 1이나 되는 300만 명의 팬을 끌어들였다. 레드 존 채널 가입과 더불어 NFL 경기 시청도 늘어났다. 한 방송사에서는 판타지 리그에 합류한 참가자의 NFL 경기 시청이 대략 30퍼센트 정도 증가했다고 분석했다.

디지털 포맷이 전통 제품에 미치는 영향을 생각하면 이제까지는 대체재와 자기잠식이라는 단어가 연상되며 걱정이 앞섰다. 이는 디지털 포맷으로 제공하는 콘텐츠가 전통적인 포맷이 제공하는 콘텐츠와 똑같을 수밖에 없을 것이라고 생각하기 때문이다. 하지만 NFL

과 NFL 판타지 리그가 보여주었듯이, 디지털 제품을 전통 제품과 차별화시킬 방법에 대해 창의적으로 생각해보라. 그러면 훌륭한 보완재를 만들어낼 수 있을 뿐만 아니라 진짜 금광을 발견할 수도 있다. 이것은 절대 판타지가 아니다.

CHAPTER 16

스필오버의 은혜로움

수억 달러 적자를 감수하고
폭스가 NFL 중계권을 인수한 이유

보완재는 긍정적인 연결 관계의 예다. 연결 관계는 보완재가 아닌 다른 방법을 통해서도 발생할 수 있다. 인도의 최대 지역방송 채널인 지 TV Zee TV는 운명이 뒤바뀐 후에야 이 사실을 깨달았다.

인도의 텔레비전 시장이 경쟁 체제에 돌입하고 거의 10년이 지났을 무렵인 2000년도 초반, 지 TV는 황금시간대 시청률 상위 20개 프로그램 중에 15개를 방영하며 황금시간대 시장점유율 70퍼센트라는 놀라운 수치를 자랑했다. 그리고 1년 후, 지 TV에게 유리했던 상황은 완전히 사라져버렸다. 어떻게 된 일일까?

지 TV는 인도의 전문 기업가가 설립하고 투자한 기업으로, 다국적 기업이 설립하고 투자한 스타 TV 그리고 소니 TV와의 경쟁에서 전무후무한 성공을 누리고 있었다. 나는 그 성공의 이유를 알아보기 위해 1999년에 지 TV를 방문했다. 임원들이 말하는 성공 이유는 분명했다. 지 TV는 일찍 설립되었고 빠르게 성장했고 민첩했다. 그리고 독특한 콘텐츠 전략을 사용했다. 스타와 소니는 힌디어 프로그램과 함께 〈SOS 해상 구조대〉 같은 영어 프로그램에 힌디어 자막을 입혀 방송했던 것과 달리 지 TV는 언제나 힌디어로 된 프로그램을 방송했다.

3개 채널의 전략은 우연히 달랐던 것이 아니다. 서로 의도하는 목표에서부터 차이가 있었다. 지 TV는 저예산 드라마를 위주로 계속해서 시장을 이끌어가고 수익을 지키려 한 반면에, 스타와 소니는 목표를 높게 잡고 다양한 콘텐츠를 제공하는 방식을 택했다. 발리우드 작품이든 비싼 드라마든 아니면 크리켓 시합이든, 프로그램 종류에 관계없이 스타와 소니는 인기 있는 히트작을 찾았다.

지 TV 임원들의 눈에는 두 기업의 행동이 살아남기 위한 필사적인 몸부림으로 보였다. 한 임원은 이렇게 말했다. "경쟁이 뜨거워지고 있지만 우리 프로그램은 난공불락이라고 보아도 좋습니다. 경쟁사들이 좋은 프로그램 2~3개를 확보한다고 해서 달라지는 것은 별로 없을 겁니다." 선두를 달리는 기업의 입장에서는 너무도 당연한 반응이었다.

그러던 2000년 7월 예기치 못한 상황이 발생했다. 스타 TV에서 〈카운 바네가 크로레파티〉(이하 'KBC')라는 프로그램을 시작한 것이다. 이 프로그램은 ABC에서 방영했던 〈누가 백만장자가 되고 싶은가〉의 인도 버전으로, 스타플러스 채널에서 1주일에 4번 방송됐다. 진행은 한때 발리우드에서 최고의 인기를 누렸던 영화배우 아미타브 바찬_{Amitabh Bachchan}이 맡았다. 1등에게 주어지는 상금 1,000만 루피(약 2억 6,000만 원)는 시청자들을 끌어들이기에 충분한 금액이었다. 이 프로그램은 곧 황금시간대 최고 시청률을 기록했다.

지 TV 입장에서는 언젠가는 경쟁사에게 1위 자리를 넘겨줄 수밖에 없는 일이니 받아들이자고 생각했는지도 모른다. 스타 TV는 예상보다 엄청난 KBC의 인기에 놀라고 있었다. 그런데 정말 사람들을 놀라게 한 것은 이후 벌어진 상황이었다.

황금시간대 인기 프로그램 100개 중 스타 TV의 프로그램이 순식간에 16개로 늘어난 것이다. 스타 TV의 성공은 거기서 멈추지 않았다. 프로그램 개편을 거의 하지 않았는데도 한 달 만에 스타 TV 50개 프로그램이 황금시간대 인기 프로그램 100위 안에 이름을 올렸다. 무슨 이유에선지 KBC의 성공이 스타 TV의 다른 프로그램들에도 영향을 끼치고 있었다. 이른바 일출효과 또는 스필오버 spillover 효과가 나타난 것이다. [그림 16]은 스타 TV의 놀랄 만한 상승, 운명의 반전을 보여준다.

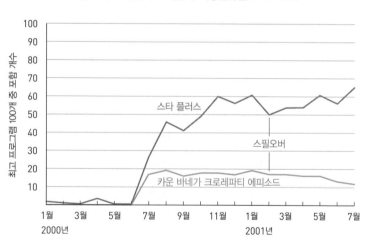

그림 16 | **스타플러스 채널의 시장점유율**(2000~2001)

하나의 프로그램이 방송사에 막대한 이익을 안겨줄 수 있다는 점은 이해할 수 있다. 그런 것이 히트작의 역할이니까. 그런데 하나의 프로그램이 어떻게 그 방송사의 다른 프로그램에까지 행운의 여신을 데려다준단 말인가? 단 하나의 프로그램으로 전체 프로그램이 유리한 고지에 오르는 일이 가능한 일인가? 이 역학 관계를 이해하기 위해서는 먼저 텔레비전 시청 행태에 관해 알아볼 필요가 있다.

방송사 임원, 미디어 전공자 또는 산업 컨설턴트도 좋다. 아무나 붙잡고 텔레비전 시청 패턴에 관해 물어보면 가장 자주 듣게 되는 이야기가 바로 이것이다. 일단 시청자가 어떤 프로그램을 시청하게 되면 그는 프로그램이 끝난 후에도 거의 채널을 바꾸지 않는다. 실제로 시청자가 한 프로그램을 보고 나서 같은 채널의 다음 프로그램을 볼 확률은 평균적으로 약 65퍼센트나 된다.

이렇게 머무르는 패턴은 오래전부터 있어온 행동이다. 1980년대에 처음으로 체계적인 측정을 실시했을 때도 결과는 같았다. 당시에는 채널을 바꾸는 것이 상당히 짜증나는 일이었다. 왜냐하면 어떤 채널로 바꿀지 결정하기 위해서는 편안한 소파에서 일어나 프로그램 안내책자를 들여다봐야 했기 때문이다. 놀라운 사실은 신기술(전자 프로그램 가이드와 리모컨) 사용으로 채널을 변경하기가 더 쉬워진 오늘날에도 상당히 많은 사람들이 채널 변경을 귀찮아한다는 점이다. 물론 남녀 간에 차이가 있고(남자가 채널을 더 자주 바꾼다), 장르별로도(시트콤보다 드라마를 볼 때 채널을 덜 바꾼다) 차이가 있다. 하지만 기본적인 사실은 변하지 않았다. 시청자들은 떠나지 않고 머무른다.

무엇이 한 방송사의 서로 다른 프로그램들을 연결시키는가? 무엇이 시청자들이 일단 방송사의 한 프로그램을 시청하면 계속 머무르며 다른 프로그램들까지 연이어 시청하게 만드는가? 여기에는 적어도 네 가지의 연결 관계가 작동하고 있다.

첫째, 리드인 효과lead-in effect라는 시청자 관성이 작용한다. 하나의 프로그램에 채널을 맞추면 상당한 시간 동안 그 채널에 머무를 확률이 높다. 프로그램이 재미있거나 또는 시청자가 게으르거나 아니면 리모컨을 찾을 수가 없어서 등의 이유로 그러하다.

둘째는 교차 광고cross-promotion 다. 이는 채널을 여러 개 소유한 방송사들이 행하는 홍보 전략으로 이를테면 한 채널에서 방송될 예정인 프로그램을 다른 채널에서 광고하는 방식이다. 황금시간대 광고 수익을 포기하면서까지 말이다. 어쨌거나 광고를 본 시청자가 그 프로그램을 볼 확률은 상당히 높아진다.

셋째는 프로그램 동질성이다. 방송사들은 종종 비슷한 프로그램들을 차례로 내보낸다. 패밀리 시트콤 후에 또 패밀리 시트콤을 방송하는 식이다.

마지막으로, 익숙한 브랜드이다. 특정 방송사의 프로그램들을 좋아하는 시청자는 그 방송사에 머무르는 경향이 있다.

이런 식으로 제품 연결 관계가 존재한다는 사실은 놀라운 게 아니다. 정말 놀라운 건 이런 연결 관계의 엄청난 규모다. 1998년에 론 샤하르Ron Shachar와 나는 교차 광고의 규모를 알아보기로 했다. 당시 방송국에서는 광고 시간 중 6분에 한 번씩 교차 광고를 내보내고 있었다. 그 시간 동안 광고를 포기한 기회비용은 상당했다. 우리는 이 교차 광고가 실제로 얼마나 효과가 있는지 알아보기로 했다.

생각만큼 답을 얻기가 쉽지는 않았다. 먼저 시청자마다 네트워크 광고network promotion(특정 일일 또는 주간 프로그램에 붙는 광고 – 옮긴이)에 노출된 자료가 필요했고, 더불어 시청자 개개인의 선택에 관한 자료도 필요했다. 일단 닐슨의 도움을 받아 기초 자료를 구했고, 그다음에 많은 연구원을 고용해 시청자 개개인의 선택에 관한 자료를 만들었다.

이 외에 고려해야 할 사항이 하나 더 있었는데, 바로 시청자 취향이었다. 누군가가 시트콤 〈사인펠트〉를 봤다고 하자. 이 시청자는 시트콤 〈프레지어〉에 나온 교차 광고를 보고 〈사인펠트〉를 본 것일까, 아니면 그냥 두 프로그램 모두 좋아하기 때문에 본 것일까? 그 외에도 리드인 효과, 시청자들 간의 선호 차이, 프로그램들 간의 특성 차이 등등 따져야 할 요인들이 많았다. 우리는 150가지의 요인을 모델에 도입했다. 그러면서 속으로는 방송사가 유료 광고방송 대신 교차 광고를 자주 내보낸 탓에 아마도 엄청난 기회비용을 날리고 있다는 결과가 나오리라 생각했다. 하지만 우리의 예상은 빗나갔다.

교차 광고에 한 번 노출된 시청자가 그 프로그램을 볼 확률은 40퍼센트로 상승했다. 교차 광고에 네 번 노출될 때까지 시청자가 그 프로그램을 볼 확률은 매번 올라갔고, 이후에는 수치가 하락했다. 비록 기회비용으로 날리는 광고 수익이 많다고는 할 수 있지만, 셀프 프로모션self-promotion은 홍보한 프로그램의 시청률 상승과 그에 따른 광고 수익 상승 덕분에 충분한 실익을 거두고 있었다. 우리가 힘들여 얻어낸 연구 결과를 모를 때에도 방송사는 이미 자기네가 무슨 일을 하고 있는지 알고 있었던 것이다.

표 10 | 1998년 1월 5일부터 11일까지 황금시간대 프로그램의 시청률 순위

황금 시간대	순위 프로그램	방송 시간	방송사	레이팅 포인트
1	ER	목요일 1/8 - 10:00 pm	NBC	21.5/34
2	Seinfeld	목요일 1/8 - 9:00 pm	NBC	20.8/31
3	Veronica's Closet	목요일 1/8 - 9:30 pm	NBC	16.8/25
4	Touched by an Angel (R)	일요일 1/11 - 8:00 pm	CBS	15.8/24
5	Friends	목요일 1/8 - 8:00 pm	NBC	15.7/24
6	Dateline NBC - Monday	월요일 1/5 - 10:00 pm	NBC	15.0/25
7	60 minutes	일요일 1/11 - 7:00 pm	CBS	13.8/22
8	Union Square (R)	목요일 1/8 - 8:30 pm	NBC	12.9/19
9	X Files	일요일 1/11 - 9:00 pm	FOX	12.9/19
10	Frasier	화요일 1/11 - 9:00 pm	NBC	12.7/19
11	20/20	금요일 1/9 - 10:00 pm	ABC	12.3/21
12	Drew Carey Show	수요일 1/7 - 9:00 pm	ABC	12.1/19
13	King of the Hill	일요일 1/11 - 8:30 pm	FOX	11.9/18
14	Sunday Night Movie - The Fugitive	일요일 1/11 - 8:30 pm	NBC	11.9/18
15	People's Choice Awards	일요일 1/11 - 9:00 pm	CBS	11.9/18
16	Simpsons	일요일 1/11 - 8:00 pm	FOX	11.9/18
17	20/20 - Monday	월요일 1/5 - 9:00 pm	ABC	11.7/17
18	FOX NFC Championship - Green Bay at San Francisco	일요일 1/11 - 7:10 pm	FOX	11.7/20
19	Home Improvement	화요일 1/6 - 9:00 pm	ABC	11.5/17
20	Law and Order	수요일 1/7 - 10:00 pm	NBC	11.5/20

미국에서 9,800만 가구가 텔레비전을 시청하는 것으로 추정됨. 1 레이팅 포인트rating point는 1퍼센트 또는 98만 가구를 의미함. 점유율은 현재 텔레비전을 켜고 있는 가정 중 해당 프로그램을 보는 시청자의 비율을 말함.

이 연구는 프로그램 연결 관계가 얼마나 크고 중요한지를 잘 보여준다. 다른 유형의 연결 관계에서도 이에 못지않은 효과를 볼 수 있다. 예를 들어 〈유니언 스퀘어〉와 〈베로니카의 클로셋〉처럼 유명하지도 않은 프로그램이 황금시간대 시청률 10위 안에 지속적으로 이름을 올리는 이유가 무엇일까? 프로그램 콘텐츠가 좋기 때문이라고 말하긴 힘들다. 이 프로그램들은 단지 〈프렌즈〉, 〈사인펠트〉, 〈ER〉 등 NBC 방송사의 저녁 인기 프로그램의 앞 시간대 또는 뒷 시간대에 자리 잡고 있었던 것뿐이다([표 10] 참조). 리드인 효과가 얼마나 강력한 힘을 발휘하는지 알 수 있지 않은가?

연결 관계들을 활용하면 엄청난 결과가 나온다. 한 프로그램의 성공이 도미노 효과를 통해 방송사 전체의 성공으로까지 이어지는 것이다.

몇 년 후, 스타 TV의 사장 우다이 샹카르Uday Shankar는 KBC가 끼친 영향에 대해 이렇게 말했다. "사람들은 KBC를 통해 기적을 경험하기를 원했습니다. 우리가 그 프로그램 덕분에 거둔 놀라운 성공이야말로 정말 기적 같은 일입니다."

얼마 후 스타 TV는 프로그램 편성에 약간의 변화를 가했다. 바뀐 프로그램의 시청률도 역시 상승했다. 곧이어 드라마 두 편을 제작해 1주일에 4일을 방송에 내보냈다. 사실 그때까지만 해도 발리우드의 드라마는 대부분 비극적 내용을 담고 있었다. "새로운 드라마들은 그 공식에서 완전히 벗어났습니다. 불행에 빠진 가정주부가 오뚝이처럼 일어서서 희망찬 삶을 살아가는 내용이었지요. 사람들은 드라마를 보며 함께 희망을 느꼈다고 생각합니다." 그러고는 또 세 번째, 네 번째 새로운 프로그램을 제작했다. 샹카르는 시청자들에게 중독성 강한 프로그램을 계속 실어 나르는 거대한 조립 라인을 만들어낸 것 같았다며 이렇게 말을 이었다.

> KBC라는 프로그램 하나가 스타 TV의 운을 바꾼 것은 아닙니다. 그 뒤에는 프리미엄 콘텐츠를 단계적으로 늘려가고 승자독식의 동력을 만들어낸 방송사의 노력이 있었죠. KBC는 사실 우리 콘텐츠의 계획 내지 주도권을 시장에 펼칠 수 있는 기회를 제공해준 훌륭한 프로그램이라는 데 그 의미가 있습니다. 그 프로그램이 경쟁의 역학 관계를 바꾸어놓았으니까요.

존재감마저 미약했던 스타 TV는 어느새 거대 방송사로 떠올랐다. 그와 동시에 지 TV는 그야말로 드라마틱한 추락을 경험했다. 하지만 스타 TV의 놀라운 반전과 지 TV의 돌이킬 수 없는 추락이 단 하나의 프로그램 때문에 빚어진 결과는 아니다. KBC라는 좋은 콘텐츠는 단지 도화선의 역할을 했을 뿐이다. 성공을 확산시킬 수 있었던 진정한 힘은 연결 관계에서 나온 것이다.

스필오버에 담긴 뜻

스필오버는 또 다른 유형의 제품 연결 관계다. 하지만 하나의 제품이 다른 제품 없이는 무용지물이 되는 보완재, 즉 하드웨어와 소프트웨어의 관계와는 조금 다르다. 스필오버의 파급 효과는 제품의 특징이 아니라 고객 행동에서 나온다.

텔레비전 스필오버는 시청자의 습관에서 발생한다. 시청자의 취향이 특정 방송사의 프로그램들과 일치하거나 혹은 시청자가 선택을 앞에 두고 어찌할 바를 모르기 때문에 발생하기도 한다. 이유가 무엇이든 결과는 마찬가지다. 시청자는 일단 마음에 드는 프로그램을 찾으면 그 방송사 주위에 계속 머무르게 된다.

행동적behavioral 스필오버와 정보적informational 스필오버 현상은 어디에나 존재한다. 스필오버는 현재 벌어지고 있는 많은 현상에도 영향을 끼치고 있으며 사람들이 궁금해하는 점을 설명하는 데도 도움을 줄 수 있다.

콘텐츠 가격

콘텐츠의 가격 인상은 텔레비전의 미래를 결정짓는 중요한 역할을 한다. 방송사나 케이블 기업 임원에게 어떤 어려움에 직면해 있는지 물어보면 스포츠 콘텐츠의 가격이 터무니없이 비싸다는 첫마디가 나온다. 이런 현상은 전체적으로 프로그램 비용을 높이고, 이는 가입비 증가로 이어지면서 텔레비전 방송을 점점 비싸지는 제품이자 지속 가능성이 떨어지는 사업으로 만들어가고 있다.

다음 페이지에 나오는 [그림 17]은 20년에 걸쳐 거의 지속적으로 증가하고 있는 NFL의 텔레비전 중계권 가격을 보여준다. 2015년에는 가격이 1년에 60억 달러로 상승한 것을 볼 수 있다. 이렇게 엄청난 비용이 들어가는데도 방송국이 인기 있는 프로그램을 선호하는 이유는 무엇일까? 누구나 다 아는 대로 인기가 높은 프로그램은 수많은 시청자를 끌어들여 엄청난 수익을 가져다주기 때문이다.

그림 17 | NFL 텔레비전 중계권 구입의 연간 가치(1985~2015)

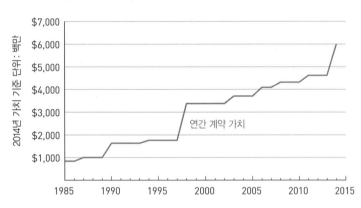

이런 설명은 귀에 못이 박히도록 들었다. 당연히 인기 있는 프로그램은 다른 프로그램보다 더 많은 시청자들이 몰려들 테니 벌어들이는 수익도 더 많다. 그런데 이런 설명이 맞아떨어지지 않는 분야가 있다. 바로 NFL 텔레비전 중계권이다. NFL 정규시즌 시청자 수는 1998년부터 2014년까지 비슷한 수준을 유지하고 있다. 그런데도 NFL 중계권 확보에 드는 비용은 계속해서 증가했다([그림 18] 참조).

사실 이런 경우는 비단 NFL만이 아니다. NBC는 〈ER〉 방영권을 협상하면서 1997년에 벌어들인 1년 수입 전체를 갖다바쳤다고 한다. ESPN은 2위 채널보다 인기는 약간 더 높을 뿐이지만 케이블 사업자

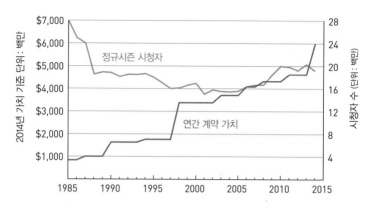

그림 18 | NFL 텔레비전 중계권과 시청자 수(1985~2015)

2014년 가치 기준 단위 : 백만

정규시즌 시청자

연간 계약 가치

시청자 수 (단위 : 백만)

들에게서 가입자 1명당 6달러를 받는다. 이는 다른 채널의 3배에 달하는 금액이다. (2014년에는 유에스에이 네트워크USA Network와 디즈니 채널Disney Channel에 이어 3위를 기록했을 뿐이다.)

타이거 우즈는 랭킹이 상당히 떨어졌는데도, 최근 몇 년 동안 참석한 대회에서 유명 선수들에게 지급하는 초청료의 50퍼센트를 혼자 받아갔다. 라디오 방송사는 유명인을 초청할 경우 전체 수익에 육박하는 금액을 그에게 지급하는 일도 종종 있다. 그리고 다른 스포츠 리그의 경우에는 중계권 가격과 텔레비전 시청률 사이의 괴리가 훨씬 큰 경우도 있다.

'슈퍼스타의 경제학'에 관해서는, 1981년에 셔윈 로젠Sherwin Rosen이 내놓은 설명이 가장 흥미롭다. 로젠은 재능 있는 사람이(특히 엔터테인먼트 비즈니스에서) 다른 사람들에 비해 종종 과도한 금액의 돈을 받아가는 이유를 알고 싶었다. 그는 그 이유를 두 가지로 설명했다.

제품 간 '불완전한 대체imperfect substitution'(다른 가수 3명의 앨범보다는 좋아하는 가수 한 명의 앨범을 갖는 것이 좋다)의 특성과 한 제품의 '결합 소비joint consumption'(한 명의 예술가가 수천 명 또는 수백만 명의 청취자에게 동시에 다가갈 수 있다)의 특성이다. 이 두 가지 특성을 각각 별도로 놓고 보면 왜 히트 제품과 다른 제품 간에 소득 차이가 발생하는지를 알 수 있다. 그리고 이 두 가지를 합치면 슈퍼스타 효과가 발생하는 것이다.

로젠의 이론은 승자가 많은 금액을 가져가는 방식을 기본으로 한다. 또 슈퍼스타의 소득이 시간이 지나면서 증가하는 이유를 신기술에서 찾았다. 신기술 덕분에 그 어느 때보다 많은 시청자에게 동시에 다가가는 일이 쉬워졌다는 사실을 소득 증대의 근거로 제시하는 것이다. 하지만 NFL이나 〈ER〉 또는 ESPN이 왜 실질적인 인기나 직접적인 수익에 비례하지 않는, 그보다 훨씬 더 많은 돈을 받아가는지에 대해서는 정당한 설명을 내놓지 못한다. 로젠의 설명은 가격이 수요와 일치하는 세상에서나 어울리는 이야기다.

그렇다면 왜 스포츠 중계권 가격은 시청자 수가 늘지 않거나 심지어 줄어드는데도 불구하고 상승하는 것일까? 이 역학 관계를 이해하기 위해서는 출발 시점부터 살펴보는 것이 도움이 된다.

1993년 텔레비전 방송 역사에서 중요한 협상 하나가 펼쳐졌다. 향후 경쟁 환경에 큰 변화를 불러올 협상이었다. NFL 중계권이 협상 테이블에 오른 것이다. 하지만 NFL이 원하는 대로, 이전 계약에 상응하는 조건으로 계약을 체결하기에는 상황이 좋지 않았다. 4년 전만 해도 3개 주요 방송사(ABC, CBS, NBC)는 AFC(아메리칸 콘퍼런스), NFC(내셔널 콘퍼런스) 그리고 먼데이 나이트 풋볼Monday Night Football,

이 세 가지를 패키지로 묶어 방송하는 대가로 NFL에 1년에 대략 2억 2,000만 달러를 지급했다. 하지만 이제 방송사마다 그 계약 때문에 적자를 봤다고 주장한다. NFL 구단주들은 중계권료 인상은 고사하고 지난 번 정도의 액수만 받아도 감지덕지할 판이었다.

그런데 시장에 변수 하나가 발생했다. 7년 전 방송을 시작한 네 번째 방송사 폭스FOX가 비축해두었던 힘을 발휘하기 시작한 것이다. 1993년 12월 7일, 폭스의 데이비드 힐David Hill은 모기업인 뉴스코퍼레이션News Corporation의 회장 루퍼트 머독Rupert Murdoch의 지지를 등에 업고 폭스가 NFL 중계에 가장 적합한 방송사라고 주장하며 나섰다. 그리고 NFC 경기를 중계하는 대가로 1년에 3억 달러, 즉 이전 가격보다 40퍼센트나 많은 금액을 제안했다.

상황이 변하자 NFC는 패키지 중계권료를 최하 2억 3,000만 달러로 묶어버렸다. 폭스는 이에 신속하게 대응하며 3억 9,500만 달러를 제시했다. 결국 너무 높은 금액 때문에 CBS는 발을 뺐다. 폭스는 스포츠 담당 부서를 만들었고 마침내 미국 주요 방송사 중 4위의 방송사로 자리매김했다. 거대 방송 3사의 라이벌 방송사로 자리매김하는 데 성공한 사례는 50년 만에 처음 있는 일이었다.

프리미엄 콘텐츠를 얻기 위해 많은 비용을 지불하는 일 자체는 그리 놀라운 게 아니다. 정말 놀라운 것은 점차 취약해지는 방송 비즈니스 환경 가운데서 그렇게나 많은 돈을 들여 방송권을 획득했다는 사실이다.

NFL 경기 중계권을 따낸 폭스는 4년의 계약 기간 동안 6억 달러의 적자를 본 것으로 나타났다. 사실 폭스는 저비용 모델을 중심으로 조심스러운 기업 운영을 하던 조직이었다. 그런데 왜 한방에 모든 걸 다 날리는 무리수를 둔 것인가? 비용 절감 경영으로 명성이 자자한 모기업 뉴스코퍼레이션은 왜 그런 제안을 허락했단 말인가? NFL 중계 자체만 보아서는 그 답을 찾을 수 없다. 폭스는 이전에 CBS가 스포츠 콘텐츠 전략을 통해 노렸던 기회를 그대로 따르고 있다. 그 답은 폭스가 창출해내고 활용하려 했던 프로그램의 연결 관계에서 찾을 수 있다.

프로그램 연결 관계 중 하나는 제휴 운송수단으로서의 활용과 관련이 있다. 폭스가 당시 성장세를 보이긴 했으나 전국적으로는 진출하지 못한 시장들이 꽤 있었다. 힐은 NFL 경기 중계 계약을 운송수단으로 활용한 상황에 대해 이렇게 말했다. "케이블 사업자들은 폭스를 방송할 수밖에 없게 되었다. 그로 인해 폭스는 전국 어디에나, 심지어 네브래스카 주까지 진출할 수 있었다. 미식축구가 아니었으면 불가능한 일이었다." 또 다른 연결 관계는 리드인 효과에서 찾을 수 있다. 앞의 [표 10]을 보면 NFL의 영향이 폭스가 일요일에 방영하는 다른 프로그램들에까지 미쳤음을 알 수 있다. 〈심슨 가족〉과 〈엑스파일〉이 순식간에 황금시간대 시청률 상위권 프로그램에 이름을 올린 것이다. 이밖에 브랜드 영향력과도 연관이 있다. 폭스에 대해 잘 알지 못하던 많은 시청자들이 NFL을 중계하는 폭스를 좋은 콘텐츠를 제공하는 방송사로 바라보게 된 것이다.

여기서 폭스의 홍보 전략을 언급하지 않을 수 없다. 폭스는 수백만 명의 NFL 시청자를 끌어들이면서 다른 프로그램을 위한 교차 광고를 공격적으로 진행했다. NFL 중계권을 획득하고 10년이 넘는 기간 동안, 다른 방송사가 케이블에게 시청자들을 빼앗기는 와중에도 폭스의 시청자 수는 변함이 없었다.

NFL의 가치를 직접적인 광고 수익의 관점에서만 따지면 폭스가 너무 많은 돈을 지급했다는 결론을 내리기 쉽다. 하지만 앞서 언급한 프로그램 연결 관계에서 발생한 효과를 모두 합치면 전혀 그렇지 않다. 세월이 흘러 라이벌 방송사들도 자신이 실수를 저질렀다는 사실을 받아들였다. CBS는 "〈60분〉에 비해 NFL의 영향력을 너무 과소평가했음"을 인정했다. ([그림 19]는 이 영향력을 나타낸다.)

그림 19 | 시간의 흐름에 따른 〈60분〉 시청률

가구 닐슨 레이팅은 미국 내 텔레비전 보유 가구 중 해당 프로그램을 시청한 비율을 뜻함. 상위 30개 프로그램 평균은 최고 포인트를 받은 상위 30개 프로그램의 가구 닐슨 레이팅 평균을 뜻함.

폭스가 실질적인 네 번째 주요 방송사로 부상할 수 있었던 것은 다른 방송사보다 스포츠에 대해 정확히 이해한 덕분이었다. 또 비즈니스의 연결 관계를 더 잘 이해한 덕분이기도 하다.

4년이 지난 후, 다시 NFL 중계권 협상 테이블에 앉게 된 CBS는 AFC 중계권료로 5억 달러를 제시했다. 당시 CBS 스포츠의 사장이던 숀 맥매너스Sean McManus는 이렇게 말했다. "이 계약으로 손해 볼 일은 없습니다. 홍보 가치를 비롯해서 이 계약이 방송사에 가져다줄 모든 것을 따져보면 그렇다는 겁니다."

이번에는 NBC가 배제되었다. NFL과의 4년 계약은 170억 달러의 가치가 있었다. 스포츠 방송 사상 가장 큰 초대형 계약이었다. 그리고 이 계약이 맺어진 시기는 방송 시청률이 줄어들고, 케이블 시청은 늘어나고, 대안적 형태의 엔터테인먼트가 폭발적인 성장을 보이던 때였다.

스필오버의 효력은 NBC의 〈ER〉 계약에서도 중대한 역할을 했다. 1998년 NFL 중계권을 잃고 몇 주 후, NBC는 〈ER〉 재계약 협상 테이블에서 에피소드당 1,200만 달러를 제시했다. 이 금액은 이전보다 1,200퍼센트 인상된 금액이었다. 전문가들은 비록 〈ER〉이 최고의 텔레비전 프로그램이긴 하지만 이 정도의 액수를 지급하면 NBC의 연간 소득 모두를 갖다 바치는 꼴이 될 것이라 했다. 하지만 NBC는 〈ER〉과 그에 따른 스필오버 효과를 얻지 못하면 어차피 모든 수익의 흐름이 막히게 될 것이라는 논리를 앞세워 결정을 밀어붙였다.

이렇게 히트 제품을 위해 파격적인 투자를 하는 현상은 텔레비전 밖에도 존재한다. 라디오에서는 이와 유사한 논리 덕분에 하워드 스턴Howard Stern이 혜택을 입었다. 2004년 설립한 후 2년이 지나도록 청취자를 끌어모으는 데 어려움을 겪고 있던 위성 라디오 시리우스Sirius는 최후의 방법을 써보기로 결정했다. 스턴을 영입하기로 한 것이다.

스턴은 당대 라디오업계에서 가장 재능 있는 진행자였다. 비록 스턴의 유명세가 대단하긴 했지만 시리우스가 내건 5년에 5억 달러라는 조건은 그야말로 파격이었다.

향후 3년간, 스턴은 330만 명의 시청자를 끌어들였다. 시리우스가 직접적으로 얻은 수익은? 가입자 한 명이 1년에 150달러를 지불하면서 시리우스의 연간 수입은 4억 5,000만 달러로 치솟았다. 스필오버 효과로 입은 혜택은 더욱 대단했다. 스턴이 시리우스라는 플랫폼의 인지도를 높이면서 시리우스의 다른 프로그램도 청취자가 늘어났다. XM 라디오와 합병에 성공한 바로 이듬해인 2010년, 시리우스는 2,000만 명에 달하는 시청자를 거느리고 30억 달러에 이르는 수입을 거두었다. 그리고 그 이후로도 연간 수십억 달러의 수익을 계속해서 벌어들였다. 스턴에게 지급한 돈이 그 이상의 역할을 해낸 것이다.

다시 처음으로 돌아가 보자. 스필오버는 20년 이상 스포츠 중계권의 가격 상승을 유발했고, 오늘날까지 계속해서 효력을 발휘하고 있다. 수많은 프로그램과 채널에 따라 시청자가 갈리면서 대부분의 황금시간대 프로그램의 시청률이 낮아지고 있다. 신기술로 인해 시청자는 방송사가 정해준 그대로가 아니라 자신이 원하는 시간에 맞춰 프로그램을 시청한다. 하지만 스포츠 프로그램은 본방 사수 프로그램이라서 시청자가 갈리는 일이 거의 없다. 드라마는 1시간 늦게 봐도 별로 잃을 것이 없지만, 스포츠 경기는 1시간 늦게 보면 안 보는 것이나 마찬가지다.

이 사실은 중요하다. 시청자 집단의 크기가 스필오버에 영향을 주기 때문이다. 한 프로그램이 더 많은 시청자를 끌어들일수록 그 결과로 나타나는 스필오버의 규모도 점점 커진다. 세월이 흐를수록 방송사에서 스포츠를 위해 점점 더 많은 돈을 기꺼이 투자할 의사를 내비치는 이유가 바로 그 때문이다.

상대적 희소성relative scarcity도 한몫한다. 20년 전에는 1,000만 명의 시청자를 끌어들일 수 있는 콘텐츠를 갖춘 프로그램이 10여 개가 있었고, 방송사는 그중에서 선택할 수 있었다. 오늘날에는 그 정도의 시청자를 끌어모을 수 있는 프로그램이 스포츠밖에 없다. 아직 주요 방송사라고 할 수 없는 ESPN이나 TNT 같은 방송사들까지 중계권 협상에 끼어든 상황을 생각해보라. 그러면 중계권 가격이 왜 하늘 높은 줄 모르고 치솟는지 쉽게 이해할 수 있다.

게다가 연결 관계는 거기서 끝이 아니다. 프로그램 스필오버를 넘어서 스포츠 시청과 관련된 보완재가 뭐가 있을까 생각해보라. 고화질 텔레비전이 보완재가 될 수 있다. 음향과 영상이 더 좋아질수록 스포츠를 시청하며 얻는 즐거움도 증가하니 말이다. 온라인 판타지 스포츠와 게임도 보완재에 이름을 올릴 수 있다.

스포츠 중계권, 케이블 가입비, 슈퍼스타의 수입을 직접적인 인기도와 비례해서 설명하려 한다면 이런 현상을 제대로 이해할 수 없다. 히트 제품이 중요한 이유는 직접적인 수익도 수익이지만 그에 따르는 여러 간접적인 이익이 엄청나기 때문이다. 히트 제품이 말도 안되는 듯 보이는 파격적인 액수를 벌어들일 수 있는 이유는 히트 제품 자체가 인기 있는 자산일 뿐만 아니라, 히트 제품이 다른 제품들에 걸쳐 창출해내는 스필오버 효과와 히트 제품의 가치를 높여주는 보완재 때문이다.

히트 제품에 대한 과잉투자는 인기만으로는 설명할 수 없다. 연결 관계를 생각해야만 설명이 가능해진다.

업혀가기 전략의 모든 것

'다빈치 코드'가 가져온 후광, '쿠쿠스 콜링'이 준 교훈

오늘날의 비즈니스에서는 사실 어떤 회사든 새로운 제품을 만들어낸 후에 마켓플레이스 트랙션marketplace traction, 즉 시장 수요의 양적 증거를 찾아내는 과정에서 종종 어려움을 겪는다. 책이나 잡지, 텔레비전 프로그램 또는 영화도 마찬가지다. 또 신형 자동차, 웹사이트, 금융 상품, 의류도 이 경우에 포함될 수 있다.

과거에는 주목받기 힘들다 싶으면 간단한 방법으로 문제를 해결했다. 돈을 더 많이 쓰는 것이다. 이제 그런 방식은 점차 통하지 않게 되었다. 누구나 다 똑같은 방식을 사용하다 보니 불협화음과 혼란만 생기고 만다.

이보다 더욱 효과적이고 점차 더 많이 사용하는 방식이 바로 연결 관계에 의존하는 것이다. 더 많은 돈을 쓰기보다는 많은 사람들에게 알려진 제품과 연결 관계를 맺는 것이 도움이 된다. 그리고 이러한 '정보적 스필오버'는 다양한 환경에서 성공을 거두고 있다.

호랑이 등에 업혀가기

스포츠 분야에서 타이거 우즈만큼 사람들을 끌어들이는 능력이 뛰어났던 선수는 없었다. 1998년부터 2008년까지 우즈는 매년 대략 17개 토너먼트에 참가했다. 17개 대회는 미국 프로골프리그 투어에서 열리는 대회 수의 반에도 미치지 못하는 수치다. 보통 상위권 선수들은 이보다 훨씬 더 많은 대회에 출전한다. 하지만 우즈가 참가한 대회와 참가하지 않은 대회의 텔레비전 시청률 차이는 보고도 믿기 힘들 정도다. 거의 2배 차이가 난다.

스타 파워를 가늠하는 또 다른 척도는 초청료라 할 수 있다. 2011년 두바이오픈은 시즌 개막 대회 참가 선수로 타이거 우즈를 초청했다. 당시 우즈는 개인 커리어 사상 최악의 랭킹을 기록하고 있었다. 대회에는 랭킹 1, 2, 3위를 달리던 루크 도널드Luke Donald, 로리 매킬로이Rory Mcllroy, 리 웨스트우드Lee Westwood도 초청되었다. 대회 조직위원회에서는 유명 선수들에게 총 500만 달러의 초청료를 지급했는데, 그중 우즈가 50퍼센트를 받아간 것으로 알려졌다.

이런 사실을 보면 대부분의 혜택이 타이거 우즈에게만 돌아갔다고 생각하기 쉽지만 꼭 그런 것은 아니다. 10년 넘는 기간 동안 시청률이 높아진 덕분에 골프라는 스포츠 전체가 이득을 보았다. 우즈가 활동하는 동안 방송사 광고료가 올랐고 기업의 PGA 투어 후원금 액수도 올랐다. 광고료와 후원금 덕분에 수익이 늘자 대회 우승 상금의 액수도 올라갔고, 그 덕분에 일류급 선수들이 혜택을 입었다.

우즈가 활동하는 동안 상금 액수는 평균 400퍼센트 증가했다. 홀

룡한 성적을 거두었음에도 우즈의 그늘에 가려 제대로 조명을 받지 못했던 필 미컬슨 Phil Mickelson은 이렇게 말했다. "골프에서 나만큼 타이거 우즈의 혜택을 많이 받은 사람은 없습니다. 우즈가 상금 액수를 끌어올렸죠. 텔레비전 시청률도 끌어올렸고, 마케팅 기대치도 끌어올렸습니다. 광고 출연료도 인상시켰고, 그 덕분에 나는 누구보다 더 많은 수입을 올릴 수 있었습니다."

일류급이 아닌 선수들도 혜택을 보았다. 제이 윌리엄슨 Jay Williamson은 PGA 투어에서 한 번도 우승하지 못했지만 상금으로 550만 달러를 벌었다. 아마 타이거 우즈와 활동 기간이 같았기 때문일 것이다. 윌리엄슨은 〈뉴욕타임스〉와의 인터뷰에서 타이거 우즈의 무분별한 행동을 비판하면서도 우즈에게서 나온 스필오버의 긍정적인 효과에 대해서는 솔직히 인정했다. "저는 왕처럼 살고 싶지는 않습니다만 그래도 애들 3명을 다 사립학교에 보냈습니다. 아마도 타이거 우즈 덕분이라 할 수 있겠죠." 어느 골프 전문가는 이렇게 말했다. "1996년에는 100만 달러 이상을 번 선수가 9명밖에 되지 않았습니다. 하지만 2009년에는 그 수가 91명이 되었죠."

우즈의 후광은 기업의 후원 계약에서도 빛을 발했다. 1996년, 나이키가 우즈와 5년에 4,000만 달러라는 놀라운 금액으로 계약을 체결하자 사람들은 과연 그 정도의 가치가 있는지 의심의 눈초리를 보냈다. 2013년에 카네기 멜론의 연구원 3명이 조사한 바에 따르면, 계약 이후 2000년부터 2010년 사이에 나이키 골프공 매출이 990만 개 늘었다. 뿐만 아니라 가격이 약 2.5퍼센트 상승하면서 수익이 1억 300만 달러 증가했다고 한다. 달리 말하면, 나이키가 우즈에게 10년에 걸쳐 후원금으로 지급한 1억 8,100만 달러의 반 이상을 미국 내 골프공 판매만으로 회수했다는 뜻이다.

우즈에 관한 이야기는 '히트작'에서 나오는 긍정적인 연결 관계가 막대하다는 점뿐만 아니라, 그만큼 부정적인 스필오버 효과가 발생할 수 있다는 점에서도 주목할 만하다. 2008년에서 2009년 사이에 우즈가 무릎 부상으로 대회 출전을 못하자 그가 등장하던 때와 비교해 대회 마지막 날 파이널 라운드의 텔레비전 시청률이 47퍼센트 감소했다. 2009년에는 우즈가 출전하지 않은 토너먼트에 붙은 텔레비전 광고료가 30퍼센트 낮아졌다. 그리고 그해 말 타이거 우즈의 불륜설이 터져 나오면서 후원사들이 주식 거래일 13일 동안 시장 가치의 2퍼센트, 금액으로 환산하면 100억 달러를 날려버렸다는 조사 결과도 있다.

거꾸로도 미치는 스필오버 효과

2003년 6월, 댄 브라운Dan Brown의 신간 소설《다빈치 코드The Da Vinci Code》가 〈뉴욕타임스〉 베스트셀러 1위에 오르더니 몇 달 동안이나 상위권을 고수했다. 향후 6년 동안 브라운은 새로운 소설을 쓰지 않았다. 그런데도 그의 책 3권이 베스트셀러 목록에 이름을 올렸다. 이런 기이한 현상이 왜 일어났을까?《천사와 악마Angels and Demons》,《디셉션 포인트Deception Point》,《디지털 포트리스Digital Fortress》, 이렇게 세 권은 원래《다빈치 코드》이전에 출판되었던 책들로 보통의 판매실적을 기록하고 있었다. 그랬던 책들을《다빈치 코드》가 성공한 뒤에 포켓 북스Pocket Books 출판사가 재출간한 것이었다. 이제는 이 책들도 상위권으로 상승했다.

《다빈치 코드》이후에 댄 브라운이 거둔 성공은 새로운 콘텐츠 때문이 아니라 '거꾸로도 미치는 스필오버' 현상 때문이다. 다시 말해 오늘의 히트작이 어제의 콘텐츠에 대한 관심을 불러일으키는 현상의 수혜를 본 것이다. 우리는 이런 현상을 다른 곳에서도 보곤 한다. 텍사스주립대학교 오스틴캠퍼스의 경제학자인 켄 헨드릭스Ken Hendricks 와 스탠퍼드대학의 앨런 소런슨Alan Sorensen 은 음악가와 관련된 흥미로운 조사를 한 적이 있다. 조사 결과, 이들은 음악가의 히트 앨범이 그 음악가가 발매한 이전 앨범(이를 '카탈로그catalogue' 앨범이라 함)의 판매를 증가시킨다는 사실을 발견했다. 그것도 꽤 자주 엄청나게 말이다.

[그림 20]은 두 사람의 연구논문을 바탕으로 스필오버가 두 밴드에게 미친 영향을 그린 것이다. 두 밴드 중 하나는 비교적 무명에 가까운 얼터너티브 록 밴드 블러드하운드 갱Bloodhound Gang 이고, 다른 하나는 좀더 인기 있었던 하드록 밴드 푸 파이터스Foo Fighters 다. 두 밴드의 경우에서 각각 히트를 쳤던 두 번째와 세 번째 앨범 발매가 첫 앨범의 판매를 증가시켰고, 어떤 경우에는 그 증가가 상당했다.

헨드릭스와 소런슨은 1993년부터 2002년까지 300명 이상의 음악인을 대상으로 스필오버 효과에 대해 조사했다. 대상 범위가 넓어졌음에도 그 결과는 역시 놀라웠다. 연구원들은 어느 음악가가 두 번째로 낸 앨범이 그의 첫 히트 앨범이 되었을 때, 처음에 냈던 앨범의 주간 판매가 평균 100퍼센트 이상 증가했다는 사실을 알아냈다.

그림 20 | 두 밴드에 '거꾸로도 미치는' 스필오버 효과

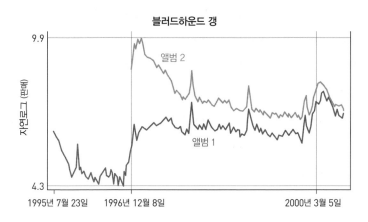

블러드하운드 갱

푸 파이터스

자료 출처 : 닐슨 사운드스캔Nielsen SoundScan

헨드릭스와 소런슨, 2009년 연구 결과 재현. 위의 그래프들은 시간의 흐름에 따른(주간 단위 측정) 음악가의 첫 번째 그리고 두 번째 앨범 판매의 자연로그를 보여준다. 세로선들은 두 번째와 세 번째 앨범의 발매 일자를 나타낸다. 그래프의 변화는 한 밴드가 새로이 발매된 앨범이 동일 밴드가 이전에 발매한 앨범 판매 증가의 원인인 되고 있다는 사실을 설명해준다.

하지만 이미 유명세를 타고 있는 가수의 경우에는 첫 앨범 판매 증가가 훨씬 덜했다. 그 음악가의 고향 지역에서도 판매가 크게 증가하지 않았다는 사실 또한 발견했다. 이는 스필오버가 모든 팬들에게 앨범을 더 구매하도록 설득하는 건 아님을 보여준다. 그보다는 그 음악가를 잘 모르는 사람들 사이에서 그 음악인에 대한 인식을 증가시키는 데 더 큰 역할을 한다는 사실을 암시한다. 스필오버가 정보 제공의 역할을 했던 것이다.

이 연구원들은 뒤이어 대단히 흥미로운 분석 결과를 내놓았다. 헨드릭스와 소런슨은 연구에서 얻은 결과를 사용해 두 가지 상황에서 스필오버의 상대적 중요성을 평가해보았다. 소비자들이 음악가에 대해 잘 알아서 익숙한 상황과 그렇지 않은 상황을 비교해 스필오버의 효과를 확인하려 한 것이다. 소비자들이 음악가에 대해 '아주 잘 아는' 경우에 히트 앨범이 창출해내는 스필오버 효과가 비교적 상당히 적었다. 이 결과는 스필오버 효과가 근본적으로 어떤 역할을 하는지 여실히 보여준다. 스필오버가 관련 제품에 대한 소비자 인식을 높여주는 것이다.

정보 전달자로서의 스필오버 효과를 가장 잘 보여주는 놀라운 사례가 있다. 2013년 여름에 일어난 일이다. '로버트 갤브레이스Robert Galbraith'라는 작가가 《쿠쿠스 콜링The Cuckoo's Calling》이라는 신간을 내놓았다. 비평가들의 호평에도 불구하고 첫 두 달 간 이 책은 단 1,500권이 팔렸다. 그러다 2013년 7월 15일, 이 작가가 필명으로 책을 썼다는 사실이 밝혀졌다. 책의 저자는 바로 '해리 포터Harry Potter' 시리즈를 쓴 조앤 K. 롤링Joan. K. Rowling이었던 것이다. 그 사실이 밝혀지자 그날 첫날에만 판매가 156,866퍼센트 급등하면서 단숨에 베스트셀러 반열에 올랐다. 한 달 후, 판매 부수는 110만 권에 이르렀다.

당신이 좋은 콘텐츠를 생산하면 칭찬을 받을지도 모른다. 그러나 똑같은 콘텐츠를 유명한 사람의 이름으로 바꿔서 내놓으면 대박을 맞게 된다.

비록 롤링과 갤브레이스는 매우 특이한 경우이긴 하지만, 익숙한 이름에 업혀가기piggybacking는 실제 널리 쓰이는 전략이다. 예전부터 거금을 투자하는 마케팅으로 유명한 영화와 텔레비전은 방식 전환을 꾀하고 있다.

1981년에는 최고 수익을 거둔 영화 열 편 중 세 편이 속편 또는 각색 작품이었다. 2011년에는 최고 수익을 거둔 영화 열 편 중 열 편 모두가 속편이나 각색 작품이었다. 현재 할리우드의 주요 영화사에서 내놓는 모든 영화 중에서 대략 20퍼센트 정도가 첫 작품의 성공에 이어 만들어지는 속편이나 전편이다. 좀 있어 보이는 말로 표현하자면 '프랜차이즈 투자'고, 좀 없어 보이는 표현으로 하자면 '창의성 결여'라 할 수 있다. 어쨌든 연결 관계를 통해 새로운 상품이 이미 익숙한 제품의 혜택을 입을 수 있도록 해준다는 것, 이것이 진실이다.

텔레비전 방송사도, 사람들에게는 좀 덜 알려졌지만 점차 이와 유사한 전략을 채택하고 있다. 속편 제작 대신 유명 연기자 또는 익숙한 캐릭터를 프로그램에 투입하는 방식이다. 〈사인필드〉의 오리지널 드라마에 나왔던 캐릭터 5명을 계속 활용하면서 이들이 출연하는 프로그램을 4개나 만들었다. 〈치어즈〉는 텔레비전 역사상 가장 성공적인 스핀오프spin-off(오리지널 영화나 드라마를 바탕으로 새롭게 만든 작품)

chapter 17 '다빈치 코드'가 가져온 후광, '쿠쿠스 콜링'이 준 교훈로 평가받는 〈프레이저〉를 탄생시켰다. 2005년부터 2012년까지 방송된 프로그램 중 3분의 2가 이전에 성공한 프로그램의 등장인물을 투입시켰거나 이전 작품의 리메이크 작이었다.

정보 전달 역할의 스필오버가 극단적인 형태를 취하게 되면 재미있는 일이 일어날 수도 있다. 극단적인 형태의 업혀가기 전략을 실행할 경우 콘텐츠가 아닌 스필오버에 완전히 의존하게 된다. 쉽게 말해서, 자기 콘텐츠에 다른 사람의 이름만 갖다 붙이는 것이다. 나는 최근에 동료들과 함께 이름이 얼마나 큰 영향력을 발휘하는지 알아보는 실험을 한 적이 있다. 기사가 실린 매체의 이름을 바꿔놓으면 어떤 일이 발생하는지 보고자 한 것이다.

우리는 '그리스의 재정 위기가 유럽연합에 미치는 영향'에 관한 기사를 준비해서 700명에게 읽게 했다. 그런 다음 '비판력'과 '사용 언어의 질' 측면에서 '기사의 품질'에 등급을 매겨달라고 부탁했다. 그 기사는 고대 그리스신화에 나오는 아우게이아스 왕의 외양간 Augean stables 을 예로 들어, 정치적 분석과 역사적 알레고리를 섞어가며 그리스가 처한 곤경을 설명한 것이었다.

그 기사의 품질에 대한 평가는 최고 10점을 기준으로 평균 5점이 약간 넘었다. 8점 또는 그 이상의 점수를 준 사람들도 있었고, 1점이나 2점을 준 사람들도 있었다. 사실 이 실험에서는 중요한 변수가 있었다. 그 기사가 올라온 웹사이트 세 군데 중에서 무작위로 하나를 골라 독자들에게 읽게 했다는 사실이다([그림 21a], [그림 21b], [그림 21c]). 700명 중 3분의 1은 출처가 표시되지 않은 '하얀 종이'에 적힌 기사를 읽었다. 그리고 3분의 1은 〈허핑턴포스트〉(기사의 원 출처)처

그림 21a | 출처가 없는 기사

21b | 〈이코노미스트〉에 올라온 기사

그림 21c | 〈허핑턴포스트〉에 올라온 기사

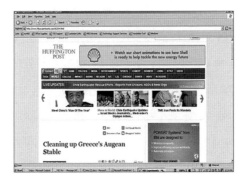

럼 보이도록 만든 사이트에서 기사를 읽었다. 나머지 3분의 1은 〈이코노미스트〉인 듯 보이는 사이트에서 기사를 읽었다.

'출처가 없는' 기사를 읽은 사람들 중 3분의 1이 넘는 사람들이 4점 또는 그 이하의 점수를 주었다. 그리고 〈허핑턴포스트〉라고 표시된 기사를 읽은 독자들 중에서 22퍼센트가 위와 유사한 수준의 낮은 점수를 주었다. 하지만 〈이코노미스트〉라고 표시된 기사를 읽은 사람들 중에서는 위와 비슷하게 낮은 점수를 준 사람이 10퍼센트 미만이었다. 세 그룹 모두에게 제공된 기사의 내용은 동일했다.

표 11 | 인지된 기사의 품질에 브랜드가 미치는 영향 : 무작위 실험

기사에 대한 독자 평가 점수	기사가 올라온 곳		
	출처 없는 사이트	〈이코노미스트〉처럼 보이는 사이트	〈허핑턴포스트〉처럼 보이는 사이트
1~4	34%	10%	23%
5~7	47%	45%	45%
8~10	19%	45%	32%
평균	5.4	6.9	6.1

디지털 무대에서 사람들의 관심과 주목을 받기는 아주 힘들다. 그래서 다른 사람의 이름에 업혀가기는 흔히 볼 수 있는 현상이 되었다. 앱스토어에 똑같은 이름의 애플리케이션이 올라왔던 것처럼(놀랍게도 'A Beautiful Mess'라는 제목의 앱이 몇 주 만에 7개나 생겨났다. 앱 최초 개발자도 자신이 개발한 앱이 제목만큼이나 엉망진창mess이 될 줄은 미처 몰랐을 것이다) 때때로 양심 없는 해커나 게으른 '기업가'가 이 방법을

사용하기도 한다.

업혀가기는 자신만의 독창성으로는 주목받을 자신이 없을 때, 관심을 끌기 위해서 사용할 수 있는 전략이다. 출세를 꿈꾸는 음악인들은 주로 유명 음악인의 기존 히트 곡을 '커버'한다. 즉 원곡을 모방한 자신의 버전을 유튜브나 저작권에 위배되지 않는 합법적인 방법으로 올리기도 하는 것이다.

몇 년 전에는 알렉스 구트Alex Goot라는 음악가가 〈내가 썼으면 좋았을 노래들Songs I Wish I Wrote〉이라는 솔직한 제목의 커버 앨범을 유튜브에 올리기도 했다. 그 앨범에는 트레인Train의 'Hey, Soul Sister'와 마이클 잭슨Michael Jackson의 'Beat it'의 리메이크 곡이 들어 있었다. 구트는 2015년까지 50개 이상의 커버 앨범을 유튜브에 올렸고 이런 그의 노력은 결실을 맺었다. 그는 자신만의 유튜브 채널로 230만 명이 넘는 팬을 끌어모았다. 게다가 '최고의 유튜브 아티스트 10인'에도 자주 이름을 올렸다.

그렇다면 이런 젊은 음악가들은 자신의 노력을 어떻게 수입으로 연결시킬까? 당연히 콘서트에 의존한다.

여러 포맷에 걸쳐 이어지는 스필오버

어떻게 디지털이 인쇄물을 도왔나

정보 전달 역할의 스필오버는 똑같은 포맷의 콘텐츠 홍보뿐만 아니라 다른 포맷의 콘텐츠 홍보에서도 중요한 역할을 한다. 가장 흔한 형태로 디지털이 인쇄의 성공에 미치는 영향을 들 수 있다. 아주 오랫동안 종이 신문 회사들은 스필오버를 부정적인 관점에서 바라보았다. 콘텐츠를 인터넷에 올리면 종이 신문 판매가 잠식당할 것이라고 믿었다. 디지털 부분을 향상시키면 자사의 핵심 제품이 흔들릴 것으로 생각했다. 이제는 그런 생각이 크게 잘못되었다는 사실을 알지만, 피터르 뒤 투아 Pieter du Toit도 한때는 그렇게 생각했었다.

뒤 투아는 남아프리카공화국에서 아프리칸스어로 발행하는 최대 일간지 〈베일트〉의 편집장이다. 그는 최근 내게 "2013년 2월의 한 사건 이후 뉴스를 대하는 방식 그리고 디지털에서 인쇄로의 스필오버에 대한 인식이 완전히 달라졌는데, 이게 오스카 때문"이라고 했다.

오스카 피스토리우스 Oscar Pistorius는 남아프리카공화국 출신으로 세계 장애인올림픽 육상 대회 우승자다. 태어난 지 11개월 만에 두 무릎 아래를 절단하는 대수술을 받았지만 운동선수로서는 놀라운 경력을 쌓아가고 있었다. 장애인올림픽에서 세계 신기록을 수립했고, 마침내 2012년 런던 올림픽에도 출전했다. 하지만 충격적인 일이 일어났다. 2013년 밸런타인데이에 〈베일트〉는 피스토리우스가 자신의 여자친구이자 모델인 리바 스틴캠프 Reeva Steenkamp를 총으로 쏴 살해했다는 뉴스를 내보낸다.

그날 아침 〈베일트〉는 그 소식을 가장 먼저 접한 언론사였다. 소식의 신빙성을 확인한 〈베일트〉는 먼저 디지털로 뉴스를 내보낼 것인지, 아니면 다음 신문 인쇄 시간까지 기다려야 할 것인지 결정해야 했다. 어찌 보면 선택의 여지가 없었다. 곧 다른 언론에서도 이 뉴스가 쏟아져 나올 것이 뻔했기 때문이다. 하지만 이전까지 〈베일트〉는

1면에 오를 대형 기사를 온라인에서 먼저 보도한 적이 한 번도 없었다. "우리 온라인 사이트는 종이 신문에 비하자면 후보 선수나 마찬가지였습니다." 뒤 투아는 설명을 이어갔다. "온라인 신문은 대부분 전날 종이 신문에서 다뤘던 기사들로 가득했죠."

〈베일트〉는 오전 8시에 놀랍게도 트위터로 기사를 터뜨렸고, 뒤 투아는 이렇게 말했다. "온 세계가 우리 위로 무너져 내리는 것 같았죠. 뉴스가 나간 순간부터 지금까지도 그 폭발의 여파가 이어지는 것 같아요. 그런데 그 영향력이 디지털에서만 끝난 게 아니더군요. 그 뉴스가 나가고 첫 주에 종이 신문 판매가 30퍼센트나 뛰어올랐습니다. 평생 듣도 보도 못한 현상이었어요." ([그림 22] 참조)

그 이유가 뭘까? 아마도 디지털로 속보를 접한 사람들은 다음 날 신문을 구입해서 더 자세한 소식을 읽어봐야겠다고 생각했을 것이다. "사람들은 더 상세한 이야기를 알고 싶어했어요. 목격자의 증언 같은 거요." 이 보도로 〈베일트〉의 브랜드 가치는 상승했다. 그리고 부가적인 이득도 얻었다. 〈베일트〉는 어떤 사건이 일어나면 그에 대한 실마리 정보를 쥔 사람 또는 은밀한 내부 고발자 등이 제일 먼저 찾는 곳이 되었다. 가장 먼저 사건을 터뜨렸다는 점, 그리고 디지털로 내보냈다는 점에서 긍정적인 스필오버 효과가 나타난 것이다.

그 사건이 있기 전까지 〈베일트〉는 만일 트위터로 특종을 먼저 내보낸다면, '우리는 무엇을 잃을 것인가'부터 물었다. 그러나 뒤 투아는 "오스카가 우리의 마인드를 바꿔주었고 두려움을 사라지게 해주었다"고 말했다.

긍정적인 스필오버 효과는 뉴스룸의 문화에까지 흘러들었다. 〈베

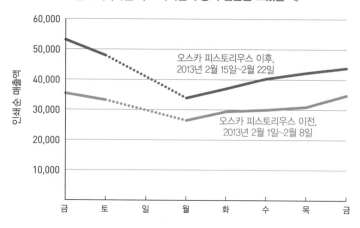

그림 22 | 〈베일트〉 : 디지털이 종이 신문을 도왔을 때

일트〉는 디지털 우선으로 방향을 재정비했다. 종이 신문의 기사를 재활용하는 대신 온라인 기사를 새로 작성하는 전문팀을 구성했다. 하루의 업무 흐름도 바꾸었다. 뉴스룸은 하루에 한 번 나오는 종이 신문보다 온라인의 트래픽 급증을 중심으로 계획하기 시작했다. 기사를 한 번 쓴 걸로 끝내지 않고, 그 날에 변하는 상황에 따라 바로바로 기사를 업데이트했다.

〈베일트〉의 과거 사고방식은 우리에게도 익숙한 것들이다. 긍정적인 스필오버보다 부정적 스필오버를 생각하는 사고방식, 대부분의 콘텐츠 비즈니스에서 두 가지 사업의 긍정적인 연결 관계에 대해 생각하기도 싫어했던 사고방식, 그러다가 두 사업 간에 서로 피해를 줄지도 모른다는 두려움에 사로잡혔던 사고방식 말이다. 하지만 이제 그들의 사고방식은 느리지만 확실하게 변하고 있다.

어떻게 인쇄물이 디지털을 도왔나

사람들의 관심을 끌어낸다는 점에서 보면 디지털 포맷이 인쇄된 종이 출력물에 비해 훨씬 더 효과적이라고 생각하기 쉽다. 또한 스필오버의 혜택은 디지털에서 발생해 인쇄물 쪽으로만 흘러간다고 생각하기 쉽다. 하지만 둘 다 사실이 아니다. 다음의 예를 생각해보자.

요즘 E. L. 제임스E. L. James의 관능적인 로맨스 소설《그레이의 50가지 그림자Fifty Shades of Grey》를 모르는 사람은 거의 없다. 하지만 그 소설이 그렇게 인기를 끌게 된 이유를 아는 사람은 별로 없다. 그 책은 원래 디지털 포맷(전자책)으로 나왔고 소박하다 싶을 정도의 성공을 거두었다. 겨우 수천 부 정도가 팔렸을 뿐이다. 그러다가 빈티지Vintage(크노프Knopf 출판사의 페이퍼백 담당 부서)의 앤 메시티Anne Messitte가 제임스에게 인쇄 버전의 출판 계약을 제안했다. 이해하기 힘든 제안이었다. "이미 디지털 버전으로 팔릴 만큼 팔렸다는 거였죠." 메시티가 말을 이었다. "인쇄 버전으로도 많이 팔리지 않을 것이다. 서적 구매자들이 신분 노출을 꺼릴 것이라는 얘기가 많았어요."

하지만 사람들의 시선을 끌어당기기에는 종이책이 유리한 점도 있다. 월마트Wal-mart나 코스트코Costco 같은 슈퍼마켓, 공항에 있는 대형 서점에 책을 진열하면 사람들 눈에 더 쉽게 띈다. 다른 사람들과 공유하기가 더 쉽다. 선물로 주기도 더 쉽다. 빈티지는 책의 유통과 진열 방법에 대해 차근차근 계획을 세웠다. 그리고 인쇄 서적의 출간 시기에 맞춰 제임스를 텔레비전에 출연시켜 언론의 관심을 끌기로 했다. 이렇게 디지털에서 인쇄물로 옮겨간 결과는 어땠을까? 전자책 버전으로 수천 권 팔렸던 책은 종이책으로 출간된 지 1년 만에 9,000

만 부가 팔렸다. 이 책은 역대 가장 많이 팔린 베스트셀러에 이름을 올렸고 덩달아 전자책의 판매도 급증했다.

콘텐츠는 변하지 않았다. 포맷이 바뀌었을 뿐이다. 《그레이의 50가지 그림자》 사례에서는 스필오버 효과가 디지털에서 인쇄로 흘러가지 않고 그 반대로, 인쇄에서 디지털로 흘러갔다.

수직적 통합의 미스터리

수직적 통합vertical integration이란 콘텐츠와 유통이 통합 내지 결합되는 것을 말한다. 엔터테인먼트 비즈니스에서는 이 방식이 오래전부터 인기를 끌었다. 1986년 20세기 폭스20th Century Fox 와 폭스 브로드캐스팅 코퍼레이션Fox Broadcasting Corporation, 1996년 ABC와 디즈니Disney 의 합병에서 시작해 2000년 에이오엘AOL 과 타임워너Time Warner 의 메가 합병 그리고 2009년 컴캐스트Comcast 와 NBC로 이어진 텔레비전 스튜디오와 브로드캐스트 네트워크broadcast network 의 합병이 최근 수직적 통합 급증에 물꼬를 트는 역할을 했다. 그런데 이상한 현상이 생겼다. 업계와 은행에서는 이 현상을 반기는 반면, 동시에 비판의 목소리도 점점 높아졌다. 왜일까?

여기 그럴듯한 시나리오를 한번 보자. 텔레비전 네트워크가 제작사 혹은 프로덕션 스튜디오를 사들인다. 그리고 수직적 통합에 대해 일반적으로는 이런 식의 주장을 펼친다. 유통업자(배급업자)가 업스트림 콘텐츠를 사들이면 프로그래밍 비용을 조절하기가 더 좋다. 왜

나하면 케이블 사업자가 ESPN을 매입한다면 케이블 가입비에 대한 끊임없는 협상을 피할 수 있기 때문이다. 유통업자는 가격 전쟁을 치르지 않고도 생산자의 히트 작품을 차지할 수 있다. 이는 스튜디오가 히트 작품을 찾는 과정에서 발생하는 위험을 나눌 수 있는 방법이다. 일례로 디즈니가 픽사Pixar를 인수했을 때 애니메이션 영화에 대한 값을 따로 지불하지 않고도 영화를 사용할 수 있는 권리를 얻었던 것을 들 수 있다.

신문에서 수직적 합병에 관한 글을 읽을 때마다 위에 언급한 주장 중의 하나를 볼 수 있다. 그런데 위의 주장 중에 설득력이 있는 주장은 하나도 없다. 그 이유는 바로 '영합이전zero-sum transfer' 때문이다.

스튜디오의 히트 작품을 사용할 권리가 생긴다는 주장에 대해 생각해보자. 여기에는 한 가지 고질적인 문제가 있다. 아래로 유통되는 제품 가격을 제한하면 유통업자에게 도움이 될 수는 있으나 스튜디오 입장에서는 히트 작품을 더 비싼 가격에 팔 수 있는 길이 막히므로 손해다. 반대로, 유명하지도 않은 콘텐츠를 무조건 구입한다면 유통업자가 손해를 볼 수 있다. 다른 스튜디오에서 더 수익성이 좋아 보이는 물건을 갖다 놓을 수도 있었을 테니 말이다. 달리 말해서, 거래를 통해 한편이 얻는 이득이 다른 편의 손실에 의해 상쇄된다는 뜻이다. 결국 통합에서 얻는 순이익은 없다.

콘텐츠 가격을 억제할 수 있다는 주장에도 똑같은 비판이 나오긴 마찬가지다. 유통업자가 콘텐츠 생산자를 사들인 후에 콘텐츠 가격을 임의적인 명령에 의해 조절한다는 것은 생산자의 이익을 희생하면서 유통업자가 이득을 본다는 뜻이다. 이는 또 다른 영합이전이다.

수직적 통합을 관통하는 논리의 흐름은 간단하다. 한 주머니에서 돈을 꺼내 다른 주머니로 옮겨 넣는다고 현금이 늘어나지는 않는다는 원리다. 수직적 통합을 지지하는 사람들 대부분이 이 점을 계속해서 놓치고 있다.

영합이전의 논리가 의미하는 것은, 수직적으로 통합된 시스템에서의 콘텐츠 가치가 통합되지 않은 시스템에서의 콘텐츠 가치와 다르지 않다는 점이다. 생산자와 유통업자가 하나의 독립체로 합병하든, 아니면 동등한 입장에서 계약하든 어떤 관계가 구성되더라도 콘텐츠에 대한 결정은 똑같다. 즉 히트 프로그램은 늘 방송하고 그렇지 않은 프로그램은 중단하는 결정이 내려진다는 말이다.

그렇다면 제로섬 논리는 결국 수직적 통합이 인수자의 힘과 영향력을 증가시키는 것 말고는 다른 혜택이 없다는 점을 의미한다. 이것이 바로 통합에 대해 비판하는 이유다. 왜냐하면 실제로는 통합이 주주의 가치를 높이기보다 파괴할 가능성이 높기 때문이다.

물론 여기에도 예외는 있다. 콘텐츠 공급자와 유통업자가 제공하는 것이 무언가 고유한 것이라고 생각해보자. 그렇다면 '중복 가격할증 문제double markup problem'가 발생할지도 모른다. 콘텐츠 공급자가 유통업자로부터 가치를 확보하기 위해 자신의 콘텐츠 가격을 인상하면, 그다음에는 유통업자가 그 콘텐츠를 최종 소비자에게 판매하면서 콘텐츠 가격을 또 올리는 현상이 발생한다는 뜻이다.

그러나 결과는 반대로 나타난다. 공급자와 유통업자가 자신의 직접 구매자immediate buyer에게 희생을 전가하면서 각자 가격을 책정하고, 그에 따라 소비자가 지불해야 하는 최종 가격이 지나치게 올라가면 어떻게 될까? 결국에는 공급자와 유통업자 모두 전체적인 수요 감소에 직면하고 이익도 줄어들게 된다. 이럴 경우에는 통합이 효과를 볼 수 있다. 통합된 회사는 두 번이 아닌 한 번의 가격인상을 실행함으로써 수요 증가에 따른 이익을 확대할 수 있다. 이는 소비자에게도 도움이 된다. 더 이상 제로섬이 아닌 것이다. 케이블 텔레비전의 수직적 통합을 대상으로 한 최근 연구에서 이 효과를 밝혀냈다. 케이블 사업자들이 지역 스포츠 방송국을 인수하면 가격이 18퍼센트 정도 떨어져 모두에게 이득이 된다고 한다.

수직적 통합이 가치를 창출하는 경우는 또 있다. 하지만 콘텐츠에 대해 그리고 무엇이 가치 창출 현상을 일으키는지에 대해 더 깊이 파고들 필요가 있다.

콘텐츠 품질이란 참 신비한 것이다. 때로는 내가 손에 쥔 것이 히트작인지 아니면 실패작인지 바로 안다. 하지만 콘텐츠 품질은 객관적인 형태로 바로 드러나지 않을 때가 더 많다. 히트냐 실패냐를 판단하는 데 시간이 걸린다. 어떤 프로그램이 한 시즌 동안 방송되면서 시청자들이 점차 프로그램에 빠져들지도 모른다. 어떤 에피소드는 다른 에피소드보다 더 인기를 끌 수도 있다. 예상치 못했던 입소문으로 인기의 방향이 바뀌기도 한다. 때로는 사람들이 프로그램에 대해 더 많이 알게 될 수도 있다.

그리고 이 부분에서 유통업자가 중요한 역할을 할 수 있다. 콘텐츠를 더 좋은 시간대에 배정할 수 있는 것이다. 콘텐츠 홍보를 강화하는 것도 가능하다. 초반에 어려움을 겪어도 중단하지 않고 계속 방송에 내보낼 수도 있다. 그리고 다른 방송사에 수익을 남기고 판매하면 이익을 얻을 수 있다는 가정하에, 결국엔 콘텐츠에 투자하는 것이다. 달리 표현하자면, 유통업자가 품질을 가꾸는 셈이 된다.

대박을 치는 히트작 또는 실패작에는 이런 사정이 통하지 않는다. 완전한 히트작이나 실패작은 유통업자가 콘텐츠를 소유했는지 아닌지에 따라 처리 방법이 달라지지 않는 것이 좋다. 하지만 그 외에 모든 것, 모든 콘텐츠의 대략 90퍼센트 정도는 이런 사정이 적용된다.

텔레비전 방송국업계의 수직적 통합에 대한 연구에서 이 점을 정확하게 밝혀냈다. 1990년대를 살펴보면 더 잘 이해할 수 있다. 이때는 통합이 증가하기 이전 10년 동안으로, 대부분의 방송국이 자사가 방송하는 프로그램 중에서 대략 50퍼센트 정도를 소유하고 있던 시기였다.

이 연구의 저자(노스웨스턴대학교 박사과정 학생)는 4개의 메이저 방송사에서 10년 동안 방송한 모든 프로그램의 관련 자료를 수집했다. 프로그램 방송 시기, 시청률, 프로그램 소유자 등에 관한 자료였다. 그다음에 유통업자가 콘텐츠의 성공에 끼친 영향을 연구했다. 이를테면 프로그램 연장 여부와 관련해서 유통업자가 어떤 결정을 내렸는지 살펴보았다.

품질의 양극단에 있는 히트작과 실패작은 예상대로 프로그램 연장과 관련된 개연성을 전혀 찾을 수 없었다. 나머지 프로그램의 경우에는 방송사에 소유권이 있는 프로그램이 연장 비율이 더 높았다. 아주 높은 비율은 아니었지만, 대략 5~10퍼센트 정도로 분명히 차이가 있었다.

자신이 소유한 콘텐츠를 키우는 방법은 이것 말고도 또 있다. 인기 있는 프로그램 옆에 콘텐츠를 배치하거나(〈베로니카의 클로셋〉과 〈프렌즈〉처럼) 아니면 인기 프로그램으로 끌어들인 시청자에게 그 콘텐츠를 홍보하는 방식을 사용할 수 있다.

종종 이런 근거를 내세워 수직적 통합을 주장하는 경우가 많다. 하지만 유통업자가 인기 콘텐츠를 인수하기 위해 또는 이미 유명해진 콘텐츠의 소유권을 취득하기 위한 방편으로 수직적 통합을 인식한다면 아마도 실망하게 될 것이다. 왜냐하면 동등한 입장을 유지하면서도 인기 콘텐츠를 얻을 수 있는데, 굳이 수직적 통합을 해야 하는 이유가 명확하지 않기 때문이다. 반면에 수직적 통합을 덜 유명한 콘텐츠를 키우고 성공의 기회를 창출하기 위한 수단으로 바라본다면 상황은 다르다.

이 경우에는 통합의 이득이 훌륭한 콘텐츠를 취득하는 데서 오는 것이 아니다. 덜 알려진 프로그램이 이미 유명해진 콘텐츠에 업혀가도록 홍보하는 데서 온다. 즉 제품 연결 관계에서 온다는 말이다.

업혀가기의 50개의 그림자

텔레비전에서 활용하는 업혀가기 방식은 수직적 통합 말고도 또 있다. 채널 묶음판매, 즉 콘텐츠 제공자가 유통사에게 모든 채널을 전부 가져가든지, 아니면 하나도 가져가지 말든지 식의 거래를 제안하는 것이다. 이 또한 제공자가 인기 있는 채널을 협상 카드로 삼아 덜 유명한 채널을 업혀 보내는 수단으로 삼으려는 행태라 할 수 있다.

묶음판매를 지지하는 측에서 내세우는 주장 중 하나는 인기 있는 채널이 다른 채널들을 도와줄 수 있다는 점이다. 하지만 그 논리를 믿기는 힘들다. 게다가 인기 없고 수익도 나지 않는 채널이 오랫동안 살아남으리라는 주장 또한 설득력이 떨어진다.

ESPN이 모회사인 디즈니에게 가치가 있는 이유는 ESPN을 통해 매월 들어오는 가입비 때문만은 아니다. ESPN2, SOAPnet, Family Channel 등 보조 채널 중에서 성공하는 채널이 나오길 바라면서, 이들을 짊어지고 실어 나를 수 있는 유통업자를 구하는 데 ESPN을 활용할 수 있기 때문이다.

디지털 기술과 디지털 기술이 텔레비전 시장에 미치는 영향에 대해 얘기하다 보면 민주화democratization, 단편화fragmentation, 아라카르트à la carte라는 단어가 자주 나온다. 디지털 활용 능력이 점점 더 확산되면서 새로운 채널 하나 설립하는 건 별 것 아니라고 생각하기 쉽다. 하지만 텔레비전 시장을 보면 현실 상황은 매우 다르다.

실제로 모든 텔레비전 채널 중 대부분을 6개 회사가 소유하고 있다. 케이블 네트워크를 만들어내기가 힘들어서가 아니라 새로운 방송사가 주목받기가 힘들기 때문이다. 콘텐츠 회사들이 제품 하나하나에 의존하기보다 점차 포트폴리오 방식에 의존하는 이유도 바로 이 때문이다.

때로는 새로운 제품에 대한 관심을 끌어모으기 위해 훨씬 더 절박한 방식을 사용하기도 한다. 뉴스 코퍼레이션News Corporation은 1996년에 24시간 뉴스 전문 채널인 폭스 뉴스Fox News를 출범시켰다. 이때는 4대 지상파 방송과 더불어 24시간 뉴스 채널이 이미 자리 잡고 있던 시기, 케이블 뉴스 전문 채널 시장이 포화 상태라고 여겨지던 시기였다. 케이블 사업자들은 이름도 없는 뉴스 채널에 아무런 관심도 주지 않았다. 미국 내 최대 미디어 시장인 뉴욕에서는 타임워너가 특히 비협조적인 태도를 보였다. 이에 뉴스 코퍼레이션은 네거티브 가격negative price 전략으로 대응했다. 케이블 사업자가 폭스 뉴스 채널을 돈 주고 가져가는 것이 아니라 '틀어주면 돈을 주는pay to play' 방식이었다. 즉 폭스 뉴스 채널을 송신해주는 대가로 케이블 사업자에게 가입자 한 명당 10달러를 지급하도록 한 것이다. 물론 폭스 뉴스가 인기를 끌면 이후에 가격 구조를 바꿀 작정이었지만 말이다.

콘텐츠 묶음판매는 유통업자에게 채찍을 휘두르는 것과 마찬가지다. 반면에 틀어주면 돈을 주는 방식은 당근을 지급하는 방식이다. 하지만 시청자를 끌어들이기 위한 폭스 뉴스의 노력은 그뿐만이 아니었다. 폭스 뉴스는 또 다른 형태의 업혀가기 전략을 사용했는데, 이번에는 주요 뉴스거리를 활용하는 것이었다. 여느 방송과는 다른 시청자층을 목표로 삼았을 뿐만 아니라 주요 뉴스를 다루는 방법도 달랐다.

폭스 뉴스는 설립 초기에 모니카 르윈스키Monica Lewinsky 스캔들, 대통령 선거, 이라크 전쟁 등을 다루면서 자기만의 색깔을 드러냈고, 성공했다. 이런 사건이 터질 때마다 폭스 뉴스는 새로운 시청자들을 확보해나갔다. 그리고 경쟁사와는 다른 보도 형식을 취한다는 인식을 사람들에게 심어주었다. 사건이 끝난 후에도 폭스 뉴스를 떠나지 않는 시청자들이 점점 늘어갔다.

이 방식은 입증된 실적이 없거나 마케팅 예산이 부족한 회사만 사용하는 게 아니다. 디지털 분야에서 둘째가라면 서러울 정도인 텐센트와 십스테드Schibsted도 마찬가지다. 이들은 매일 150,000개의 웹사이트가 생겨나는 상황에서 주목받기가 쉽지 않다는 사실을 깨닫고 자사의 새로운 사이트를 홍보하기 위해 업혀가기 전략을 사용했다.

텐센트가 중국에 온라인 뉴스 포털을 만들기로 결정했을 때는 이미 선두주자에 비해 5년이 늦은 시기였다. 텐센트의 라이벌인 중국의 대형 포털 시나 Sina는 이미 수천만 명의 사용자를 확보하고 있었다. 텐센트 온라인 미디어 그룹의 편집장인 케이틀린 첸 Caitlyn Chen은 자사가 어떻게 다른 방식으로 접근했는지 설명해주었는데, 왠지 어느 기업과 비슷한 방식이라는 생각이 들었다. "우리는 주요 행사나 사건을 둘러싸고 벌어지는 뉴스 전쟁에서 이기는 데 초점을 맞추기로 했습니다."

베이징 올림픽, 월드컵, 상하이 엑스포, 매년 3월에 개최하는 전국인민대표대회처럼 미리 알 수 있는 일이 있다. 또는 일본 지진, 간쑤甘肅성 스쿨버스 사고처럼 미리 알 수 없는 사고도 있다. "그럴 때가 새로운 시청자들에게 다가갈 수 있는 기회입니다. 이런 행사나 사건이 벌어질 때 일단 사람들을 우리 쪽으로 끌어들이면, 그들 중 상당수가 떠나질 않습니다. 행사나 사건이 종결된 이후에도 말이죠."

'대형사고'에 업혀가는 전략은 기본적으로 마음이 혹하는 전략이긴 하다. 그런데 막상 어떤 식으로 할 것인가가 문제다. 첸의 팀은 스포츠 이벤트가 벌어지는 동안 선수들과 독점 인터뷰를 하기로 하고 계약에 들어갔다.

첸은 중국인이라면 운동선수, 연예인, 사업가, 정치가 등 직업에 관계없이 거의 누구나 텐센트 플랫폼(트위터 형식의 마이크로블로그인 웨이보, 그 유명한 인스턴트 메시징 QQ 또는 그 후에 나온 위챗)에 계정 하나쯤은 가지고 있다는 사실을 활용할 계획이었다. 여기서 집중적으로 교차홍보를 하는 것이다. 주요 행사나 사건이 벌어지는 동안에 추가 인원 및 재정을 투입할 뿐만 아니라 시작하기 몇 주 전부터 보도를 하는 것이다. 그 결과는 어땠을까? 텐센트는 단기간 내에 시나를 따라잡았을 뿐만 아니라 곧 추월했다.

텐센트는 자사의 핵심 소유물을 사용하기 위해 매일 찾아오는 많은 사람들(기업에서는 이를 '트래픽 머신traffic machines'이라고 부른다)에게 업혀가는 방식을 택했다. 그리고 텐센트는 온라인 뉴스와 안내 광고에서의 성공을 디지털 벤처의 성장이라는 부수적인 혜택을 얻어내는 데 활용했다.

스웨덴의 안내 광고 분야에서 제일 잘나가는 십스테드의 블로켓 Blocket 은 어떤지 살펴보자. 대량의 광고 공간을 다른 사이트에게 판매하는 행위는 가장 손쉽게 광고 수익을 올리는 방법으로 알려져 있다. 온라인 광고 가격이 떨어지자 십스테드는 다른 방법을 찾아냈다. 똑같은 광고 공간이 보완재를 판매하는 사이트에게는 훨씬 더 큰 가치가 있었다.

해외 광고 담당인 스베레 뭉크는 내게 그 차이를 이렇게 설명해주었다. "블로켓의 자동차 란에 있는 광고 공간을 우리 뉴스 포털인 〈아프톤블라데트〉에 제공하면 노출 1,000회당 7달러를 받습니다. 하지만 똑같은 공간을, 대출을 위한 비교 사이트에 제공하면 더 많은 돈을 받죠. 그리고 은행에 연결될 때마다 6달러 내지 7달러를 받습니다."

이 말은 보완재를 홍보하면 된다는 간단한 아이디어처럼 들린다. 하지만 호응을 얻기 위해서는 광고 공간을 여러 사이트에 걸쳐 매번 바꿔가며 편성하는 것만으로는 충분하지 않다. 무엇보다도 '지능적인 통합'이 필요하다.

누군가가 중고 볼보Volvo 자동차를 다섯 번 클릭했다고 칩시다. 그러면 그 사람이 그 자동차를 사고 싶어한다고 추정할 수 있겠죠. 자동차 사진 옆에는 작은 계산기가 있는데 광고에 나온 그 차의 가격을 그 계산기에 입력합니다. 그리고 그 사람이 그 차를 살 경우에 분할 상환 계획에 대한 정보를 광고에서 제공합니다. 그뿐 아니라 어디서 대출을 받을 수 있는지도 알려주죠. 또 사용자가 광고에서 정보를 제공할 수 있게 해줍니다. 예를 들면, 자신이 받고 싶은 대출 액수를 간단한 드래그 한 번으로 업체에 제공할 수 있게 해주는 겁니다. 이 방법만 제대로 사용해도 방문자가 자동차를 구입하는 비율이 10배나 높아집니다.

지능적인 통합은 단지 알맞은 사용자를 타깃으로 삼는다거나 또는 누구에게 광고를 보내야 할지 안다는 말이 아니다. 개인의 필요에 따라 광고 카피 자체를 고쳐야 한다는 말이다. 그리고 데이터 공유뿐만 아니라 실험을 필요로 한다는 뜻이다.

"광고주들은 그냥 배너 광고 구입이 아니라, 역동적인 제휴 관계를 통해서 여러 일들을 할 수 있게 된다는 사실에 대해 아직 모르고 있습니다." 그룹 스트레터지Group Strategy의 프로젝트 매니저인 칼-니콜라이 베스만Carl-Nicolai Wessmann은 말을 이었다. "그래서 실험을 해봤더니 제품 구매율이 3배 증가할 수 있다는 결과가 나왔습니다. 자동차를 구입하는 데 대출과 보험이 함께 구성돼 있습니다. 전자 제품을 사는 데 비교 사이트가 옆에 있는 겁니다. 이 실험을 계기로 우리가 안내 광고에서 하는 일의 핵심이 과연 무엇인지에 대해 다시 생각하게 됐습니다. 그리고 관련 상품에 집중하는 완전히 독립적인 비즈니스를 살펴보게 되었죠."

그런 과정을 거쳐 탄생한 비즈니스가 트래픽 펀드traffic fund다. 펀드 매니저는 십스테드의 다양한 사이트들을 살펴본 뒤 클릭률을 실시간으로 확인하고, 광고 공간이 전체적으로 가장 알맞게 배치되게끔 작업했다. 그 대가로 펀드는 참여하는 회사들에게서 발생하는 수익의 3퍼센트를 받았다.

뭉크는 이렇게 말했다. "이제 우리의 안내 광고 사이트인 블로켓의 관심은 광고 공간이 일하도록 만드는 것입니다. 블로켓이 다른 사이트들과 통합이 더 잘될수록 수익이 올라가니까요. 단순히 광고주에게서 돈을 받는 판매 영업이 아니라 광고를 가장 효과적으로 만들어서 이익이 나는 관계를 만들도록 장려하는 겁니다."

십스테드는 이 과정을 더 다듬기 위해서 광고 공간을 다른 곳에 팔지 않았다. 대신 십스테드 내부의 벤처기업들을 홍보하기 위해 이 공간을 사용할 때 발생하는 기회비용을 측정했다. 경제학자들은 이를 '잠재 가격shadow prices'이라 한다. 십스테드는 연중 또는 매일, 각각의 광고에 대한 잠재 가격을 계산해보았다.

뭉크는 이렇게 설명한다. "예를 들어, 1월은 광고 구매가 낮은 달입니다. 하지만 특정 사이트에게는 활동이 활발하게 일어나는 달이기도 합니다. 체중 감소나 신용카드처럼 연말 후유증과 관련된 사이트들이 그 예죠. 잠재 가격 계산을 통해 우리 사이트들에 광고 공간을 합리적으로 배치할 수 있게 되었고, 우리가 포기하는 것들에 대해서도 계속 파악할 수 있게 됐습니다."

십스테드의 업혀가기 전략은 디지털 자산의 성장 면에서 훌륭한 결과를 낳았다. 2014년, 블로켓의 트래픽 펀드는 30개가 넘는 신생 벤처기업의 참여를 이끌어냈다. 총수익은 1억 5,000만 달러에 달했고, 이익률은 20~25퍼센트를 기록했다. 베스만은 이에 대해 간단하게 설명한다. "우리는 안내 광고에서 가장 잘나가는 플랫폼을 소유하고 있습니다. 그리고 이제는 마케팅 노하우도 지니게 됐지요."

"가장 잘하는 일에 집중하라"는 격언을 요즘은 어디서나 들을 수 있다. 하지만 더 자주 성공을 거두는 쪽은 제품에 집중했을 때가 아니라 제품 연결 관계에 집중했을 때다. 프랜차이즈, 후속작, 커버, 똑같은 이름의 앱, 수직적 통합, 묶음판매, 거꾸로도 미치는 스필오버, 트래픽 머신은 모두 주목받기 어려운 상황에서의 대처방식이다.

해결책은 모두 비슷하다. 알려지지 않은 제품을 시장에 내놓기 위해서 알려진 제품을 사용하는 것이다. 혹시 뛰어난 콘텐츠 하나로 문제를 해결할 수 있다고 생각한다면 실망하게 될 것이다. 당신에게는 뛰어난 제품뿐 아니라 제품 연결 관계 또한 필요하다.

반드시 짚고 넘어가야 하는 몇 가지 질문

스필오버 대 시너지, 무엇이 다른가

제품 스필오버와 시너지를 같은 것으로 생각하는 이들이 있을지 모르겠다. 하지만 이 둘을 동일시하다가는 함정에 빠질 수 있다. 함정 하나는 연결 관계를 활용하지 않는 것이다. 또 다른 하나는 있지도 않은 연결 관계를 활용하려는 것이다.

비즈니스 시너지를 살펴보면 대부분 그 효과가 발생할 때 특정 패턴이 있음을 알 수 있다. 이 패턴은 밀접한 연관성을 보인다. 예를 들면, 하나의 제조 시설을 함께 사용하는 두 제품 또는 하나의 판매 인력을 공유하는 두 비즈니스처럼 말이다. 이 패턴은 시장 상황에 맞춰 빠져 나가거나 밀려오지 않는다. 제조 인력과 판매 인력의 시너지는 수요 상황이 변하는 가운데서도 그 상태를 유지한다. 그리고 이 패턴이 제대로 활용되려면 조직 구조의 체계적인 수정이 필요하다.

자, 이제 이런 특성들을 스필오버 그리고 업혀가기 전략과 비교해 보자. 히트 프로그램, 베스트셀러로 급부상한 소설, 인기가 치솟는 스타, 또는 뉴스 가치가 있는 사건이 되어야 한다는 것이 우리가 보았던 스필오버와 업혀가기의 전략이었다. 이 모든 것들은 특정 사건 이후에 발생한 연결 관계를 활용했다. 그 이유는 히트작의 발생, 그리고 유명세를 이용해 업혀갈 수 있는 기회의 발생이 우연이기 때문이다. 즉, 그 계기를 예측하기가 힘들거나 불가능하다는 말이다. 따라서 연결 관계를 맺는 것이 간단치 않다.

이런 차이가 주장하는 바는 분명하다. 그럼에도 많은 콘텐츠 비즈니스가 시너지를 만들어내려고 노력하다가 실패한다. 제품 스필오버와 업혀가기 전략은 어떤 사실이 발생하기 전이 아니라 발생한 후에 연결 관계를 활용하는 데 달려 있다. 업혀갈 수 있으려면 다음 번 히트 제품이 어디서 나올지 알아야만 한다. 기업들이 직면하는 어려움

338

은 연결 관계에 대한 마음자세 때문일 수 있다. 연결 관계를 무작위적인 촉발 계기로 인식하기보다 제조 공장과 판매 인력 사이의 시너지로 생각한다는 말이다.

기업은 유연한 구조가 필요한데도 시너지를 활용하기 위해 디자인된 고정적인 구조를 만들어낸다. 콘텐츠 비즈니스의 연결 관계는 빠져 나갔다가 흘러오는 패턴을 보이는데도 기업은 콘텐츠 비즈니스가 체계적으로 연결되어 있는 것처럼 취급한다. 바로 이런 이유들 때문에 수많은 노력이 허망한 결과로 끝나고 만다.

브랜드 대 개별 제품, 어느 편을 들 것인가

제품 연결 관계는 경쟁의 기조를 제품에서 포트폴리오로 옮기는 전략을 강력하게 권고한다. 방송 네트워크가 묶음판매를 포기하지 못하는 이유가 이 때문이다. 시청자들에게 '네트워크를 시청하게' 만드는 것이 '프로그램을 시청하게' 하는 것보다 자신들에게 더 낫기 때문이다. 방송 네트워크는 경쟁의 중심을 개별 프로그램에서 네트워크 브랜드로 이동시켰다. 그리고 상황을 더욱 예측가능하고 안정적으로 만들었다.

하지만 연결 관계는 마케터와 전략가들에게 가장 귀찮은 의문점을 떠올리게 했다. 개별 제품들을 홍보할 것인가, 아니면 전체 브랜드를 홍보할 것인가? 뚜렷한 브랜드 정체성을 만들어내는 데 천재적인 디즈니 같은 경우를 제외하면, 대부분의 기업과 미디어는 확답을 내놓지 못하고 있다. 거대 소비재 기업인 코카콜라 Coca-Cola 가 유기농 식품 스타트업을 인수할 때, 코카콜라는 자신이 모기업이라는 사실을 소비자들에게 얼마나 적극적으로 알려야 할까? 각각의 브랜드를 우산처럼 포용하고 있는 모브랜드, 즉 엄브렐라 브랜드umbrella brand를 지나치게 홍보하면 틈새 제품niche product에 충성도를 지닌 고객들을 멀어지게 만들 위험이 있다. 홍보를 너무 적게 하면 자사의 브랜드 이미지를 향상시킬 수 있는 소중한 기회를 잃을 위험이 있다.

그렇다면 왜 그렇게 많은 기업들이 브랜드 충성도에 온 신경을 집중하는 것일까? 한 가지 이유는 뜻하지 않은 변덕을 막기 위해서다. 늘 최고의 콘텐츠를 제공하고, 그것을 통해서 고객들을 위한 경쟁을 벌인다는 생각은 논리적이다. 하지만 이는 매우 어려운 일이다. 그 게임에서 반복해서 이길 확률은 로또에 당첨될 확률과 같다. 하나의 콘텐츠보다 전체 브랜드에 대한 충성심을 강화하면 당신은 게임의 방식을 변화시키게 된다. 개별적인 성공뿐만 아니라 지속적인 성공 가능성을 창출하게 되는 것이다.

인도의 미디어 베테랑인 우다이 샹카르는 이런 경우를 여러 번 경험했다. 신문사에서 일할 때 이야기를 바꾸고, 글 쓰는 사람을 바꾸고, 리포터를 바꾸고, 헤드라인을 바꾸었음에도 많은 독자들은 여전히 자신이 좋아하는 신문만 좋아했다. 쉽게 마음을 바꾸려하지 않았다. NDTV라는 지역 방송국으로 옮겨서는 '스피드, 가장 먼저 가라'를 중심으로 하는 브랜드를 만들어냈다. 팀에게는 "취재원의 말이 완벽하게 편집되지 않아도, 장면이 여기저기 깨지더라도, 순서가 조금 어긋나더라도, 우리 이야기가 가장 먼저 방송될 수 있다면" 이야기를 보도해도 좋다고 허락했다. 샹카르는 자기 팀의 특징이 숨 가쁘게 돌아가는 것이었다고 다소 슬픈 어투로 말했다. 이제 샹카르는 스타

TV에서 다른 브랜드를 주장하고 있다. '차별성을 지닌 네트워크'가 그가 주장하는 브랜드 정체성이다. 사회 정의를 주제로 했던 획기적인 프로그램 〈샤뜨야메브 자야떼〉를 계기로 새로 세운 목표였다.

> 의도와 달리, 〈샤뜨야메브 자야떼〉에 업혀가기 전략의 효과는 KBC 만큼 강력하지 않았습니다. 우리는 이미 일등 네트워크였기 때문에 추가적인 성장이 좀더 힘들다고 봐야 할 겁니다. 게다가 10년 전에 KBC와 그 뒤를 이은 특집방송이 했던 것만큼 콘텐츠 엔진content engine과 효과적인 연결 관계를 만들어내지 못했습니다.

샹카르의 비전이 성공할지는 두고 볼 일이다. 하지만 그가 개별 프로그램이 아니라 브랜드 연결 관계를 중요시한다는 점은 분명하다. "강력한 브랜드 네트워크를 구축할 수 있다면 월등한 위치를 차지하게 될 겁니다. 개별 프로그램이나 채널의 매복 공격을 막을 수 있을 테니까요. 과학 기술은 아라카르트로 옮겨가는 중이고 경쟁사들도 많습니다. 이런 환경에서는 돋보이는 브랜드를 만들어내는 것이 더욱 중요합니다. 그래야 사람들이 친근감과 편안함을 느낄 테니까요.

물론 샹카르만 이런 생각을 한 것은 아니다. 관리자라면 누구나 소비자들이 브랜드 충성도를 유지하기를 바란다. 하지만 과연 소비자들이 이런 것에 신경을 쓸까?

이 질문에 대답하기는 쉽지 않다. 소비자가 충성도에 대한 두 가지 상반된 시나리오를 생각해보자. 하나는, 사람들이 그 제품에 대해 알고 있고 그 제품을 좋아하기 때문에 선택한다는 시나리오다. 다른 쪽은, 제품에 대해 알지도 못하면서 제품을 선택한다는 시나리오다.

예를 들어보자. 렉서스Lexus 자동차의 어떤 모델을 구매할 때 소비자는 그 모델의 특정 디자인이나 기능적인 면을 좋아하기 때문일까, 아니면 토요타Toyota 가 렉서스를 만든다는 사실을 알고 친근감을 느껴서일까? 이 2개의 상반되는 시나리오는 통계학의 표현을 빌리자면 '관측상 동일observationally equivalent'하다. 어쨌거나 동일한 구매 결정의 결과가 나타난다. 하지만 한 경우에는 토요타 브랜드가 고객에게 별 가치를 전하지 못하는 반면, 다른 경우에는 상당히 중요한 역할을 한다.

이 때문에 회사는 자사 브랜드가 지닌 힘에 대해 확신하지 못한다. 브랜드 파워에서 진정한 가치가 나온다는 점, 심지어는 브랜드 파워의 존재 여부에 대해서까지 의심을 품는다. 하지만 어떤 설명이 맞는지 알아내는 일은 회사의 브랜드를 중심으로 전략을 짜고 마케팅 노력을 기울이는 데 중추적인 역할을 한다.

텔레비전을 살펴보면 이 문제를 해결하는 데 많은 도움을 얻을 수 있다. 시청자들은 개별 프로그램에 충성도를 보이는 데다가 디지털과 관련된 모든 것들이 이런 추세가 더욱 중요해질 것임을 암시하고 있다. 그 때문에 텔레비전이 엄브렐러 브랜드에 대한 충성도를 찾아보기에 가장 좋은 곳이라 할 수는 없다. 하지만 샹카르 같은 네트워크 임원들은 오랫동안 네트워크를 강하게 만들기 위해 힘써왔다. 그리고 프로그램 다양성이 크고 시청자의 취향이 상당히 예견 가능하다는 점에서는 텔레비전이 이 문제 해결에 어느 정도 도움이 될 수도 있다.

예를 들면, 젊은 시청자들은 젊은 방송인이 나오는 프로그램을, 나이 든 시청자들은 나이 든 출연자가 나오는 방송을 좋아한다. 시청자는 자신과 동일한 인종과 성을 지닌 출연자가 나오는 프로그램을 시청하고 싶어한다. 그리고 방송사에서 항상 똑같은 유형의 프로그램만 방송하는 것이 아니기 때문에 브랜드 충성도와 프로그램 충성도의 분리가 가능하다.

자, 시청자가 습관적으로 보는 방송사에서 시청자가 선호하지 않는 프로그램을 방영할 때의 시간대, 그리고 경쟁 방송사에서 시청자가 선호하는 프로그램을 방영하는 시간대를 생각해보자. 이 시간대에 시청자가 계속해서 채널을 변경하며 좋아하는 프로그램을 본다면 이 시청자는 프로그램에 충성도가 있다는 결론을 내릴 수 있다. 만약 시청자가 자신이 선호하는 방송사 채널에 계속 머무른다면 이 시청자는 브랜드에 충성도가 있다고 할 수 있다.

자료를 살펴보면서 우리는 시청자들이 무엇을 볼지 결정할 때 개별 프로그램만큼이나 네트워크 브랜드에도 중점을 둔다는 사실을 발견했다. 시청자에게 자기가 좋아하는 유형의 프로그램을 자기가 덜 좋아하는 네트워크에서 볼 수 있는 기회가 있었을 때, 시청자의 반 정도는 그리로 옮겨갔다. 하지만 반 정도는 자신이 좋아하는 네트워크, 즉 브랜드에 그냥 머물러 있었다.

시청자는 왜 텔레비전에서 브랜드 충성도를 보이는 것일까? 한 가지 이유는 정보 때문이다. 모든 채널에서 어떤 프로그램이 언제 방영되는지 세세히 아는 시청자는 거의 없다. 더구나 채널은 더욱 많아지고 프로그램은 빠르게 변하는 환경에서 모든 것을 알기는 더욱 힘들다. 이 경우에 브랜드는 시청자들이 무엇을 보게 될지 예상하는 정보 전달자의 역할을 한다. 다른 말로 하자면, 브랜드가 정보적 연결 관계를 제공하는 것이다.

텔레비전을 볼 때마다 특정 프로그램을 시청한다는 것은 평상시에 그 채널 브랜드에서 무엇을 보게 될지 예상할 수 있다는 말이기도 하다. 물론 시청자가 자신이 좋아하는 채널을 틀었다 해도, 좋아하지 않는 프로그램을 볼 수 있다. 하지만 그보다는 자기가 좋아하는 프로그램을 볼 확률이 더 높다. 따라서 프로그램들에 걸쳐 정보적 유대가 더 강할수록 브랜드 마케팅에 더 많은 이익을 준다. 확실한 브랜드 이미지 또는 더욱 뚜렷한 정체성을 심어주기 때문이다. 반면 브랜드의 정보적 유대가 약할수록, 제품보다 브랜드를 강조하는 데서 얻는 이익은 더 적어진다.

이제, 경쟁을 제품에서 포트폴리오로 이동하는 건 언제가 좋은지에 대한 질문으로 돌아가자. 제품이 너무 많거나 또는 너무 자주 바뀔 때 이동한다면 말이 된다. 제품들이 너무 혼잡스럽게 섞여 있어서 소비자가 어디서 무엇을 발견할지 모를 때, 그리고 브랜드가 소비자들로 하여금 혼잡 속에서도 충분히 구분 가능할 정도로 뚜렷한 이정표 역할을 할 때 이동하면 이해가 된다.

포트폴리오가 단 몇 개의 제품만을 지니고 있을 때, 제품들이 자주 대체될 때, 제품들이 서로 매우 다를 때(브랜드 이미지가 분산되었을 때) 그리고 소비자들이 개별 제품들에 대해 잘 알고 있을 때 이동하면 말이 되지 않는다. 이럴 경우에는 브랜드 마케팅이 효과를 보지 못한다.

스필오버는 왜 디지털을 고집하는가

왜 텔레비전 프로그램들에 있어 스필오버가 오늘날에도 여전히 중요한지는 알 수 없다. 신기술의 등장이 이런 현상을 바꿔놓았어야 했는데, 왜 바꾸지 못한 것일까?

30년 전, 리모트 컨트롤의 등장은 네트워크 충성도의 종말을 불러 올 것으로 생각했다. 하지만 그렇지 않았다. 10여 년 전에 텔레비전 화면상에 방송편성표를 알려주는 전자프로그램가이드가 등장하면서 네트워크 충성도도 사라질 것으로 생각했다. 역시 그렇지 않았다. 그리고 10년이 지난 후에 DVR이 등장하면서 네트워크 충성도를 끝낼 것으로 생각했지만 결국 그렇지 못했다.

각각의 경우에 시청자들에게 더 많은 컨트롤, 더 많은 검색 기능, 더 많은 쌍방향 차원의 이용 권리를 주었음에도 네트워크 충성도에는 거의 영향을 주지 못했다. 이유가 무엇일까?

2003년에 실시한 연구에서는 놀랍게도 시청자의 타성이 20년 전 만큼이나 강하다는 사실을 발견했다. 과학기술의 영향이 미치지 못했다는 말이다. 이런 모든 사례에서 연결 관계가 유지되었다. 마치 음악 CD처럼 함께 묶여 나온 프로그램들을 강제로 봐야만 해서가 아니라 우리가 스스로 그렇게 선택했던 것이다.

앤드루 래시배스Andrew Rashbass는 〈이코노미스트〉 최고책임자로 있을 때 잡지 소비와 관련해서 이와 유사한 현상을 목격했다. 인터넷이 등장했을 때 독자들은 미디어 회사들이 많은 비용을 들여가며 결합시킨, 잘 큐레이션된 작품보다 단일한 기사들을 선택했다. 하지만 이어 킨들과 아이패드가 등장하면서 독자들에게 읽을거리에 대해 더 많은 자율권을 부여하자 이상한 현상이 발생했다. "큐레이션된 패키지가 다시 가치를 얻기 시작한 겁니다." 래시배스는 말했다. "사람들은 이제 자신의 선택에 따라 콘텐츠를 읽거나 보는 데 더 많은 시간을 사용하고 있었습니다. 그러면서 콘텐츠를 위해 기꺼이 더 많은 비용을 지불하려 했습니다."

한 기술에서 실패했던 큐레이션 패키지가 왜 다른 기술에서는 성공을 거둘 수 있었던 것일까? 래시배스는 이 현상을 설명하기 위해 뒤로 기대기lean back와 앞으로 기대기lean forward라는 용어를 사용했다.

태블릿이 가장 많이 사용되는 때를 보니까, 사람들이 이때 신체적으로 '뒤로 기대는' 상태에 있었습니다. 컴퓨터를 사용할 때 '앞으로 기대는' 상태와 정반대라고 할 수 있죠. 킨들을 한 손으로 쥐고 밖에서 읽을 수 있게 디자인한 데는 이유가 있다는 말입니다.

터무니없는 구분이 아니다. 래시배스는 이렇게 말했다. "우리는 PC를 쓸 때 뒤로 기대는 활동을 합니다. 그리고 아이패드를 쓸 때는 이메일이나 페이스북, 트위터를 이용할 때처럼 앞으로 기대는 활동을 합니다. 이게 제 말의 요점입니다. 기기가 중요한 것이 아니라 유스 케이스Use case, 즉 시스템의 쓰임새가 중요하다는 말이죠."

기기가 아니라 시스템의 쓰임새가 중요하다. 사람들이 언제나 제품개발 엔지니어가 예상했던 대로 신기술을 사용하지는 않는다. 신기술이 크게 증가하는 상황에서도 스필오버가 종종 보전되고, 때로 강화되기까지 하는 이유가 바로 이 때문이다. 텔레비전에서 리드인 효과가 지속되는 이유는 리모컨으로 쉽게 채널을 바꿀 수 없어서가 아니라 계속해서 채널을 바꾸기가 귀찮기 때문이다. 교차 홍보가 지속되는 이유는 전자프로그램가이드에서 정보를 얻을 수 없어서가 아니라 광고도 그만큼 효과적으로 정보 제공을 하고 있기 때문이다. 브랜드 충성심이 계속되는 이유는 자신에게 무엇이 좋은지 알아낼 수 없어서가 아니라 그것을 알아내기 위해 브랜드에 의존하는 것이 더욱 편리하기 때문이다.

NBC의 올림픽 보도는 4년마다 스필오버 효과의 지속성을 일깨워준다. 2008년 베이징 올림픽에서 마이클 펠프스 Michael Phelps가 펼친 엄청난 활약은 시청률 대박으로 이어졌다. 펠프스는 수영에서 8개의 금메달을 획득하며, 단일 올림픽 최다 메달 신기록을 세웠다. 그가 게임을 펼친 수영 종목은 NBC가 토요일 저녁에 방송한 프로그램 중에서 18년 만에 가장 많은 시청자를 끌어들였다. 그러면서 〈투데이〉의 시청률을 끌어올렸고, 저녁 뉴스 시청률은 앞의 두 프로그램에서 이어진 결과를 확대시키며 경쟁 방송사를 앞질렀다.

4년 뒤 펠프스는 런던에서 더 높은 시청률을 이끌어냈다. 그 자체만으로도 NBC에게는 기쁜 일이었지만, 그로 인한 스필오버 효과는 금상첨화였다. 〈투데이〉는 1년 내내 가장 큰 격차를 보이며 앞서갔다. 그리고 런던 올림픽이 끝난 몇 주 후, 〈아메리카 갓 탤런트〉는 그 어떤 메이저 방송사에서 방영한 엔터테인먼트 프로그램보다도 높은 성인 시청률을 기록했다. NBC는 올림픽 기간 동안 9월의 황금시간대 프로그램들을 방송 한 달 전부터 활발하게 홍보했고, 그 열매는 달았다. 그해 가을에 NBC 프로그램의 황금시간대 시청률은 4위에서 1위로 상승했다. 거의 10년 만에 이뤄낸 성과였다.

제품 연결 관계는 브로드밴드 영상 제공에서도 이어진다. OTT 비디오의 특성은 아라카르트 방식이 아니다. 그리고 넷플릭스Netflix는 처음으로 자사가 직접 제작한 오리지널 프로그램 〈하우스 오브 카드〉와 〈오렌지 이즈 더 뉴 블랙〉을 2013년에 제공하기로 했다. 그런데 이 프로그램을 다른 새로운 프로그램과 함께 제공하지 않고, 동일 프로그램의 다른 에피소드들과 함께 제공하기로 결정했다. 이 결정은 새로운 형태의 제품 연결 바람을 일으켰고 '몰아보기'라는 말을 탄생시켰다.

CHAPTER 18

IMG의 영리한 다각화

아널드 파머와 타이거 우즈를 이용한 1+1=3의 전략

이번 챕터는 질문으로 시작하자. 관계가 손상되기 쉬운 에이전트 사업에서 어떻게 하면 1년 이상 고객을 붙잡아둘 수 있을까? 나아가 어떻게 하면 확고한 우위를 40년 넘게 유지할 수 있는 조직을 만들 수 있을까? 과연 IMG의 성공 스토리를 무엇으로 설명해야 할까?

　IMG의 이야기는 제품 연결 관계에 관한 이야기다. 하지만 보완재나 스필오버, 업혀가기 중 어느 하나로 설명할 수 있는 이야기가 아니다. 그보다는 이 모든 것에 관한 이야기라 하는 게 맞을 것이다. 또 IMG의 이야기는, 경쟁이 치열하고 지적 재산권이 약하거나 불분명할 때 취약한 핵심 비즈니스를 어떻게 다뤄야 하는지에 대해서도 가르침을 준다. 이는 오늘날 거의 모든 미디어 기업들이 직면한 문제를 해결하기 위한 가르침이라고도 할 수 있다.

　IMG가 직면한 기본적인 문제인 동시에 미디어 비즈니스가 고질적으로 겪는 문제가 무엇인지 생각해보라. 이들이 공통적으로 겪는 문제는 다음 스타가 누구인지 또는 어디서 나올지 예측할 수 없다는 사실이다. 혹시 운이 좋아서 스타를 얻는다 해도 계속 곁에 두기가 쉽지 않다. 그리고 스타들이 떠나면 남는 것은 거의 또는 전혀 없다.

사업의 핵심이 사라지거나 손상될 위기에 처한 비즈니스가 본능적으로 할 수 있는 일은 탈출이다. 사업 다각화를 이루고 될 수 있는 한 멀리 도망가야 한다.

아널드 파머, 잭 니클라우스, 게리 플레이어라는 행운 덕분에 초기 성공을 이뤘던 IMG도 다를 바 없는 듯했다. 1960년대에 설립된 IMG는 골프라는 분야에서 선수 에이전트 영역을 벗어나 새로운 영역으로 확장해나갔다. 1964년 영국 웬트워스에서 열린 월드 매치 플레이 챔피언십을 시작으로 이벤트 매니지먼트, 골프 코스 디자인, 텔레비전 프로그램 제작 등을 했다. 그리고 1968년에 트랜스월드 인터내셔널 디비전Transworld International Division을 도입하며 방송을, 1968년 윔블던을 시작으로 라이센싱을, 1984년 닉 볼리티에리Nick Bollettieri의 아카데미 인수를 발판 삼아 훈련 아카데미를 열었다. 소니 월드 랭킹 시스템Sony World Ranking System을 고안해내며 골프 선수 랭킹 그리고 기업 대리인 역할까지 영역을 넓혔다. 또한 테니스, 미식축구, 클래식음악 등의 새로운 비즈니스 영역으로 유사한 확장을 이어나갔다.

IMG에게 이토록 효과적이었던 방식이 왜 다른 많은 회사에서는 빛을 보지 못했을까? 이에 대해 이해하는 것이 제품 연결을 이해하고, 제품 연결이 언제 효력을 발휘하는지를 이해하는 데 가장 중요하다 할 수 있다.

이제부터 그 이유를 살펴보도록 하자.

다각화 논리의 결함과 또 다른 진실

다각화가 위험을 감소시키지는 않는다

IMG 스타일로 다각화하는 이유를, 비즈니스에서는 왠지 안심을 주는 단어를 사용해 '위험 관리risk management' 때문이라고 설명하는 경우가 종종 있다. 수익 구조를 다양화해 하나의 핵심 비즈니스 성공에만 의존하는 데서 오는 위험을 줄일 수 있다는 논리다. 이런 주장은 그럴듯하게 들린다. 이는 비즈니스 관리자들이 오래전부터 만들어온 주장이기도 하다. 하지만 위험 감소를 위해 추진하는 다각화가 성공하는 경우는 거의 없다.

이 주장의 핵심 논리에는 결함이 있다. 위험을 줄이기 위해 다각화를 원하는 투자자라면 주식 시장을 통해서 자기가 직접 하면 된다. 굳이 자신이 주식을 보유한 회사들이 알아서 그렇게 하기만을 기다릴 필요가 없다. 금융 시장을 통한 다각화가 인수와 합병을 통한 다각화보다 훨씬 더 쉽고 효과적이다.

20세기에 다각화는 기업의 일상적인 요소가 되었다. 뛰어난 실적을 거둔 회사들은 몸집이 커지면 다각화에 나섰다. 그러나 1970년대에 이르자 다각화의 매력이 사라지기 시작했다. 그리고 대형 회사들 사이에서 내부적으로 거래하던 혜택의 많은 부분을 개선된 자본시장과 노동시장을 통해 얻을 수 있게 되었다.

1994년, 파이낸스 분야의 석학인 랑셴핑Larry Lang과 르네 스툴츠Rene Stulz는 다각화를 이룬 기업과 그렇지 않은 기업의 시장 가치를 비교해보았다. 그리고 이전 10년 동안 매해마다, 다각화한 기업이 핵심 사업에 좀더 집중한 기업보다 가치를 덜 인정받았다는 사실을 발견했다. 이른바 다각화 할인현상Diversification Discount이 발생하는 것이다.

이 학자들이 내린 결론은 분명했다. "우리가 얻은 증거는 다각화가 더 나은 기업 활동으로 이어지는 성공적인 길이 아니라는 사실에 힘을 실어준다." 다른 시장을 대상으로 다른 방법을 사용해 다른 측정 기준으로 실시한 이후 연구에서도 결과는 동일했다. 다각화에 대한 근거 없는 믿음이 무너진 것이다.

랑셴펑과 스툴츠의 연구에 힘입어 실시한 다른 연구들 또한 일반적으로 다각화는 효과가 없다는 결론을 내렸다. 그렇다면 처음 하던 사업과 가까운 영역으로 확장하는 건 어떨까? 혜택의 시너지 효과가 있지 않을까? 이런 형태의 다각화를 종종 관련 다각화relative diversification라고 하는데, 이런 다각화는 기업에 해가 덜 된다는 연구가 있긴 하다. 하지만 IMG의 경우를 보면 관련 다각화가 더 효과적이라고 주장하기에는 논리에 문제가 있었다.

IMG가 골프 이벤트로 확장한 사례를 보자. 이벤트 비즈니스 성공의 핵심은 협상에서 갑의 위치에 있는 유명 스타의 출연 여부에 달려 있다. 앞서 언급했던 부분을 예로 들어 간략하게 살펴보자.

1998년부터 2008년까지 타이거 우즈는 매년 열리는 PGA 대회들 중 반 정도에 출전했다. 그의 출전 여부에 따라 입장료는 2대 1, 즉 2배 차이가 났다. 이런 식으로 보면, IMG의 이벤트 비즈니스는 스타선수 의존에서 오는 위험을 감소시켰다고 할 수 없다. 오히려 위험을 증가시켰다고 해야 옳다. IMG의 성공은 IMG가 애초부터 협상력을 발휘하기 힘든 불안정한 자산인 스타 고객의 출전 여부에 많은 부분이 달려 있었으니까 말이다.

핵심 사업에서 너무 멀리 나가는 다각화는 랑셴핑과 스툴츠가 보여주었듯이 효과를 거둔 적이 거의 없다. 하지만 너무 가까운 곳으로만 다각화를 이룬다면 핵심 자산에 예상치 못한 변화가 발생할 경우 제때 탈출하지 못하고 위험을 맞이할 수도 있다.

원스톱 쇼핑 논리에 대한 올바른 이해

비즈니스 다각화를 주장하는 두 번째 이유는 이를 통해 회사가 영향력을 늘리면서 고객과 공급업자에게 더 많은 것을 제공할 수 있기 때문이라고 한다. 예를 들면, 개인뿐만 아니라 기업의 대리인 역할을 함으로써 스타 고객에게 더 나은 조건의 후원 계약을 얻어줄 수 있다. 회사에서 이벤트를 조직하면 자사 소속 선수의 참가 여부를 좌지우지할 수 있다. 스포츠 행사를 텔레비전으로 방송하면 유망한 인재의 방송 보도에 영향력을 행사할 수 있고, 텔레비전 계약에도 영향을 미칠 수 있다. 훈련 아카데미를 소유하면 누구를 참가시킬지 결정권을 쥘 수 있다. 자사 고객에게 골프 코스를 디자인할 수 있는 기회를 제공함으로써 스타 선수를 잡아두는 은밀한 수단으로 활용할 수도 있다. 다른 말로 정리하자면, 주변 비즈니스를 통제하게 되면 자신의 스타 고객에게 더 많은 영향력을 행사할 수 있다는 말이다.

이는 회사들이 사업 다각화를 정당화하기 위해 사용하는 전형적인 '풀 서비스 full-service' 논리다. 1990년대에는 금융 서비스를 인수합병하는 거의 모든 회사가 이런 논리를 들먹였다. 이들은 소매금융, 투자금융, 기업금융, 자산관리, 중개업을 모두 묶어 하나의 우산 아래

두겠다는 '금융 슈퍼마켓'을 추구했다. 사실상 미디어 대형 합병도 다를 바 없었다.

1999년 바이어컴Viacom의 CBS 인수가 좋은 예다. 젊은 시청자 층을 확보한 케이블 네트워크를 나이 많은 시청자 층을 파고드는 지상파 네트워크와 합침으로써, 모든 연령대의 시청자에게 다가가고자 하는 광고주에게 원스톱 쇼핑을 제공하겠다는 의도였다. 분석가들은 이 거래에 열광했다. 어떤 이는 "젊은 소비자 취향의 채널에서 나이 든 소비자 취향의 채널까지, 컨트리 음악 방송에서 중간의 VH1을 거쳐 MTV까지, 전 분야에 걸쳐 광고주의 요구와 그에 상응하는 시장을 말 그대로 고를 수 있게 되었다"고 했다. 안타깝지만 현실은 달랐다. 원스톱 쇼핑의 결과는 늘 실망을 안겨줄 뿐이다.

풀 서비스 제공이라는 묶음을 만들어내지 못해서가 아니다. 고객이 자신의 힘으로 쉽게 접근할 수 있는 무언가를 만들어내기가 힘들기 때문이다. 피자와 우유를 함께 파는 상점을 예로 들어보자. 두 제품을 한 장소에서 판매함으로써 상점은 고객에게 한 곳에서 두 가지 모두 구입할 수 있는 편의를 제공한다. 하지만 피자 가게와 식료품점이 바로 옆에 있는 곳을 찾게 되면, 고객 입장에서는 편의성 면에서 별 차이가 없다. 그럴 경우, 원스톱 서비스 상점은 별도의 두 곳, 즉 집중화한 상점들보다 유리한 점이 거의 없다.

고객이 스스로 제품과 서비스를 결합할 수 있다면, 서로 다른 비즈니스를 하나의 지붕 아래 모아두어도 고객에게 추가적인 가치를 제공하지 못한다. 달리 말하자면, 원스톱 상점은 연결 관계를 창출해낸다는 환상을 줄 뿐이다. 실제로는 그렇지 않은데 말이다.

10여 년 전쯤, 원스톱 상점에 관해 가장 뜨거운 논란을 불러일으켰던 사례가 있다. 원래 오프라인에 기반을 둔 일반 소매상점과 온라인 마케팅의 결합 전략, 소위 브릭 앤드 클릭bricks and clicks 전략이 가치가 있느냐 없느냐를 두고 벌어진 논쟁이 그것이다.

소매점 운영 전략을 내세운 반스앤드노블Barnes & Noble과 블록버스터 그리고 이에 맞서 온라인의 클릭 전략만을 고수한 아마존Amazon과 넷플릭스를 두고 많은 사람들이 이들의 불행한 결말을 점쳤다. 브릭 앤드 클릭 전략을 사용한 회사들을 두고는 한 가지 전략만을 고수하는 회사보다 더 많은 것을 제공할 수 있을 것이라고 주장했다. 두 가지 자산이 하나보다는 분명히 더 낫다는 단순한 논리였다. 물론 이제는 이런 주장이 크게 잘못되었다는 사실이 드러나고 있다. 브릭 앤드 클릭이 효과가 없어서가 아니라 고객들이 직접 이 두 가지를 만들어낼 수 있기 때문이다.

인터넷 분석가들과 사업 전문가들은 태도를 바꾸기 시작했다. 소비자 비디오 서비스를 둘러싼 전쟁에 대해 누군가는 기사에 이렇게 썼다. "나는 솔직히 고객들이 브릭 앤드 클릭 솔루션을 좋아한다고 믿는다. 그리고 고객들은 이미 그런 여건을 갖추고 있다. 단지 하나가 아니라 서로 다른 2개의 회사 형태로 갖추고 있을 뿐이다. 넷플릭스와 레드박스Redbox가 그것이다."

넷플릭스가 DVD 온라인 구매를 위해 찾는 사이트로 자리 잡은 반면, 레드박스는 비디오 대여 자판기를 식료품점과 소매상점에 죽 배치하는 식으로 오프라인에만 의존하는 전략을 사용했다. 그의 글은 이렇게 이어진다.

반스앤드노블이 1997년에 온라인 상점을 시작했을 때 … 온라인에만 의존하는 아마존을 전혀 힘들이지 않고 쓸어버릴 능력이 있는 거인처럼 보였다. 하지만 그 거인은 세계에서 가장 진화한, 가장 사용이 쉬운 전자상거래 사이트와 경쟁해야만 했다.

그의 솔직한 글은 계속 이어진다.

장담하건대, 1997년 9월 〈포춘〉 지에 '반스앤드노블이 아마존을 뭉갤 수도 있는 이유'라는 제목의 글을 쓴 사람은 자신이 아마존닷컴의 가능성을 과소평가했다는 사실에 지금쯤 매우 당황하고 있을 것이다. 실제로 나는 그 글쓴이가 지금 매우 무안해하고 있다는 사실을 알고 있다. 그 사람이 바로 나니까.

새로운 시장과 가치를 창출한 IMG의 연결 관계 만들어내기

IMG가 성공한 것은 위험을 줄이기 위해 핵심 사업에서 탈출했기 때문이 아니었다. 완벽한 일체형 서비스를 제공했기 때문도 아니었다. 성공의 비밀은 연결 관계에 있었다. 서비스들을 하나하나씩 차례차례 제공하면, 한 명의 에이전트가 유망주를 대신해 그 서비스에 직접 접근함으로써 당신이 제공하는 혜택을 재생산할 수 있을 것이다. 더 많은 가치를 창출해내기 위해 두 가지 비즈니스를 연결한다면 일

356

이 훨씬 더 힘들어진다.

1970년대부터 시작해서 IMG는 유망주 발굴에 총력을 기울이기 시작했다. IMG는 아직 어릴뿐더러 흙속의 진주 같은 유망주들을 위해 각종 서비스를 연결해주었다. 그 누구도 할 수 없는 방식으로 말이다. 먼저 토너먼트 출전과 관련한 연결 관계가 있다. 이벤트 주최자인 IMG는 주최 측 초청 선수(골프)와 와일드카드 참가 선수(테니스) 결정에 관여할 수 있었다. 떠오르는 유망주 입장에서는 대회에 많이 참가하는 것이 랭킹을 끌어올리는 데 도움이 된다.

IMG의 고객이 되면 또 다른 혜택도 받을 수 있었다. 골프 토너먼트의 첫 이틀 동안 유명 선수들과 한 조에서 플레이할 수 있다는 점이었다. 즉, 노골적인 업혀가기 전략을 통해 텔레비전 카메라에 노출되는 확률이 많아지는 것이다. 화면에 자꾸 얼굴이 보이면, 아무래도 후원사와 좋은 조건으로 계약할 가능성이 높아진다.

다음으로는 골프 랭킹과 관련된 연결 관계다. 이 랭킹 시스템은 마크 매코맥이 고안한 것으로 IMG가 랭킹 알고리즘을 조정할 수 있었다. 1999년에는 IMG가 너무 과한 힘을 발휘했던 모양이다. IMG의 고객이 아니었던 리 웨스트우드 Lee Westwood 는 34개 골프 대회에서 11승이라는 대단한 성적을 거두고도 겨우 랭킹 6위에 올랐다.

IMG의 서비스는 전성기가 지난 스타들에게도 이어졌다. 어느 미디어 회사 임원은 자신이 즐겨 쓰는 '재능의 S 곡선'이라는 표현에 대해 이렇게 설명한다. "재능의 가치는 언제나 아치형을 그리게 되어 있다. 재능은 날개를 달고 날기 시작해서 혹은 어느 시점에 발굴돼서 최고점에 도달한다. 하지만 모든 사람은 하락의 시점을 맞이한다. 재능이 아무리 뛰어난 사람이라 해도 피할 수 없는 현상이다. 좋은 관리자는 그 재능이 꽃 필 때를 미리 알듯이 재능이 질 시기도 예측한다."

대부분의 회사는 전성기가 지난 스타에게서 손을 뗀다. 하지만 매코맥은 그러지 않았다. 전성기가 지난 스타라 해도 그들에게 어울리는 기회를 만들어낼 수 있다고 보았다. 많은 이들이 탐내지만 기회를 잡기 쉽지 않은 방송 해설을 맡기는 것도 그중 하나였다. 과거의 스타가 골프 코스를 디자인하는 데 도움을 주고, 그 코스에서 현재의 스타들이 플레이하는 멋진 장면을 연출했다. 그리고 전성기가 지난 선수들에게 직접 출전하는 기회도 만들어주었다.

1980년대를 시작으로 IMG는 시니어 골프 투어를 개최해 성공 가도를 달렸다. 전성기가 지난 선수들이 참가하는 시니어 대회였지만 IMG의 유명 고객인 파머, 니클라우스, 플레이어가 참여한 덕분에 대회는 예상 밖의 성공을 거두었다. 이들의 출전은 대회 운영에 도움을 주었다.

텔레비전에 중계가 됐고, 기업 후원을 받았으며, 광고 계약을 따낼 수 있었다. 1980년에 20만 달러였던 시니어 PGA 챔피언십의 우승 상금이 2015년에는 50만 달러로 올랐다. 물가 상승에 비해 9배나 더 높은 인상률을 기록한 것이다. 상금 액수가 많아지면서 IMG도 혜택을 보았다. 인상된 상금 총액에서 많은 부분이 자사의 고객에게 되돌아갔기 때문이다. 골퍼들의 선수 생활 기간이 연장되고, 후원받을 수 있는 시간이 이전에 비해 15년 더 늘어났다.

IMG는 더 많은 가치 창출로 유망주들을 지원했을 뿐 아니라 현재의 스타급 선수들을 위해 파이를 키우는 것도 잊지 않았다. IMG와

358

달리 비즈니스 포트폴리오를 만들어내지 못하거나 유망주에게 다가가기 힘든 에이전트들은 경쟁하기가 훨씬 더 힘들어졌다. 하지만 IMG는 여기서 그치지 않았다. 자사의 스타들을 위해 직접 파이를 키우는 방법을 찾아냈다.

그중 하나가 상금을 받을 수 있는 새로운 기회를 만들어내는 것이었다. 어떻게 기회를 만들었을까? 매년 PGA는 대략 35개 토너먼트를 운영한다. 이 중에서 스타급 선수들이 출전하는 대회는 25개 안팎이다. 타이거 우즈는 대략 17개 대회에 출전했다. 선수들이 대회에 출전하지 않는 동안에 부여할 수 있는 기회를 확장하기 위해 IMG는 새로운 이벤트를 구상했다. 그리고 1999년, IMG는 '셔우드의 결투'를 개최했다. 이 대회는 한 라운드로 치러지며 텔레비전 방송의 황금 시간대에 중계하는 특별 이벤트다. 그뿐만이 아니다. 과거 스타 선수이자 IMG의 고객인 잭 니클라우스가 설계한 셔우드 골프장에서 IMG의 스타급 선수들(처음에는 2명, 나중에는 4명)이 맞대결을 펼치는 행사였다.

당시 이 대회의 상금은 무려 110만 달러로 이는 일반 메이저 대회에서 4라운드를 돌고 우승해야 받을 수 있는 상금과 맞먹는 액수였다. IMG의 골프 담당 부사장은 나중에 이 이벤트의 전략에 대해 이렇게 설명했다.

우리는 골프 코스 디자인 사업을 하는 골프 고객들을 홍보하는 일을 합니다. … 그렇지만 개발업자들이 IMG의 자원을 활용하고자 할 때 IMG가 진정한 매력을 발산하게 되죠. 우리가 코스를 디자인하고 관리도 합니다. 그들이 원하는 프로 선수들을 우리가 관리하고 대회도 구상해서 개최하죠. 그런 다음 우리가 대회 자격을 따내고 전 세계에 방송도 합니다.

이런 것이 바로 시너지 효과다. 새로운 시장을 창출하고 이전에는 없던 가치를 더하는 것이다.

새로운 기회 창출은 새로운 이벤트 개최에서 끝나지 않고 새로운 영역으로 이어졌다. 1997년, IMG는 타이거 우즈의 혼다 클래식 출전을 기획했다. 그해 혼다 클래식은 타이거 우즈 어머니의 고향인 태국에서 열렸다. 여기서 우즈는 상당한 우승 상금 외에도 참가비(단지 모습을 나타내는 대가로 30만 달러를 받았다)와 언론의 엄청난 주목을 받았다.

그렇다고 IMG가 운영하지 않는 대회에서 우즈가 참가비를 받지 않았던 건 아니었다. 2002년 뉴질랜드오픈에서는 대회에 출전하는 대가로만 뉴질랜드 달러로 370만 달러를 약속받았다. 다른 대회에서도 역시 비슷한 액수의 참가비를 우즈에게 지급했다. 하지만 '돈 받고 플레이하는' 행위에는 문제점도 있었다. 뉴질랜드오픈 개최 측이 우즈에게 지불한 참가비를 회수하기 위해 대회 입장료를 1년 만에 2배로 인상하면서 팬들과 골퍼들의 공분을 사기도 했다.

그와는 반대로, IMG 이벤트에는 스타 선수를 출전시키는 것이 큰 이점이 되기도 했다. IMG는 돈의 흐름을 관리했을 뿐만 아니라 (따라서 우즈가 서비스를 제공하고 그 대가를 어떤 방법으로 받을지, 참가비나 광고 계약 또는 다른 특전 중에서 선택할 수 있었다) 관련된 이야기들을 만들 수도 있었다. 전 세계 다양한 지역의 골프 대회에 출전하는 우즈에 관해 많은 관련 기사들이 쏟아져 나왔다. 우즈는 스포츠 홍보 대사 역할을 하며 새로운 지역에서 골프 활성화를 위해 많은 일을 했다 (태국에서는 어머니의 나라에 감사 표시까지 한 셈이다).

중요한 것은 돈이 아니라 전하는 메시지다. 완곡한 표현으로는 '브랜드 관리brand management'인데, 브랜드 관리는 득이 된다.

가치 창출과 브랜드 관리에 적용했던 접근방식은 IMG의 훈련 아카데미에도 그대로 적용되었다. 스타 선수에게 아카데미에서 아이들을 가르칠 기회를 제공하면 미디어에서는 스타 선수가 "돈 받고 한다"는 식의 호의적이지 않은 이야기들이 나올 수 있다. 하지만 IMG는 아카데미를 소유함으로써 스타 선수가 얻는 소득의 형태를 다른 모습으로 바꿀 수 있었다. 스타 선수가 모습을 드러내는 대가로 돈을 주는 대신, 그 선수의 다른 소득에서 선수가 가져가는 커미션을 줄이는 것이다. 이는 선수에 관해 좋은 이야깃거리를 제공할 수 있는 방법일 뿐만 아니라 영리한 사업 방식이라 할 수 있다.

텔레비전 비즈니스는 IMG와 소속 스타 선수들에게 부수적인 이익을 안겨주었다. 이 또한 연결 관계의 덕이 컸다. 메이저 대회의 방송 중계권을 따내기 위한 경쟁은 치열하다. 이벤트 중계권 경쟁에서 IMG가 메이저 방송사와 다른 점은 거의 없었지만 딱 하나 좋은 점이 있었다. 골프 투어의 텔레비전 중계를 위해 지불한 돈의 상당 액수가 상금의 형태로 투어 이벤트로 다시 돌아갔다는 점이다. 게다가 이 액수의 50퍼센트 정도는 IMG 고객들이 차지했다. 에이전트가 상금의 10퍼센트를 커미션으로 받는다 치면 텔레비전 중계료에서 나온 상금의 5퍼센트 정도가 다시 IMG 수중으로 직행하는 셈이다. IMG가 대회 운영권을 소유하거나 하지 않거나, 이벤트들끼리 상금을 놓고 경쟁을 벌이는 경우에도 유사한 이득이 발생했다.

또한 카메라를 지휘할 수 있다는 사실은 IMG가 방송 화면에 어떤 선수를 어떻게 내보낼지에 대해 재량권을 행사할 수 있다는 뜻이다. (어디서 들어본 소리 같지 않은가? 앞서 텔레비전 네트워크가 스튜디오를 사들이기 위해 수직적 통합을 하면서 얻는 혜택과 비슷하다.) 매코맥은 현실에서 이 방식이 어떻게 효력을 발휘하는지 다시 한 번 보여주었다.

BMW 독일오픈 중계권을 따기 위해 BBC와 벌인 경쟁에서 IMG가 이긴 일이 있었다. 어떻게 이겼을까? 골프 플레이뿐만 아니라 코스 여기저기에 걸린 후원사의 로고까지 훤하게 방송하겠다는 약속을 했기 때문이다.

1970년부터 2000년 사이에, 골프 종목에서 IMG가 대리인으로 나선 선수들 중 반 이상이 상위 랭킹 선수들이었다. IMG는 테니스, 자동차 경주, 패션 모델링, 클래식 음악 분야로 영역을 확대할 때도 똑같은 공식을 활용했다. 유망주 대리인을 맡는 일로 시작해서 비즈니스 네트워크를 구축하고 연결시키는 것이다. 그리고 그때마다 멋지게 일을 처리해냈다.

지금은 은퇴했지만 미식축구의 아이콘이자 IMG의 고객인 페이튼 매닝Peyton Manning에게 누군가 IMG와 IMG가 준 혜택에 대해서 물은 적이 있다. 그때 페이튼은 이렇게 말했다. "선수 대리 업무, 마케팅 그리고 금융 서비스까지 모두 해줄 수 있는 곳은 IMG밖에 없다." 실제로 IMG은 가장 믿을 만하고 괜찮은 곳이라 할 수 있다.

사용자 중심의 다각화, 어떻게 다른가

IMG 이야기의 핵심은 유망주 발굴이 아니다. 소속 선수 중에서 스타가 등장할 확률은 희박하다. 전문적인 협상도 핵심이 아니다. 슈퍼스타와의 협상에서 당신이 이길 확률은 미미하다. 그리고 위험을 줄이기 위한 의도로 행한 다각화도 핵심이 아니다. 그와 반대로 IMG는 자사의 스타 선수들과 더욱 깊은 관계를 이어갔다. IMG는 유망주에게 더 많은 서비스를 제공하기 위해 '원스톱 쇼핑'을 만들지 않았다. 그 누구보다 훨씬 더 많은 것들을 제공하는 접근방식을 택했다.

IMG는 재능 있는 사람의 대리 역할을 다른 시각으로 바라본 덕분에 성공할 수 있었다 ([그림 23] 참조). 관점을 바꾼 것이다. 먼저 스타를 현 시점에서만 대리한다고 생각하지 않고, 그들의 평생 활동을 위해 무엇을 제공해줄 수 있는지 생각했다.

IMG의 경우에는 첫째, 스타급 선수들의 전성기가 지났을 때 (그래서 IMG가 그들보다 좀더 영향력이 있을 때) 새로운 기회를 만들어줬다. 그렇게 함으로써 (IMG의 영향력이 덜할 때) 전성기를 맞은 유망주를 잡기 위한 경쟁에서 더 나은 위치를 차지할 수 있었다.

둘째, 각각의 고객을 고유한 관계로 보는 동시에 서로 연결된 관계로 보는 것이다. 덜 알려졌거나 은퇴한 선수들을 위해 더 많은 가치를 만들어내고, 그러기 위해 현재 스타급 선수들과의 관계를 잘 활용했다. 또한 거기서 얻은 이익을 스타 선수들과 공유함으로써 IMG는 스타 선수들을 차지하기 위한 경쟁에서도 우위를 차지했다.

셋째, 새로운 사업의 확장을 개별적이고 흥미로운 기회로 여기면서 동시에 광범위한 제품 포트폴리오의 일부로 보는 것이다.

그림 23 | IMG 전략

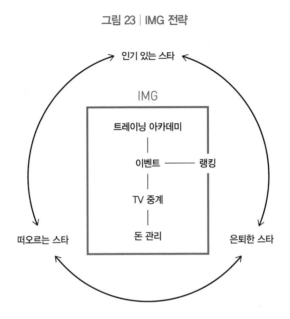

IMG의 이야기는 연결 관계의 인식과 관리에 관한 이야기다. 제품, 인재, 라이프 사이클 간의 연결 관계를 창출해내고, 그 각각에서 보상을 받는 이야기가 IMG 이야기의 핵심이다.

이런 사례를 보며 다음과 같은 질문을 하게 된다. "어떻게 '1+1=3'이 되도록 만들 수 있을까?" 이상한 질문처럼 들릴 수 있겠지만 사실 이는 포트폴리오 관리와 기업 전략에 있어 매우 중요한 질문이다. 그리고 비즈니스 확장을 고려하는 임원이나 기업가가 주목해야 할 유일한 평가 기준이다. 뿐만 아니라 당신 스스로 연결 관계를 찾아내게 만드는 질문이기도 하다.

연결 관계는 오랫동안 '제품 시너지'란 용어 속에 그 의미가 갇혀 있었다. 회사가 보유한 두 제품 또는 두 비즈니스가 얼마나 연관되어 있느냐, 혹은 얼마나 시너지 효과를 내느냐를 따졌다. 왼쪽 신발과 오른쪽 신발은 분명히 연관되어 있다. 탁자와 의자, 마이크로웨이브와 오븐도 마찬가지다. 포트폴리오 확장은 밀접한 연관성이 있는 제품인 경우에만 통하는 것으로 여겨졌다. 전문가들은 관련이 없는 제품으로 영역을 확장하는 것은 실패할 수밖에 없다고 했다.

그러다가 1991년에 C. K. 프라할라드 C.K. Prahalad 와 게리 하멜 Gary Hamel 이 새로운 아이디어를 제공한다. 기업들은 제품의 관점이 아닌 과정 또는 수행 능력의 측면에서 연관성을 바라보아야 한다고 제안한 것이다. 혼다 Honda 가 자동차에서 잔디 깎는 기계로 영역을 넓혀간 것은 제품의 연관성 때문이 아닌, 엔진과 동력 전달 장치에 대한 전문성 때문이라는 측면에서 충분히 이해할 만한 확장이었다. 이렇게 다각화를 향한 '핵심 역량 core competence' 논리는 사람들의 마음을 파고들었고 많은 기업들이 이 논리를 적극적으로 받아들였다.

'연관'이란 얼마나 연관되어 있다는 것인가? 핵심 역량을 구성하는 것은 무엇인가? 이런 질문들을 통해 시간이 흐르면서 이 아이디어도 다듬어져갔다. 하지만 '제품' 또는 '기능'의 측면에서 연결 관계를 규정하는 아이디어의 기본 요지는 변하지 않았다.

단, 여기서 주의해야 할 점이 있다. 이번 챕터에서 설명한 사례들은 제품과 기능 연관성이라는 두 가지 관점에서 확장을 바라본다. 그렇기 때문에 생산적이고 새로운 확장의 가능성을 보지 못할 수 있다는 점이다. 극장과 탁아 시설은 표면상 '무관'하다. 레스토랑 안내서와 타이어 제조, 스포츠와 클래식 음악, 훈련 아카데미와 텔레비전 방송도 연관이 없기는 마찬가지다. 하지만 이들의 연결은 효과가 있다. 두 가지가 만나서 사용자를 위해 더 많은 가치를 만들어내기 때문이다. 제품 시너지 효과나 공통의 기능 향상을 위해서가 아니라 고객을 위한 가치 상승에 집중한다. 그 때문에 제품들을 연결하는 아이디어는 제품이나 기능을 기반으로 한 다각화가 아니라 사용자 기반의 다각화를 요구한다.

IMG의 접근방식은 "고객을 생각하라"는 말을 가장 잘 실천한 모범 사례다. 그런데 동시에 IMG가 취한 광범위한 비즈니스 확장, 그리고 지속적인 다각화 노력에는 고객을 생각하라는 말에 역행하는 점도 있다. 일반적으로는 좁은 초점과 광범위하지 않은 다각화가 고객 중심적인 회사의 특징을 표현하는 말이기 때문이다. 그렇다면 이 둘의 조화를 어떻게 이끌어낼 것인가?

초점을 좁게 유지하라는 논리에도 타당성이 있다. 서로 다른 고객들이 많으면 필연적으로 갈등이 발생한다. 은행만 해도 그렇다. 고객의 범위가 다양해지고 수가 많아지다 보면 어떤 사람은 온라인 서비스를 부탁하고 어떤 사람은 은행 업무 시간을 늘려 달라고 한다. 항공 승객은 어떤가? 많은 수의 승객에게 서비스를 제공하다 보면 누구는 더 좋은 기내식과 서비스를 요구하는 반면, 누구는 정시 출발과 정시 도착을 더 중요하게 생각한다. 제품에 초점을 맞추는 회사는 타협하지 않고도 선택을 할 수 있다.

하지만 초점을 좁히라는 주장의 근거에는 훨씬 더 깊은 뜻이 담겨 있다. 다각화 자체가 해로워서가 아니라 현실적으로 발생하는 갈등

366

을 관리하기가 힘들기 때문에 다각화를 조심하라는 것이다. 이런 식으로 보면 다각화를 하지 말아야 하는 이유가 상당히 달라진다. 이는 곧 당신의 비즈니스 영역 확장이 사용자를 위한 가치를 증대시킬 가능성이 크다면 다각화를 피할 이유가 없다는 뜻이기도 하다. 앞서 설명했던 보완재, 업혀가기, 플랫폼과 마찬가지로 IMG 또한 그런 가능성을 확실히 보여주고 있다.

앞서 언급했던 다각화에 관한 실증 분석 결과는 어떤가? '다각화 할인 현상'의 발견이 결코 사업을 확장하지 말아야 한다는 이유가 될 수 없음이 밝혀졌다. 할인 현상 결과가 말하는 것은 평균적으로 그렇다는 얘기지 모든 회사가 다 그렇다는 뜻은 아니다. 그런데도 사람들은 종종 이런 구분을 하지 않는다.

오래전부터 컨설팅 회사와 학계에서 다각화의 위험에 대해 경고해오긴 했지만 다각화를 이룬 회사들 중에서 상당히 좋은 활약을 펼치는 회사가 많다. 실제로 다각화 할인 현상이 존재하느냐 아니냐를 두고 20년 동안 활발한 토론이 이어졌다. 정확한 데이터 측정이 이루어졌을까? 물론 아니다. 그럼 다각화의 폐해를 주장하는 논리가 우세한가? 역시 아니다. 후속 연구에 따르면 다각화하는 회사는 애초부터 실적이 나쁜 회사들이었다. 도출된 결과를 지역에 관계없이 일반화할 수 있을까? 그 또한 아니다.

이 모두 다각화를 놓고 지지파와 반대파가 옥신각신하는 논쟁의 일부일 뿐이다. 하지만 이 논쟁에서는 중요한 점 하나를 놓치고 있다. 평균mean과 분산variance을 구분하지 않았다는 점이다. 평균적인 효과를 모든 기업으로 보편화할 수 있느냐 없느냐에 대한 논의가 빠져 있다는 말이다. 좀더 가까이 들여다보자. 사업을 다각화한 회사가 집중화한 상대 회사를 장기간에 걸쳐 지속적으로 능가하는 경우가 40퍼센트에 달한다는 결과가 나와 있다. 결코 무시할 수 없는 수치다. 다각화는 도움이 된다. 옳은 방법으로 하기만 한다면 말이다.

CHAPTER 19

연결 관계의 논리 이해하기

성공 법칙에 대한 기존의 관점과 태도를 모두 바꿔라

당신이 활동하는 시장에 값이 더 싼 제품 또는 공짜 제품이 들이닥쳐 당신 제품의 수익성을 망치려 든다면 어떻게 할 것인가? 비슷비슷한 제품들이 점차 많아지는 세상에서 당신은 어떻게 주목받을 것인가? 상품화 과정에서 왜 특정 유형의 콘텐츠 가격은 인기에 비례하지 않고 터무니없이 상승하는 것일까?

이런 질문을 던지면 주로 이런 대답이 돌아온다. 가격 압박과 고객 이탈에서 핵심 비즈니스를 방어하기 위해 더 많은 노력을 기울여라. 제품을 광고하고 팔기 위해 더 많은 돈을 써라. 기업 인수나 콘텐츠 투자, 성장에 집중하라. 왜냐하면 '콘텐츠가 왕'이고 그런 콘텐츠에 맞는 평가 가치가 따라올 테니까.

이런 반응은 콘텐츠, 제품, 품질에 대한 편견을 내포하고 있다. 이를 반증하는 증거가 계속 나오는데도 말이다. 이런 믿음은 회사들로 하여금 어떤 비용을 치르더라도 자사의 핵심 비즈니스를 마치 '요새' 지키듯 보호해야 한다는 마음을 먹게 만든다. 콘텐츠 함정에 빠지는 회사들의 마음자세가 바로 이렇다.

이런 문제와 곤혹스러운 상황 그리고 모순적인 현상은, 콘텐츠를 만드는 일에 또는 어떤 희생을 치르더라도 콘텐츠를 지키는 일에 혹은 그 콘텐츠를 팔기 위해 더 많은 돈을 쓰는 일에 더욱 집중한다고 해서 해결되지 않는다. 제품 간의 연결 관계를 깨닫고 최대한 활용하고 시너지를 창출해야 해결할 수 있다.

이런 아이디어의 적용 여부를 어디에서나 볼 수 있다. 선수 대리인이 자기보다 10배나 더 큰 규모의 회사들과 경쟁하는 가운데서 어떻게 자신의 사업을 놀라울 정도로 긴 세월 동안 꾸준하게 활동하는 조직으로 키워냈을까? 때로는 애플Apple처럼 제품의 품질 덕분에 시장에서 완승을 거두는 반면에 때로는 (이 역시 애플처럼) 품질에 관계없이 완패를 당하는 이유는 무엇일까? 압도적인 우위를 확보했다고 믿는 상황에서, 어떨 때는 순식간에 무너지는 최후를 맞고 또 어떨 때는 30년 동안이나 패권을 이어갈 수 있는 이유는 무엇일까?

위의 사례 모두, 제품 간의 연결 관계로 답이 모아진다. 음악 산업이 부활하는 이유는 가격을 올리거나 해적행위와 싸우거나 더 좋은 음악을 만들었기 때문이 아니다. 콘서트와 다른 보완재로 옮겨간 가치 때문이다. 애플은 단순히 뛰어난 제품을 만드는 회사에서 보완재의 파워를 인식하고 관리하는 조직으로 변환했다. 예전에 제품 품질에만 집중했다가 개인 컴퓨터 시장에서 점유율 3퍼센트만을 기록한 아픔이 있지 않았던가.

지 TV가 시장에서 우위를 빼앗긴 이유는 능력이 없어서도 운이 나빠서도 아니다. 제품 스필오버 효과 때문이었다. 인재 관리라는 불안정한 경기장에서 IMG의 마크 매코맥이 놀라운 성공을 거둔 이유는 위험에서 탈출했거나 어찌하다 보니 스타 유망주를 고르는 방법을 알아냈기 때문이 아니다. 새로운 비즈니스와 그에 연결된 시장을 창출해냈기 때문이다.

성공한 회사는 자신이 제공하는 제품과 경쟁 환경에 대해 더 좁게 보는 게 아니라 '더 발전적으로 더 넓게' 생각한다. IMG, 애플, 아마존 모두 자사의 지평을 넓혔다. 오늘날 거대 인터넷 기업으로 성장한 회사 중에서도 똑같이 행동하는 회사가 많다. 제품 간의 연결 관계라는 아이디어를 받아들이고 나면, 타이어 제조사가 레스토랑 안내서를 만들거나 극장이 탁아시설을 만드는 것이 논리적일 뿐만 아니라 꼭 필요한 일임을 알 수 있다.

회사가 잘못된 결정을 내리는 원인 중 하나는 연결 관계의 논리를 잘못 이해하기 때문이다. 우리가 사용하는 언어 또한 오해의 원인이 된다. 디지털 기술이나 디지털 기술이 기존 비즈니스에 미치는 영향을 '파괴, 초경쟁, 대체재' 같은 단어들로 규정하기 때문이다. 사실상 현직에 있는 사람들 모두가 이런 디지털 기술을 멀리해야 할 위협으로 바라본다. 워낙 만연한 오해라 그리 놀랍지도 않다. 그럼에도 미디어의 역사는 위협이라고 생각했던 것들이 종종 기회가 될 수 있다는 사실을 반복해서 알려주고 있다. 대체재라고 생각했던 것들이 보완재가 될 수 있다. 부정적인 연결 관계라고 받아들였던 것들은 종종 긍정적인 연결 관계가 되기도 한다.

관리자와 기업가들에게 더욱 희망적인 사실은 성공과 실패가 어쩔 수 없는 힘에 의해 좌우되는 것이 아니라는 점이다. 성공과 실패는 관리 선택의 문제다. 제품 간의 연결 관계가 긍정적이 되고, 기회가 저절로 손안에 들어오리라 여기며 마냥 기다리기만 해서는 안 된다. 관리자라면 스스로 기회를 포착하고 빚어내야 한다.

앞서 설명한 여러 성공 신화가 보여주는 가장 중요한 핵심은 창조의 귀재, 제품에 대한 집중적인 관리 또는 뛰어난 혁신이 전부가 아니라는 점이다. 이러한 요소들이 성공을 위한 환경을 만들어줄 수는 있지만 이것만으로는 성공을 유지할 수 없다. 이런 요소에만 제한된 전략을 추구한다면 로또 당첨을 기다리는 것과 다를 바 없다. 관점을 바꿔 제품 간의 연결 관계를 받아들인다면 당신의 사업은 아마도 훨씬 더 오래 지속될 수 있을 것이다.

제품 간의 연결 관계는 콘텐츠 삼각 구조에서 두 번째 축을 담당하고 있다. 기존 제품을 방어하는 대신 그 너머에 존재하는 가치 창출의 기회를 찾도록 하라. 사업을 하면서, 다가오는 불길 앞에서 모든 것을 지키려하기보다는 폐허 속에서도 다시 자라날 수 있는 씨앗을 찾아라.

중요한 것은 지키기 위해 확장하는 것이다.

PART 3

콘텐츠 함정 벗어나기 3

기능적
연결 관계

CHAPTER 20

같은 전략 다른 결과

이코노미스트의 성공 전략은
왜 뉴스위크를 망하게 했는가

십스테드의 '디지털 우선주의'

나는 전 세계를 돌며 다른 사람들에게 이런 이야기들을 해주고 보
여주려 했다. 그때마다 돌아온 반응은 한결같았다. "노르웨이에서
나 가능한 일이군요."

— 에스펜 에길 한센Espen Egil Hansen, 〈VG〉 편집장, 십스테드

전 세계 어디를 살펴봐도 디지털 무대에서 십스테드만큼 큰 성공을
거둔 미디어 조직은 찾기 힘들다. 하지만 역설적이게도, 십스테드의
성공은 전통 미디어에 깊이 내린 뿌리를 지렛대 삼으려는 노력이 아
니라 그 뿌리를 제거하려는 노력 덕분에 가능했다. 나는 2013년에
십스테드의 최고참 편집장인 에스펜 에길 한센을 만난 적이 있다. 전
형적인 신문기자처럼 보이던 그의 입에서는 뜻밖의 말이 나왔다. "디

376

지털 우선주의는 우리가 추구하는 새로운 모습을 지칭하는 핵심 단어입니다. 새롭게 시작하기 위해서 이제 신문은 잊어버리라는 겁니다. 인쇄 신문에서 나온 이야기는 가능한 한 멀리하는 대신 우리만의 이야기를 만들고 싶다는 거죠. 그게 핵심 아이디어였습니다."

디지털 퍼스트digital-first는 의도적으로 아날로그를 멀리하거나 아예 버리는 방법으로, 디지털 전략을 수립하기 위한 혁신적인 노력을 특징적으로 표현하는 말이다. 〈VG〉가 십스테드의 디지털 변환을 이끌면서 시도했던 여러 형식의 뉴스 보도의 토대가 되어준 것이 바로 디지털 퍼스트 또는 디지털 우선 방식이었다.

〈VG〉는 세심한 편집보다 신속한 보도를 강조하는 3층식 뉴스 게재 방식을 사용했다. 이야기를 글이 아니라 사진 위주로 표현하는 방식도 있었다. 사이트를 대표하는 홈페이지의 메인 페이지는 유독 길었다. 한센이 언급했듯이, 이런 방식은 전통적인 신문사의 웹사이트와 확연한 차이가 있음을 알 수 있다. 전통적 신문사의 경우, 사이트에 올라온 온라인 기사 중에서 디지털 퍼스트를 고려해 작성된 기사는 거의 없다. 기사 형태, 게재 시간, 디자인 등 모든 방식에 종이 신문의 영향이 강하게 작용하고 있다.

물론 십스테드가 디지털 퍼스트를 외쳤다고 해서 오프라인 조직보다 디지털 조직을 편애했다는 뜻은 아니다. 단지 온라인 영역에서는 뉴스가 어떻게 보일지(가능하다면 어떻게 보여야 하는지)에 대해서 다시 생각하게 되었다는 말이다. 인쇄물의 관례를 무조건 부정하고 바꾼다는 뜻도 아니었다. 하지만 적어도 인쇄물의 방식과는 거리를 둘 필요가 있었다는 말이다.

토리 페데르센과 한센은 〈VG〉에서 유일하게 종이 잡지팀에서 디지털팀으로 옮겨온 사람이었고, 〈VG〉의 다른 직원들은 모두 외부에서 고용한 사람들이었다. 한센은 이 때문에 생겨난 새로운 문화에 대해 말해주었다.

> 우리는 기술이란 창고에 처박아두는 것이 아니라 책상 위에 놓고 늘 사용해야 하는 것이라고 생각했습니다. 이런 생각 덕분에 사용자들에게 실시간으로 새로운 수단과 서비스를 제공하는 이점을 지니게 됐습니다. 어떤 독자들이 기사를 읽는지 알 수 있었고 거기에 실시간으로 반응할 수 있게 되었죠. 또 페이지가 로딩하는 데 걸리는 시간 등 웹사이트의 중요한 특성도 세심하게 챙길 수 있게 되었습니다. 디지털 퍼스트 사고방식이 아니었다면 도저히 할 수 없었던 일들이죠. 몇 년 전에 디지털과 인쇄물이 다시 합쳐졌지만 우리의 디지털 문화는 아직도 보존되고 있습니다. 오늘날까지도 실험이 이어지고 있는 거죠.

십스테드가 거둔 놀라운 성공을 보고, 디지털 시대의 성공을 보장하는 비결이 다음과 같은 것들이라고 결론 내리는 사람이 있을지도 모르겠다. 일찍 행동에 나서라. 디지털의 모체나 다름없는, 자꾸 억누르는 분위기를 지닌 인쇄 비즈니스에서 디지털 비즈니스를 분리해서 방어하라. 디지털 우선주의를 적극적으로 받아들여라. 콘텐츠를 실시간으로 업데이트하라. 사용자가 제작하는 콘텐츠가 나올 수 있도록 쌍방향 대화의 도구를 제공하라. 끊임없이 실험하라. 그리고 무료로 출시하라.

물론 이런 행위들은 장점을 지니고 있으며, 성과를 낸다는 사실이 확인되고 있다. 그리고 디지털 변환을 꾀하는 전략적 노력에 이런 사항들이 포함되어야 하는 것은 맞다.

하지만 결론을 확정하기 전에 다른 이야기를 먼저 살펴보도록 하자.

지성과 무지의 극명한 대비

오슬로에서 700마일 떨어진 런던의 중심가에 유력 주간지 〈이코노미스트〉 본사가 있다. 예술품과 골동품 딜러, 시가 상점, 회원제로 운영하는 클럽들이 그랬듯 〈이코노미스트〉 또한 1843년 창간된 이래 100년 동안 정치인, 정부관료, 은행가처럼 힘 있는 사람들의 관심을 끌었다. 1960년에는 발행부수가 3,700부에 불과했다. 하지만 세계 여행과 무역이 활성화되면서 이후 40년 동안 성장을 거듭하더니 2000년에 이르러서는 발행부수가 1960년의 200배가 넘는 75만 부로 늘어났다.

〈이코노미스트〉는 거시경제, 비즈니스, 정치, 기술 등 다른 잡지에 비해 훨씬 더 광범위한 주제를 다루었다. 사실상 전 세계 곳곳의 소식을 다루었지만 고용한 언론인의 수는 다른 잡지사에 비해 훨씬 적었다. 2013년 기준으로 〈이코노미스트〉의 정규직 고용 기자는 90명 미만이었고, 이는 〈뉴스위크Newsweek〉나 〈포춘〉, 〈포브스〉에 비하면 4분의 1 수준이었다.

여러 면에서 〈이코노미스트〉의 선택은 다른 잡지와 매우 달랐으며, 어떤 면에서는 오래된 방식을 유지했다. 예를 들어, 〈이코노미스트〉는 보편화보다 전문화를 우선시하는 대세에 저항했다. 2015년까지도 〈이코노미스트〉의 기자들은 아시아 정치와 실리콘밸리처럼 동떨어진 분야를 옮겨가며 담당했다.

다른 잡지사들이 유명 언론인에 기대려는 경향을 보이는 반면에 〈이코노미스트〉는 기사의 익명성을 고수했다. 지나간 시대의 방식에 따라 기사를 쓴 기자의 이름을 게재하지 않았다. 그리고 다른 잡지들은 지역에 따라 잡지의 형태를 바꾸는 쪽으로 변화했으나 〈이코노미스트〉는 그러지 않았다. 심지어 2015년에도 세계 전 지역에서 오로지 한 가지 형태의 판으로만 잡지를 발행했다.

무엇보다 가장 놀라운 사실은, 오랫동안 〈이코노미스트〉가 인터넷에 대해 태평스러울 정도로 무심한 태도를 보였다는 점이다. 온라인 플랫폼에 대한 반응이 얼마나 느렸는지 도메인 이름을 제때 등록하지도 않았다. theeconomist.com이라는 URL을 입력하면 앨런 그린스펀Alan Greenspan의 사진으로 연결되는 현상이 10년 넘도록 이어졌다. 대부분의 인쇄 조직이 디지털 콘텐츠를 무료로 제공하는 반면 〈이코노미스트〉는 페이월을 세웠다. 그뿐 아니라 1년에 100달러 이상을 내는 구독자에게만 보존 기사를 볼 수 있는 자격을 줬다.

게다가 디지털 시대에서 다뤄야 할 주제들이 많아졌음에도 〈이코노미스트〉 편집인들의 지적 뿌리는 거의 성장하지 않았다. 편집인들 중 많은 이들이 옥스퍼드대학 출신으로, 토론 소사이어티인 옥스퍼드 유니언에서 뿌리를 이어온 사람들이다. 온라인 조직과 콘텐츠 전략은 아직도 종이 잡지 분야와 밀접하게 연결되어 있으며, 아주 최근까지도 종이 잡지 파트의 편집인에 의해 결정되었다.

디지털 분리는 물론이고 디지털 퍼스트 방식에 관해서는 단 한 가지도 제대로 고려한 적이 없었다. 최근까지도 온라인 잡지의 포맷, 스타일, 콘텐츠는 인쇄판을 따라 하는 데 그쳤다. 블로그를 멀리하고 종이 잡지에서 콘텐츠를 그냥 가져다 쓰는 경향이 강했다. 디지털 제품의 혁신은 찾기 힘들었다. 그나마 있는 온라인 콘텐츠인 '디베이트'나 '이코노미스트와 차 한 잔'도 종이 잡지 포맷과 문화를 차용한 것이나 다름없었다. 웹사이트는 업데이트 주기가 드문 편이었고, 대부분의 사이트가 다 제공하는 하이퍼링크도 거의 제공하지 않았다. 실제로 그들은 편집인들이 바깥세계와 연결되지 않도록 하는 결정을 내렸다고 한다.

미디어 기업가인 존 바텔John Batelle은 2006년에 이런 말을 했다. "점차적으로 벽 안에 자신을 가두는 사이트는 그 중요성을 상실하게 될 것이다. 논조나 분석에 문제가 있어서가 아니라 비즈니스 모델 때문이다. 오늘날의 뉴스 생태계에서는 자신을 대화와 단절시키는 행위가 가장 큰 죄악이다. 〈이코노미스트〉와 〈월스트리트저널Wall Street Journal〉둘 다 그런 짓을 저질렀다."

하지만 인쇄 산업 역사상 최악의 해였던 2009년 한 해에만 369개의 잡지가 사라졌음에도, 〈이코노미스트〉의 수익은 6퍼센트 성장했다. 그리고 그해 광고수익과 영업이익 모두 25퍼센트 이상 증가했다. 〈뉴스위크〉, 〈타임〉을 비롯해 많은 잡지의 구독자 수가 급격하게 줄어드는 반면 〈이코노미스트〉는 정반대로 더 많은 구독자를 얻었다.

2000년에서 2005년까지 전체적으로 인쇄 광고가 줄어들었다. 그러나 놀랍게도 〈이코노미스트〉의 발행 부수는 2배 이상 늘어났고, 영업 이익은 6,000만 프랑으로 거의 3배나 뛰어올랐다.

성공 법칙을 거스른 이코노미스트의 성공

십스테드와 〈이코노미스트〉의 이야기는 극명한 대조를 보인다. 동일한 디지털 위협 앞에서 두 회사가 보인 반응은 판이하게 달랐다. 아래 표는 그 차이를 한눈에 보여준다. 그러면서 자연스레 의문을 제기한다. 이걸 도대체 어떻게 이해해야 한단 말인가?

표 12 | 십스테드와 이코노미스트의 디지털 전략

	십스테드	이코노미스트
반응 속도	우선적이고 적극적임	느림
디지털 조직	구별하고 나서 통합	계속 종이 잡지와 통합
디지털을 위한 고용	대부분 외부인	내부 직원
콘텐츠 전략	온라인으로 새로운 콘텐츠 접근방식	대부분 종이 잡지의 방식을 그대로 씀
업데이트 빈도	매우 자주	매우 드물게
수익 구조	새로운 영역으로 확장 (예를 들어 데이트 및 체중 감소)	인쇄와 동일
온라인의 인쇄 콘텐츠 의존도	낮음	높음
집계 및 사용자 생성 콘텐츠에 의존하기	네	아니요
링크	하이퍼링크 많음	하이퍼링크 없음
가격	무료	유료

실패를 맛본 여러 잡지들과 마찬가지로 〈이코노미스트〉 역시 느리고 현실에 안주하는 듯한 인터넷 전략을 사용했다. 그런데도 어떻게 살아남을 수 있었을까? 여느 잘나가던 잡지들도 피해갈 수 없었던 강력한 온라인의 위협 속에서도 계속 성장하고 번창할 수 있었던 이유는 무엇일까?

〈이코노미스트〉가 고품질의 콘텐츠를 제공하기 때문이라고 단순하게 생각할 수도 있다. 다른 잡지에 비해 더 현명하고 더 깊고 더 예리한 시각을 제공하는 잡지라고 말이다. 독자들 중에는 〈이코노미스트〉 기사에 나온 모든 표현을 어떤 도움 없이는 온전히 이해하기 힘들다는 사람들도 많다.

하지만 고품질이라는 단어 하나로 성공을 설명하기에는 설득력이 떨어진다. 다른 언론사들도 고품질의 기사를 제공할 뿐만 아니라 〈이코노미스트〉보다 더 다양한 분야에서, 심지어 더 경험이 많은 기자들을 선발하기 때문이다.

〈이코노미스트〉를 읽지 않는 사람들과 디지털 독자들 또한 이 설명을 납득하기 힘들어한다. 〈애틀랜틱〉 지의 마이클 허시혼Michael Hirschorn은 냉소적인 말투로 의견을 밝혔다. "〈이코노미스트〉는 영리한 방식으로 정보를 모아놓은 설문지에 불과한데도 이에 자부심을 느낍니다. 다른 말로 하자면 블로그나 다름없는데 말이죠." 그러면서 〈이코노미스트〉는 "잡지에 헌신적인 독자들이 자부심을 느낄 만큼 지적인 잡지였던 적이 단 한 번도 없었다"라고 결론 내렸다.

이 잡지의 애독자 중에는 이런 말에 이의를 제기하는 사람이 있을지도 모른다. 하지만 〈이코노미스트〉의 CEO였던 앤드루 래시배스 또한 〈이코노미스트〉가 세계 제일이라는 주장에 동의하지 않았다. CEO 시절 그는 내게 이렇게 말했다. "〈이코노미스트〉에 있는 기사를 하나 가져다가 온라인과 비교해보세요. 온라인 어딘가에서 대략 비슷한 기사를 찾을 수 있습니다. 〈이코노미스트〉 기사 중에서 완전히 독창적인 기사는 찾을 수 없을 겁니다. 〈이코노미스트〉가 하는 일은 많은 정보를 모아 분석을 내놓는 것인데, 사실 그게 힘든 일이죠. 물론 아직도 그렇게 할 수는 있지만 실시간으로 그렇게 하기는 거의 불가능하다고 봐야 합니다."

그렇다면 〈이코노미스트〉가 성공한 이유는 다른 데에 있는 것이 분명하다.

먼저 〈이코노미스트〉가 하지 않는 일을 알아보자. 〈이코노미스트〉에서는 '뉴스 속보' 즉 최근 발생한 위기 상황이나 국제적 사건을 선점해 다룬 기사를 절대 볼 수 없다. 또한 정치판의 속내를 파헤치거나 몇 달에 걸친 탐사 보도처럼 '이면에 담긴 진실'을 다룬 기사도 볼 수 없다. 이런 식의 보도를 하려면 훨씬 더 큰 규모의 뉴스룸이 필요하고, 전 세계를 돌아다니며 막후의 인물을 밝혀내고, 몇 개월 동안 뒷조사를 하는 등 지금과는 다른 형태의 취재 활동이 필수적이다. 막대한 에너지와 인력이 필요하다. 이런 취재는 〈이코노미스트〉 기자의 3분의 2가 런던 중심가의 사무실에 앉아 있는 상황에서는 절대 할 수 없는 일이다.

〈이코노미스트〉가 매주 제공하는 것은 뉴스가 아니라 의견opinion, 그것도 상당히 많은 의견이다. 몇 년 전에 래시배스는 〈이코노미스트〉가 세계에서 일어나는 일들에 대한 해석과 관점을 규칙적인 논조로 배달한다고 말한 적이 있다. 〈이코노미스트〉의 CEO인 크리스 스팁스Chris Stibbs는 최근 내게 이런 말을 해주었다. "주간마다 나오는 패키지나 마찬가지죠. 우리는 독자들이 신경 쓸 시간이 없는 일들에 대해 관점을 제공합니다. 독자들은 우리가 관점을 제공해주기를 기다리고요. 우리는 전 세계에서 일어나는 일을 매주 제공하는 겁니다."

국제 이벤트에 관해 매주 의견을 제공하는 일은 〈이코노미스트〉만 하는 것이 아니다. 〈타임〉이나 〈뉴스위크〉도 똑같은 일을 한다. 그러나 내용보다는 스타일에서 다른 잡지와 차이가 있다고 스팁스는 말한다.

균형 잡힌 주장을 만들어내는 스타일이 있습니다. 그 주장을 사실에 근거하도록 만드는 스타일이죠. 가장 중요한 것은, 우리의 주간 패키지에는 동질의 목소리가 담겨 있다는 점입니다. 이는 기자 개인의 관점이 아니라 〈이코노미스트〉가 세계를 바라보는 시각을 말합니다. 〈이코노미스트〉에서 나온 기사로 실험을 해보세요. 출처를 가리고 사람들에게 읽어보게 하는 겁니다. 아마도 우리 독자들은 그 기사가 〈이코노미스트〉 기사라는 것을 바로 알 겁니다. 사람들은 우리에게서 일관성을 구하는 거죠.

스팁스의 말은 상당히 설득력이 있다. 〈이코노미스트〉에서 아무 기사나 두 편을 골라서 읽어보면 똑같은 사람이 쓴 것처럼 느껴진다. 30년이란 시간의 간격이 있는 기사조차도 마치 한 사람이 쓴 기사 같다. 많은 미디어 기업들은 품질을 높이는 데 노력을 기울인다. 반면 일관성 유지를 위한 편집과 구성 방법에 온 힘을 기울이는 조직은 거의 없다.

미디어 콘텐츠를 만드는 사람이라면 고품질 언론에서 가치를 찾는다는 말이 당연하게 들린다. 하지만 논조의 일관성에도 그만큼 중요한 가치가 있다는 말에 수긍하는 사람은 많지 않다. 〈이코노미스트〉 독자들은 단지 지혜나 개성을 찾는 것이 아니다. 그런 것을 찾을 데는 많다. 〈이코노미스트〉를 읽는 독자들은 이 세상에서 벌어지는 일들을 잘 이해할 수 있도록, 조리 있고 일관성 있는 시각을 제공해 자신을 도와줄 수 있는 누군가를 찾는 것이다.

〈이코노미스트〉는 그런 일을 어떤 방식으로 하고, 그런 방식을 어떻게 제도화하는 걸까?

잡지가 제공하는 지속된 일관성은 그들만의 규범에서 생겨난다. 그 규범의 핵심에는 편집인들과 기자들이 한 주의 사건들에 대해 토론을 벌이는 월요일 아침 회의가 있다. 이들의 회의는 그 유명한 옥스퍼드 유니온 토론 소사이어티를 반영한 것으로, 많은 〈이코노미스트〉 기자들이 이곳에서 이 방식으로 지적 능력을 키웠다. 그 회의를 통해 그들은 대화를 나누고, 진실을 면밀히 살피고, 열띤 토론을 주고받는다.

그렇게 해서 〈이코노미스트〉는 독자에게, 기사를 작성하는 기자 한 개인이 아닌 모든 사람의 집단적 의견을 결과물로 전달한다. 〈이코노미스트〉는 균형을 잡기 위해 애쓰지 않는다. 증거에 근거한 의견을 전달하기 위해 노력할 뿐이다.

1843년, 〈이코노미스트〉는 "진실을 우러르는 마음으로 때로는 과격한 의견을 피력한다"는 간단하고 우아한 조직 강령을 발표했다. 그리고 앞선 행위들은 모두 여기에 그 뿌리를 둔 것이다. 이처럼 기자 개개인이 홀로 심사숙고해서 기사를 쓰는 스타일과는 정반대로, 〈이코노미스트〉의 월요일 회의는 팀 생산team production이라는 다른 접근 방식의 본보기를 보여준다.

월요일 토론에서 생겨난 '주간 패키지'는 글로벌 트렌드에 대한 이해뿐만 아니라 놀라울 정도로 지속적인 관점을 제공한다. 그래서 팀 생산은 한 명의 기자에게 기사의 소유권을 인정하지 않는다. 기사 옆에 기자의 이름을 넣지 않는 이유가 그 때문이다.

익명성이 제공하는 혜택은 또 있다. 기자들이 특정 분야에만 고정되지 않고 영역을 옮길 수 있도록 해준다. 그럼에도 독자들에게는 그 차이를 드러내지 않는다. 이는 신참이나 선임 기자 모두에게 공평한 경쟁의 장을 제공한다. 게다가 독자들이 무료 광고를 해주는 효과도 있다. 기사를 쓴 기자의 이름을 알 수 없는 독자들은 "어느 신문의 누가 쓴 칼럼 읽어봤어?"라는 질문을 할 수가 없다. 그 대신에 "〈이코노미스트〉가 쓴 글 읽어봤어?"라고 질문한다.

다른 말로 하자면, 〈이코노미스트〉가 사람들의 마음을 끌어당기는 핵심적인 이유는 크고 다양한 목소리로 떠들기 때문이 아니라 하나의 목소리에 포커싱하기 때문이다. 이는 엄격한 규정이나 계획이 아니라 집단적 생산과 토론에서 나온다. 이들에게는 우수한 품질보다 일관성이 더욱 중요하다. 그리고 그 일관성이 수십 개의 기사에서, 수백 개의 나라를 다룬 기사에서, 수십 년을 이어오며 유지되고 있다. 그렇게 해서 얻은 결과가 '제도화된 편집 방식'이다. 스팁스는

"내일 당장 우리 최고참 기자들 몇 명이 떠난다 해도 이 방식은 우리가 하는 일에 그대로 남아 있을 것"이라고 말한다.

이제껏 〈이코노미스트〉가 성공할 수 있었던 독특한 방법과 흥미로운 원인들을 살펴보았다. 하지만 이게 다가 아니다. 〈이코노미스트〉의 신비하고 매력적인 비밀에는 재치 있는 광고 캠페인([그림 24] 참조)도 한몫한다. 〈이코노미스트〉의 광고는 당연히 효과적이다. 나아가 제공하는 콘텐츠에 대한 설명이 거의 없다는 점에서도 독보적이라 할 수 있다. 빨간색 바탕에 흰색 글씨로 쓴 광고 문구는 독자들에게 "모든 해답에 의문을 품어라 leave no answer unquestioned"라고 권고한다. 그러면서 공항 카트에 붙은 광고를 통해 "더 이상 할 말 없습니다"라고 전한다. 사실 내가 개인적으로 가장 좋아하는 문구는 이거다. "만약 당신이 〈이코노미스트〉에서 쓰레기 기사를 읽는다면 그건 쓰레기에 관한 뭔가 재미있는 내용이 그 기사에 분명히 있기 때문입니다."

그림 24 │ 빨간색 바탕과 흰색 글씨의 광고 캠페인

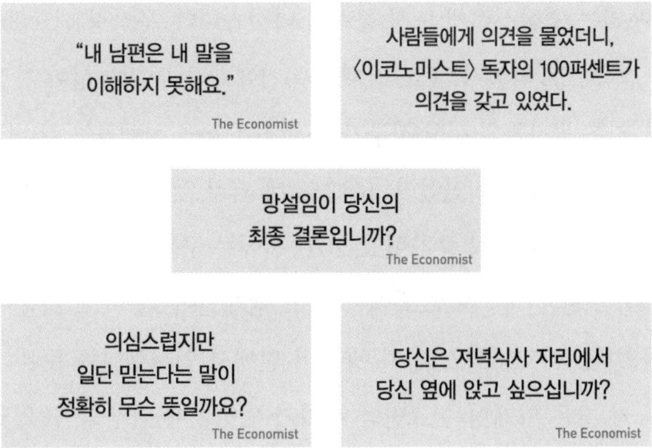

"내 남편은 내 말을
이해하지 못해요."
The Economist

사람들에게 의견을 물었더니,
〈이코노미스트〉 독자의 100퍼센트가
의견을 갖고 있었다.

망설임이 당신의
최종 결론입니까?
The Economist

의심스럽지만
일단 믿는다는 말이
정확히 무슨 뜻일까요?
The Economist

당신은 저녁식사 자리에서
당신 옆에 앉고 싶으십니까?
The Economist

이런 광고에서 나타나는 두드러진 특징은 제품에 관해서는 설명을 거의 하지 않고, '당신은 교양 있는 사람'이라고 상대방을 설득하려 한다는 점이다. 《애드버타이징 핸드북 The Advertising Handbook》의 저자 숀 브리얼리 Sean Brierley 는 책에서 이렇게 말한다. "〈이코노미스트〉의 마케팅 캠페인은 자사 제품의 품질을 강조한 적이 한 번도 없다. 대신 항상 독자가 자신의 역할이나 존재에 대해 갖는 생각, 즉 독자의 자아상에 집중했다. 마치 읽지도 않으면서 두껍고 어려운 주제의 책을 들고 다니는 모습을 보여주고 싶어하는 그런 마음 말이다."

이것이 바로 〈이코노미스트〉의 지위 마케팅 status marketing 이 지닌 힘이다. 〈이코노미스트〉는 잡지를 읽는 사람뿐만 아니라 잡지를 사서 읽지 않는 사람에게도 가치를 제공한다.

이렇게 상황을 콕 집어내는 마케팅은 빨간색 바탕에 흰색 글씨에만 그치지 않았다. 미국에서는 전국 텔레비전 광고뿐만 아니라 도시별 공략에도 공을 들이는 마케팅 전략을 펼쳤다. 이는 지난 10년간 〈이코노미스트〉 성장의 중심을 이룬 전략이다. 스팁스는 이렇게 말했다. "우리는 조심스럽게 도시 공략에 나섰습니다. 무작정 샌프란시스코나 뉴욕으로 정하지 않고, 잠재 구독자에게 침투 가능성이 가장 높은 곳, 기존 독자들의 시장 침투가 가장 적은 곳을 선택하는 겁니다."

그 방법은 효과가 있었다. 10년도 채 되지 않아 미국에서 발행부수가 150퍼센트 이상 증가했고, 2010년에는 구독자 수가 75만 명이 넘었다. 또한 전국적으로 벌이는 광고 캠페인이었음에도 비용이 적게 들었다. 〈이코노미스트〉가 광고비 면에서 인색했다는 뜻은 아니다. 솜씨 좋은 마케팅은 그만큼 투자가 있었기에 탄생할 수 있었다.

〈이코노미스트〉가 수익의 20퍼센트를 마케팅 예산으로 활용한다는 사실을 다른 잡지사는 부러운 눈으로 쳐다본다. 스팁스는 이렇게 덧붙였다.

마케팅은 당연히 필수적이죠. 런던이나 뉴욕처럼 주요 대도시 밖에 사는 사람들은 자신이 〈이코노미스트〉를 구독하지 말아야 한다고 생각합니다. 우리는 그런 사람들에게 제품을 팔아야만 하고요. 우리가 하는 일은 근본적으로 마케팅이 필요하죠.

스팁스는 〈이코노미스트〉의 마케팅 방식이 얼마나 더 나은지가 아니라 어떻게 다른지를 강조했다. 첫째, 〈이코노미스트〉는 대체적으로 전액 지불 구독자에게 관심이 있다. "일단 사람들을 끌어들인 다음, 광고 수익을 벌어들이겠다는 의도로 디스카운트를 많이 해주는 다른 잡지사와 달리 우리는 할인을 많이 해주지 않습니다. 정가를 지불할 준비가 된 사람들을 찾으려 합니다. 그리고 새로운 독자를 얻기 위해 들어가는 '독자 인수 비용'에 상당한 돈을 씁니다."

둘째, 〈이코노미스트〉는 잠재적 글로벌 독자가 누구인지를 면밀히 평가하고 접근하는 방식을 사용한다. "우리가 세운 다양한 기준을 적용했을 때 잠재 독자가 대략 6,500만에서 1억 3,000만 명 정도라고 생각합니다. 먼저 목표 대상이 누구인지 어디 사는지 알아낸 다음, 전통적인 마케팅 방식과 소셜 마케팅 방식을 혼합해 공략합니다."

셋째, 제품을 서로 다른 시장의 기호에 맞춰 바꾸지 않는다. "우리가 전하는 메시지가 전 시장에 걸쳐 다 비슷하다고 믿습니다. 이것이 바로 우리의 매력이죠. 뉴욕에 거주하는 〈이코노미스트〉 독자는 같은 동네에 살지만 〈이코노미스트〉 독자가 아닌 사람보다는 쿠알라룸푸르에 거주하는 〈이코노미스트〉 독자와 더 많은 공통점을 지니고 있다는 겁니다. 물론 이 두 독자에게 접근하는 방식은 조금 다르겠지만요."

이런 요소들을 합친 결과는 더욱 차별화된 제품으로 나타난다. 더욱 중요한 사실은 인터넷에 대한 방어체계가 생겨난다는 점이다. 당신의 잡지가 개별 기자들에게, 뉴스 속보에, 또는 다양한 목소리 제공에 중점을 둔다면 인터넷과 인터넷이 동반하는 수백 명의 경쟁자들이 당장 당신을 파괴할 준비를 갖출 것이다. 하지만 집단의 소리, 큐레이션, 지위에 중점을 둔다면 그 누구도 감히 당신이 차지한 유리한 고지에 도전하기 어려울 것이다.

인터넷이 처음 등장했을 때 〈이코노미스트〉가 왜 의도적으로 무관심한 태도를 보였는지 이제 설명이 된다. 〈이코노미스트〉가 초기에 보인 이 무관심이 인터넷으로 제공할 흥미로운 콘텐츠가 없어서 그런 것이 아니었다며 스팁스는 이렇게 설명한다.

이코노미스트의 온라인 계정에는 큐레이션이 없습니다. 주간마다 내놓는 패키지가 없습니다. 그저 물건들을 쌓아둔 다른 사이트와 다를 바가 없다는 말입니다. 그러니 독자의 입장에서 이코노미스트닷컴에 들어가면 재미있는 걸 찾아서 이리저리 돌아다녀야 하죠. 처음 인터넷이 생겨났을 때 우리는 바로 행동에 나서지 않았습니다. 모두들 우리에게 빨리 디지털 시대에 합류하라고 난리였지만 우리가 제공하는 '느긋한' 관점이 인터넷과 어떻게 어울릴지 감을 잡을 수 없었죠. 누군가 웹사이트에 들어와서 기사를 읽고 그냥 나간다는 게 이상하더란 말입니다. 우리가 웹사이트에서 얻는 가장 큰 기회라면, 우리가 하는 일을 사람들에게 시도해보고 그들을 유료 독자로 전환시킬 수 있다는 겁니다.

이는 또한 〈이코노미스트〉가 나중에 등장한 디지털 플랫폼에 다른 식으로 반응한 이유이기도 하다. 스팁스의 말은 이랬다 "태블릿과 스마트폰이 등장했을 때는 우리도 적극적으로 나섰습니다. 왜냐하면 '뒤로 기대는 혹은 느긋한 우리의 스타일'과 잘 맞겠다는 감이 왔거든요. 스타벅스에서 들어가 앉아 여유롭게 커피를 마시며, 1시간 정도 보내는 그런 느낌 말입니다. 그게 또다시 주간 패키지를 제공하고 큐레이션이 되는 것이죠."

이런 차이 때문에, 가격 책정과 다양한 디지털 플랫폼에 반응하는 속도에 있어서 반직관적인 결정이 나오기도 했다. 온라인상에서는 〈이코노미스트〉 기사의 상당 부분을 무료로 읽을 수 있다. 하지만 태블릿에서는 150달러가 넘는 구독료를 지불해야만 콘텐츠를 사용할 수 있다. 스팁스의 말대로, 닷컴에 의도적으로 느리게 반응하지만 태블릿에는 신속하고 적극적으로 대응한다는 〈이코노미스트〉의 논리가 깔려 있었기 때문이다.

어느 조직이든 가격 책정 기준에 대해서는 '디지털'이나 '인쇄물'이냐가 기준이 된다고 대답한다. 변화에 대한 대응을 물어보면 신속하게 대응해야 한다는 대답이 나온다. 〈이코노미스트〉는 이 두 가지 경향을 모두 거부했다. 〈이코노미스트〉의 가격 책정과 대응 속도는 디지털 플랫폼에 따라 확연히 달랐고, 이런 차별적인 대응은 무심코 일어나지 않았다. 콘텐츠의 차이가 아니라 여러 플랫폼에 걸쳐 독자들이 서로 다른 경험을 한다는 사실에 기반을 둔 대응이다.

〈이코노미스트〉의 기사 하나를 골라 읽어보면 다른 곳에서도 유사한 콘텐츠를 찾을 수 있을 것이다. 하지만 〈이코노미스트〉가 제공하는 스타일, 일관성, 지위를 똑같이 재생산하기는 쉽지 않다. 이런 점들을 이해해야만 다음 메시지를 이해할 수 있다. 소비자 경험이 콘텐츠 품질보다 더욱 중요하다는 사실 말이다.

〈이코노미스트〉는 인터넷에 더디게 대응했다. 몰랐거나 게을렀거나 현실에 안주해서가 아니다. 그래도 될 만한 여유가 있었기 때문이다.

십스테드와 이코노미스트, 다른 선택 같은 성공

십스테드와 〈이코노미스트〉가 디지털에 접근하는 방식에는 현저한 차이가 있었다. 이들이 성공을 위해 서로 다른 방식을 택했다는 사실 자체는 놀랄 일이 아니다. 정작 놀라운 점은 두 조직의 디지털 전략이 얼마나 달랐느냐 하는 것이다. 한두 분야에서만 달랐다고 하면 우연으로 치부하거나, 특별한 의미가 없다고 할 수도 있다. 하지만 두 조직이 사실상 모든 면에서 다른 디지털 전략을 사용했다면 한 번 더 깊이 살펴볼 필요가 있다.

두 조직의 차이는 활동 근거지와는 관계가 없다. 〈이코노미스트〉

의 본사가 있는 영국의 몇몇 대중 언론 기관은 오히려 십스테드와 유사한 곳이 많았다. 반면 스칸디나비아에 있는 매스컴 중에서 〈이코노미스트〉와 비슷하게 활동하는 곳도 있었다. 두 조직의 차이는 출간 빈도로도 설명할 수 없다. 많은 시사 잡지들이 〈이코노미스트〉가 했듯이 더디게 반응했지만, 그들은 그 대가를 혹독하게 치러야 했다. 반면 어떤 일간 신문들은 십스테드처럼 적극적으로 나서려 했으나 효과를 보지 못했다.

두 조직의 이런 차이점들을 이해하기 위해서는 각 조직이 한 선택을 살펴보는 것이 도움이 된다. 개별적 선택이 아니라 긴밀하게 연결된 일련의 선택들 말이다.

먼저 〈이코노미스트〉의 기사 익명성 유지 정책부터 살펴보자. 앞에서도 언급했다시피 이 정책은 단체 생산 방식의 부산물로 생겨난 것이다. 그리고 이는 다방면에 걸쳐 두루 많이 아는 사람을 원하는 문화를 만들어내면서 기자들이 여러 분야로 빈번하게 이동할 수 있게 해주었다. 〈이코노미스트〉의 일관된 목소리 또한 지독하게 엄격한 지침이나 신입 기자를 위한 체계적인 훈련의 생산물이 아니라, 팀 생산 방식의 부산물이다. 그리고 기사 포맷과 디자인의 단일한 포맷을 유지하는 이유는 고객들이 잡지의 혁신적인 변화를 높이 평가하지 않아서가 아니다. 그보다는 〈이코노미스트〉의 독자들이 기대하는 일관적인 논조, 여느 잡지와는 달리 은신처 역할을 원한다는 상황을 고려해서 포맷과 디자인을 바꾸지 않는 것이다.

밀접하게 연관된 결정들의 통합이라는 관점에서 바라보면 〈이코노미스트〉와 십스테드 사이의 차이점들이 이해되기 시작한다. 〈이코노미스트〉가 150년 동안 해온 선택의 조각들을 서로 연결시켜서 그 관계를 이해하고 나면, 이 잡지사의 디지털 접근방식이 십스테드의 방식과 다른 이유가 설명된다.

십스테드의 타블로이드판 신문 〈VG〉를 생각해보라. 〈VG〉는 뉴스 속보와 재미있는 이야기들을 제공하며 성공을 거두었다. 그러다 인터넷이 생겨나면서 수백 개의 대체재가 똑같은 내용을 제공하게 되었다. 같은 요소를 놓고 계속 경쟁을 벌이면서 더 빠른 뉴스, 더 재미있는 이야기로 승부를 거는 것 외에는 달리 방법이 없었다. 그리하여 실시간 업데이트, 문자를 대신하는 사진, 더욱 과감한 헤드라인 그리고 더 많은 뉴스가 탄생했다.

하지만 〈이코노미스트〉의 경우에는 그 장점과 매력이 큐레이션과 일관성에 있었다. 인터넷을 활용한다고 해서 잡지가 제공하는 가치가 크게 달라지지 않는다. 더 빠르고 더 재미있는 뉴스로 승부를 걸고자 했다면 독자들에게 전달되는 매력이 반감되었을 것이다. 독자들이 〈이코노미스트〉를 찾는 이유는 다른 매체나 더 많은 정보와 관계를 맺고 싶어서가 아니다. 오히려 그런 것들에서 벗어나고 싶기 때문이다. 당신이 이런 점을 고려해가며 경쟁에 뛰어든다면, 그들의 더딘 대응을 납득할 수 있다. 스팁스의 표현을 따르자면 '의도적으로 느리게' 인터넷에 대응할 여유가 생기는 것이다.

〈이코노미스트〉는 우연한 선택이나 계획하지 않은 선택 때문에 성공한 것이 아니다. 밀접하게 연관된 선택들의 네트워크 덕분에 성공한 것이다. [그림 25]는 서로 연관된 선택들이 거미줄처럼 얽혀 있는 네트워크를 잘 보여준다.

그림 25 | 〈이코노미스트〉의 기능적 연결 관계

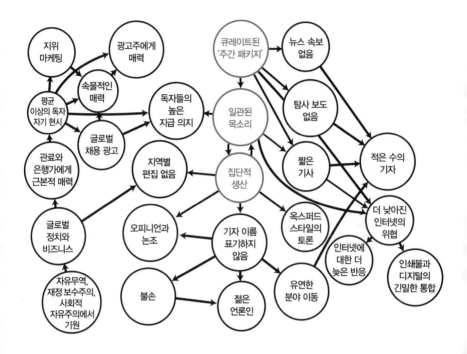

이렇게 기능별 분야 사이에 존재하는 연결 관계의 망이 바로 기능적 연결이다. 이 연결은 오늘날 〈이코노미스트〉의 성공을 명확히 보여준다. 그뿐만 아니라 다른 조직이 따라 하는 것이 사실상 불가능함을 암시한다. 〈이코노미스트〉와 동등한 격조, 사람들이 인지하는 품질 그리고 마케팅에 대한 철학 없이는 그만큼 높은 구독료를 책정할 수도 없다. 또한 〈이코노미스트〉의 팀 생산 방식과 일관된 목소리를 따라 하지 못하는 한 기사의 익명성 유지는 오히려 역풍을 맞을 수 있다. 근본적으로 뉴스 접근방식을 변화시키지 않는다면, 예를 들어

속보와 탐사 보도를 없애버리지 않는다면 뉴스룸의 규모 축소는 제품의 품질 저하를 불러올 뿐이다.

게다가 서로 밀접하게 연관된 〈이코노미스트〉의 선택들은 시간이 지나면서 진화를 거듭했다. 그 때문에 다른 조직이 쉽사리 모방하기가 더욱 어려워졌다. 기능적 선택 간의 연결 관계를 이해하지 못한 채 무작정 모방한다면 복잡하게 연결된 생태계는 실패를 맞이할 확률이 높다.

2008년, 〈뉴스위크〉는 〈이코노미스트〉를 본보기 삼아 잡지의 이미지를 바꾸기 위한 포지셔닝 변경을 시도하겠다는 의사를 노골적으로 밝혔다. 그러면서 뉴스 속보 보도를 멀리하고 '정보 특종이 아닌 지식 특종' 보도에 의지하겠다고 선언했다. 가판대에서의 할인판매와 득이 되지 않는 독자를 멀리하고, 지금보다 작은 규모의 더욱 부유한 독자층을 지향하겠다고 했다. 그리고 '유명인 소식란 celebrity news'을 버리고 논설 위주로 나가겠다고 했다. 편집장인 존 미첨 Jon Meacham 은 〈뉴스위크〉의 변화와 관련해 다음과 같은 의견을 밝혔다.

매스컴의 수가 많아지면서 사람들의 주의집중 범위는 줄어들었습니다. 빠르고 간결한 대중 전달 기관만이 살아남겠죠. 우리 업계에서 인쇄물이 디지털을 모방해야 한다고 믿는 사람들도 있습니다. 짧고 간결한 기사를 쓰고, 인터넷과 같은 짜릿함으로 페이지를 채워야 한다고 말이죠. 우리는 그 말에 동의하지 않습니다. 독자가 손에 쥐고 있는 〈뉴스위크〉의 변화에는 간단한 아이디어가 숨어 있습니다. 우리는 사람들에게 더 읽고 싶어하는 마음이 분명히 있다고 믿는 겁니다. 다른 매스컴은 독자들이 빠르고 쉬운 것만을 원한다고 생각하겠죠. 하지만 우리는 생각이 다릅니다. 사람들이 읽을 가치가 있는 잡지라면 시간을 내서라도 읽을 거라고 생각합니다.

간결함과 함축성을 추구하는 뉴스 세상에서 그럼에도 누군가는 이해력과 사고력을 요하는 깊이 있는 의견을 제공해야 한다는 발상이 터무니없는 것은 아니다. 하지만 유명 칼럼니스트들이 고액을 받아가며 각자의 스타일로 글을 쓴다면, 그 잡지에는 일관성보다는 개인의 특색이 담긴 목소리가 드러난다. 게다가 비용도 많이 든다.

〈이코노미스트〉가 그동안 쌓아온 고고한 매력을 하룻밤에 따라할 수는 없는 노릇이었다. 구독료 인상을 꾀하던 〈뉴스위크〉의 노력은 역효과를 불러왔다. 〈뉴스위크〉가 혁신을 발표했을 때 〈배니티 페어〉는 이렇게 예견했다. "구독료를 인상하고 가판대 할인을 없애는 노력은 나쁘지 않다. 하지만 그 외에 또 다른 방식을 따라 하며 〈이코노미스트〉를 모방하는 노력은 헛수고일 뿐이다."

2010년, 워싱턴포스트 컴퍼니The Washington Post Company는 〈뉴스위크〉를 단돈 1달러에 매각하고 말았다.

〈뉴스위크〉의 종말은 콘텐츠 함정에 빠진 결과다. 좀더 정확히 말하자면, 전후 사정을 이해하기보다 콘텐츠 자체에 집중하려 했기 때문이다. 어떤 콘텐츠를 어떤 형태로 어떤 가격에 어떤 플랫폼에서 제공할지 스스로 계획하거나 구체화하지 않고, 다른 곳에서 해답을 얻으려 했기 때문이다. 제품들 사이의 연결 관계를 적극적으로 활용하지 않고 개별적으로 제품 전략을 추구했기 때문이다. 그리고 그러는 과정에서 전후 상황 또는 조건에 의해 거의 모든 콘텐츠가 결정된다는 점을 간과했기 때문이다.

기능적 연결 관계는 콘텐츠 삼각 구조의 세 번째 축이다. 그리고 콘텐츠 비즈니스에서 무엇이 중요한지를 다시 상기시켜주는 메시지이기도 하다. 사용자나 제품을 개별적으로 생각할 수 없듯이 콘텐츠에 대한 결정을 개별적으로 하나씩 내릴 수는 없다.

지역을 불문하고 많은 회사들이 바로 이 함정에 빠져든다. 다음 챕터에서는 왜 다들 함정에 빠지는지, 이런 사고방식이 어디서 드러나는지, 그에 대한 해결책은 무엇인지 알아볼 것이다.

CHAPTER 21

연결 관계와 경쟁 우위

정신없이 남의 뒤만 따라가다
낭떠러지를 만날 수도 있다

연결 관계가 전략에 영향을 끼치는 방법

앞에서 다룬 〈이코노미스트〉에 관한 이야기는 〈이코노미스트〉에만 국한된 이야기가 아니다. 성공을 거둔 회사들을 보면, 그들이 한 선택들은 서로 깊이 연관되어 있을 때가 많다. 기능적 연결이라는 아이디어는 경제학과 경영학에 오랜 뿌리를 두고 있다. 하지만 이 말을 곰곰이 생각해보면 비즈니스 전략, 특히 디지털 세상에서의 비즈니스 전략에 심대한 영향을 끼치고 있음을 알 수 있다.

기능적 연결은 어느 한 가지 결정에 의해 발생하는 대가가, 항상 다른 결정들에 달려 있다는 사실에서 시작한다. 만일 구독료를 인상한다면, 상대적으로 마케팅이 중요해진다. 마케팅에 얼마나 많은 돈을 쓰느냐에 따라 성공 여부가 달라질 수 있기 때문이다. 나라에 관계없이 동일한 형태의 잡지를 제공한다면, 어떤 콘텐츠를 제공하느

400

나에 따라 반응이 크게 달라진다. 잡지에서 기사 옆에 기자의 이름을 밝히지 않는다는 결정은 신중히 내려야 한다. 잡지가 명망 있거나 특별한 장점을 갖추지 않는 한 능력 있는 편집인이나 기자가 잡지사를 떠날 수 있기 때문이다.

다시 말해, 어느 하나의 결정에서 얻는 혜택은 다른 결정에 의해 증폭된다. 또는 하나의 결정에 드는 비용은 다른 결정에 의해 올라가거나 내려간다. 경제학자들은 이런 연결 관계를 '상호 보완성 complementarities'이라 부른다. 하나의 선택을 할 때 두 번째 하는 보완적인 선택에 의해 더 효율적인 결과를 얻을 수 있다는 뜻이다. 이는 앞서 제품 보완재에서도 설명했던, 우리에게도 익숙한 아이디어다. 그리고 이번 챕터에서 콘텐츠 함정을 이해하는 데 기본이 되는 아이디어이기도 하다.

상호 보완을 통한 지속적인 성공

상호 보완성이라는 개념은 25년 전, 스탠퍼드대학의 경제학자 폴 밀그롬 Paul Milgrom 과 존 로버츠 John Roberts에 의해 등장했다. 두 사람은 당시 가장 골치 아픈 문제를 풀고 있었다. 일본 기업이 미국 기업을 제치고 앞서 나가는 이유가 무엇인지, 그리고 그들을 따라잡을 수 있는 방법이 무엇인지를 알아내려 애쓰던 중이었다.

두 사람은 일본 기업들이 발전시킨 '제도적 장치 institutional arrangements, 조직 구조 organizational structure, 관리 방식 managerial practice의 독특한 세트'라는 개념에서부터 연구를 시작하기로 했다. 그렇게 연구를 진행하다가 일본 기업의 성공을 들여다보는 렌즈로 상호 보완성이라는 단어를 쓰게 된 것이다.

우리는 이러한 특징들이 다함께 상호 보완적 요소들의 시스템을 구성한다고 생각한다. 각 요소는 나머지 다른 요소들과 어울리며 다른 요소들을 혼자일 때보다 더욱 효율적으로 만든다. 더욱이 이 시스템은 제2차 세계대전 이후 일본 기업들이 활동해온 인구 통계, 사회, 거시경제, 법률, 정치 및 규제 환경에 특히 잘 적응해왔다. 그 결과 구성요소들을 개별적으로 합친 것보다 훨씬 더 대단하고 일 치된 완전체가 나타난 것이다.

그래서 이런 전체론적 시각의 결과는 어땠을까? "개별적인 특성과 그 개별적 특성들이 일본의 경제 성공에 어떻게 기여했는지 알려면, 그 시스템을 품은 환경적 맥락을 고려해야 한다. 환경적 맥락을 고려하지 않거나 시스템의 상호 보완적인 다른 요소들을 분리한 채 개별적인 특성들을 하나하나씩 보아서는 제대로 이해할 수 없다는 점을 이해하게 된 것이다."

간단하지만 강력한 내용이었다. 다시 말해 조직이 하는 선택들은 독립적이지 않고, 서로 연결되어 있다는 뜻이다. 이런 식의 시각으로 바라보아야 일본의 현상을 이해할 수 있다. 그뿐만 아니라 어느 조직에서든 서로가 유기적으로 협력할 수 있는 교차 기능 설계의 중요성을 강조할 수 있다. 밀그롬과 로버츠는 이 개념을 그들의 저서《경제, 조직 그리고 관리Economics, Organization and Management》에서 좀더 구체적으로 설명했다.

그들은 현대의 생산 전략 안에서 상호 보완성의 개념에 대해 논의했다. 현대의 생산 전략은 '신속하고 비용이 적게 드는 의사소통, 고도의 유연성을 갖춘 장비, 컴퓨터를 이용한 디자인'을 활용하는 방법으로 주목받고 있었다. 두 사람은 책에서 "상호 보완성이 존재한다면 기업이 전략의 다양한 부분들을 제대로 정렬시켜야만 전략이 최대 효과를 발휘할 수 있다"라고 적었다. 달리 표현하자면, 관리자들은 조직을 밀접하게 연결시키는 기능적 연결 관계를 제대로 파악하고 준수해야 할 필요가 있다는 말이다.

《경제, 조직 그리고 관리》는 두 사람의 연구 중에서 기술적인 섬세함은 많이 떨어지지만 가장 많이 인용되는 연구다. 이 연구가 실질적으로 미친 영향은 광범위했고 향후 20년 동안 비즈니스 전략에 상당한 파급 효과를 미쳤다.

1996년, 하버드대학의 마이클 포터Michael Porter교수는 〈하버드 비즈니스 리뷰Harvard Business Review〉에 기고한 '전략이란 무엇인가?What is Strategy?'에서 이 효과를 구체적으로 설명했다. 그의 글은 이 분야에서 가장 영향력 있는 글로 떠올랐다. 포터 교수는 지난 10년간 비즈니스와 경영에서 큰 인기를 얻은 개념인 운영 효과성operational effectiveness과 비즈니스 전략의 핵심을 구별 지었다. 운영 효과성은 액티비티activity, 즉 기업이 수행하는 기본적인 활동을 더 잘 하는 것을 뜻한다. 비즈니스 전략은 차이를 두는 것이며, 연결된 액티비티들을 결합하는 것이다. 이 두 가지를 구분하는 일이 성공 여부를 판단하는 핵심이다.

포터가 이렇게 주장한 이유는 경쟁과 관계가 있다. 모든 조직이 탁월한 운영 역량operational excellence을 추구하는 세상에서 각 조직은 더 나아질 것이다. 하지만 경쟁사를 뛰어넘을 경쟁 우위를 만들어내지 못한다면, 차별화 역시 이루지 못할 가능성이 크다. 그 결과 운영의 우수성을 추구하는 노력은 허사로 돌아간다. 운영의 우수성이라고 내세울 만한 것을 하나도 얻지 못하는 것이다.

이를 통해 우리는 운영의 우수성을 추구해봐야 결국 그 어떤 우수한 것도 얻을 수 없다는 결과와 맞닥뜨리게 된다. 그리고 이는 상상과 판타지가 어우러진 루이스 캐럴Lewis Carroll의 멋진 이야기《거울 나라의 앨리스Through the Looking Glass》를 연상시킨다. 소설에는 앨리스에게 쫓기던 붉은 여왕이 거울 나라의 특징에 관해서 설명하는 부분이 나온다. 거울 나라에서는 더 빨리 뛰면 뛸수록 제자리에서 움직이지 않는 것처럼 보인다면서 붉은 여왕은 이렇게 말한다. "자, 이것 봐. 온 힘을 다해 달려도 똑같은 자리에서 벗어나질 못하잖아."

거울 나라 효과는 진화 생물학에도 적용된다. 경쟁 관계에 있는 유기체를 따라잡으려면 변화가 필요하다. 그 효과는 비즈니스에도 적용되는데, 한마디로 말해 주도적 사고가 배반할 수도 있다는 점을 보여준다. 당신이 운영의 우수성을 성취하기 위해 노력한다면 비즈니스를 향상시킬 수 있다. 하지만 당신의 경쟁자들도 그렇게 할 것이다. 그렇다면 그 결과는 어떻겠는가? 둘 사이에 아무 차이도 없고 이점도 없다. 당신은 최선을 다해 빨리 달렸지만 결국 제자리로 돌아오고 만 것이다.

하지만 제대로 된 전략을 수립하고, 핵심 내용에 따라 달라지고자 노력한다면 결과는 훨씬 긍정적으로 바뀐다. 수행 활동들 사이에 존재하는 연결 관계 때문이다. "경쟁사 입장에서는 판매 방식, 공정 기

404

술, 제품의 특징처럼 어느 한 가지를 흉내 내는 것보다 서로 밀접하게 연결된 여러 가지 활동들을 따라 하는 게 더 힘듭니다." 포터는 말을 이었다. "수행 활동의 집합체 위에 세워진 자리는 한 가지 활동 위에 세워진 자리보다 지속될 가능성이 훨씬 더 높습니다."

비즈니스에 있어 우수성을 추구한다는 것은 좋은 것이다. 그리고 다르다는 것은 더 좋은 것이다. 경쟁업체들이 똑같이 따라 할 수 없는 방식으로 당신의 노력이 결실을 볼 수 있기 때문이다.

포터가 상호 보완성의 개념을 이해하면 어떤 결과가 생기는지에 대해 주장을 펴는 동안, 그의 대학원 제자인 얀 리브킨Jan Rivkin은 스승의 주장을 실제로 증명하고자 했다. 리브킨은 "전략을 구현하는 결정들이 많고 서로 밀접하게 연결되어 있을 때, 선택의 효율적인 조합을 찾아내는 기업은 세 가지 방향에서 보호받을 수 있다"라고 했다.

첫째, 연결 관계를 맺은 선택들은 다른 기업들이 성공적인 전략을 찾아내기 더욱 힘들게 만든다. 상대방이 한 다양한 선택을 본다고 해서 그 선택들 사이에 이어진 연결 관계의 비밀까지 풀어낼 수 있는 것은 아니기 때문이다. 둘째, 성공을 거둔 회사가 내린 결정들을 하나하나씩 흉내 내는 것은 바람직하지 않다. 상대방의 선택들을 개별적으로 따라 하다 보면 선택들의 연결 관계에서 나오는 혜택을 놓치게 되기 때문이다. 셋째, 서로 연결된 경쟁사의 결정들을 통째로 모방하는 일은 거의 불가능하다. 왜냐하면 그 복잡함에 혼란스러워져 이도저도 못하게 될 것이기 때문이다. 설사 경쟁사가 어떤 회사의 대부분을 흉내 내고 극히 일부를 놓친다 해도 그 경쟁사는 여전히 실패를 맛볼 가능성이 있다.

포터와 리브킨이 상호 보완성 개념을 다듬는 사이에 이들과는 동떨어진 분야의 사람들이 비슷한 연구에 몰두하고 있었다. 시스템 역학자 제이 포레스터Jay Forrester, 진화 생물학자인 스튜어트 카우프만Stuart Kauffman이 그들이다.

이들은 같은 문제를 풀고자 했지만 방법은 달랐다. 한 사람은 수학적 모형과 시뮬레이션을 적용했고, 또 한 사람은 논리적 일관성과 귀납적 추론 방식에 의존했다. 하지만 이들의 연구를 관통하는 핵심 메시지는 일맥상통했다. 그 메시지가 비즈니스 전략에 적용되면서 전하는 내용은 이것이다. 조직의 선택들은 연결되어 있다. 기능적 연결 관계는 어느 한 가지 결정이 미치는 영향을 증폭시킨다. 그 결과, 연결 관계는 당신에게 고립된 결정들 너머에 있는 전체의 논리를 바라보아야 한다고 말한다. 그리고 연결된 선택들은 경쟁사가 당신이 하는 일을 흉내 내기 힘들게 만든다.

요컨대 연결 관계는 비즈니스 전략과 경쟁 우위의 핵심인 것이다.

월마트의 성공 방법을 따라 하기 힘든 이유

지난 반세기 동안 꾸준히 우수하게 비즈니스를 해온 대표적인 기업을 꼽으라면 소매유통업체인 월마트Wal-mart를 빼놓을 수 없다. 1961년에 문을 연 월마트는 1990년대 초에 들어서면서 세계에서 가장 큰 소매유통업체로 성장했다. 2015년, 월마트의 연간 매출은 5,000억 달러에 육박했다. 이는 오스트리아를 비롯한 150개 국가의 국내총생산보다도 많은 액수다. 월마트의 영업활동 또한 이에 못지 않게 활발했다. 월마트의 운전사들이 매년 운행한 거리가 대략 7억 마일에 달하는데, 이는 지구를 3만 번 돌고도 남는 길이다.

창업자 샘 월턴Sam Walton과 월마트에 관한 책만 해도 수십 권이 된다. 지금도 거의 매일 월마트에 관해 새로운 글이 나온다. 아마도 연구 대상에 가장 많이 오른 기업 중 하나일 것이다. 그럼에도 정말 놀라운 점은 비즈니스 전략을 따라 하기 가장 힘든 기업 중 하나가 월마트라는 사실이다.

소매할인업계에 처음으로 진입했기 때문에 그 어떤 기업보다 훨씬 더 빠른 성장이 가능했다는 점을 월마트의 성공 요인으로 꼽기도 한다. 하지만 그것은 사실이 아니다. 문을 열고 만 25년이 지난 1985년까지도 월마트는 케이마트Kmart보다 규모가 작았고 시어즈Sears에 비하면 몇 분의 일에 불과했다. 하지만 그 누구도 월마트의 놀라운 성장을 막을 수는 없었다.

월마트가 성공을 거둘 수 있었던 이유는 다른 조직보다 더 스마트하거나 더 빠르거나 또는 더 좋은 조직이었기 때문이 아니다. 월마트의 장점이 빛을 발할 수 있었던 이유는 경쟁사가 흉내 내기 힘든 무궁무진한 결정들의 연결 덕분이다. 월마트의 장점은 연결 관계에서 비롯된 것이다.

한 가지 예를 들어보자. 1990년에 월마트는 경쟁사에 비해 2퍼센트 정도의 비용 우위cost advantage를 점했는데, 이는 지역 사무소에 드는 비용을 절약한 덕분이었다. 당시 월마트는 지역 사무소가 하나도 없었다. 지역 사무소는 가격 설정, 매장 관리, 여러 업무 조정 등의 기능을 한다. 그렇다면 월마트는 이런 기능을 어디에서 처리했을까? 가격 책정 같은 일부 기능들은 상점 매니저의 몫으로 할당됐다. 다른 기능들은 기업 본사로 올라갔다.

이 대목에서 다른 의문이 생긴다. 만약 지역 사무소를 없애서 비용의 2퍼센트를 절약할 수 있다면, 왜 다른 경쟁 소매점에서 똑같이 따라 하지 않았을까? 상점 매니저에게 가격 책정의 자율권을 주거나 기업 본사로 책임을 이양하는 행위는 따라 하기가 그리 힘들지 않을 텐데 말이다.

그런데 그게 말처럼 쉬운 일이 아니었다. 상점 매니저에게 가격을 자율적으로 책정하게 하는 결정은 매니저에게 자율권을 주는 것에서 끝나지 않는다. 매니저가 제품 수요에 대한 정확한 정보를 확보할 수 있는 환경도 함께 만들어주어야 한다는 뜻이었다. 그래서 월마트는 1970년대부터 정교한 IT 시스템 제작에 수십억 달러를 투자했다. 팔리는 물건과 팔리지 않는 물건 하나하나에 대한 재고 관리 정보를 매일 제공해줄 수 있는 IT 시스템이 필요했기 때문이다. 마찬가지로 상점과 본사 사이에 비교적 매끄러운 정보 전달이 이루어지면서 본사의 관리자들은 더 많은 통제권을 가질 수 있었다.

경쟁업체에서 월마트의 '지역 사무소 두지 않기' 전략을 따라 할 수 없었던 이유는 방법을 몰라서가 아니라 사무소를 없애고 싶지 않았기 때문이다. 사무소를 없애면 매니저 재교육, 인센티브 지급 구조 변경, 정보 기술에 또다시 돈을 들여야만 하니까 말이다. 이런 투자 없이 지역 사무소를 없애면 큰 혼란만 벌어질 것이 뻔했다.

월마트의 운영에는 실질적으로 모든 면에서 이와 유사한 논리가 적용되었다. 결정을 하나씩 떼어내서 보기가 힘든 이유가 그 때문이다. 월마트의 유명한 문구 '매일 저렴한 가격Everyday Low Price'과 그에 수반하는 '할인판매하지 않기' 전략을 생각해보라. 이것도 다른 소매 유통업체에서 따라 하기 그리 어려운 정책처럼 보이지 않는다. 하지만 할인판매와 판촉활동은 대부분의 소매업체에서 엄청나게 중요한 역할을 한다. 그 때문에 따라 하는 것이 생각처럼 쉽지 않다.

월마트는 월말 재고 정리를 하지 않아도 된다. 정교한 IT 시스템 덕분에 처음부터 물건을 많이 쌓아놓고 영업할 필요가 없다. 남는 물건이 많지 않으니 할인판매도 할 필요가 없는 것이다.

월마트는 초기에 도시보다는 외곽 지역에 자리를 잡는 전략을 취했다. 월마트는 당시 인구가 6,000명이 채 되지 않았던 아칸소 주의 로저스에 첫 할인점을 열었다. 체인점 운영에서 유독 관심을 끈 이 접근방식도, 얼핏 보면 쉽게 따라 할 수 있을 것처럼 보인다. 하지만 실상은 소도시에 매장을 두기가 쉽지 않다. 개점을 한다 해도 여러 골치 아픈 일들이 생긴다. 공급업자들이 외떨어진 곳에는 제품 배송을 거부하기도 한다. 인구 밀도가 너무 낮아 손님이 적으면 매장의 고정비를 감당하기 힘들어진다.

월마트는 지역 군집regional cluster을 통해서 이런 고충을 해결하려 했다. 한 지역에 매장을 모아놓고 그 지역을 위한 창고와 유통센터를 지어 수익성을 도모할 수 있었다. 군집 전략 없이 소도시에 매장을 개점했다면 경제성이 떨어졌을 것이다.

사람들은 종종 비즈니스의 성공이 다른 어떤 요인보다도 더 나은 결정 혹은 더 스마트한 결정에 달려 있다고 믿는다. 그러나 월마트의 성공 사례는 이런 믿음을 송두리째 바꿔놓는다. 월마트가 성공을 거둘 수 있었던 이유는 다른 소매점들이 월마트의 전략을 모방하기가 너무 힘들다는 데에 있다. 월마트가 50년 넘게 지속적인 성공을 거둘 수 있었던 이유는 경쟁업체보다 더 '나은' 혹은 더 '스마트한' 결정을 내리기 때문이 아니다. 그들이 내린 결정들이 너무나도 유기적으로 잘 연결되어 있기 때문이다.

경쟁 소매할인업체 입장에서 보면 월마트 따라 하기는 성공할 가능성이 거의 없다. 한 가지 선택을 그대로 따라 하는 건 무의미하기 때문이다. 월마트의 경우, 하나의 선택은 다른 많은 선택들과 연결되어 있는데 그걸 다 무시하고 하나만 따라 한다고 성공할 수는 없다. 연결된 선택들을 모른 채 어설프게 하나의 결정만 따라 할 경우 오히려 그 업체의 상황은 더 악화될 수도 있다. 그러면 열 가지를 동시에 다 따라 하면 되지 않느냐고 생각할 수 있겠지만, 그건 하늘의 별 따기만큼이나 힘든 일이다.

에드워드 존슨의 별난 선택은 의도된 트레이드 오프다

연결된 선택들이라는 개념은 소매유통업체뿐 아니라 거의 모든 분야에서 볼 수 있다. 심지어 차별화가 힘들 것 같은 금융 중개 서비스에도 이 개념이 적용된다. 다른 사람의 돈을 관리할 때 가장 중요한 점이 무엇이냐고 물으면, 대체로 현명한 투자를 어디에 해야 할지를 아는 것이라고 생각할 테지만 사실은 그렇지 않다.

에드워드 존스는 지난 30년 간 미국에서 가장 빠른 성장을 거듭하면서 소리 소문 없이 미국 내 4위로 떠오른 금융 기업이다. 표면상으로 보면 이 회사가 대상으로 하는 시장과 고객에 이상한 점이 있다.

예를 들어 설명해보자. 에드워드 존스Edward Jones는 대도시권이 아니라 평균 이하의 수입을 거두는 사람들이 많은 소도시 거주 고객들을 대상으로 한다. 경제적 여유가 있는 사람들을 위해 수수료를 조정해주거나 더 나은 서비스를 제공하지 않는다. 수입이 많든 적든 모든 고객에게 차별 없이 완벽하게 동일한 대우를 제공한다.

다른 중개회사들은 사무실에 15명까지 두는 일도 있지만, 에드워드 존스는 사무실마다 단 한 명의 투자 자문가를 둔다. 따라서 투자 자문 수수료가 비싸다. 2010년에 에드워드 존스는 고객들에게 거래한 건당 100달러의 수수료를 받았다. 이트레이드E-Trade나 TD 아메리트레이드TD Ameritrade에서는 이 비용의 10분의 1만 지급해도 비슷한 서비스를 받을 수 있었다.

에드워드 존스는 자사 계정으로 주식 거래를 하지 않는다. 다른 회사들이 직접적인 주식 거래에서 이익을 남기는 반면, 에드워드 존스는 투자 은행 업무에서 막대한 수익을 얻는다. 심지어 2016년에도 이 회사는 여전히 뮤추얼펀드와 본드 같은 '평범한' 상품을 내놓았다. 중개업에서 파생 상품, 헤지펀드, 초저가주, 스왑처럼 복잡한 금융 상품들에 '돈이 몰리고' 있는데도 말이다.

이런 선택을 하고 그 선택에 따라 경쟁하면서 에드워드 존스가 매일 놓치고 있는 수익 달성의 기회는 막대한 듯 보인다. 하지만 놀랍게도 회사는 성장했다. 조용하지만 꾸준하게. 심지어 2007~2008년의 글로벌 금융 위기로 다른 증권사들이 움츠러드는 가운데서도 성장했다. 게다가 에드워드 존스는 늘 미국에서 가장 일하기 좋은 직장 중 하나로 꼽힌다. 더욱 놀라운 사실은, 해가 거듭할수록 미국 중개 회사 중에서 가장 높은 자기자본수익률을 기록하고 있다는 점이다.

에드워드 존스의 특이한 선택과 더더욱 이해하기 힘든 성공을 어떻게 설명할 수 있을까? 월마트와 마찬가지로, 해답은 연결 관계에서 찾을 수 있다.

에드워드 존스가 목표로 하는 활동 무대가 어디인지를 생각해보자. 에드워드 존스에는 전략 선언문strategy statement이 있는데, 매년 제너럴 파트너들이 지난 30년을 돌아보며 전략 선언문을 세심하게 수정해나간다. 최근에 입수한 존스의 2009년도 전략 선언문을 소개해본다.

> 우리는 금융 관련 의사결정을 일임한 보수적인 개인 투자자들에게, 1인 점포 재무 상담가의 전국적인 망을 통해 신뢰할 수 있고 편리한 일대일 금융 자문 서비스를 제공한다. 그럼으로써 2012년까지 재무 상담가의 수를 17,000명(현재 1만 명)으로 늘리는 것을 목표로 한다.

이 간결한 선언문을 주의 깊게 읽어보라. 그리고 나서 다시 한 번 읽어보라. 이 선언문은 에드워드 존스가 어떤 사람들을 고객으로 삼을 것인지를 명확히 할 뿐만 아니라 어떤 일을 하지 않을 것인지도 말해주고 있다. 이 회사가 함께하고 싶은 고객은 신뢰 가는 조언과 장기 수익을 찾는 사람들이다. 시장보다 높은 수익을 단기적으로 원하는 사람들은 이들의 고객이 아니라는 뜻이다. 그리고 저 멀리 떨어진 시내가 아닌 상점과 식당들이 늘어선 번화가에 상담 사무소를 차리고 그 지역 출신의 상담사를 고용한다. 이는 고객들에게 이웃으로 다가감으로써 고객의 신뢰를 얻는다는 뜻이다.

그때그때 유행하는 복잡한 금융 상품이 아니라 고객들이 안심할 수 있는 간단한 상품을 판매한다는 뜻이다. 자사가 직접 투자 행위를 하지 않고, 고객과 제3의 판매자 사이에 주식 매매를 중개함으로써 투자 상품을 판매한다는 뜻이다. 사무소에는 한 명의 재무 상담사를 두어서 조직 간의 관계가 아닌 인간적인 관계가 형성되도록 한다는 뜻이다. 역설적이지만, 비싼 수수료를 책정함으로써 고객들이 빈번한 거래에 빠져들지 않도록 막아준다는 뜻이다. 그리고 자사 계정으로 투자 행위를 하지 않음으로써 지난 10년간 다른 금융서비스 회사들을 괴롭혔던 갈등을 줄이겠다는 뜻이다.

하나하나씩 놓고 보면 에드워드 존스의 결정은 근시안적이고 이상하며 직관에 어긋나는 듯 보인다. 그렇지만 멀찍이서 전체를 보면 확연히 다른 모습이 나타난다. 이들의 결정은 오랫동안 경영계와 컨설팅업계의 사고방식에 스며들었던 '모범 경영'이라는 개념에 대해 다시 생각하게 만든다. 간단하게 말해서, 모범 경영이라는 말은 모두에게 어울리는 방식이 존재한다는 뜻이다. 좋은 성과를 내는 회사를 찾아서 그 회사가 열심히 수행했던 노력을 모방하면 된다는 주장이나 다름없다.

상호 보완성의 개념을 이해하고 나면 모범 경영이 왜 역효과를 낳는지 이해하게 된다. 어떤 선택에 수반되는 후속 결정들은 생각하지 않고, 지엽적으로 한 가지 선택만 따라 하다가는 전보다 상황이 더 악화될 수 있다. 1996년에 포터는 "완벽한 포지션이 오직 하나밖에 없다면 전략이란 게 필요 없을 것이다. 그렇다면 모든 회사는 오로지 그 포지션을 발견하고 차지하는 경쟁에서 이기기만 하면 된다. 그러나 전략적 포지셔닝의 진정한 핵심은 경쟁사들과 다른 활동을 선택하는 것이다"라고 말했다.

모범 경영에 대한 포터의 부정적인 발언은 사람들을 우울하게 했다. 하지만 한편으론 경제학과 전략의 몇 가지 개념에 관심을 불러일으켰다. 첫째는 경제적 트레이드오프trade-offs 개념이다. 거의 모든 결정에는 혜택과 함께 비용이 따르며 그 비용을 경감시키기 위해서는 후속 결정들이 따라야 한다. 흔한 비유처럼 공짜 점심은 없다. 둘째는 가치 창출과 가치 확보의 구분이다. 성공으로 가는 길을 찾아낸 다른 회사를 모방함으로써 당신의 고객들을 위한 가치를 창출하는 것과, 그 가치의 일부를 확보하는 것은 별개의 이야기다. 가치를 확보하기 위해서는 남들과 달라야만 한다. 그러니 남들의 모범 경영을 그저 모방하는 것만으로는 가치를 확보할 수가 없다는 말이다.

1996년, 에드워드 존스의 상무이사 존 바크먼John Bachmann은 '트레이드오프'라는 제목의 멋진 글로 회사의 총체적인 접근방식에 대해 기술한 바 있다.

트레이드오프에는 선택과 책임이 따른다. 그렇지만 강력한 힘이 존재하는 세상에서는 어려운 선택을 하기보다 타협하는 것이 더 쉬울 때가 있다. 트레이드오프를 함으로써 회사는 여러 면에서 독특함을 갖추게 되고, 매번 트레이드오프가 이뤄질 때마다 경쟁사

입장에서는 따라 하기가 조금씩 더 힘들어진다. 깊은 지혜와 사려
가 담긴 일련의 트레이드오프는 모방이 거의 불가능하다.

바크먼은 글 후반부에 에드워드 존스가 선택한 트레이드오프에
대해 적어놓았다.

- 개인 투자자가 우리의 유일한 고객이다.
- 좋은 주식을 사서 장기간 보유하는 것이 우리의 투자 방식이다.
- 우리는 대면 관계를 장려한다.
- 우리는 모든 상품을 제공하지는 않는다.
- 우리는 자사 상품을 만들지 않는다.
- 우리는 폐쇄형 인수, B 주식, 우선주를 반대한다.
- 사무소에는 재정 상담사 한 명, 보조 인력 한 명을 둔다.

이 외에도 더 많은 트레이드오프에 대해 적어놓았다.

결국 바크먼은 이런 말을 하고 싶은 것이다. 우리는 트레이드오프
를 한다. 우리는 트레이드오프가 무엇인지 알고 있다. 그리고 트레이
드오프를 존중한다. 트레이드오프를 이렇게 간결하게 설명하거나 또
는 트레이드오프라는 아이디어에서 장점을 취한 조직은 거의 없다.
에드워드 존스가 장점을 지니는 이유는 어쩔 수 없는 트레이드오프
의 극복 방법을 알아냈기 때문이 아니라 의도적으로 트레이드오프
를 하기 때문이다.

CHAPTER 22

아마존과 넷플릭스의 혜안

오프라인 인프라스트럭처, 온라인과 환상 궁합을 이루다

디지털 세상의 연결된 선택들

월마트와 에드워드 존스를 비롯한 여러 기업들이 성공한 이유가 공급망 관리, 현대식 제조 공정, 부동산, 대면 관계처럼 전통적 비즈니스를 상징하는 특성의 복잡성 때문이라고 생각하기 쉽다. 이들의 서로 연결된 선택들이 거미줄처럼 엮인 망은 왠지 아날로그 세상에만 존재하는 특성처럼 보이기 때문이다. 하지만 그건 사실이 아니다. 디지털 세상에도 위에 언급한 전통적이고 아날로그적인 요인이 성공을 위해 필요하다.

넷플릭스, 선택들의 유기적 연결이 차별화를 만든다
리드 헤이스팅스Reed Hastings는 1999년에 넷플릭스Netflix를 설립하면서 한 가지 제안을 했다. 당신의 컴퓨터로 DVD를 한 번에 3개까

416

지 주문해서 신속하게 받은 다음 마음껏, 연체료 없이 보라는 것이다. 그후 10년 동안 넷플릭스는 엄청난 성공을 거둔다. 2008년에는 1,000만 명에 달하는 가입자를 거느리며 13억 달러의 수익과 8,300만 달러의 이익을 거두었다.

많은 전문가들이 말하듯이, 넷플릭스의 성공은 여러 요소들의 조합 덕분이다. 간단하면서도 격을 갖춘 고객접점customer interface, 가입자에게 영화를 추천해주는 강력한 알고리즘, 고객들이 DVD를 반납할 때마다 보고 싶은 콘텐츠를 주문할 필요 없이 미리 50편까지 주문 예약할 수 있게 해주는 '큐queue' 시스템, 그리고 콘텐츠를 직접 제작하기보다는 다른 곳에서 얻어 취합하기로 한 결정 등을 성공 요소로 들 수 있다. 당시에 많은 전문가들은 '취합'이 성공 전략의 일등공신 역할을 했다며, 그 덕분에 회사가 더 빨리 성장하고 다양한 콘텐츠를 더욱 쉽게 제공할 수 있었다고 주장했다.

위에 언급한 모든 이유들 때문에, 넷플릭스의 온라인 서비스는 당시 업계의 강자였던 블록버스터의 비디오테이프 대여를 능가하는 힘을 발휘했다. 하지만 넷플릭스가 성공한 진짜 이유, 다른 온라인 회사들이 흉내 낼 수 없는 이유는 다른 곳에 있다.

간편한 사용자 인터페이스를 만들고, 고객들에게 원하는 비디오를 미리 선택할 수 있게 해주고, 개인별 추천 서비스를 제공하는 것은 영리한 기업가라면 쉽게 따라 할 수 있는 특징들이다. 그런 서비스를 제공한다고 해서 넷플릭스의 비디오 대여 가격이 더 비싼 것도 아니었다. 오히려 블록버스터보다 가격이 쌌다.

넷플릭스가 다른 회사와 진짜로 달랐던 점은 뒤에서 지원하는, 즉

DVD를 분류하고 유통하고 배달하는 매우 복잡한 유형의 인프라스
트럭처infrastructure였다.

그림 26 | 넷플릭스의 연결된 선택들

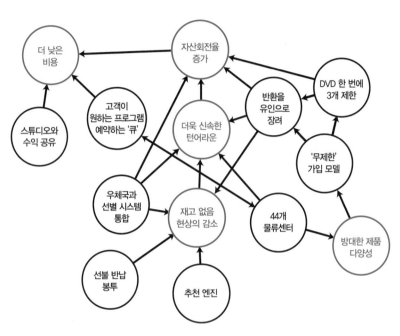

넷플릭스는 상당한 자본을 투자해, 1997년에 하나였던 물류센터
를 2008년에는 전국에 44개로 늘렸다. 이 물류센터들이 넷플릭스가
향후 다른 선택들을 할 수 있게 만드는 버팀목이 되어주었다. 사용
자 편의 향상에 큰 몫을 했다고 평가받는 넷플릭스의 예약 대기 시스
템 큐는 수요 예측에 큰 도움을 주었다. 큐 시스템은 미국 전 지역에
서 어떤 고객이 어떤 영화를 원하는지 회사가 알 수 있게 해주었다.

그러면 회사는 각 지역의 수요에 따라 물류센터의 재고를 조정할 수 있다. 고객 만족도를 올려준 또 다른 일등공신인 추천 엔진은 고객이 좋아할 만한 영화뿐만 아니라 재고가 있는 영화를 추천할 수 있게 해주었다. 넷플릭스는 우체국과 손잡고 우편물 분류 시스템을 통합해 효율적인 배달이 가능하게 만들었다. 그리고 이를 위해 심지어 체신부 출신의 전직 장관을 고용하기도 했다.

물류창고 시스템은 재고를 최소화하고 순환을 최대화함으로써 고객에게 비교적 낮은 가격으로 DVD를 제공하게 해주었다. 이런 선택들의 효과가 쌓이면서 놀라운 결과로 나타났다. 2007년, 넷플릭스의 재고관리 비용은 블록버스터가 쓰는 비용의 3분의 1에 불과했다.

넷플릭스가 고객들에게 호응을 얻을 수 있었던 이유는 제품 다양성, 편의성, 서비스 때문이었다. 하지만 다른 업체에 비해 엄청난 이점을 갖추고 그 이점을 살려 수익으로 연결시킬 수 있었던 핵심 이유는 서로 연결된 선택들 덕분이었다.

연결된 선택에 관한 이야기는 넷플릭스에만 한정되지 않는다. 소매업계의 거인 아마존_{Amazon}을 다시 보자. 1996년, 신생 온라인 스타트업이었던 아마존은 2008년에 이르러서는 세계 최대의 전자상거래 기업으로 성장했다. 사람들은 아마존이 사실상 디지털 전자상거래 회사가 아니라는 사실을 종종 잊는다. 아마존은 종이책, DVD, CD 같은 유형의 제품을 취급하는 최강의 온라인 소매업자다. 그리고 넷플릭스와 마찬가지로, 아마존의 장점 역시 고객과 직접 연결되는 부분이 아니라 뒤를 받쳐주는 부분의 운영에서 찾을 수 있다. 즉 유형의 제품을 취급하는 여느 소매업자처럼 고객의 주문 처리 과정,

배달, 물류 관리가 복잡하게 연결된 시스템 운영을 잘했기 때문에 성공했다는 말이다.

2008년, 넷플릭스는 새로운 소비자 비디오인 디지털 스트리밍으로 사업의 중심을 옮겼다. 스트리밍은 DVD 배달보다 더 매력적인 사업으로 비쳐졌다. 한 영화를 여러 개 구입해서 보관할 필요가 없다. 영화 한 편을 수백만 명의 사용자가 동시에 시청할 수 있고, 더 싸게 배달할 수도 있다. 넷플릭스 입장에서는 물류 관리와 유통에 들어가는 비용을 절약하게 된 셈이다.

이렇게 새로운 비즈니스 현실을 받아들이기 위해 넷플릭스는 어떻게 했을까?

1996년, 당시 MIT 미디어랩Media Lab을 이끌던 니컬러스 네그로폰테Nicholas Negroponte는 〈디지털이 된다는 것Being Digital〉이라는 글에서, 현재는 유명해진 원자와 비트의 구분이라는 말을 처음 썼다. 원자는 물질의 기본이고 비트는 정보의 기본이다. 이 두 요소가 비즈니스에 미치는 결과는 매우 다르다. 네그로폰테는 원자의 비즈니스에 비해 비트의 비즈니스가 장점이 훨씬 더 많다고 주장했다. 비트는 영원히 지속된다. 비트의 비즈니스에서는 '절판'이란 개념이 존재하지 않는다. 아무 때나 복사할 수 있으므로 재고 정리나 보관도 필요 없다. 비트는 빛의 속도로 이동하기 때문에 즉각적으로 전 세계로 연결되고 세관에 걸릴 위험도 없다.

넷플릭스의 비즈니스는 '움직이는 원자'에서 '움직이는 비트'로 이동했다. 넷플릭스는 네그로폰테가 예측했던 더 나은 비즈니스를 하겠다고 약속했다. 더 싸게, 더 빠르게, 더 안전하게. 하지만 그렇게 하지 못했다. 왜냐하면 네그로폰테의 주장은 대부분 옳았지만, 한 가지 중요한 사실을 놓치고 있었기 때문이다. 원자는 희귀하지만 비트는 그렇지 않다는 사실이다.

사업 창출의 편의성 면에서는 비트가 늘 앞선다. 하지만 경쟁사에 비해 더 나은 사업의 이점 창출이라는 면에서는 비트가 더욱 어렵다. 왜 그럴까? 당신이 비트를 힘껏 밟고 달리는 사이에 경쟁사들도 그만큼 비트를 밟으며 따라오기 때문이다. 다시 말해, 당신의 독특함은 줄어든다. 비즈니스에서 유리한 고지는 더 낮은 비용이나 더 높은 고객 가치를 통해 차지하는 것이 아니다. 중요한 것은 경쟁사와 비교해 더 낮은 가격과 더 높은 가치를 통해 경쟁 우위를 점하는 것임을 네그로폰테는 보지 못했다.

비디오 스트리밍은 낮은 비용으로 콘텐츠를 모으고 재생산할 수 있다는 점에서 넷플릭스에게 환상적인 비즈니스였다. 하지만 상대적인 비용을 줄이는 면에서는 형편없는 비즈니스였다. 누구나 콘텐츠를 모을 수 있게 되었기 때문이다. 넷플릭스가 DVD를 배달할 때에는 사실상 경쟁자가 전혀 없었지만, 스트리밍 서비스를 제공하면서부터는 아마존, 부두Vudu, 애플Apple, HBO를 비롯해 수백 개 업체가 경쟁자가 되었다.

DVD를 배달하기 위해서는 물류센터, 복잡한 IT 시스템, 효율적인 분류 시스템이 필요했다. 하지만 스트리밍은 컴퓨터 서버만 있으면 충분했다. 비디오 스트리밍은 비용이 적게 들고 덜 복잡하고 연결 관계가 적은 비즈니스인 반면, 그만큼 이점이 쉽게 손상될 수 있는 비즈니스였던 것이다.

2011년 7월부터 2012년 9월까지 넷플릭스는 시가총액의 85퍼센트 이상을 날렸다. 일부 전문가들은 가격 책정에 문제가 있다고 지적했다. 넷플릭스가 2012년 7월에 DVD와 스트리밍 서비스를 분리하면서 가격을 올렸다가 소비자들의 원성을 샀고, 결국 고객들을 잃었던 것이다. 나중에 가격을 되돌렸지만 주가는 계속해서 하락했다.

그렇게 1년 정도가 지난 시점에서 넷플릭스는 예전과는 완전히 다른 전략을 들고 나온다. 프로그램 자체 제작을 하기로 한 것이다. 2013년 1월, 넷플릭스는 새롭게 부상했다. 정치계의 어두운 민낯을 드러낸 드라마로 비평가들의 절찬을 이끌어낸 〈하우스 오브 카드〉를 방영하면서 떠났던 가입자들을 다시 끌어들이고, 기존 가입자들의 동요를 잠재웠다.

넷플릭스가 드라마 방영으로 관심을 끌고 가입자들을 모을 수 있었던 이유 중 하나는 출시 전략 때문이었다. 넷플릭스는 에피소드를 하나씩 방영하지 않고 한 시즌을 통째로 구성했다. 13편을 연이어 방영함으로써 시리즈 몰아보기 열풍을 일으켰다. 6개월 후, 넷플릭스는 두 번째 드라마인 〈오렌지 이즈 더 뉴 블랙〉을 똑같은 출시 전략으로 방영했다.

이쯤 되면 넷플릭스의 외부 콘텐츠 의존도가 줄어들었을 것으로 생각하기 쉽다. 하지만 외부 콘텐츠는 전혀 줄지 않았다. 안정적인 가입자 층을 확보하면서 넷플릭스의 수입도 늘었다. 그 덕분에 자체 제작에 더 많은 돈을 투자할 수 있었고 덩달아 수입도 늘어났다. 가입자가 많아지면서 넷플릭스가 콘텐츠 구매 협상에서 발휘하는 힘도 커졌다. 늘어난 가입자 수 덕분에 판권 계약에서 유리한 위치에

섰던 것이다. 넷플릭스는 점점 힘을 얻어가는 반면 경쟁사들은 비싼 콘텐츠를 놓고 넷플릭스와 경쟁을 벌이는 데 점점 부담을 느끼게 되었다. 넷플릭스가 내리는 각각의 결정이 서로 연결되는 선순환 구조를 만들어낸 것이다. 넷플릭스의 주가는 2년 전의 손실을 9개월 만에 만회했다.

움직이는 비트는 움직이는 원자보다 훨씬 더 많은 가치를 만들 수 있다. 하지만 그 일은 누구나 할 수 있기 때문에 그 가치를 확보하기 또한 힘들다. 움직이는 원자는 비용이 더 들고 더 복잡하다. 하지만 더 복잡하다는 말은 더 많은 연결 관계를 의미한다. 따라서 이는 차별화를 이룰 수 있는 더 많은 기회가 있음을 뜻한다.

사람들은 디지털 비즈니스에 매력을 느끼면서 종종 기능적 연결 관계를 무시하곤 한다. 하지만 기능적 연결 관계는 원자 환경에서 중요한 만큼이나, 낮은 비용의 비트 환경에서도 중요하다.

넷플릭스의 성공을 콘텐츠 전략이라는 렌즈로 보기 쉽다. 콘텐츠의 자체 제작과 외부 조달의 대결로 보기 쉽다는 말이다. 통념상 DVD에서 성공을 거두려면 모아서 쌓아두어야 하고, 스트리밍에서 성공을 거두려면 자체 제작해야 한다고들 한다. 하지만 둘 다 사실이 아니다. DVD 세계에서 콘텐츠를 모아서 쌓아두었다고 유리한 위치에 선 적은 없었다. 스트리밍에서도 자체 제작이 이점을 제공한 적은 없었다. 두 세계 모두 차별화와 연결 관계 덕분에 이점을 누릴 수 있었다.

사람들은 제공하는 콘텐츠 또는 콘텐츠를 얻는 출처에 성공과 실패가 달렸다고 믿는다. 사람들은 신비의 묘약, 자신만이 알아낸 비법, 뭔가 차세대의 대표작이 될 만한 것을 찾는다. 이런 편견을 지니는 순간 콘텐츠 함정에 빠지게 된다. 실질적으로 성공을 뒷받침해주는 것이 연결 관계라는 사실을 보지 못하는 것이다. 콘텐츠와 혁신이 성공을 만들어낼 수는 있다. 하지만 다른 회사들이 따라 하고 차용하고 배워가기 때문에 그 성공을 지킬 수는 없다. 반면 연결 관계는 다른 조직이 모방하기 힘들기 때문에 차별화 유지를 가능하게 해준다.

기능적 연결 관계는 연결 관계의 초기 개념에 기반을 두고 있으며 가치를 창조하고 확보할 수 있는 새로운 방법을 제시한다. 네트워크 효과는 사용자 연결 관계, 보완재는 제품 연결 관계 덕분에 가치를 창출한다. 네트워크 소유권과 독점적 보완재도 가치를 확보하는 방법 중 하나다. 서로 연결된 시장에서 앞서 나가면 선두에 머무를 확률이 높다. 당신의 사용자들이 내일 내리는 결정들이, 그들이 오늘 내리는 결정들과 연결되어 있기 때문이다. 독점적인 보완재를 제공할 수 있다면 당신의 핵심 제품은 그 어느 제품보다 더욱 대단해질 것이다. 기능적 연결은 차별화를 유지시킨다. 그런데 이는 사용자나 제품의 연결 관계 때문이 아니라 당신이 하는 모든 것들을 연결시키기 때문이다. 서로 연결된 결정들은 성공적인 전략을 보호하고 확대시켜준다.

콘텐츠 모방하기에 숨은 함정

뉴욕타임스가 성공한 페이월, 다른 신문사들은 실패한 이유

〈뉴욕타임스The New York Times〉가 페이월을 도입한 2011년 3월, 업계는 곤경에 처해 있었다. 신문사 수십 곳이 문을 닫았고 매출은 급감한 상태였다. 업계 전문가들은 신문의 종말을 예고하고 있었다. 그런 상황에서 페이월 도입은 획기적인 사건이었다. NPR은 "모든 신문사가 그 실험을 지켜보고 있다"고 썼다. 만약 페이월이 실패하면, 즉 존경받는 〈뉴욕타임스〉의 콘텐츠를 독자들이 돈 내고 보기 싫다고 한다면 신문사의 앞날은 어둠뿐이기 때문이었다. 반대로 만약 성공한다면 새로운 시대를 알리는 계기가 될 수도 있을 터였다.

페이월 실행 초반에 희망적인 소식이 조금씩 전해지면서 전국의 신문사 뉴스룸에서는 환호가 터져 나왔다. 〈뉴욕타임스〉가 새로운 디지털 제품에 대한 실험을 거듭하면서 한 가지 사실은 분명해졌다. 페이월은 광고 수주의 변동에 휘둘리지 않는, 든든한 수익 원천이 되어준다는 점이다. 이후 몇 개월에 걸쳐 너나 할 것 없이 디지털 페이월을 세우고 사용자에게 요금을 부과하는 일에 뛰어들었다. 2년이 지나자 150곳이 넘는 신문사가 자신만의 온라인 가입이나 제어 장치 또는 페이월을 도입해 사용하고 있었다.

여기저기서 〈뉴욕타임스〉의 페이월에 대한 분석이 쏟아졌다. 어떤 이는 사용자들이 이제 온라인 콘텐츠를 위해 돈을 지불하게 되었음을 보여주는 강력한 증거라고 했다. 어떤 이는 강력한 지불 장벽보다는 일부 기사를 독자들에게 무료로 제공하는 유연한 지불 장벽이 더 효과적이라고 주장했다. (실제로 영국의 〈뉴욕타임스〉는 비용을 지불하지 않으면 어떤 콘텐츠에도 접근이 불가능한 하드 페이월hard paywall을 실행했다가 낭패를 보기도 했다.) 어떤 이들은 지불 장벽으로 인한 일반 독자들의 감소가 광고 수익을 위협할 정도로 크지는 않음을 보여주는 증거가 바로 〈뉴욕타임스〉의 실험이라고 주장했다.

하지만 그와는 다른 결론을 내리는 사람도 있었다. 〈뉴욕타임스〉의 페이월이 성공한 이유는 그 주체가 〈뉴욕타임스〉이기 때문이라는 것이다. 사용자들에게 돈을 지불하라고 설득할 만큼 명망 있으며, 브랜드 매력까지 지닌 신문사는 〈뉴욕타임스〉 외에는 많지 않다. 또 다양한 주제를 다룰 뿐 아니라 독자들의 인기를 누리는 칼럼니스트 군단을 둔 신문사는 거의 없다. 뉴스룸 운영에 들어가는 고정비를 회수하기에 충분할 만큼 많은 수익을 창출하기 위해 필수적인 구독자 층을 장악한 신문사는 더더욱 적다는 것이다.

마지막 주장에 대해 생각해보라. 〈뉴욕타임스〉의 온라인 독자 수는 6,000만 명에 달했다. 그것만으로도 온라인 독자의 2퍼센트 또는 130만 명의 온라인 구독자를 유료 고객으로 끌어내기에 충분했다. 하지만 소규모의 지역 신문사들 경우에는 사정이 다르다. 그들의 뉴스룸 경비는 〈뉴욕타임스〉에 비하면 5분의 1 수준이고, 독자 수는 10분의 1 정도이니, 복잡한 계산을 안 해도 효과가 없으리라는 것을 알 수 있다.

규모, 브랜드, 차별화된 콘텐츠는 〈뉴욕타임스〉에서 성공했던 페이월이 왜 다른 신문사에서는 효과가 없었는지를 말해준다. 〈뉴욕타임스〉의 초기 페이월을 담당했던 데니즈 워런Dennis Warren은 이렇게 말했다.

저도 우리가 한 일이 누구나 할 수 있는 일이었으면 정말 좋겠습니다. 왜냐하면 저도 현재 언론사가 처한 상황에 대해서 무척 걱정이 되고 광고 수주 측면에서 얼마나 힘든지 알고 있기 때문입니다. 우리의 성공 비법이 무엇인지 알고 싶어하는 언론사를 수백 곳은 만났을 겁니다. 제가 볼 때 가장 중요한 점은 독자들이 당신의 콘텐츠에서 특별히 소중하게 생각하는 게 무엇인지를 진심으로 이해해야 한다는 겁니다. 결국 유리한 고지를 차지하느냐 못 하느냐는 그걸로 결정이 납니다.

따라서 무엇이 당신 제품의 차별화를 만들어내는지 제대로 이해하는 건 정말 중요합니다. 왜냐하면 그게 성공의 열쇠니까요. 사람들이 돈을 지불하는 이유가 바로 그것 때문이니까요. 당신에게 차별화할 수 있는 무언가가 없다면 그때는 정말 막막해지는 겁니다.

〈뉴욕타임스〉의 회장인 아서 설즈버거Arthur Sulzberger는 최근에 함정 피하기에 관해 이야기한 적이 있다. 〈뉴욕타임스〉가 처한 어려움과 기회는 〈워싱턴포스트The Washington Post〉, 〈보스턴글로브The Boston Globe〉, 〈LA타임스Los Angeles Daily Times〉 같이 특정 도시를 대상으로 하는 일간지가 처한 어려움이나 기회와 다르다는 것이다. 그는 특히 〈토피카캐피털저널The Topeka Capital Journal〉 같은 소규모의 지역 신문과는 매우 다르다고 언급하면서 다른 신문사의 방식을 성급하게 모방하다가는 함정에 빠질 수 있다고 강조했다. 각 신문사는 자신이 처한 상황에서 답을 찾아야만 한다. 물론 그 답에는 유사한 점도 있을 테지만, 그보다 훨씬 더 큰 차이점이 있을 것이다.

〈뉴욕타임스〉 방식을 성급히 따라 하며 독자들에게 온라인 사용료를 따로 받았던 신문사들은 대부분 좋지 않은 결과를 맞았다. 완전히 실패로 돌아간 것이다. 지난 몇 년 동안 수백 개의 신문사가 문을 닫았다. 살아남은 신문사들 대부분도 독자들이 유료 사이트를 탈출하면서 광고 수익이 줄어 고전하고 있다. 또 이를 만회할 만큼 충분한 매출을 올리지 못하고 있다. 이런 신문사들 모두가 똑같은 함정에 빠졌다고 해도 과언이 아니다. 다른 회사의 전략이 왜 성공할 수 있었는지 근원적인 이유를 살펴보지 않고, 무작정 모방했다가 함정에 빠진 것이다.

뉴욕타임스 컴퍼니New York Times Company의 CEO인 마크 톰프슨Mark Thompson은 최근에 이런 말을 했다. "현대 미디어에서 성공하는 길은 업계에서 하는 말을 귀담아 들은 다음 그와 정반대로 실행하는 것이다." 톰프슨의 이 발언은 많은 이들이 실패할 것이라고 예견했던 〈뉴욕타임스〉 페이월의 성공을 언급한 것이다. 하지만 그의 발언은 〈뉴욕타임스〉의 성공에 현혹되어 무작정 따라 했다가 실패한 다른 신문사들에게 그대로 적용되는 말이기도 하다.

텐센트에서 성공한 가상 화폐가 페이스북에선 실패한 이유

다른 사람을 모방하기보다 차이를 깨닫고 받아들이는 것은 중요하다. 그런데 이는 사용료 부과를 할지 말지에 관한 결정에만 해당되는 것이 아니다. 누구에게 사용료를 부과하느냐에 관한 결정에도 적용된다. 세계 소셜 네트워크의 양대 산맥인 페이스북Facebook과 텐센트Tencent의 다른 점이 무엇이었는지 떠올려보라. 두 기업 모두 10억 명이 넘는 사용자를 거느리고 있다. 또 2015년에 150억 달러 이상의 수익을 거두었으며 2,000억 달러가 넘는 시가총액을 자랑했다. 하지만 2013년 기준으로 페이스북이 광고에서 대부분의 매출을 올리는 반면에 텐센트는 사용자에게 부과하는 요금에서 매출의 80퍼센트를 올렸다.

유사한 제품, 유사한 가입자 수, 유사한 매출액을 지닌 두 회사가 그토록 다른 비즈니스 모델을 가지고 있는 이유는 무엇일까? 그리고 어떤 모델이 더 '나은' 것일까? 하지만 이 비즈니스 모델들을 연결 관계의 측면에서 바라보면, 질문 자체가 잘못되었음을 알게 될 것이다.

앞에서 언급했듯이 두 회사의 차이 중 하나는, 가상 화폐와 관계 있다. 텐센트는 수익의 대부분을 가상 화폐를 통해 벌어들이지만, 페이스북은 가상 화폐를 통해 벌어들이는 돈이 거의 없다. 이 현상을 어떻게 설명할 수 있을까? 그리고 이런 차이가 두 회사의 앞날에 어떤 영향을 미칠까?

페이스북은 2009년에 크레디트Credits를 도입했다. 크레디트는 사용자가 페이스북 플랫폼에서 상품, 서비스, 게임 등을 위해 지급할 수 있는 온라인 가상 화폐를 말한다. 그리고 18개월 후, 페이스북은 크레디트를 철수했다. 제대로 작동하지 않았기 때문이다.

무엇이 잘못되었을까? 텐센트의 성공을 보면 가상 화폐 자체가 효과가 없다고는 할 수 없다. 그보다는 페이스북이 그냥 사업을 말아먹었다고 하는 것이 더 타당한 설명일 듯하다. 사용자들이 가상 화폐에 대한 인식을 바꾸고 친숙하게 느끼려면 크레디트를 서로 공유해야 하는데 페이스북은 그렇게 만드는 노력을 기울이지 않았다. 소셜 게임 외에도 크레디트를 사용할 수 있는 다양한 방법에 대해 사용자들에게 알려주지 않았다. 그리고 페이스북은 파트너에게 30퍼센트의 세금을 물렸기 때문에 사실상 사용자들에게 크레디트 사용을 권한 적이 한 번도 없다고 하는 게 맞는 말이다. 어느 분석에서는 "스타트업은 이렇게 엇박자가 나는 3단계 실수를 하지 않는 것이 현명하다"고 밝히기도 했다.

하지만 다른 해석도 있다. 가상 화폐의 성공 여부는 실행 방법과 아무런 관계가 없으며, 상황이나 맥락 속에서 그 이유를 찾아야 한다는 주장이다.

텐센트가 가상 화폐를 도입했던 2000년대 초반에 중국의 결제 시스템은 걸음마도 떼지 못한 수준이었다. 신용카드 소지자는 인구의 1퍼센트에 불과했고, 미국에서 이미 활발하게 사용하던 페이팔PayPal 같은 결제 시스템도 존재하지 않았다. 광고 수익도 빈약했다. 2003년 미국의 광고 수익이 2,500억 달러에 달했던 반면, 중국 전체의 광고 수익은 130억 달러에 불과했다. 이런 차이는 아마도 인터넷 보급률의 차이 때문으로 추정된다.

중국 인구의 대략 30퍼센트 정도가 개인 PC가 아닌 제3의 서버나 인터넷 카페를 통해 웹사이트에 접속하고 있었다. 그들에게 사진이나 비디오처럼 개인적인 정보를 공유하기란 번거로운 일이었을 것이다. 이런 장애물을 없애기 위해서 텐센트는 사용자들에게 그들 자신만의 인터넷 아이디(사용자가 극히 적었던 이메일 주소 대신에)와 아바타(사진 대신에)를 제공했다. 텐센트의 IM이 폭발적인 성장을 거두면서 개인화와 차별화를 요구하는 사용자들의 목소리도 높아졌다. 아바타에 더 멋진 옷을 입힌다거나 조합이 쉬운 숫자 또는 행운의 숫자를 갖고 싶어하는 등의 요구 말이다.

따라서 텐센트 사용자에게 가상 화폐는 두 가지 이유에서 소중한 존재였다. 사용자는 가상 화폐를 사용해 온라인상에서 자신을 다른 사람과 구별해주는 가상 제품을 구매할 수 있었고, 이는 정식 결제 시스템을 대신해주었다. 하지만 페이스북 사용자 입장에서는 이런 일들이 전혀 힘들 것이 없었다. 개인 정보와 사진을 손쉽게 올릴 수 있었기 때문에 가상현실에서 다른 사람과 차별화를 이루려 노력할 필요가 없었다. 또 정식 결제 시스템도 언제고 필요하면 사용할 수 있었다. 페이스북 사용자에게 가상 화폐가 인기를 끌지 못했던 이유는 그것이 굳이 필요하지 않았기 때문이다.

이 설명대로라면 전략적으로 시사하는 바도 매우 달라진다. 전후 상황의 차이가 중요하다는 주장에 대해서는 대부분의 회사들이 무슨 말인지 안다고 할 것이다. 하지만 실제로는 이런 차이를 파악하기 어려울 때가 종종 있다. 기업가 아무에게나 중국의 인터넷 회사가 가상 화폐에 의존하는 이유를 물어보라. 그들은 실제로 작용하는 전후 상황과 관련된 요인들에 대해서는 생각지도 않은 채 반사적으로 '문화 때문에'라고 대답할 것이다.

상황 차이의 중요성은 다른 곳에도 적용될 수 있다. 인도나 중국의 사이트를 보면 서구의 사이트에 비해 상당히 복잡하게 만들어져 있다. 페이지가 길고 한 페이지에 들어 있는 내용도 많다. 이유를 물어보면 역시 습관적으로 '문화'라는 대답이 돌아온다. 하지만 진짜 이유는 10년 전 인도와 중국의 인터넷 속도가 느렸다는 데 있다. 인터넷 속도가 느린 상황에서 사용자들은 이 페이지, 저 페이지 왔다 갔다 하기가 어려웠을 것이다. 해서 당시 회사들이 사용자 편의를 위해 하나의 페이지에 되도록 많은 정보를 채워 넣었고, 그 습관이 지금까지 이어진 것이다.

달리 말하자면, 중국인 사용자들이 돈을 지불해가면서 가상 제품을 구매하고 복잡한 웹사이트를 받아들이는 이유를 문화가 아닌 인프라스트럭처에서 찾아야 한다는 주장이 더 말이 된다는 뜻이다. 이런 점을 이해하지 않고서는 중국 기업에서 배울 점이 하나도 보이지 않는다. 하지만 이런 점을 제대로 이해하고 나면, 그들에게서 배울 점들이 보이기 시작한다.

사람들은 미국의 신문사가 모두 똑같다고 생각한다. 그래서 뉴스 페이월에서 얻은 정보를 똑같이 활용해서 똑같은 전략을 세워도 괜찮다고 여긴다. 하지만 신문사는 모두 다르다. 가상 화폐도 마찬가지다. 많은 이들이 전 세계 가상 화폐의 상황을 살펴보고, 거기서 얻은 정보를 토대로 문화의 차이 때문이라는 결론을 내린다. 하지만 실상은 특정 국가의 문화 차이뿐 아니라 훨씬 더 종합적인 차이가 존재한다.

우리는 이런 실수를 여기저기서 본다. 콘텐츠와 유통을 하나로 묶는 수직적 통합이 모든 콘텐츠 생산자의 문제를 해결해줄 정답이라고 생각한다. 그러다가 대형 합병이 실패하고 나서야 정신을 차린다. 수직적 통합을 모든 회사가 받아들여야 할 모범 사례로 바라본다면 왜 가끔 수직적 통합이 실패로 돌아가는지, 왜 어떤 회사들은 수직적 통합을 하지 않고도 승승장구하는지 이해하지 못한 채 혼란에 빠지고 만다.

하지만 관점을 바꿔 수직적 통합을 특정 상황에서만 사용하는 방식으로 바라본다면 우리는 진실에 다가갈 수 있다. 즉, 콘텐츠 생산자가 아직 알려지지 않은 상품을 새로 선보이려 할 때, 누구나 탐내는 유통이나 공급 경로를 얻기 위해서 사용하는 방식으로 바라보는 것이다. 그러면 왜 모든 회사가 그 방식을 무작정 따라 하면 안 되는지 이해가 된다.

콘텐츠 사업의 성패를 분석하면서 실수를 저지르는 이유는 전후 상황의 역할을 잘못 판단하거나 아예 보지 못하기 때문이다. 조직이 하는 여러 다른 선택들의 유기적 흐름 또는 지역이나 국가별 시장의 특징에서 맥락을 살펴야만 한다. 이런 연결 관계를 놓칠 때 실수를 저지르게 된다.

디지털 비즈니스에서
지리적 특성과 맥락이 중요한 이유

미국에서 성공한 월마트가 다른 나라에선 실패하는 이유

사실 지역별 상황에 따라 사업 활동을 조정해야 하는 경우는 많다. 그런데 가상 화폐는 특정 지역에서 효과가 있거나 없는 것이 유독 극명하게 갈린다. 특히 현지 적응력에 따라 성공과 실패가 갈리는 사례가 특히 더 많이 발생한다.

낯선 환경에 적응하기란 쉬운 일이 아니다. 월마트의 사례로 돌아가 보자. 북미에서 그토록 놀라운 성공을 거둔 월마트도 해외에서 어려움을 겪었다. 월마트는 1990년대 초반에 해외로 발길을 돌리기 시작해서 이후 20년에 걸쳐 30여 개 나라로 확장해갔다. 하지만 2015년 기준으로 해외 매출의 80퍼센트가 단 세 나라, (인수를 통해 진입한)

캐나다, 멕시코, 영국에서 발생하고 있었다. 왜 그랬을까?

한 가지 이유는 현실에 안주했기 때문이고, 다른 이유는 월마트가 너무나도 미국적이기 때문이다. 아니면 새로 진입한 시장의 경쟁자들을 우습게 봐서 그럴 수도 있다.

사실 월마트가 해외에서 고전하는 핵심 이유는 이전에 성공을 안겨주었던 바로 그 전략 때문이다. 미국에서는 여기저기 멀리 떨어진 지역에 유통센터와 창고를 지으면 배달이 더 빨라지고 더 효율적이 된다. 하지만 도로 사정이 좋지 않은 시장에서 똑같은 전략을 사용한다면 얘기가 달라진다.

미국 내에서 IT 시스템을 소규모 공급업체들과 통합하면 서로 정보 교환을 더 빨리 할 수 있다. 하지만 통합 시스템을 믿지 못하는 시장에서는(예를 들어, 브라질의 소상인들은 IT 통합을 세무기관이 더 많은 세금을 걷어가기 위한 도구라고 생각한다) 공급 과정의 효율성을 구축하기가 결코 쉽지 않다.

미국의 외곽 지역에 상점을 세우면 장사가 된다. 미국 외곽 지역은 땅값이 싸서 사람들이 꽤 많이 거주하기 때문이다. 하지만 도시화가 이루어진 지역 시장에서 도시 밖에 상점을 지으면 찾아오는 사람이 많지 않다. 그곳은 사람들의 왕래가 적은 곳이기 때문이다.

주로 자가용을 이용하는 미국에서는 상점 주위에 대형 주차장을 만들면, 쇼핑객들에게 즐거움과 편리함을 제공할 수 있다. 하지만 버스나 자전거를 타고 오는 손님들이 많은 멕시코나 중국에서 쇼핑몰에 대형 주차장을 짓는 건 적절치 않다. 손님들에게 쇼핑백을 들고 넓은 주차장을 힘들게 걸어가야 하는 불편만 안겨줄 뿐이다.

미국 시장에서는 '매일 낮은 가격'을 찬성하고 받아들인다. 소득도 그만큼 적으니까 가능한 일이다. 하지만 독일처럼 노동조합의 힘이 막강한 시장에서는 생각하기 힘든 일이다.

적합한 상품 또는 서비스를 유통하기 위한 상품화 계획과정에서 나오는 실수보다 이런 것들이 더 중요하다. 축구에 열광하는 브라질에 미식축구를 도입한다거나, 열대 섬나라인 푸에르토리코에 얼음낚시용 오두막을 판매하는 실수는 오히려 바로잡기 쉽다. 문제가 뭔지 뻔히 보이기 때문이다. 하지만 너무나도 다양한 여건을 지닌 전 세계 시장에서 월마트가 겪는 어려움은 그 이유도 다양했다. 국내 시장인 미국에서 멋지게 들어맞았던 월마트의 결정들이 국내 시장을 벗어나자 무용지물이 되고 만 것이다.

도로와 인프라스트럭처, 납세 이행, 교외화, 노동법과 관련해 월마트가 미국 시장에서 했던 선택과 그 연결성들은 성공을 가져다주었다. 그리고 이 결정들은 미국의 다른 경쟁자들이 따라 하기 힘든 선택들이었다. 하지만 동시에 외국에서는 그다지 장점을 발휘하지 못했다. 밀접하게 연결된 선택들로 이루어진 시스템에서, 특정 선택들만 분리하면 그동안 쌓아온 장점이 훼손되고 만다. 월마트가 새로운 시장에 적응할 때 그랬던 것처럼 말이다.

이는 연결 관계에서 생성되는 성공의 역설이라 할 수 있다. 전략 담당 교수 얀 리브킨은 연결된 선택들이 어떻게 모방 행위를 방지하는지 연구한 박사 학위 논문에서 "복제와 모방은 밀접한 관계가 있다. 모방을 거부하는 시스템 요소들은 그만큼 복제를 가로막는 튼튼한 장애물을 구축한다"고 했다. 복잡하게 연결된 선택들은 모방을 막으려 애쓰는 조직에게 힘을 북돋아준다. 하지만 바로 그 이유 때문에 어려움을 겪는다. 한 지역에서 이룬 성공을 다른 지역으로 확장하기 위해 자신을 모방할 때 문제가 생기는 것이다.

영국에서 가장 성공한 대형 유통업체로 꼽히는 테스코Tesco와 막스앤드스펜서Marks & Spencer도 똑같은 경험을 했다. 이들은 미국으로 진출하면서 어려움을 겪었다. 테스코는 신선하고 건강한 음식을 쉽게 접할 수 있다는 의미로 캘리포니아에 '프레시앤드이지Fresh & Easy' 브랜드를 오픈했지만 소비자들의 호응을 얻지 못했다. 결국 적자를 보고 미국에서 물러났다. 영국에서는 사람들이 길을 걷다 상점에 들러 음식을 사기 때문에 유동 인구가 많은 도시에 매장을 냈다. 하지만 미국인들은 대부분 차를 타고 쇼핑을 하러 간다. 이 또한 실패의 한 원인이었다.

막스앤드스펜서는 캐나다 시장에 진출하면서 관세를 피하기 위해 새로운 공급업자들로 망을 구성하려 했다. 하지만 새로 구한 공급업자들이 품질 기준에 못 미치는 제품을 공급하는 바람에 결국 관세를 내고 예전 공급업자들에게서 상품을 수입해야 했다. 설상가상으로 캐나다와 유럽의 고객들은 막스앤드스펜서의 고유 브랜드인 미카엘St. Michael을 생소하게 여겼고, 직원들의 사기도 다시 끌어올리기 힘들었다.

언뜻 생각하면, 디지털 비즈니스는 이런 문제와 아무 관련이 없을 것처럼 보인다. '디지털이라는 것은 장소가 어디든 다 엇비슷하게 돌아가고, 그래서 좋은 것 아니던가?' 대부분 이런 생각들을 할 것이다. 온라인 쇼핑몰은 완벽한 복제가 가능하고 거래비용은 여기나 저기나 별 차이가 없다. 통신비용은 신경 쓰지 않아도 될 만큼 적게 나오고, 결제 시스템들은 급속히 통합되고 있으며, 서버는 어디에나 있다. 부동산 가격 차이, 브랜드 인지도, 제품 접근성, 직원 능력 등 유통업자들이 해외로 진출하면서 겪는 대표적인 문제들이 더 이상 차별화 요소가 되지 않는다.

하지만 전 세계 전자상거래의 이런 구조, 그리고 아마존이 미국에서 차지한 이점을 해외에서 재생산할 수 있는 능력을 생각해보라. 온라인 상거래에서 아마존의 이야기는 오프라인 상거래에서 월마트의 이야기와 놀라울 정도로 유사하다. 미국에서 아마존의 경쟁사들이 아마존을 따라 하기 힘든 이유, 즉 경쟁사가 아마존의 유통센터, 창고, 주문 처리 방식을 재생산하기 어려운 이유가 역설적으로 아마존이 해외로 빠르게 규모를 늘리지 못하는 원인으로 작용한다. 2013년까지 아마존은 미국에 거의 50개 정도의 주문이행물류센터를 갖고 있었다. 하지만 전 세계에 걸쳐 보유한 센터는 40개가 조금 넘을 뿐이다. 그중에서도 35개가 영국, 독일, 중국, 일본 등 네 군데 지역에 있었다. 그 외의 지역은 현지 상거래 기업가들에게 활동 무대를 내어 준 셈이다.

그들은 성공적이었던 연결 관계를 어떻게 끊었나

현지 시장을 제대로 이해한 플립카트의 부상

플립카트Flipkart는 인도 전자상거래 분야에서 선두를 달리는 회사다. 플립카트가 아마존도 모르는 특별한 기술 노하우를 지니고 있느냐 하면 그렇지 않다. 사실 아마존에서 함께 일했던 두 사람이 나와 공동 창업한 회사가 플립카트다. 공동 창업자 중 한 명인 비니 반살 Binny Bansal이 최근 내게 인도에서 성공을 거둘 수 있었던 이유에 대해 말해주었다. 현지 상황을 어떻게 재편했는가에 대한 이야기였다.

플립카트의 시작도 특별하지는 않았다. 아마존처럼 온라인 서적 판매로 사업을 시작했고 고객들은 신용카드로 결제했다. 하지만 전자 제품 분야로 주 종목을 옮기면서 상황이 달라지기 시작했다. 자신이 주문한 제품이 온전한 상태로 도착하는지, 자신이 주문한 물건이 바뀌지는 않았는지, 혹시 자신이 주문한 물건을 받아보지도 못하는 것은 아닌지 의심하는 고객들 때문이었다.

"서적 판매는 한 달에 40퍼센트 이상 성장하는데 전자 제품 판매는 하루에 100개에서 더 이상 늘지 않는 겁니다." 반살은 말을 이었다. "온라인 유통업자들에게 신용의 문제가 있다는 것을 깨달았습니다. 그래서 우리는 고객에게 이렇게 말했죠. 돈은 미리 낼 필요 없으니, 물건이 배달되면 내시라고요." 거기에 30일 이내 교환 제도도 곁들였다. "정말 놀라웠습니다. 1년 만에 매출이 1,000만 달러에서 1억 달러로 올라갔으니까요."

상품 수령 시점에 대금을 결제하는 후불결제방식 cash-on-delivery은 업계 전체로 퍼져 나갔다. 그런데 문제가 있었다. 물건을 받는 고객이 늘 자리에 있어야 한다는 점이었다. 그렇다고 직장에서 제품을 받고 싶어하는 고객은 거의 없었다. 그래서 플립카트는 택배 물품 찾아가기 센터를 만들어 고객들이 집에 운전해서 가는 도중에 물건을 찾아갈 수 있도록 편의를 제공했다. 택배 물품 찾아가기 센터의 장점은 또 있었다. 물건이 집으로 배달되었는데 공교롭게 집에 아무도 없을 경우, 물건을 밖에 두었다가 발생할 수도 있는 분실 사고를 걱정할 필요가 없어진 것이다. 미국에서는 이런 문제가 거의 발생하지 않기 때문에 19년 동안 비즈니스를 하면서도 아마존은 물품 보관센터를 세울 필요성을 느끼지 못했다. 하지만 인도는 사정이 달랐다.

인도와 미국 시장 사이에는 또 다른 차이가 있었다. 예를 들면, 취급하는 주요 제품도 달랐다. CD나 DVD는 아마존이 처음에 주력했던 제품인 만큼 미국에서는 당연히 다루어야 할 제품이지만 인도의 CD와 DVD 시장은 훨씬 작았다. 하지만 휴대전화 시장은 상황이 완전히 달랐다.

휴대전화는 플립카트의 주요 취급 상품이었다. 인도에서는 소규모 점포 형태의 상점에서 휴대전화 판매가 이루어졌기 때문에 온라인이 훌륭한 대안으로 떠오를 수 있었다. 하지만 미국 시장에서는 통신 회사들을 통해 휴대전화를 판매하기 때문에 시장을 뚫고 들어가기가 힘들다. 무엇보다도 미국 통신 회사들이 음성과 데이터 요금제를 팔기 위해 공격적인 보조금 지급을 하기 때문에 소매업자에게 남는 이익은 매우 적다.

패션도 플립카트에게는 좋은 성장력을 지닌 상품이었다. 미국과 달리, 인도에서는 소규모 상점에서 브랜드 없는 옷들을 주로 판매했다. 플립카트는 그 점을 이용해 성장의 발판으로 삼았다. 반살은 "인도 시장은 겉모습보다 기능에 충실하다"고 말한다.

인프라스트럭처의 차이도 빠질 수 없다. 인도의 휴대전화 시장은 단기간에 급성장을 이루면서 전자상거래에서 빠질 수 없는 품목이 되었다. 하지만 공급 사슬이 효율적이지 못했다. 그래서 플립카트는 자사 소유의 배송 인프라스트럭처를 구축했고, 수천 개의 소매상들이 이를 이용해 혜택을 볼 수 있었다. 반면에 미국에서는 소매상들이 자신의 인프라스트럭처를 따로 갖고 있다.

플립카트는 성장하는 과정에서 거의 모든 결정들을 현지 상황에 맞게 조정했다. 2015년에는 인도 전자상거래 시장의 45퍼센트 정도를 차지하게 되었다. 물론 경쟁은 계속되고 있다. 아마존이 인도에 진출해서 성장 탄력을 이어가고 있기 때문이다. 하지만 아마존도 현재 수준까지 도달하기 위해서 글로벌 전략의 많은 부분을 현지 시장 수요에 맞게 수정해야만 했다. 전자상거래 시장에서 경쟁이 뜨거워지고 있는 가운데 반살은 솔직하게 자기 의견을 밝혔다. "전자상거래에서는 글로벌이란 단어가 거의 힘을 쓰지 못합니다."

핫스타의 모바일 퍼스트, 과거에서 탈피하다

콘텐츠를 현지 상황에 맞게 조정하는 일은 기존 책임자도 할 수 있는 일이다. 하지만 때로는 한때 성공을 불러왔던 연결 관계를 끊어버리고 완전히 새로운 사고방식을 지녀야 할 때도 있다. 스타 TV는 인도의 온라인 비디오 스트리밍 시장에 진출할 방법을 오랫동안 고민했다. 그러다가 완전히 다른 방식을 취하면서 깨달음을 얻었다.

거대 글로벌 미디어 기업인 뉴스 코퍼레이션이 전액 출자한 자회사 스타 TV는 인도의 텔레비전 방송사 중 선두를 달린다. 여느 대형 미디어 조직과 마찬가지로 스타도 서구 시장에서 효과가 있었던 방법을 배워 현지에서 비슷하게 활용하는 방식을 오랫동안 사용하고 있었다. 그런데 디지털 플랫폼을 만들려 하자 이 방식이 통하지 않았다.

스타의 CEO인 우다이 샹카르Uday Shankar는 사업 초반의 사정을 이렇게 회상했다. "제가 2007년에 처음 스타에 왔을 때 디지털부서가 있긴 했습니다. 하지만 디지털이 뭔지 개념도 확실하지 않았고 뭘 해야 할지는 더더욱 몰랐죠." 휘턴 졸업생으로 맥킨지McKinsey에서 근무하다 최근에 스타에 합류한 아지트 모한Ajit Mohan은 이렇게 설명했다. "서양의 미디어 회사들이 하는 방식대로 했습니다. 웹사이트를 만들었고, 스타 스포츠에서 스포츠 콘텐츠를 제공했죠. 페이월도 만들었습니다." 가입비는 50루피 또는 1달러 정도로 크리켓 월드컵 전 경기를 관람하는 데 그 정도면 합리적인 가격이었다. 그럼에도 스타의 유료 회원은 20만 명으로, 인구의 0.02퍼센트에 불과했다.

7년이 지난 후에도 인도 텔레비전 시장에는 큰 변화가 없었다. 거의 모든 곳에 텔레비전이 있었고, 시청자는 여전히 증가 추세였다. 무선 기능은 아직 존재하지 않았으며, 비디오 스트리밍 시장에서 경쟁사라 할 만한 회사도 유튜브YouTube가 유일하다시피 했다. 하지만 샹카르와 그의 팀(아지트 모한과 최고운영책임자, 즉 COO 산자이 굽타Sanjay Gupta)은 다른 방식으로 디지털에 접근하기로 마음먹었다. 샹카르가 말했다. "소비자당 콘텐츠 시청 시간이 지속적으로 증가하고 있었어요. 하지만 그 대부분이 인터넷에서 이루어지고 있었죠. 인터넷에 진출하는 것이 당연하다고 생각했습니다."

나는 2014년 봄에 샹카르와 모한을 만나 함께 점심을 먹었다. 뭄바이의 날씨는 무더웠다. 당시 나는 하버드경영대학원에 온라인 교육을 도입하는 작업을 추진하던 중이었다. 샹카르는 스타에서 비디오 스트리밍을 시작할 방법에 대해서 생각하고 있었다. 하버드대학에서는 디지털 퍼스트 방식을 만들기로 결정했다. 이와 관련해서는 다음 챕터에서 자세히 설명할 것이다. 샹카르는 스타의 비디오 제공 서비스를 모바일 퍼스트로 만들고 싶어했다. 인도 시장에서는 휴대전화가 주요 플랫폼으로 이용되었기 때문이다.

18개월 후, 샹카르는 내게 진행 상황을 말해주었다. 먼저, 스타는 예전처럼 스포츠에 초점을 맞추기로 했다. 그래서 2015년 크리켓 월드컵의 텔레비전 중계권뿐만 아니라 디지털 저작권도 사들였다. 콘텐츠 저작권 구입은 많은 돈이 들어가는 일이지만 따지고 보면 가장 쉬운 일이기도 했다. 그 이후 스타는 사실상 모든 면에서 예전과는 다른 방식을 택해야만 했다. 이번에는 현지 시장과 모바일에 적응하기로 했다.

모바일에 맞게 조정하기 위해서는 많은 결정들을 수정해야 했다. "우리는 웹사이트를 만들지 않기로 결정했습니다." 샹카르가 핫스타 임무 책임자로 선임한 모한이 말을 이었다. "완전히 기본 앱으로 가는 겁니다." 가격도 내렸다고 했다. 무료로 제공하기로 했다는 것이다. 그때까지도 인도에서는 결제 대행 서비스가 여전히 걸음마 수준에 머물러 있었고 신용카드 거래도 보기 힘들었다. 하지만 그보다도 사람들의 소득이 낮다는 사실과 모바일 데이터 사용요금 구조 때문에 무료 제공이라는 결정을 내린 것이었다. 샹카르가 말했다. "우리가 깨달은 것 중 하나는 사용자들이 모바일로 무료 콘텐츠를 시청하면서도 무료라고 생각하지 않는다는 겁니다. 미국과 달리 인도에는 월정액 제도가 거의 없어서 데이터 사용량에 따라 요금을 냅니다. 그래서 콘텐츠에 요금을 부과하면 사용자들은 우리가 폭리를 취하는 것 아닌지 의심하게 된다는 거죠."

간단하지만 정곡을 짚은 말이었다. 콘텐츠 제공자가 느끼는 '무료'와 데이터 요금을 지불하는 현지 사용자가 받아들이는 '무료'는 그 개념이 달랐다. 사용자는 콘텐츠의 보완재에 부과되는 요금에 따라 콘텐츠의 가격을 판단하고 있었다.

그다음으로 처리할 과제는, 전송 속도와 스크린 규격이 서로 다른 환경에서 비디오 영상 자료를 어떻게 최적화시키느냐 하는 것이었다. 인도는 64kbps의 전송 속도, 그러니까 2G부터 초고속 인터넷까지 서로 엄청나게 다른 전송 속도를 지원하고 있었다. 하지만 샹카르는 텔레비전 사업 부문에서 경험을 쌓았기 때문인지 주저하지 않았다. "텔레비전은 전력만 있으면 볼 수 있습니다." 그는 모바일에도 이 말이 통용될 수 있도록 팀을 밀어붙였다.

가장 큰 변수는 네트워크 품질이었다. 긍정적이고 만족스러운 사용자 경험을 이끌어내기 위해서 엔지니어링팀은 외부 협력업체와 함께 영상을 사용자의 전송 속도에 맞출 방법을 알아내고자 노력했다. 자동적으로 그리고 실시간으로 제대로 된 영상이 제공되어야만 했다. 샹카르가 말했다. "저 대역폭 연결 상태에서는 영상이 안 보일 수도 있습니다. 하지만 소리는 반드시 들리도록 했습니다. 그래도 움직이지 않는 상태에서는 영상을 볼 수 있을 겁니다. 빠른 속도로 이동하고 있을 때에는 끊김 현상 없이 화질이 좀더 선명하게 나오게끔 자동 조정되도록 했습니다."

엔지니어링은 사소하게 여길 수 없는 문제였다. 그는 말을 이었다. "여러 크기의 화면에 맞도록 디자인해야만 했습니다. 인도에서는 그 어느 곳보다 다양한 크기의 화면이 사용되고 있죠. 현지에서 만든 피처폰부터 아이폰 5G까지 다 있는데, 기기마다 각각의 화면 크기에 맞도록 디자인했습니다."

모바일 퍼스트를 지향하기 위해서는 당연히 사용자들이 기대하는 새로운 특징들을 추가해야 했다. 사용자들은 잠시 멈춤 버튼, 사용자들이 할 수 있는 게임, 선수에 대한 정보 활용 기능, 코멘트를 남기고 의견을 교환할 수 있는 댓글 공간 등을 원했다. "모바일 사용자에게 콘텐츠란 단순히 스포츠나 연기 또는 드라마에 나오는 대사가 아닙니다. 다른 특징들이 모두 모여 사용자가 콘텐츠를 시청하는 완전한 디지털 경험을 만들어내는 겁니다."

그와 동시에 스타에서는 스포츠 중계에 필수라고 여겨졌던 실시간 콘텐츠 제공을 하지 않았다. 실제 경기 시간보다 5분 늦게 콘텐츠를 제공했다. "그 이유는 텔레비전팀에서 나는 소음을 없애기 위해서였습니다." 샹카르는 별 일 아니라는 듯 "사용자들은 신경 쓰지 않는 것" 같다고 말했다.

스타는 '고우 솔로Go Solo'라는 주제를 내세워 자사의 모바일용 브랜드 캠페인을 벌였다. "가족과 함께 보는 텔레비전과 구분하고 싶었습니다." 샹카르가 말했다. "모바일은 개인적 경험이니까요. 자기 혼자만의 시청이라고 할까요. 모바일은 각 개인에게 자신만의 통제권을 주죠."

모바일 퍼스트는 거기서 끝나지 않았다. 스타는 직원 채용에서도 다른 면을 보여주었다. 텔레비전이 아닌 유튜브용 단편 콘텐츠를 만들던 젊은 프로듀서들을 고용한 것이다. "사람들의 재능, 행동, 보상, 참여 자세 등 모든 것이 주류 엔터테인먼트나 스포츠 조직과는 매우 달랐습니다. 외부 채용은 쉽지 않은 일입니다. 미디어업계 내에서 사람을 채용한다는 것은 자살 행위나 마찬가지죠."

새로운 외부 직원을 고용하면서 조직 문화도 달라져야 했다.

처음 만나면 규칙이나 절차 등 지침에 관해서 대화를 나눕니다. 어디까지 허용되고 어떤 표현과 단어, 어떤 시각 자료를 써야 하는지 말입니다. 텔레비전에서는 그랬어요. 그런데 인터넷에서는 유쾌한 수준을 넘어 지나칠 정도로 규제가 없는 겁니다. 법무팀 말로는 인터넷 콘텐츠는 텔레비전의 기준을 모두 위반하게 될 거라고 하더군요. 결국 새로운 팀에게 약속할 수밖에 없었죠. 무슨 일이 생기면 내게 전화하라고요.

스타에서는 이 모바일 앱을 핫스타라고 이름 짓고 월드컵 개최 몇 달 전에 출시하기로 결정했다. 실제로는 월드컵을 9일 앞두고 앱이 출시되었다. 앱을 만드는 데 문제가 있어 지연 사태가 벌어졌지만 출시 이후의 호응은 대단했다. "첫 두 달간 다운로드 200만 달성을 목표로 삼았는데 5일 만에 100만 횟수를 기록했습니다. 40일 후에는 다운로드 횟수 1,000건을 돌파하더군요. 다운로드 건수로는 전 세계에서 가장 빨리 이룬 기록이었다. 앱 출시 후 3개월이 지나자 다운로드 횟수는 3,500만 건을 기록했다.

핫스타의 이야기를 단순히 비디오 스트리밍에 관한 것으로 보지 말기 바란다. 핫스타의 이야기는 한 가지씩 특징을 바꿔가면서 텔레비전 모델과 작별을 고하고 모바일에 적응하는 과정을 고스란히 보여준다. 서로 다른 화면과 디자인에 딱 들어맞는 최적화를 성공적으로 이뤄낸 기술에 관한 이야기다. 여기엔 스트리밍의 혁신과 수많은 사람들에게 서비스를 제공할 수 있는 능력에 관한 이야기도 들어 있다. 모바일 퍼스트 광고 캠페인도 포함돼 있다. 또한 이것은 모바일 데이터 부과 요금에 영향을 받은 가격 책정에 관한 이야기이기도 하다. 한편으로는 새로운 채용에 관한 이야기다. 그리고 여기엔 콘텐츠를 위한 새로운 기준, 그룹 내에서 통용되는 익숙한 관행에 반하는 기준에 관한 이야기도 들어 있다. 이것이 바로 성공의 역설을 깨기 위해 필요했던 것들이다.

스타의 모바일 퍼스트로 향한 여정은 십스테드가 디지털 우선주의로의 전환을 외치며 나섰던 여정과 소름 끼치도록 닮아 있다. 두 회사 모두 과거의 방식에서 탈피했다. 그리고 두 회사 모두 다음의 간단한 질문을 던지며 여정을 나섰다. '어떻게 하면 현지에서 선택한 기기에 맞게 콘텐츠를 조정할 수 있을까?' 모든 것은 이 질문에서 시작되었다.

CHAPTER 23

차별화와 경쟁 우위

적어질수록 많아지고,
버릴수록 채워지는 성공의 역설

성공 전략은 다른 데서 답을 찾기보다 자신에게 맞는 것이 무엇인지 알아내는 데서 나온다. 그렇다고 막무가내로 아무렇게나 해도 된다고 생각하면 안 된다. 성공을 이룬 조직들이 얻은 해결책은 서로 다를 수 있다. 하지만 그 답을 얻기까지 따랐던 전략 과정은 예외 없이 모두 같았기 때문이다.

올바른 전략 과정을 따르기가 현실적으로 그렇게 힘든 이유는 무엇일까?

몇 년 전에 미국의 지역 신문사를 방문한 적이 있다. 그 신문사의 리더십팀은 향후 어떤 일을 해야 하는지 알아내기 위해 '전략 재시동' 작업을 진행중이었는데 작업의 활성화를 위해 열심히 노력하고 있었다.

신문사의 CEO는 각 기능별 리더들에게 회사가 추구해야 할 방향을 고민하고, 아이디어를 하나씩 생각해오라고 했다. 많은 회사에서 이런 방식을 사용한다. 내가 방문했을 때는 마침 리더십팀에서 각 리더들이 내놓은 제안을 세심하게 검토하는 중이었다. 그들이 내놓은 제안 중의 일부를 소개하면 이런 내용들이다.

1. 무료 모델로 전환
2. 인쇄를 위한 새로운 제품 및 서비스 창출
3. 지역별로 더욱 강력한 마케팅 추구
4. 일요판 신문 가격 인하
5. 인쇄물과 디지털 결합
6. 뉴스룸 경영 합리화
7. 스포츠 섹션에 더 많은 내용 포함

이밖에도 여러 제안이 올라와 있었다.

얼핏 살펴보면 아이디어들은 그럴듯했다. 하지만 문제가 있었다. 하나씩 놓고 보면 실행해볼 만한 좋은 아이디어들이 많았다. 그런데 다 같이 모아놓고 보면 조직이 달성하고자 하는 것이 무엇인지 이해하기 힘들다는 게 문제였다. 신문사가 가야 할 방향은 어디인가? 똑같은 전략을 짜고 아이디어를 내는 다른 신문사와 어떻게 차별화를 이룰 것인가?

그중에서도 가장 눈에 띄었던 점은 제안들이 서로 일치하지 않는다는 사실이었다. 가격을 낮추려면 비용을 낮춰야 한다. 그런데 스포츠 면의 페이지 수를 늘리면 비용이 상승한다. 뉴스룸의 경영을 합리화하면 비용을 절감할 수 있지만 더욱 적극적인 마케팅을 펼치려면 비용이 더 들게 된다. 모든 아이디어를 종합하면, 별개로는 괜찮아 보이던 아이디어들 간에 모순이 생기고 충돌이 일어났다. 또한 구분되는 특성도 없고 하나의 주제로 정렬되지도 않았다.

콘텐츠 사이의 연결 관계를 알지 못한 채 콘텐츠를 하나씩 별개로 따지다가 함정에 빠지고 만 것이다. 이는 전략 수립 과정에 관해 중요한 시사점을 던져준다. 연결 관계를 만들어내서 최대한 활용하고 싶다면 기능적 결정을 내리는 것으로 시작하지 말아야 한다. 콘텐츠 하나하나가 모이다 보면 일관된 방향이 나타날 것이라는 희망을 버리라는 말이다. 당신이 성취하고자 하는 것이 무엇인지에서부터 시작하라. 목표를 명확히 하고, 그다음에 개별 기능들이 불러올 결과나 영향을 생각하라.

관리자나 기업가가 종종 던지는 질문들도 마찬가지다. "우리 모바일 앱 가격을 얼마로 해야 할까?" "광고와 구독 중 어디에 집중해야 할까?" "개방형 플랫폼을 만들어야 하나, 아니면 폐쇄형 플랫폼을 만들어야 하나?" 이런 식으로 선택을 하다 보면, 앞서 십스테드와 〈이코노미스트〉의 비교에서 언급했던 함정과 똑같은 함정에 빠지게 된다. 선택들을 둘러싼 전후 상황을 고려하지 않은 채 각 선택을 별개로만 보다가 빠지는 함정 말이다.

그러면 어떻게 해야 개별적 판단에 빠지는 함정을 피할 수 있을까? 생각보다 간단하다. '개별적 선택이 아닌 통합된 선택으로 대안을 표현'하면 된다. 이렇게 하면 절대 연결 관계를 놓칠 수가 없기 때문이다. 하지만 어떻게 처음부터 통합된 대안을 만든다는 것인가? 통합된 대안을 만들려면 어떤 질문을 해야 하나? 그리고 어떤 식으로 우위를 창출해내는가?

승리를 원한다면 반드시 해야 할 두 가지 질문

경쟁 우위는 비즈니스 전략에서 필수적인 요소로, 수십 년 전에 생겨난 개념이다. 전략 시행의 시초는 그보다 더 오래전, 전쟁을 벌이던 수백 년 전으로 거슬러 올라갈 수 있다. 요즘에는 알렉산더와 나폴레옹을 연구하고 손자병법과 마키아벨리의 글을 읽으면서 전략에 관한 통찰력을 얻고자 한다. 하지만 어떤 경우에서든 전략과 관련해서 대답해야 할 두 가지 질문이 있다. 당신은 누구를 상대할 것인가? 그리고 어떻게 이길 것인가?

이 두 가지 질문은 전략, 게임, 역사, 정치에서 늘 묻고 또 묻는 질문이다. 왜냐하면 이 질문은 우리에게 경쟁 이상의 무언가를 생각하도록 만들기 때문이다. 이 질문은 각각의 맥락과 실행에 관해 생각하게 만든다. 모방이 아니라 우위에 대해 생각하게 만든다. 당신이 제공해야 할 색다른 무언가에 대해 생각하게 만든다.

비즈니스의 맥락에서 보면 이 질문은 훌륭한 경영의 기본과 그 중심에 있는 것을 생각하게 한다. 즉 당신의 고객과 당신이 고객들을 위해 만들어내는 가치에 대해 잊지 않도록 해준다. 따라서 전쟁터나 정치판이 아닌 비즈니스를 위한 전략을 논한다는 점에서, 당신을 이끌어줄 좀더 날카롭고 간결한 사항들을 소개한다.

어떤 고객을 좇아야 하고 그들이 진정으로 원하는 것이 무엇인지 알아내라. 그러고 나서 그것을 독특한 방식으로 가져다주어라. 어떤가? 이보다 더 간단할 수가 없다.

당신의 고객을 이해하라 _맥락을 파악하고 관점 만들기

"당신의 고객을 알아라"라는 말은 비즈니스에서 가장 오래된 격언이다. 하지만 이 말의 뜻을 깊이 통찰하지 않고, 고객이 당신에게서 무엇을 사고 왜 사는지 이해하는 데서 끝나는 경우가 너무 많다. 당신이 소매업자라면 누가 무엇 때문에 당신 상점에서 물건을 구입하는지 안다는 뜻으로 해석한다. 당신이 항공사라면 누가 언제 당신의 비행기를 타는지 안다는 뜻으로 해석한다. 호텔이나 음식점을 경영한다면 누가 자주 찾아오고, 무엇을 좋아하는지 알면 된다고 받아들인다. 우리는 이런 사실을 알면 고객을 다 이해하는 것이라고 생각한다. 하지만 이것만으로는 충분하지 않다.

최근에 고객을 바라보는 아주 새로운 시각이 등장했다. 자기가 대접하는 고객만 바라보지 말고 대접하지 않는 고객도 바라봐야 한다는 시각이다. 대접받지 못한 고객을 찾아서 그 사람들을 목표로 삼아야 한다. 밖에 있는 고객들을 보고 그들에게 무엇을 제공할 수 있는지 보아야 한다. 이런 조언은 조직에서 놓치고 있는 부분을 새로이 본다는 점에서 유용하다. 하지만 이 또한 함정에 빠질 수 있는 길이다. 당신이 대접해야 할 사람인지 아닌지 먼저 알아내지 않은 상태에서 대접해야 할 사람들에 대해 말하고 있기 때문이다.

전략에 대해 한마디 조언을 하겠다. 왜 당신의 고객들이 당신에게 오는지 묻지 마라. 그와 정반대로, 고객을 이해하기 위해서는 먼저 당신 자신과 당신의 제품 그리고 당신의 조직을 완전히 배제시켜라. 〈이코노미스트〉의 CEO인 앤드루 래시배스가 이런 말을 한 적이 있다. "당신의 조직과는 전혀 관계가 없습니다. 모든 것은 바깥세상 그리고 그 세상에서 일어나는 일들에 관해 어떤 견해를 지니느냐 하는 것에 달려 있을 뿐입니다."

래시배스는 지난 수십 년 동안 수없이 이 질문에 맞닥뜨려야 했다. 그는 성공적인 미디어 조직 세 군데를 이끌어왔다. 처음에 〈이코노미스트〉 그다음은 로이터Reuter 그리고 최근에는 유로머니Euromoney다. 이 세 조직은 성격이 아주 다르다. 〈이코노미스트〉는 속보와는 거리가 멀고, 로이터는 온전히 속보에 의존하고, 유로머니는 비즈니스 고객을 위해 속보에다 분석과 데이터를 곁들인다. 이렇게 상이한 조직들을 성공적으로 이끌기 위해 래시배스는 한 가지 간단한 규칙을 따랐다.

소비자 행동이 어떻게 변하는지에 관한 세계관 내지는 기본적인 신념의 포괄적인 틀을 구축하되 그 생각이 분명해지기 전까지는 제품을 시작하지 않는다는 것이다. 그는 이렇게 말한다. "미디어 분야에 있는 사람이라면 당신이 독자들에게 제공하는 것이 무엇인지 이해하는 데서 출발하지 마십시오. 사람들이 뉴스에 대해 어떻게 아는지, 뉴스를 어떻게 사용하는지, 뉴스를 어떻게 구입하는지 바라보는 것에서부터 시작하세요."

이런 세계관의 구축은 어느 분야에서나 중요한 역할을 한다. 만약 당신이 텔레비전 방송사의 임원이라면 사람들이 어디서 영상을 볼 것 같은지(집에서, 아니면 일하면서?), 무엇으로 비디오를 볼 것 같은지

(스마트폰, 컴퓨터, 텔레비전?), 무엇을 볼 것인지(3분짜리 동영상, 아니면 30분짜리 드라마?)에 대한 견해가 있어야 한다.

유료방송 서비스를 왜 해제하는지 그 이유에 대해서도 생각해야 한다. 텔레비전에서 제공하는 프로그램이 진부해서인지, 저소득 시청자들이 더 싼 곳을 찾아 떠나거나 아예 텔레비전을 끊기 때문인지, 아니면 젊은 시청자들이 모바일만 사용하기 때문인지 말이다. 더욱이 텔레비전 자체가 사라질 것인지 또는 멀티 플랫폼 세상이 승리를 거둘 것인지에 대해서도 견해를 지니고 있어야 한다.

만약 당신이 출판업자라면 독서 인구가 증가할 것인지 아니면 감소할 것인지, 전자책이 종이책을 대체할 것인지 보완해줄 것인지 등등에 관해 자신의 관점을 지니고 있어야 한다.

이런 질문은 간단하게 대답할 수 있는 문제가 아니다. 5년 전만 해도 전자책 판매가 폭발적으로 늘어나면서 종이책 사업이 망할 것이라 내다본 출판업자들이 대부분이었다. 하지만 이들의 예상은 빗나갔다. 최근에는 디지털 판매가 서적 시장의 20퍼센트 수준에서 안정된 모습을 보이고 있다. 이를 두고 전자책의 반란은 끝났다고 말하는 관계자도 있다. 이들의 예견이 언제 또 빗나갈지 모르는 일이긴 하지만.

앞선 질문들에 대답하기가 어려운 이유는 미래에 어떤 일이 벌어질지 알기 힘들어서만은 아니다. 실상은 바로 우리 앞에 정보가 놓여 있는데도 보지 못할 때가 종종 있기 때문이다. 때로는 상황을 제대로 이해하지 못해 핵심을 놓치기도 한다. 데이터를 보지 않는 바람에 잘못된 분석을 내놓기도 한다. 하지만 우리가 그릇된 결과에 빠지는 주된 이유는 고객에 대한 진정한 이해에서 시작하지 않고, 제품에서 먼저 시작하기 때문이다. 그러지 말아야 하는데도, 세계관을 구축하기 전에 이미 선입견을 품고 만다.

"세계관을 바로 세우거나 전후 상황과 맥락 속에서 내 위치와 나아갈 방향을 설정한다는 것은 혼란스러운 과정입니다." 래시배스는 솔직하게 의견을 밝혔다. "하지만 거듭거듭 살피다 보면 추측이나 추정은 털어내고 다른 생각들에 도달하게 되죠. 전통적인 회사들이 종종 실패하는 이유는 현재 지니고 있는 것에 매달리기 때문입니다. 현재 상태의 위험도를 수량화해본 적이 없기 때문에 현재에 매달리는 겁니다. 그리고 현재 상태의 위험을 객관화해본 적이 없는 이유는 명확한 세계관이 없기 때문이죠."

무엇을 독창적으로 전달할 수 있나 _차별화와 경쟁 우위

일단 고객 행동에 대한 세계관을 형성하면 전략 과정의 두 번째 부분을 공략할 준비가 된 것이다. 당신의 독특한 능력과 고객의 행동을 정렬시키는 방식으로, 무엇을 제공할 수 있는지 알아내는 일이다. 이 질문의 핵심은 차별화와 경쟁 우위다. 이 질문은 조직의 입장에서 당신의 노력을 어디에 집중할 것인지 그리고 무엇을 우선순위로 삼을 것인지 결정하게 한다. 바로 당신이 어떻게 이길 것인지를 다루는 질문이다.

"먼저 세상에 대한 견해를 지니게 된 다음에는, 스스로 이런 질문을 던지게 되죠. '좋아, 세상의 방식이 그렇다면 나와 내 조직은 이제 무엇을 어떻게 해야 하나?' 여기서 자신이 세상을 바라보는 시각과 자신이 하는 일을 연결시키는 것이 전략의 핵심입니다." 래시배스는 말을 이었다.

"자, 만일 〈가디언〉 지라면, 글로벌화와 새로운 유통 체제 등에 의해서 뉴스의 양극화가 심해지고 있다는 세계관을 지니고 있을 수 있겠죠. 그러면 시장에서 진보 성향의 소식을 전하는 권위 있고 정통한 공급자를 위한 자리가 부족하다는 사실을 전략의 핵심 또는 전략의 중심축으로 받아들일 수 있습니다. 그러고 나면 해야 할 일들이 확실해지는 겁니다." 그러니 당신이 지닌 목표와 고객들이 원하는 바를 일치시킨 후 조직의 입장에서 그리고 자신만의 고유한 역량 측면에서 당신이 하고 싶은 일이 무엇인지 알아내야 한다.

이제 전략의 핵심축이 잘 돌아가려면 주변의 모든 작업들을 서로 모순이 없도록 일렬로 정렬시켜야 한다. 바로 이때가 기능적 연결 관계에 대해 생각해야 할 때다.

예를 들어 출판사라면, 전자책 제공만으로 디지털 전략이 끝나는 것이 아니다. 온라인으로 작가를 찾는 방법 등 소싱이나 구매 전략에 대해 재평가해야 함을 의미한다. 지어 놓은 창고들을 어떻게 할 것인지 생산 전략에 대해 다시 논의해야 한다는 뜻이다. 영업 위주에서 소비자 중심의 마케팅으로의 이동 등 마케팅 전략에 대해 다시 생각해야 한다는 뜻이다. 가격 전략의 수정을 의미할 수도 있다. 책의 가격을 낱권으로 책정하기보다 묶음으로 하면 더 싸질 수도 있다. 그리고 마케팅과 데이터 분석 능력, 구축 방법을 재평가해야 한다는 의미도 담겨 있다.

이 과정이 경천동지할 만큼 놀랍거나 대단한 것은 아니다. 단, 주의 깊게 들여다보면 그것이 전략을 위해 무엇을 암시하고 있으며, 단편적인 아이디어들과 어떤 점에서 다른지 알 수 있다. 이는 전후 상황과 맥락을 파악하는 것에서 시작하는 것과 관계가 있다. 고객을 바라보는 세계관에서 시작한다는 말이다. 그런 다음 그 세계관을 이용해서 누구를 대상으로 할지 어떻게 이길지를 알아내는 것이다. 이는 안건들의 우선순위를 정하고 난 다음 기능들을 정합한다는 뜻이다. 즉 단편적인 계획들을 이끌어가는 전략이지 따라가는 것이 아니다.

조직은 어느 지점에서 잘못을 저지르는 것일까? 조직은 첫 번째 부분, 즉 누구를 대상으로 할지에 대한 답은 건너뛴 채 종종 두 번째 부분으로 넘어간다. 즉, 어떻게 이길 것인가에 대한 답부터 얻으려 한다. 무엇이 문제인지 알아보지도 않은 채 문제 해결에 나서는 식이다. 역설적이지만 이런 실수는 우리가 흔히 생각하듯 현직에서 성공했다고 하는 사람들이 게으르거나 현실에 안주해서 벌어지는 현상이 아니다. 오히려 정반대로 '행동에 대한 우호적인 편견' 때문에 생긴다. 사람들은 곰곰이 생각하고 분석하는 데는 시간을 거의 투자하지 않고 먼저 행동에 나서기를 좋아한다.

이제 이 과정을 디지털 콘텐츠 세상에 적용해보자. 그리고 무엇이 나타나는지 보도록 하자.

우선순위를 정한 후 선택과 집중에 힘써라

지금 당신이 콘텐츠 비즈니스에 활용할 전략을 공들여 세우는 중이라고 가정해보자. 당신이 먼저 공략해야 할 부분은 독자들이 원하는 것이 무엇인지 알아내는 일이다. 당신은 생각하고 찾아보고, 아마도 다른 사람에게 물어보기도 할 것이다. 그렇게 해서 당신이 생각해낸 것들의 일부를 목록으로 정리한다.

속보

개인화

블로깅

대화

큐레이션

취합

일관성

다양성

하리퍼링크

실시간 업데이트

재미있는 이야기

중요한 이야기

사진

멀티미디어

빠른 로딩 속도

제한적인 광고

무료 뉴스

쉬운 검색

다수의 보관 파일

당신이 여기서 실현 가능하며 유익한 디지털 전략을 찾고자 한다면 나는 행운을 빈다는 말밖에 할 말이 없다.

사람들은 주위에서 주문처럼 들려오는 사용자 중심이라는 말에 취하고 만다. 하지만 현실에서 사용자 중심이라는 말은 끝없는 혼란을 불러일으킬 수 있다. 당신이 제공할 수 있는 가능성이 이렇게나 많은 상태에서는, 특히 가능성이 점점 무궁무진해지는 디지털 세상에서는 하나의 선택을 할 때마다 다른 선택을 포기해야 한다. 콘텐츠 비즈니스가 마주한 가장 중요한 도전은 무엇을 제공하느냐가 아니라 무엇을 제공하지 않느냐다. '아니'라고 해야 할 부분을 명확히 알아야 한다는 말이다.

아날로그 세상에서는 콘텐츠가 어떻든 간에 그럭저럭 넘어갔을 수 있다. 여러 면에서 그 정도면 '족했다'. 어쨌든 지리적 경계 때문에 비즈니스는 경쟁에서 보호받을 수 있었다. 디지털 세상은 다르다. 어느 부분을 세계 최고 수준으로 끌어올릴지에 대해 진정한 선택의 순간에 직면할 수밖에 없다. 왜냐하면 독자들이 원하는 것을 모두 제공하기란 불가능하기 때문이다. 디지털 비즈니스에서는 '아니'라고 말할 줄 아는 것이 훨씬 더 중요하다. 그렇지만 어떻게 우선순위를 정해서 아닌 부분은 아니라고 할 수 있단 말인가?

다시 앞으로 돌아가서 월마트는 어떻게 했는지 보자. 월마트에 들어가면 어느 매장이든 원하는 물건을 찾을 확률이 높다. 게다가 다른 곳에 비해 가격이 저렴하다. 다양한 품목, 편리함, 가격, 편의성 등 고객들이 월마트를 좋아하는 이유는 다양하다. 하지만 상점 분위기 때문에 좋아한다는 사람은 보기 드물다.

사실 월마트는 낮은 가격으로 제품을 제공하는 상점답게 꼭 필요한 요소만 있는 소박한 상점 배치, 개성 없는 분위기, 실용적인 디자인으로 유명하다. 그렇다면 세계 최대의 유통업체이자 지구상에서 가장 많은 수익을 올리는 회사 중 하나인 월마트가 고객들에게 좀더 고급스럽고 따뜻한 쇼핑 경험을 제공하기 위해 인테리어에 더 투자하면 되는 것 아닌가?

다른 업계에서도 잘나가는 회사들이 이와 유사하게 이해하기 힘든 행동을 한다. 미국에서 지난 20여 년 간 가장 수익을 많이 낸 항공사인 사우스웨스트항공 Southwest Airlines 은 고객만족도 조사에서 여러 부문에 걸쳐 상위 순위에 올라 있지만 딱 하나, 음식은 예외다. 애플은 어떤가. 지구상에서 가장 가치 높은 기업인 애플 또한 여러 부문에서 높은 점수를 받는다. 그런데 전자 제품 구매자들이 종종 신경 쓰는 두 가지, 다른 제품과의 호환성 그리고 낮은 가격 면에서는 점수가 신통치 않다. 오늘날까지도 애플 제품은 다른 제품에 비해 더 '폐쇄적'이고 여전히 더 비싸다.

월마트가 개성도 없는 상점 분위기가 마음에 들어서, 사우스웨스트항공이 승객들은 비행 도중에 음식을 먹으면 안 된다고 생각해서, 또는 애플이 사람들은 오직 한 회사의 제품만을 원한다고 믿기 때문에 이런 행동을 하는 것이 아니다. 이들이 이런 선택과 행동을 고수하는 이유는 그 대신에 다른 많은 일에 집중할 수 있기 때문이다. 즉, 선택과 집중을 하는 것이다.

월마트가 상점 인테리어를 업그레이드하기 위해 더 많은 돈을 쓰면 유통업체의 비용 구조가 흔들린다. 그러면 세계에서 가장 싼 가격의 제품을 제공할 수 있는 능력이 훼손될 수 있다. 그럼 월마트의 경쟁 우위는 사라진다. 사람들이 월마트에 가는 진짜 이유는 낮은 가격 때문이니까 말이다.

사우스웨스트항공이 음식을 제공하는 데 시간을 들이면 비행 소요시간이 늘어난다. 그러면 항공사가 자랑하는 정시 출도착에 문제가 생길 수 있다. 정작 승객들이 사우스웨스트항공을 좋아하는 이유는 정확한 출도착 시간 때문인데 말이다.

제품 가격 인하나 시스템 개방은 애플의 높은 연구개발비를 줄이고 사용자 친화적인 플러그 앤드 플레이 제품을 전달하는 능력을 위태롭게 할 수 있다. 애플의 충성 고객이 애플을 좋아하는 진정한 이유가 그 때문인데 말이다.

고객들은 상점의 분위기, 항공사의 기내식, 전자 제품의 낮은 가격이 중요하다고 생각한다. 그렇다고 이런 것에 절대적으로 목매지는 않는다. 그래서 월마트, 사우스웨스트항공, 애플은 이런 것들을 제공하지 않기로 선택한 것이다. 특정한 부분에서 업계 최고의 자리에 오르기 위해 이 회사들은 다른 선택을 포기하기로 결정했다. 다음과 같은 이유 때문이다. 첫째, 이들은 고객들이 가장 원하는 것이 무엇인지 이해한다. 둘째, 이들은 자기들이 해야 하는 선택들 사이에 존재하는 연결 관계를 인식하고, 그 선택들 안에 내재된 트레이드오프를 깨달았다.

고객들이 원하는 것을 찾고자 하면 수백 개도 찾을 수 있다. 하지만 그 모든 것을 만족시킬 수는 없다. 모든 것을 만족시킬 수 있는 자원을 갖춘 조직은 어디에도 없다. 선택의 연결 관계도 그런 것은 허용하지 않는다. 연결 관계는 선택과 우선순위를 필요로 한다. 하나를 받아들이는 대신 다른 무언가를 거절할 수밖에 없다.

역설적이지만, 사용자 중심이 되려면 고객들에게 '아니'라고 말할 줄 알아야 한다. 그것도 자주.

충성 고객을 원한다면
무엇을 하지 않을지를 먼저 결정하라

콘텐츠 비즈니스에서는 '아니'라고 말하기를 배우기가 쉽지 않다. 어딘가에서 비용을 줄이면 품질에 타격을 주고 품질이 떨어지면 고객들을 끌어들이기 힘들어진다. 그러면 수익성에 안 좋은 영향이 미치고 결국 또다시 비용을 줄여야 하는 결과로 이어지지 않을까 걱정되기 때문이다. 고객들은 모든 것을 달라고 요구하는데 어떻게 안 된다며 거절할 수 있을까? 어떻게 하면 비용을 절감하면서도 품질은 유지할 수 있을까? 이는 전 세계의 콘텐츠 비즈니스가 지닌 고민이다. 해답을 얻기가 불가능해 보인다. 이는 간단하게 헤어날 수 없는, 전형적인 트레이드오프다.

한 가지 답이 있긴 하다. 관리자와 기업가들은 매일 그러한 트레이드오프를 한다. 따라서 그들의 경험은 우리에게 유익한 교훈을 주고 자기들이 따르는 전략의 과정에 대해 알려준다.

콘텐츠 차별화를 위해 포기할 것을 명확히 해야 한다

겨우 90명의 언론인이 일하는 〈이코노미스트〉가 높은 품질의 잡지를 제공하고 전 세계로 진출한다는 사실을 생각해보라. 〈이코노미스트〉의 트레이드오프는 가장 잘하는 것을 선택하는 것이 아니다. 잘하는 것만 빼고 다른 모든 것들을 포기하는 것이다. 〈이코노미스트〉는 많은 부분에 아니라고 말한다. 그들은 속보, 탐사 보도, 웹 TV, 앞서가는 기술, 쌍방향 소통은 다루지 않는다. 하지만 아니라고 할 수 있기에, 큐레이션과 일관성 면에서 세계 최고가 될 수 있었다. 독자들이 이 잡지에서 진심으로 소중하게 생각하는 부분을 특화한 것이다.

〈이코노미스트〉는 어떻게 '아니'라고 말하기를 제도화할 수 있는 것일까? CEO인 크리스 스팁스에게 이 질문을 해보았다. 그는 반사적인 대답을 내놓았다. "인간의 DNA에는 '예'라고 대답하고 싶은 욕구에 저항하는 무언가가 있죠." 그렇지만 곧 제대로 된 설명을 이어갔다. "DNA가 그렇다 해도 실제로는 '아니'라고 대답하기란 쉬운 일이 아닙니다. 그는 잠시 생각하더니 그에 대한 세 가지 이유를 제시했다.

첫째, 1843년 영국에서 창간된 〈이코노미스트〉의 미션이 있다. "우리가 처음, 이 잡지를 창간한 이유는 돈을 벌기 위해서가 아니라 대의를 지지하기 위해서였습니다. 그 미션은 계속 살아있습니다. 그리고 조직 내에는 우리가 누구이고, 우리가 하는 일이 무엇인지에 대해 아주 확실한 정체성이 있습니다."

둘째, 조직 내에 '진심 어린, 계속 이어지는 믿음'이 존재한다. 독자들이 〈이코노미스트〉에 진정으로 원하는 것은 무엇인가? '이번 주에 게재될 100개의 기사를 통해 〈이코노미스트〉가 세상을 바라보는 시각'이다. "다른 식의 사고방식에 빠져들면 안 됩니다. 즉 누구에게나 또는 아무 것에 관해서나 기사를 제공한다든가, 잡지를 무료로 주거나 아주 싼값에 억지로 팔아먹듯이 전 세계에 퍼뜨리겠다고 생각한다면 그것은 미션을 충족시키는 방법이 아닌 것이죠."

셋째, 이런 방식을 모든 사람이 좋아하지는 않을 것임을 냉철하게 인식하는 것이다. 스팁스는 이렇게 말한다.

> 만약 당신에게 관심 있는 사람들이 전 세계적으로 6,500만 명 정도라고 믿는다면, 당신은 50억 명의 잠재고객을 지닌 구글Google이나 이베이eBay 또는 야후Yahoo처럼 될 수 없습니다. 그 정도 고객으로는 일반 대중을 상대로 대량 판매하는 시장에서 활동할 수가 없습니다. 사실 우리는 〈이코노미스트〉의 고객이 그 정도 된다고 믿고 있죠. 이처럼 우리는 잠재적인 목표고객 수가 어느 정도인지 잘 알기 때문에 우리의 한계도 잘 알고 있습니다.

자사 제품의 한계를 깨닫는 조직은 거의 없다. 그 한계를 정확한 수치로 확인하는 조직은 더더욱 드물다. 하지만 자사의 한계를 정확한 수치로 확인하는 과정에는 그만한 보상이 따른다. 스팁스는 이렇게 말했다. "그런 믿음이 있으면 어떤 일이 생길 때 먼저 이런 질문을 하게 됩니다. 그것이 왜 위협일까? 우리가 하는 일을 상대방은 왜 더 잘할 수 있는 걸까? 우리는 우리가 하는 일, 즉 우리가 변함없이 최고라고 생각하는 데서 얻는 자신감이 있습니다. 그리고 그 자신감 덕분에 한발 물러서서 이렇게 말할 수 있는 거죠. 그렇다면 이 일이 우리에게 어떤 영향을 미칠까?"

〈이코노미스트〉의 전략은 두 가지 아이디어를 기반으로 삼고 있다. 고객으로 삼을 대상이 누구이고, 이길 방법이 무엇인지에 대한 아이디어다. 이 원칙은 아니라고 거절할 수 있는 힘을 준다. 즉, 자신들의 목표와 맞지 않는 선택을 과감하게 포기할 힘을 주는 것이다. 스팁스는 이 방식을 다른 조직에서도 활용할 수 있다고 말한다.

우리가 확실하게 믿는 것은, 당신이 비즈니스를 운영하든 사람을 관리하든 아니면 운동을 하든 당신의 장점에 따라 움직이라는 것입니다. 당신 팀에 3명이 있다고 합시다. 그러면 약점을 개선하기 위해 노력하지 말고 3명의 장점을 발휘해 완벽한 해결책을 마련할 수 있는 팀을 만들라는 것이죠. 그것이 바로 〈이코노미스트〉에서 항상, 무조건 하는 일입니다. 그것이 거절할 수 있는 힘을 주는 겁니다.

〈이코노미스트〉는 150년에 걸쳐 거절하는 습관을 길러왔다. 따라서 디지털이 등장했을 때도 변화할 필요가 없었다. 하지만 모두가 〈이코노미스트〉 같을 수는 없다. 일반적으로는 일간지인 〈데저레트 뉴스〉와 같은 경험을 하게 된다. 디지털에 우선순위를 두는 사고를 통해 거절하는 방법을 배울 수밖에 없게 된다는 말이다. 그러기 위해서는 종종 급격한 변화를 받아들여야 한다. 〈데저레트 뉴스Deseret News〉에서 어떤 일이 벌어졌는지 살펴보도록 하자.

회계는 기사를 기준으로, 우선순위는 조직을 기준으로

클라크 길버트Clark Gilbert는 조직에서 성장한 일반 CEO가 아니다. 원래는 클레이튼 크리스텐슨Clayton Christensen 교수 아래서 훈련받은, 경영대학원 교수였다. 그가 유타 주 솔트레이크시티에 있는 〈데저레트 뉴스〉의 CEO 자리를 맡았을 때, 신문사는 지역에서 꾸준한 성장을 거듭하다가 여느 신문사와 마찬가지로 디지털 변화의 파도에 직면한 상태였다. 디지털 전략을 짜고 우선순위를 결정하는 일도 중요하다. 하지만 먼저 자기가 잘하고 있는 분야가 무엇인지 알아야 한다. 안타깝게도 신문사에서는 그것을 아는 사람이 거의 없었고, 또 그럴 만도 했다.

"원래 신문업계에는 자연 독점 특성이 있습니다. 안내 광고 때문이죠." 길버트가 내게 해준 말이다. "신문사에서는 핵심 제품에 들어가는 비용에 대해 진지하게 생각해본 적이 한 번도 없습니다. 그냥 신문사 운영에 들어가는 일반 비용만 알고 있었죠. 기사당 투입되는 비용에 대해서는 생각해본 사람이 아무도 없었던 겁니다."

이 부분에서 인터넷은 기사를 기준으로 한 유닛 이코노믹스unit economics(특정한 단위 기반으로 회사의 비즈니스 모델에서 수익과 비용을 고려하는 분석 방법 – 옮긴이)를 알아보기 쉽게 만들었고, 투명성을 가져다주었다. 길버트가 이어 말했다. "온라인에서는 매일 어떤 기사들이 읽히는지 알 수 있습니다. 그래서 계산을 하기 시작했는데 별로 복잡하지 않았죠."

신문사에서는 기사당 비용을 측정하기 위해서 직원들에게 들어가는 총 비용을 각 인원이 생산하는 기사의 수로 나누었다. 기사당 트래픽에 관한 자료를 참고해서 기사당 독자 대 기사당 비용을 비교하는 측정 기준을 마련했다. 길버트는 "예상과 다른 사실을 알 수 있었는데요. 큰 기대를 하지 않았던 기자들이 매우 생산성이 높았고 거느리는 독자도 많았던 겁니다. 반면에 신문사에서 아주 좋아하던 기자들 중에 생산성이 떨어지거나 독자들에게 주목받는 글을 쓰지 못하는 사람들이 있었던 것이죠."라고 말했다.

기사를 기준으로 한 회계는 비교적 간단했고, 조직의 보도 강점이 어디에 있는지 알려주는 단서 역할을 했다. 하지만 우선순위를 어떻게 정할지 알아내기 위해서는, 즉 이길 수 있는 방법뿐만 아니라 누구를 대상으로 할지 결정하기 위해서는 트래픽만 따질 일이 아니었다. "기사 관련 숫자만 볼 수는 없는 일이죠." 길버트는 말한다. "신문에서 전략적인 중요성을 차지하는 기사들이 있거든요. 그런 기사들은 트래픽 양에 관계없이 제공해야 합니다."

하지만 더욱 중요한 것은 우선순위 결정이 전체 조직을 위해 내려져야 한다는 점을 깨닫는 일이다. 예전에는 우선순위를 개인별로 결정하는 일이 흔했다. "우리는 신문사가 전략적으로 그런 결정을 내리기보다 각각의 직원들이 독자적으로 결정을 내리고 있었다는 사실을 깨달았습니다. 당신이 프리랜서라면 상관없겠지만 〈데저레트 뉴스〉나 〈워싱턴포스트〉라면 무엇이 중요한가에 대해 전략적으로 접근해야 합니다."

신문사는 전체 전략과 개별 계획 사이에 갈등이 있음을 발견하기 시작했다. 그리고 길버트는 전체적인 방침을 바꿀 참이었다. 신문사 경영진은 가족, 종교, 교육, 미디어가 가치관에 미치는 영향, 빈곤층을 위한 복지, 재정적 책임 등 6개 주력 분야를 정했다.

"예를 들면, 빈곤층을 위한 복지에 관한 기사는 인터넷에서 많이 읽지 않습니다." 길버트가 말을 이었다. "하지만 조직의 고위층에서는 이런 기사들이 우리에게 정말 중요하다고 믿습니다. 전략적인 차원에서 내린 결정이죠. 반대로, 일반 사원이 환경 분야가 중요하다고 아무리 주장해도 신문사 입장에서 그 개인의 말에 따라 환경 분야를 우선순위로 할 수는 없습니다. 그 직원과 같은 의견을 지닌 사람이 있다 해도요. 그 분야는 우리 신문사의 강점이 아니기 때문입니다. 그 직원이 자기 의지대로 하고 싶다면 다른 곳으로 가는 것이 좋겠죠. 어떤 신문사에 종교에 관한 기사를 멋지게 쓰는 기자가 있는데, 그 조직에서는 가치를 제대로 인정받지 못할 수도 있는 겁니다. 그 신문사가 종교에 우선순위를 두지 않는다면 말이에요."

우선순위는 정해졌다. 이제 조직은 우선순위를 중심으로 조정하고 정렬해야 했다. 그러기 위해서 경영진은 측정과 데이터로 눈을 돌렸다. 경영진은 먼저 기사를 기준으로 해서 관련 데이터를 눈으로 볼 수 있게 하는 일부터 시작했다. "섹션과 기자별로 나누어 각 기사에 대한 트래픽을 보여주는 대시보드를 건물 내에 만들었습니다." 취재 분야에 맞춰 최소한의 목표를 규칙적으로 책정하기로 정했다. 기업에 관한 기사를 쓰는 기자는 1주일에 장문 기사 두 편, 그 주에 발생했던 사건들을 요약하는 기사 세 편을 쓰기로 했다. 뉴스룸에 있는 사람들은 하루에 두 편씩 기사를 쓰기로 했다. 트래픽과 생산성 요소에다 동료들의 평가와 열 가지 측정 기준에 사용되는 품질 점수를 결합했다.

예를 들어 측정 기준은 '기사가 독자들에게 깊고 자세한 정보를 전달하는가', '모든 관점을 반영하고 있는가', '기사가 양극화를 방지하는가' 같은 질문들이다. 이런 질문은 주관적일 수밖에 없지만 쉽게 측정이 가능하다. "누구나 자신만의 의견이 있습니다만, 그래도 선임 편집장들과 경영진들이 매일 등급을 평가했습니다. 회사 전체적으로는 1년에 두 번씩, 한 달에 걸쳐 했고요. 기사당 10분이면 채점할 수 있는 평가표를 만들었습니다. 우리 미션을 강화하는 데서 나아가 고객과 한 약속을 지킬 수 있는 방법, 게다가 평가하기도 아주 쉬운 방법을 만들어낸 겁니다."

길버트는 이런 변화가 뉴스룸에 끼친 영향에 대해 이렇게 설명했다. "언론인들은 자신을 알아주고 칭찬해주면 좋아합니다. 하지만 피드백은 싫어하죠. 우리는 피드백을 주고받는 문화를 구축해나갔습니다. 잘한 일에 대해서는 칭찬을 해줬지만 좀더 나아질 수 있는 방법에 대한 피드백도 함께 보냈습니다. 그동안은 평가와 측정이라는 것이 없었지만, 이제는 우리 문화의 일부로 자리 잡았습니다."

이런 과정의 결과는 명확했다. 길버트는 다음과 같이 말한다.

비용을 절감했습니다. 87명을 내보낼 수밖에 없었죠. 하지만 품질을 끌어올렸습니다. 그리고 남들과 구분되는 차이를 찾아내고, 그걸 지키겠다는 약속을 고객과 함으로써 이제는 우리가 하는 일이 모든 부분에서 예전보다 더 나아졌습니다. 조직 기반의 우선순위를 정하는 일은 크고 중요한 결정이었습니다. 연방 정부 업무에 대한 감시 역할을 〈워싱턴포스트〉 같은 신문사는 할 수 있지만 우리는 할 수 없습니다. 이런 차이를 명확히 인지함으로써 우린 올바른 결정을 내릴 수 있었죠.

그런 기사 작성을 위해 들어가는 돈은 우리 입장에서는 완전한 낭비나 다름없습니다. 우리가 연방 정부에 관한 기사를 써서 올린다 해도 디지털 세상에서 누가 우리 기사를 읽겠느냐는 말입니다. 다시 말해 〈워싱턴포스트〉는 미국에서 그 어떤 조직보다 정치 보도에서 뛰어나다고 할 수 있죠. 하지만 미국의 가족에 관한 기사라면 솔트레이크시티에서 발행하는 〈데저레트 뉴스〉가 언제든지 〈워싱턴포스트〉를 누를 수 있다는 겁니다. 왜냐하면 우리는 그 분야에 자원을 집중하고 있으며, 우리 기자들은 그 누구보다 그 분야에 대해 많이 알고 있기 때문이죠. 어느 뉴스 조직이든 이런 식으로 자기에게 맞는 방식을 찾아 훈련한다면 미국 언론의 질은 급격하게 향상될 것입니다.

〈데저레트 뉴스〉가 보여준 전략 과정은 조직이 해낸 일의 측면은 물론이고, 하지 않기로 거절한 일의 측면에서도 배울 점이 있다.

첫째는 거절할 것이 무엇인가에 대한 문제다. 대부분의 콘텐츠 비즈니스는 전반적으로 비용과 질의 트레이드오프를 만들어내려 한다. 조직 전반에 걸쳐 모든 분야에서 비례적인 축소를 시도한다는 말이다. 이 방식은 간단하고 해명하기 쉽지만 좋은 전략과는 거리가 멀다. 품질 저하를 불러오고, 그 결과 독자 수가 감소한다. 결국 재정이 악화되어 어쩔 수 없이 더 많은 비용 삭감을 실행할 수밖에 없는 악순환을 야기한다. 그와 반대로, 우선순위 결정은 매우 다른 길로 조직을 안내한다. 길버트의 말을 빌리자면, 무조건적이고 전체적인 삭감이 아니라 어디를 삭감하고 어디를 삭감하지 말아야 할지 결정하는 선택의 길이다.

둘째는 어디서 어떤 결정을 내려야 하는가에 대한 문제다. 처음에는 각각의 기사가 아닌 전체 조직 수준에서만 비용을 파악하고 있었다. 반면 어떤 종류의 뉴스를 우선순위에 두어야 하는지에 대한 결정이, 전체 조직이 아니라 기자들 수준에서 이루어지고 있었다. 길버트는 이 방식을 반대로 뒤집었다. 기사를 기준으로 회계 문제를 다루고, 뉴스는 전체 조직을 기반으로 해서 우선순위를 결정했다. 기사를 기준으로 한 회계는 비용과 수익의 관계를 명확하게 계산할 수 있도록 해줌으로써 생산성을 높여주었다. 전략적인 우선순위 결정은 별개의 아이디어에 신경 쓰던 사고방식, 다시 말해서 한 번에 하나씩 개별적으로 결정을 내리던 회사의 특성을 바꿔놓았다. 우선순위를 정하는 방식을 통해서 조직은 '절대 경쟁할 수 없는 힘겨운 분야' 대신 자기가 잘하는 분야, 장점이 있는 분야에서 활동할 수 있게 되었다.

자신의 미션을 존중하라. 자신의 강점을 인식하라. 우선순위를 정하고 나서 그에 맞춰 조정하고 정렬하라. 이것이 〈데저레트 뉴스〉가 자신만의 경로를 만들어 나가며 따랐던 간단하고도 익숙한 과정이다.

2013년 기준으로, 〈데저레트 뉴스〉는 전국에 걸쳐 200개 조직이 모인 연합체의 일원이 되었다. 웹사이트 트래픽은 전년 대비 40퍼센트가 증가했고, 기사를 기준으로 한 트래픽은 10배 증가했다. 15년 된 사이트치고는 매우 놀라운 성장이다.

경험의 차별화 _텔레비전 뉴스와 관련된 세 가지 이야기

앞서 살펴본 〈이코노미스트〉와 〈데저레트 뉴스〉 이야기를 통해 콘텐츠의 우선순위가 어떻게 정해지는지 그 과정을 볼 수 있었다. 즉 무엇을 제공하고 무엇을 제공하지 않을지 결정하는 일 말이다. 하지만 콘텐츠의 우선순위를 정하는 일과 사용자 경험의 모든 측면에서 차별화를 이루는 일은 별개다. 이 둘을 구별하면 콘텐츠를 바꾸지 않고도 차별화를 이룰 수 있는 방법에 대한 단서를 얻게 된다. 텔레비전은 이에 대해 몇 가지 교훈과 함께 피해야 할 맹점이 무엇인지 알려준다.

레이건 이야기

1984년 대통령 선거운동 기간에 CBS 뉴스 특파원인 레슬리 스탈 Lesley Stahl은 5분 42초짜리 보도 영상을 만들어 내보냈다. 동영상은 장애 어린이들을 위한 지원금을 중단하고 공중 보건 기금에 반대하는 레이건Ronald Reagan을 비판하는 내용이었다. 스탈은 이 영상을 보고 백악관 비서실 부실장Deputy Chief of Staff 딕 다먼Dick Darman이 보였던 반응에 대해 이렇게 회상했다.

"그 영상이 파장을 불러일으키리라는 것을 충분히 예상하고 있었습니다. 이브닝 뉴스에 나오는 다큐멘터리였거든요. 저는 백악관에 있는 제 정보원이 화를 내고 관계를 끊을까 봐 걱정하고 있었습니다. 그런데 그게 아니었어요. 그 영상이 방송된 뒤, 백악관에서 다먼이 전화를 했습니다."

다먼 : 잘 했습니다. 보도 영상을 잘 만들었던데요. 아주 좋았어요.

스탈 : 방송 못 보셨나요?

다먼 : 아무도 당신이 하고자 하는 말은 듣지 않았어요.

스탈 : 무슨 말이죠? 다시 한 번 말씀해보실래요?

다먼 : 방송계에 있는 사람들이 상황을 잘 이해하지 못하고 있군
요? 영상이 강력하고 감정을 자극하면 소리가 묻히는 법입니다. 레
슬리, 아무도 당신이 하는 말에 신경 쓰지 않았다는 겁니다.

보도 영상에는 레이건이 소아병원을 방문하는 모습이 담겨 있었
다. 다먼이 말한 내용이 바로 그것이었다. 시청자들에게 가장 중요한
것은 영상이었다는 말이다.

특파원인 스탈은 정확한 '콘텐츠'를 만드는 데만 신경 썼다. 하지
만 시청자들이 받아들인 것은 영상이었다.

클린턴에 관한 실험

몇 년 전에 나는 동료인 라파엘 디 텔라Rafael Di Tella와 함께 하나의
실험을 한 적이 있다. 우리는 4개 반, 250명의 MBA 학생들에게 기자
2명이 나눈 대화에 대해 평가를 부탁했다. 두 기자의 대화 내용은 이
런 것이었다.

기자 1 : 네 생각엔 빌 클린턴Bill Clinton이 정직한 사람 같아?

기자 2 : 웅, 그런 것 같은데. 내 생각엔 본심은 착한 사람 같아. 정직
한 사람이라도 거짓말은 할 수 있지.

우리는 학생들에게 이렇게 물었다. 당신 생각에 기자 2의 반응은 좌편향적입니까, 우편향적입니까? 아니면 중립적입니까?

학생들의 반응은 다음과 같았다.

표 13 | 출처가 주는 편견

	좌편향이다	우편향이다
반1과 반3	22%	48%
반2와 반4	61%	13%

수치만 보면 왜 이렇게 상이한 결과가 나왔는지 이해하기 힘들다. 4개 반 중에서 2개 반은 우편향이라고 대답한 비율이 2대 1로 높았다. 반면에 다른 2개 반에서는 좌편향이라고 대답한 비율이 5대 1로 높았다. 심지어 4개 반은 인구학적으로 동일했는데 말이다.

하지만 사실 학생들에게 한 질문은 위의 질문과 약간 달랐다. 반 1과 반 3의 학생들에게는 이런 식으로 대화를 보여주었다.

폭스 기자 1 : 네 생각엔 빌 클린턴이 정직한 사람 같아?

폭스 기자 2 : 응, 그런 것 같은데. 내 생각엔 본심은 착한 사람 같아.

정직한 사람이라도 거짓말은 할 수 있지.

반 2와 반 4의 학생들에게는 이렇게 대화를 보여주었다.

CNN 기자 1 : 네 생각엔 빌 클린턴이 정직한 사람 같아?

CNN 기자 2 : 응, 그런 것 같은데. 내 생각엔 본심은 착한 사람 같아.
정직한 사람이라도 거짓말은 할 수 있지.

위의 응답 결과에서 나타나는 집단 간의 응답 차이는 콘텐츠 비즈니스라면 누구나 집착하는 '콘텐츠'와는 아무런 관계가 없다. 이 차이는 온전히 대화의 출처 때문에 발생했다.

위의 사례는 콘텐츠나 제품 자체, 그리고 그 콘텐츠나 제품에 대한 고객의 경험 사이에 차이가 있다는 사실을 설명해준다. 그런데도 우리는 계속해서 이 구분을 하지 않는다.

뉴스룸은 자기들의 기사가 얼마나 관심을 끌고 얼마나 설득력이 있느냐에 대해서만 신경 쓴다. 독자들에게는 로딩 시간도 그만큼 중요한 경험이 된다는 사실은 생각하지 않고 말이다. 구글은 2010년에 이 사실을 깨닫고, 웹사이트의 로딩 속도가 자사의 검색 결과 순위에 영향을 줄 것이라는 점을 발표한 바 있다. 페이스북 또한 2015년에 인스턴트 아티클 Instant Article 이라는 새로운 서비스로 차별화를 꾀했다. 그리고 퍼블리셔들을 끌어들이기 위해 더 빠른 로딩 속도를 장착했다.

택시는 운행중 품질에만 집중한다. 하지만 승차 전에 택시 잡기가 얼마나 쉬운지 그리고 운행 후에 요금 지불이 얼마나 간편한지에 신경 쓴 우버Uber는 차별화를 이루었다. 그리고 500억 달러의 매출을 기록할 수 있었다. 콘텐츠나 제품에 집중하다 보면 우선순위를 잘못 정할 수가 있다. 그러니 눈을 돌려 사용자 경험을 이해하려 노력하라. 그러면 차별화를 위한 진정한 기회를 잡을 수 있을 것이다.

케이블 뉴스의 차별화

텔레비전 뉴스 시장은 1995년에 이미 포화 상태였다. 24시간 뉴스 채널을 포함해서 4개 방송국과 3개 종합 유선 방송사가 있었다. 뉴스 시청자 수는 증가하지 않았고 시장점유율을 끌어올리기가 힘들었다. 비용 면에서도 비관적이었다. 텔레비전은 대부분 고정비용으로 운영되는 비즈니스이기 때문에 시청자 수에 따라 프로그램 제작비가 달라지지 않는다. 게다가 폭스 뉴스 Fox News가 시장 진출까지 앞두고 있는 상태였다.

폭스 뉴스는 채 10년도 되지 않아 CNN의 시청률을 앞섰다. 폭스의 비용 구조가 CNN보다 더 낮기는 했지만, 그렇다고 CNN보다 더 비싸고 나은 프로그램을 생산했던 건 아니다. 폭스 뉴스는 초기에 3개의 지국을 운영했는데, 당시 CNN은 23개 지국을 운영중이었다. CNN의 직원이 2,300명인데 비해 폭스의 직원은 100명이었다. 이런 상황에서 폭스 뉴스는 어떻게 CNN을 앞설 수 있었을까?

우리도 이미 알고 있는 이야기다. 폭스 뉴스의 전략에는 차별화가 있었다. 다수 대중보다는 특정 시청자층을 목표로 삼은 것이다. 그뿐만이 아니었다. 폭스 뉴스는 모든 이슈를 동일하게 다루지 않았다. 목표로 삼은 독자들의 공감을 얻어낼 수 있는 특정 이슈들을 우선순위의 상위에 놓았다. 뉴스를 다루는 일반적인 방식에 비해 어조와 에너지를 과장했다. 때로는 전투적인 자세를 취했다. 그리고 모든 시청자들에게 파고들려는 노력을 하지 않고, 충성 시청자를 얻기 위해 노력했다(폭스 뉴스는 '팬'을 찾는 것이 목표라고 기술했다). 폭스는 이런 방식으로 차별화를 꾀했고, 그 효과는 엄청났다.

아주 오랫동안 방송사들은 자사의 콘텐츠를 '더 좋게' 만드는 방식으로 차별화를 꾀했다. CNN 같은 경우에는 아예 이 방식을 성문화해서 '뉴스가 곧 스타다 News is the star'를 모토로 삼기까지 했다. 하지만 이 방식은 이제 그 빛을 잃어가고 있다.

폭스 뉴스는 더 나은 콘텐츠 제작이 아니라 특정 타깃을 이용해 보상을 받는 방법을 발견했다. 하지만 이는 차별화의 한 가지 방식에 불과하다. 차별화를 이룰 수 있는 방식은 또 있다. 몇 년 전에 케이블 뉴스 프로그램을 대상으로 실시했던 연구에서, 우리는 각자가 제공하는 콘텐츠가 아니라 콘텐츠에 대한 고객의 인식을 바탕으로 한 차별화를 조사한 적이 있다. 연구는 간단했다. 2개의 프로그램이, 공통적인 시청자의 몫을 바탕으로 얼마나 비슷한지 또는 다른지 추론하는 것이었다. 만약 두 프로그램의 시청자가 겹치는 부분이 많으면 두 프로그램은 비슷하다고 본다. 아니면 그 반대다.

결과는 놀라웠다. 보통은 다른 두 방송사 각각의 두 프로그램보다 같은 방송사의 두 프로그램을 더 비슷하게 인식할 거라 생각할지 모르겠다. 하지만 꼭 그렇지만은 않았다.

CNN의 〈래리 킹 라이브〉 시청자의 30퍼센트 정도가 폭스의 정치 평론 프로그램 〈오라일리 팩터〉를 시청하고 있었고, 그 반대도 마찬가지였다. 〈래리 킹〉과 CNN의 다른 어떤 프로그램 사이의 유사성보다 그리고 〈오라일리〉와 폭스의 다른 어떤 프로그램 사이의 유사성보다, 〈래리 킹〉과 〈오라일리〉의 시청자가 겹치는 부분이 많았던 것이다. 또 폭스의 〈해니티 앤드 콤즈〉와 CNN의 〈앤더슨 쿠퍼 360〉은 라이벌 방송사의 시청자를 끌어올 가능성이 적었다. 하지만 CNN과 폭스의 다른 프로그램들 사이에서는 시청자의 교집합이 크게 나타나는 현상이 있었다.

이 연구에서 더욱 놀라운 발견은, 케이블 시청자에게 뉴스 차별화의 또 다른 차원이 있었다는 사실이다. 이는 우편향 또는 좌편향과는 관계가 없었다. 대신 얼마나 '무겁냐 또는 가볍냐'가 중요했다. 다시 말해 뉴스 보도의 논조 내지는 분위기와 관계가 있었다는 뜻이다. 심각하게 또는 직설적으로, 비난하거나 또는 지탄하는 형식으로 정치 뉴스를 보도하면 뉴스 중독자들을 끌어들일 수 있지만 다른 층은 많이 끌어들일 수 없다. 똑같은 콘텐츠를 유머나 재치를 섞어서 보도하면 평소에 정치 뉴스를 잘 보지 않는 시청자까지 포함해서 넓은 폭의 시청자들에게 어필할 수 있다.

케이블 방송사는 특정 층의 정치 뉴스 시청자들을 붙잡느라 바쁜 탓에 시장의 큰 부분을 신경 쓰지 못한 채 내버려 두고 있었던 것이다. 코미디 센트럴Comedy Central 방송사가 존 스튜어트John Stewart의 정치 풍자 뉴스 프로그램인 〈데일리 쇼〉로 그 틈새를 비집고 들어갔다. 〈데일리 쇼〉는 몇 년 안 돼서 폭스 뉴스에서 시청률이 가장 높은 프로그램을 앞질렀다. 그러면서 전국의 뉴스 시청자와 신문 독자에 비해 더 젊고 더 부유하며, 교육을 많이 받고, 정보에 밝은 사람들을 시청자로 끌어들였다.

케이블 뉴스 방송사는 심각한 스타일의 뉴스 보도로 시장에서 차별화를 이루기 위해 노력했다. 하지만 체통만 생각하지 않고 허술한 면을 보여주는 것도 강력한 힘을 발휘하는 전략이 될 수 있다. 이 전략은 시장에 이미 존재하는 다른 조직과 어떻게 차별화를 이룰 것인가에 집중하지 않았다. 그보다는 시청자들이 원하는 것이 무엇인지 묻는 데서 기회를 꿰뚫어보았다는 점에 주목해야 한다.

케이블 방송사 임원으로 재직하다 은퇴한 인사가 뉴스 조직이 직면한 어려움에 대해 이렇게 이야기한 적이 있다. "문제는 재미있는 것을 중요하게, 그리고 중요한 것을 재미있게 만들어야 한다는 것이다." 단지 콘텐츠가 아니라 시청자를 더 잘 이해해야 한다는 말 속에 답이 있다.

비즈니스 모델의 차별화 _'인디즈'가 살아가는 방법

비용과 품질 사이의 트레이드오프는 미디어의 다른 부분에도 영향을 준다. 영화계에서는 오랫동안 이 문제에 대해 넋두리를 늘어놓았다. 이들의 말인즉, 비용을 줄이면 흥행을 못하거나 다른 블록버스터와의 경쟁에서 지거나 잘나가는 스타급 배우를 끌어들일 수 없다는 것이다. 1980년부터 2010년까지, 물가 상승을 고려한다 해도 할리우드에서 영화 한 편 만드는 데 드는 평균 비용은 지나치게 많이 뛰었다. 무려 4배나 상승했다. 할리우드 스튜디오의 지출은 2000년 이후 대략 50퍼센트 정도 상승했다.

하지만 이런 비용 상승을 따라가는 데는 한계가 있다. 예산 1억 달러 이상이 드는 영화를 모두가 만들 수 있는 건 아니기 때문이다. 그 결과, 영화 개봉일이면 관계자들이 초조함을 감추지 못한다. 영화사는 점점 더 대박 작품에 의존하게 된다. 그리고 덜 창의적이지만 좀 더 안전하고, 어느 정도 성과가 보장된 확실한 속편(영화계 임원들은 이를 품위 있게 '프랜차이즈'라 부른다) 제작에 몰린다.

그런데 왜 영화 제작 예산은 하늘 높은 줄 모르고 치솟는 것일까? 예산 급증의 주범으로 흔히 꼽는 몇 가지 원인이 있다. 첫째, 스타급 배우들은 많은 관객을 끌어들이지만 그만큼 많은 돈을 받아간다. 둘째, 대부분의 영화는 개봉 1주일 안에 수익의 반 정도를 거두어들인다. 이런 이유로 마케팅 비용에 미리 많은 투자를 해야 한다고 생각하기 때문이다. 셋째, 능력 있고 창의성 있는 감독들은 빡빡한 예산으로 붙잡아두기 힘들뿐 아니라, 붙잡아두어서도 안 된다고 조언한다. 그렇지 않으면 뿌린 만큼 거둘 수밖에 없다. 다른 말로 해서, 더 많은 돈을 쓰면 고품질을 얻게 될 것이요, 적게 쓰면 흥행에 실패할 운명에 처할 것이라는 뜻이다. 스포츠카와 시끌벅적한 파티만큼이나 할리우드에서 흔한 말이 이런 말이다.

그럼에도 영화 산업에서 아직 그런 말에 동조하지 않는 일부가 있다. 포커스 피처스Focus Features, 폭스 서치라이트Fox Searchlight, 라이온스게이트Lionsgate, 와인스타인 컴퍼니Weinstein Company, 그리고 미라맥스Miramax 같은 인디 또는 독립 프로덕션들이다.

이들의 방식은 이랬다. 첫째, 스타 배우들에게 선불로 지급하는 돈이 적다. 할리우드에서 수익의 일부를 공유하는 이익분배 계약 또는 수익참여금profit participation 계약은 인디영화사가 시작한 제도로, 이제는 널리 사용되고 있다. 예를 들어, 일부 독립영화사들은 배우나 프로듀서에게 50만 달러 이상, 감독에게는 100만 달러 이상을 지불하지 않겠다고 약속했다.

"상대가 누구든 관계없습니다." 어느 독립영화사 임원의 말이다. "로빈 윌리엄스Robin Williams 같은 배우는 영화 한 편에 2,000만 달러 정도 받겠죠. 하지만 인디영화에서는 50만 달러 이상 받은 적이 없습니다. 물론 수익을 나누는 방법으로 종종 모자란 부분을 채워주기는 합니다. 10년 전에는 배우들이 앞에서 받고 뒤에서도 받았지요. 간단하게 얘기해서, 배우가 스튜디오를 위해 일하는 것이 아니라 스튜디오가 배우를 위해 일했습니다."

둘째, 인디영화사는 영화를 외국에서 먼저 개봉하는 방식으로 마케팅 비용을 절약했다. 외국의 배급사가 미국에서 인기를 얻은 영화의 후광에 업혀가는 일반적인 방식과 정 반대인 셈이다. "외국에서 인기를 얻고 난 후에는 국내 배급사와 더 싸게 계약할 수 있습니다." 어느 임원이 해준 말이다. "그밖에 '플랫폼 배급platform release'이라고도 하는 단계적인 배급 방식이 있죠. 전국적으로 개봉하지 않고 소규모로 각 지역의 거점이 되는 극장에서 먼저 개봉한 후에 소비자 수요에 맞춰 점차적으로 상영관을 늘려가는 방식을 택한 겁니다. 전국적으로 개봉하면 개봉 주말에 2,000개 극장에 들어가는 비용을 미리 다 썼다가 한푼도 못 건질 위험이 있으니까요."

셋째, 개념 없이 돈을 써대는 감독을 만났을 때 인디영화사가 대응하는 방식은 '절대 항복하지 않기'다. 물론 말처럼 쉽지는 않다. 하지만 다른 업계에서도 사용할 뿐 아니라 우리도 다 아는 협상 계책을 사용하면 된다. 자신이 직접 협상하지 않고 자신을 위해 협상해줄 대리인을 내세우는 것이다. 미국 대리점에서 차를 사본 사람이라면, 영업사원에게 어떤 부탁을 했을 때 늘 "상사에게 확인해보겠습니다"라고 말하던 장면을 기억할 것이다.

인디영화의 경우에는 직원이 아니라 보험회사와 은행을 대신 내세운다. 영화 제작사가 리스크에 상응하는 보험료를 부담하면, 보험사가 보증서를 발급하고 추후 보증채무 이행사유 발생시 보험금을 지급한다. 보험사가 제작물의 완성을 보장하며 발급한 '완성보증서'를 믿고 은행 등 금융기관은 자금을 지원해준다. 대신 보험사는 제작사의 재무 상태를 유심히 살펴본다.

한 인디영화사 임원은 이렇게 말한다. "제작사와 감독의 의견이 일치하면 예산 증액에 동의를 해줍니다. 하지만 그렇지 않으면 감독에게 말하는 거죠. '보세요, 저랑 좋게 협력적인 관계를 유지하시든지 아니면 보험사랑 말씀하셔야 될 겁니다.' 이 수법은 영화 제작사에 아주 도움이 됩니다."

이 외에도 추후 수익 분배, 순차적인 개봉, 업혀가기의 뒤집기 방식 그리고 제3의 협상 상대 등이 있다. 인디영화사는 마이너스 수익의 고예산 영화라는 늪에서 벗어나기 위해 이런 방식들을 지렛대로 사용한다. 그 결과 더 창의적일 뿐만 아니라 흥행 성공율이 높은 영화를 만들 수 있다. 폭스 서치라이트의 사례를 살펴보자. 폭스 서치라이트는 1994년 뉴스 코퍼레이션에 의해 설립된 독립영화 및 예술영화 전용 영화사로서 20세기 폭스 20th Century Fox 의 자회사다.

폭스 서치라이트는 처음에 시대물로 시작해서 점차 영역을 확장해나갔다. 이전에 있었던 미라맥스와 마찬가지로 서치라이트도 눈에 띄는 활동을 이어갔다. 1998년부터 2006년까지 18편의 영화를 제작했다. 모두 손익분기점을 넘겼고 몇몇 영화는 비평가들의 호응을 얻기도 했다. 그 시기에 서치라이트가 모기업에 벌어다 준 돈의 액수가 매출 30억 달러에 순익 10억 달러나 되었다. 어느 미디어 기업의 수익과 비교해도 남부럽지 않은 액수다.

　사람들은 종종 창의성을 보장받기 위해서는 경제적으로 자유로워야 한다고 생각한다. 하지만 인디영화사에서 일했던 어느 임원은 반드시 그렇지는 않다고 주장한다. "예산에 제약이 있다는 것이 꼭 나쁜 것만은 아닙니다. 창의성 훼손에 대한 두려움 없이 새로운 영화적 시도를 할 수 있게 해주거든요. 손해 볼 것에 대한 두려움이 많으면 위험을 기꺼이 감수할 마음이 줄어들겠죠. 두려움은 모험의 적입니다."

더 적은 것이 더 많은 것이다

다나허의 성공 비결 _무작정 덤비기 전에 질문부터 한다

　관리자라면 누구나 좋은 계획이 있어야 좋은 비즈니스가 있다고 믿는다. 디지털 세상과 콘텐츠 비즈니스에서는 이런 생각이 더더욱 강하게 적용된다. 딱 한 가지 방식, 유일한 해답만이 존재하며 자신과 다름없는 다른 사람들을 열심히 바라보면 그 방식과 답을 찾을 수 있을 거라 믿고 있다. 하지만 이는 콘텐츠 함정에 빠지기 쉬운 위험한 마음자세다.

　종합적 결정이 아닌 개별적 결정에 집중하고, 전략보다 최선의 실행 방법이나 모범 사례를 추구하는 함정 말이다. 이는 개별적인 결정들을 함께 연결시키고 전후 상황에 맞게 묶어주는 기능적 연결 관계를 보지 못해서 빠지는 함정이다. 이제까지 우리는 전략의 예술에 통달하고자 노력하는 기업들을 살펴보았다. 하지만 내가 여태껏 접했던 회사들 중에서 탄탄한 전략이 무엇인지 가장 잘 설명해줄 수 있는 회사는, 역설적이게도 좋은 전략이라고 손꼽히는 것들과 완전히 반대 방향으로 나가는 회사였다. 대표적인 예로 다나허Danaher 를 들 수 있다. 미국에서 모범 경영 사례로 꼽히는 회사이기도 하다.

다나허는 포춘 500대 기업에 선정되었으면서도 사람들에게 거의 알려지지 않은 기업이다. 다나허는 650억 달러의 가치를 지닌 산업 재벌로 본사는 콜롬비아 주 워싱턴에 있다. 미국에서 지난 30년간 다나허에 필적할 만한 경영 성과를 이룬 회사는 거의 없다. 1985년에 설립된 이후 2015년까지 다나허의 주가는 연평균 23퍼센트 성장률을 기록했다. 워런 버핏Warren Buffett의 버크셔 해서웨이Berkshire Hathaway도 같은 기간 동안 이만한 성장률을 기록하지는 못했다. 게다가 다나허는 오랫동안 전동 기구, 시험 및 측정, 식별 장비같이 따분한 비즈니스에 종사하면서 이런 성장을 이뤄냈다.

다나허는 투자 신탁 사업으로 출발했다. 그리고 설립 후 2년 정도 지나자 토요타Toyota를 모델로 한 제조 회사로 탈바꿈했다. 당시 일본 기업들은 미국 기업보다 생산성 면에서 더 뛰어난 성과를 거두고 있었다. 린 제조 방식lean manufacturing, 카이젠Kaizen 같은 용어가 유행하면서 프로세스 개선 바람이 몰아쳤다. 다나허는 이 모든 것을 다 받아들였다. 그리고 더 받아들였다.

린 제조 방식과 지속적인 개선은 다나허 비즈니스 시스템Danaher Business System(이하 'DBS')의 일부가 되었고, 다나허는 이후 30년에 걸쳐 이 시스템을 다듬고 확장하면서 인수하는 모든 비즈니스에 적용했다. 하급부터 고급까지 모든 레벨의 관리자들에게 DBS 교육을 실시해 '다나허화'해나갔다. 이들에게 제품 개발에 필요한 새로운 도구, 문제 해결, 자기 계발, 가격 책정, 고객 연구에 대해 배우도록 했다. 성과 측정은 냉철하게 전반적으로 이루어졌다. "모든 것은 측정 가능하다"라는 신념이 회사 전반에 걸쳐 자리 잡고 있었다. 하지만 동시에 '탓하지 않는 문화'가 함께 존재했다.

모든 직원들은 과하다 싶을 정도로 도전적인 목표를 설정해야 했기 때문에, 획기적인 성과를 얻는 스트레치 타깃stretch target을 설정했다. 그리고 목표 달성 여부에 따라 빨간색이나 녹색으로 결과가 표시되었다. 업무 평가는 날카로웠고 근본 원인을 이해하기 위해 철저한 5Whys 방식이 적용되었다. 이 숫자들은 평가나 해고가 아니라, 학습과 개선을 목적으로 철저하게 검토되었다. 어느 분석가는 이렇게 말했다. "DBS 프로세스 시스템은 다나허의 혼이 되었다. 그렇게 다나허의 기획, 전개, 실행을 다스렸다."

실상 이 정도로 변함없이 꿋꿋하게, 전 조직에 걸쳐 동일한 프로세스를 철저하게 적용하는 회사는 없다. 표면상으로 보면 다다허는 그 누구보다 그 일을 잘하는 '모범 경영' 기계다. 많은 분석가와 경쟁사는 다나허를 그런 시각으로 바라본다. 하지만 2001년부터 2014년까지 역대 가장 오랜 기간 CEO를 맡은 래리 컬프Larry Culp는 그렇게 생각하지 않는다.

DBS가 중요하다는 점과 우리 회사만의 강력한 문화가 있다는 사실을 알아서인지, 새로운 직원들은 자기가 이걸 하겠다 또는 저걸

하겠다고 쉽게 말하는 경향이 있습니다. 그리고 언뜻 보기에는 그런 모습이 좋은 직원의 모습처럼 보일지도 모릅니다. 하지만 무작정 시도하기 전에 먼저 가르쳐야 합니다. 이건 이렇게 하고 저건 저렇게 한다는 것을 가르치면서 우리가 하는 모든 일에 시기와 장소, 맥락이 있다는 것을 알려주는 겁니다. 맥락을 이해한다는 것은 우리에게 상당히 중요한 일이죠.

바로 이 점이 오늘날 우리가 잘하고 있는 점입니다. 언제 도구를 사용할지, 그 상황에 무슨 도구와 어떤 프로세스를 사용할지 그리고 그것이 어디에 영향을 미칠 것인지에 대해 심도 있는 대화를 나누도록 사람들을 교육시킨다는 사실 말이죠. 물론 힘든 일입니다. 왜냐하면 사람들은 종종 문제를 파악하기도 전에 해결책부터 생각하려 하거든요.

먼저 올바른 질문을 하고 있는지 확실히 한 다음에 매 상황에서 자기가 해결하려는 문제가 무엇인지 분명히 이해해야 합니다. 그 반대로 하면 안 되죠. 그것이 우리만의 독특한 방식입니다. 많은 회사들이 우리 방식을 따라 하려고 합니다만 개념 없는 끼워 맞추기식에 불과하죠. 그러다가 큰일을 당하게 됩니다. 올바른 질문을 내놓지 못한 상태에서 해결의 도구를 먼저 배치해서는 안 됩니다.

다나허에서 올바른 질문이란 전략 프로세스와 함께 시작된다. 우리에게도 익숙한 "누구를 대상 고객으로 하고, 어떻게 이길 것인가"는 다나허의 전략 사전에서 빠질 수 없는 질문이다. 다나허는 자사가 인수하는 다른 비즈니스들을 위해 먼저 이를 활용하고, 그다음에 이어지는 합병의 기준에도 이를 활용한다. 다나허는 불안하거나 혹은 저성장 환경에서 운영하는 회사를 피한다. 또 물적인 상품에 중점을 두지 않는 회사도 피한다. 새로운 부문에 진입할 때 조심스러운 태도를 보인다. 그곳에 기회가 없기 때문이 아니라, 현재 핵심 시장에 잠재적 인수 기회가 너무나 많아서 굳이 그럴 필요를 느끼지 못하기 때문이다. 컬프는 "아직도 무대에 여유가 많다"고 말한다. 다나허는 매년 500건의 인수 기회를 접하지만 그중 98퍼센트를 거절한다. 오늘날 미국 기업에서는 보기 힘든 일이다.

인수와 합병은 신중히 하고 대신 프로젝트의 우선순위에 더 신경 쓴다. 다나허는 3~5개년 '약진' 계획들을 찾는 일부터 시작한다. 그렇다고 많은 계획을 세우지는 않는다.

'핵심 인자'에만 중점을 두죠. 우리는 "더 적은 것이 더 좋다"라는 말을 좋아합니다. 혼자 모든 것을 다 할 수 없다는 현실을 이해하고 받아들이는 문화를 창출하려 합니다. 정말 어려운 일이죠. 그래요, 모든 것을 다 해야겠지만 우선순위를 정한다는 것은 동떨어진 의제나 안건은 피한다는 말이거든요. 우리는 우리가 소화할 수 있는 만큼만 만들어내서 거기에 더욱 집중하려 합니다. 이성적으로 판단하자는 겁니다. 이번 해에 모든 것을 다 할 수는 없다. 어쩌면 3년 안에도 다 못할 수 있다는 거죠. 하지만 올해 할 수 있는 일에 대해서는 명확하게 완수합니다. 계획 목록에서 절반 혹은 3분의 2를 잘라내더라도 말이죠.

486

3개년 약진 계획은 1년 단위로 세부 과제를 나눈 다음, 모든 과제에 대한 측정 기준을 세운다. 그 측정 기준은 고위층에서 시작되고 그다음 조직 내의 모든 팀원, 작업장의 청소 인부에 이르기까지 폭포처럼 흘러내려가며 목표를 향한 정렬이 이루어진다. '더 적은 것이 더 많은 것'이라는 접근방식은 인재 개발에도 적용된다. "특히 리더십 측면에서 보면, 소수의 좋은 사람들이 다수의 B급, C급 사람들보다 더 낫습니다"라고 컬프는 말했다. "다른 사람에게 일과 책임을 미루지도 않고 조정해야 할 대상도 적다는 점에서 소규모 팀이 더 유능하고 더 효율적입니다. 이제는 시간이 좀 지나서 우리가 인수한 다른 회사에 가서 얘기할 기회가 있으면 이런 말을 합니다. 현재 20명인 팀을 15명으로 조정해도 되겠네요. 그렇다고 무작정 5명을 잘라버리자는 것이 아닙니다. 더 열심히 일하는 팀을 만들 수 있다는 겁니다."

이 전체적인 전략 과정을 정책 전개policy deployment 또는 PD라고 한다. 호신 칸리Hoshin Kanri라는 일본어에서 온 말이다. "일본에서 처음 만들어낸 말입니다. 그 말의 핵심은 전략이 폭포처럼 흘러내린다는 점에 있죠." 정책 전개에서 기억해야 할 가장 중요한 점은 모든 계획, 모든 결정, 모든 측정 기준이 서로서로 연결되어 있다는 사실이다. 정책 전개는 기능적 연결 관계를 인식하고 존중하며 지렛대로 활용하는 과정이다.

다나허가 성공할 수 있었던 이유는 남들은 모르는 숨겨진 비법이 있거나 천재적인 인물을 모셔와서가 아니다. 다나허가 하는 모든 일은 상식적이고 쉽게 이해할 수 있다. 그렇지만 다른 조직이 따라 하기는 어렵다.

제가 어렸을 때는 왜 토요타가 경쟁사인 GM이나 포드 Ford에서 온
사람들을 공장 안으로 들이고 견학을 허락하는지 도대체 이해할
수 없었어요. 회사 기밀이 유출될 수 있는데 말입니다. 하지만 이제
는 우리도 토요타처럼 합니다. 우리가 하는 일을 세상에 모두 알린
다 해도 두려울 것이 없습니다. 토요타가 그렇게 했던 이유를 이제
는 조금 이해합니다. '보고 싶으면 맘껏 봐라. 하지만 핵심까지 들
여다보진 못할 것'이라고 생각했기 때문이겠죠.

경쟁정보 Competitive Intelligence를 대할 때도 마찬가지입니다. 동료들
이 뭔가 흥미로운 일을 하고 있는 것을 봤을 때 첫 반응은 "우리도 저
거 합시다"가 아닙니다. "왜 저걸 하고 있는 거지?"라고 묻는 거죠.

다나허의 성공은 맥락을 이해하고 연결 관계를 보았기에 가능했
다. 그러기 위해서는 기강과 억척스러움과 거절하는 능력이 필요하
다. 오늘날의 비즈니스에서 애용하는 방식은 아니다. 컬프도 그 점을
인지하고 있다.

'그것은 안 된다'고 거부하는 행동은 반기업적이고 반혁신적인 행
동으로 받아들여집니다. 수천 개의 계획을 모두 한 번에 성공시킬
수만 있다면 좋겠죠. 하지만 우리는 그러지 않으려 합니다. 차라리
전략적 토론을 거쳐서 진정으로 원하는 3개에서 5개의 중요한 계
획을 실행하기 위해 노력할 겁니다. 그리고 나서 그 계획이 전체 조
직에서 운영될 수 있도록 강화할 겁니다.

텐센트의 전략적 실험 _오직 4개의 기사만 제공되는 뉴스

선택할 수 있는 수백 개의 프로젝트가 앞에 놓여 있고, 뒤에서는 순풍이 불어주니 다나허의 입장에서는 '아니'라고 거절하기가 그리 힘들지 않을 수도 있다. 하지만 급변하는 환경 속에서 거의 매일 기술 파괴technology disruption 현상에 직면하는 기업에게 거절은 쉬운 일이 아니다.

여느 기업들과 마찬가지로 불안정한 기술 환경에서 사업을 이끌어가는 중국의 텐센트는 어떻게 하고 있는지 다시 살펴보도록 하자. 모방 행위에 대처하는 문제는 미국보다는 중국에서 더욱 시급한 일이다. 중국에서는 사용자들이 돈을 지불하도록 만들기가 더 어렵다. 데스크톱에서 모바일 사용으로의 전환은 서방 세계보다 일찍 시작되었다. 또한 중국 소비자들은 신기술로 만들어진 제품과 서비스에 대해 냉정할 정도로 솔직한 평가를 내린다. 어느 한 브랜드에 대한 충성심도 찾기 힘들다. 그래서 중국에서의 혁신은 기업 입장에서는 극단적인 형태의 혁신을 의미한다. 스파게티가 익었는지 안 익었는지 알아보기 위해 일단 면을 벽에 던져놓고, 벽에 그대로 붙어 있는 면을 찾는 것과 마찬가지라 할 수 있다.

지난 15년 간 중국의 거의 모든 인터넷 사업가들이 그런 방식으로 경영해왔다. 텐센트도 예외는 아니었다. 그런데 텐센트가 위챗WeChat을 출시하고 난 후, 2013년에 특이한 일이 벌어졌다. 위챗은 다목적 모바일 앱으로 중국을 넘어 해외로 급속히 퍼져가고 있는 상황이었다. 그런데 텐센트는 놀라운 결정을 내렸다. 더 많은 것이 아니라 더 적은 것을 제공하기로 한 것이다.

위챗을 출시하고 몇 달 후, 텐센트의 모바일 미디어 그룹 OMG의 사장이 위챗 개발자 앨런 장을 찾아와 위챗에서 뉴스 서비스를 제공 하자는 아이디어를 냈다. 괜찮은 아이디어였기에 그렇게 하기로 결 정했다. 몇 달 후, 뉴스 서비스가 시작되었는데 특이한 점이 있었다. 사용자 기기에 뉴스를 실시간으로 내보내지 않고 (중요한 뉴스 속보가 아닌 이상) 오전 8시와 오후 8시, 하루에 딱 두 번만 새로운 소식을 전 하는 것이었다. 그것도 수백 건이 아니라, 한 화면에 다 보일 정도로 4 개의 기사만 올렸다.

제공할 뉴스의 선정도 알고리즘을 통해 하지 않고 편집자가 결정 했는데, 어떤 기사는 트래픽을 전혀 끌어올리지 못하는 것들이었다. 대개는 트래픽이 낮다 싶으면 기사를 교체하는데, 텐센트에서는 아 무런 수정도 하지 않은 채 손을 놓고 있었다. 뉴스를 전달해봐야 그 뉴스에 대해 대화를 나누거나 개인화하는 사용자가 없었다. 회사는 사용자가 서비스를 사용하는 시간도 실시간으로 확인하지 않았다.

반면 마이크로블로그인 웨이보Weibo에서는 이 모든 것들을 하고 있었다. 그렇다면 텐센트가 능력이 없어서 그렇게 하지 않는 건 아니 라는 말이다. 아마도 그렇게 적은 수의 기사를 제공하면서 애쓸 필요 가 없다고 믿기 때문인 듯했다.

전 세계 여느 모바일 앱처럼 현대적이고 다이내믹하며 여러 기능 을 갖춘 제품에서 뉴스 서비스는 간단하고 단순한 일이다. 내가 베이 징에 갔을 때는, 자신의 노동자들laborer에게 주택 69채를 기부한 근 로자worker, 임박한 중국의 한 자녀 정책 변화, 베이징 화재, 대법원까 지 간 어떤 유명인의 아들과 관련된 소송, 이렇게 4개 기사가 위챗에

490

올라와 있었다. 12시간 동안 그 4개의 기사가 바뀌지 않고 계속 떠 있었다. 그게 다였다.

지난 20년 동안 뉴스는 인쇄물에서 디지털로, 그다음은 데스크톱 인터넷에서 아이패드와 스마트폰으로 미디어를 갈아탔다. 그러면서 더 많은 속보, 더 많은 개인화, 더 많은 주문형 정보, 더 자주 업데이트되는 콘텐츠와 더 많은 사용자 생성 콘텐츠를 제공하도록 진화했다. 위챗의 뉴스 서비스는 이 중에 아무것도 제공하지 않았다. 하지만 텐센트는 별로 신경 쓰지 않는 눈치였다. 그런데도 사용자의 40퍼센트가 위챗의 뉴스를 보러 왔고 53퍼센트가 매일 기사를 클릭했다. 위챗에서 가장 소중하게 생각하는 네 가지 서비스 중 하나로 자리 잡은 것이다.

OMG의 어느 임원은 회사의 특이한 결정에 어떤 논리적 배경이 있는지 설명했다.

'위챗에 있는 미디어 제품으로 어떻게 사용자를 끌어모을 것인가, 그리고 우리가 무엇을 할 수 있는가'라는 점에서 우리는 남들과 다르다고 봅니다. 디자인 특징 중에서 가장 중요한 기능 중 하나는, 더 적은 것이 더 좋다는 아이디어입니다. 그점 때문에 뉴스 서비스가 특별하다고 할 수 있습니다. 사용자들은 개인화를 원하지 않습니다. 누구나 다 읽는 중요한 뉴스를 원하는 거죠. 북적대는 것을 원하지 않습니다. 간소한 것을 찾는 거죠. 방해받고 싶어하지 않습니다. 큐레이션을 원하는 거예요. 제가 사용자에게 "여기 당신을 위해 훌륭한 〈뉴욕타임스〉 기사가 있습니다" 하고 메시지를 보내면 그 사람이 당장 그 기사를 보고 싶어할까요? 보고 싶어하지 않습니다! 그런데 우리는 예전에 그런 생각을 하지 못했었죠.

위챗의 간결함과 놀라운 성공은 회사 전체에 상당한 파급을 미쳤다. 그 임원은 이렇게 얘기했다.

위챗은 텐센트 조직 전체에 엄청난 영향을 미쳤습니다. 첫째, 우리가 데스크톱에서 벗어나 모바일로 도약할 수 있는 계기를 마련해주었어요. 이제 모든 부서가 모바일 전환에 힘쓰고 있습니다. 둘째, 좀더 근본적인 영향인데, 더 적은 것이 더 좋다는 새로운 철학을 지니게 되었다는 겁니다.

이제는 모든 부서에서 그냥 아무 제품이 아닌 우수한 제품에 대해 생각할 수밖에 없게 되었습니다. 예전보다 프로젝트 수는 늘지 않고 줄어들었습니다. 이상하게 들릴 수도 있을 겁니다. 사실 예전에는 다른 회사에서 하는 건 우리도 다 하려고 했죠. 신속하게 모방하고 우리 핵심 제품인 QQ를 활용하자는 문화가 지배적이었습니다. 뭔가를 만들어서 QQ에 올려놓으면 성공했다 싶었죠. 현실에서는 당연히 다른 제품에서 얻는 혜택뿐만 아니라 핵심 제품이 필요합니다. 위챗 때문에 텐센트의 CEO 포니마 Pony Ma가 전체 조직을 다시 바라보게 되었습니다. 모든 부서가 소규모 프로젝트에서 대규모 프로젝트로 이동하고 있습니다. 그리고 GM과 VP가 지니고 있던 프로젝트 착수 권한도 10명으로 구성된 그룹으로 이양되었습니다.

역설적이게도, 텐센트는 더욱 혁신적인 모습을 갖추기 위해 오히려 줄여간 것이다.

어떤 제품이든 우수하게 만들기 위해서는 사용자 경험이 정말 좋아야 합니다. 세세한 점까지 신경 써야만 하죠. 최대한 집중하지 않으면 안 됩니다. 예전과 달리 빠른 속도로 다른 프로젝트들을 줄여가고 있습니다. 안되겠다 싶으면 즉시 잘라버립니다. 중요한 프로젝트에만 집중합니다. 조직이 더 스마트해졌습니다. 텐센트는 회사를 키우기 위해 다 같이 일해보자는 분위기의 조직으로 성장했습니다. 모두가 가깝게 지내며 다른 사람의 감정을 다치지 않게 하려고 노력합니다. 일을 제대로 마무리하고 싶어하는 사람들은 회사를 긍정적으로 바라보고 있습니다. 전보다 훨씬 좋습니다. 프로젝트가 적을수록 제품은 더 나아지니까요.

눈을 감고 이 말을 들어보면, 마치 텐센트 임원의 말이 래리 컬프의 말처럼 들릴 것이다. 다나허와 텐센트는 유사한 점이라고는 찾아보기 힘들 정도로 상이한 조직이다. 한 회사는 산업 제조, 다른 회사는 모바일 네트워크를 무대로 한다. 하나는 전형적인 미국 기업이고 다른 하나는 중국의 신생 기업이다. 한쪽은 지속적인 개선에 집중하는 반면 다른 쪽은 창의적인 가능성에 전념한다. 하나는 상식적인 경영 관리의 바탕 위에 세워졌고, 다른 하나는 전형적이지 않은 기업가가 세웠다. 그럼에도 두 회사 모두 동일한 조직 철학과 혁신 철학 위에 서 있다. 더 적은 것이 더 많은 것이다.

CHAPTER 24

모방하지 않는 용기

실패할 수밖에 없는 전략으로 이코노미스트가 성공한 이유

당신은 콘텐츠 비즈니스에서 디지털 변환 계획의 책임을 맡고 있다. 그리고 전략을 세우는 중이다. 당신은 이런 결정을 내린다. 천천히 가자. 조직 내에 정형화된 표준 운영 절차organizational routines를 핵심 제품에서 빌려서 쓰자. 자사의 아날로그 콘텐츠를 온라인에서 재생산하자. 내부자를 고용하자.

만약 당신의 전략이 실패라는 운명을 맞게 된다면 그것은 바로 위에서 언급한 대로 전략을 세웠기 때문이다. 그런데 실패할 수밖에 없는 전략을 쓰면서도 실패하지 않은 곳이 있다. 바로 〈이코노미스트〉다. 지난 10년 간 〈이코노미스트〉는 위에서 제시한 것과 똑같은 방식을 사용했다. 그리고 어떤 잡지사보다 더 큰 성공을 거두었다. 어떻게 실패할 수밖에 없는 전략으로 큰 성공을 거둔 것일까?

그 비밀은 콘텐츠 계획들을 하나하나씩 별개로 보고 싶은 유혹을 뿌리치고, 밀접하게 연관된 하나로 이어지는 결정들로 보았다는 데

494

있다. 그 비밀은 다른 회사의 선택을 토대로 자기도 같은 선택을 해야 한다는 생각을 버렸다는 데 있다. 또는 모든 이들이 취해야 할 최고의 모범 경영 사례 아니면 피해야 할 최악의 경영 사례를 바탕으로 선택을 내려야 한다는 생각을 버렸다는 데 있다.

〈이코노미스트〉가 피해간 이런 심리적 경향은 모든 곳에서 나타나며, 특히 우리가 마법의 해결책을 찾아야 한다고 교육받는 콘텐츠 비즈니스 세상에서 더욱 두드러진다. 그리고 관리자와 기업가가 어떻게 대응해야 할지 몰라 갈팡질팡할 정도로 격렬하고 강력한 디지털 변화가 일어나는 디지털 세상에서 가장 확연하게 나타난다.

이들이 주변의 다른 사람들은 어떻게 하고 있는지 바라보는 것은 당연한 일이다. 동료들도 힘들게 견디고 있거나 간신히 따라가고 있는 형편이다. 그래서 효과를 기대할 수만 있다면 어떤 아이디어라도 받아들이려 한다. 어떻게 해야 할지 알려주는 단서라면 무엇이든 손에 쥐려 한다. 어떤 전략을 사용해야 효과적인지 알려준다면 어떤 실마리라도 붙잡고 기대려 한다.

우리는 늘 이런 말을 듣는다. 생산하지 말고 수집하라. 사지 말고 구축하라. 페이월을 세워라. 가상 화폐를 만들어라. 당신과 비슷한 콘텐츠를 만들고, 비슷한 비즈니스 모델을 지닌 다른 사람들을 참고하라. 그들이 하는 것을 따라 하라. 모방하고 차용하라. 그리고 무슨 일이든 신속하게 하라.

하지만 이런 말을 따라 하다가는 어느새 성공의 반대편에 서 있는 자신을 발견하게 될 것이다. 이런 말 하나하나가 콘텐츠 함정이다. 자신에게 알맞은 것, 자신만의 것을 알아내려 하지 않고 유사한 콘텐츠를 만드는 것은 어리석은 일이다. 그건 자신과 마찬가지로 디지털 세상에서 길을 찾으려 애쓰는 다른 사람을 쳐다보며 무작정 따라 가다 발 밑의 늪을 보지 못하는 어리석은 행동이다. 즉 힘든 상황을 벗어나기 위해 헤매다가 더 어려운 상황에 빠지는 함정인 것이다.

모두가 새로운 일을 하려고 할 때, 그때가 맥락의 역할이 가장 중요한 시기다. 사용자 행동이 빠른 속도로 진화하고 기술이 훨씬 더 빠른 속도로 기회를 제공할 때, 바로 그때가 어느 지점에서 거절해야 할지를 생각해야 할 가장 중요한 시기다. 비용이 절감되고 유통의 제한이 사라져 누구나 참여할 수 있게 될 때, 그때 자신은 어떻게 차별화를 이룰지 생각하는 것이 더욱 중요해진다.

성공 전략은 자기가 만드는 콘텐츠가 아니라 자기가 활동하는 상황 또는 맥락을 인식하는 데서 온다. 성공 전략은 선택을 따로따로 보지 않고 선택들 간의 연결 관계를 깨닫는 데서 온다. 성공 전략은 무리를 따라가거나 마주치는 모든 기회를 붙잡는 데서 오는 것이 아니라, 우선순위를 정하고 거절할 줄 아는 데서 온다.

전략의 기본으로 돌아가는 데서 성공 전략이 나온다. 자신의 고객이 누구인지 그들이 무엇을 원하는지 알고 그것을 자신만의 방식으로 전달하기 위해 조직을 정렬해야 한다는 말이다. 그러기 위해서는 결정들 전체에 걸친 연결 관계를 보고, 그것을 존중해야 한다.

기능적 연결 관계는 콘텐츠 삼각 구조의 세 번째 축이다. 기능적 연결 관계는 연결된 사용자와 연결된 제품들 너머까지 이어진다. 이 연결 관계가 경쟁 우위를 만들어낸다. 그리고 똑같은 일을 하는 다른 회사와 차별화를 이룰 수 있게 해준다. 기능적 연결 관계가 있는 곳

496

에 필승 전략이 있다.

이 점을 깨달으면 풍성한 결과가 따라온다. 월마트나 다나허의 일목요연하고 간단하면서 놀라울 정도로 명쾌한 전략이 어째서 오랜 세월에도 불구하고 건재함을 유지하는지, 그 이유를 알게 될 것이다. 그리고 경쟁사가 그들을 모방하는 게 왜 불가능에 가까운지도 알게 될 것이다. 전 세계에서 가장 큰 성공을 거둔 유통업체가 왜 상점의 분위기 개선을 위해 돈을 쓰지 않는지, 미국에서 가장 빠른 성장을 거듭하고 있는 중개회사가 왜 거래당 100달러 이상의 수수료를 부과하는지 이해할 수 있게 될 것이다.

심지어 디지털 분야에서 이미 승리를 거둔 회사들도 이런 아이디어에 대해 몸소 배우고 있다. 아마존과 넷플릭스는 디지털에만 존재하는 특징을 잘 살려서 성공한 게 아니다. 자사가 구축한 오프라인의 인프라스트럭처 덕분에 온라인 유통에서 타의 추종을 불허하고 있다. 많은 기업들이 디지털 제품의 유통으로 분야를 옮겨가고 있다. 이런 상황에서는 자신과 똑같은 능력을 갖춘 다른 수백 개의 회사들과 경쟁하기 위해 스스로를 차별화할 수 있는 방법을 찾아야만 한다.

점점 더 네트워크화되는 세상, 거대한 승자가 모든 것을 독차지하는 세상에서는 인터넷의 거인 텐센트조차도 '더 적은 것이 더 많은 것'이라는 철학을 받아들였다. 미디어 조직들은 자사의 제품이 점점 상품화되는 디지털 세상에서 경쟁하는 그 순간에도 콘텐츠뿐만 아니라 고객과 경험에서 차별화를 이루는 법을 배우고 있다.

디지털은 경제적으로 풍요를 약속한다. 하지만 경쟁 우위는 궁극적으로 희귀성과 차별화에서 온다. 따라서 디지털 성공의 열쇠는 '희귀성과 차별화의 성공적 결합'에 달려 있다. 그러니 그저 다른 사람들을 따르는 행동을 멈추고 자신만의 디지털 진로를 찾아라. 모방에서 벗어나라. 남을 따라 하지 않을 용기를 가져라.

PART 4

그리고
광고와 교육

CHAPTER 25

제품 중심 vs. 사용자 중심

사이언톨로지교 광고가
일으킨 파란

오래전부터 인터넷의 등장과 함께 인터넷이 미칠 파장에 대해서도 이런저런 추측들이 나왔다. 하지만 뭐니 뭐니 해도 가장 큰 논란을 일으킨 건 1990년대 초반, 인터넷이 광고에 미칠 영향에 대한 추측이었다. 당시 어느 전문가는 〈와이어드Wired〉 잡지에 이렇게 썼다. "광고의 미래는 미디어의 미래다." 그리고 그 미래는 밝아 보였다.

광고는 현대 사회에 등장한 현상이 아니다. 고대 이집트, 그리스, 로마에서 처음으로 광고란 것이 등장했다. 파피루스에 적힌 선전문과 분실물 안내문이 발견되었고 그것을 최초의 광고물로 보기 때문이다. 수백 년 동안 광고의 기본 방식은 변하지 않았다. 먼저 광고를 게재한다. 그리고 사람들이 반응하기를 기대한다.

광고의 효과를 의심한 사람들도 있었다. 19세기 소매업자인 존 와나메이커John Wanamaker는 이렇게 한탄했다고 한다. "광고에 쓰는 돈의 절반은 헛되게 쓰는 돈이야. 그런데 그게 어느 쪽 반인지 모르겠어."

502

최근까지도 광고의 효과를 평가하기 어려웠던 이유 중 하나는 대부분의 광고가 텔레비전, 신문, 라디오 등 대중 매체를 통해 나갔기 때문이다. 달리 말하면, 회사가 자사의 광고를 보거나 듣는 사람을 마음대로 정할 수 없었다는 뜻이다. 특정 대중 매체를 접한 사람은 누구나 거기에 나온 광고에 노출되었다. 광고 노출 advertising exposure 의 효과 또한 측정하기가 힘들었다. 광고주 입장에서는 누가 자사 광고를 보거나 들었는지 알 길이 없었다고 해도 무방하다. 광고에 접촉된 사람들에 대한 광범위한 인구 통계학적 자료가 있긴 했지만, 개인적 노출에 관한 정보는 매우 제한적일 수밖에 없었다.

이제 인터넷의 등장과 함께 이 모든 것이 바뀔 것이다. 사람들은 그렇게 믿었다. 광고주는 목표 대상을 정확하게 설정할 수 있게 될 것이다. 목표 대상을 개인별로 선별해 광고를 보내는 일이 가능해질 정도로 정확하게 말이다. 저명한 언론인이자 기술 분석가인 에스터 다이슨 Esther Dyson 은 "인터넷이 약속하는 일대일의 세상에서는, 광고는 특정 개인을 위한 맞춤형이 될 것이고 더욱 양질이 될 것이다. 돈을 더 많이 쓰는 사람이 더 좋은 품질의 광고를 얻게 된다"라고 했다. 회사는 자사 광고에 노출된 사람이 몇 명인지, 그리고 그들이 어떻게 반응했는지 정확히 알 수 있다. 이 모든 것 외에도, 인터넷은 상호작용이 가능하다. 소비자가 광고를 클릭하고 더 많은 것을 요구할 수도 있다. 예전에는 꿈도 꾸지 못했던 방식으로.

인터넷 광고의 미래에 햇살이 예견되었다면 텔레비전 광고의 미래에는 먹구름이 예상되었다. 2000년에 첫 디지털비디오리코더(이하 'DVR')가 등장했고 티보 Tivo 와 리플레이 Replay 역시 비슷한 시기에 등장했다. 모두 시청자가 텔레비전에 연결시키는 간단한 상자 형태였고, 기능은 우리가 익히 알고 있는 VCR과 유사했다. 시청자는 프로그램을 녹화해서 볼 수 있고 시청 도중에 광고를 건너뛸 수도 있었다. 하지만 새로 등장한 DVR 박스는 VCR에 비해 녹화와 건너뛰기 외에도 훨씬 더 많은 기능을 갖추고 있었다. 당시 조사 결과를 보면 텔레비전업계가 정신이 번쩍 들 정도였다. 그 결과는 DVR을 소유한 사람들은 텔레비전 광고의 88퍼센트를 보지도 않고 넘겨버린다는 것이었다. "아무도 광고를 보지 않는다면 상업 텔레비전commercial television 도 없다." 〈뉴욕타임스The New York Times〉가 내린 결론이었다.

특정 대상을 목표로 하는 타깃 광고라면, 페이스북Facebook 만큼 신나는 미래를 보장받은 회사는 그 어디에서도 찾기 힘들다. 타기팅targeting 을 하기 위해서는 당연히 소비자 선호도에 대해 알고 있어야 하는데, 페이스북은 10억 명이 넘는 소비자의 세세한 정보를 보유하고 있다. 소비자의 나이, 성별, 교육, 위치, 신분, 직장, 선호하는 미디어, 그리고 친구들까지 알고 있다. 게다가 이런 정보의 대부분을 사용자가 스스로 올려주니 금상첨화였다. 광고 효과를 향상시킬 수 있는 가능성은 무궁무진해 보였다.

자, 이제 새로운 기능들이 광고 시장에 미칠 영향에 대한 예상의 3종 세트가 명확해졌다. 타기팅, 측정, 상호작용의 기능은 인터넷 광고를 급속하게 향상시킬 것이다. 광고를 건너뛰는 빨리 감기 기능은 텔레비전 광고주와 방송사에 골칫거리로 작용할 것이다. 인구 통계 정보와 소셜 그래프, 행동적 정보에 기반을 둔 일대일 실시간 타기팅은 광고의 무한한 잠재성을 약속한다. 이 예상들은 모두 전문가들이

504

데이터와 차트를 인용해 내놓은 것들이었다. 그리고 이 예상은 모두 틀린 것으로 드러났다.

광고 효과에 대한 오해와 진실

온라인 광고에 대한 여러 예측들이 나오고 20년이 지난 지금도, 여전히 그 당시의 약속이 지켜졌는지에 대해서는 의문이 든다. 대부분의 웹 퍼블리셔들을 위한 광고 포맷은 다양한 크기의 배너 광고들이 화면 텍스트 주위를 둘러싸고 있는 것이다. 이는 1994년이나 지금이나 크게 달라지지 않았다. 타기팅은 쉬워졌지만 야심찼던 약속이 지켜졌다고 하기엔 부족하다.

노출된 광고 중에서 실제로 클릭해서 링크된 사이트로 이동한 횟수 비율을 뜻하는 클릭률click-through rate은 대부분의 광고에서 평균 0.1 퍼센트를 기록하고 있다. 이는 실제로 광고를 클릭한 사람이 대략 1,000명 중 한 명이라는 뜻이다. 노출을 측정하는 방법은 더욱 정확해졌지만 광고주에게 광고 투자수익률이 얼마나 되는지는 알려주지 않는다. 실제로 광고 효과를 측정하기가 그 어느 때보다 모호하다. 마케팅 관계자들은 디지털 광고가 그만한 가치가 있는지 여전히 확신하지 못하고 있다. (나중에 논의하겠지만, 자신이 안다고 생각해도 그마저 틀릴 때가 종종 있다.)

마지막으로 뉴스, 블로그 등 매체를 소유한 사업자인 퍼블리셔들에게 '고품질' 광고가 가격인상으로 이어지지 않고 있다. 실제로,

'광고를 접하는 시청자나 독자 1,000명당 소요되는 경비cost per 1,000 impressions'를 기준으로 측정하는, 대중매체에 노출되는 광고의 상대적인 가격을 말하는 CPM은 매년 하락하는 중이다.

텔레비전 광고에 사망 선고를 내린 예견은 적중했다고 말할 수 없다. 그 결과가 훨씬 더 불분명하다. DVR은 방송 광고 수익의 종말을 불러올 예고편이 되었어야 했지만 그러지 못했다. 2000년부터 2015년까지 DVR이 미국 가정의 40퍼센트를 파고들었음에도 텔레비전 방송 광고 수익은 1년에 400억 달러를 굳건히 고수하고 있었다. 뿐만 아니라 광고는 미국 광고 시장에서 두 번째로 많은 몫을 유지하고 있었다. 그렇다고 텔레비전업계에서 별다른 비책을 내놓은 것도 아니었다.

최근 듀크대학 연구팀이 실시한 연구에서는, DVR 소유 가정에서 광고를 보지 않는 비율이 높게 나타나는 현상이 실제 제품 판매에는 거의 영향을 끼치지 않는다는 결과가 나왔다. 광고주들이 광고 효과를 따질 때 가장 신경 쓰는 것은 결국 제품의 판매 결과다. 그런데 DVR을 소유한 가정과 소유하지 않은 가정 사이에 제품 구매의 차이점이 사실상 존재하지 않는 것으로 드러났다는 말이다.

그렇다면 페이스북의 약속은? 광고를 특정 사용자에게 보내는 일이 어려워서 그런 것은 아니었지만 페이스북 역시 어려움을 겪었다. 몇 년 동안 페이스북의 클릭률은 0.3퍼센트 수준에 머물렀다. 페이스북의 사용자 데이터가 우수함에도 불구하고 구글에 비해 10에서 40배 정도 낮은 수치다. 구글Google의 클릭률이 높은 이유가 '라스트 클릭 어트리뷰션Last Click Attribution(구매가 일어나기 직전에 본 광고만 성과 측정에 반영하는)' 방식 때문일 수도 있다. 어느 소비자가 구글 서치 광고를 클릭했다는 사실은 소비자가 그 광고에 반응했다기보다 이미 구매 의도를 가지고 구글 검색 엔진에 접속했다는 의미일 수도 있으니까. 하지만 이 설명도 페이스북의 낮은 클릭률을 설명하기에는 충분하지 않다. 페이스북의 클릭률은 구글뿐 아니라 인터넷의 다른 모든 사이트의 평균 클릭률보다도 낮았기 때문이다.

왜 온라인 광고 가격이 오프라인 광고 가격보다 그렇게 낮은 것일까? 광고를 건너뛰는 행위가 성행하는 데도 텔레비전 광고 수익이 폭락하지 않는 이유는 무엇일까? 그리고 상당한 사용자 정보를 지닌 데다 구글만큼이나 사용자 층이 두터운 페이스북이 몇 년 동안이나 구글보다 낮은 클릭률을 기록했던 이유는 무엇일까?

모든 초기 예측의 기저가 되는 가정들이 틀렸다는 데 그 답이 있다. 흔히들 이렇게 생각한다. 더 많은 사람들의 눈에 띄게 하면 더 많은 이들에게 광고가 노출될 것이고 더 많은 수익을 거둘 수 있다고. 그러니 소비자들은 그냥 내버려두어 광고에서 등을 돌리게 하지 말고, 어떤 수단을 사용해서라도 소비자 앞에 광고를 갖다 놓아야 한다고. 그러나 이 논리에는, 소비자들이 광고를 귀찮은 존재로 여긴다는 의미가 들어 있다.

이런 사고를 지니고 있으면 광고를 건너뛰는 기술이 등장할 때 광고의 시대가 끝났다고 믿게 된다. 광고를 건너뛰어도 문제가 되지 않는다는 사실을 깨닫기 전까지는 말이다. 사실 광고 건너뛰기는 DVR 이전에도 가능했고 더 솔직히 말하면 언제나 가능했다. 시청자는 텔레비전을 보다가 광고를 무시하고 싶으면 언제든 그럴 수 있다. 광고 시간에 화장실을 다녀오거나 냉장고를 확인하거나 옆 사람과 대화를 나누면 된다. 이런 행동 자체가 광고 건너뛰기 기능만큼 문제라면 문제일 수 있다는 말이다.

마찬가지로, 이런 사고를 지니고 페이스북을 보면 수많은 고객 정보를 보유하고 10억 명의 사용자를 지닌 페이스북은 광고주들이 가장 선호하는 대상이 틀림없다고 믿게 된다. 하지만 애초에 사람들이 왜 페이스북을 찾는지 생각해보면, 페이스북이 지닌 근본적 문제점을 깨닫게 된다. 보통 전자상거래 사이트를 찾는 소비자들은 제품 구매 의지가 있는 사람들이다. 반면 페이스북을 찾는 사용자들은 물건 구매보다 친구들의 근황을 알고 싶어하는 사람들이다. 그런 사람들이 제일 싫어하는 것 중의 하나가 눈앞에 자꾸 나타나는 광고다.

사용자 앞에 무조건 많은 광고를 들이밀어서 시선을 끌고 반응해 주기를 기다리는 행태에서는 광고의 미래를 찾을 수 없다. 늘 했던 똑같은 질문, 광고 효과가 무엇이며, 어떻게 효과를 낼 수 있느냐는 질문에 답할 수 있어야 한다. 왜 광고가 조금이라도 효과가 있는지 그리고 어떻게 효과가 발생하는지, 이해해야 한다.

광고를 바라보는 정반대의 시각 두 가지

'시선과 효과' 사이의 갈등은 광고업계에서 50여 년 전에 벌어졌던 대형 논쟁의 축소판이라 할 수 있다. 1958년, 존 케네스 갤브레이스 John Kenneth Galbraith는 자신의 책《풍요한 사회 The Affluent Society》에서 물

508

chapter 25 사이언톨로지교 광고가 일으킨 파란   509

질적 풍요가 만들어낸 불평등과, 생산자와 광고 기획자에 의해 의도적으로 만들어진 소비 욕구에 대해 음울하게 묘사했다. 그는 "광고는 사람들이 필요하지도 않은 것들을 필요한 것처럼 믿게 만든다"고 하면서 이를 '의존 효과dependence effect'라 했다.

갤브레이스의 글은 소비자들의 생각뿐 아니라 심지어 마케팅 임원들의 생각을 그대로 담아냈다. 하지만 왜 마케팅이 효과가 있는지에 대한 갤브레이스의 의견과는 근본적으로 다른 의견도 있다. 광고를 '달갑지 않은 설득'이 아니라 '바람직한 정보'로 바라보는 시각이다.

자동차를 구매하고 싶은가? 차량 사이즈, 연료 효율성, 가격 등을 알려주는 광고가 없다면 당신은 어디서부터 시작해야 할지 모른 채 멍하니 있을지도 모른다. 영화를 보고 싶은가? 무작정 영화를 선택했다가 두어 시간 동안 꼼짝 못하고 잡혀 있지 않고, 3분짜리 영화 예고편을 본 다음에 결정을 내릴 수 있다.

위의 사례는 광고가 당신이 원하지도 않는 무언가를 구매하도록 설득하는 경우가 아니라 당신에게 필요한 정보를 제공하는 경우다. 달리 말해서, 광고는 회사뿐만 아니라 소비자에게도 좋을 수 있다. 광고는 거짓으로 소비자를 속이는 게 아니라 소비자가 올바른 선택을 할 수 있도록 도움을 주기 때문에 좋은 것이라는 의견이다.

자, 그렇다면 어떤 말이 맞는 설명인가? 광고는 설득을 통해서 작용하는 것일까, 아니면 정보 제공을 통해서 작용하는 것일까? 이 질문에 대한 답을 찾는 일은 엄청나게 중요할 뿐만 아니라 엄청나게 어렵다. 여기에는 두 가지 이유가 있다.

이베이가 유료 검색어 광고를 하지 않는 이유

광고의 효과를 알아내는 게 어려운 첫 번째 이유는 광고의 효과 여부를 알아내기가 힘들기 때문이다. 광고 작용과 관련된 이론에 관계없이 말이다. 광고에 노출된 사람들은 이미 제품 구매로 마음이 기운 소비자일 때가 종종 있다. 예를 들어, 애초에 여성잡지를 선택하지 않았으면 그 잡지에서 광고를 볼 일은 없을 것이다. 당신이 어린이 영화를 선택해서 보고 있기 때문에 또 다른 어린이 영화의 예고편을 볼 확률은 높아진다. 당신이 스포츠 프로그램을 선택해서 시청하고 있다면 맥주 광고를 보게 될 확률이 높아진다는 말이다. 이미 맥주 한 잔 하고 있을지도 모르겠지만.

바꿔 말해서, 당신이 어떤 제품을 구매했다는 사실은 당신이 그전에 그 광고에 노출되었다는 사실과 아무런 관계가 없을지도 모른다. 애초에 어떤 제품을 선호하기 때문에 특정 광고를 보는 것일 수도 있다는 말이다. 그리고 당신이 특정 광고를 보는 것은 광고주들이 자사 광고에 적합한 대상을 목표로 삼고, 그 소비자들을 발견할 확률이 높은 언론 도구를 찾아냈기 때문이다. 경제학과 마케팅에서는 이를 원인과 결과를 잘못 파악하는 '역의 인과 관계reverse causation 오류' 또는 '내생성 문제endogeneity problem'라 한다. "광고 노출이 제품 구매를 야기하는 것인가, 아니면 고객의 선호도가 광고 노출과 제품 구매라는 두 가지 결과로 나타나는 것인가? 이는 매우 핵심적인 질문이다.

이런 실증적 어려움을 해결하는 일은 학계의 문제만이 아니다. 이는 마케팅의 핵심을 짚는 일이자 광고비가 유익하게 효과를 내는지 파악하는 중요한 일이다.

구글은 검색 영역에 노출되는 유료 검색 광고paid searcher를 통해 1년에 400억 달러를 벌어들인다. 유료 검색은 웹에서 가장 중요한 광고 형태이자 마케팅에서 가장 급성장하고 있는 부분이다. 그런데 왜 구글 광고는 효과가 있는 것일까? 소비자들에게 구매에 필요한 정확한 정보를 제공하기 때문이라고 할 수도 있다. 하지만 그와 다른 대답도 가능하다. 유료 키워드Paid Keyword(예를 들어, Patagonia)는 검색 결과(Patagonia.com)의 대체재일 뿐이라는 주장이다. 어차피 사용자는 'Patagonia.com'을 클릭했을 것이라는 말이다. 만약 이 주장이 사실이라면, 광고 덕분에 구매 결정이 이루어진다는 말은 광고의 영향이 과장되었다는 뜻이 된다.

버클리대학 교수인 스티브 타델리스Steve Tadelis는 2011년 이베이eBay에 합류한 이후로 회사의 마케팅 비용이 어느 부분에서 가장 유용하게 쓰였는지 정확하게 찾아내는 마케팅 프로젝트를 관리했다. 그러는 과정에서 내생성 문제에 관해 걱정하게 되었다. "여러 언론 매체에 걸쳐 광고 투자 대비 수익률을 어떻게 최대화하느냐 하는 문제, 흔히 말하는 '미디어 믹스media mix'의 문제는 수익률만 알면 상당히 간단한 문제입니다. 처음에는 이를 알아내는 일이 굉장히 어려울 거라고 생각했습니다. 왜냐하면 저는 특정 매체에서 광고 대비 수익률을 정확하게 예측하기 힘들게 만드는 내생성 문제에 관해 생각하고 있었거든요."

이베이는 컨설팅업체에 이 프로젝트의 분석을 의뢰했다. 타델리스가 내부적으로 답을 찾기 위해 애쓰자 이베이의 동료들은 그에게

업체와 이야기를 나누면 이해하는 데 도움이 될 것이라고 권했다. 그는 컨설턴트와 나눈 대화에 대해 이렇게 설명했다.

초반에는 자기 회사가 25년 전에 설립되었다는 등 풍부한 경험을 자랑한다는 등 떠벌리는 말이 대부분이었습니다. 그러더니 자기네가 사용하는 방식이 '특허전환함수'인데 그 모델을 운용하기가 아주 힘들고 하더군요. 15분쯤 듣다 보니까 특허는커녕 그냥 단순한 선형회귀분석에다가 비선형 변수를 더한 것이었어요. 쉽게 말해서 요즘엔 아이폰으로도 다 할 수 있는 분석 모델인 겁니다.

좀 더 자세히 들어보니까, 자기들이 부르는 말로 광고의 '증분 상승'을 측정하기 위해서 모델에다가 주가 움직임, 연도, 휴일 등의 변수를 더하는 것이라고 말하더군요. 하지만 그런 방법으로는 내생성 문제를 해결할 수 없음을 저는 분명히 알고 있었습니다. 제가 자꾸 다그치니까 결국에는 라그랑주 승수법Lagrange Multiplier을 사용한다고 털어놓았죠.

라그랑주 승수법은 조건이나 영역이 제한적이라는 가정하에 함수의 편미분을 통해 최댓값 또는 최솟값을 구하는 방법이다. 얼핏 들으면 컨설턴트의 말이 완전히 틀린 소리는 아니다. 결국 이베이에서는 서로 다른 매체별 광고 투자 수익률이라는 관점에서 어떤 지출 조합이 광고 투자 대비 수익률을 최대화할 수 있는지 알고 싶었으니 말이다. 하지만 누구보다 그 분야를 명확히 꿰뚫고 있던 타델리스는 이렇게 말한다. "그 답을 찾으려면 함수와 제약 조건을 알아야 합니다.

컨설팅업체는 번지르르한 말로 굉장히 힘든 일이니 포기하라는 식으로 우리에게 말한 거죠. 하지만 저는 그 과목을 가르치는 사람입니다. 그 사람들 말이 다 허풍이라는 사실을 알았죠."

어쨌든 컨설팅업체는 몇 주가 지나 이베이에 결과를 알려왔다. 결과의 핵심은 1,200퍼센트라는 가장 높은 수익률이 '이베이'라는 키워드에서 나온다는 것이었다. 타델리스는 이렇게 덧붙였다. "그때 저는 키워드 입찰keyword bidding 수익률은 마이너스 100퍼센트가 될 것이라고 했습니다. 왜냐하면 사람들에게 해당 광고를 제공하지 않으면 어차피 사람들은 바로 그 밑에 나오는 자연 검색 결과organic search result를 클릭하게 되어 있으니까요. 업체에서는 우리에게 그런 식으로 생각하면 안 된다고 하면서 장기적 브랜딩이니 뭐니 하더군요. 모두가 교묘한 속임수나 다름없는 말들이었죠."

그래서 타델리스와 이베이의 동료들은 스스로 이 문제를 조사해보기로 마음먹었다.

그들은 유료 검색과 자연 검색의 효과를 구분해서 살펴보기로 했다. 이를 통해서 내생성 문제를 직접 해결하는 일련의 실험들을 실행했다. 그들의 말대로, 여기에는 큰 이해관계가 얽혀 있었다. "이베이는 1억 개가 넘는 키워드를 관리합니다. 그리고 매일 업데이트되면서 자동적으로 구글, 마이크로소프트Microsoft, 야후의 검색 플랫폼에 반영되는 알고리즘을 사용해서 키워드 조합을 관리합니다." 그리고 측정의 오류는 유료 검색에 심각한 영향을 끼친다. "예를 들어, 어느 날 〈뉴욕타임스〉에다 광고를 냈다고 치죠. 이유가 무엇이든 더 많은 사람들이 그 광고를 본다 해도 당신은 돈을 더 내지 않을 겁니다. 그리고 사람들이 그 광고를 보지 않아도 역시 당신은 돈을 덜 내지 않을 겁니다. 하지만 인터넷 광고, 특히 유료 광고는 그렇지 않아요. 사람들이 더 많이 클릭하면 당신은 더 많은 돈을 내게 됩니다.”

한 가지 실험을 했다. 이베이는 자사 브랜드가 들어가는 키워드(예를 들어, '이베이 신발')에 대한 검색엔진마케팅Search Engine Marketing을 마이크로소프트와 야후 검색 엔진에서는 중단한 반면, 구글에서는 유료 검색을 계속했다. 또 다른 실험에서는 무작위로 선택된 지역을 대상으로 60일 동안, 이베이 브랜드가 들어가지 않은 키워드(예를 들어, '신발') 입찰 방식을 구글에서 모두 중단했다. 두 실험의 결과는 놀라웠다.

첫 번째 실험에서는, 유료 클릭을 중단해서 포기한 트래픽 거의 모두를 자연 검색을 통해 보상받았다. 즉, "유료 검색 광고를 닫는 행위가 회사의 웹사이트로 가는(비용이 많이 드는) 길을 차단시켰지만 대신 광고주(여기서는 이베이)의 입장에서 무료로 사용할 수 있는 자연 검색으로 트래픽의 방향을 바꿔놓았다는 것입니다.”

두 번째 실험에서는 브랜드를 포함하지 않은 키워드의 경우에는 결과가 비슷했다. 검색엔진마케팅이 판매에 미치는 효과는 무시해도 좋을 만큼 적었다. 효과의 대부분은 자주 이베이를 사용하지 않거나(그 전해에 이베이에서 물건 한두 개를 산), 새로 등록한 사용자들이 이런 검색 광고에 노출됐을 때만 나타났다. 유료 검색은 이베이를 자주 사용하는 쇼핑객에게는 효과가 전혀 없었다. 이런 사람들은 유료 검색을 보지 못했어도 어차피 이베이에 가서 원하는 제품을 구매했을 것이다.

타델리스는 이렇게 말한다. "이베이에서 전년도에 3회 이상 물건을 구입했거나 지난 90일 동안 이베이를 자주 갔던 사람들에게는 광고 투자 대비 수익률이 마이너스 100퍼센트였어요. 즉 광고에 들어간 돈이 전혀 효과가 없다는 얘기와 같습니다. 이런 사람들은 광고를 봤든 안 봤든 상관없이 어차피 이베이를 찾았을 테니까요. 이런 사람들 앞에 광고를 들이밀면 클릭을 하고 들어오기는 하겠지요. 하지만 그렇다고 그것이 매출 증가의 원인이라고 할 수는 없는 겁니다." 검색 광고의 전체 수익률은 어땠을까? 이 연구는 "광고에 의해 구매 행동에 영향을 받지 않는, 항시 이용자들이 광고비용 대상의 대부분을 차지하기 때문에 평균 수익률은 마이너스다"라는 결론을 내렸다. 달리 말해서, 유료 검색은 돈 낭비일 수밖에 없다.

이 연구는 아마도 최근까지 실시한 온라인 광고의 효과에 대한 연구 중 가장 명확하고 정확한 연구일 것이다. 그리고 가장 도발적인 연구 중 하나이기도 하다. 이 연구는 가장 저명한 경제 저널 중 한 곳에 발표되었다. 업계의 반응에 대해서 타델리스는 "연구 내용이 언론에 나왔을 때 구글의 반응이 긍정적이지 않았다"고 했다.

구글은 자사가 준비한 보고서를 발표했다. 타델리스는 구글의 발표 내용이 옳았다고 했다. "클릭의 증가가 판매의 증가는 아니라는 사실만 제외하고 말입니다. 우리 연구에서도, 구글의 주장과 마찬가지로, 유료 검색을 줄이면 클릭 횟수가 감소한다는 사실을 보여줍니다. 하지만 판매는 감소하지 않습니다. 왜냐하면 클릭 횟수의 대부분은 어차피 사이트 방문이 잦은 사람들 때문에 발생하는 것이죠. 따라서 광고를 많이 하면 클릭 횟수는 늘어나겠지만 판매가 늘어나지는 않습니다."

이 결과를 이베이 이외의 회사들에도 적용할 수 있었을까? 유명 브랜드를 가진 대기업이라면, 이베이와 마찬가지로 내생성 논리가 유료 검색 효과를 약화시킬 것이라고 연구는 말하고 있다. 자주 찾는 고객이 거의 없는 덜 알려진 브랜드 또는 새로운 제품을 보유한 회사 입장에서는 많은 사람들에게 회사 인지도를 높이거나 회사에 대한 정보를 더 많이 제공한다는 점에서 유료 검색이 큰 효과를 볼 수 있다(이 점에 대해서는 나중에 자세히 다루도록 하겠다). 하지만 연구에 대한 사람들의 반응은 대체적으로 달랐다. 타델리스는 당시를 이렇게 기억한다.

인터넷 마케팅 분석 비즈니스를 하는 어떤 블로거는 "당연하다. 이베이의 경우 유료 검색은 효과가 없다. 이베이처럼 멍청한 회사는 돈 쓰는 법을 모른다"는 반응을 보였습니다. 과연 이베이가 잘못된 키워드를 사용할 만큼 멍청했을까요? 물론 아닙니다. 당시 이베이는 수준 높은 컴퓨터공학 박사들이 개발한 예측 모델로부터 키워드 입찰 방식에 관해 많은 것을 습득한 상태였습니다. 하지만 그 모델들은 기계 학습machine learning을 활용하고 있어서 인과 관계가 아니라 상관관계에만 신경을 썼던 겁니다. 이베이는 많은 돈을 낭비하고 있었을까요? 그렇습니다. 제대로 알지 못했던 여느 회사들처럼 말입니다. 제 말은 업계의 모범 경영 사례를 활용하는 회사들, 결국 인과 관계의 문제를 제대로 파악하지 못한 회사들, 즉 실질적으로 모든 회사들이 마찬가지였다는 것이죠.

이 연구가 있기 전, 이베이는 내생성 문제가 유료 검색의 수익률에 어떤 영향을 끼치는지 굳이 알아보려 하지 않았다. 그리고 타델리스 역시 이베이에서 일할 기회가 없었다면 이 질문에 대해 결코 생각해보지 않았을 것이다. 이런 상황에서 이 연구는 탄생했다. 그리고 인터넷 광고에서 가장 중요한, 하지만 이상하게도 이전에는 아무도 조사하지 않았던 분야에 사람들의 관심을 집중시켰다. 타델리스는 이전에 아무도 이런 연구를 한 적이 없다는 사실에 대해 솔직하게 의견을 밝혔다.

마케팅 애널리틱스와 인터넷 광고 분야는 17세기 의술과 비슷하다고 할 수 있습니다. 만병통치약이라고 선전하면서 물건을 팔던 장사꾼들처럼 말입니다. 들어보지도 못한 전문용어를 써가면서 사람들을 유혹하거나 겁을 주죠. 구체적인 내용은 없고 막연하고 모호한 결과만 내놓는 것이 이들의 수법입니다. 장사꾼 말이 맞는지 틀리는지는 아무도 알 수 없어요. 마찬가지로, 퍼블리셔가 내놓는 보고서는 깔끔하고 믿을 만하지만 결국 보고서는 퍼블리셔의 이익에 따라 작성되는 것이죠. 그리고 마케팅 예산 문제도 있습니다. 워너메이커가 오래전에 말했던 것처럼 광고에 쓰는 돈 중에서 헛되게 쓰는 절반, 즉 쓰지 않아도 되는 돈이 무엇인지 만약 우리가 알아낸다면 어떤 일이 벌어질까요? 광고 에이전시는 수익의 반을 잃겠죠. 아무도, 심지어 마케팅 담당자도 그런 일이 벌어지는 것은 원치 않습니다. 그래서 전형적인 에이전시의 문제가 존재하는 겁니다. 마케팅을 하는 사람들이 회사를 속이려 들기 때문에 그런 것은 아닙니다. 그 사람들은 그 방법이 정말로 효과가 있다고 믿습니다. 그들의 고객 기업도 그렇게 믿고 싶어하고요. 하지만 이들은 교육을 받은 적도 없고 기술도 없기 때문에 과학을 믿지 않습니다. 그래서 다들 직감에 의존하는 겁니다.

그렇다면 이베이는 어떻게 대응했을까? "이베이는 '이베이'라는 키워드 광고 입찰을 중단했습니다. 구글에 '이베이'를 치면 이베이 광고가 뜨지 않습니다." 이베이는 타델리스의 연구 결과에 따라 유료 광고 전략을 수정했다.

강제로 설득하느냐 필요한 정보를 제공하느냐, 그것이 문제로다

만약 내생성 문제를 극복하는 게 어려운 일인 걸 알았다면, 만약 광고가 작동한다는 사실을 규명했다면, 이제 두 번째 장애물이 등장한다. 광고가 작동하는 방법을 구분해내는 일이 그것이다. 이를 구분해야 하는 이유는 설득과 정보, 두 경우 모두 광고 노출이 제품 구매로 이어진다는 연구 결과가 일관되게 나타나기 때문이다. 따라서 결과만으로는 무엇이 작용한 건지 알 수 없다. 설득적 광고는 '소비자가 원하지 않을 수도 있는 제품'을 사도록 부추긴다. 정보적 광고는 그 제품이 '딱 맞는' 일부 소비자가 제품을 구매하도록 이끈다. 사연이 어떻든 두 경우 모두 결과는 동일하다. 광고의 노출은 제품 구매라는 결과로 나타난다.

광고가 어떻게 작동하는지에 대한 서로 대립되는 설명을 어떻게 보느냐에 따라 그 결과 또한 크게 달라진다. 하지만 이 둘을 구분하기가 쉽지 않다. 어떤 이야기가 맞는지 판단하는 한 가지 방법은 어떤 제품을 좋아하지 않을 것 같은 소비자를 찾은 다음, 그 소비자가 보았던 광고의 영향을 평가하는 것이다. 그런데 그게 말처럼 쉬운 일이 아니다. 소비자 선호의 선험적 평가priori evaluation는 하기 힘들다. 소비자가 '실수로' 광고를 본 경우를 밝히기는 더더욱 힘들다. 결국 회사들은 자사 제품을 구매할 것이라고 생각하는 소비자들을 목표로 삼으려 하기 때문이다.

나는 예전 동료인 론 샤하르Ron Shachar와 함께 이런 실증적 어려움을 극복하고자, 텔레비전 프로그램에서 광고하는 프로그램 예고편을 연구한 적이 있다. 이를 선택한 데는 두 가지 이유가 있다. 첫째, 파트 2에서 설명했듯이 시청자들의 프로그램 선호도는 분명할 뿐만 아니라 서로 다르므로 예측이 가능하다. 나이 든 시청자들은 나이 든 주인공이 나오는 프로를 좋아하고 젊은 시청자들은 젊은 배우들이 나오는 프로를 좋아한다. 시청자는 자신의 성별, 수입, 교육 수준과 일치하는 캐릭터를 좋아한다. (우리는 자아도취적인 성향이 있기 때문에 대부분은 자기 자신에 관한 쇼를 보는 것을 좋아한다.)

둘째, 텔레비전 광고는 정확하게 목표를 정할 수 없다. 선전하는 프로그램이 시청자에게 어울리든 아니든 관계없이 그 자리에서 텔레비전을 시청하는 사람은 누구라도 예고편에 노출된다. '잘못된' 노출, 즉 시청자에게 어울리지 않는 예고편 광고 노출이 엄청나게 발생할 수 있다.

결과는 놀라웠다. 그 프로그램이 '딱 맞든' '아니든' 관계없이, 예고편이 시청자들을 설득해 그 프로그램을 보게 만든다고 생각하기 쉽다. 하지만 서로 다른 시청자 군을 각각 놓고 보면, 설득보다는 '정보적' 역할이 더 우세함을 알 수 있었다. 광고하는 프로그램과 어울리지 않을 것으로 예측된 시청자들은 예고편을 보지 않았을 때보다 예고편을 보았을 때 실제로 그 프로그램을 볼 확률이 더 낮았다. 달리 말해, 이 연구는 광고가 단지 설득에 의해서만이 아니라 주로 매칭과 정보를 통해 작동한다고 말하고 있다.

설득 대 정보의 이야기는 광고를 바라보는 상반된 견해가 존재한다는 사실을 말해준다. 하나는 '제품 중심적' 견해다. 광고가 사용자들을 설득하고 짜증나게 하고 방해하고 궁극적으로 세뇌시킨다는 시각이다. 다른 하나는 '사용자 중심적' 접근방식이다. 광고는 시청자가 무언가를 필요로 할 때 정보를 제공함으로써 소비자의 선택에 대한 통제권을 인정하고, 심지어 그 통제권을 기꺼이 받아들인다는 시각이다. 제품 중심적 광고는 무언가가 필요하지 않을 때에도 당신을 설득해 무언가를 사도록 만든다. 반면 고객 중심적 광고는 소비자가 원하는 제품을 더 쉽게 찾을 수 있도록 도와준다. 이는 소비자에게 광고를 쳐다보라고 강요하고 들이대면서 납득시키는 방법과, 소비자와 공유할 수 있도록 협력하고 알려주고 구해주는 방법의 차이다.

바로 다음에 설명하겠지만, 이 두 가지 시각은 여러 측면에서 매우 다른 결과를 보여준다. 우리가 어떤 식으로 광고하는지, 우리가 디지털 기술을 어떻게 인식하고 있으며, 이 디지털 기술이 마케팅에 미치는 영향을 어떻게 보고 있는지, 앞으로 우리가 보게 될 것은 무엇인지에 대해서 말이다.

진정한 사용자 중심 마케팅이란

사용자 중심의 태도는 마케팅에서 수십 년 동안 논의되어온 아이디어다. 그럼에도 마케팅 활동은 여전히 제품 중심적이다. 마케팅에서 사용하는 측정 기준을 생각해보라. 마케팅에서는 도달(특정 기간에 적어도 한 번 이상 광고 캠페인에 의해 노출된 이용자의 수—옮긴이), 시선(광고를 주목한 사람의 수 – 옮긴이), 판매, 제품 구매를 생각한다.

이 모두 중요한 측정 기준이다. 하지만 그 어떤 기준도 소비자가 구매한 제품에 만족하고 있는지, 어떻게 구매에 이르게 되었는지는 고려하지 않는다. 이와 유사한 단절 현상은 마케팅과 판매의 유인에서도 나타난다. 기업의 CMO는 광고가 소비자에게 도움을 주는지 여부와 관계없이 '기억에 남을 만한 캠페인'을 만들어줄 것을 주문한다. 영업 책임자는 영업팀이 혹시 소비자 기만행위를 하는지 여부는 따지지 않고 "판매로 이어지는 노력을 다하라"고 지시한다.

이와 비슷한 지시가 광고 에이전시와 광고 네트워크, 그리고 마케팅에 연관된 모든 사람들에게 전달된다. 모든 것이 결과 지상주의다. 우리가 어떻게 그것을 얻는지에 대한 언급은 없다. 사용자 중심이라는 말이 마케팅 담당자에 의해서 생겨난 용어인지는 모르겠지만, 어쨌든 그 말 속에는 고객을 맹공격하고 제압한다는 암시가 들어 있다.

진정한 사용자 중심적 태도가 아닌 것이다.

어떤 측정 기준에 초점을 맞춰야 하느냐 하는 문제는 마케팅 담당자뿐만 아니라 무엇을 광고로 인정할지 결정하는 사람들에게도 중요한 문제다. 미국 인터넷광고협의회Interactive Advertising Bureau(이하 'IAB')는 말 그대로 인터넷에서 광고에 대한 규칙을 정하는 곳이다. 광고주가 미디어 회사에 지불하는 금액에 관해 기준을 마련하는 일이 이들의 주 업무라 할 수 있다.

몇 년 전에 IAB는 사용자의 50에서 70퍼센트가 팝업 광고에 대해 부정적인 의견을 표했음에도 "일부 광고주가 이런 유형의 광고를 이용하고 있으므로 협회에서는 이 유형의 광고 실행 가능성을 유지할 수밖에 없다"는 결정을 내렸다. 또 최근에는 디지털 영상 광고에 3초만 노출되어도 광고주는 비용을 지불해야 한다고 판결했다. 혹시 유튜브에서 '3초 후에 광고 건너뛰기'라는 자막을 보고, 왜 3초인지 궁금해한 적이 있는가? 3초만 지나면 광고주에게서 돈을 받을 수 있기 때문이다.*

어느 고위 마케팅 임원은 이렇게 말한다. "이 시스템은 망가졌습니다. 하지만 광고주와 매체(퍼블리셔)를 연결해주는 업체인 애드 네트워크 또한 이 방식이 유지되기를 바랍니다. 자기들이 돈을 받으니까요. 고객들(광고주)은 이를 막을 수 있지만 하지 않습니다. 광고 에이전시는 이 규정을 없애는 걸 원하지 않습니다."

소비자뿐만 아니라 광고주까지 기만하려는 의도가 있는 정책이

---

* 구글의 유튜브 광고 운영 정책에 대한 본 내용은 사실과 다른 부분이 있어 저자가 확인하는 중입니다.

있다면 바로 이런 정책일 것이다. 온라인 광고와 상호 교류하는 소비자들도 이처럼 점차 증가하는 위험에 직면하고 있다. 시스코Cisco의 2013년 연례 보안 보고서에 따르면 "광고 클릭으로 사용자 컴퓨터에 바이러스가 침투할 확률은 포르노물을 찾기 위해 인터넷을 검색할 때보다 182배가 더 높다."

이런 문제는 유인이나 측정 기준에서 끝나지 않는다. 제품 중심적 시각 대 사용자 중심적 시각이라는 2개의 상반된 태도가 적용되지 않는 곳은 없다.

초보자의 입장에서 먼저 광고 측정을 생각해보라. 세계적인 정보 분석 기업인 닐슨Nielsen을 비롯해 측정 및 조사 회사들은 소비자가 아니라 매체별로(텔레비전, 라디오, 인터넷) 데이터를 수집했다. 만약 어떤 유형의 소비자가 텔레비전을 보거나 라디오를 듣거나 아니면 특정 웹사이트에 가는지 알고 싶다면, 그래서 서로 다른 매체에서 어떤 광고 캠페인을 벌여야 하는지를 알고 싶다면, 이 방법에는 아무 문제가 없다. 하지만 특정 고객에게 도달할 수 있는 가장 좋은 방법 또는 서로 다른 미디어에 걸쳐 캠페인의 통합을 최적화하는 방법을 알고 싶다면, 답을 얻지 못할 것이다.

닐슨은 2014년에 들어서야 추적tracking과 노출에 접근하는 방식을 바꿨다. 특정 매체에서 서로 다른 개인을 대상으로 한 노출을 측정하던 방식에서, 서로 다른 미디어에 걸친 개인별 노출을 측정하는 방식으로 바꾼 것이다.

또 광고 요금과 그에 따른 분석도 생각해보라. 온라인에서 광고를 1,000회 노출시키는 데 사용한 비용, 즉 광고 단가를 CPM이라 한다.

그런데 가뜩이나 낮은 CPM이 심지어 계속 하락하고 있다. 2015년 기준으로 보면, 인쇄 CPM의 극히 일부에 지나지 않았다. 공급 과잉이 그 원인으로 꼽힌다. "이제는 모든 웹사이트가 퍼블리셔"라는 말이 들리고, 모든 광고 네트워크는 회사가 원하는 개인들을 정확하게 목표로 삼을 수 있게 해주면서 콘텐츠를 소비한 사람의 수를 상품화한다. 특정 기간 동안 광고가 노출될 수 있는 총 횟수인 광고 인벤토리ad inventory에 제한이 없다는 점이, 미디어 회사에게 어려움을 주는 것은 사실이다.

하지만 CPM이 낮은 이유를 설명하는, 별로 주목받고 있지 못하는 또 다른 주장이 있다. 어쩌면 광고 자체가 효과가 없고, 소비자들이 굳이 클릭할 마음이 생기지 않기 때문이라는 주장이다. 실제로 온라인 광고의 효과가 그토록 좋고, 가격마저 낮다면 투자 대비 수익이 어마어마할 것이다(투자 대비 수익률은 결국 효율성을 가격으로 나눈 것일 뿐이다). 그런데 사실은 그렇지 않고 마케팅 담당자들도 그렇게 믿지 않는다. 만약 마케팅 담당자들이 그렇게 믿는다면 광고 예산의 엄청난 액수가 디지털로 즉시 옮겨갔을 텐데 아직 그런 현상은 일어나지 않고 있다. 2014년 기준으로, 대형 광고주로 꼽히는 일반 소비재 생산 회사들이 디지털 광고에 사용한 돈은 전체 예산의 10퍼센트 미만이다. CMO는 여전히 디지털 광고에 대한 확신이 없다. 그리고 그 이유는 '가격 책정의 문제'가, 높은 광고 인벤토리만큼이나 낮은 광고 효과와 관계가 있기 때문이다.

이와 똑같은 갈등이 마케팅의 최신 경향인 '빅 데이터'에도 적용된다. 리타기팅retargeting, 실시간 입찰, 효율성 같은 용어가 매일 쏟아져 나오면서 사람들은 소비자에 대해 더 많은 정보, 그리고 정보를 분석하는 더 많은 방법을 확보하게 된다. 그러다 보니 마케팅의 문제들을 해결할 수 있을 거라 생각할지도 모르겠다. 하지만 그렇지 않다.

대부분 앞에서 언급했던, 페이스북과 같은 문제에 부딪히게 된다. 페이스북은 광고 전략을 만들어내려 했고 그러는 가운데 늘 그래프, 인구 통계 자료, 타기팅 같은 데이터를 외쳤다. 그러나 바람직한 결과를 얻어내지 못했다. 결국 페이스북은 실패를 인정하고, 개인별 타기팅에서 소셜 광고 social advertising로 급격하게 방향을 바꾸었다. 간단한 예를 들자면 친구의 추천, 페이스북의 좋아요, 공유 글 또는 친구를 통한 할인 기능을 들 수 있다. 좀더 널리 알려진 사례로는 루게릭병에 걸린 사람들을 후원하기 위한 릴레이 기부 캠페인인 '아이스 버킷 챌린지 ice bucket challenge'를 들 수 있다. 지목받은 사람은 얼음물을 뒤집어씀으로써 기부에 동참한다. 또는 버드와이저를 공식 홈페이지에서 구매해 페이스북 친구에게 보내면 받은 친구가 원하는 바에서 맥주를 마실 수 있도록 하는 버드와이저 Budweiser의 '친구를 위해 버드와이저를 Buds for Buds' 캠페인 등이 그 예다.

방향을 전환하자 그 차이는 두드러지게 나타났다. 사용자의 클릭률이 급증했다. 그 과정에서 페이스북도 배웠듯이, 다음의 사항들을 배울 수 있었다. 정보가 더 많다는 사실 하나만으로는 형편없는 광고를 좋은 광고로 만들 수 없다. 그리고 정보의 설득력은 더 떨어진다.

더 많은 정보 그 자체만으로는 광고가 작동하는 이유를 이해하는 데 도움을 주지 못한다. 내생성 문제도 해결하지 못한다. 그리고 이는 사용자와 사용자의 행동을 더욱 깊이 이해하기 위한 대체재도 되지 못한다. 최근 어느 분석가의 말처럼, 여전히 디지털 광고는 기능은 알지만 작동 원리를 이해할 수 없는 '블랙 박스black box'다. 우리는 "아직도 갈 길이 멀다".

네이티브 광고를 둘러싼 끝나지 않는 논쟁

2013년 1월 14일, 문화와 정치 뉴스에 논점을 맞추는 미국의 저명한 잡지인 〈애틀랜틱〉의 웹사이트에 사이언톨로지교Church of Scientology에 관한 기사 하나가 올라왔다. 그 기사가 올라왔다는 사실 자체는 이상할 것이 없었다. 정작 놀라웠던 것은 사이언톨로지교의 주교이며, 논란의 대상인 데이비드 미스카비지David Miscavige를 신기할 정도로 뻔뻔하게 칭찬하는 기사 내용이었다. 기사의 왼쪽 상단에는 그 기사가 유료 광고임을 완곡하게 의미하는 '후원 콘텐츠sponsored content'라는 배너가 붙어 있었다. 하지만 그 배너 하나로 몇 시간 안에 쏟아진 통렬한 비판을 잠재우기에는 충분하지 않았다. 〈와이어드〉는 '신뢰성의 절도 행위'라는 항의 기사를 썼다. 〈가디언〉은 '〈애틀랜틱〉의 사이언톨로지 실수가 주는 교훈'이라는 제목의 기사에서 "믿음은 얻기보다 잃기가 더 쉽다"라고 적었다. 결국 〈애틀랜틱〉은 하루 만에 사과문을 올렸다.

'네이티브 광고native advertising'는 광고 메시지를 다른 콘텐츠 안에 끼워 넣는다는 뜻이다. 이 아이디어는 사실 오래전부터 존재해왔다.

잡지에서는 이를 '애드버토리얼advertorial'이라 불렀다. 텔레비전에서는 '간접광고' 또는 '브랜디드 엔터테인먼트branded entertainment'라 불렀다. 예를 들자면, 〈아메리칸 아이돌〉에서 심사위원 옆에 놓인 커다란 코카콜라 컵 같은 것이다. 또는 도널드 트럼프Donald Trump가 진행하는 〈셀러브리티 어프렌티스〉에서 도전자들이 월그린Walgreen 상점 브랜드를 위해 새로운 맛의 아이스크림을 만들어낸다거나, LG의 홈 엔터테인먼트 시스템을 위한 90초짜리 동영상을 제작하는 것 등이다.

엔터테인먼트 프로그램에서 수익을 늘리기 위해 이 방법을 사용하는 것은 일면 납득할 수 있다. 하지만 뉴스 매체에서 똑같은 방식을 사용한다면 문제가 다르다. 이런 추세는 네이티브 광고에 대한 논란을 불러일으켰다.

표면상으로는 2개의 간단하고 상반된 시각이 존재한다. 한쪽은 네이티브 광고를, 언론사가 수익 창출의 어려움을 해결할 수 있는 창의적인 방식으로 바라본다. 디지털 광고 가격이 하락하고 디지털 디스플레이 또는 배너가 점점 무시당하는 환경에서 더 이상 거절하기 힘든 방식이라는 시각이다. 다른 쪽은 네이티브 광고를, 고객에 대한 의도적인 속임수로 바라본다. 이들은 오래전부터 이어온 정교 분리의 원칙처럼 사설과 광고 콘텐츠는 분리돼야 한다고 생각한다. 그런데 이 원칙을 위태롭게 함으로써 언론의 존엄성을 위협할 정도로 훼손한다는 주장이다.

네이티브 광고에 대한 논쟁을 보고 있으면, 마치 언론 수호를 결심한 사람들과 언론을 이용하기로 마음먹은 사람들의 대결처럼 보인다. 하지만 이 논쟁이 더욱 짜증나는 점은 여기서 그치지 않고 또 다른 시각이 끼어들기 때문이다. 궁극적으로 네이티브 광고를 둘러싼 논쟁은 교회와 국가에 관한 문제가 아니라, 제품 중심 관점과 사용자 중심 관점에 관한 문제다. 결국 둘 중에 어느 것이 승리할 것이냐에 대한 문제로 귀결된다.

이를 제대로 이해하기 위해서는 네이티브 광고로 향하는 추세가 어떻게 시작되었는지를 살펴볼 필요가 있다. 네이티브 광고의 증가에 누구보다 많은 역할을 한 것은 〈허핑턴포스트〉였다. 하지만 〈허핑턴포스트〉가 원래부터 이 방식을 선호했거나 또 수익 감소 때문에 네이티브 광고를 시작한 것은 아니었다. 〈허핑턴포스트〉의 네이티브 광고는 자사의 콘텐츠 관리 시스템Content Management System (이하 'CMS) 때문에 시작되었다.

CMS는 미디어 조직이 자사 웹사이트에 콘텐츠를 업로드, 디스플레이, 정리, 저장, 조작하기 위해 사용하는 컴퓨터 활용을 뜻한다. 이렇게 말하면 모든 언론사에서도 다 하는 일상적인 업무처럼 들리지만 〈허핑턴포스트〉에서는 달랐다.

"콘텐츠를 다루는 조직의 대부분은 기사를 올리면 그것으로 할 일이 끝납니다." 〈허핑턴포스트〉의 전 발행인 재닛 발리스Janet Balis는 최근 대화에서 이렇게 말했다. "〈허핑턴포스트〉에서는 기사를 올리는 데서부터 일이 시작됩니다." CMS는 모든 기사에 대해 누가 읽었는지, 누가 기사를 공유했는지 그리고 얼마나 자주 했는지 분석했다. 그리고 그 데이터는 다시 편집장 책상으로 전달되고, 해당 콘텐츠 옆에는 관련 데이터를 기재하는 대시보드가 있다.

2007년 〈허핑턴포스트〉의 최고기술책임자 자리에 오른 폴 베리

528

Paul Berry는 CMS를 만들어낸 핵심 인물이다. 그는 내게 이렇게 말했다. "편집인들에게 어떤 독자가 언제 어떤 기사를 보는지 실시간으로 알려준 조직은 우리가 처음입니다. 우리는 이런 통계와 대시보드를 통해 편집인원들이 자신들의 활동을 관리할 수 있게 되었다는 사실에 자부심을 느낍니다." 〈허핑턴포스트〉의 CMS는 검색과 소셜 주위로 트래픽을 몰아가는 데 엄청난 역할을 하는 것으로 드러났다. 발리스는 '〈허핑턴포스트〉의 CMS가 콘텐츠를 대화로 연결시키는 가장 특별한 시스템 구성'이라는 말로 간단하게 요약했다.

〈허핑턴포스트〉의 CMS는 하나의 콘텐츠가 그 기능을 얼마나 잘하는지 추적하기 위해 고안되었다. 처음에는 광고의 성과를 추적하는 데 있어 CMS가 얼마나 중요한지 그 가치를 아무도 알지 못했다. 하지만 베리의 말처럼 모두가 곧 그 중요성을 깨닫게 되었다. "대형 조직의 마케팅 전체를 담당하는 총괄책임자를 만나서 프레젠테이션을 하고 우리 콘텐츠가 어떻게 만들어지는지 보여줍니다. 독자별 사용 현황과 함께 말입니다. 다 끝나고 나서 협찬 블로그 포스트와 배너 판매가 이뤄질까 기다리고 있으면 늘 질문하는 분들이 있습니다. 그들은 우리 콘텐츠 관리 플랫폼을 어디서 구할 수 있는지 항상 묻죠. 그게 바로 우리가 원하는 것입니다." 광고주들은 〈허핑턴포스트〉가 콘텐츠와 트래픽에서 성장하는 모습을 보았고 이제 자기들도 똑같은 도구를 갖고 싶어한다.

이런 통찰력 덕분에 〈허핑턴포스트〉 내에서 소셜 마케팅 매니저라는 완전히 새로운 역할이 생겨났다. 이들은 편집팀과 같은 프로그램으로 교육받는다. 트래픽과 공유를 최대한 활용하는 법, 대시보드를 사용하는 법을 알게 된다. 다른 점이 있다면 이들은 기사가 아닌 광고가 어떤 성과를 내고 있는지 알려주기 위해 편집인이 아닌 광고주에게 다시 보고한다는 점이다. 〈허핑턴포스트〉의 공동설립자 중 한 명인 조나 페레티Jonna Peretti는 나중에 〈버즈피드Buzzfeed〉에서도 이 방식을 재현했다. 폴 베리는 독자별 콘텐츠 사용 행태와 콘텐츠 공유 상황을 실시간으로 추적하고 싶어하는 퍼블리셔 누구나 접근할 수 있는 플랫폼인 레벨마우스RebelMouse를 설립했다.

재닛 발리스는 광고가 콘텐츠의 형태와 느낌을 모방하기 시작했던 그때가 〈허핑턴포스트〉에서 중요한 순간이었다고 말한다. "CMS가 광고 기술로 사용될 수 있다는 사실을 깨닫는 것이 중요했습니다. 광고의 목표가 클릭률과 구매 전환conversion과 자발적인 참여라면, 우리 콘텐츠팀 또한 거기에 집중해야 했습니다. 똑같은 도구와 동일한 전문가들과 유사한 측정 기준을 활용하면 똑같은 형태와 느낌과 디자인이 보이기 시작합니다. 광고와 콘텐츠의 경계가 흐릿해지는 것을 보게 되는 거죠."

발리스는 이런 현상에 위험의 불씨가 숨어 있음을 바로 알았다. 하지만 독자에게 돌아가는 혜택을 포함해 장점도 있음을 강조한다.

지구상 최고의 콘텐츠 창작자들이 하고 있는 일에서 얻는 다양한 장점들이 있습니다. 광고주들은 마사 스튜어트Martha Stewart의 음식 개발 연구소에서 나오는 요리법의 품질을 모방하는 광고를 왜 내지 않는 걸까요? 자사의 메시지를 전달한다는 점에서 보면 그게 더 효과적일 텐데 말이죠. 〈이코노미스트〉에 광고를 넣을 때 왜 〈이코노미스트〉의 시각에 따라 광고를 만들면 안 되는 겁니까? 오히려 그렇게 해야 전문가처럼 보이죠. 그리고 소비자들도 그 점을 더 높이 사주고요.

그녀의 주장은 간단하지만 중요한 의미를 담고 있다. 전통적인 방법은 제품에 맞게 광고를 다듬은 다음, 똑같은 광고를 수백 개의 다른 미디어 채널에 배치한다. 하지만 네이티브 광고는 실질적으로 각 제품뿐만 아니라 각 미디어 채널에 알맞게 광고를 다듬는다. 광고 메시지를 브랜드 맥락 brand context과 일치시키면 광고 효과는 향상된다.

하지만 기사의 품질을 바라보는 소비자의 인식에 광고가 미치는 효과는 어떨까? 그 또한 브랜드 맥락에 달려 있다. 앞에서 언급했던 '이름'에 관한 실험을 생각해보라. 같은 기사를 다른 웹사이트에 올려놓고 그 효과를 알아본 실험 말이다. 우리는 똑같은 실험을 다시 해보았다. 대신 이번에는 각 출처마다 다른 광고 메시지를 삽입하고 무작위로 참가자들에게 보여주었다. 예를 들면, 〈이코노미스트〉 사이트에서 기사를 읽은 사람들 중에서, 3분의 1에게는 광고를 제공하지 않았으니 이들은 광고를 보지 못했다. 3분의 1은 아메리칸 익스프레스 American Express나 재규어 Jaguar처럼 고급스럽게 꾸민 광고들을 보았다. 그리고 나머지 3분의 1은 싸구려 팝업 광고들을 보았다. 그리고 〈허핑턴포스트〉와 이름을 밝히지 않은 웹사이트에서도 같은 방식을 사용해 참가자들에게 보여주었다.

결과는 어땠을까? 이름이 없는 웹사이트에서 광고를 본 사람들은 노출된 광고의 품질에 관계없이 사설의 품질을 높게 보았다. 어쩌면 독자들 입장에서는 누군가 그런 사이트에 돈을 지불하고 광고를 올렸다면, 그 사이트가 그렇게 형편없지는 않을 것이라고 추론할 수도 있다.

〈이코노미스트〉 사이트에서 사설을 읽은 독자들의 반응은 매우 달랐다. 고급스럽게 만든 광고를 곁들인 사설에 대한 반응은 광고가 없는 사설에 대한 반응과 같았다. 하지만 싸구려 팝업 광고를 곁들인 사설에 대해서는 품질이 낮다고 판단했다.

그렇다면 〈허핑턴포스트〉는 어땠을까? 광고가 없는 사설이거나 멋진 광고 아니면 싸구려 광고가 실린 사설이거나 관계없이 사설의 품질을 바라보는 독자의 시각에는 차이가 없었다.

여기서 핵심은, 사설 품질에 대한 독자의 인식이 서로 다른 브랜드 유산 brand legacy을 지닌 사이트에 따라 충격적일 만큼 달랐다는 사실이다. 사람은 자연스럽게 상대가 누구인지 어떤 사이트인지 자신의 잣대로 가늠하고 따진다. 이 연구 결과는 네이티브를 포함해 어떤 형태의 광고라도 그 유인책이 퍼블리셔마다 달라야 한다는 점을 보여준다. 대중에게 신뢰받고 고품격으로 인정받은 사이트나 잡지는 잘못된 광고 선택으로 신뢰성을 잃을 수 있다. 반면 대중적 관심도 받지 못하고 품질도 낮은 사이트나 잡지에서는 어떤 광고라도 신뢰성을 주는 도구로 작용할 수 있다.

스탠퍼드대학의 교수 나브딥 사니 Navdeep Sahni와 하리케시 나이르 Harikesh Nair는 네이티브 광고가 어떻게 작동하는지 연구했다. 혹시 소비자를 기만하는 방식으로 작동하는 건 아닌지 조사한 것이다. 연구는 레스토랑 검색 모바일 앱을 대상으로 했다. 광고의 형태(네이티브

인지 아닌지)와 빈도는 무작위로 선택했다. 소비자의 구매 성향과 광고의 유혹 성향을 구분하기 위해 연구원들은 네이티브 광고에 반응하는 소비자의 태도만 조사하기로 했다. 광고의 효과는 상당했다.

평균적으로 레스토랑 방문율이 67퍼센트 증가했다. 하지만 네이티브 광고가 속임수를 써서 소비자의 구매가 이루어진 것은 아니었다. 소비자들은 네이티브 광고를 본 이후에도 검색을 계속했다. 그리고 최종적으로 광고에 나온 레스토랑을 선택한 경우에도 일반적인 검색 또는 자연 검색을 통해 선택했다. 물론 소비자가 절대 속지 않는다는 말은 아니다. 하지만 연구원들이 내린 결론은, '소비자들이 광고에 쉽게 속아 넘어간다는 기본 가정'은 이 경우에 해당하지 않았다는 것이다.

이 연구의 핵심은 이것이다. 올바른 방법으로 광고하면, 광고는 광고주뿐만 아니라 퍼블리셔와 독자에게도 도움을 준다.

라주 나리세티Raju Narisetti는 최근 나와 나눈 대화에서 이 점을 강조했다. 나리세티는 사설과 광고의 분리에 대해서 상당한 지식을 갖춘 사람이다. 그는 인도의 대표적인 경제 일간지 〈이코노믹타임스The Economic Times〉와 〈민트Mint〉, 미국의 〈월스트리트저널Wall Street Journal〉과 〈워싱턴포스트The Washington Post〉의 뉴스룸을 거쳤다. 나리세티는 사설과 광고의 정교 분리를 논하는 일이 과거의 유산이며, 현실을 이해하지 못하는 태도라며 단호한 입장을 보였다. 얼핏 들으면 기업에게 매수당한 것이 아닌가 하는 생각이 들지만 그렇지 않다. 그가 말하고자 하는 점은 따로 있다. 그의 주장은 광고가 작동할 수 있게끔 만들고자 하는 바람에서 나온 것이 아니다. 즉 콘텐츠가 제대로 작동할 수 있도록 만들고자 하는 바람에서 나온 것이다.

뉴스룸에서는 과거에 뛰어난 콘텐츠만이 유일한 판매 계획이라고 믿었습니다. 이제 점점 뛰어난 콘텐츠는 기본인 세상이 되어갑니다. 누군가 콘텐츠를 내놓으면 30초도 안 돼서 다른 사람이 비슷한 콘텐츠를 내놓습니다. 저는 뉴스룸이 성공하기 위해서는 콘텐츠에만 집중하던 자세에서 독자 경험에 집중하는 자세로 돌아서야만 한다고 믿습니다. 그 일은 전면적인 변화를 뜻합니다. 왜냐하면 좋건 나쁘건 그 모든 경험은 콘텐츠와 기술의 교차 지점에서 나오기 때문입니다.

그 변화는 여태 우리가 해온 일 중에서 가장 힘든 일입니다. 기술자와 언론인이라는 두 그룹은 서로 아주 다른 세상에서 살기 때문이죠. 보통 일하는 건물도 다르고 층도 다릅니다. 언어의 구사 방식과 자주 쓰는 용어도 다릅니다. 대부분의 개발자들은 주요 기술이 코드에 있고 나머지는 모두 잡동사니라고 생각합니다. 대부분의 기자들은 주요 기술이 어휘에 있고 나머지는 모두 잡동사니라고 생각합니다. 이를 극복하는 유일한 방법은 뛰어난 콘텐츠 창출에서 뛰어난 경험 창출로 뉴스룸의 언어를 바꾸는 것입니다. 경험 창출 중심의 구조를 만든다는 것은 편집인과 기사 작성자뿐만 아니라 개발자들이 섞이고, 제품 관련 사람들도 섞이고, 사용자인터페이스를 담당한 사람들도 섞이고, 데이터분석을 담당한 사람들도 섞여야만 한다는 뜻입니다. 그렇게 여러 분야의 전문가들이 섞이면, 사설과 광고의 분리라는 아이디어가 엄청난 문제들을 야기하게 되죠. 왜냐하면 뉴스룸 사람들은 사설만 진짜고 그 외의 것들은 모두 '비즈니스'로 간주하니까요.

광고 관련 사람들까지 함께하는 작업이나 네이티브 광고 얘기는 아직 하지도 않았는데, 벌써 이렇게 복잡한 문제가 발생합니다. 앞으로는 자연스럽게 뉴스룸 사람들이 광고쪽 사람들과도 함께 일해야겠지만 말입니다.

나리세티는 사설과 광고를 합치자는 얘기를 하는 것이 아니다. 서로에 대해 이해해야 한다는 말을 하고 있는 것이다.

저 같으면 뉴스룸 제품, 기술, 분석 그리고 광고 전체에 대해 의사결정권을 지닌 전사적 광고혁신프로세스팀을 만들겠습니다. 광고를 그냥 제시하는 것이 아니라 혁신 창출 작업을 주로 하는 겁니다. 미국에는 전 부서에 걸치는 광고혁신팀을 운영하는 뉴스룸이 한 곳도 없습니다. 사설과 광고의 분리 때문이죠. 그래서 의도하지 않았지만 광고를 위해 독자를 포기해버리는 결과가 나왔습니다.

그 결과, 오늘날 광고 혁신은 대부분 혁신을 가장한 강요에 불과합니다. 동영상을 재생하기 이전에 광고를 삽입하는 프리롤pre-rol은 좋은 예죠. 소비자는 15초 동안 꼼짝 못하고 광고를 볼 수밖에 없습니다. 이건 마치, "당신이 콘텐츠를 원하는 걸 우리는 알고 있어. 그러니 잠시 당신을 세워놓고 괴롭혀야겠다"고 말하는 것이나 다름없죠. 계속 이런 식의 혁신이 이어지고 있습니다. 경험의 일부가 되는 광고를 만들어내기 위해서는 이런 점을 바꾸어야 합니다.

네이티브 광고에 대한 논쟁이 흥미로우면서도 한편으로 우리를 화나게 하는 이유가 이 때문이다.

발리스와 나리세티는 광고주로 하여금 뉴스룸의 감성을 발달시키게 하고, 뉴스룸이 조직의 다른 사람들과 좀더 통합함으로써 더 나은 고객 경험을 만들어내기를 원한다. 반면에 어떤 이들은 언론과 뉴스의 진실성, 본래의 모습이 돌아올 수 없는 파국의 길로 들어서는 것은 아닌지 걱정한다.

한쪽은 더 나은 고객 경험을 만들어내기 위해서 콘텐츠를 디자인, 기술, 사용자인터페이스, 광고처럼 다른 분야에 통합시킨다는 생각을 품는다. 그러면서 사실 공개와 투명성에 전념하고 있다. 제대로만 하면 독자들이 깨인 시각으로 광고를 보려 하고, 후원받은 콘텐츠를 읽고, 관련 기사를 링크할 것이라고 생각한다. 다른 한쪽은 네이티브 광고를 또 다른 돈벌이 수단으로 본다. 즉, 고객을 바보로 만드는 방법에 불과하다고 받아들이는 것이다. 이 논쟁의 결과는 유감스럽게도 〈애틀랜틱〉에게 쏟아졌던 것처럼 냉소와 분노로 나타날 것이다.

네이티브 광고를 둘러싼 논쟁은, 사기꾼과 언론 수호자의 대결에 관한 이야기만이 아니다. 콘텐츠를 지키려는 자와 경험을 향상시키려는 자, 제품 중심적 마음자세를 지닌 자와 사용자 중심적 마음자세를 지닌 자 사이에 벌어지는 논쟁이기도 하다.

CHAPTER 26

광고와 콘텐츠 함정

DVR이 텔레비전 광고를
멸망시키지 못한 결정적 이유

사용자 중심의 사고가 광고 산업에 가져올 변화

사용자와 파트너가 되어 윈윈하다

내가 존 윈저John Winsor 와 만났을 때 우리는 둘 다 대형 조직에서 디지털 벤처를 이끌고 있었다. 윈저는 세계적인 광고 그룹 하바스Havas 에서 일했고, 나는 하버드경영대학원에 재직중이었다. 그와 '내부로부터의 혁신'을 위해 노력하면서 얻은 경험을 주고받던 중 나는 깜짝 놀랐다. 윈저가 대세에 순응하지 않고, 물살을 거슬러 헤엄치는 사람이었기 때문이다.

윈저는 최근까지 하바스의 혁신최고담당자로 근무했다. 하지만 일반적인 광고 임원과는 여러 면에서 달랐다. 그는 콜로라도 주 볼더 출신으로 야외 활동이 몸에 밴 사람이다. 철인3종경기에 출전하고 프로 인라인스케이트대회에 참가하며 킬리만자로산 뛰어오르기 세

그리고 광고와 교육

계 기록을 세웠다. 요즘에는 미국에서 빠르게 성장하고 있는 광고 회사 중 하나인 빅터스앤드스포일스Victors & Spoils를 운영하고 있다. 그런 와중에도 멕시코에서 서핑하며 많은 시간을 보낸다. 그리고 사용자 중심적 마케팅을 활용한 자신만의 방식으로 광고업계에 일대 혁신을 불러일으키고자 노력중이다.

그 일은 1989년에 시작되었다. 다음은 윈저가 한 말이다.

> 볼더에 사는 사람들은 주위 친구가 모두 프로 운동선수들입니다. 제 아내도 세계 철인3종경기에 참가했죠. 다른 친구들도 다 그래요. 서로 둘러앉아서 얘기하다 보면 여자 프로 선수들이 이런 말들을 하더라고요. "남자 운동 잡지는 많은데 왜 여자 운동 잡지는 하나도 없는 거야?" 그렇게 해서 시작한 겁니다.

〈WSFWomen's Sports + Fitness〉는 1980년대에 발간되던 여러 스포츠 잡지 중 온전히 여자 운동선수만을 위해 나온 유일한 잡지였다. 이보다 앞선 10년 전에 테니스의 전설 빌리 진 킹Billie Jean King에 의해 〈위민스 포츠Women's Sports〉라는 잡지가 탄생했지만 〈레드 북〉에 매각된 상태였다. 윈저는 당시 상황을 이렇게 설명한다. "바로 재정 문제에 부딪혔죠. 시기와 장소가 맞지 않아서 그랬어요. 너무 오래된 아이디어로 사업을 하는 것도 좋지 않지만 너무 새로운 아이디어로 사업하는 것도 안 좋기는 매한가지더군요."

잡지가 너무 이른 시기에 너무 획기적인 내용을 담았다는 것이 문제로 작용했다. 또 다른 문제는 광고를 위주로 한 수익 모델에 있었다.

가장 중요한 부분이 구독자 1인당 광고 수익을 최대화하는 것이었습니다. 그리고 광고주에게 더 많은 돈을 내게 하는 가장 빠른 방법은 구독자 층을 늘리는 일이었어요. 그게 순수한 증가일 수도 있고 인위적인 증가일 수도 있지만요. 제가 잡지를 인수했을 때 표면상 구독자가 45만 명이었습니다. 그런데 대부분이 부풀려진 가짜더군요. 그래서 제가 가장 먼저 한 일은 가짜 발행 부수를 줄이는 것이었습니다. 광고업계에 있는 사람들에게 웃음거리가 됐죠. 다 쓰러져가는 잡지를 인수해서 부수를 줄이겠다는 가당찮은 소리나 한다고 말입니다. 모임에 갈 때마다 사람들이 바보 같다며 비웃는 소리가 들렸습니다.

그의 바보 같은 전략은 결실을 맺었다.

발행 부수를 15만 부로 확 줄였습니다. 광고주에게는 "우리는 앞으로 핵심 구독자에게만 집중하겠다. 당신이 원하는 사람들은 바로 이 핵심 구독자들이다. 지난주에 내보낸 광고료의 반값에, 이 핵심 구독자들을 얻을 수 있게 해주겠다"라고 말했죠. 그때 떨어져 나간 광고주는 아무도 없었습니다. 그러니까 발행 부수는 3분의 1로 줄었지만 광고료는 2분의 1만 준 거죠. 적자 경영에서 엄청난 흑자 경영으로 바로 돌아선 겁니다.

핵심 구독자에게 집중하는 것이 첫 단계였다. 다음 단계는 그 구독자들을 지렛대 삼아 영리하게 활용하는 것이었다. 하지만 그러기 위해서는 고객층의 진정한 구성원이 누구인지를 알아야만 했다. "이건 우연히 알게 된 면도 있어요. 데이터를 보니 독자들이 무엇을 사고, 어떻게 운동하는지 등의 정보를 평균적으로 12명의 다른 사람들에게 말해준다고 나왔더군요. 그게 우리 리브랜딩rebranding의 열쇠가 된 겁니다.

당시 〈WSF〉의 경쟁자는 〈셀프〉와 〈쉐이프〉라는 두 잡지였다.

우리 잡지의 전 소유주가 "우리는 〈셀프〉나 〈쉐이프〉와 같아"라고 한 적이 있어요. 그때 우리가 이렇게 말했죠. "아니요, 그렇지 않습니다. 〈셀프〉와 〈쉐이프〉는 요가를 배우러 오는 사람들이죠. 우리는 요가를 가르치는 사람들입니다."

'고급 또는 최상층'을 향한 리포지셔닝은 광고주들의 관심을 끌었다. 그리고 〈WSF〉는 핵심 고객층을 조심스럽게 확장해갔다.

그다음에는 고등학교 스포츠 잡지를 만들었습니다. 그리고 판매 대상을 코치로 정했죠. 《코칭을 더 잘하는 방법How to Coach Better》이라는 책을 만들어서 여자 스포츠팀이 있는 미국의 학교 코치 모두에게 보냈습니다. 책자를 보낼 때 〈WSF〉 45부도 같이 보내며, 이렇게 썼죠. "미래의 지도자들을 길러내고 길을 안내하는 여러분께 감사드립니다. 우리가 이 잡지로 여러분을 도와드릴 테니, 이 잡지를 선수들에게 나누어주십시오."

얼마 안 돼서 〈WSF〉는 잡지를 만드는 일에서 더 나아가 연구 보고서를 만드는 일로 진출했다. "여자가 스포츠를 한다는 것으로 광고주들을 설득하기가 힘들었습니다. 광고주들이 여자 고등학교 운동선수에게 별 관심이 없었거든요. 그래서 〈리포터 Reporter〉라는 제품을 만들었죠." 원저는 보고서가 여자 운동선수들이 매일 하는 일을 전반적으로 기록한 일지나 다름없었다고 한다. 하지만 여자 운동선수들을 목표로 비즈니스를 구축하고자 했던 회사들과 광고주들은 그 정보의 가치를 매우 높게 샀다. 원저는 〈리포터〉를 1부당 25,000달러에 팔았다.

광고의 시작과 끝이 깔때기처럼 공평하지 않다는 것을 그때 깨달았습니다. 우리는 얼리어답터도 거느리고 있었고, 제품 아이디어도 있었어요. 리서치 능력도 있었죠. 그런데도 우리는 제품과 비즈니스에서 창출되는 마케팅 가치의 극히 일부만 차지하고 있었던 겁니다. 그 많은 부분은 광고 에이전시의 몫이었어요. 그래서 스스로 물었죠. 만약 얼리어답터들을 데려다 깔때기의 맨 위에 놓으면 어떨까?

1998년, 원저는 〈WSF〉를 콘데나스트Conde Nast에 매각했다. 그리고 마케팅 용어로 공동 창조를 뜻하는 '코크리에이션co-creation' 철학에 따라 전략 및 연구기관인 레이더 커뮤니케이션스Radar Communications를 시작했다. 코크리에이션은 사용자가 단지 구매자로 끝나지 않고 파트너로서 제품 제작과 의사소통 과정에 참여한다는 뜻이다. 그는 볼더의 문화와 나이키Nike에서 많은 영향을 받았다. "나이키는 이 전략을 멋지게 해냈죠. 비행기로 제 아내와 아내 친구인 프로 운동선수들을 포틀랜드로 데려가 며칠 동안 머물도록 했습니다. 거기서 이야기도 나누고 운동도 하고 디자이너들과 함께 일도 하는 겁니다. 이런 것이 사용자 생성 제품이라는 거죠. 그러고 나서 참여자들의 의견을 담은 제품이 나옵니다."

윈저는 자신의 철학을 담은 책도 출간했다. "출판사에서 제목을 '비욘드 더 브랜드Beyond the Brand'로 지었습니다. 저는 코크리에이션이라고 하고 싶었는데 절대 안 된다고 하더군요. 사용자 중심의 마케팅은 안 된다면서요."

윈저는 프로 여자 선수들을 사용자-마케팅 전문가-디자이너로 연결되는 파트너십의 첫 대상으로 정했다. 프로 선수들은 무언가 만지고 고치는 데 타고난 사람들이다. "볼더에는 이런 사람들이 수두룩합니다. 등산 전문가들은 좀더 손쉬운 등반을 위해서 장비를 고치죠. 인라인 스케이터들은 스케이트를 조정하고요. 노르딕 스키선수들은 스키를 깎고 만지는 일에 전문가죠. 자기 필요에 맞게 수선하고 조정할 수 있는 기술이 뛰어난 사람이 시합에서 우승할 확률도 높습니다."

하지만 레이더는 곧 운동선수에 더해 다른 분야에까지 동반자 관계 형태의 작업을 이어갔다. 먼저 리바이스Levis의 상징적 브랜드 구축을 도왔다 (리바이스가 시그니처 라인Signature Line이라는 새로운 제품 라인을 구축하는 일을 돕기 위해 엄마와 열두 살짜리 딸 15쌍을 디자이너와 연결시켰다). 그리고 토요타 Toyota, 인텔 Intel, 휼렛패커드 Hewlett-Packard 와도 마케팅 작업을 했다.

15년 이상 회사 두 곳을 관리하고 있는 윈저의 인상적인 성공은 간단한 마케팅 철학을 따랐기에 가능했다. 그건 바로 사용자를 파트너로 생각하라는 것이다.

〈WSF〉와 레이더는 여느 회사와 다른 마케팅 방식을 받아들였다. 이들은 독자에게 관심도 없는 제품을 사라고 말하지 않았다. 오히려 정반대였다. 누구에게 제품을 팔고 어떤 방식으로 시장에 내놓고 심지어 무엇을 만들어야 할지에 대한 이해를 높이기 위해 독자들을 초대했다. 이들에게 독자는 판매를 도와주고, 아이디어 창출을 이끌어주는 파트너였던 셈이다. 2007년, 윈저는 레이더를 다른 광고대행사인 크리스핀 포터 + 보거스키Crispin + Bogusky에 매각했다. 하지만 윈저의 여정은 아직 끝나지 않았다.

크라우드소싱으로 창의적인 아이디어 구하기

윈저는 레이더를 매각한 후 크리스핀 포터 + 보거스키(이하 'CPB')에 합류해 전략과 제품 혁신을 관리했다. CPB는 현재 알렉스 보거스키Alex Bogusky가 이끄는 자칭 창의적 공장이다. 윈저의 말에 따르면 보거스키는 "창의성이 뛰어난 천재이자 괴짜에다 훌륭한 아이디어 공장"이라고 한다. CPB는 버거킹Burger King, BMW의 미니Mini, 나이키, 금연공익광고Truth.com, 마이크로소프트의 '아이 엠 어 피시I am a PC' 광고 작업을 맡았다. 200명이던 직원은 2년 만에 1,200명으로 늘어났다. 광고 산업의 대명사라 할 수 있는 매디슨 애비뉴Madison Avenue를 뒤로 하고 볼더에 본사를 마련했다. CPB가 유명한 이유 중 하나는 일거리를 따내기 위해 사업체를 설득하려 들지 않는다는 사실이다. 반대로, 사업체들이 CPB를 찾아온다. CPB는 창의적 작품을 만들어내며 업계 언론에서 선정하는 '올해의 미디어 에이전시상'을 열세 번이나 수상했다. 2010년에 〈애드버타이징 에이지〉는 CPB를 "최근 10년, 최고의 미디어 에이전시Media Agency of the Decade'로 선정했다.

2009년, 보거스키와 윈저는 제품 디자인과 마케팅에 도입한 CPB의 기본 철학을 설명하는 책《베이크드 인Baked In》을 펴냈다. 이 책의 중심 주제는 행동이 통합되어야 한다는 것이다. "먼저 제품을 만들고 마케팅을 생각하기보다는 비즈니스와 제품이 소비자의 기호에 맞춰 움직여야 한다." 이 철학은 윈저가 초기에 〈WSF〉와 레이더에 적용했던 철학과 부분적으로 일치했다. 이제 이들은 자신의 철학을 더 넓은 시험무대에 올려볼 생각이었다.

2010년 즈음에 CPB는 감당하기 힘들 정도로 많은 작업을 하고 있었다. "그러다가 브라모Brammo 모터사이클이라는, 비교적 작은 규모의 고객에게서 의뢰가 들어왔습니다. 로고를 디자인해달라고요. 당시에 할 일이 엄청 많았는데 그래도 그 일은 열정 프로젝트였으니까 우리가 하기로 했죠." 그러기 위해서 CPB는 스스로의 한계를 넘어서는 실험을 하기로 했다.

예전에 벤 말본이란 친구를 만났는데 BBH 랩스의 로고를 크라우드소싱crowdsourcing하기로 결정했다더군요. 크라우드스프링crowd-SPRING이라는 오픈 플랫폼을 사용해서요. 크라우드스프링 플랫폼에서는, 모두가 볼 수 있도록 의견들을 올리고, 이에 대해 구매자가 계속해서 점수를 매기며 피드백을 하게 됩니다. 구매자가 선호하는 방식으로 대중이 제시하는 아이디어를 만들어갈 수 있다는 말이죠.

업계 반응은 예상대로였습니다. "업계에 손해를 입힐 행동은 하지 마시라." 알렉스와 저는 서로 얼굴을 쳐다보다가 외쳤죠. "야, 이거 멋진데." 그래서 브라모 로고 작업에 크라우드스프링을 사용하기로 결심했습니다.

CPB는 브라모 작업에 대한 간단한 설명서를 만들어 크라우드스프링에 올렸다. 그리고 우승 상금으로 1만 달러를 걸었다. "그동안 크라우드스프링 플랫폼에서 제시된 어떤 금액보다 높은, 10배나 많은 상금이었죠. 게다가 고객을 대표해서 크라우드소싱으로 아이디어를 얻는 광고 회사는 우리가 처음이었습니다."

이 대회 첫 주에만 수천 명의 디자이너들이 몰려들었다. 이후 보거스키와 윈저는 온전히 크라우드소싱 원칙을 기반으로 하는 새로운 미디어 에이전시를 만들기 위한 사업계획에 들어갔다.

모기업에서는 농담하지 말라는 식의 반응을 보였습니다. 업계 전체의 수익에 타격을 줄 수 있다고요. 그래서 제가 나가서 벤처 자금을 구해오고 볼더에 있는 친구 몇 명을 데려왔습니다. 그리고 빅터스앤드스포일스를 시작했죠.

윈저의 세상은 빠르게 변하고 있었다. 25년 전에 사용자들을 마케팅 작업에 초청했던 일이 이제 마케팅을 둘러싼 '열린' 철학으로 성장했다. 사용자와 디자이너를 초청하고, 마케팅 아이디어와 전략에 도움을 줄 수 있는 사람이면 누구나 초청해 협업하는 등 범위가 넓어졌다. 다른 사람들과 맞서는 대신 그들을 모두 초대해 협업하는 것이다. 원저는 당시 겪은 갈등에 대해 이렇게 말한다.

전통적인 마케팅 세상에서는 우리 대 그들이죠. 회사 대 고객. 마치 두 그룹의 관심사가 다르다는 듯 말입니다. 하지만 애플Apple, 나이키, 파타고니아 같은 위대한 브랜드와 마케팅 전문가들을 보십시오. 이들은 다른 방식을 도입했습니다. 나이키 본사에 가서 둘러보면 이런 말이 나옵니다. "아, 저 사람은 고객이네. 저 사람은 운동선수군. 저 사람은 디자이너야." 모든 사람들이 그곳에 다 있단 말입니다. 그게 제가 말하는 추이대eco-tone라는 겁니다. 서로 다른 생태계가 만나는 전이지역이죠. 예를 들어서, 습지와 숲이라는 두 지역이 있으면 추이대에서는 양쪽의 특성을 갖춘 식물들이 공존하면서 번성합니다. 추이대가 양쪽 모두에 연료를 제공하는 역할을 하는 겁니다. 뛰어난 마케팅 전문가일수록 이 추이대가 넓습니다. 더 이상 우리 대 그들로 나누는 개념이 아닌 거죠.

최상의 마케팅 효과를 위해
공동 창조에 연결 관계 더하기

사용자 연결 관계 I _쳐다보기에서 공유하기로
파트너 관계와 공동 창조는 사용자 중심적 마케팅의 예라 할 수 있다. 여기에 연결 관계를 더하면 더 멀리 갈 수 있다. 원저는 대학 시절,

자신의 사고 틀을 형성하는 계기가 되었던 일에 대해 설명해주었다.

우리 집안은 5대째 출판 가족이었습니다. 대학 시절, 여름방학이면 늘 일리노이 주의 〈캔턴 데일리 레저〉라는 신문을 발행하는 아버지를 도와드렸습니다. 어느 날 지역 소식을 다루는 부서에서 일을 돕고 있었는데, 그때 캔턴 시의 양로원에 사는 나이 드신 여성분들이 큰 도시를 방문한 기사가 있었어요. 베티 할머니가 치즈버거를 드셨고, 또 줄리 할머니는 프라이하고 쉐이크를 드셨다는 내용이었지요. 그래서 제가 "아버지, 이건 아닙니다. 대학에 다니는 제가 이런 기사를 쓰다니요. 어떤 할머니가 뭘 드셨는지 이런 걸 누가 신경 쓰겠어요?"라고 말씀드렸죠. 그랬더니 아버지가 저를 나무라시면서 말씀하시더군요. "너는 세상을 모르는구나. 신문을 파는 방법은 간단해. 독자에 관해서, 독자에 의해, 독자를 위해 신문을 만들면 된다. 그것이 네가 쓰는 글에 대한 흥미를 불러일으키는 방법이지. 왜냐하면, 줄리가 양로원에서 그 신문을 읽으면 자기 친구들에게 기사 얘기를 하겠지. 그러면 모두들 그 신문을 살 테고. 그런 게 공동체 활동이라는 거다."
그때 아버지가 해주신 말씀이 제가 하는 모든 일에 큰 영향을 미쳤죠.

당신의 광고를 고객들이 좋아하게 만들 수 있으면 좋다. 당신의 제품을 좋아하게 만들 수 있으면 더욱 좋다. 이때 광고는 회사가 전달하는 메시지에서 끝나지 않고 고객에게 옮겨가며 고객에게서 고객으로 전달되는 메시지가 된다. 그것이 공유 또는 요즘 우리가 흔히 말하는 '바이럴 광고viral advertising'다. 이는 사용자 연결 관계의 또 다른 표현이기도 하다.

바이럴 광고, 입소문, 소셜 광고라는 용어들이 요즘 대세를 이루고 있다. 하지만 무엇이 광고 공유를 하도록 만드는지 정확히 이해하기는 힘들다. 왜 특정 텔레비전 광고는 입소문이 나는 것일까? 친구들끼리의 뉴스 기사 공유가 증가하는 이유는 무엇일까? 왜 어떤 메시지는 다른 메시지들에 비해 더 많이 리트윗되는 걸까?

마케팅 전문가들은 오래전부터 이에 대한 연구를 계속했다. 그리고 다음과 같이 몇 가지 해답을 제시하고 있다. 텔레비전 광고의 입소문에 대한 연구에서는 이렇게 결론짓는다. 유머를 섞은 광고를 만들면 더 많은 사람들이 볼 테지만, 너무 충격적이면 공유가 줄어들 거라고. 〈뉴욕타임스〉 기사 공유에 대한 연구의 결론은 이렇다. 경외감이나 분노를 담은 기사는 더 많은 공유를 이끌어내지만, 슬픔을 야기하는 기사는 공유하지 않을 것이다.

놀라운 정보, 유용한 정보가 공유를 증가시킨다고 한다. 일부 회사에서는 '꾸며진 입소문engineering virality'을 위주로 한 비즈니스를 구축하려고도 한다. 광고 회사인 매커니즘Mekanism은 2000년에 설립된 이후 몇 년간 성공적인 모습을 보이고 있다. 이 회사가 성공을 거두는 데는 '유료 영향력자paid influencers' 덕이 컸다. 다시 말해, '입소문을 내는 대가로 보상을 받는 팔로워들을 많이 거느린 사람들' 덕분에 어느 정도의 성공을 거둘 수 있었다는 말이다.

입소문 위주로 비즈니스를 구축하려 노력하는 곳 중에서 가장 유명한 곳으로 〈버즈피드〉를 들 수 있다. MIT를 졸업하고 〈허핑턴포스트〉 발행인으로 활동했던 조나 페레티는 2006년에 '사회적인 것을 만드는 일'에 착수했다. 처음에는 이미 일어난 일들을 가지고 할 수밖에 없었다. 〈버즈피드〉는 이미 돌아다니고 있는 이야기들을 알아낸 다음 그 이야기들을 자기 사이트에 올려놓았다.

시간이 흐른 뒤 전략을 조금 바꿨다. 그저 입소문 위에 올라타기보다 예측을 하는 방향으로 이동한 것이다. 〈버즈피드〉는 자사의 '입소문 끌어올리기' 측면에서 콘텐츠 하나하나를 추적했다. 각 SNS에서 무엇이 공유라는 행동을 만들어내는지 이해할 수 있도록 트위터Twitter와 페이스북, 핀터레스트Pinterest의 공유성shareability을 모두 분리했다. 끊임없는 추적, 알고리즘을 활용한 이야기 교체는 어떤 콘텐츠가 공유되고 있는지 알 수 있게 해주었다. 그리고 편집팀은 이 정보를 통해 배울 점을 찾아내 받아들였다.

아마도 〈버즈피드〉 방식 중 가장 흥미를 끈 점은 일견 가장 과학적인 접근방식이었다. 2007년 페레티는 네트워크 사회학자인 덩컨 와츠Duncan Watts(소셜 네트워크 분야에서 '작은 세상' 연결 구조에 관한 연구로 유명하며 현재는 〈버즈피드〉 고문으로 재직중)와 함께 〈하버드 비즈니스 리뷰Harvard Business Review〉에 기고한 글에서 전염병 퍼지듯 입소문이 나게 만드는 방식에 대해 설명했다. 이들의 글에서는 전염병의 확산을 'R=b×z'라는 간단한 등식으로 설명하고 있다. R은 증식률 또는 기존 감염자에 의해 생성되는 새로운 감염자의 예상 숫자를 뜻한다. b는 한 사람과 다른 사람 사이에 병의 전염이 발생하는 확률을, 그리고 z는 누군가가 '감염시킬 수 있는' 사람들의 평균 숫자를 뜻한다.

통념상 R이 1보다 크면 한 사람이 감염시키는 사람들의 수는 한 사람 이상이 되면서 유행성으로 급속히 확산될 것이라고 했다. 만약 R이 1보다 작으면 확산될 확률은 줄어들고 '실패'하게 될 것이라는 뜻이다.

하지만 와츠와 페레티는 "전염병 비유에는 치명적인 흠이 있었다"고 했다. 확산 속도가 증식률뿐만 아니라 처음부터 감염된 사람의 숫자에 영향을 받기 때문이다. 전염병은 한 사람에서부터 시작하기 때문에 확산되려면 R의 수치가 높아야만 한다. 하지만 광고 캠페인은 바이럴하기 위해 처음부터 많은 사람에게 한꺼번에 '씨를 뿌릴 수' 있다. 따라서 증식률이 낮아도 구전성virality을 높일 수 있다. (프록터앤드갬블Procter & Gamble의 빨래 세제인 타이드 콜드워터 광고는 0.041이라는 낮은 증식률을 기록했다. 하지만 90만 명이라는 많은 사람에게 씨앗을 심으면서 시작했기 때문에 그것만으로도 4만 명에게 추가적으로 확산될 수 있었다.)

사실 페레티와 와츠는 이런 생각을 품었던 것이다. 많은 수의 전달자를 생성해내기 위해 텔레비전, 이메일 리스트 또는 직접적인 인터넷 광고 기회를 통해서 전통적인 미디어 캠페인들과 결합하며, 체계적인 지식을 공유하자는 생각 말이다.

페레티와 와츠는 입소문 전략의 비밀을 푸는 자신의 방식에 대해 솔직하게 말했다. "한번에 많은 사람에게 씨를 심는 우리의 방법은 사실 진정한 바이럴 마케팅이 아닙니다. 하지만 실행하기가 간단하고, 비용이 낮아 광고 수익률을 확실하게 향상시킬 수 있습니다."

2014년, 〈버즈피드〉는 전 세계에서 가장 빠르게 성장하는 웹사이트 중 하나로 매달 1억 5,000만 명의 순방문자를 끌어들이고 있었다.

〈뉴욕타임스〉의 2배에 이르는 방문객 수다. 이것이 공유의 힘이고 사용자 연결 관계의 힘이다. 그럼에도 아직 갈 길은 멀었다.

〈버즈피드〉의 바이럴 모델은 급속하고 인상적으로 성장했고, 바이럴 효과를 예측하는 어쩌면 가장 과학적인 방식이다. 그럼에도 〈버즈피드〉의 바이럴 모델에서 활발한 역할을 하는 변수는 기껏해야 몇 개에 불과했다. 예를 들면, 유머, 동물, 목록 그리고 사진이었다. 보고서에 쓰인 내용에는 "고양이에 관한 이야기가 상당히 공유도가 높았다"고 되어 있다. 입소문을 내는 것이 무엇일지 예측하는 일은 여전히 힘들었다. 〈버즈피드〉의 예측모델은 콘텐츠에 따라 구전성에서 20퍼센트 미만의 다양성을 보였다. 콘텐츠들 간에 그만큼의 차이가 있다는 말이다.

동일한 캠페인을 위해 여러 개의 이야기를 만들어낸 다음 A/B 테스트로 네이티브 광고 콘텐츠를 실험해도 마찬가지였다. "사용자들이 많이 선택한 이야기는 더 많은 공간과 더 좋은 자리를 차지했고, 선택하지 않은 이야기는 힘을 쓰지 못했습니다." 하지만 실제로 무엇이 그 차이를 만드는지는 알 수 없었다.

연결 관계는 발견하고 나면 강력하다. 하지만 연결 관계가 무엇인지 알아내서 인공적으로 만들어내기는 힘들다. 그렇지만 와츠의 말대로 완전히 쓸모없는 일은 아니다. "돈을 벌 수 있으니까요. 버즈피드 예측모델의 정확도가 경쟁사보다 높으면 끝내주는 거죠."

사용자 연결 관계 II _개인에서 공동체로

2011년 11월, 파타고니아는 〈뉴욕타임스〉에 다음과 같은 전면 광고를 실었다. "이 재킷을 사지 마십시오." 광고에 나온 재킷은 파타고니아가 만든 제품이었다.

고객들에게 자사의 옷을 사지 말라니, 도대체 왜 그랬을까? 파타고니아는 웹사이트를 통해 이렇게 설명했다.

> 이제는 우리가 회사라는 주체로서 소비지상주의 문제를 본격적으로 해결해야 할 때다. 우리의 환경 발자국environmental footprint을 줄이기 위해 모두가 덜 소비해야 한다. 생산 제품의 수를 줄이되 고품질의 제품을 만들어야 한다. 고객들은 구매하기 전에 다시 한 번 생각해보아야 한다.

마음에도 없는 광고로 제품을 더 팔려는 상술일까? 파타고니아는 그런 의심에 이렇게 답한다.

> 하지만 우리는 제품을 만들고 파는 비즈니스를 한다. 직원들의 생계가 달려 있는 문제다. 게다가 우리 비즈니스는 성장하고 있고, 새

로운 상점들을 열고 있으며, 더 많은 상품 안내서를 보내고 있다. 우리를 위선적이라고 비난하는 사람들에게 우리 회사가 할 수 있는 말은 무엇인가?

환경 위기에 대한 해법을 수립하고 실행하는 것은 우리 임무의 일부다. 우리가 고객들에게 제품을 구매하기 전에 다시 한 번 생각해보라고 권유하지도 않으면서 환경 변화를 위해 일한다고 한다면 바로 그것이 위선이다.

소비를 줄여야 할 필요성에 대해 고심하는 것은 위선이 아니다. 그와 반대로, 사람들이 필요하지도 않은 것들을 더 많이 만들고 더 많이 파는 행태를 기반으로 건강한 경제가 세워질 수 있다고 생각하는 것이야말로 어리석은 생각이다. 더 많은 구매가 이루어져야 한다고 말하는 사람들은 잘못되었다. 이제 그것이 잘못되었음을 믿는 사람들이 나설 때가 되었다.

그럼에도 파타고니아는 성장하는 비즈니스이고 우리는 이 비즈니스가 오랫동안 이어지길 바란다. 우리가 파는 모든 것들이 유용하고, 필요한 곳에서 여러 기능을 수행하며, 오래 가고, 아름답되 유행에 사로잡히지 않는 제품이 되기 위해 노력한다. 이를 통해 우리의 진심(또는 위선)이 드러날 것이다. 우리는 아직 그곳에 완전히 다다르지 못했다. 모든 제품이 위의 모든 기준에 다 부합하지는 않는다.

그다음 해, 파타고니아는 영상 한 편을 제작했다. 새 옷을 사기보다는 헌 옷을 수선하라며, 고객들을 장려하는 의미에서 해진 의류를 뜻하는 '원 웨어Worn Wear'라는 제목을 붙인 영상이었다. 그리고 옷을 수선해 입으라며 수선 키트를 제공하기도 했다.

파타고니아는 1973년 요세미티 암벽등반가인 이본 취나드Yvon Chouinard가 환경 운동에 힘쓰겠다는 마음으로 설립한 회사다. 파타고니아의 미션은 "최고의 제품을 만들고 불필요한 해를 유발하지 않으며, 환경 위기에 대한 해법을 수립하고 실행하는 것"이다. 다소 유별난 방법을 사용해서 이상한 기업으로 보이기도 했지만, 사람들은 파타고니아의 뿌리와 미션에 일관성이 있음을 인정해주었다.

회사는 오프라인 상점이 아닌 카탈로그를 통해 제품을 판매했다. 그리고 카탈로그는 1년에 두 번만 만들었다. 주문을 원하는 사람들은 자신이 요금을 부담하고 전화를 걸어야 했다. 하지만 등반 위치에 관한 정보를 찾는 사람들은 수신자 요금 부담 전화를 걸 수 있었다. 파타고니아는 설문조사도 포커스그룹도 고객 조사도 활용하지 않았다. 직원들 스스로가 자신을 위해 옷을 만드는 '완고한' 고객이나 다름없었기 때문이다. 회사는 직원들에게 시간을 내서 서핑을 다니라고 장려했고 그들은 그 누구보다 오래 입을 수 있는 옷을 만든다는 자부심을 지녔다.

파타고니아의 광고와 영상을 마케팅 캠페인의 시각에서만 보면 뭔가 이상하고 조작된 냄새가 난다는 의심이 들기도 한다. 하지만 회사의 역사 전체를 살펴보면 늘 일관된 모습을 보였다는 사실을 알 수 있다.

파타고니아가 놀라운 성장을 이어갈 수 있는 진짜 이유는, 고객들의 충성도가 높고 '광신도 집단'(경쟁사들은 이렇게 부른다)의 행태를 보이며, 좋은 제품을 생산하고, 그 제품들을 광고하고, 파는 능력이 뛰어난 데 있는 것이 아니다. 파타고니아가 성장을 지속하는 이유는 오랜 기간에 걸쳐 구축한 회사의 '공동체', 즉 사용자, 직원, 등반가, 환경운동가로 이루어진 집단에 있다. 파타고니아의 강점은 이들을 모두 연결 관계로 묶었다는 데 있다.

"이 재킷을 사지 마십시오"라는 광고를 내보내고 2년이 지난 후 파타고니아는 40퍼센트의 성장을 기록했다. 원 웨어 영상은 5개월도 되지 않아 자사 브랜드에 관한 트래픽을 4배나 증가시켰다. 게다가 돈을 들이지 않고도 언론의 관심을 끌었다. 비용을 지불하지 않고 소셜 미디어와 입소문을 통해 소비자의 신뢰와 평판을 얻었다. 전문가들이 말하는 '언드 미디어earned media'가 바로 이런 것이다.

사용자 연결 관계 Ⅲ _구매하기에서 베풀기로

블랙프라이데이를 기다리지 않는 사람들이 많아지고 있다. 쇼핑객들은 긴 줄에 서서 오랜 시간을 기다리며 불편을 겪고, 재고는 금방 떨어진다. 게다가 이런 상황이 며칠 동안 이어진다. 유통업자들도 욕을 먹는다. 여느 해와 마찬가지로 2014년에도 쇼핑객들은 매장 직원들의 불친절과 무례한 서비스에 불만을 토로했다. 고객들은, 유통업자들이 블랙프라이데이에 대해 소비자를 도와주는 날이 아니라 돈을 벌어들이는 날로 여긴다고 생각했다. 즐거워야 할 '징글 벨Jingle Bell'이 우울하게 들리기 시작한 것이다.

이때 제이씨페니JC Penny는 새로운 방법을 시도하기로 결정한다. 12월 3일, 페니는 '베푸는 행위'로 몇몇 쇼핑객을 놀라게 했다. 몇몇 고객들에게 처음 보는 사람들이 다가갔다. 고객에게 다가간 사람들은 베풀기 캠페인에 참가해 달라는 매장 측의 즉석 부탁을 받고 응한 사람들이었다. 이들은 쇼핑객들에게 다가가 깜짝 선물을 주겠다고 했다. 제안을 받은 쇼핑객은 상점에 있는 어떤 제품이든, 가격이 얼마든 간에 그날만은 무료로 그 제품을 선물로 받을 수 있었다. 선물을 받은 사람들은 놀라서 아무 말도 못하다가 고마워하고 감동했다. 감동받은 사람은 선물을 받은 사람뿐 아니라 선물을 준 사람도 마찬가지였다. 이 모든 것은 영상에 담겼고 '주는 것이 받는 것보다 더 낫지 않나요?'라는 제목의 광고로 나왔다.

이 광고에 냉소적인 반응을 보인 사람들은 유통업자가 사람들을 끌어들이기 위해, 자선 행위를 가장한 술수를 부린다고 생각했다. 그런데 반전이 있었다. 영상에서 선물을 준 사람과 받은 사람이 전혀 모르는 사이라는 사실이었다. 획기적인 아이디어가 많이 시도되는 요즘에도 보기 힘든 강력한 아이디어였다. 그 사실이 밝혀지면서 상황이 180도 바뀌었다. 그 사실을 안 사람들이 영상을 공유하기 시작한 것이다.

이 캠페인은 빅터스앤드스포일스의 아이디어였다. 윈저는 이 광고가 나가기 하루 전에 내게 그 광고를 만들게 된 이야기를 해주었다.

휴일이나 연휴에 하는 쇼핑에는 긴장감이나 갈등이 있다고 생각했습니다. 미국 사람이라면 누구나 블랙프라이데이에 벌어지는 과소비에 혐오감을 느낄 수밖에 없죠. 그래서 제이씨페니 같은 곳에서 이런 갈등을 주제로 하면 상당히 멋질 것 같다고 설득했습니다. 그저 간단한 질문 하나면 되는 것이었거든요. "주는 것이 받는 것보다 더 중요하지 않습니까?"

제이씨페니도 대단했죠. 과감하게도 광고에 자사 로고를 넣지 않아도 좋다고 하더군요. 그 영상에는 '#JustGotJingled'라는 해시태그만 나옵니다. 물론 제이씨페니가 만들었다는 것을 알리는 힌트가 있긴 하지만요. 어쨌든 본 취지는 남들이 물건을 얼마나 싸게 팔고 얼마나 좋은 물건들이 많은지 선전하는 일에만 몰두할 때 당신은 엉뚱한 방향으로 가게 된다는 것입니다. 제이씨페니는 이렇게 묻는 거죠. "베풂이 진정한 크리스마스의 정신 아닐까요?"

우리는 그 점이 변화를 불러올 것이라 예상했습니다. 게다가 가장 좋았던 점은 제이씨페니의 DNA에 원래부터 그런 정신이 들어 있었다는 것이죠. 회사 설립자인 페니 씨가 예전부터 좋아하고 자주 하는 말씀이 있어요. "남에게 대접받고자 하는 대로 남을 대접하라."

이 영상에 나오는 사람들은 눈물을 흘립니다. 이 영상을 보는 사람도 눈물을 흘리게 될 겁니다. 이 영상은 우리가 어떤 생각을 갖고 살아야 하는지에 대한 핵심을 묻기 때문에 강력한 힘을 발휘하죠. 저는 그렇게 생각합니다. 이 영상을 보는 사람 모두 이런 말을 할 겁니다. "나도 저 공동체의 일원이면 얼마나 좋을까."

그 광고는 효과가 있었다. 1주일이 지나서 'Just Got Jingled' 영상은 트위터에서만 300만이 넘는 공유 횟수를 기록하며 역대 가장 많이 본 광고 2위에 올랐다. 그 광고가 효과를 본 데는 두 가지 이유가 있다. 첫째, 사람들의 마음을 흔들었다. 사람들이 자신에 대해 좋은 기분을 느끼도록 만들어준 것이다. 둘째, 자신과 다른 사람들을 연결시켜주었다.

이 이야기는 사회적 연결 관계를 이루는 것이 무엇인지에 대해 가르침을 준다. 그리고 기업이 사람들을 이용하기가 왜 그토록 어려운지 알려준다. 나의 옛 동료인 미콜라이 피스코르스키Mikolaj Piskorski는 사회적 전략 전문가다. 그는 존재하는 거의 대부분의 온라인 소셜 네트워크를 연구한 사람이다. 사회적 연결 관계를 이용하려는 기업들에게 그는 이렇게 조언한다. "더 이상 당신의 제품을 팔기 위해 노력하지 마라. 사회적인 면을 먼저 생각하고 그다음에 제품을 생각하라." 그의 말은 점점 더 힘을 얻고 있으며 진실로 받아들여지고 있다.

연결 관계는 정확히 말해 사람들을 연결시키는 일이다. 판매와 영업에 관한 것이 아니다. 먼저 이 부분을 정확히 이해하면 두 번째는 저절로 따라온다.

제품 연결 관계의 시너지 효과

사용자 연결 관계는 그저 좋은 캠페인을 훌륭한 캠페인으로 만들 수 있다. 미디어를 연결시키는 것도 도움이 된다.

광고주 또는 에이전시에게 가장 최근에 했던 광고에 대해 물어보라. 아마도 텔레비전이나 라디오나 하나의 매체만을 거론하는 대답이 나올 확률이 높다. 혹시 그 텔레비전 광고를 보았느냐 아니면 그 페이스북 캠페인을 보았느냐는 식으로 말이다. 이것이 우리가 광고 캠페인을 기억하는 방법이다. 내 말의 요지는, 두 가지 매체를 연결시켜 활용했을 확률이 거의 없다는 것이다. 모든 미디어를 동시에 사용하거나 진정으로 통합하는 캠페인에 대해서 언급하는 경우는 거의 없다. 그래서 이렇게 생각할 수도 있다. 텔레비전, 트위터, 페이스북처럼 실시간으로 상호작용하는 미디어 캠페인에 인쇄 광고는 어울리지 않는다고 말이다. 다시 생각해보기 바란다.

2010년, 힙합계의 초대형 스타인 제이 지Jay-Z는 자신의 첫 번째 책,《디코디드Decoded》출판을 앞두고 있었다. 제이 지의 여느 프로젝트들처럼 이번 프로젝트도 뭔가 다른 점이 있었다. 이 책은 단순한 전기가 아니라 '서정적인 회고록'으로, 이 책에서 제이 지는 자신의 도발적인 노래들 속에 숨겨진 의미를 전하고 있다. 책의 홍보를 위해 뭔가 색다른 것을 찾던 제이 지는 드로가5 Droga5에게 도움을 요청했다. 드로가5는 퓨마Puma, 크래프트 Kraft, 프루덴셜Prudential의 캠페인을 맡았고, 올해의 미디어 에이전시상을 수상하면서 업계의 주목을 받은 스타트업 크리에이티브 에이전시다.

책 홍보를 계획하던 드로가5는 자사의 기준에 비추어 봐도 특이하다 싶은 방식을 사용했다. 드로가5는 텔레비전, 광고 게시판, 페이스북, 트위터 등 모든 종류의 대중 전달 기관을 하나로 묶는 캠페인을 기획했다. 그리고 여기에는 수영장과 음식점 메뉴판에서 전철역과 버스 정류장에 이르기까지, 실질적인 옥외 장소가 광고 공간으로 사용될 계획이었다.

이 캠페인은 보물찾기 게임과도 같았다. 책의 페이지 하나하나가 마치 하나의 광고처럼 전 세계에 걸친 어떤 장소나 위치에서 모습을 드러내도록 했다. 그리고 그 광고를 찾아보라는 식의 캠페인을 진행한 것이다. 페이지는 하루에 한 장씩 소개되었다. 그리고 웹사이트에 만든 제이 지 페이지에서 그 위치를 찾아낼 수 있는 힌트를 제공하는 방식으로, 치밀하고 영리하게 연결되어 있었다. 예를 들면, 책에서 제이 지의 음식점 설명이 나오는 페이지를 식당의 메뉴판에 숨겨놓는 것이다. 이 게임에 참여하는 사람들은 오로지 빙Bing의 서치 엔진에서만 힌트를 얻을 수 있었고, 빙의 지도 서비스를 통해 위치를 파악할 수 있었다.

구글의 대항마로 마이크로소프트가 내놓은 검색 사이트 빙은 제이 지, 드로가 5와 함께 통합 온라인 게임을 만드는 일에 합류했다. 이 게임의 참가자는 이렇게 찾아낸 책의 페이지들을 모아 자신만을 위한 디지털 형식의 책 한 권을 만들 수 있었다. 모든 페이지 또는 광고를 다 찾아내 책을 완성한 사람에게는 제이 지 콘서트 평생 출입 티켓 2장이 주어졌다.

이 캠페인은 효과가 있었다. 10억 회의 미디어 노출 수를 기록했으며, 투자비용 200만 달러의 2배에 이르는 수익을 거둬들였다(마이크로소프트의 빙은 그해 가장 높은 시장점유 증가율을 기록했다). 그리고 책은 〈뉴욕타임스〉 베스트셀러 목록 3위에 올랐다.

책의 제목처럼 암호를 푸는 이 캠페인은, 서로 다른 정보 전달 기관에 똑같은 광고를 늘어놓지 않았다. 각 정보 전달 기관은 콘텐츠와 중요한 연관이 있는 곳이 선택되었다. 기관의 수가 적었으면 효과가 없었을 것이다. 각 정보 전달 수단은 나머지 수단들 없이는 힘을 발휘하지 못했을 것이다. 한마디로 진정한 통합 캠페인이었던 것이다. 1 더하기 1을 30으로 만든 캠페인이었다.

다른 광고주들이라고 이런 방식이 싫어서 하지 않는 것은 아니다.

560

이런 캠페인을 성사시킬 수 있을 만큼 조직화되어 있지 않기 때문이다. 일반적으로 에이전시들은 '수직적' 미디어 형태로 되어 있다. 예를 들면, 텔레비전 부문, 라디오 부문, 소셜 미디어 부문 등으로 조직되어 있다.

고객 또한 마찬가지다. 디지털 미디어 담당자, 텔레비전 담당자 등 모두가 CMO에게 보고하는 식이다. 따라서 마케팅 캠페인을 진행하는 일은 10개의 서로 다른 미디어 캠페인을 진행하는 일과 같다. 각 부문이 자기 몫을 주장한다. 설사 회사에서 통합된 프로그램을 만들어낸다 해도 그 효과를 알아내기 힘들다. 닐슨을 비롯해 측정 기관들은 전체 미디어에 걸친 광고 효과를 추적할 만한 체계를 갖추지 못하고 있다. 광고 매체 하나하나에 대한 개별 데이터를 수집하기 때문이다.

하지만 조직에서 제품 연결 관계를 관리하고 활용하고자 노력하면서 이 방식은 느리게나마 조금씩 변하고 있다. 에이전시는 조직 내 이기주의를 극복할 방안을 찾아가고 있으며, 회사들은 그런 기회를 이용하기 위해 조직을 바꿔가는 중이다. 그리고 2014년, 닐슨은 좀 더 통합된 데이터 수집과 보고 체계를 구축하며 변화하는 중이다. 미디어 연결 관계의 힘을 인식하고 이를 활용하려 노력하고 있다.

다수의 미디어 채널이 또 무엇을 동시에 제공할 수 있는지 다른 사례를 살펴보도록 하자.

유니레버Unilever의 도브 비누는 90여 개 나라에서 판매되는, 가장 인지도가 높은 소비재 중 하나다. 2014년, 도브의 글로벌 디지털팀은 글로벌 디지털 서밋에서 고객의 요구를 미리 파악해 제시하는 사고 리더십thought leadership을 찾고 있었다. 도브는 빅터스앤드스포일스, 페이스북, 구글, 핀터레스트 등 몇몇 회사를 초대해 프레젠테이션할 기회를 주었다. 윈저는 그때 일에 대해 이렇게 이야기한다.

각 회사가 자기 생각을 밝히고 다른 회사가 프레젠테이션하는 모습을 지켜보았습니다. 보통 그런 일은 자주 없는데, 어쨌든 그때는 플랫폼이 서로 경쟁적이지 않아서 그게 가능했던 것 같아요.

페이스북 담당자가 일어나더니 몇 가지 인상적인 것들을 보여주었습니다. 영상에 등장하는 사람을 여러 민족으로 바꿔가면서 현지 시장에 맞게 다듬어진 광고 같은 것들이었죠. 그리고 각 시장에서 얼마나 영향력을 발휘했는지 결과를 데이터로 보여줬는데, 증가율이 엄청나더군요. 그리고 페이스북 스튜디오에 관해 설명하는 부분이 정말 흥미로웠습니다. 기본적으로 사내 광고 에이전시나 마찬가지라는 생각이 들었습니다. 그런데 나중에 이러더라고요. "따로 작업하는 일이 없어서 도브를 위한 30초짜리 영상을 만들어보았습니다." 그러고는 프레젠테이션하는 동안 그 30초짜리 영상을 다 틀었습니다. 아마 보통 광고 에이전시 같았으면 200만 달러를 달라고 했을 만한 영상인데 말입니다. 그런데 그다음에 놀라운 말을 하는 겁니다. "이 광고를 사용하고 싶으면 가져가십시오. 원하지 않으셔도 우리는 개의치 않습니다. 그냥 선물입니다. 우리가 도브에 드리는 선물이요." 나머지 사람들은 멍하니 서로 얼굴만 바라볼 수밖에 없었죠. 그때 이런 생각이 들었습니다. 이제 전통적인 방식의 광고는 끝났구나!

사내 광고 에이전시 스타일로 능력을 갖춰가는 회사는 페이스북만이 아니다. 2014년에는 〈버즈피드〉와 텀블러_{Tumblr}를 비롯해 여러 스타트업들도 똑같은 길을 택했다. 〈버즈피드〉는 고객을 위한 광고 카피 작업에만 전념하는, 90명으로 이루어진 팀을 만들었다. 단순히 말해 이 회사들은 자기 작품을 거저 준다. 왜일까? 자신들이 만든 광고가 품질이 떨어져서도 아니고 싼 값에 광고를 제공해 시장점유율을 높이겠다는 의도 때문도 아니다. 이들이 자기가 제작한 광고를 그냥 주는 이유는 고객들이 자기네 사이트에 와서 더 많은 광고비를 써주기를 바라기 때문이다. 고객이 그렇게만 해준다면 도움이 되는 것은 무엇이든 해줄 수 있다는 뜻이다.

옛날에는 텔레비전, 신문, 라디오 같은 미디어 채널이 광고 에이전시에 미디어 공간을 팔았다. 이제는 인터넷 신생 기업과 대기업처럼 새로운 미디어를 갖춘 퍼블리셔들이 고객들에게 공간을 팔기 위해 광고를 거저 주고 있다. 이들이 에이전시가 되어가고 있었던 것이다. 이와 관련해 원저는 이렇게 말한다.

통합을 통한 강화와 민주화라는 놀라운 역동성이 동시에 발휘되고 있는 겁니다. 민주화라는 측면에서 보면 누구나 창조자가 될 수 있습니다. 누구나 유튜브 영상을 제작할 수 있죠. 통합을 통한 강화라는 측면에서 보면 구글과 페이스북, 그리고 다른 곳들이 이렇게 말하고 있습니다. "우리가 유튜브(또는 다른 사이트)에서 수익을 올릴 수 있는 가장 좋은 방법은 유튜브 스튜디오를 만드는 거야." 이제는 구글이 로스앤젤레스, 런던, 싱가포르, 뉴욕 등 세계 여기저기에 최첨단 스튜디오를 만들고 있습니다. 제가 보기에 이제 에이전시의 시대는 막을 내리고 있습니다.

광고 에이전시는 누구도 겪어보지 못한 미래를 맞이할지도 모른다. 하지만 여기서 핵심은 보완재의 힘이 그 중요성을 다시 한 번 드러낸다는 점이다. 제품을 팔기 위해서 보완재를 무료로 나눠준다. 그리고 광고 에이전시들이 이 부분에서 깨달아야 할 중요한 교훈이 있다. 자신의 핵심 비즈니스가 다른 누군가의 보완재가 될 때는 정신을 차려야 할 때라는 것. 사실 이 교훈은 이미 우리가 알고 있는 것이다.

알고 보면 이런 게임은 새로운 것이 아니다. 원저가 말하듯 과거에 신문과 잡지에서는 늘 이런 게임이 벌어졌다.

어찌 보면 내가 아버지 신문사 〈캔턴 데일리 레저〉에서 일할 때 상황과 똑같아요. 길 아래쪽에 루드럼이라는 식료품점이 있었습니다. 그 식료품점이 우리 신문에 광고를 실으려고 했어요. 그런데 광고를 만들어낼 에이전시가 없는 겁니다. 그래서 제가 루드럼 식료품점에 매일 가서 물어봤지요. 오늘 소고기 가격은 얼마에요? 그러면 주인이 제게 소고기 가격을 알려주고, 저는 돌아와서 그 정보로 '광고'를 만들었습니다. 우리가 무료로 광고를 만들어주지 않았으면 광고료를 받지 못했겠죠.

제가 로키 마운틴 스포츠를 시작했을 때도 마찬가지였습니다. 동네에 달리기 용품을 파는 상점이 있었는데 우리가 물어봤죠. "광고 실어드릴까요?" 그러니까 그 상점에서 "좋아요. 그런데 광고를 만들 수가 없어요"라고 대답하더군요. 그래서 우리가 말했죠. "걱정 마세요. 우리가 만들어드릴게요." 또 우리가 그때 여자 스포츠와 헬스 잡지에 있을 때니까 그 상점 광고에 여자가 없다 싶으면 우리가 여자를 모델로 해서 새로 광고를 만들어주기도 했어요. 무료로 말이죠. 대신에 우리는 광고료를 받았으니까요.

관습을 깬 차별화가 주는 혜택

제이씨페니에게 2013년은 달갑지 않은 해였다. CEO인 론 존슨 Ron Johnson은 취임하고 17개월을 버티다 2012년 분기별 실적에서 '주요 유통업체 역사상 최악'의 성적표를 받고, 결국 4월에 해고당했다. 존슨은 그 몇 해 전에 애플의 전략 수립에 큰 역할을 했던 사람이다. 그리고 그 전략을 기본으로 제이씨페니의 영업 방식을 만들어가려 했다. 할인행사가 사라졌고 매장의 레이아웃은 바뀌었으며 새로운 로고가 디자인되었다. 또 수천 명의 관리자가 해고당했다.

하지만 그 무엇도 도움이 되지 않았다. 가격에 예민한 소비자들은 더 낮은 가격을 찾아 다른 곳으로 떠났다. 할인행사를 재개했지만 한 번 떠난 고객은 다시 돌아오지 않았다. 직원들의 사기는 땅에 떨어졌다. 리브랜딩 노력은 혼란을 불러왔다. 로고에 대한 인식은 84퍼센트에서 56퍼센트로 추락했다. 2014년 초, 제이씨페니는 마케팅을 새로이 단장해야 했지만 비용을 감당할 수 없었다.

이럴 때 보통은 텔레비전이 브랜드 구축에 가장 좋다고 한다. 그리고 소셜 미디어는 텔레비전을 어떻게 활용하느냐에 달렸다고 한다. 하지만 제이씨페니는 그와 반대로 움직이기로 결정했다.

2014년 슈퍼볼 개막 후 몇 분이 지났을 때 첫 번째 트위터 멘션이 떴다.

@JCPenny : 모르는 살람이 보면 야규 경긴줄 알갰네. #득점이너 무나자5_0

트위터에서 이 엉터리 소식은 급속히 확산되었고, 이 메시지를 본 사람들 사이에는 비웃음이 번졌다. 누가 계정을 해킹이라도 한 것일까? 제이씨페니 직원이 근무중 술에 취해 맞춤법이 틀린 글을 쓰며 횡설수설하는 것일까? 30분 후, 두 번째 멘션이 떴다.

@JCPenny : 터프다운, 시호크스! 시호크스가 이대호 도망가는건 가???

이후 트위터는 불이 날 정도였다. 이 포스트는 2만 1,000회 이상의 리트윗을 돌파했다. 게다가 이 글을 본 개인들뿐만 아니라 도리토스 Doritos, 기아 자동차, 스니커즈 Snickers 등 다른 회사들은 물론 경쟁 관계에 있는 메이시스 Macy's 백화점도 리트윗에 참여했다. 라이벌인 제이씨페니의 엉터리 멘션을 웃음거리로 만들 수 있는 황금 같은 기회였기 때문이다.

1시간 후, 다음 트위터 멘션이 도착했다.

@JCPenny : 아이고, 틀린 맞춤법은 저의 실수. #미튼과트윗중

566

#Tweeting WithMittens. 오늘 더 추울 거라고 하지 않았나요? 게임 재밌

게 보세요! #GoTeamUSA

제이씨페니는 미국 동계올림픽에서 착용할 미튼, 즉 벙어리장갑
의 공식 후원업체였고, 매장에서 벙어리장갑을 팔고 있었다. 동계올
림픽은 개최까지 몇 주가 남아 있었지만 제이씨페니는 처음부터 계
획된 캠페인을 통해 엄청난 관심을 끌어모은 것이다. 이 캠페인이 회
사의 브랜드 재정립과 운영상의 문제까지 해결하지는 못했지만, 슈퍼
볼 역사상 텔레비전을 통하지 않은 캠페인 중 가장 성공적인 캠페인
으로 유명세를 탔다. 게다가 회사는 광고에 돈 한푼 들이지 않았다.

그렇다면 전통적인 에이전시들은 왜 이런 방법을 사용하지 않는
걸까? 두 가지 중요한 이유가 있다.

첫째, 어쩔 수 없는 습관 또는 관습 때문이다. 이들에게는 '비즈니
스를 하는 방법'이 있다. 텔레비전 측정 기준(도달, 노출), 창의적인 접
근방식(100명으로 이루어진 팀, 몇 달에 걸친 캠페인), 가격 책정 모델(광
고비의 15퍼센트 수수료)에다가 성공 판단 기준(직원들이 정수기 옆에서
나누는 가벼운 대화, 칸 국제광고제 수상)까지 따져야 한다. '창의성'은
예술과 같다고 생각한다. 에이전시는 자신들이 문화의 결정권자 내
지 심판자라 생각한다. 이 중에서 어느 하나라도 바꾸는 것은 관습을
깨는 행위이자 성공적인 비즈니스 모델과 위신을 모두 위험에 빠뜨
리는 행위로 본다.

둘째, 특정 인센티브 때문에 에이전시는 현상을 유지하려 한다. 전
통적으로 에이전시는 고객이 캠페인에 사용하는 비용의 15퍼센트를

수수료로 받는다. 만약 고객이 캠페인 하나를 하는 데 1억 달러가 들었다면 에이전시는 1,500만 달러를 번다. 5억 달러가 들었다면 수수료는 7,500만 달러가 된다. 두 캠페인의 제작비용이 얼추 비슷하다 해도 진행비용에 차이가 많으므로 수수료에서도 많은 차이가 난다. 이런 인센티브 구조를 바꾸기 위해 노력했다. 에이전시에서 캠페인을 생산하기 위해 실제로 필요한 사람의 수를 산정하고, 이 기준으로 보상하는 방식으로 바꿔보았지만 별 도움이 되지 않았다. 이 방식이 사용되자 에이전시에서는 비용 단가를 높여 부르려 했다.

이런 것이 우리 발목을 잡는 관습과 구조와 인센티브의 사슬이다. 이런 사슬에서 벗어난 에이전시는 거의 없다. 일부는 노력중이지만 성공한 에이전시는 전무하다시피 하다. 하지만 거기서 경쟁 우위가 결정된다. 이런 사슬에서 벗어나느냐 아니냐에 따라서.

광고의 앞길을 가로막는 콘텐츠 함정

오늘날의 광고는 다음 세 가지 문제에 사로잡혀 있다. 첫째는 광고주의 관점이다. 어떻게 하면 더 적은 비용으로 더 많은 시선을 사로잡을 것인가이다. 둘째는 퍼블리셔의 관점이다. 광고 가격이 하락하는 세상에서 어떻게 하면 광고 수익을 유지할 수 있을 것인가이다. 셋째는 디지털 광고, 소셜 미디어, 하이퍼타기팅 세상에서 어떤 측정 기준을 사용할 것인가이다.

이 문제들 그리고 그 뒤에 숨어 있는 사고방식은 결국 콘텐츠 함정을 의미한다. 혹시 고객을 메시지를 보낼 상대로 생각하고, 광고를 무슨 수를 써서라도 지켜야 할 비즈니스로 받아들이고, 디지털 광고를 차세대 거대시장으로 바라보고 있는가? 그렇다면 음악, 신문, 출판업계가 빠졌던 콘텐츠 함정에 똑같이 걸려든 것이다.

광고의 미래는 고객들에게 메시지를 쏟아 붓는 데 있는 것이 아니라 고객들이 하는 무언가의 일부가 되기 위해서 그들을 초대하는 데 있다. 공유, 네트워크, 공동체가 중요하다는 뜻이다. 이는 사용자 연결 관계를 이해하는 데서 온다.

광고의 미래는 그것이 텔레비전이든 소셜이든, 새로운 것이든 오래된 것이든 관계없이, 한 가지 매체를 위한 가장 창의적인 캠페인을 알아내는 데 있지 않다. 미디어 전체에 걸쳐 캠페인들을 통합하는 것에 미래가 있다. 비즈니스로 광고의 가치를 보전하고 어떤 희생을 치르더라도 가격을 지탱하는 것이 아니다. 광고가 누군가의 보완재가 되어가는 상황에서 비즈니스의 자본 환경이 어떻게 변화하는지 이해하는 것이 중요하다. 이는 제품의 연결 관계를 이해해야 가능해진다.

광고의 미래는 소셜 미디어나 텔레비전 광고에서 앞서가는 리더를 모방하는 데 있지 않다. 자신의 필요성, 맥락, 장점을 이해하는 데 달려 있다. 당신의 제품을 둘러싼 네트워크 효과를 창출하라. 그러면 광고를 할 필요가 없다. 사용자들이 알아서 당신의 제품을 광고해줄 테니 말이다. 사용자들이 사랑하는 광고를 만들어내라. 그러면 타깃을 정할 필요가 없다. 사용자들이 당신을 위해 타깃을 모아줄 것이다. 당신의 문화에 맞는 공동체를 만들어내라. 그러면 나가서 고객들을 찾아다닐 필요가 없다. 고객들이 당신을 찾아올 것이다. 모든 회사는 서로 다른 발전 가능성을 맞이한다. 그리고 그것은 기능적 연결 관계를 이해함으로써 조절할 수 있다.

효과적인 캠페인을 통해, 보는 사람들을 끌어들이는 것도 한 방법이다. 하지만 연결 관계를 활용하면 효과는 배가 된다. 소셜 미디어나 텔레비전 또는 라디오에 사용할 강력한 캠페인들을 만들어낼 수 있다. 하지만 캠페인을 통합하면 각각의 캠페인이 내는 효과보다 2배 더 효과를 낼 수 있다. 1 더하기 1이 3이 된다. 소셜 미디어든 광고 캠페인이든 아니면 비즈니스 모델이든 가장 뛰어난 마케팅 방식을 계속 파악하고 따라가면서 모방할 수 있다. 하지만 다른 사람들이 모두 유행을 따라 한 방향으로 갈 때 혼자 다른 길을 택할 수도 있다. 그리고 남을 따라가지 않고 자신만의 문화를 형성할 수 있다.

이것이 사용자, 제품, 가능적 연결 관계의 작용이다. 이 연결 관계는 오늘날 우리가 마케팅에서 보는 트렌드의 길잡이가 되어준다. 그리고 어디서 새로운 트렌드를 찾아내야 할지에 대해 지침을 제시한다.

신기술이 마케팅을 달라지게 만들 것이라는 생각에 빠져들기 쉽다. 하지만 그렇지 않을 것이다. 최신 측정 기준을 이해하고 온라인 광고에서 쓰이는 CPM과 CPA, CPC와 CTR, 익스체인지 대 네트워크, 필터링과 리타기팅, 네이티브, 임베디드, 디스플레이, 배너, 인터스티셜interstitial 그리고 서치 애드 같은 용어를 이해하면 온라인에서 일을 진행하는 데 도움이 될 것이라고 믿기 쉽다. 역시나 그렇지 않다. 마케팅 임원들도 이런 용어들을 다 따라잡기가 벅차다는 것을 알고 있으며 정확한 의미와 측정 기준에 대해 의견이 분분하다.

광고와 마케팅에 존재하는 갈등은 대부분의 생각과 달리 디지털과 전통 방식 사이에서 발생하는 것이 아니다. 제품 중심적 사고와 사용자 중심적 사고 사이에서 발생한다. 배너 광고, 팝업, 네이티브 광고는 근본적으로 새로운 전략이 아니다. 늘 우리 주위에 존재했던 전략과 사고방식을 새로운 용어로 표현한 것일 뿐이다. 이는 제품만 팔 수 있다면 사용자들에게 메시지를 퍼붓고, 사용자들을 바보로 만들고, 사용자들을 짜증나게 하고, 사용자들에게 속임수를 써도 좋다는 것이다. 이러한 제품 중심적 사고방식은 제로섬 게임이다. 당연히 고객을 잃게 된다.

"당신을 따르는 사람들을 어떻게 연결시킬지, 제품이나 서비스를 팔면서 어떻게 신용을 쌓을지 생각하지 않는다면 당신의 동기에 대해 다시 한 번 생각해봐야 한다.'광고의 아버지'라 불리는 데이비드 오길비David Ogilvy는 수십 년 전에 이렇게 말했다. "제품에 대한 생각으로 고객을 설득하는 것보다 제품에 관한 정보가 더 중요하다." 마케팅이 대중 매체의 무한해 보이는 가능성에 도취된 세상에서 새겨들어야 할 경고 사항이다. 오늘날의 새로운 기술 또한 무한한 가능성을 불러오는 듯하다. 하지만 마케팅의 진정한 잠재력은 기술 자체에 있는 것이 아니다. 오래전부터 존재했으나 새롭게 떠오르는, 고객 중심과 사용자 연결 관계 중심의 사고방식으로 신기술을 포용하는 능력에 달려 있다.

사용자 중심이라는 말은 마케팅 담당자와 전문가들에 의해 알려진 용어다. 하지만 역설적이게도 보통의 마케팅 사고방식은 이 용어에 신경을 쓰지 않고 있다. 일단 팔고 나서 경험은 나중에 신경 쓰기 때문이다. 뛰어난 캠페인의 진정한 힘인 진정성_{authenticity}과 사용자 중심, 소비자 신뢰는 사라지지 않을 것이다. 사라지기는커녕 이제 디지털 미디어에서 그 모습을 더욱 강하게 드러내고 있다. 디지털 미디어 또한 광고의 급격한 변화 잠재력을 지니고 있다.

어떤 사고방식이 승리하느냐에 따라 그 결과는 달라진다. 공동 창조, 공동체, 공유는 새로운 용어가 아니다 (추이대는 예외다). 하지만 철학적으로 그 의미는 바뀌었다. 더 이상 강요나 조작 또는 왜곡을 의미하지 않는다. 브랜드와 사용자 사이의, 그리고 사용자들 사이의 진정한 연결 관계가 얼마나 중요한지를 이해하는 것으로 바뀌었다.

제품 중심의 안경을 쓰고 바라보면 이해할 수 없는 상황들에 마주친다. 왜 온라인 광고 가격이 오프라인 광고 가격보다 현저히 낮은지, 왜 DVR이 텔레비전 광고를 멸망시키지 못했는지, 왜 그토록 오랫동안 페이스북의 클릭률이 낮았는지, 왜 CPM이 계속되는지 이해할 수 없다. 하지만 사용자 중심의 안경으로 바꿔 쓰고 바라보면, 이런 상황들을 문제없이 이해할 수 있다.

CHAPTER 27

무크 혁명

빌 게이츠와 구글은 왜 보잘것없는
칸 아카데미에 투자했을까

"고등교육에서 '변혁이 시작'되었다. 그 결과는 대학의 재창조로 나타날 것이다." 최근에 〈이코노미스트〉에서 한 말이다. 이 책의 후반부에서는 고등교육이 변하는 세상에 대해 살펴보고자 한다. 고등교육은 디지털 기술에 의해 영향을 받는다. 그리고 앞에 놓인 변화에 대응하고 변화를 받아들이기 위해 떠오르는 특정 전략들에 의해 영향을 받는다.

표면상 교육은 미디어나 엔터테인먼트를 비롯해 다른 콘텐츠 비즈니스와 매우 다른 제품처럼 보인다. 하지만 실상을 자세히 들여다보면 중요한 공통점을 지니고 있다.

음악, 영화, 라디오, 텔레비전 프로그램, 책, 뉴스, 광고는 모두 정보재information goods다. 모두 비트와 바이트로 축소시킬 수 있고 디지털 방식으로 변환이 가능하다는 뜻이다. 교육도 마찬가지다. 교육은 거의 300년 동안 변화 없이 예전의 방식을 유지해왔다. 그러나 조금 전에 언급한 모든 정보재에 영향을 끼쳤던 바로 그 디지털 기술과 현상이 이제는 교육에도 영향을 끼치며 대변동을 일으키고 있다. 브로드밴드, 다면 플랫폼multisided platform, 앱, 검색, 새로운 기기, 소프트웨어 혁신 등이 그것이다. 그리고 여느 콘텐츠 비즈니스에서 그랬듯이, 현재의 세상을 두고 최후의 심판을 예상하는 의견들이 많다. 어떤 변화가 닥쳐올지 모르기에 가능성은 두려움과 기대감을 동시에 일으키고 있다. 그리고 새로운 모델, 새로운 조직, 새로운 투자자들이 여기저기서 등장하고 있다.

나는 이 책을 통해 디지털이 우리 문화의 모든 부분에 현실적으로 많은 영향을 미치고 있음을 보여주고자 한다. 이제 언급할 교육 분야에 대해서는 더 이상 냉정한 관찰자의 입장에서 분석만 할 수는 없다. 교육은 내가 사는 세상이기 때문이다.

최근 몇 년 동안 미국의 대학들은 자신의 온라인 역할을 재고해왔다. 나는 다행스럽게도 하버드경영대학원에서 이런 노력에 동참할 수 있었다.

우리는 미디어와 엔터테인먼트 같은 콘텐츠 비즈니스의 디지털 변환 과정에서 가르침을 얻었다. 따라서 내 주장의 요지는, 그 가르침을 거울 삼아 오늘날 고등교육 기관에서 벌어지는 전략에 대해 더 많은 대화를 나누어야 한다는 것이다. 고등교육은 이미 변화하고 있다. 그리고 이 변화가 미래에 어떤 모습으로 나타날지는 지금 우리가 어떤 선택을 하느냐에 달렸다.

그 전에, 잠깐 생각해야 할 것들이 있다.

바뀌는 교육 풍경과 예측 불가능한 미래

대학들에게 문제가 생긴 듯하다. 신기술이 대학이라는 세상을 대대적으로 개혁하고 있다. 그리고 그 기술의 잠재력이 최종적으로 어떤 변화를 불러올지 아직 예측 불가능하다.

아이비리그 대학의 교수 중 한 분은 '더 높은 수준의 가르침이라는, 미래를 위한 강력한 비전'을 제시했다. 그 비전에는 교과서와 캠퍼스가 존재하지 않는다. 그 비전은 다음과 같은 간단한 아이디어에서 시작한다. 교수가 강의실에서 강의를 하는 동안 동시에 수십만 명의 사람들이 '자기 동네를 벗어나지 않고도 수업을 받는 상황'이 가능하다. 또 다른 교육 관계자의 말에 따르면 "나라 전체가 새로운 교정이 된 것"이다. 즉 굳이 학교라는 정해진 장소에 가지 않고도 원하는 수업을 실시간으로 들을 수 있다는 의미다.

어떤 기자는 여기서 한 발자국 더 나아가 이렇게 물었다. "교실은 사라질 것인가? 그리고 미래의 아이들은 집에 앉아 있거나, 심지어 길을 돌아다니면서도 정보를 주입받을 것인가?" 그러는 사이에 대학들은 서둘러 신기술과 플랫폼을 이용한 코스들을 제공하고 있다. 투자자들은 새로운 교육적 모험에 돈을 쏟아 부으며 변화를 꿈꾼다. 전문가들은 곧 닥칠 혼란에 대해 경고한다.

이런 설명들은 오늘날 고등교육이 진퇴양난의 길에 빠졌다는 사실을 그대로 보여준다. 그런데 잠깐! 위의 설명들은 요즘에 나오는 말이 아니라 100년 전에 나왔던 말들이다. 라디오가 처음 등장했을 당시 고등교육의 상황에 대해 나왔던 말들이다.

오늘날 벌어지는 논란이 1920년대와 1930년대에 벌어졌던 논란과 놀라울 정도로 유사함을 알 수 있다. 신기술(당시에는 라디오, 요즘에는 온라인)은 교육을 개혁하겠다고 약속했다. 지금처럼 당시에도 등록금 인상과 더불어 대학에 다니는 비용이 상승했다. 그리고 그때나 지금이나 비평가들은 곧 다가올 혼란에 대해 경고했다.

이번엔 뭐가 다른 것일까?

1920년부터 2010년까지, 기술과 교육의 간략한 역사

'원격 교육'은 라디오가 등장하기도 전에 이미 존재하던 개념이다. 첫 번째 원거리 학습은 1724년 보스턴에서 보통 우편을 통해 이뤄졌다. 1840년대에는 속기 문자를 개발하고 가르친 아이작 피트먼Sir Isaac Pitman에 의해 우편 통신Correspondence 교육이 인기를 끌었다. 라디오 강의가 등장한 것은 약 100년이 지난 후였다.

1920년에서 1938년 사이에는 200개가 넘는 도시의 학제와 수많은 대학에서 연방 라디오 방송 라이선스를 신청했다. 라디오는 교수들이 수백 마일 떨어진 곳에 있는 학생들에게 정보를 전송할 수 있게 해주는 새롭고 신나는 기술이었다. 실제로 라디오 교육은 '원하는 사람 누구에게나 대학 교육'을 제공했다. 뉴욕대학은 1922년에 라디오 방송국을 설립했다. 컬럼비아, 터프츠, 위스콘신, 하버드도 그 뒤를 따랐다.

몇몇 대학은 라디오 교육 방송을 통해 학점을 주었다. 하지만 고등교육 전문지인 〈더 크로니클 오브 하이어 에듀케이션〉은 이렇게 지적했다.

점차 문제들이 불거져 나왔다. 그리고 방송 교육이 전통적인 대학을 완전히 대체하지 못할 것이라는 의심이 퍼져 나갔다. 첫째는 소모적이라는 논란이었다. 대부분의 현대 원격 교육 강의와 마찬가지로, 중도 탈락률이 실망스러울 정도로 높았다. 한 강의에 등록한 학생 중 시험을 치른 사람은 반에 불과했다. 수업을 듣는 사람들의 학문적 관심은 종종 라디오에서 하는 다른 오락 방송의 유혹에 넘어갔다. 라디오 방송 강의의 열렬한 지지자들이 예상했던 것과 달리, 학생들이 강의를 규칙적으로 전념해서 듣지 않고 어쩌다 한 번씩 듣는지도 모르겠다.

선견지명이 담긴 설명이다. 오늘날 벌어지는 상황을 그대로 표현하는 말이라 해도 무리가 없다.

1940년에 이르면서 라디오 교육에 관한 열기가 급속히 식어갔다. 미국에서 학점을 제공하는 라디오 강의는 하나밖에 남아 있지 않았다.

곧 텔레비전이 등장하면서 교육의 미래를 약속했다. 하지만 교육 콘텐츠로 사람들을 끌어모으는 데 어려움을 겪다가 텔레비전 강의의 열기 또한 바로 식어버렸다. 예외는 있었다. 미국에서는 어린이 프로그램 〈세서미 스트리트〉가 인기를 끌었다. 영국에서는 자유 입학 방식을 활용해서 1970년대에 설립된, 텔레비전을 기반으로 한 개방대학이 설립되었다. 하지만 라디오와 마찬가지로, 텔레비전이 많은 사람들의 예상처럼 교육의 전통 방식이나 교육기관에 영향을 주지는 못했다.

컴퓨터와 인터넷 혁신이 그 뒤를 이었다. 1982년에 컴퓨터를 기반으로 한 첫 성인 학습센터가 동부의 뉴햄프셔 주에 설립되었다. 그리고 15년이 지나 서부의 캘리포니아에서 대학들이 컨소시엄을 구성해 만든 가상 대학이 처음으로 세워졌다. 수업을 듣는 사람들의 수가 급등했다. 2009년에는 미국에서 온라인 강의를 한 번이라도 들은 사람이 550만 명을 넘어섰다. 하지만 전통적인 대학들은 거의 변하지 않은 채 남아 있었다.

내 동료 중 한 명은 현대의 대학이, 정지하고 있는 물체는 계속 정지하고자 하는 힘이 있다는 의미에서 관성력慣性力을 지니고 있다고 설명했다. 농담조로 한 말이었지만 틀린 말은 아니다. 하버드대학교가 1636년에 문을 열었을 때부터 진행했던 오프라인 방식에는 거의 변화가 없다. 1800년대 말 하버드 모델(당시 하버드대학 총장이었던 찰스 윌리엄 엘리엇Charles William Eliot에 의해 대부분 형성된)은, 기본적으로 갖춰야 할 공통적인 소양과 관련된 학문들에 뿌리를 둔 기본적인 지적 능력 향상 교육preprofessional education과 세계 최고 수준의 연구를 결합하고자 한 '하이브리드 모델'이었다. 입학하기는 매우 까다로웠고 교육 과정은 광범위했다.

케빈 캐리Kevin Carey는 그의 최근 저서《대학의 미래The End of College》에서 이 혼합형 하이브리드 모델이 "이론적으로는 말이 된다"라고 했다. 하지만 그 말에는 모순이 가득했다. 1세기 전에 하버드의 심리학자 윌리엄 제임스William James가 처음으로 이 모델에 대한 우려를 표했다. 제임스는 '문어발'이라는 뜻의 에세이〈The Ph.D. Octopus〉에서 연구의 우수성은 교직의 우수성과 관계가 거의 없다고 했다. 그리고 제임스의 우려는 시간이 지나면서 점점 커져갔다.

다른 길을 선택한 기관들도 있었다. 리버럴 아츠 칼리지는 온전히 학부에 그리고 리버럴 아츠, 인문학, 과학에만 전념했다. 이 대학들은 가르치는 일에 중점을 두었고, 받아들이는 학생 수도 적었다. 그리고 교수의 '스타성'보다는 학생 경험을 중요시했다.

주립대학도 나름대로의 장점(입학 가능한 학생 범위가 넓고, 등록금 액수가 낮고, 접근이 용이함)과 약점을 지니고 있었다. 2014년 미국에서는 1,100개가 넘는 주립대학에 700만 명의 학생들이 다녔다. 700만 명은 미국 전체 학부생의 40퍼센트에 달하는 수치였으며, 그 학생들 중 3분의 1은 자기 집안에서 대학에 진학한 첫 세대였다. 커뮤니티 칼리지community college는 더욱 광범위하게 학생들을 받아들였다. 10대보다 성인 학습자를 대상으로 삼았고, 비용이 많이 드는 기숙사 생활을 피했으며, 실용적 기술에 중점을 두었다. 이렇게 대학의 수가 많다는 사실만 고려하더라도 이들이 여러 교육 개혁 계획의 중심에 있다고 할 수 있다.

오랜 기간 동안 칼리지와 유니버시티는 다른 곳과 차별화하는 법을 알아갔고, 전반적으로 그 역할을 잘 수행했다. 차별화 덕분에 학교들은 서로 근접한 지역에 있으면서도 학생을 수용하기 위해 경쟁할 수 있었다. 2014년 기준으로 보스턴 지역에는 100개가 넘는 칼리지와 유니버시티가 있었는데, 대부분이 적어도 30년 이상 그 지역에 있던 학교들이었다.

하지만 시간이 흐르면서 어려움이 닥쳤다. 오르는 등록금, 상승하는 비용, 그런 비용을 감당하기 위해 점점 기부금에 기대야 하는 상황, 점점 중요성을 잃어가는 가르침, 리버럴 아츠와 직장 업무에 필요한 기술 사이에서 오는 인식의 차이 등이 발생했다. 특히 마지막 문제는 지적 탐구와 현실적 문제, 소수만을 위한 전문성과 먹고 살기 위한 직업적 필요, '생각하는 방법'과 '알아둘 필요가 있는 것' 사이의 갈등으로 표현되기도 했다.

가장 걱정스러운 점은 학생들이 더 많이 내고 덜 배운다는 사실이었다. 전국적으로 학생들이 지닌 부채가 1조 달러를 넘어섰다. 졸업하는 학생들의 비율은 하락하고 있다. 2015년, 졸업생 비율이 입학생의 3분의 1 미만인 칼리지가 수백 곳에 달했다. 그뿐인가? 글을 읽고 쓰는 수준은 걱정스러울 정도다. 경제협력개발기구OECD의 최근 조사에 따르면, 칼리지 대학생 중 3분의 1 이상이 기본적인 산술 능력과 문제 해결 능력을 갖추지 못했다고 한다. 리처드 애럼Richard Arum과 조시파 로크사Josipa Roksa가 집필한《대학의 표류Academically Adrift》에는 이렇게 나와 있다. 대학생 중 3분의 1은 4년의 대학 생활에서 비판적인 사고력, 분석적 추론, 의사소통 기술 면에서 어떤 역량의 향상도 이루지 못했다.

이제 고등교육은 변화해야 할 시기가 되었을 뿐만 아니라 변화해야 할 운명을 맞이한 듯하다.

새로운 잉태를 위한 파괴의 씨앗

살 칸Sal Kahn은 동남아시아 이민자의 아들로 뉴올리언스에서 성장했다. 그는 뛰어난 학생이었고 MIT에 들어가서 수학, 전기 공학, 컴퓨터 공학을 전공했다. 27세에 하버드경영대학원을 졸업한 그는 실리콘밸리에 있는 헤지 펀드 회사에 들어갔다. 평범한 출발이었으나 이는 앞으로의 특이한 경력의 시작일 뿐이었다.

2004년 말, 칸의 열세 살짜리 조카인 나디아가 5학년 대수학을 푸는 데 문제가 있다며 뉴올리언스에서 전화를 걸었다. 칸은 전화로 설명을 해주었다. 그의 설명은 나디아에게 도움이 되었고 곧 다른 친척들과 친구들도 전화를 걸어 질문을 하기 시작했다. 전화로 모든 질문에 대답하기가 벅차다는 사실을 깨달은 칸은 야후 두들Doodle이라는 간단한 프로그램으로 영상을 만들어 유튜브에 올렸다. 그런데 반응이 엄청났다.

전화 통화보다 유튜브에 올린 영상이 더 마음에 들었다며, 나디아를 비롯한 칸의 친척들 반응은 뜨거웠다. 나중에 칸은 그 이유를 이렇게 설명했다. "공부할 때 누군가 뒤에 서서 설명하며 이해했느냐고 물어보면, 학생 입장에서는 머리에 안 들어오는 법이죠." 곧 친척뿐만 아니라 전 세계에서 그의 영상을 본 사람들이 유튜브 댓글로 고맙다는 말을 전해왔다. 장애가 있는 자신의 아이가 칸의 영상을 잘 활용하고 있다며, 감사 편지를 보낸 엄마도 있었다. "온 가족이 매일 밤저를 위해 기도한답니다." 칸이 말했다. "당시 저는 헤지 펀드에서 일하고 있었죠."

칸은 여느 미디어나 엔터테인먼트 제품과 마찬가지로 교육 또한 정보재라는 사실을 깨닫게 되었다. 교육은 '비경합적non-rivalry'이다. 어떤 지식이든 수백만 명의 사용자가 동시에 받아들일 수 있다. 교육은 또한 '비배제적non-excludable'이다. 무료로 그리고 동시에 세계로 배포되는 구조하에서(어떨 때는 해적판으로) 누구나 사용할 수 있도록 변하고 있다.

그래서 대형 금융거래 세상에 발을 들인 지 얼마 안 된 칸은 2009년에 해지펀드 일을 그만두었다. 그리고 최고 수준의 교육을 비영리로, 누구에게나 어디에서나 무료로 전달하겠다는 마음으로 칸 아카데미Khan Academy를 시작했다. 그의 말에 따르면 "시작은 우스울 정도로 보잘 것 없었다"고 한다. "아카데미 소유라고 해봐야 PC 한 대, 20달러짜리 화면 캡처 소프트웨어와 80달러짜리 펜 태블릿이 다였죠. 교수진, 엔지니어링팀, 지원 인력, 행정 직원 모두 합쳐 단 한 사람, 저밖에 없었습니다."

2016년이 되자, 칸 아카데미가 자사 사이트에 올린 영상이 대략 1만 개에 달했다. 미적분학에서부터 재무, 생물학, 정부에 대한 주제를 다룬 영상들이 올려져 있었고, 한 달에 600만 명이 넘는 학습자들을 끌어들였다. "이는 1636년 하버드대학이 설립된 이래로 하버드를 거쳐간 사람보다 더 많은 숫자였습니다." 다양한 연령대의 사람들이 비디오를 보았고, 시청 횟수는 7억 5,000만 회를 넘었다. 그리고 모든 영상은 무료였다.

마이크로소프트의 빌 게이츠Bill Gates는 자신의 아이들이 칸의 온라인 영상으로 수학을 배우는 모습을 보고 칸의 기업에 투자를 결정했다. 구글 역시 투자에 동참했다. 2012년, 칸은 〈타임Time〉이 선정한 세계에서 가장 영향력 있는 인물 100인에 선정되었다. 미국 교육부는 칸 아카데미 교재의 효과성을 평가하기 위해 300만 달러의 자금을 지원했다. 그런데 한편에서는 칸 아카데미와는 뭔가 다른 일이 벌어지고 있었다.

전문가들의 참여가 만든 변화

칸 아카데미는 빙산의 일각에 불과했다. 유치원에서 고등학교에 이르는 K-12 교육에서 칸 아카데미가 멋들어지게 약진하는 모습을 보여주긴 했으나 그들이 만든 짧은 동영상이 고등교육을 위협하는 파괴적인 형태로 받아들여지지는 않았다. 파괴의 해일은 2011년 스탠퍼드대학 교수인 세바스찬 스런Sebastian Thrun에 의해 몰려오기 시작했다.

스런은 카네기멜론대학을 거쳐 스탠퍼드대학에서 10년 넘게 컴퓨터공학을 가르쳤다. 그는 인공지능(이하 'AI'), 그리고 나중에 구글에서 '문샷moon shots'으로 명명한 난해한 프로젝트를 전문적으로 다루고 있었다. 스탠퍼드대학의 여느 컴퓨터 과학자와 마찬가지로 그 또한 실리콘밸리의 신생 기업(그의 경우에는 구글)과 밀접한 관계를 맺은 상태였다. 스런은 2007년부터 구글의 자문역을 맡으면서 무인 자동차 개발 프로그램을 이끌었고, 구글의 연구 조직인 구글 엑스를 시작했다.

2010년, 스런은 매년 가을 학기에 가르치던 AI 강의를 준비중이었다. 이번에는 자신의 강의를 녹화해서 온라인에 올렸다. 스탠퍼드대학 학생들 중에서 한두 번 강의를 놓친 학생들에게 확실히 도움을 줄 수 있는 방법이었다. 하지만 그의 진정한 의도는 다른 데 있었다. 관심은 있지만 스탠퍼드대학에 들어와서 강의를 듣지 못하는 사람 누구나 이용할 수 있는 강의를 만드는 것이 그의 의도였다.

스런은 깜짝 놀랐다. 몇 주 안 돼 전 세계에서 5만 명이 넘는 사람들이 강의 등록 신청을 했기 때문이다. 학기가 끝날 즈음 온라인 학생은 15만 명을 넘어서 있었다. "그 경험이 촉매제 역할을 했습니다." 스런은 당시를 이렇게 떠올린다. "전 세계에서 AI를 공부하는 사람들의 수를 다 합친 것보다 제가 AI를 가르치는 학생 수가 더 많았습니다."

수업의 결과는 더욱 놀라웠다. 반에서 성적이 가장 좋은 학생 400명 중 스탠퍼드대학 재학생은 한 명도 없었다. 모두가 온라인 학습자였다. (스탠퍼드대학 재학생 중에서 가장 성적이 좋은 학생은 401등이었다.) 스런은 깨달았다. "더 이상 스탠퍼드대학에서 강의를 할 수가 없었습니다. 마치 이런 선택 앞에 놓인 것 같았어요. '빨간 약과 파란 약이 있다. 파란 약을 먹으면 스탠퍼드대학으로 다시 돌아가 강의를 할 수 있다.' 하지만 전 빨간 약을 먹었습니다. 그러자 아주 멋진 세상을 보게 되었죠."

2011년 6월, 스런은 스탠퍼드대학을 떠났다. 그리고 교육공학educational technology 또는 '에드테크edtech' 분야에서 엄청난 가능성을 본 벤처 투자가들의 후원으로 운영되는 영리 기업인 유다시티Udacity를 설립했다. 유다시티는 자사의 플랫폼에서 운영되는 강의를 만들어내기 위해 먼저 대학 교수들에게 접근했고, 나중에는 기업들에게 접근했다.

다른 이들도 경쟁에 뛰어들었다. 스탠퍼드대학 컴퓨터공학 교수인 앤드루 응Andrew Ng과 다프네 콜러Daphne Koller도 온라인으로 강의를 제공했고 10만 명 이상이 그 강의를 들었다. 두 사람도 대학을 떠나 온라인 교육 기관인 코세라Coursera를 공동으로 설립했다. 이렇게 대학 교수들이 학교를 떠나 전문 기관을 차리자 대학의 비즈니스 모델에 대해 걱정하는 목소리가 나오기 시작했고, 다른 곳에서도 이 현상을 주목했다. 2012년 5월, 동부에서는 하버드대학교 총장인 드루 파우스트Drew Faust와 MIT대학교 총장인 수전 혹필드Susan Hockfield가 공동으로 비영리단체인 에드엑스EdX 설립을 발표했다. 때로는 라이벌로 여겨졌던 두 대학이 누구도 예상하지 못했던 온라인 학습 파트너십을 체결하는 전례 없는 일이 벌어진 것이다.

에드엑스는 다른 온라인 기관과 다른 점이 있었다. 하버드대학과 MIT대학이 각각 3,000만 달러를 출자해 만든 조인트 벤처라는 점이다. 그리고 유명 개인 교수들에게 직접 연락하지 않고 대학들에게 콘텐츠 파트너십을 요청한다. 이런 차이가 있긴 하지만 플랫폼은 형태와 기능에 있어서 다른 기관들과 유사하다. 요즘 '온라인 대중 공개 수업massive open online course' 또는 줄여서 무크MOOC라고 하는 전형적인 온라인 강의에서는 스트리밍된 영상 강의와 함께 학생들이 교수진에게 질문할 수 있는 시간 또는 공간을 제공하며 시험도 치른다. 에드엑스는 강의를 무료로 제공했다.

300년 동안 비교적 평온을 유지했던 고등교육의 풍경은 급격히 흔들리기 시작했다. 인터넷의 등장 이후 처음으로 일류 대학들이 온라인 공간에 참여하면서 전 세계에 있는 누구나 들을 수 있게 강의를 공개하고 있다.

2012년 9월까지, 대략 2,000만 명이 다양한 플랫폼을 통해 강의에 등록했다. 선택할 수 있는 강의는 1,500개가 넘었다. 미국에서 일류라 칭하는 대학을 비롯해 150개가 넘는 대학에서 어떤 형태로든 콘텐츠를 제공했다. 온라인 교육은 그 어느 때보다 훨씬 더 많은 사람들에게 훨씬 더 낮은 가격으로 다가가고 있다.

〈뉴욕타임스〉는 2012년을 '무크의 해'로 명명했다. 〈뉴욕타임스〉
의 칼럼니스트 톰 프리드먼Tom Friedman은 "무크 혁명이 다가왔다, 그
리고 그것은 이제 현실이다"라고 주장했다. 대학의 총장, 학장, 관리
자들은 음악, 신문, 출판 분야의 관리자들이 헤맸던 그 길을 마주하
게 되었다. 일류 대학들은 온라인 세상으로 용감하게 몸을 던졌다.
모두가 자유 의지에 의한 선택만은 아니었다. 살 칸, 세바스찬 스런
을 비롯해 많은 벤처 투자가와 미디어 조직들이 온라인 세상에 진입
하자 자기들도 그렇게 해야 할 필요성을 느껴 선택한 이들도 많다.

2012년 여름의 전체적인 상황이 이런 가운데, 하버드경영대학원
의 일부 교수들도 하버드대학의 디지털 미래를 점치기 위해 모였다.

디지털 전략 다듬기

"우리는 어떻게 해야 하나?" 최근, 거의 모든 학교와 대학들이 하는
질문이다. 우리는 이 질문에 대한 답을 찾고자 고민하면서 동시에 온
라인 학습을 둘러싸고 폭넓게 벌어지는 논쟁에도 귀를 기울였다.

캠퍼스 내에서 학습과 생활을 통합하는 레지덴셜 교육residential
education의 앞날은 그다지 아름답지 않았다. 세계적으로 유명한 교수
들이 제공하는 무료 온라인 강의를 듣는 학습자들의 물결이 일면서
대학 정원정책이 영향을 받을 것은 불을 보듯 뻔했다. 아니 이미 영
향을 받고 있었다. 예를 들면, 경영대학원 신청 학생 수는 10년 동안

줄어들고 있다. 물론 여기엔 여러 원인이 있다. 인터넷에서는 대학 졸업 후 바로 기업가의 꿈을 좇으라며 사람들을 유혹하고, 고용주들은 직장 내 실무훈련 프로그램을 강조한다. 그리고 MBA의 실효성에 대해서는 의문이 든다. 그 와중에, 관리자와 기업가들은 일하면서 따로 시간을 내 몇 달 동안 경영자 수업을 들을 형편이 되지 않았다. 이들의 무료 온라인 강의 수강은 경영대학원 신청 하락을 부채질했다.

온라인 교육은 기회도 제공했다. 전 세계 수백만 명의 능력 있는 학습자들에게 다가갈 수 있다는 가능성은 하버드대학을 포함한 많은 대학들의 미션과도 일치했다. 평생 학습(직원들의 '인적 자본'을 업그레이드하거나 대체하는 일)의 필요성은 그 어느 때보다 중요했다. 톰 프리드먼은 자신의 책에서 어느 곳에 있는 사람이든 기술을 이용해 동일한 교육 자원에 접근할 수 있는 '평평한 세상flat world'을 언급했다. 장벽이 무너지고 있었다.

그리고 무너지는 속도도 빨랐다. 재빠르게 움직이지 않으면 큰일을 당하지 않을까 심각하게 우려하는 목소리가 나왔다. 기존 플랫폼들이 대학들과 교수들과 점점 더 많은 파트너십을 맺으면서 학습자들의 구미를 당기게 했다. 이베이, 페이스북, 아마존Amazon이 만끽했던, 승자 독식의 플랫폼 역학을 대변하는 강력한 네트워크 효과가 하루하루 현실화되고 있었다.

온라인 교육의 기본 전략은 복잡해 보이지 않았다. '빨리 하라' '싸게 하라' 이것이 기본 전략인 듯했다. 이는 아마존과 페이스북, 구글이 받아들인 방식이기도 하다. 눈앞에 닥친 파괴의 순간을 경고하던 전문가들이 이제는 대부분 파괴를 옹호하고 나섰다. 하지만 우리는 그것이 하버드경영대학원을 위한 올바른 행동 방침이 아니라는 결정을 내렸다.

이후 몇 개월 동안 우리는 사실상 모든 면에서 기존의 무크 모델에서 벗어난 온라인 학습 전략을 개발하는 데 힘썼다. 우리는 다른 곳에서 사용하는 일반적인 '강의실 카메라 녹화'를 포기하고 좀더 값비싼 '디지털 우선digital-first' 방식을 택하기로 했다. 에드엑스나 코세라 같은 기존 플랫폼 대신에 우리만의 강의를 열고 관리할 수 있는 자체 기술 플랫폼을 구축하기로 결정한 것이다. 강의는 유료로 제공하기로 했다. 소수의 적극적인 학습자를 선호한다는 의미에서 대상에 제한을 두었다. 그리고 우리가 창출하는 온라인 경험에서는 사실상 교수진과의 실시간 상호 대화는 포함시키지 않기로 결정했다.

이런 결정이 개별적으로는 논쟁의 대상이 될 수 있다. 모든 결정을 종합해도 신중해 보이지 않는다. 특히 마지막 결정, 실시간 상호작용이 없다는 결정은 학습자의 적극적이고 자발적인 참여를 이끌어낸다는 우리의 의도와 관련해서 가장 많은 논란을 불러일으킬 수 있다. 온라인 학습 경험을 향상시키거나 유료로 온라인 강의를 제공하기 위해서는 교수진이나 콘텐츠 전문가들과 실시간 상호작용이 필요하다. 좀더 고급스러운 단어를 사용하자면 '부가가치 서비스'를 더 많이 제공해야 한다는 의견이 지배적이다. 우리 방식은 심지어 하버드경영대학원에서 실시하는 레지덴셜 교육, 교수와 학생이 활기차게 의견 교환에 참여하는 사례 연구 방식과도 거리가 멀었다.

이제 이 책의 후반부에서는 우리가 이런 선택을 하게 된 근거와 이유, 그리고 그 과정에서 우리가 배운 사실에 대해 알아볼 것이다.

바라건대 우리가 배운 것들이 하버드경영대학원에 국한되지 않았으면 한다. 모쪼록 디지털 변화를 맞이해 전략 구축의 과업을 맡은 다른 사람들 그리고 디지털 전략을 이해하고자 노력하는 사람들에게도 유용하게 사용되기를 바란다.

CHAPTER 28

HBS와 HBX의 만남

그들만의 상아탑이었던
하버드경영대학원, 모두에게 문을 열다

하버드대학은 어떤 방식으로 교육해왔는가

2012년 봄, 에드엑스와의 협력 관계를 발표하고 얼마 안 돼서 하버드대학교 부총장인 앨런 가버Alan Garber는 하버드에 있는 11개 주요 대학과 교수진들에게 연락을 취하기 시작했다.

MIT대학교 부총장인 라파엘 리프L. Rafael Reif와 더불어 가버는 에드엑스와의 파트너십을 구축하는 데 중추적인 역할을 했다. 하버드대학은 이 협력 관계를 통해 세 가지 목표를 달성하는 데 중점을 두었다. 첫째, 온라인 제공은 하버드대학의 도달 범위와 영향력을 극적으로 증가시킬 수 있을 것이다. 수백 년 동안 하버드대학은 학내에서 공부하기로 한, 선택된 소수에게만 접근을 허용했다. 하지만 이제 우리는 원하는 사람 누구에게나 교육을 제공할 수 있고, 그렇게 해야 할 것이다.

둘째, 목표는 새로운 연구의 가능성에 있다. 하버드대학 같은 일류 기관들이 명성을 유지하는 데는 연구 활동이 중요한 역할을 한다. 온라인 사용자 클릭스트림clickstream을 통해 상당한 양의 데이터를 사용할 수 있게 됐다. 이 데이터를 분석하면 학습과 교육을 더 정확하고 깊이 이해할 수 있을 것이다.

셋째, 목표는 교내 생활 중심, 즉 레지덴셜 학습과 수업 향상을 위해 온라인 학습을 이용하는 것이다. 2011년 말 즈음에는 유튜브 영상과 온라인 강의가 미치는 영향이 온라인 학습자를 위한 혜택에만 국한되지 않았다. 온라인은 교내 생활 학습자에게도 영향을 줄 수 있는 잠재력을 갖고 있었다. 따라서 온라인 학습자들이 자신의 시간에 맞춰 교수의 교실 수업 영상을 볼 수 있다면, 교내 생활 학생들도 그 영상을 볼 수 있다는 뜻이기도 했다. 그렇게 되면 교실 수업도 영향을 받게 될 것이었다. 1시간 이상을 잡아먹는 강의는 온라인으로 밀려날 것이다. 그리고 수업 중 학생과 교수 사이에 이루어지는 친근한 대화 시간이 사라질 것이다.

2000년에 3명의 경제학 교수들이, 역진행 수업inverted classroom이라는 새로운 용어를 만들어냈다. 이 용어는 정보기술을 활용하여 전통적인 수업 과정을 뒤집는 방법을 설명한 것이다. 역진행 수업은 온라인으로 선행학습을 한 뒤, 오프라인 강의를 통해 교수와 토론식 강의를 진행하는 방식이다. 2012년 즈음에는 역진행 또는 '플립드flipped' 학습이 이미 온라인 학습의 중요한 일부가 되었으며, 더 많은 학교와 대학에서 이 방법을 받아들이고 있다.

가버는 플립드 학습 방법으로 교내 생활 학생들이 온라인 교재를 활용할 수 있을 뿐만 아니라, 다음에 이어지는 교실 수업에서 소그룹으로 교수와 나누는 대화를 통해 혜택을 받을 수 있다고 판단했다. 그것이야말로 하버드대학의 교내 생활 학생들에게 진정한 혜택을 줄 수 있는 온라인 교육이었다.

가버가 제시한 첫째와 둘째 목표는 하버드경영대학원에 있는 많은 사람들의 깊은 공감을 받았다. 셋째 목표는 이해하기가 쉽지 않았다. 나 역시 그 이유를 바로 깨달을 수 없었다. 하버드경영대학원에서는 수업을 뒤집어서 또는 역으로 진행하는 방식을 이미 100년 동안 사용하고 있었기 때문이다.

무엇을 어떻게 배우느냐는 것의 중요성에서 출발한다

하버드경영대학원은 비즈니스 관행과 경영에 대한 연구로 잘 알려져 있다. 하지만 그보다 더 유명한 것이 사례 연구를 통한 교수 방법이다. 학생들은 교과서나 이론을 통해 경영을 배우기보다 기업의 관리자들이 실제로 부딪혔던 상황이나 당시 내려야만 했던 결정들, 즉 현실에서 벌어진 문제를 해결하는 데 집중한다. 그리고 교수는 이에 대한 자료를 담은 10~15쪽짜리 '사례 연구'를 만든다.

사례 연구법이 교수 및 학습을 위해 가장 효과적인 방식은 아니다. 오히려 그와 반대라 할 수 있다. 학생과 교수 둘 다 불만을 가질 수 있다. 학생들은 '답'을 원하는데, 이 방법은 동료 학생들과 생각하고 대화를 나누라고 권하기 때문이다. 교수 입장에서는 학생들의 대화가 엉뚱한 방향으로 흘러갈 때 '답'을 주고 싶지만, 이 방법은 학생들이 스스로 답을 구할 때까지 내버려두라고 권장한다. 이런 불편함에도 불구하고 사례 연구법은 종종 학생들의 자발적이고 적극적인 참여를 이끌어낸다. 살 칸도 최근에 하버드경영대학원 수업에 대해 언급하면서 자신이 참여했던 그 어떤 전통적인 수업 방식보다 더 재미있고 매력적이라고 했다.

왜 그런가? 교수가 언제든 급작스럽게 임의로 질문할 수 있기 때문에 학생들은 언제든 대답할 수 있게끔 주의를 기울이고 준비를 해야 한다. 이 방법은 시험 성적뿐만 아니라 하루하루 수업 참여도를 높이는 데도 도움을 주었다. 출석률은 거의 늘 95퍼센트를 상회했다. 출석률이 성적에 영향을 미치기도 하지만, 학생들이 학습 과정을 즐겼기 때문에 출석률이 높았던 것이다.

학생들은 교수에게서도 배우지만 서로에게서도 배운다. 학생들은 종종 자신의 힘으로 생각하라고 요구받는다. 그리고 발견에 의해 배우고, 실수를 통해서도 배운다. 사례 연구법은 현대식 소크라테스 방식이라 할 수 있다.

이런 점들이 전통적인 방식의 수업과 사례 연구법 수업의 기본적인 차이다. 흔히들 이야기하는 '능동적 학습'과 '수동적 학습'의 차이라 할 수 있다. 한쪽은 '강의' 중심이고, 다른 한쪽은 '사례' 중심이다. 따지고 보면 결국 콘텐츠와 형식의 차이라고 생각하는 사람도 있을 것이다. 하지만 전혀 그렇지 않다. 두 방식의 차이는 콘텐츠나 형식이냐에 국한된 문제가 아니다. 학습 과정 자체에 관한 일이다. 궁극적으로 사례 연구법은 학생들을 중심으로 이루어지는 교수법이다. 학생들이 무엇을 배우느냐 하는 것뿐만 아니라 어떻게 배우느냐를 중히 여기는 교수법이다. 바로 이것이 플립드 학습인 것이다.

많은 교육기관들이 능동적 학습 모델로 옮겨가야 한다고 생각한다. 하지만 우리는 이미 실행하고 있는 능동적 학습 모델에서부터 시작해야 했다. 그래서 온라인 교육과 그를 통해 학생들에게 돌아갈 수 있는 혜택을 생각하면서 스스로 이런 질문을 가장 먼저 던졌다. 우리가 해결하고자 하는 문제는 무엇인가?

왜, 어떻게 변해야 하는가

조직의 변화는 필연적으로 두려움에서 생긴다. 현상을 고수하다가 생산성이 떨어질 수 있다는 두려움. 새로운 경쟁자 또는 신기술 때문에 망할 수 있다는 두려움. 그리고 가만히 있다가 새로운 기회를 잡을 준비를 하지 못할 수도 있다는 두려움. 많은 대학들이 온라인 게임에 뛰어든 이유 또한 이런 두려움 때문이다.

2012년, 하버드경영대학원에서는 현상을 유지하는 것에 불만이 거의 없었다. 사례 연구법은 효과가 좋았다. 기존 프로그램들도 잘 돌아가고 있었고 학생들의 만족도는 높았다. 조직에 다가오는 파괴에 대한 두려움은 느낄 수 없었다.

그런데 모두가 파괴에 대한 두려움 따위는 없다고 생각할 때, 우리 동료 중 한 사람인 클레이튼 크리스텐슨 교수가 우려의 목소리를 냈다. 크리스텐슨은 파괴와 관련해서 가장 유명한 이론가이자 학자로 꼽힌다. 그리고 조직이 파괴에 앞장서야 한다고 열렬히 주장하는 사람이다. 그는 용감하게도 2001년 초부터, 너무도 많은 분야에서 현실에 안주하는 현상이 위험을 불러오고 있다면서 교수진의 뜻을 모으고 지지를 이끌어내려 했다. 그는 현재 잘 돌아가는 우리 모델에, 온라인 교육이 어떠한 대재앙을 불러올 것인지 분명하게 의견을 피력했다.

하지만 사례 연구법을 기반으로 한 교수법이 효과가 좋았기 때문에 우리는 과연 온라인 학습이 교실 경험을 향상시킬 수 있을지 의심할 수밖에 없었다. 그리고 교수진 사이에는 우리가 학교에서 지식을 전달하는 방식이 그렇게 쉽게 파괴당하지는 않을 것이라는 자신감이 있었다. 어쩌면 잘못된 자신감일지도 모를 그런 자신감 말이다.

강력한 핵심 제품, 현재 상황에 대한 만족, 긴박한 상황 판단이 필요한 불타는 플랫폼 burning platform 의 부재, 낮은 품질의 대체재 등 이 모든 상황은 결국 깊은 구덩이에 빠질 수밖에 없는 조건을 표현하는 말이다. 하지만 학장인 니틴 노리아 Nitin Nohria 는 최근까지도 온라인 교육에 대해 회의적이었다. 하버드경영대학원에서 온라인 강의를 제공할 것이냐는 질문에 그는 "내가 있는 동안에는 그럴 일이 없다"고 대답하곤 했다. 그랬던 니틴 학장과 다른 교수진들은 생각이 달라졌다. 이제 온라인으로 무언가를 해야 한다는 마음이 간절해졌다.

왜 그런 변화가 생긴 걸까? 온라인이 디지털 기술로 어떤 일들을 할 수 있는지 알아볼 수 있는 최적의 기회라고 생각했기 때문이다. 그렇게 시작해서 온라인 교육에 대한 지식을 쌓으면 온라인 교육을 위한 장기 투자 여부를 결정하는 데 도움이 될 수 있을지 모른다. 니틴 학장은 자신의 생각을 분명히 밝혔다. 한 세기가 넘는 기간 동안 하버드경영대학원은 레지덴셜 교육에서 뚜렷한 족적을 남겼다.

그렇다면 이제 우리는 멀티 플랫폼 교육에서 리더의 위치를 새로이 개척해나갈 수 있을까? 그러기 위해서는 확실하게 결정해야 할 사항이 하나 있었다. 에드엑스에 무크 스타일의 강의를 제공할 것인지 아닌지를 결정해야만 했다. 지나고 나서 생각해보니, 리더가 에드엑스를 대담하고도 구체적으로 명시한 덕분에, 온라인에 어떤 방식으로 접근할지에 대해 내부적인 대화가 활발하게 이루어질 수 있었다. 그렇지 않았다면 우리가 했던 것처럼 신속하게 움직이지 못했거나 아예 시작조차 못했을지도 모른다.

이제, 질문은 명확해졌다. 학습자에게 도움을 줄 뿐만 아니라 우리 학교에도 적합하고 우리의 장점을 활용할 수 있는 온라인 교육을 만들어내기 위해서 우리가 할 수 있는 일은 무엇일까? 이 질문에 답하는 과정에서 '강의실 내 카메라'를 활용하지 않기로 결론 내렸다. 무크 스타일의 스트림 비디오 강의가 수백만 명의 온라인 학습자에게 도움을 주는 것은 사실이다. 하지만 강의 전달에 관해서 그 방법만이 최선은 아니었다. 더욱이 에드엑스 방식은 우리의 교실 교수법에도 어울리지 않았다. 온라인에서 성공하기 위해서는 우리가 잘할 수 있는, 하버드의 DNA를 활용할 수 있는 무언가를 구축할 필요가 있었다. 그 무언가가 바로 사례 연구법이었다.

그래서 우리는 HBX에 관해 대화를 나누기 시작했다. HBX라는 이름은 요즘 어디에서나 뒤에 붙이는 X를 하버드 비즈니스_{Harvard} _{Business}에 결합한 것이다. (하버드경영대학원의 영문 Harvard Business

School의 첫자를 따면 HBS가 되는 것처럼, 온라인 교육은 X를 붙인 것이다.) HBX를 하기로 한 이유는 우리 교수법의 약점을 극복하려 하기보다는 강점을 더욱 살려야 한다는 믿음 때문이었다. 그리고 우리의 교수법 DNA를 바꾸지 않고는 갈 수 없는 길을 무리하게 따르지 않고, 우리의 장점 위주로 차별화를 이룰 수 있는 온라인 교육을 구축하기 위해서였다.

우리의 학습자는 누구인가

곧이어 한 가지 옵션을 배제했다. 온라인에서는 MBA의 전 과정을 다 제공하지 않기로 결정한 것이다. MBA는 하버드경영대학원의 꽃이자 수백 명의 학생들이 많은 돈을 지불하고 학교를 다니는 이유다. 우리의 MBA 과정이 온라인 교육 때문에 위험을 느낄 필요가 없었다. 적어도 그때는 그렇게 생각했다.

다 그런 것은 아니었다. 다른 유수 대학들은 자기 학교에서 최고의 강의로 손꼽는 과목들을 온라인으로 제공했다. 예를 들면, 하버드에서는 마이클 샌델Michael Sandel의 정의론 강의, MIT에서는 아난 아가왈Anant Agawal의 전기공학 강의, 스탠퍼드에서는 세바스찬 스런의 AI 강의를 온라인으로 제공했다. 이렇게 생각하는 사람이 있을 수도 있다. 왜 이런 대학에서 가장 이상적인 강의실 수업이 될 수 있는 강의를 아무에게나 무료로 제공하는 걸까?

한 가지 이유는 더 많은 사람들에게 다가가고자 하기 때문이다.

또 다른 이유는 온라인 강의가 학교 내 강의에 대한 수요에 피해를 주지 않을 것이라는 자신감 때문이다. 또 설사 피해를 주더라도 그렇게 하는 것이 올바른 길이라고 생각했기 때문이다. 비즈니스에서 '제살 깎아먹기'는 금물이다. 실제로 오랫동안 하버드경영대학원에서 회사들에게 이 점을 설교하는 교수들이 많았다. 이는 파괴의 위협이 닥치는 현실 상황에서는 올바른 처방이기도 하다. 하지만 다시 강조하듯, 우리하고는 관계없는 일이라고 믿는 사람들이 대부분이었다. 언젠가는 하버드도 MBA 과정을 온라인으로 제공해야만 하는 날이 올지도 모른다. 하지만 우리가 앞장서서 할 이유는 없었다.

그래서 새로이 묻기 시작했다. "우리는 누구에게 온라인 강의를 제공해야 하는가?" 그리고 이 질문에 대한 답을 얻기 위해 가장 가까운 곳에 있는 사람들, 바로 하버드 MBA 학생들부터 생각하기 시작했다. 그러면서 우리 MBA 프로그램의 문제가 무엇인지 알아냈다. 그 문제는 학기가 시작한 후에 생기는 문제가 아니라 학기 시작 전에 이미 존재하는 문제였다.

하버드 MBA 학생 중 대략 15에서 30퍼센트 정도는 입학 전에 회계학, 경제학, 데이터 분석 등 비즈니스의 기본 용어에 관한 지식이 거의 없다시피 했다. 하지만 이런 분야에 대한 지식, 즉 재무제표를 읽고 의사 결정에서 경제원칙을 활용하고, 데이터를 분석하는 방법은 우리 프로그램을 준비하기 위해 반드시 알아둘 필요가 있었다. 수업 첫날부터 말이다.

오래전부터 우리는 이런 어려움에 대처하기 위해 정규 MBA 교과과정이 시작되기 전에 2주짜리 교내 강의를 실시했다. 초보자에게 입문 과정을 제공한다는 생각으로 시작한 것이다. 파운데이션스 Foundations 같은 과정들은 학생들에게 문제 해결, 비즈니스 역사, 경제학 등 광범위한 분야를 경험하게 했다. 애널리틱스Analytics 같은 강의들은 온라인 지도와 곁들여 양적 분석력, 재무, 회계에 집중했다. 하지만 2011년 말, 학생들의 준비 상태에 격차가 생긴다는 사실을 알았다. 결국 파운데이션스 과정은 철폐되었다. 애널리틱스의 경우, 효과는 있었지만 학생들 중 15에서 20퍼센트만이 강의를 들었다. 그나마도 2주였던 기간이 1주로 줄어들었다. 일부 교수들은 엄격한 MBA 프로그램을 대비해 학생들을 준비시키는 과정에 문제가 생긴 것이 아닌지 의심하기도 했다. 따라서 이번이 MBA 준비 과정을 온라인 버전으로 재작업할 수 있는 완벽한 기회나 다름없었다.

2014년 12월, 문영미(MBA 프로그램의 학과장으로서 학장과 함께 HBX에 관한 논의를 처음으로 시작했다), 재니스 해몬드Janice Hammond와 나라야난V. G. Narayanan(두 사람은 함께 애널리틱스를 이끌었다), 그리고 나까지 4명이 하버드경영대학원 캠퍼스 지하에 있는 회의실에 모였다. 우리는 MBA 학기 시작 전 준비 과정을 첫 온라인 교육 내용으로 해야 할지에 대해 논의했다. 길게 얘기할 필요도 없이 우리는 모두 그 의견에 찬성했다. 학생들이 MBA 과정을 시작하기 전에 필요한 기본 개념을 익힐 수 있도록 회계, 기업분석, 경제학 등 3개 분야의 온라인 강의를 만들기로 했다. 이 세 과목은 '비즈니스의 기본 언어'였다. 이것이 우리가 만든 온라인 프로그램의 출발이었다.

우리는 온라인 교육에 진출하면서 어찌 보면 두 가지 평범해 보이는 결정을 내렸다. 기존 제품을 건드리지 않을 것이다. 그리고 기존의 학생들이 캠퍼스로 들어오기 전에 그들에게 새로운 내용을 전하면서 시작할 것이다. 이는 마치 한 기업에서 고객들이 상점에 들어오기 전에 그들에게 미리 새로운 디지털 제품을 제공하는 행위와 마찬가지였다. 흔히들 기존 고객을 중심으로 전략을 짜는 행위는 실패하는 길이라고 한다. 기존 고객의 욕구 충족에 신경 쓰다 다른 고객들이 가장 원하는 것을 놓치고 마는 근시안적 행위라고 보는 것이다. 하지만 이 논쟁에서는 제품과 고객의 구분을 잘못 이해하는 일이 종종 벌어진다. 기존 제품은 구조상 고정되어 있기 때문에 새롭게 만드는 일이 힘들 수 있다. 하지만 그동안 채워주지 못했던 기존 고객들의 필요에 부응하기 위해 새로운 제품을 만들어내는 일은 그리 힘들지 않다. 그리고 고객들의 충족되지 않은 욕구는 종종 차별화를 이룰 수 있는 가장 좋은 기회로 다가온다. 따라서 우리는 '비고객noncustomer', 시장의 변두리에 있는 사람, 우리 조직과 멀리 떨어져 있는 사람들을 바라보지 않고 가장 가까이 있는 사람들을 먼저 보기로 했다.

하버드 MBA 학생들의 요구에 집중하기로 한 결정은 결과적으로 두 가지 함축적 의미를 지니고 있었다. 우리가 만들려고 하는 강의 자료를 하버드 MBA 외에도 필요로 하는 곳이 있을지 모른다는 점을 깨달았다. 다른 대학의 비즈니스 스쿨에서도 MBA 학생들을 위해 우리와 똑같은 준비용 온라인 강의 자료를 원할지도 모를 일이었다. 회사에서도 우리 자료를 신입 사원 교육을 위해 유용하게 사용할 수 있다. 그리고 학부생들 중 꼭 MBA를 계획하지 않은 사람이라도 입사 준비를 위해 우리 자료를 유용하게 사용할 수 있을지 모른다.

이 마지막 문장은 학부 교육을 둘러싸고 벌어지는 광범위한 논쟁을 고려할 때 특히 중요한 의미를 지닌다. 미국에서 리버럴 아츠는 예전부터 고등교육의 주춧돌 역할을 해왔지만 최근 몇 년 사이에 리버럴 아츠를 사치로 여기는 경향이 생겨나고 있다. 이를 둘러싸고 '직장 생활을 위한 학습' 대 '인생을 위한 학습' 또는 '시장성이 있는 기능 습득' 대 '사고방식 습득'이라는 틀 안에서 종종 논쟁이 벌어진다. 그리고 이 논쟁은 점점 과열 양상을 보이고 있다. 그리고 서로 한 치도 물러서지 않는다.

우리의 첫 번째 온라인 프로그램은 우리 학교 MBA에 진학할 학생들(이 중 학부에서 리버럴 아츠를 전공한 많은 학생들)을 준비시키기 위한 것이었다. 하지만 이 프로그램을 여름 학기에 사용하는 것도 괜찮은 아이디어였다. 그렇게 하면 역사나 문학, 철학 또는 화학을 전공하는 학생들이 자기 전공 공부를 계속하면서도 기본적인 '비즈니스 언어'를 습득할 기회를 제공받을 수 있다. 학생들은 장기적인 관점에서 소중한 자산이 될 수 있는 비판적 사고와 의사소통 능력을 배우게 될 뿐만 아니라 출근 첫날부터 좀더 준비된 자세로 시작할 수 있다. 이 논리에 따라 '준비가 되었음'을 보장하는 입문 수료증Credential of Readiness이라는 의미에서, 우리 온라인 프로그램을 HBX CORe로 이름 지었다.

하버드 MBA 학생들에게 필요한 점들에 집중하기로 결정하는 과정에서 생각지도 못했던 새로운 이름을 얻게 된 것이다. 생각지 못했던 결과 중 또 하나는 좋든 싫든 어쩔 수 없이 자격 기준을 올릴 필요가 있었다는 점이다. 강의를 들을 학생들에게 온라인에 대한 깊은 인상을 심어주어야 했다. 학생들이 하버드 캠퍼스에 들어와 교내에서 생활하고 학습하며 얻는 경험에 견줄 만한 좋은 경험을 온라인에서도 제공하고자 했다. 어쨌거나 CORe는 학생들이 하버드경영대학원에서 얻는 첫 경험이 될 테니 말이다. 교내 학습 경험에 뒤지는 경험을 맛보게 할 수는 없었다. 하지만 쉽지 않은 일처럼 보였다. 어쩌면 헛수고가 아닐까 하는 생각도 들었다.

디지털 우선 방식의 장점 살리기

우리는 하버드의 교내 학습 경험을 온라인에서 단순하게 따라 하는 일이 불가능함을 바로 깨달았다. 노력한다 해도 아마 실패할 것이다. 그래서 '디지털 우선'으로 갈 수밖에 없다는 결론을 내렸다. 학습 경험에서 오직 온라인 플랫폼만이 제공할 수 있는 무언가를 만들어내야 했던 한 것이다.

이 사실을 깨닫고는 '플립드 교실' 방식과 더욱 거리를 두기로 했다. 플립드 교실이 매력적이긴 했지만 이 방식은 기본적인 문제점을 지니고 있었다. 일단 플립드 학습은 '교실 우선'이었다. 상호작용이 거의 없는 교실 수업의 일부를 온라인으로 옮겨놓는다면, 강의실 수업을 듣는 학생들은 편하게 느낄 수 있다. 하지만 온라인 학습자는 낙담할 수 있다. 교실에서도 멀리하려는 방식으로 온라인 강의를 들어야 하니 말이다. 하버드경영대학원에서는 강의실 수업중에 활발한 토론이 벌어지긴 하지만, 아무리 그래도 그 수업 자체를 녹화해서 온라인에 옮겨놓는다면 학습자들에게 자극이나 의욕을 줄 수 없다고 생각했다.

우리는 디지털이면 디지털의 기능을 충분히 살릴 수 있는 방법을 받아들이기로 했다. 거기서 새로운 가능성, 온라인 학습자들을 더욱 높은 위치로 끌어올릴 수 있는 가능성을 보자고 의견을 모았다.

'디지털 우선'으로 가야 한다는 생각은, 교실 수업을 그대로 모방하려 한다면 효과가 없을 것이라는 믿음 때문이었다. 그렇다면 우리의 디지털 우선 방식은 사례 연구법에서 핵심 사항만을 뽑아낸 다음, 각 핵심 사항을 온라인에서 표현할 방법에 대해 재구성하는 쪽으로 가야 했다. 사례에 대한 자세한 내용이 아니라 원칙이나 본질을 빌려오는 것이다. 그 외의 것들은 모두 잊어버려야 한다. 이렇게 '잊어버리기, 그리고 빌려오기'는 향후 HBX의 진화 과정에서 계속 등장한다. 이 방식은 십스테드를 비롯한 여러 기업들의 경험에서 직접적인 영감을 받아 탄생한 것이다.

그렇다면 핵심 원칙이란 무엇일까? 우리가 규정한 핵심 원칙은 실세계 문제 해결, 능동 학습, 동료 학습, 이렇게 세 가지였다. 실세계 문제란 사례 연구법 학습과 마찬가지다. 전통적인 사례 연구법과 마찬가지로, 관리자들이 직면하는 현실적인 딜레마에 관한 이야기를 통해 실감나는 방식으로 학습을 권장할 것이다. 능동 학습은 학생들에게 단순히 자료를 읽거나 듣지 말라고 요구한다. 대신 몰두해서 적극적으로 참여하고, 생각하고 논의하라고 요구한다. 사례 연구 수업 방식은 능동적 참여가 필요한 방식이다. 우리는 이와 똑같은 경험을 온라인에서도 만들어내고 싶었다. 동료 학습도 매우 중요했다. 학생들은 서로에게서 배우게 될 테니 말이다.

이 원칙들을 온라인에서 그대로 살려낼 수 있는 방법에 대해 브레인스토밍 방식으로 토론을 벌였다. 우리는 강의실 수업에서 했던 모든 것을 온라인에서 100퍼센트 똑같이 할 수 없음을 알고 있었다. 하지만 문제는 우리가 온라인에서 더 잘할 수 있느냐 하는 것이었다. 아이디어들이 쏟아졌다.

교재로 사용할 사례를 지문으로 보여주는 것보다 실제 관리자가 나와서 직접 겪었던 사례에 대해 설명하는 짧고 다이내믹한 영상을 만들면 더 효과적일 것이라는 의견도 있었다. 단순히 칠판에 그림을 그리거나 공식을 적는 것보다 대화식 실습이나 그래프 활용이 더 좋은 방식이라는 의견도 있었다.

시간이 한정된 강의실 수업과 달리 학생들은 언제라도 질문할 수 있을 것이다. 학습자들이 자신의 학습 속도에 맞춰 공부할 수 있고 그에 대해 다른 사람들과 함께 의견을 나눌 수 있도록 해야 한다. 학생들이 각자 필요에 따라 동영상을 천천히 보거나 빨리 돌려볼 수 있도록 하자는 의견도 나왔다. 그리고 한 강의에 한 교수가 아니라 여러 명의 교수가 나와 다양한 목소리를 들려주자는 의견도 있었다.

우리는 훌륭한 온라인 경험을 창출하는 데에 디지털이라는 수단 자체가 장애가 되지 않는다는 사실을 깨닫게 되었다. 문제는 우리의 상상력이었다.

이렇게 여러 아이디어를 브레인스토밍하면서 또 다른 심각한 문제와 마주쳤다. 우리가 원하는 경험 창출을 가능하게 해줄 수 있는 기존 온라인 학습 플랫폼이 없었던 것이다. 신속하게 우리만의 플랫폼을 구축해야 했다.

어디서부터 시작해야 할지 몰랐다. 당연한 일이지만, 다른 주요 온라인 교육 플랫폼들은 모두 컴퓨터공학 교수들이 구축한 것이다. 우리는 정보기술을 담당하는 동료 교수들에게 도움을 요청했다. 동료 교수들은 열의에 차 있으나 때로는 터무니없을 수도 있는 우리의 이야기들을 열성적으로 들어주었다. 그리고 실현 가능한 것과 불가능한 것들을 알려주었다. 서로 의견을 교환하는 과정을 통해 전에는 생각지 못했던 더 중요한 현상도 생겨났다. 우리 콘텐츠와 기술팀 사이에 끊임없는 피드백 회로가 형성되고 있었던 것이다. 이는 우리 아이디어 달성에 관건이 될 일이었고, 몇 개월 후면 탄생할 HBX를 단단히 고정시킬 문화가 조성되고 있음을 뜻했다. 어떤 교수가 아이디어를 내면 그 아이디어는 짧은 시간 안에 플랫폼에서 실행될 수 있을 것이다. 드디어 우리의 상상력이 변화를 창조하기 시작했다.

CHAPTER 29

HBX, 전략에서 도입까지

교실 학습과 온라인 학습의 결합이
열어갈 교육 신세계

답을 구하기 전에 단순하지만 중요한 질문을 하라

제품 개발이나 전략에 대한 대화가 종종 그렇듯이, 우리의 대화도 때론 두서없고 혼란스러웠다. 하지만 그 와중에도 우리는 모든 대화를 관통하는 중요한 두 가지 질문을 잊지 않았다. 누구를 대상으로 할 것인가? 그리고 이길 방법은 무엇인가?

질문 자체는 전혀 복잡하지 않다. 하지만 답을 얻기 위해서는 많은 노력을 기울여야 한다. 우리의 경우에는 "교육을 민주화하라", "세계를 평평하게 하라", "신기술을 포용하라"처럼 온라인을 둘러싼 좋은 말들에 현혹되기 쉽다. 이런 말들이 장점을 지니고 있다는 것, 그리고 동기를 부여한다는 점을 부정할 수는 없다. 이런 말들은 일반적으로 온라인 교육이라는 세상이 결국 가게 될 방향을 암시하고 있다. 하지만 개인의 결정을 이끌어주는 데 있어서는 그리 유용한 역할을 하지 못한다.

우리에게 여전히 중요한 것은 전략에 관한 기본 질문이었다. 학습자는 누구인가? 어떻게 차별화를 이룰 것인가? 디지털 우선 경험을 어떻게 만들어낼 것인가?

대학이나 온라인 플랫폼이 온라인 전략과 타깃을 세밀하게 만들어가는 과정에서 매번 격언처럼 등장하는 말들이 있다. 하나는 "최대한 광범위하게 영향을 주라"이고, 또 하나는 "최대한 많은 사람들에게 도달하라"다. 그리고 이 목표에 도달하는 방법으로 늘 언급되는 말이 있는데, "스타 강사진을 갖추고 뛰어난 강의를 제공하라. 그러면 학습자들이 따라오게 될 것"이라는 말이다.

터무니없는 말은 아니다. 하지만 학습자가 누구인지 또는 학습자가 진정으로 관심을 갖는 것이 무엇인지를 이해하는 데는 거의 도움이 되지 않는 말이다. 이 말은 마치 제품을 만들어놓고 고객을 찾아나서라는 말과 같다. 그 반대가 되어야 하는데 말이다. 이는 사용자 중심이 아닌 제품 중심적 사고라 할 수 있다.

"학습자는 누구인가"라는 간단한 질문에서 시작하다 보니 콘텐츠와 교수진 위주의 사고에서 벗어날 수 있었다. 이것은 중요한 깨달음이었다. 우리 MBA 학습자들에 대해 깊이 알게 되면, MBA 프로그램을 위한 CORe에서 학생들에게 제공해야 하는 강의 자료의 범위를 알아내는 일이 쉬워진다는 뜻이었다. 이 질문은 학생들이 무엇을 힘들어하고 있는지, 그리고 우리가 학생들에게 어떤 개념을 가르쳐야 하는지 알 수 있게 해주었다. 그리고 학습자의 자격 기준을 설정하는 데도 도움을 주었다.

자신의 학습자가 누구인지 알지 못하는 현상은 '도달과 접근'이라는 측정 기준을 사용하기 때문에 발생한다. 온라인 강의에 10만 명이 등록했다 치자. 그러면 그 온라인 강의는 성공적이라고들 한다. 학업 완수 비율은 한 자릿수에 불과할 정도로 낮은데도 말이다. 이런 숫자 놀음 때문에 사람들이 온라인 교육을 의심의 눈길로 바라보는 것이다. 〈뉴욕타임스〉가 2012년에 명명했던 '무크의 해'는 바로 다음 해 '코스를 벗어나 표류하는 온라인 혁명'이라는 NPR의 주장으로 무색해졌다는 점을 생각해보라.

개인별 학습자에게 집중한다는 말은 우리가 조금의 흔들림도 없이 단 하나의 측정 기준, 사람 수가 아닌 학습자의 자발적이고 적극적인 참여에 집중한다는 뜻이었다. 참여를 이끌어낼 수 있다면 많은 사람들이 저절로 찾아오게 될 것이다.

우선순위 결정과 혁신은 대립 관계가 아니다

2013년 3월 초, CORe의 도입을 앞두고 점차 구체화된 모습을 갖춰가고 있었다. 동시에 다른 많은 기회들도 모습을 드러냈다. '디지털 교육'과 HBX에 해당되는 기회들이었다. 야심 있는 기업가들을 광고주 또는 투자가와 연결시켜줄 수 있는 포털을 만들어야 할 것인가? 하버드경영대학원에서 연구 노력을 향상시킬 수 있는 디지털 플랫폼을 만들어내야 할 것인가? 제공하는 교육의 가짓수를 최대화해야 할 것인가, 아니면 적게 시작할 것인가? 관리자들을 위한 '초보적인'

도구를 제공해야 하는가? 기존의 학교 내 프로그램을 향상시키기 위해 디지털 기술을 활용해야 할 것인가?

전략가와 기업가는 종종 서로 다른 세상에 사는 듯 보인다. 전략가의 세상은 경쟁 방식과 경쟁자가 잘 알려져 있으며, 대립되는 우선 순위들이 실제로 존재하는 대형 조직, 성숙한 조직에 적용된다고 한다. 기업가의 세상은 어지럽고 혁신적이고 잘 알려져 있지 않다. 그곳에는 정해진 우선순위가 따로 없다. 어떤 기회가 좋은 결과를 불러올지 모르기 때문에 기회가 올 때마다 붙잡아야 한다는 뜻이다.

하지만 이런 식의 구분에 속지 말아야 한다. 성숙한 조직도 혁신이 필요하고, 신생 조직도 우선순위를 결정해야 하기 때문이다. HBX 초기에, 우리는 혁신을 꾀하면서 동시에 우선순위를 결정해야만 했다.

향후 몇 개월 동안 우리는 지켜야 할 것과 버려야 할 것들을 알아갔다. 그리고 한 가지를 더 실험해보기로 했다. 고위 경영진을 위한 단기 온라인 강의를 만드는 것이었다(클레이튼 크리스텐슨은 역설적이게도 파괴적 전략 disruptive strategy을 주제로 첫 강의를 만드는 데 동의했다). 그리고 더 이상 쓸 시간도 돈도 없었기 때문에 더 이상의 프로젝트는 받아들일 수 없게 되었다.

수천 송이의 꽃을 한 번에 다 피울 필요는 없었다. 우리는 그저 우리가 만들어낸 것이 어떤 식으로든 온라인 교육의 발전과 향상에 도움이 되기를 바랄 뿐이었다. 전략가의 세상과 기업가 정신의 세상이 한곳에 나란히 놓인 특이한 방식이었다. 우리 학장이 내린 지시를 보면 이 말의 뜻을 그대로 이해할 수 있다. "가능한 한 창의적이고 기업가적이어야 한다. 하지만 실패는 선택 사항이 아니다."

포트폴리오 전략portfolio strategy에 관한 우리의 대화가 점점 명확해지면서 새로운 깨달음을 주는 또 다른 일이 기다리고 있었다. 사실 그 일은 이 책을 집필하던 내게 놀랄 일이 아니었음에도 나를 놀라게 했다.

사용자 연결 관계와 사회적 학습에 대한 신선한 깨달음

2013년 5월, 우리 프로젝트는 계속 앞으로 나아가고 있었다. 플랫폼을 구축하고 영상 촬영 전문가를 채용했다. 가격에 대한 결정을 내리고 각 강의에 사용할 콘텐츠를 제작중이었다.

콘텐츠 제작과 관련해서는 강의 연구 조교들과 박사과정 학생들을 고용했고, 이에 더하여 MBA 2년차 중에서 우수한 학생들에게 의견을 달라고 부탁했다. MBA과정을 시작하는 학생들에게 제공할 흥미진진하고 마음을 사로잡는 온라인 강의를 만들어내고자 한다면, 기존 MBA 학생들에게 콘텐츠 제작 과정에 대해 알리는 것이 당연한 일이기 때문이다.

우리는 정기적으로 만나 자유롭게 의견을 나눴다. 3개월째 접어들면서 MBA 학생들은 우리가 처음 듣는 얘기들을 하고 있었다. 놀라운 광경이었다. 그동안 교수진들은 강의실 내 사례 연구 토론 방식이 효과를 볼 수 있었던 원칙에 대해서 얘기하고 있었다. 하지만 학생들은 교실 밖에서도 학습이 이루어질 수 있다는 점과 그 방식에 대해 설명하고 있었다. 온라인을 다시 만들어야 할지 여부를 고려하게 만드는 매우 중요한 사항이었다. 학생들은 수업 전 스터디 그룹, 수업 후 이메일, 복도에서의 대화, 교내 식당 토론, 기숙사 논쟁 등에 관해 이야기했다. 학생들 말로는 아무 곳이라도 친구들과 의견을 교환할 수 있다면, 그것도 사례 연구 교수법의 일부가 될 수 있지 않느냐는 것이었다.

사회적 학습은 우리 교수법에서 버팀목 역할을 해온 개념이었다. 우리도 학생들이 서로의 말을 듣고 서로에게서 배우는 과정에 사례 연구법의 성공 여부가 달려 있음을 알고 있었다. 하지만 진정으로 그 의미에 대해서 생각하지 않은 채 별 관심을 두지 않았던 것이다. 대신에 강의 구성, 플랫폼 디자인, 수업 품질 등 뛰어난 콘텐츠를 만들고 전달하는 데에만 신경을 쓰고 있었다. 놀랍게도, 우리 스스로 콘텐츠 함정에 깊이 빠져들어 있던 것이다.

한 줄기 깨달음의 빛을 보는 순간이었다. 나는 수첩에 이렇게 적었다. "우리는 콘텐츠 제작과 능동적 학습에 97퍼센트의 노력을 기울이고, 사회적 학습에는 3퍼센트의 노력을 기울이고 있었다. 이제는 이를 완전히 뒤바꿔 사회적 학습에 97퍼센트, 콘텐츠에 3퍼센트의 노력을 기울일 필요가 있다." 그런데 문영미 교수도 나와 같은 생각을 하고 있었다. 이에 대해 대화를 나눈 적이 없었는데 말이다.

다음 한 달 동안, 우리는 온라인 플랫폼에서 사회적 학습 기능을 향상시키기 위해 최선을 다했다. 교수진들과 기술팀은 계속해서 회의를 이어갔다. 수십 개의 아이디어가 쏟아져 나왔고, 모든 의견들을 진지하게 고려했다.

상상을 해본다. 학생들이 있는 곳을 보여주는 글로벌 맵으로 플랫폼을 연다. 학생들은 다른 학생들이 누구인지 알고 있다. 우리 시스템에서 자신의 이름을 숨기거나 다른 이름을 사용하는 일은 없다. 프로필 사진도 나온다. 학생들에게는 자신에 대해 많은 정보를 제공하도록 한다. 모든 사람의 대답을 반영하기 위해 대화 공간은 실시간으로 업데이트한다. 이렇게 작아 보이는 차이가 학습에는 큰 도움을 줄 것이다.

자신이 답을 함과 거의 동시에 다른 학생들의 답이 올라오고, 서로의 생각이 이렇게 다를 수도 있다는 점을 깨닫는 순간, 학생들에게서는 학습이 이루어진다. 글로 적어서 제출하던 과제물 대신 개념을 정확히 이해한다는 것을 보여주기 위해 학생들은 사진을 올려야 한다. 그러고 나서 그 이미지들을 검색이 가능하도록 만들어야 한다. 즉흥적인 가상 논쟁을 유도한다. 같은 학습 단계에 있는 학습자들끼리 필요할 때마다 스터디 그룹을 조직해서 강의 내용에 관해 서로 논의할 수 있도록 한다. 온라인에서 학생들에게 임의로 질문하기도 한다.

교수가 예고 없이 학생을 선택해 질문하는 콜드 콜cold call은 사례 학습법에서 가장 유명한 교수법이다. 교수는 수업중 아무 때나, 아무 학생에게나 무작위로 질문을 던질 수 있다. 질문은 쉬울 수도 있고 어려울 수도 있으며 개념적일 수도 있고 분석적일 수도 있다. 교수는 질문을 던진 후 바로 다음 강의로 넘어갈 수도 있고, 한 학생에게 몇 분 동안 연속해서 질문을 던질 수도 있다. 콜드 콜은 소크라테스Socrates 방식의 핵심이다. 학생들은 콜드 콜을 공포의 대상으로 여기고 오랜 시간이 지나서까지 그 순간을 기억하기도 한다.

콜드 콜이 효과적인 이유는 무엇일까? 이 방식은 학생들 스스로 준비하게 만드는 효과가 있다. 학생들은 수업 시간 내내 정신을 바짝 차리고 있어야 한다. 콜드 콜은 학생들이 다른 학생의 생각을 듣고, 서로 다른 생각을 통해 배울 수 있도록 해준다. 물론 느닷없이 질문을 받은 학생이 바로 정답을 얘기하는 경우는 드물다. 하지만 그 과정에서 누군가 실수한다면, 다른 학생들은 그 실수를 통해서도 배움을 얻는다.

사실 콜드 콜의 사회적인 면 때문에 질문을 받은 학생은 두려움을 느낀다. 90명의 학생들이 자기를 응시하고 있다면 어떻겠는가? 대답을 준비하는 동안 자신을 둘러싼 침묵이 영원히 끝나지 않을 것처럼 느껴질 것이다. 콜드 콜이 그토록 강력한 효과를 발휘하는 궁극적인 이유는 이러한 사회적 압력 때문이다. 많은 학생들이 "교수 앞에서 창피당하는 것보다 친구들 앞에서 창피당하는 걸 훨씬 더 두려워한다"고 한다. 그래서 우리는 어떻게 하면 사회적 학습의 강력한 효과를 HBX에 담아낼 수 있을지에 대해 생각했다.

그리고 말 그대로 HBX 콜드 콜을 만들어냈다. 방법은 간단했다. 학생이 온라인으로 자료를 보는 도중에 임의로 팝업 창이 뜬다. 팝업을 통해 질문하면 학생은 1분 내에 30자 이내로 답해야 한다. 옆에 흐르는 시간을 보여주는 장치가 있다. 그리고 다른 학습자들도 대답하는 학생의 프로필 사진 옆에 올라오는 대답을 볼 수 있다. 이는 능동적 학습과 사회적 학습을 결합하기 위한 HBX의 여러 특징 중 하나가 될 것이다.

우리가 이런 사회적 특성을 고려한 이유는 학생들이 서로 관심을 쏟는 데 그치지 않고 서로를 도와주었으면 하는 바람 때문이었다. 하지만 어떻게 서로 도와주도록 만들 것인가? 그 방법이 문제였다. 온라인 교육에서 토론 게시판은 흔하지만 큰 효과는 없는 장치다. 토론 게시판에 참여하는 학생은 10퍼센트도 되지 않는다. 온라인에서 토론 참여를 멀리하는 이유 중 하나는 찾아다니기가 지루하고 짜증나기 때문이다. 온라인 강의 페이지에는 보통 웹 페이지 한쪽 옆의 좁은 별도 공간이 있다. 여기에 '사이드바'를 설치해놓고, 학생들은 아무 때나 아무 주제에 관해서나 그곳에 질문을 올릴 수 있다. 하지만 그 때문에 자신이 원하는 내용을 검색하기가 힘들다.

또 다른 이유는 다른 학생의 질문에 답하도록 장려할 유인책이 없다는 점이다. 인기 있는 온라인 강의에서는 보조 강사 또는 조교들이 많은데 이들이 언제나 질문에 대한 답을 해버린다. 그리고 학생들이 토론에 참여하지 않는 가장 중요한 이유는 실명을 쓸 필요가 없기 때문이다.

이 문제를 해결하기 위해 우리는 디자인을 활용했다. 강의 자료를 수업 내용별로 분리시켰다. 그리고 토론 게시판은 플랫폼에 있는 각 페이지에 국한되도록 했다. 아무 질문이나 올리면 안 되고, 그 페이지의 콘텐츠와 관련된 내용만 질문할 수 있도록 했다. 이는 사소한 특징처럼 보인다. 하지만 쉽게 검색할 수 있도록 만들어서 학습자들 간에 대화를 나누도록 권장하는 효과가 있었다.

다음으로 우리는 확실한 유인책을 첨가했다. 온라인에서 점차 인기를 더해가는 '게임화Gamification' 방식이다. 이 방식의 기본적인 아이디어는 특정 행동을 한 참가자에게 보상을 주자는 것이었다. 유인책은 때로는 효과가 좋지만 때로는 실속 없는 술책으로 끝나기도 한다. 하지만 보상을 연결시킨 게임화 활용은 탁월한 효과를 발휘했다. 이와 관련해서 게임 회사나 미디어 회사에 비해 온라인 교육이 유리한 점이 있다. 참가자들의 성적과 연결시킬 수 있다는 사실이다. 그래서 우리는 성적과 참여도를 연결시켰다. 다른 학습자의 질문에 대답을 올리는 학생의 점수를 올려주기로 했다. 이는 교내 강의에서 학생들의 성적을 매길 때 이미 사용했던 방식이다.

지난 10년간 소셜 네트워크는 폭발적으로 성장했고 그에 대한 연구도 많아졌다. 한 가지 눈길을 끄는 질문은 왜 일부 소셜 네트워크는 특정 행동을 권장하는 데 성공한 반면, 어떤 소셜 네트워크는 그렇지 못했느냐 하는 것이다. 예를 들어, 링크드인Linkedin은 참가자들에게 업무 관련 정보를 올리도록 권장하는 반면에 페이스북 포스팅에는 개인적인 내용의 글이 많이 올라온다. 그렇다면 왜 프렌드스터Friendster 사용자들은 창업자들이 의도했던 관계 구축보다 데이트에 더 관심이 많은 것일까?

이와 관련해 본질을 가장 정확히 꿰뚫고 있는 의견 중 하나는 '알맞은 사용자'를 끌어들이고, 참여자에게 '알맞은 유인'을 제공하며, 특정 행동에 참여할 수 있는 '알맞은 도구'를 공급해야 성공할 수 있다는 것이다. 여기에 플랫폼 품질이나 사회적 특성에 대한 언급은 전혀 없다.

우리는 이 원칙들을 다른 사람들에게 가르치고 있었고, 이제는 우리 자신을 위해 사용해야 했다. 우리가 생각했던 사회적 특성 하나하나마다 이 질문을 대입시켜 생각하고자 했다. 어떻게 올바른 행동을 이끌어내고, 올바른 사용자를 끌어들이며, 그들에게 올바른 유인을 제공할 수 있을 것인가? 우리가 정하고 따라야 할 내용을 어렵지 않게 만들어 이해가 쉽도록 하되, 학습자들이 이를 악용해 꾀를 부리지 못할 정도로 만들어야 했다.

사회적 학습에 관해 대화를 나누면서 플랫폼 디자인을 둘러싼 무게 중심에 변화가 일어났다. 처음에는 단지 상호작용만 중시하다가 이제는 사회적으로도 만들어야 한다는 쪽으로 무게 중심이 이동한 것이다. HBX를 위한 디자인 원칙이 점점 구체화되고 있었다. 2014년 5월, 우리 교수 방식의 중심을 이룰 4단계 구조로 된 디자인의 전반적인 윤곽이 탄생했다([그림 27] 참조). 각 층은 수동적, 능동적, 적응적, 사회적 등 네 가지 학습 형태에 해당된다. 이제 가장 중요한 질문은 각 형태에서 참여도를 올릴 방법이 무엇이냐 하는 것이다.

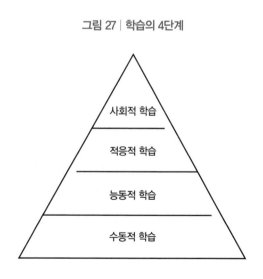

그림 27 | 학습의 4단계

수동적 학습은 가장 간단한 단계다. 사용자들은 큰 노력을 들이지 않고도 보고 들을 수 있다. 하지만 지루하지 않아야 한다. 영상은 짧게 만들고 애니메이션의 품질을 향상시킨다. 실제 사례를 통해 이론적 개념을 가르치는 방법은 관심을 고조시킬 수 있는 최고의 방법이다.

능동적 학습은 두 번째 단계다. 사용자들에게 무엇인가를 하게 만든다. '시도하기와 실패하기'는 강의실 수업에서 사례 연구법을 뒷받침해주는 원칙이다. 온라인에서도 똑같은 전략을 따른다. 여기서 핵심은 학생들이 시도한다는 점이다. 학생들에게 질문해 의견을 말하게 하고, 다른 사람의 의견에 대해 생각하게 하며, 임의로 질문을 던져 서로 의견을 교환하도록 하는 특징은 모두 능동적 학습의 예라 할 수 있다. 우리는 '3분에서 5분 규칙'을 고수할 것이다. 학습자들은 능동적인 무엇인가를 하지 않으면서 3분에서 5분 이상을 그냥 보낼 수 없다. 우리의 온라인 영상은 이 점에서 일반적인 무크와 차별화를 이룰 것이다.

다음은 적응적 학습으로, 개인별 수준과 요구에 따른 맞춤형 교육을 제공하는 것이다. 온라인 학습은 특성상 적응이나 조정이 가능하다. 학습자는 자신만의 속도로 강의 자료를 공부할 수 있다. 하지만 맞춤형은 한 가지만 있는 것이 아니라 다양한 형태로 실행할 수 있다. 예를 들어, 학생이 한 가지 질문을 이해하지 못했다 치자. 그러면 정답을 이해할 때까지 더 많은 질문을 하는 방법도 그중 하나다. 이 원칙을 잘 따르는 것이 IXL인데, 초등학생과 중학생들은 이미 IXL 같은 플랫폼에서 수학을 공부하고 있다.

문제는 좀더 정교한 형태의 적응적 학습을 위한 기술이 아직 받쳐주지 못하고 있다는 사실이다. 그래서 우리는 적응적 학습은 나중에 신경 쓰고 우선은 다른 것들을 최적화하는 데 중점을 두기로 했다.

사회적 학습은 네 번째 단계다. 이 역시 우리의 플랫폼을 차별화하는 데 역할을 할 수 있을 것으로 믿었다. 사회적 학습이 제대로 효과를 발휘해야 하는 또 다른 이유가 있었다. 일단 수업이 시작되면 온라인 강의 현장에서 교수진과 학습자 사이에 상호 교류는 전혀 이루어지지 않을 것이기 때문이다.

처음 이 생각을 밝혔을 때 팀원들은 깜짝 놀랐다. 그러면 효과가 없을 거라고 주장하는 사람들도 있었다. 하버드에서 하는 사례 연구 교수법의 성공 원인은 학생과 교수진 사이의 긴밀한 상호작용과 대화를 이끌어가는 교수진의 역할에 뿌리를 두고 있었기 때문이다. 하지만 교실 수업 방식을 온라인에서 똑같이 시도한다면 확장성이 떨어져 사용자 수가 증가할 때 유연하게 대처할 수 없게 된다. 온라인 학습 때문에 교내 강의를 위한 교수의 집중력이 분산되는 비효율적인 현상이 발생한다. 따라서 우리에게는 교수진이 존재하지 않아도 잘 작동하는 온라인 학습 모델이 필요했다.

고품질 온라인 교육은 어떻게 확장성을 높일까

조직이 사용자 증대에 따라 유연하게 대응할 수 있는 확장성, 즉 스케일을 어떻게 갖출 것이냐 하는 문제는 대부분의 비즈니스에서 매우 중요한 문제다. 이를 명확히 하려면, 자신이 제공하는 것에서 정말 중요하다고 생각했던 요소들이 정말 중요한지 테스트해보아야 할지도 모른다.

전통적인 서커스 산업이 좋은 예다. 서커스에 가는 사람은 멋진 경험을 하게 되지만, 서커스 산업 자체는 100년 동안 확장성 면에서 성공적인 모습을 보여주지 못했다. 서커스단은 하루에 한 도시에서 공연한다. 그 도시에서 공연이 끝난 후에야 다른 도시로 이동할 수 있었다. 서커스의 꽃이라 할 수 있는 훈련받은 호랑이와 사자 같은 동물들, 그리고 조련사를 구하기가 힘들었기 때문이다.

1990년대 말, 비교적 새로운 산업인 태양의 서커스Cirque du Soleil는 자신만의 독특한 위치를 구축했을 뿐 아니라 전 세계 여러 도시에서 동시에 공연하는 놀라운 확장성을 보여주었다. 어떻게 그런 일이 가능했을까? 태양의 서커스가 이렇게 할 수 있었던 이유는 더 많은 사자와 조련사를 구했기 때문이 아니다. 오히려 이들을 없앴기 때문에 가능했다. 그들은 오래전부터 존재했던 생각, 즉 멋진 서커스 경험을 선사하기 위해서는 사자가 필요하다는 전제 조건에 의심을 품었다. 핵심은 바로 그 점이다.

이제 대부분의 온라인 학습 플랫폼은 두 가지 대안 중 하나로 몰리고 있다. 첫 번째 대안은 확장을 염두에 두고 설계되었다. 예를 들어, 무크의 강의 포맷은 수십만 명의 학습자에게 쉽게 방송할 수 있다. 하지만 이 방식의 문제점은 개인 학습자의 참여도를 끌어올리기가 힘들다는 것이다. 두 번째 대안은 첫 번째와 반대로 '능동적 학습'에 주안점을 두고 설계되었다. 일반적으로 10명에서 20명으로 이루어진 소규모 그룹 토론에 교수진이 실시간으로 참여한다. 그러면서 모든 학습자에게 풍부한 맞춤형 경험을 제공했다. 따라서 이 모델은 학습자 각각에게 우수한 경험을 선사하지만, 학습자 수가 늘어날 때 유연하게 대처하기 힘들다는 문제점이 있다. 교수진을 늘려야 하거나 그렇지 않으면 강의를 담당하는 교수가 더 많은 일을 해야 했기 때문이다.

이는 HBX 설계를 하는 데 있어서도 중요한 문제였다. 우리는 참여도와 스케일, 둘 다 원했다. 그리고 교수진과의 실시간 상호 교류를 피하는 방법만이 두 가지를 모두 달성할 수 있는 유일한 길이었다. 우리는 이에 대한 대화 내용을 간단한 차트에 담았다.

그림 28 | 스케일과 참여도의 관계

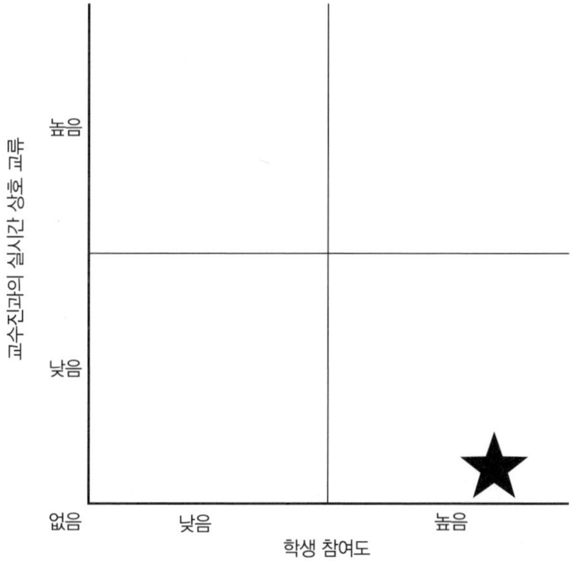

이 방법을 택해야 할까? 우리는 그래야 한다고 생각했다. 하지만 어떻게 그렇게 할 수 있을까? 사실 교수진 또는 조교의 실시간 상호 교류 없이 학습자의 참여도를 높일 수 있다고 생각하는 교수는 거의 없다. 실제로 온라인 플랫폼들은 프리미엄 온라인 학습 경험을 위해 요금을 부과하는 과정에서 교수진이 회합 시간office hours을 할애하고 실시간 대화를 나누며 여러 종류의 상호 교류를 해야 한다는 의견이 지배적이다. 우리는 이 방식을 뒤집고자 했다. 서커스에서 사자가 필요하다는 편견을 버린 것처럼 말이다.

교실에서의 교수진 역할에 대해 각 부분별로 분석했다. 그리고 그 역할을 자동화할 수 있는 방법이 무엇인지 찬찬히 생각해보았다. 교실 수업중에 토론이 주제에서 벗어나면 올바른 방향으로 이끌어주는 것이 교수의 역할이다. 이 역할을 온라인에서 실현하기 위해서는 다양한 지점에서 대화가 이루어지는 것을 허용해야 했다. 그런 다음 교실 경험에 근거해 대화가 일반적으로 어떻게 진전되는지 예측하면서 적절한 시기에 미리 녹음해둔 교수의 영상을 틀어서 대화를 올바른 방향으로 이끌도록 하면 될 것이다.

교실 수업에서는, 교수가 각 사례의 자세한 정보만 제공하지 않는다. 사례에서 종합적인 결론이나 원칙을 이끌어낼 수 있도록 도움을 준다. 그렇다면 온라인에서는 질문을 넣어서 학생들에게 각각의 개념들이 다양한 환경에 어떻게 적용될 수 있는지 생각하도록 만들면 될 것이다. 교실 수업에서는, 교수진이 학생들에게 깊이 생각해보도록 권장한다. 온라인에서는 중요한 순간에 '공유된 생각'을 삽입하면 될 것이다. 교실 수업에서는, 학생들이 집중하고 있는지 교수가 확인한다. 그렇다면 온라인에서는 콜드 콜을 사용하면 될 것이다. 교실 수업에서는, 교수가 학생의 질문에 답을 준다. 온라인에서는 동료 학습에 기대는 수밖에 없다. 특히 마지막 사안은 사회적 학습이 작동하도록 만들 필요가 있었다는 말이기도 했다. 확장성을 갖추기 위해서는 반드시 필요한 일이었다. 그리고 이는 동료 학습에 대한 우리 믿음을 실험할 수 있는 장이 될 것이기도 했다.

우리는 강의를 개발해가면서 강의 교재 제작에만 그치지 않았다. 학생들이 강의를 들으면서 겪을 모든 배움의 순간에 대해 생각했다. 그리고 적절한 순간에 적절한 수업 요소를 집어넣어 학생들이 '발견을 통한 학습 learn through discovery'을 할 수 있게 하려고 했다. 온라인에서 이를 실행하기란 매우 힘든 일이었다. 어디서 배움이 이루어질지, 모든 학습 순간을 예상해야만 했기 때문이다. 토론이 여담으로 흐르거나 주제에서 이탈하는 현상을 방지하면서도 여전히 활발한 대화를 허용할 수 있을 만큼 유연하고 풍부한 강의를 만들어야 했다.

사실 우리는 과정을 설계하고 있었다. 이는 학습자들이 일련의 추리와 수수께끼를 통과하도록 안내하는 과정이라 할 수 있다. 매번 학습자에게 새로운 질문을 던져서 스스로 해결하게 하고 실제 관리자나 교수진의 짧은 동영상을 배치한다. 이에 대해 학생들이 생각하거나 의견을 표명하거나 상호 교류하는 연습이 등장하는 과정 말이다. 이런 학습 요소를 강의 속에 배치하면 일단 학습 과정이 시작된 후에는 교수진이 굳이 필요하지 않게 될 것이다.

그 일이 성공적으로 진행된다면 온라인 강의 제작에 관련된 돈과 노력의 메커니즘을 뒤집을 수 있으리라 확신했다. 전통적인 온라인 강의는 비교적 단순하게 만들 수 있다. 카메라를 사용해 교수 강의를 녹화하고 온라인으로 내보낸 다음 평가 의견을 더한다. 초기 투입 비용과 노력이 덜 들어가는 반면, 강의가 시작한 후에는 학생 경험 증진을 위해 교수진이 지속적으로 많은 시간과 노력을 기울여야 한다. 하지만 우리 방식은 그와 반대다. 초기에 교수진들이 많은 시간을 투자해야 하지만 이후에는 지속적인 노력이 사실상 필요 없다.

과연 우리는 성공할 수 있을까? 전혀 감을 잡을 수 없었다.

시작점이 다르면 필요한 전략도 다르다

연말이 되자 우리는 여러 면에서 '무크 모델'과는 다른 방식을 만들어낼 수 있었다. 선별적 대 개방적, 소유권이 있는 플랫폼 대 공동 플랫폼, 통제적인 접근 대 유연한 스케줄, 실명 대 가명, 유료 대 무료. 이처럼 여러 면에서 우리 모델은 무크 모델과 달랐다. 외부인들이 보기에는 우리의 목적이 달랐기 때문에 이런 차이가 발생했다고 생각하기 쉽다.

예를 들어, 우리가 수익을 생각했기 때문에 유료 모델을 만들었다거나, 통제력을 유지하기 위해 플랫폼을 새로이 만들게 되었다고 생각하기 쉽다. 또 교수진과의 실시간 상호 교류를 하지 않기로 한 결정은 우리가 온라인 학습을 진지하게 받아들이지 않았기 때문이라고 보여질 수도 있다. 또 강의 수를 제한하기로 한 결정은 온라인 학습의 유연성과 어울리지 않는 결정으로 받아들여질 수도 있다.

사실 무크 모델과 비교해 우리 모델이 보이는 여러 가지 차이점은 뭔가 달라야 한다는 마음에서 비롯된 결과가 아니다. 시작점이 달랐기 때문에 발생한 결과로 보는 것이 옳다. 우리의 시작점은 사례 연구법이었다. 매번 선택의 순간마다 학생 중심의 학습이 기준으로 작용했다는 말이다. 우리 모델이 다른 이유는 연결 관계 때문이다.

그림 29 | HBX : 전략의 요소

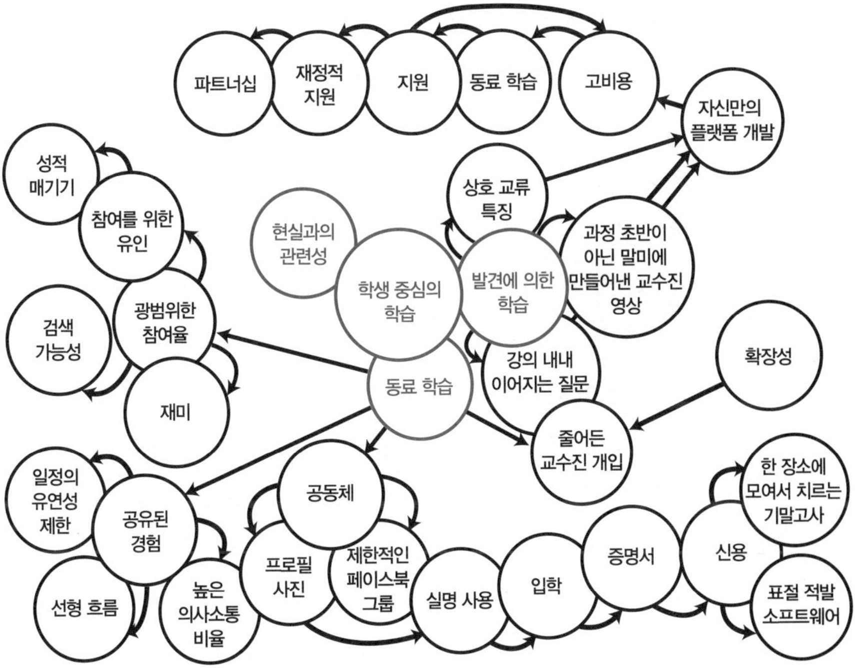

[그림 29]는 이 연결 관계를 보여준다. '발견에 의한 학습'은 상호

작용의 특징과 평가라는 아이디어에 대해 생각하는 계기가 되었다. 그리고 기존 플랫폼들이 이 아이디어를 수용할 만큼 유연하지 못하다는 사실을 깨닫게 해주었다. 결국 이 깨달음은 우리만의 플랫폼을 만들기로 한 결정으로 이어졌고, 그래서 고비용이 나온 것이다. 그 비용을 충당하기 위해서는 요금 내지는 가입비를 부과하는 모델이 있어야 했다. 하지만 요금은 지원에 대한 기대로 이어지고 그러면 비용은 더욱 증가하게 된다. 그다음으로 광범위한 접근성을 유지하기 위해 우리는 재정적 도움을 제공했다. 그리고 원조 요구를 확인하기 위해 대학 파트너십을 필요로 했다.

동료 학습은 다른 선택들에 도미노 효과를 끼쳤다. 학생들은 공유된 학습 경험을 필요로 할 것이다. 공유된 학습 경험이 없으면 대화는 붕괴될 테니 말이다. 경험을 공유하기 위해서는 콘텐츠 개방을 제한해야 한다. 그래야 학생들이 서로 협력하며 강의를 들을 수 있다. 또 경험을 공유하려면 학생들이 이 부분 저 부분으로 건너뛰며 돌아다니거나 서로 다른 모듈에서 나온 콘텐츠를 섞도록 내버려두지 말고, 강의 자료를 선형적 흐름으로 밀고 나가야 한다. 그리고 경험을 공유하기 위해서는 무엇보다 반드시 학업 완수율이 높아야 한다. 중도 탈락률이 높아지면 동료 간의 대화가 분산되고 갈피를 잡기 힘들어지기 때문이다.

동료 학습은 여러 가지를 필요로 했다. 성적이라는 적절한 유인책이 필요했으며, 토론 게시판을 쉽게 검색할 수 있어야 했다. 또 참가자들이 서로에 대해 잘 알고 있어야 했다. 이런 요인들은 학습자 공동체 크기를 제한해야 한다는 의견으로 이어졌다. 학습자 무리가 너무 크면 여러 작은 무리로 분산될 수 있기 때문이다. 우리가 참가자들에게 정확한 신원을 밝히고 프로필 사진을 올리라고 부탁한 이유가 바로 이 때문이다. 참가자들에게만 제한적인 페이스북 그룹을 만든 이유도 이 때문이다. 사회적 관계를 증폭시키기 위해서였다. 아무나 등록할 수 없도록 하고, 우리가 학습자를 선택하고, 콘텐츠팀이 너무 자주 개입하는 것을 제지한 이유도 바로 이 때문이다.

달리 말하자면, 우리 모델과 전형적인 무크 모델의 차이점은 우연히 생겨났거나 모든 면에서 다르게 만들어야 한다는 선천적인 욕구 때문에 발생한 것이 아니라는 뜻이다. 가격, 플랫폼, 지원, 점수, 공동체, 입학, 파트너십 등을 위주로 우리가 내린 결정들이 서로 깊은 연결 관계를 맺다 보니 달라진 것이다. 이런 것들이 바로 전략의 기저를 이루는 기능적 연결 관계다. 사실상 십스테드 대 〈이코노미스트〉, 월마트 대 타깃Target, 에드워드 존스Edward Jones 대 메릴 린치Merrill Lynch의 재판이라 할 수 있다.

이런 관점에서 방식의 차이를 바라보면, 다른 온라인 학습의 어떤 점을 따라야 하는지, 그리고 '올바른' 방식이 무엇인지 보일 것이다. 얼핏 생각하면 무료로 신속하게, 개방된 형태로 제공되는 무크 방식이 올바른 방식이 아니냐고 주장할 수도 있다. 하지만 그렇지 않다.

반대로, 등록 상표가 붙은 플랫폼을 만들고, 기존의 학습자들을 타깃으로 설정하며, 교수진의 상호교류가 거의 없는 우리 방식이 옳다고 주장할 수도 있다. 그러나 이 또한 옳지 않다. 우리 방식은 무크를 비롯해 바깥세상에서 벌어지는 일에 의해 영감을 받긴 했지만, 우리만의 필요와 우리의 강점을 바탕으로 만들어진 것이다.

이것이 차별화와 전략의 핵심이다. 최근에는 아날로그든 디지털이든 많은 산업 분야에서 외부와 내부의 상황을 모두 살펴 전략을 수립하고 있다.

변화에 따르는 이익과 손해, 그리고 주의 사항

기술의 변화에 직면한 조직은 종종 실패를 맛본다. 우리는 실패의 원인에 대해 많은 것을 알고 있다. 어떤 조직은 융통성과 유연성이 부족할 수도 있고 기존 방식에 얽매여 있을 수도 있다. 관리자들이 변화하고 싶어하지 않을 수도 있다. 불확실한 미래의 보상을 위해 눈앞에 보이는 보너스를 포기하고, 몇 년에 걸쳐 변화를 위해 노력해야한다는 사실이 달갑지 않을 수도 있다. 어쩌면 기존 고객과 제품에 너무 집중하는 바람에 다가오는 위협을 아예 보지 못할 수도 있다.

반대 상황도 벌어진다. 어떤 조직은 성공적이기 때문에 실패한다. 승리의 전략에는 그에 따른 파괴의 씨앗이 담겨 있다. 효과적인 전략이란 결국 특정 고객들을 위주로 자신이 하는 모든 것들을 맞춰나간다는 뜻이다. 하지만 이미 보았듯이, 그러기 위해서는 조직 전반에 걸쳐 모든 부분의 조정과 조화, 즉 기능적 연결 관계가 있어야만 한다. 그리고 이런 연결 관계들이 성공을 가져다준다 해도 영원불변하지는 않다. 때문에 이런 연결 관계 또한 다시 풀어내고 바꾸며 헤쳐모여를 해야 하는데, 그러기가 힘들다.

한동안 조직의 실패 원인으로 이런 이유들을 꼽았다. 우리도 일을 하면서 실제로 그렇다는 것을 알 수 있었다. 그런데 지난 10년 사이에 다른 모든 이유를 능가하는 새로운 이유, 새로운 아이디어가 떠올랐다. 클레이튼 크리스텐슨의 파괴적 혁신disruptive innovation 이론이다. 이는 지난 10년 동안 경영 분야에서 가장 영향력 있는 이론 중 하나로 꼽힌다.

크리스텐슨은 이미 10년 전, 자신의 책《행복한 학교Disrupting Class》에서 유치원에서 고등학교에 이르는 K-12 교육의 와해를 예상했다. 이제는 분석가, 기업가, 투자가들이 고등교육에도 와해의 순간이 다가오고 있다며 경고한다. 미디어도 마찬가지다. 〈이코노미스트〉는 '온라인 교육 : 다가오는 붕괴', 〈포브스Forbes〉는 '고등교육은 이제 붕괴의 중심 지점'이라며 경고했다.

이 말이 우리에게 어떤 의미가 있을까? 더욱 중요한 질문을 던져보자. 이 말이 자신만의 길을 개척하고자 하는 다른 기관들에게 의미하는 바는 무엇일까? 이제 많은 행정가들이 이 경고를 따라 부르며 미래를 위한 지침으로 삼고 있다. 하지만 주의해야 할 점이 있다.

원래 이 개념은 1990년데 중반에 크리스텐슨과 그의 조언자이자 하버드경영대학원 교수로 오랜 기간 재직한 조우 보우어Joe Bower가 도입한 것이다. 이후 다른 이들이 이 개념을 정리해가면서 수많은 기술과 산업에 적용되었다. 하지만 이 개념의 핵심에는 간단하지만 무서운 세 가지 소견이 담겨 있다.

첫째, 기존 관리자들이 신기술 때문에 지장을 받는 이유는 신기술을 모르거나 받아들이지 않아서가 아니다. 합리적으로 무시하는 선택을 하기 때문이다. 대체 왜? 신기술이란 주로 제품에 반영되는데 신기술을 담은 제품이 기존 제품보다 품질 면에서 떨어지기 때문이다. 따라서 기업은 기존 고객들의 요구에 집중하면서 새롭지만 낮은 품질의 대안을 거부한다. 이 점을 간파한 크리스텐슨은, 변방에 있는 고객들의 행동은 당신의 핵심 비즈니스에 어떤 일이 발생할지 알려주는 징조라고 말했다.

그의 말은 두 번째 소견으로 이어진다. 모든 것들은 때로는 신속하게 변할 수 있다. 지금은 전혀 위협적으로 보이지 않는 경쟁자가 우수성을 갖춘 뒤, 내일은 위협적으로 변할 수 있다. 이런 의미에서, 그의 이론은 고객의 욕구 또는 경쟁자 행동이 영원히 변치 않을 거라는 시각에 대해 경고한다. 또한 지금 품질이 낮아 보이는 제품 또는 경쟁력 없는 회사를 무시해서는 안 된다고 경고한다.

그의 마지막 소견과 처방은 이렇게 이어진다. "당신의 핵심을 너무 보호하려 하지 마라. 오늘 점심을 먹을 기회가 있으면 먹어라. 그렇지 않으면 다른 사람이 먹을 것이다." 크리스텐슨은 성공의 유일한 기회가 당신의 핵심을 방해하고 붕괴시키는 별도의 조직을 만들어내는 데 달려 있다고 주장한다. 이것만이 핵심 제품이라는 족쇄와 금전적인 유혹에서 자유로워질 수 있는 유일한 길이다.

크리스텐슨은 이 개념을 철강 회사에 빗대어 설명했다. US 스틸_{US} _{Steel}처럼 기존의 고비용 회사들은 저비용의 '소형 제철소'들을 무시했다가 결국 많은 부분을 잃었다. 크리스텐슨에 따르면 값이 싼 보강 철강은 무시되었다. US 스틸처럼 힘 있는 기업들에 의해 시장이 통제됐는데, 새로 들어온 기업들에게 시장은 계획적으로 할당되었다. 그 결정은 당시 상황으로 보면 합리적인 결정이었다.

시간을 30년 앞당겨 보면, 실상 그때 그 신생 기업들은 더 낮은 비용으로 비슷한 품질의 철강을 만들면서 예전에 성공을 거두던 힘 있는 기업들을 파괴하고 있었던 것이다. 시간이 지나면서 품질 이동이 일어났음을 크리스텐슨은 명확히 밝히고 있다. 그리고 이와 유사한 패턴은 다른 곳에서도 발생하곤 했다.

다른 산업에서도 유사한 사례들이 나타나면서 파괴 이론은 현재 잘 돌아가는 회사들이 어떤 면에서 잘못되었고 왜 망하는지 설명해 줄 수 있는 이론으로 신임을 얻었다. 또한 실리콘밸리를 상징하는 말이 되었다. 그리고 점점 더 넓은 산업 분야에 적용되었다.

그러다가 치명적인 문제가 발생했다. 사람들이 파괴 이론을 아무 곳에나, 그리고 아무 것에나 적용할 수 있다고 생각하기 시작한 것이다. 그렇게 아무 곳에나 아무 것에나 적용해서는 안 되는데 말이다.

그렇게 된 데에는 원래 이론에서 언급했던 '파괴'라는 단어가, 크리스텐슨이 처음에 뜻했던 '파괴'의 뜻과 상당히 달라진 것이 주요 이유다. 아마도 크리스텐슨 입장에서는 매우 유감스러울 것이다. 시간이 흐르면서 파괴라는 말을 사람마다 다른 의미로 해석했고, 관리자와 투자가, 기업가는 자신의 주장을 내세우기 위해 이 말을 남용했다. 하지만 원래 파괴 이론에는 제한 범위가 내재되어 있다.

우선, 경험적 보편성empirical universality에 관한 문제가 있다. 파괴적 혁신은 근본적으로 특정한 산업 수준의 추세에 관한 이야기지, 붕괴된 산업 내에 있는 모든 회사나 모든 산업에 관한 이야기가 아니다. 크리스텐슨은 오래전에 이 사실을 깨달았다. 그의 말에 따르면, 호텔들은 붕괴되지 않고 있는데 이는 서로 다른 호텔들을 포괄하는 공통적인 기술적 핵심이 없기 때문이라는 것이다. 좀더 일반적인 관점에서 말하자면, 파괴는 많은 사람의 믿음과 달리 자연의 법칙이라기보다는 가능성일 뿐이다.

게다가 '파괴의 역학'이 실제로 늘 낮은 품질의 대안으로 시작하는 것만은 아니다. 파괴는 비싼 가격이라는 대안에서 올 수도 있다. 애플의 스마트폰은 2006년 출시되었을 당시 가장 비싼 스마트폰이었지만, 30년 만에 전화기 산업에서 가장 '파괴적인' 혁신을 이끌어 냈다.

콘텐츠 비즈니스를 위태롭게 하는 진짜 위협은 다른 곳에서 다가왔다. 출판사에게 가장 무서운 대상은 자가 출판이 아니었고, 할리우드 스튜디오는 유튜브 비디오 때문에 겁을 먹었던 것이 아니었다. 잘나가는 음악인들은 다른 가수가 유튜브에 올리는 편곡 음악 때문에 두려웠던 게 아니었으며, 〈뉴욕타임스〉는 블로그가 위협이 됐던 게 아니었다.

할리우드 스튜디오에게는 서로 다른 콘텐츠를 종합해서 공급하는 애그리게이터aggregator가, 잘나가는 음악인에게는 플랫폼, 〈뉴욕타임스〉에게는 네트워크가 훨씬 더 무서운 위협이었다. 달리 표현하면, 값싼 콘텐츠든 값비싼 콘텐츠든 관계없이 진정한 위협은 사용자 연결 관계를 이용하는 비즈니스에 가해졌다는 것이다.

교육에서도 '품질 역학'보다 '네트워크 역학'이 상대적으로 점점 더 비중을 늘리고 있다. 10년 전부터 운영되어온 린다닷컴Lynda.com은 그냥 괜찮은 수준의 짧은 동영상으로 소프트웨어와 비즈니스 전문가들을 위해 다양한 분야에 대한 실전적인 지식을 전달하는 회사였다. 원래 고등교육 기관에게 린다닷컴은 걱정거리가 아니었다. 어쩌면 당연했다. 하지만 2015년, 네트워크 연결 관계에 뿌리를 두고 운영하는 링크드인이 린다닷컴을 인수하면서 얘기가 달라졌다. 린다닷컴은 골칫거리가 되었다.

파괴 이론은 현재 고객만을 중요시하는 기존 조직들에게 경고했다. 하지만 조직들은 점차 다른 유형의 함정에 빠져들고 있었다. 기존 제품에 지나치게 집중하게 된 것이다. 녹음 스튜디오들은 CD에 집착하느라 콘서트에서 얻을 수 있는 기회를 놓쳤다. 신문사들은 뉴스에 집중하느라 안내 광고에서 얻을 수 있는 기회를 날렸다. 케이블 회사들이 넷플릭스Netflix의 위협을 받게 된 이유는 고객에게 너무 집중해서가 아니라 콘텐츠와 파이프 같은 제품에 집착하듯 매달렸기 때문이다. 앞에 언급한 산업 모두 현재 고객의 요구를 충족시키지 못했다. 정작 치명적인 문제는 '고객 중심'이 아니라 '제품 중심'이었다는 사실에 있다.

그리고 정작 파괴가 확실한 순간에도 기존 조직들은 따라야 할 해결책을 제대로 따르지 않았다. "혁신적인 조직을 핵심에서 가능한 한 많이 분리시켜라." "최저가로, 신속하게 시작하라." "배우고 향상시켜라." 이런 주장과 처방전들은 나름대로 매력을 지니고 있었다. 실제로 일부 조직들은 이 처방전을 따랐다면 좀더 나은 결과를 보였을 수도 있다. 하지만 구체적인 비즈니스와 산업에 집중하기보다 모든 것에 동일한 방식을 적용하려는 노력은 어차피 효과를 보기 힘들었을 것이다. 그리고 좋은 전략의 핵심 원칙인 '차별성 수립'에도 어울리지 않았다.

사람들은 파괴 이론을 통해 새로운 기술에서 보완재의 잠재성을 깨닫기보다 기존 기술의 대체재로 바라보게 되었다. 파괴 이론은 〈뉴스위크〉 같은 조직의 실패를 설명할 수 있을지는 몰라도 같은 시기에 〈이코노미스트〉 같은 조직이 거둔 성공을 설명할 수는 없다. 파괴 이론은 핵심에서 독립하려는 초기 노력의 장점에 극찬을 아끼지 않았지만, 십스테드에서 효과를 보았던 것과 같은 통합 노력은 높이 사지 않았다. 이 이론은 잊어버리기를 강조했을 뿐, 잊어버리기와 빌려오기의 장점이나 효과는 강조하지 않았다. 궁극적으로 파괴 이론은 긍정적인 연결 관계에 집중하라고 용기를 주기보다는 부정적인 연결 관계에만 중점을 두었던 것이다.

우리는 하버드경영대학원에 적합한 강의를 알아내기 위해 노력하는 과정에서 파괴 이론에 대해 많은 것을 파악했다. 그리고 그대로 적용하고자 노력했지만 여전히 많은 부분에서 이론과 달라질 수밖에 없었다. 다른 사람들이 적용한 파괴 이론을 우리가 그대로 따라 하는 건 별 소용이 없을 것이다. 그런 식으로는 우리의 장점을 발휘할 수 없을 뿐만 아니라, 기존 능력을 활용하지도 못하게 될 것이다. 오히려 핵심 자산의 일부, 심지어 학교의 이름을 훼손할 수도 있다. 무엇보다 중요한 사실은 그 길만이 유일한 성공의 길이 아니라는 점이었다.

HBX 제작에 관여한 우리 모두는 '달라지는 것'이 우리가 만들어가는 강의에 장애가 아닌 강점으로 작용할 것이라는 확신을 갖게 되었다. 자신은 있었지만 사실 확신은 없었다. 모든 것들이 너무 빠르게 진화하고 있었고, 온라인 학습자들의 행동이 우리가 확신할 만큼 우리에게 익숙하지 않았기 때문이다.

HBX의 오픈과 열광적 반응

2014년 3월 21일에 HBX 웹사이트를 오픈했다. 사이트의 분위기, 스타일, 콘텐츠 등 모든 것은 세 가지 메시지를 전하기 위해 디자인되었다. 첫째, 온라인 학습을 위한 우리의 포부다. 우리는 처음으로 대대적인 디지털 기술을 받아들였다. 그리고 하버드경영대학원 강의실 경험만큼이나 매력적이고 강력한 온라인 학습을 만들어내고자 했다. 둘째, 그렇게 하기 위해 우리의 장점인 사례 연구 교수법에 직접적인 기반을 둔다는 점을 알리고자 했다. 웹사이트 메인 화면에는 온라인 학습자가 아니라 하버드경영대학원 강의실 사진이 나온다. 강의와 관련해서 우리만의 독특한 방식을 염두에 두고 온라인에 접근한다는 점을 암시하는 것이다. 셋째, 우리 강의는 모든 이들을 위한 것이 아니라는 사실을 알리고자 했다. 우리는 한번 들어왔다가 언젠가 떠날 사람이 아니라 진지한 학습자를 찾고 있었다. 소극적이거나 수동적이지 않고 능동적인 학습자, 혼자 공부하기보다 다른 사람들을 도울 마음의 준비가 된 사람들을 찾고 있었던 것이다.

그리고 가격 문제가 있었다. 우리는 대략 10주간의 첫 CORe 프로그램 수강에 1,500달러를 책정하기로 했다. 하지만 필요한 사람에게는 재정적 지원을 해줄 것이다. 우리가 의도하는 바는 명확했다. 경제적 능력을 기준으로 접근을 제한하는 일은 없을 것이라는 점이다. 오로지 학습 의욕과 노력을 기준으로 삼을 것이다.

CORe의 가격을 두고 논쟁이 있었다. 이런 결정이 늘 그렇듯 외부인들의 의견도 나뉘었다. 어떤 이들은 "하버드경영대학원과 온라인 학습을 통해 수요 증대에 유연하게 대응하면서 많은 사람들에게 혜택을 주려 하지 않는다. 그보다는 오히려 선택적인 사람들에게만 혜택을 주려는 야심이 뻔히 드러난다"고 주장했다. 반면에 어떤 이들은 정반대로 보았다. MBA 학위를 취득하는 데 드는 비용의 30분의 1정도밖에 되지 않는 금액을 책정하면, 우리 브랜드가 아무나 올 수 있는 싸구려로 인식될 수 있다고 우려했다.

이렇게 양측의 의견이 팽팽한 것은 우리가 일을 제대로 하고 있다는 증거라고 말하는 사람도 있었다. 하지만 우리 생각에는 양쪽의 의견 모두 옳지 않았다. 우리는 많은 사람들에게 다가가고 확장성을 갖추려는 야심과 포부가 있었다. 하지만 어느 정도 불확실성도 있었다. 그래서 초기 프로그램이 효과가 있다는 사실을 확인한 후에 더 많은 학습자들에게 문을 열어줄 계획이었다. 브랜드를 싸구려 이미지로 전락시킬 수 있다는 의견에 대해서는, 시간당 비용으로 따지면 오프라인 강의와 대략 비슷하다는 설명으로 족할 것 같다.

온라인에서 돈을 받기로 한 이유는 수익을 창출하고, 모험성 있는 사업을 오랫동안 지속하고자 하는 의도 때문이었다. 사실 다른 온라인 플랫폼들은 이런 점에서 실패해 대부분 프로그램 유지에 어려움을 겪고 있다. 하지만 돈을 받기로 한 데는 또 다른 신념도 자리 잡고 있다. 강의를 무료로 제공하면 의욕이나 능력도 없고 노력도 하지 않는 사람들이 등록할 것이라 생각했기 때문이다. 혼자서 학습 경험을 쌓고자 하는 사람에게는 나쁘지 않은 일일 수도 있다. 하지만 우리 강의에서 동료 학습은 핵심 요소다. 사회적 학습에 의존하려면 거기에 맞는 학습자를 끌어들일 수밖에 없다. 의욕이 없는 학습자는 함께 공부하는 다른 사람의 의욕마저 떨어뜨릴 수 있으니 말이다.

일반적으로 무크 프로그램에서 발생하는 90퍼센트의 중도탈락률을 우리는 허용할 수 없었다. 강의를 끝까지 이수하지 않은 사람들은 남아 있는 학생들에게 부정적 외부 효과를 줄 수 있기 때문이다. 학비는 학습 의욕을 상징한다. 처음 들어보는 온라인 프로그램을 위해 1,500달러라는 돈을 선뜻 지불하는 사람이라면 학업에 전념하겠다는 의지가 굳건한 사람이라 할 수 있다.

부연 설명하자면, 유료냐 무료냐의 문제는 수익 창출에만 연관된 문제가 아니다. 우리가 HBX에 관해 세운 학습 원칙에 부합하느냐 여부를 따져야 한다.

4월 초, 동료 교수들에게 선보이기 전까지는 비교적 조용하게 HBX 프로젝트를 진행했다. 캠퍼스 내 다른 프로그램과 운영 활동 같은 일상적인 리듬에 혼란을 주지 않기 위해서였다. 프로젝트에 관여한 교수진은 학내에서 해야 할 일과 프로젝트를 겸해야 했으므로 예외였다. 핵심 직원들도 고용했다. HBX팀은 캠퍼스에서 400미터 정도 떨어진 곳에 있었다. 하버드와 뜻을 함께한다는 점을 보여줄 만큼 가까우면서도 무언가 색다르다는 점을 보여줄 만큼 먼, 적당한 거리였다. 교무처 학장과 하버드경영대학원 직원 대표 두 사람 모두 내내 우리와 소통하고 공유했다. 프로그램을 내놓기까지 두 달이 남은 시점에서 우리는 나머지 교수들에게도 HBX의 모든 것을 공개했다. 고무적인 반응이 쏟아졌다. 온라인에서 무언가를 하려면 이 정도는 해야 한다고 생각하는 교수들이 대부분이었다. 이제 HBX가 잘 돌아가기만을 바랄 뿐이었다.

'누가 오기는 할까?'

4월 11일, CORe 프로그램 신청 사이트를 열었다. 내 표현대로 하자면 '침묵의 마케팅' 방식으로 시작했다. 하버드경영대학원은 MBA 프로그램을 마케팅하지 않는다. 그래도 매년 가을에 MBA 신청 사이트를 열면 처음 며칠 동안에만 수백 명이 몰려든다. 하지만 HBX와 CORe에 대해서는 아는 사람이 없지 않은가? 들어보지도 못한 온라인 프로그램을 위해 누가 1,500달러를 선뜻 지불할 것인가?

사이트를 열고 다음 날에 첫 신청자가 왔다. 내색은 하지 않았지만 HBX팀에 희망이 감돌았다. 그런데 알고 보니 첫 번째 신청자는 자격이 되지 않았다. 캘리포니아에 있는 대학생이었던 것이다.

온라인 교육 등록은 매사추세츠 주에 있는 사람만 할 수 있도록 자격이 제한되어 있었다. 온라인 비즈니스의 원칙 중 하나가 지역적 한계성을 깨자는 것인데 이게 웬 말이냐고 묻는 사람도 있을 것이다. 이 제한에는 조심스럽게 시작하자는 의도가 담겨 있었다. 우리는 모든 사람들에게 개방하기 전에 소규모로 시작해서 배워나가야 한다고 생각했다. 학습자들이 동일한 지역 내에 있으면 피드백이나 설문조사에 참여시키기가 더 쉬울 것이다. 그리고 기술팀이나 지원팀도 학습자들이 동일한 시간대에 있어야 일하기 쉬울 터였다.

사이트를 열고 3일째 되던 날, 매사추세츠 출신의 첫 신청자가 등록했다. 그리고 다른 신청자들도 연이어 들어왔다. 우리는 학부생과 졸업생들에게도 이 프로그램에 대해 알렸다. 혹시 졸업생의 자녀나 손자 중에 우리 프로그램에 관심을 갖는 사람이 있을지도 모를 일이었으니까. 전단을 만들어 지역 내 대학들에 배포했다. 프로그램이 시작할 시점이 되자 600명의 학생들이 등록을 마친 상태였다.

흥분과 두려움이 교차하는 프로그램의 시작

6월 11일 오후 12시, 흥분과 두려움이 교차하는 가운데 우리는 첫 학습자들에게 CORe 프로그램을 개방했다. 참고로 나중에 이 학생들을 '개척자' 집단이라 불렀다. 몇 분 안 돼서 참가자들은 프로필 사진과 신상 정보를 올리기 시작했고, 9시간이 지나자 300명이 사진과 정보를 올렸다. 정말 놀라웠던 사실은 첫날에만 신상 정보 검색이 1만 3,000회 이루어졌다는 점이다. 평균적으로 참가자 한 명이 40회를 확인했다는 말이다. 온라인 학습자들이 다른 사람들에 대해 이렇게 열성적으로 알아보고 확인하고 싶어한다는 사실이 주목할 만했다. 사회적 연결 관계와 공동체에 대한 우리의 믿음이 처음으로 보상을 받는 듯했다.

HBX팀은 그날 참가자들의 행동을 살피느라 화면 앞을 떠나지 못했다. 일부 학습자는 로그인한 후 등록하느라 몇 분 정도 머무르다가 나갔다. 어떤 학습자들은 바로 강의 콘텐츠로 달려들기도 했다. 학습자들은 플랫폼을 처음으로 둘러보는 데 대략 30분 정도를 소비했다.

그날 저녁에 정말 놀라운 일을 목격했다. 참가자 중 한 명인 라일라 시라지Layla Siraj가 저녁 9시까지 3개의 강의로 이루어진 첫 번째 모듈을 완성한 것이다. 열흘간 총 15시간에 걸쳐 공부할 분량으로 충분하겠다 생각하고 디자인한 것인데, 시라지는 첫 날에 쉬지 않고 계속해 9시간 만에 다 끝내버렸다.

시라지는 개체 및 진화 생물학을 전공하는 하버드대학 2년생이었다. 시라지가 첫 모듈을 너무 빨리 끝내는 바람에 우리는 고민에 빠졌다. 난이도 조절에 실패한 것인가? 너무 쉬운가? 아니면 시라지가 너무 똑똑한 것인가? 그런데 고민에 빠져 있던 그때 뜻밖에도 시라지가 내게 이메일을 보내왔다. "프로그램이 정말정말 좋습니다. 모듈을 한번 붙잡으면 떠날 수가 없을 정도예요. 이런 놀라운 경험을 하게 해주셔서 감사드립니다."

우리는 그 글을 보고는 HBX가 결국에는 효과를 보게 되리라는 확신이 들었다.

첫 날은 HBX팀 전체에게 여러 생각을 하게 한 날이었다. 먼저 만족감이었다. 우리가 드디어 하버드경영대학원에서 처음으로 온라인 프로그램을 만들어낸 것이다. 안도감과 함께 극도의 피로감도 몰려왔다. 몇 달 동안 잠도 제대로 자지 못했고 가족과 함께 시간을 보내지도 못했다. 그러나 결국 제 시간에 프로그램을 선보일 수 있었다. 그리고 엄청난 자부심도 느낄 수 있었다.

이후 몇 주에 걸쳐 다른 학생들도 메시지를 보내왔다. 한 학생은 페이스북에 이런 글을 올렸다. "제가 평생 겪어본 중에서 가장 뛰어난 공동 학습 경험입니다." 우리는 학생들이 나누는 대화를 살펴보면서 대화가 활성화되고 있음을 확인할 수 있었다. 질문들이 올라오기 시작하자 우리 콘텐츠팀은 대화창을 모니터링하면서 언제든 개입할 준비를 갖췄다. 물론 우리는 질문에 대한 대답이 올라오지 않거나 틀린 대답이 올라올 때만 개입하기로 했다.

놀랍게도 첫 3주 동안 동료끼리 도움 주고받기 창에서 콘텐츠팀이 개입한 건수는 하나도 없었다. 한 학생이 질문을 올리면 거의 매번 옳고 정확한 대답이 신속하게 올라왔다. 우리 예상보다 사회적 학습 방식이 잘 돌아가고 있었다. 약간 불안하기도 했다. 적절한 유인책, 플랫폼, 큐레이션만 있으면 우리 없이 학생들끼리도 잘 할 수 있겠다는 생각이 들었기 때문이다.

우리의 눈앞에 사용자 연결 관계의 힘과 능력이 실시간으로 펼쳐지고 있었다.

온라인 학습이 안겨준 놀라움

9월에 첫 프로그램이 끝나고 결과를 추적해보았다. 첫 집단의 강의 이수율은 86퍼센트였다. 참여도 점수는 교내 강의실 프로그램 점수와 비교했을 때 비슷했다. 온라인 학습 프로그램에 대한 평가에서 참가자의 90퍼센트가 넘는 학생들이 5점 만점에 4점 내지 5점을 주었다. 학생들의 피드백은 놀라웠다. "제 평생 최고의 학습 경험 중 하나였습니다.", "교실 경험을 대신하는 프로그램 중에서 이 프로그램보다 뛰어난 프로그램은 보지 못했습니다.", 한 학생은 "개개인 맞춤 학습 같았다"고 표현했다. 우리는 이 학생을 개인적으로 만난 적이 없었는데 말이다.

첫 프로그램을 마치고 이런 결론을 내렸다. 완전히 자동화 경험이고 교수진과의 실시간 교류도 없었지만, 엘리트 기관에서 온, 질문이 많은 일부 학습자들에게 상당히 매력적일 수 있다는 결론이었다. 이제 우리에게는 HBX를 확장하는 데 필요한 상황이 갖추어졌다.

학생들은 HBX를 완수하는 데 많은 노력이 들고, 프로그램이 엄격하다고 생각했다. 다음에 등록할 학생들도 이 사실을 알게 될 것이다. 어쨌든 그럼에도 첫 개척자 집단의 학업 성취도는 인상적이었다. 매사추세츠 주에 있는 하버드, MIT, 애머스트, 윌리엄스, 웰슬리, 노스이스턴, 터프츠 같은 명문 대학 출신들이 있다는 점을 감안하면 그리 놀랄 일이 아닐 수도 있지만 말이다. 우리는 6개월 후에 전 세계의 학습자들에게 CORe 프로그램을 개방했고, 900명이 넘는 사람들을 받아들였다. 두 번째 학습 집단은 놀라울 정도로 다양한 배경의 사람들로 구성되어 있었다. 프로그램이 시작되고 몇 주 지나서 한 학습자가 링크드인에 이런 글을 올렸다.

> 내가 처음에 미국 대학생들을 만나고 싶다고 했던 말 기억하시나요? 그래요, 우리 집단에 미국 대학생들이 몇 명 있긴 해요. 그런데 다양한 배경을 지닌 사람들이 더 많네요. 해군 대령, 폭탄 해체하는 사람, 포르투갈 암 연구자, 독일 공학자, 캐나다 심리학자, 아르헨티나 브랜드 매니저, 호주 학교 행정 책임자, 브라질 변호사가 있어요. MBA 학생들도 많고 경제학자도 두어 명 있고요. 그 외에도 다양한 배경을 지닌 사람들이 많아요. 이렇게 다양한 사람들이 우리 프로그램의 가장 소중한 자산이라는 확신이 듭니다. 그리고 대화를 나눌 때 학생마다 다양한 관점을 제시하는데, 이것도 HBX에서 만 볼 수 있는 정말 특별한 경험이 분명하네요.

우리는 처음에 CORe 학습자는 대학 재학생이나 대학을 갓 졸업한 사람 또는 사회 초년병들이 주류를 이룰 것으로 예상했다. 하지만 우리의 예상은 또 빗나갔다. 연령대도 다양했다. CORe 학습자 중 반은 MBA에 입학하는 학생들의 평균 연령인 27세보다 나이가 많았다. 이런 사람들이 왜 온라인 프로그램에 등록했을까? 이들 중 일부는 판매, IT, 소프트웨어 개발, 디자인 분야의 일을 하며, 이런 학습을 받아본 경험이 한 번도 없는 사람들이었다. 나중에 이들에게서 이런 이야기를 들었다. "이제는 직장에서도 제품 개발이나 가격 책정, 업무 능력처럼 진정한 '비즈니스 대화'에 처음으로 동참할 수 있게 되었다"고 말이다. 또 변호사, 의사, 교육자처럼 비즈니스 교육을 한 번도 받아보지 못해서 기본 지식을 익히고자 하는 서비스 전문가들도 있었다. 그 외에 기업가들도 있었고, 미래의 경력을 생각해 자신을 계발하려는 사람도 있었다. 강의 내용에 어느 정도 익숙한 관리자들도 있었는데, 이들도 이런 식으로 배워본 적은 한 번도 없었다고 했다.

우리는 CORe가 젊은이들의 사회 진출을 위한 교두보 역할을 해줄 것으로 생각했다. 프로그램을 디자인하면서 '준비시킨다'는 단어를 항상 마음에 새겼다. 학습자들은 우리 프로그램에서 가장 소중한 부분이 '자율성 부여'에 있다고 했다.

우리 프로그램이 전 세계를 대표한다는 점도 인상적이었다. 평균적으로 수강자의 45퍼센트 정도가 외국인이었다. 국가 수로 따지면 94개국이 넘는 나라의 사람들이 프로그램을 수강했다. 더욱 눈여겨보아야 할 점은 외국 학생들의 학업 성취도였다. CORe 교수진(해몬드, 나라야난, 그리고 나)은 프로그램의 첫 이수자인 개척자 집단만큼 잘할 수 있는 사람들은 다시 보기 힘들지 않을까 생각했었다. 하지만 첫 외국인 수강생들의 성적을 확인하고는 깜짝 놀랐다. 이들의 성적이 훨씬 더 좋았기 때문이다. 전 세계 국가별로 학업 능력이 다를 것이라던 우리 생각이 짧았음을 확인하는 순간이었다. 글로벌의 가능성은 우리가 생각한 것보다 더 대단했다.

사회적 학습은 HBX의 고정 원칙 중 하나였다. 토론 게시판 참여율은 대략 75퍼센트 정도였다. 동료들 사이의 토론은 효과가 있었고 날카로웠으며 흥미로웠다. 그뿐만 아니라 예상하지 못했던 그룹의 소속감도 생겨났다. 학생들은 기일 내에 모듈을 끝마치기 위해 서로 뒤에서 밀고 앞에서 끌어주었다. 서로 위로하고 달래주고 농담을 주고받았다. 이런 행동은 각 학습 집단과 함께 자라날 씨앗과도 같은 것이다. 많은 학습자들에게 이토록 다양하고 능력 있고 성실하게 참여하는 집단의 일원이 되었다는 사실은 우리 프로그램의 콘텐츠, 교수법, 플랫폼을 통해 느꼈던 경험만큼이나 소중한 경험으로 남을 것이다.

온라인에서의 만남은 도쿄, 런던, 샌프란시스코를 비롯한 전 세계에서 실질적인 오프라인 만남으로 이어졌다. 학생들은 비즈니스 아이디어에 관해 협동하거나 사회적 동기를 지닌 작업에 참여하기 위해 동료들에게 연락했다. 온라인 학습이 이런 식으로 실제 사회에서의 관계를 만들어낼 수 있다니 놀라울 따름이었다.

온라인 교육을 둘러싼 논쟁은 대부분 콘텐츠, 교수 방식, 교수진의 자질, 조교, 플랫폼 등 '공급자 측면'의 특징에 의해 형성되는 학습 성과에 치중되어 있다. CORe는 밀레니엄 세대뿐만 아니라 나이 먹은 사람들을 위한 프로그램이기도 하다. 마찬가지로 온라인 교육에서 '수요자 측면'의 특징도 그만큼 중요하다는 사실을 나와 동료들은 깨달았다.

학습자들은 고용주가 학비를 보조해주기까지 기다리지 않고 스스로 해결했다. 주도적으로 학습에 참여했다. 학습자들은 재능이 있었고 의욕이 넘쳤으며 다양했다. 동료 학습에 필요한 자질을 갖추고 있었다는 말이다. 우리는 효율적인 온라인 대화를 위해 필요한 규범과 조건을 만들어내고자 했지만, 실제로 온라인 대화에 활기를 불어넣은 주체는 바로 학습자들이었다.

그다음으로는, 처음부터 생각했던 핵심 목표를 빼놓을 수 없다. 우리 목표 중 하나는 비즈니스 분야의 배경 지식이 거의 없는 학생들이 11주 안에 기본적인 '비즈니스 언어'를 숙달하도록 하는 것이었다. 이 부분에서도 역시나 놀라웠다. 우리는 경제학, 회계학, 통계학을 전공한 학생들이 다른 전공 학생들보다 더 잘할 것으로 예상했었다. 물론 더 잘하긴 했지만, 그 차이가 크지 않다는 사실이 주목할 만했다. 4년제 대학에서 경제학을 전공한 학생과 그렇지 않은 학생의 차이는 3퍼센트포인트밖에 되지 않았다. 회계학이나 통계학 전공자와 비전공자의 비교에서도 결과는 비슷하게 나타났다.

2015년 초, 애초의 계획대로 CORe를 우리 학교의 MBA 학생들에게도 개방했다. 전체 MBA 학생 중 3분의 1에 해당하는 300명 정도가 CORe에 등록했다. 이런저런 시도를 거쳐 이제 원점으로 돌아온 느낌이었다. HBX와 온라인 교육이 이제 하버드경영대학원의 오프라인 레지덴셜 프로그램에 직접적으로 영향을 주는 위치에 올라섰기 때문이다.

그 사이, 미래를 위한 투자와 실험이 계속되었다. 우리의 두 번째 HBX 플랫폼인 'HBX 라이브'가 2015년 8월에 모습을 드러냈다.

HBX 라이브는 가상 교실(문영미 교수의 아이디어)인데, 실제로 60개의 의자 대신 60개의 스크린을 설치해서 전 세계의 학습자들이 실황으로 토론 수업에 참여할 수 있도록 만든 것이다. 온라인 플랫폼을 만들어내면서 교실에 학생들이 모여서 하는 수업은 '잊어버리고' 교실 환경만을 '빌려오는' 방식으로 HBX 라이브를 디자인한 것이다. 전통적인 형식의 디지털 대화가 일대다를 위한 라이브 TV 스튜디오 방식이었다면, HBX 라이브는 다대다 경험을 안겨줄 것이다.

우리는 HBX 라이브를 시작하기 전에 교수진과 여러 학습자 집단을 통해 거의 60회에 달하는 시험 수업을 했다. 그 뒤에는 졸업생들을 위한 가상 동창회를 운영하고, 19개 대학의 교수진과 함께 라이브 연구 세미나를 실행했다. BBC 라디오와 하버드 동료인 마이클 샌델과 함께 '글로벌 필라소퍼The Global Philosopher'라는 이름으로 실험용 시리즈를 실시했다. 그리고 완전히 온라인으로 이루어지는 경영자 프로그램도 시작할 준비를 하고 있었다. 온라인 플랫폼에서 학습 경험을 창출하려는 노력은 계속 이어졌다. 우리가 CORe와 파괴 전략의 도입을 완성한 후 온라인 강의를 만드는 교수들이 점점 더 많아졌다. 하지만 우리는 더 짧은 형태의 콘텐츠에 대해 생각하고 있었고 모바일 플랫폼을 만들기 시작했다.

이런 모든 노력은 어떤 결과로 나타날까? 아직은 확신할 수 없다. 하지만 교실 수업에 필적할 만한 학습 경험을 제공하는 2개의 디지털 플랫폼을 만들어냄으로써 이제 다른 미래를 꿈꿀 수 있게 되었다. 진정한 멀티 플랫폼 교육을 위해서 교실 학습 경험과 온라인 학습 경험이 결합되는 미래를 그려볼 준비를 마친 것이다.

CHAPTER 30

디지털 교육의 미래

미네르바 프로젝트에
우수 인재가 몰린 이유는 따로 있다

온라인 교육활동은 본격적으로 진화하고 있다. 하지만 아직은 출발 단계에 가깝다. 최근에 진행중인 많은 노력들을 되짚어보니, 언론이나 다른 매체에서 디지털 변환에 관해 20년 넘게 배웠던 것들이 교육 분야에만 해당되는 것이 아니었다. 내가 처음으로 디지털에 관심을 둘 때만 해도 인지하지 못했거나 잘 이해하지 못했던 부분과도 관련이 있음이 분명했다.

이제 세 가지 중요한 질문이 대두된다.

첫째, 최대한 많은 학습자들에게 도달하기 위해서는 온라인으로 최고의 콘텐츠를 어떻게 제공할 것이며, 폭넓은 선택을 위해 어떻게할 것인가? 코세라Coursera, 유다시티Udacity, 에드엑스처럼 지난 몇 년사이에 출시된 모든 주요 플랫폼들은 이 과제를 둘러싼 전략들을 개척해왔다.

둘째, 온라인 교육이 결국에는 전통적인 교실 수업보다 더 나아지

646

거나, 아니면 교실 수업을 완전히 대체할 수 있을까? 온라인 교육에 관한 기사나 논쟁 아무거나 살펴보라. 온라인 교육에 관한 장래성과 문제점을 얘기할 때 언제나 이 질문을 기준으로 삼고 있다. 최근 〈이코노미스트〉는 '무크가 대학을 죽일 것인가?'라는 제목으로 기사를 실었고, 〈타임〉, 〈포춘 Fortune〉, 〈뉴 리퍼블릭 The New Republic〉 등 수십여 개의 언론에서 비슷한 자세를 취하고 있다. 각종 방송에서는 "온라인 학습은 일시적 유행인가?"라고 묻고 있다.

셋째, 어떻게 하면 온라인을 위한 대학의 노력을 더욱 가속화할 수 있을까? 몇 주 만에 플랫폼과 벤처사업들이 새로 생겨나고, 이에 발맞춰 새로운 투자자들과 비즈니스 모델들이 이 시장에 빠르게 들어오고 있다. 이런 상황에서는 재빠르게 움직이지 않으면 전혀 가능성이 없다고들 한다.

이 세 가지 관점은 너무 흔해서 모두들 당연시하는 분위기다. 하지만 나는 사람들이 핵심을 잘못 짚었다는 생각이 강하게 든다. 이들의 생각은 이 책에 등장하는 여러 산업에서 지녔던 사고체계를 그대로 닮아 있다. 그리고 그들이 빠졌던 콘텐츠 함정과 똑같은 함정에 빠졌다고 할 수 있다.

첫 번째 질문은 학습보다는 콘텐츠를 생각하는 편견, 그리고 학생 중심이 아닌 교수 중심 수업에 치중하는 편견을 드러낸다. 이런 편견은 사용 주체의 역할과 사용자 연결 관계를 보지 못해서 빠지는 함정이다.

두 번째 질문은 전통적인 형식의 교육과 디지털 형식의 교육을 보완재 개념이 아니라 대체재 개념으로 보기 때문에 빠지는 함정이다.

과학기술이 미래 교육 현장을 더 튼튼하고 더 효과적으로 만든다고 보지 않고, 전통적인 교실의 미래에 걱정과 불안을 야기하는 주체라고 생각하는 것이다.

세 번째 질문은 스스로를 위해 무엇이 옳은지를 알아내는 대신 맹목적으로 무리를 따르라고 도발하고 있다. 교육의 미래를 걱정하는 대학이라면 혁신과 상상력, 용기에 대해 점점 더 많은 생각을 해야 한다. 중요한 것은 무작정 남을 따라가는 것이 아니라 어떻게 전략을 세우고 차별화를 하느냐다. 전후 사정과 기능적 연결 관계를 이해하는 것이다.

기존의 전통적인 수업 방식과 달리 온라인을 통한 선행학습 뒤 오프라인 강의를 통해 교수와 토론식 강의를 진행하는 역진행 수업 방식으로 바뀌어가고 있다. 이처럼 앞의 질문들을 뒤집어서 생각해보라. 그러면 여태껏 보지 못했던 기회들이 보일 수도 있다. 온라인이 학생들의 관계를 약화시킬 수밖에 없다고 믿는 대신 그 관계를 더욱 돈독하게 만드는 길이 보일지도 모른다. 온라인 교육은 열등하고, 돈벌이 수단으로 전락할 수밖에 없다고 지레 짐작하지 말고 뒤집어보라. 그러면 신선하고 특색 있는 교육 방식을 만들어내는 '디지털 우선' 방식의 강력한 힘을 느낄 수 있을지도 모른다. 실패 확률이 높은 경쟁에 뛰어드는 것을 피해 자기 조직만의 고유한 전략을 짜내는 방법이 보일 것이다. 어쩌면 연결 관계를 발견할 수 있을지도 모른다.

이런 연결 관계를 인정하고 따르는 일이 우리가 HBX에서 가장 중점을 둔 부분이었다. 긍정적인 연결관계는 새로운 아이디어를 샘솟게 한다. 긍정적 연결 관계는 장차 온라인 교육의 미래와 장래성에 핵심적인 역할을 할 것이다.

교실 수업은 대면 수업을 한다고 해서 효과가 있는 것이 아니라 학습자에게 초점을 맞출 때 참교육이 된다. 반대로 말해, 교실 수업이 수동적이거나 따분하거나 적극적인 참여를 이끌어내지 못하는 이유는 콘텐츠가 적당하지 않아서가 아니라 학생 경험이 무시되기 때문이다.

디지털 교육의 놀라운 점은 교실 수업과 다르다는 것이 아니라 너무나도 흡사하다는 데 있다. 온라인 교육과정의 첫 단추는 대학 교수들이 만든 60분짜리 화상 강의에서 시작했다. 한명 한명의 개별적 학습 동기를 이해하기보다는 수백만 명의 학습자에게 도달하고자 했다. 경험보다는 콘텐츠에 중점을 둔 것이다.

이런 코스들은 온라인 교육이 앞으로 나아가도록 변화를 이끌어냈지만 학생들의 경험 변화까지 이끌어냈다고 할 수는 없다. 새로운 수단을 통해 전달된다는 점 외에는 기존의 교실 수업과 크게 다르지 않았기 때문이다. 학습의 변혁을 위해서는 더 많은 시간과 노력이 필요하다.

온라인 교육이 효과를 보려면 주체의 중심이 교사에서 학생으로, 수동적 등록에서 자발적이고 적극적인 참여로, 콘텐츠에서 경험으로 옮겨가야 한다. 살만 칸이 설립한 칸 아카데미에서 사용하는 교수 방법이나 플랫폼, 콘텐츠는 그리 특별하지 않다. 그럼에도 효과적이다. 학생들이 필요로할 때 아주 소중한 무언가를 제공하기 때문이다. 유용한 개념을 자질구레한 설명 없이 간단하게 제공하는 것이다.

가장 빠른 성장세를 타고 있는 서던 뉴햄프셔대학의 온라인 프로그램이 유명한 이유는 새롭고 역동적인 콘텐츠로 훌륭한 코스들을 가르치기 때문이 아니다. 깔끔하게 정비된 '셰르파 Sherpas'를 통해 학생들이 일생생활에 지장 없이 수강할 수 있도록 참여를 이끌어내는 코스였기 때문이다.

2U는 대학교들의 파트너십을 통해 효과적인 온라인 프로그램을 제공한다. 하지만 이 프로그램이 효과적인 이유는 파트너십을 통해 최고의 코스를 만들어내기 때문이 아니다. 학생들이 필요로 하는 브랜드 신뢰도, 학위 그리고 무엇보다도 학생들의 관심에 집중하기 때문이다. 온라인 교육을 통해 대학교 4년 과정의 교양학부 학위를 주는 미네르바 프로젝트Minerva Project는 저렴하거나 간편해서 우수 인재들을 끌어모으는 게 아니다. 수동적인 강의에서 벗어나 소그룹 토론과 비평적 사고를 지향하기 때문에 우수 인재가 모이는 것이다.

여기서 알 수 있듯이, 전통적인 교실 수업에 닥친 위기는 디지털 과학기술과 아무런 관계가 없다. 전통적인 교실의 문제점들은 학습보다 콘텐츠에만 주안점을 둔 데서 나온 결과다. 디지털 기술의 문제가 아닌 것이다.

무엇보다 학생들에게 집중하기 위해서는 그들의 학업 동기부여, 잠재력, 장려책, 애로사항 등에 대해 세심한 주의를 기울여야 한다. 이런 부분들이 너무나도 쉽게 무시되고 외면당해왔다는 사실이 그저 놀라울 뿐이다. 콘텐츠를 개발하고 최고의 커리큘럼을 제공하여 누구나 접근이 쉬운 환경을 조성하기만 하면, 저절로 좋은 성과가 이루어진다는 생각은 콘텐츠 함정에 빠지는 지름길이다.

나는 동료들과 함께 학습자의 심리를 면밀히 살펴본 결과, 효과적인 학습은 콘텐츠뿐만 아니라 목적이 중요하다는 사실을 깨달았다. 학생들 스스로가 배움에 있어 주도적으로 하고 있느냐가 중요하다는 사실이다. 학생들이 궁금한 점을 질문할 수 있는 의지와 질문에 대답하려는 용기를 지녔는가 말이다. 또한 좋은 교우관계를 형성하면서 서로 배우고 가르쳐줄 책임감을 느끼는 학업 환경이 조성되었느냐 하는 점과도 밀접한 관련이 있다.

이곳이 바로 배움과 가르침, 콘텐츠와 교실, 학생과 교수가 하나로 어우러지는 공간이다. 이런 일들이 가능하려면 학생들에게 적절한 도구를 마련해주어야 한다. 올바른 콘텐츠뿐만 아니라 올바른 플랫폼을 제공해야 한다. 단순히 배우기 위해서가 아닌 참여를 유도하고 격려하는 내용이 들어 있어야 한다. 학생들이 서로 교류하고 소통하는 길을 열어주어야 한다. 바람직한 분위기를 조성하고 올바른 기준을 세우도록 장려해야 한다. 무엇보다도 학생들 스스로 이 모든 일들을 향상시킬 수 있음을 믿어야 한다. 당신이 상상한 것보다 훨씬 더 많은 것을 학생들 스스로가 할 수 있도록 그들에게 맡겨둘 필요가 있다.

이것이 학생들과 교사들이 책임져야 할 몫이다. 예나 지금이나 교육이 나아가야 할 방향은 바뀌지 않았다. 교실과 온라인의 대결구도가 문제의 핵심이 아닌 것이다.

성공에 대한 완벽한 오해와 진실,
20년 기업 역사 연구로 밝히다

책을 쓰기 시작하면서 이런 생각이 들었다. 이 글이 끝날 즈음엔 우리를 둘러싼 많은 상황이 달라져 있으리라는 것이었다. 예상대로, 예상치 못했던 변화가 있었다.

만들어지자마자 자취를 감추는 콘텐츠 앱이 실은 수십억 달러의 가치가 있을지도 모른다는 사실을 불과 몇 달 전만 해도 누가 상상이나 했겠는가? 5킬로미터나 앞서가던 생면부지의 운전자가, 경찰이 갓길에서 잠복중이라는 정보를 알려주는 현실을 누가 예측할 수 있었겠는가? 투자 은행가들이 운전사로 부업을 하게 될 줄 누가 알았겠는가? 이런 일들이 이젠 더 이상 보기 드문 현상이 아니다. 빈번하게, 시시때때로 일어나는 일이다.

상투적인 표현 같지만, 세상은 그 어느 때보다 더 빠르게 변하고 있다. 이는 명백한 사실이다. 나는 이렇게 급변하는 세상에도 변하지 않는 아이디어의 세상이 있음을 이 책에서 보여주려 노력했다.

내 글의 핵심 개념은 이렇다. 콘텐츠를 창출하는 과정에 있어서 앞의 사례처럼 완전히 바뀐 분야가 있다. 반면, 책을 쓴다거나 공연하는 일처럼 크게 변하지 않은 영역도 있다. 그러나 이 모든 경우들에서 콘텐츠 관리는 몇 년 전 상황과 크게 달라졌다. 그 이유는 연결 관계 때문이다.

오늘날 우리는 과거에는 생각하지 못했던 방법으로 다른 사람들과 연결할 수 있다. 이는 거부할 수 없는 사실이다. 새로운 방법으로 긴밀하게 제품들을 연결하는 경험을 추구하는 일 역시 마찬가지다. 그렇지만 연결 관계가 항상 선명하게 드러나지는 않기에, 이를 활용하려면 항상 연결 관계를 염두에 두고 인식하려는 자세가 필요하다.

오늘날 성공하기 위해서는 이전보다 많은 용기, 달라지려고 하는 용기가 있어야 한다. 다른 사람을 무작정 따라 하려다가는 너무 뒤떨어지거나 너무 비슷해지거나 크게 잘못될 수 있다. 페이스북 Facebook, 〈버즈피드 Buzzfeed〉, 텐센트 Tencent만이 우리가 따라야 할 유일한 성공 모델일까? 그렇지 않다. 〈뉴욕타임스〉의 페이월만이 뉴스를 성공적으로 전달하는 방법일까? 물론 아니다. HBX가 어디에나 보편적으로 적용 가능한 제안이 될 수 있을까? 그럴 가능성은 매우 희박하다.

이 기업들의 이야기에서 배울 점은 많다. 하지만 가장 성공적인 조직들은 다른 성공적인 조직을 따라 하지 않는다. 자신을 알고, 자신에게 맞는 일을 한다.

오늘날 성공 가능성은 무궁무진하다. 전 세계가 하나로 연결된 세상에서 성공은 많은 자금을 지닌 대형 조직만이 거두는 것이 아니다. 더 이상 기업가나 CEO만이 누리는 일도 아니다. 사실상 누구의 어떤 아이어디든 엄청난 영향을 몰고 올 잠재력을 지니고 있다. 노련한 베테랑부터 중간관리자, 신입사원에 이르기까지 누구든 불꽃을 일으키고 퍼뜨릴 수 있다. 1988년의 옐로스톤처럼, 디지털 숲 또한 건조해서 어느 곳에서 날아든 불씨도 화재를 일으킬 수 있다.

미디어는 아직 죽지 않았다. 이 책은 인쇄 과정을 거쳐 출판된다. 반면에 전자책의 성장은 정체기를 맞고 있다. 콘서트는 여전히 성황을 이루고 있으며, 〈뉴욕타임스〉의 유료 구독자는 늘고 있다. 케이블 텔레비전의 묶음판매는 아직 풀어지지 않고 있고, 영화 수입은 증가 추세다.

하지만 수많은 미디어 비즈니스가 여전히 어려움을 겪고 있다. 콘텐츠의 질이 나빠졌기 때문이 아니다. 고정 비용 구조 때문이다. 서로 경쟁하는 네트워크와 플랫폼 때문이다. 누군가의 보조재로 확실하게 자리 잡지 못했기 때문이다. 어려움의 근본 원인은 바로 연결 관계에 있다.

전략들은 스스로 서로를 연결할 수 있다. 본문에서 다뤘듯이, 십스테드Schibsted는 〈뉴욕타임스〉 스타일의 페이월을 시도하고, 〈뉴욕타임스〉는 십스테드의 디지털 우선 전략을 받아들이고 있다. 〈워싱턴포스트〉와 같은 콘텐츠 사업들은 플랫폼 위주로 무게 중심을 옮기고 있다. 반면에 텐센트, 아마존Amazon, 넷플릭스Netflix를 비롯한 대형 플랫폼들은 가장 핵심적인 보완재인 콘텐츠에 투자하고 있다. 〈뉴욕타임스〉 형태의 묶음판매를 텔레비전에 도입한 TV에브리웨어TV Everywhere는 성장 가능성을 드러내기 시작했다.

서로 연결된 변화는 우리가 읽고, 보고, 들은 것에 국한되지 않는다. 무료로 운동하기 위해 모인 사람들로 구성된 피트니스 그룹은 마치 민중운동처럼 17개 도시로 뻗어나갔다. 사용자 간 무료 화폐교환이 가능한 모바일 앱은 친구들끼리 식사비를 분담하거나 룸메이트들이 임대료를 나눌 때 유용하게 사용된다. 이 앱은 2015년 한해에만 75억 달러의 이체를 성사시켰다.

정치 캠페인 역시 연결의 위력을 절감하고 있다. 존 밀러Jon Miller는 2008년 버락 오바마Barack Obama 선거캠프에서 소셜 미디어팀의 일원이었다. 그는 USA 네트워크와 AOL에서 디지털 사업을 이끈 경력 있는 사업가였다. 하지만 정치에서는 초년생이었다. "선거 캠페인을 처음 시작했을 때 대형 민간 정치자금이나 전통적인 언론 매체와는 경쟁이 안 된다는 것을 느꼈습니다. 우리는 그들과 달라야만 했죠. 그래서 소셜 미디어로 눈을 돌렸습니다. 하지만 그 속에 엄청난 위력이 숨어 있다는 사실을 미처 알지 못했죠. 아이오와 주에서 승리한 후에야 비로소 어쩌면 우리가 해낼 수도 있겠다는 생각이 들었습니다."

8년이 지난 지금 '연결 관계를 맺은 캠페인'은 보수와 진보 양쪽에서 모두 힘을 발휘하고 있다. 대통령 후보 경선에 참여했던 버니 샌더스Bernie Sanders는 소셜 미디어를 통해 연결 관계를 맺은 사람들에게서 27달러씩을 기부받았다. 이렇게 모인 금액은 1인당 최대 2,700달러를 기부받은 상대 진영의 금액을 능가했다.

도널드 트럼프Donald Trump는 언론이 취재하러 올 때까지 가만히 기다리지 않았다. 대신 직접 나서서 트위터Twitter를 통해 거침없는 발언을 쏟아냈고, 스포트라이트를 받았다. 샌더스가 모은 기부금은 2억 달러를 넘어섰고, 트럼프가 불러일으킨 매스컴의 보도 가치는 40억 달러에 육박했다. 두 후보 모두 전적으로 언론 매체를 연결시켜 파급 효과를 톡톡히 본 셈이다.

이 책에서 나는 정보재 세상의 변화에 대해 설명했다. 그러나 내구소비재 부문에서도 비슷한 변화의 바람이 불고 있다. 온도계, 냉장고, 백열등, 도어락, 자동차 등은 '스마트'해지고 있다. 이제 스마트라는 용어는 '사물인터넷Internet of Things' 개념에 속하는 것으로, 정보를 재배열하기 위해 센서와 소프트웨어를 함유한 상품을 표현할 때 사용되곤 한다. 비내구재는 정보재를 닮아가기 시작했다. 공산품이 매체가 되어가고 있는 것이다.

전통적인 콘텐츠 산업이 주는 교훈은 '연결 관계를 이해하는 스마트한 제품이 승리를 차지하게 될 것'이라는 점이다. 이미 연결 관계를 활용하는 분야들이 있다. 스마트홈은 냉장고가 불을 끄고 문을 잠그는 일을 가능하게 해준다. 스마트농장은 관개시설을 날씨 정보와 농작물 가격과 연결한다. 스마트카는 하드웨어 성능과 콜서비스를 접목시킨다. 전문가들은 이런 현상을 '제품 시스템' 또는 '시스템의 시스템systems of systems'이라고 부른다.

연결이 가능해지면 상품의 가치를 뛰어넘는 이득이 발생한다. 정보가 사용자 사이에 직접 공유될 때 더 많은 혜택이 생기는 것이다. 교통 Waze(참여형 길안내 서비스), 비디오 카메라GoPro(액션 카메라 서비스), 휘트니스 밴드FitBit(건강관리 스마트 시계), 날씨Weathermob(날씨를 기반으로 한 소셜 네트워크 서비스) 등이 대표적인 경우다.

남아도는 태양 에너지를 활용해 한 집에서 이웃집까지 동력을 연결시키는 시도처럼 독창적인 아이디어도 눈에 띈다. 제품들이 더 스마트해졌기 때문이 아니라 제품과 사용자를 연결했기 때문에 사물 인터넷의 다양한 혜택들이 더 확대될 수 있었다. 이것이 부상하는 사물인터넷에서 가장 혜택을 많이 받을 수 있는 방법이다.

콘텐츠 사업에서 20년 넘게 위력을 발휘했던 이 연결 관계가 새로운 영역에서도 그 힘을 발휘하기 시작하고 있다. 엔진, 온도계, 전구, 냉장고 등과 같은 '제품'들을 100여 년 동안 만들어온 회사들은 새로운 도전 앞에 놓여 있다. 그들의 영역에 아마존, 애플Apple, 구글Google 등 새로운 주자들이, 전통적인 제조 능력이 불필요한 상품들을 가지고 속속 들어오는 현실을 피부로 느끼는 중이다. 이 새로운 주자들은 연결 관계를 맺기 위해 진입하고 있다.

콘텐츠 비즈니스가 전략을 수립할 때 직면했던 문제들이 이제는 기존의 제조업 분야에도 질문을 던지고 있다. 자동차 회사들은 차별화된 경쟁력을 위해 엔진과 변속기에 투자했다. 그러나 BMW 등 몇몇 회사들은 자기 기술을 타사가 이용할 수 있게 허가해주기 시작했다. 왜일까? 테슬라Tesla에서 개발한 전기차, 구글이 선도하는 자동운전 자동차, 우버Uber가 시작한 자동차 공유 서비스로의 전환은 차별화를 이룰 수 있는 부분을 센서나 제어장치, 소프트웨어로 옮겨놓았다. 따라서 하드웨어에서 차지하던 우월성은 점차 생명력이 짧아지고 있으며, 심지어 소멸될 처지에 있다. 그러니 오픈해버린 것이다. 우리에게는 이미 익숙한 이야기처럼 들린다.

경쟁이 상품에서 포트폴리오로 이동하면서, 이제 자신이 누구의 보완재인지가 중요해졌다. 다른 말로 하자면 자신이 진정 어떤 비즈니스에 속하는지가 중요해진 것이다. 자신의 비즈니스를 엔진과 동력

장치 사업이라고 생각한다면 음악업계의 불운아인 녹음실과 같은 길을 걷게 될 것이다. CD와 콘서트가 맞닥뜨린 전철을 밟게 될 것이다.

일반적으로 이런 변화들을 과학기술이라는 측면으로 설명하려는 경향이 있다. 하지만 오히려 아이디어라는 관점에서 바라보는 편이 더 정확하다. 과학기술이 기폭제가 된 것은 맞지만 궁극적으로 연결 관계의 뿌리는 아이디어에 있기 때문이다.

내가 몸담고 있는 교육 분야에도 계속해서 변화의 바람이 불고 있다. 요즘 하버드경영대학원 교정을 걷다 보면 바깥세상을 향해 도약하는 졸업생들의 싱그러움에만 감탄하는 것이 아니다. 학교에 발 한 짝 들여놓지 않고도 온라인상의 교실을 가득 메운 학생들에게 놀라곤 한다.

이 책을 마무리할 즈음에 하버드경영대학원에 자체 온라인 과정인 HBX가 만들어졌다. 올해 초, HBX의 '연결 관계' 원칙 중 하나인 동료 학습은 우리가 기대한 것 이상으로 큰 반향을 불러일으켰다. 온라인상의 교류는 벤처 사업을 생성하는 자유로운 토론이나 조별 과제를 위한 오프라인 모임으로 이어졌다. 이런 교우관계를 장려하기 위해 HBX 학습자들이 캠퍼스에 모여 공동체를 구축하고, 서로 의견을 나누는 기회를 처음으로 마련하기로 결정했다.

2017년 5월 7일, 호주, 케냐, 인도, 카타르, 에콰도르, 콜롬비아, 덴마크 등 세계 곳곳에서 500여 명의 학생들이 모여들었다. 참석자들은 배움의 기회를 가질 수 있어 좋았다고 한목소리로 고마워했다. 온라인 교육이 삶에 변화를 가져왔다고 많은 사람들이 거듭 강조했다. 목사 한 분은 신도들의 결속력을 높이기 위해 이와 비슷한 접근법을 이용하고 싶다고 했다. 학습장애를 지닌 어떤 학생은 평생 동안 전통적인 교육 분위기에 적응하지 못했었는데, 온라인에서 단기 과정과 학습자 간의 소통을 통해 배움에 대한 열망이 다시 솟아났다고 했다. 온라인 교육으로 얻은 지식이 가족 사업을 준비하고 운영하는 데 자신감을 불어넣어주었다고 말하는 젊은 여성도 있었다.

그들이 들려주는 이야기들은 진한 감동을 주고 깊은 인상을 남겼다. 그들이 받은 도움은 동료 학습과 인터넷 커뮤니티 속에서 시작되었고, 연결을 통한 교류에 의해서 모습을 드러냈다.

연결 관계를 창출하라, 지키기 위해 확장시켜라, 남들을 따라 하지 않을 용기를 가져라. 이 얼마나 간단한 아이디어인가. 그럼에도 우리는 종종 이와 정반대로 행동하며 함정에 빠져들고 만다.

이 글을 시작할 때만 해도 내가 생각하고 글로 표현하고자 했던 아이디어들이 나의 세상마저 바꾸어놓을 줄은 몰랐다. 여러분이 무엇을 하든지 이 아이디어들을 명심하고, 어디에 있든지 성공의 열쇠를 얻기 위해 이를 활용하기를 바란다.

이 책이 나오기까지 애써준 많은 분들에게 마음속 깊이 감사드린다. 몇 년 전에 우연히 하게 된 프로젝트를 계기로 미디어, 디지털 변환, 전략 등에 관심을 갖게 되었고, 그후 하버드경영대학원에서 동료인 펠릭스 오베르홀저-기와 함께 미디어 전략에 관한 프로그램을 진행하면서 이 분야에 더욱 심취했다. 이 책의 내용 중 상당 부분을 함께 토론하고 공유했기에 펠릭스는 공동 저자나 다름없다.

이 글을 쓰는 내내 생각을 구체화하는 데 있어 직간접적으로 여러 은인들의 도움을 받았다. 배리 네일버프는 전략적 측면의 관심을 불어넣었으며 수년에 걸쳐 용기와 힘을 북돋아주었다. 론 사차르와 알렉산더 게일토빅은 멀리 타국에서도 오랫동안 다양한 프로젝트를 같이 진행해준 고마운 분들이다.

하버드경영대학원의 동료인 라파엘 디 텔라, 타룬 칸나, 라지브 랄, 니틴 노리아, 얀 리브킨 등은 아이디어의 초석을 마련하는 데 힘을 모아주었다.

예일대학과 하버드경영대학원을 거치며 뛰어난 석학들과 함께 작업하는 행운을 누렸을 뿐 아니라 복도에서 머리를 맞대고 끝없이 토론하는 가운데 빛나는 아이디어들을 얻을 수 있었다. 애덤 브란덴버거, 드미트리 비잘로브, 레이먼 카사드쉬-마사넬, 데이비드 콜리스, 톰 아이즈만, 애니타 엘버스, 데이비드 가빈, 판카즈 게마와트, 란제이 굴라티, 레베카 헨더슨, 에론 콜버그, 비니트 쿠마르, 신시아 몽고메리, 다스 나라얀다스, 에어리얼 페이크스, 크리슈나 팔레트, 미시엑 피스코스키, 마이클 포터, 줄리오 로템버그, 탈레스 테세이라, 데니스 야오, 데이비드 요피 등에게 고마움을 전하고 싶다.

특히 하버드경영대학원에서 합심하여 디지털화 계획을 추진했던 동료 수닐 굽타, 마르코 이안시티, 카림 라카니, 콜린 매클레이 등에게 많은 신세를 졌다.

HBX 계획을 진행하면서 배울 점이 많은 여러 동료들과 친해지게 되어 영광이었다. 얀 해먼드, V. G. 나라야난, 문영미, 클레이튼 크리스텐슨, 패트릭 멀레인과 자나 키엘스테드는 물심양면으로 지지해준 특별하고 소중한 팀원이다. 처음부터 끝까지 니틴 노리아의 리더십, 안젤라 크리스피와 진 커닝햄의 현명한 조언, 이 프로젝트를 위해 강 건너 물 건너 참여해준 대학 동기들의 노력이 큰 역할을 했다.

하버드의 경영 사례 중심 교육은 학생들뿐 아니라, 교수들도 학생들에게서 배울 수 있는 계기가 되었다. 나 역시 이런 환경의 혜택을 누렸다. 수년 동안 학생들에게 배움을 받았기에 아이디어를 낼 수 있었고, 프로젝트를 완성할 수 있었다.

경영학자의 길을 걷는 동안 연구, 사례 교육, 컨설팅 등을 통해 능력 있는 경영 지도자와 관리자들을 만나 뜻깊은 시간을 함께했다. 특히 쿠스 베커, 케이틀린 첸, 래리 컬프, 크레이그 모펫, 마크 매코맥, 스베레 뭉크, 데이비드 퍼피치, 앤드루 래시배스, 피터 라이스, 우다이 샹카르 등과의 열띤 토론은 이 책의 아이디어들을 가다듬는 데 큰 도움이 되었다.

인터뷰에 기꺼이 응해주고 자신들의 경험을 솔직하게 들려준 셸 아모트, 자넷 발리스, 비니 반살, 폴 베리, 케이틀린 첸, 벤 코레이코, 스콧 쿡, 래리 컬프, 아닐 대쉬, 마커스 돌레, 피터르 뒤 투아, 클라크 길버트, 에스펜 에길 한센, 카림 라카니, 앤 모지트, 벤저민 마코 힐, 필 켄트, 매들린 매킨토시, 존 밀러, 크레이그 모페트, 아지트 모한, 스베레 뭉크, 배리 네일버프, 라주 나리세티, 마틴 니센홀츠, 펠릭스 오베르홀저-기, 토리 페데르센, 데이비드 퍼피치, 앤드루 래시배스, 얀 리브킨, 롤프-에리크 리스달, 테리에 셀예세스, 우다이 샹카르, 칼 셔피로, 폴 스뮤얼, 로버트 스틴, 피터 스턴, 크리스 스티브스, 올레 제이콥 선드, 스티브 태들리스, 데니즈 워런, 칼-니콜라이 웨스맨, 존 윈저, 알리 유루코글루, 딜런 장 등에게 머리 숙여 감사드린다.

수레쉬 발루, 캐롤린 브라운, 벤저민 초두리, 톰 댄, 제프리 엥글러, 데이븐 존슨, 매켄지 로우리, 조니 모랜, 알렉산더 로신스키가 연구를 도와주지 않았다면 이 책은 세상에 나올 수 없었을 것이다. 그들의 피땀 어린 노고는 말할 것도 없고, 프로젝트를 향한 뜨거운 열정이 큰 공헌을 했다.

수잔 카밀이 이끄는 놀라운 팀인 랜덤하우스와 작업한 것을 영광으로 생각한다. 몇 년 전 피터 올슨은 책을 집필하는 일이 여전히 의미 있다며 내게 확신을 주었다. 마커스 돌레는 집필 과정 내내 아낌없는 응원을 보내주었다. 지나 센트렐로는 작가를 위한 최고의 편집자다. 그녀 덕분에 탁월한 편집 능력을 무장한 채 든든한 지원군 역할을 자처한 윌 머피를 만나는 행운을 가졌다. 윌은 모든 초안을 꼼꼼하게 읽고 또 읽는 수고를 마다하지 않고 놀라우면서 흥미진진한 과정을 만들어냈다. 콘텐츠의 진정성은 훼손시키지 않으면서 정교하게 잘 다듬어진 편집을 선보인 에이미 미커, 결정적인 순간마다 소중한 조언을 해준 캠벨 쉬네블리-스완슨, 여러 아이디어들을 이해하기 쉽게 시각화시켜 삽화 작업을 해준 크리스토퍼 린내인과 다은 정, 일이 수월하게 진행되도록 매일 곁에서 챙겨준 셰일라 리네한, 전문적이고 솜씨 있게 프로젝트의 전 과정을 차분하게 조율한 미카 가스가, 일을 시작했을 때는 물론이고 중요한 순간이면 어김없이 필요한 제안을 해준 에이전트 돈 페르에게 진심 어린 감사를 전하고 싶다.

이 책 구석구석마다 많은 동료들과 친구들의 유익한 의견이 반영되어 있다. 읽고 평가해준 트래비스 코너스, 수닐 굽타, 얀 해먼드, 퍼니마 코치카, 라지브 랄, 댄 매긴, 배리 네일버프, V. G. 나라야난, 니틴 노리아, 이샨 레이나, 대니 새미트, 벤켓 스리니바산, 마이클 터쉬만 등에게 다시 한 번 감사를 표한다. 마감일까지 시간과 수고를 아끼지 않은 그들에겐 어떤 말로도 감사의 뜻을 충분하게 전할 수 없다.

마지막으로 내 가족들에게 고마움을 표현하고 싶다. 누구보다도 이 책을 읽고 싶어했던 작고한 어머니, "언제 책이 완성되니?"라는 금지된 질문을 계속할 정도로 열의를 보인 아버지, 기대와 애정으로 지지해준 장인 장모, 세상에 둘도 없는 동생 아밋, 내가 쓰러지지 않게 붙잡아준 니틴과 모니카, 매일 매일 축복받은 삶을 살 수 있게 끝없는 사랑과 신뢰를 주는 아내 앙쥬, 내 인생을 변화시킨 선물 같은 딸 레아에게 무한한 감사를 느낀다.

시작하는 글

— **The Yellowstone Fires of 1988** The account of the 1988 Yellowstone fires in this section draws primarily from the following sources: Rocky Barker, *Scorched Earth: How the Fires of Yellowstone Changed America* (Washington, DC: Island Press, 2005); Jeff Henry, *The Year Yellowstone Burned: A Twenty-Five-Year Perspective* (Lanham, MD: Taylor Trade, 2015); Mary Ann Franke, *Yellowstone in the Afterglow: Lessons from the Fires* (Mammoth Hot Springs, WY: National Park Service, 2000); Karen Wildung Reinhart, *Yellowstone's Rebirth by Fire: Rising from the Ashes of the 1988 Wildfires* (Helena, MT: Farcountry Press, 2008); Ross Simpson, *The Fires of '88: Yellowstone Park and Montana in Flames* (Helena, MT: Farcountry Press, 1989); "The Yellowstone Fires of 1988," National Park Service, U.S. Department of the Interior, 2008); Timothy Egan, "Ethic of Protecting Land Fueled Yellowstone Fires," *New York Times*, September 22, 1988; Mike Stark, "A Hellish Day: Yellowstone's Fires Devoured 165,000 Acres on 'Black Saturday,'" *Billings Gazette*, August 16, 2003; "Ex-Firefighter Relives Yellowstone's 'Black Saturday,'" NPR, last modified September 7, 2008, http://www.npr.org/templates/story/story.php?storyId=94324025; Michael Winerip, "Lessons From the Yellowstone Fires of 1988," *New York Times*, September 2, 2013.

— **a still-burning cigarette** Barker, *Scorched Earth*; Associated Press, "Four Charged with Starting North Fork Fire," *Spokesman-Review* (Spokane, WA), January 31, 1989.

— **Black Saturday** Franke, *Yellowstone in the Afterglow*; "Ex-Firefighter Relives Yellowstone's 'Black Saturday,'" NPR, last modified September 7, 2008.

— **"snapped like toothpicks"** Quote from *Fire*, Yellowstone National Park: Park Vision, accessed June 6, 2016, http://www.shannontech.com/ParkVision/Yellowstone/Yellow stone17.html.

— **20 percent of the entire area of Yellowstone** "The Yellowstone Fires of 1988."

— **"Barbee-que"** Barker, *Scorched Earth*, p. 7.

— **"Burn, Baby, Burn"** J. Carrier, "Burn, Baby, Burn," *Denver Post*, August 28, 1988, 13A.

— **"for too long"** *NBC Nightly News* transcript, September 7, 1988, as reported in Barker, *Scorched Earth*, p. 213.

— **"Targhee would not accept"** Barker, *Scorched Earth*, p. 199.

— **let it burn** Ibid., p. 190.

— **bulldozers to etch** Ibid., p. 199–200.

— **"Jingle Bells"** William C. Everhart, *Take Down Flag and Feed Horses* (Champaign, IL: University of Illinois Press, 1998), p. 195.

— **1.3 million acres** Gabe Fuentes, "Agoura Fire Plan Goes Up in Yellowstone's Smoke," *Los Angeles Times*, September 22, 1988; Barker, *Scorched Earth*, p. 220; Reinhart, *Yellowstone's Rebirth by Fire*, p. 6.

— **More than 2 million tons of particulate** Barker, *Scorched Earth*, p. 220.

— **"The fires will slow down"** Ibid., p. 205.
  Winerip, "Lessons from the Yellowstone Fires."

— **the devastating impact** Rinehart, *Yellowstone's Rebirth by Fire*, p. 88–98; Barker, *Scorched Earth*.

— **in the Arab Spring** "The Arab Spring: A Year of Revolution," *NPR*, December 17, 2011, accessed June 6, 2016, http://www.npr.org/2011/12/17/143897126/the-arab-spring-a-year-of-revolution; later, it was reported by *The Guardian* that "the slap" did not actually happen: Elizabeth Day, "Fedia Hamdi's Slap Which Sparked a Revolution 'Didn't Happen,' " *Guardian*, April 23, 2011; "The Slap That Sparked a Revolution," *Guardian*, May 14, 2011.

— **on a hunger strike** D. K. Singh, "Making Peace with Political Class: The Story Behind the Consensus Over Lokpal Bill," *Indian Express*, December 18, 2013; Ishaan Tharoor, "10. Anna Hazare's Hunger Fasts Rock India," *Time*, December 7, 2011; Chandrahas Choudhury, "Indians Divide Over Policing a Watchdog: World View," *Bloomberg View*, June 21, 2011; Sandeep Phukan and Sunil Prabhu, "Lokpal Bill Passed in Lok Sabha, but No Constitutional Status," *NDTV*, last modified December 28, 2011.

— **forty-dollar late fee** Willy Shih et al., "Netflix," HBS No. 607-138 (Boston:

Harvard Business School Publishing, rev. April 27, 2009); the forty-dollar late fee has been disputed by other accounts as the story behind Netflix's creation, see Gina Keating's book for a detailed account: Gina Keating, *Netflixed: The Epic Battle for America's Eyeballs* (New York: Portfolio/Penguin, 2012).

— **Blockbuster chose** Greg Satell, "A Look Back at Why Blockbuster Really Failed and Why It Didn't Have To," *Forbes*, September 5, 2014; Luis Alfonso Dau and David T. A. Wesley, "Netflix Inc.: Streaming Away from DVDs," Northeastern University College of Business Administration no. W12850, April 5, 2012, via Harvard Business Publishing.

— **in the cards for years** Bharat N. Anand et al., "eReading: Amazon's Kindle," HBS No. 709-486 (Boston: Harvard Business Publishing, February 27, 2009).

— **declined by roughly 50 percent** David Goldman, "Music's Lost Decade: Sales Cut in Half," *CNN Money*, February 3, 2010; Tyler Durden, "How iTunes Destroyed the Music Business in 1 Simple Chart," ZeroHedge.com, May 24, 2015.

— **even more sharply** Varian, "Google: Newspaper Economics," Federal Trade Commission, rev. March 13, 2010; Michael Barthel, "Newspapers: Fact Sheet," Pew Research Center, April 29, 2015; Vineet Kumar, Bharat N. Anand, et al., "The *New York Times* Paywall," HBS No. 512-077 (Boston: Harvard Business Publishing, rev. January 31, 2013).

— **dropped like flies** Josh Sanburn, "5 Reasons Borders Went Out of Business (and What Will Take Its Place)," *Time*, July 19, 2011; Derek Thompson, "Books, Borders and Beyond: How Digital Tech Is Changing Retail," *Atlantic*, July 20, 2011; Ben Sisario, "Record Stores Fight to Be Long-Playing," *New York Times*, April 18, 2008.

— **paying for television** Keach Hagey, "Cord-Cutting Is Accelerating," *Wall Street Journal*, December 10, 2015.

— **Movie theaters closed** Dorothy Pomerantz, "How Subscriptions Could Save Small Movie Theaters," *Forbes*, October 22, 2014.

— **is a far more common cause** "The Yellowstone Fires of 1988."

— **in the 112-year recorded history** National Park Service, *Yellowstone in the Afterglow*; Egan, "Ethic of Protecting Land Fueled Yellowstone Fires."

— **with uncharacteristic speed** Ibid.

— the result of policy that was decades in the making Barker, *Scorched Earth*, p. 7–8.

— Harris led troops Ibid., p. 4.

— they created separate areas Ibid., p. 65.

— **Aldo Leopold** Barker describes the results of Leopold's efforts to restore eroded prairies through a series of experiments: "The fire opened native seeds, unleashing them to grow and thrive. Saplings and other brush that had tenaciously intruded into the area were killed. The invader weeds were brought under control as the almost three hundred species of prairie plants, which had evolved through centuries of frequent fires, took over again." Barker, *Scorched Earth*, p. 141.

— the need for reducing animal populations Ibid., p. 165.

— **"of the various methods"** Leopold, A.S., S.A. Cain, C.M. Cottam, I.N. Gabrielson, and T.L. Kimball, "Wildlife Management in the National Parks: The Leopold Report," National Park Service, March 4, 1963.

— **had taken firm hold** The new Park service fire policy, released in 1970, stated: "The presence or absence of natural fire within a given habitat is recognized as one of the ecological factors contributing to the perpetuation of plants and animals native to that habitat. Fires in vegetation resulting from natural causes are recognized as natural phenomena and may be allowed to run their course when such burning will contribute to the accomplishment of approved vegetation and/or wildlife management objectives" (Barker, *Scorched Earth*, p. 168).

— **From 1972 to 1987** Egan, "Ethic of Protecting Land Fueled Yellowstone Fires"; Rinehart, *Yellowstone's Rebirth by Fire*, p. 17.

— **Barbee let it burn** Barker, *Scorched Earth*, p. 190.

— **"sending an explosion of seeds"** Rinehart, *Yellowstone's Rebirth by Fire*, p. 90.

— **"15-foot-high lodgepoles"** Barker, *Scorched Earth*, p. 248; "Interagencies Final Report on Fire Management, 1989," nps.gov, October 25, 2000; Lary M. Dilsaver, ed., *America's National Park System: The Critical Documents* (Lanham, MD: Rowman & Littlefield, 1994).

— **"from the ash"** The natural fire policy would come under scrutiny in the years following the fires. But after a Fire Management Policy Review Team, appointed by the secretary of agriculture, concluded its detailed review years later, it noted that the objectives of prescribed natural fires were indeed sound. Only now, the policies would have to be refined to ensure that the fires burn under "pre-determined conditions" (*Report on Fire Management Policy: Departments of Agriculture and Interior,* December 14, 1988; and see Barker, *Scorched Earth,* p. 220 – 21). One of these conditions was that natural and prescribed fires would no longer be allowed in drought years.

— **"reborn, rebuilt, and rejuvenated"** Rinehart, *Yellowstone's Rebirth by Fire*, p. 8.

— **more than 900 channels** "Industry Data," NCTA, accessed April 15, 2016, https://www.ncta.com/industry-data.

— **are uploaded to YouTube** Anthony Wing Kosner, "YouTube Turns Seven Today, Now Uploads 72 Hours of Video Per Minute," *Forbes*, May 21, 2012; Susan Gunelius, "The Data Explosion in 2014 Minute by Minute," ACI Information Group, Featured Post, July 12, 2014. Much of this content is characterized as "long tail" content: see Chris Anderson, *The Long Tail: Why the Future of Business Is Selling Less of More* (New York: Hyperion Books, 2008).

— **five exabytes . . . of data** San Diego Supercomputer Center, accessed July 9, 2016, http://www.sdsc.edu/news_and_events/press_kit.html.

— **Figure 1** Constructed by author. Thanks to Dee Jeong for assistance with artwork.

— **the digital transition** Bharat N. Anand and Sophie Hood, "Schibsted," HBS No. 707-474 (Boston: Harvard Business Publishing, April 16, 2007).

— **2013 paywall experiment** Vineet Kumar, Bharat N. Anand, Sunil Gupta, and Felix Oberholzer-Gee, "The *New York Times* Paywall," HBS No. 512-077 (Boston: Harvard Business Publishing, rev. January 31, 2013).

— **"we don't know"** Richard Caves terms this the "nobody knows" axiom of creative industries; see Richard E. Caves, *Creative Industries: Contracts Between Art and Commerce* (Cambridge: Harvard University Press, 2002).

— **you "could have had the entire United States Army"** Associated Press, "Yellowstone Fires Grow," *Livingston Enterprise*, August 23, 1988.

Part 1

Chapter 1

— **Schibsted's board was convening** Information about Schibsted here and in the rest of this book draws primarily from the following sources: Bharat Anand and Sophie Hood, "Schibsted," HBS No. 707-474 (Boston: Harvard Business School Publishing, April 16, 2007); Schibsted annual reports; various public sources of information as listed; and interviews with various company executives. I am grateful to the following executives at Schibsted for interviews over several years (November 2006, March 2007, April 2013, October 2013, January 2014, and email correspondence): Kjell Aamot, Frode Eilertsen, Christian Printzell Halvorsen, Espen Egil Hansen, Jan Helin, Eduardo Jacucci, Birger Magnus, Sverre Munck, Torry Pedersen, Rolv-Erik Ryssdal, Terje Seljeseth, Robert Steen, board chairman Ole Jacob Sunde, and Carl-Nicolai Wessmann.

— **"Everything was going wrong"** Interview with Kjell Aamot, November 2006.

— **"Who Killed the Newspaper?"** "Who Killed the Newspaper?," *Economist*, August 24, 2006.

— **"Mourning Old Media's Decline"** David Carr, "Mourning Old Media's Decline," *New York Times*, October 28, 2008.

— **to make money on its online operations** Carol Matlack, "Norway's Schibsted: No. 3 in Online Classifieds," *Bloomberg Businessweek*, last modified October 14, 2010.

— **for 35 percent of operating profits** "More Media, Less News," *Economist*, April 24, 2006.

— **into a profitable business** Anand and Hood, "Schibsted."

— **nearly 60 percent that of the entire group** *Schibsted Media Group: Annual Report 2011*.

— **Chinese Virtual Giants** Information about Tencent in this section and the rest of this book draws primarily from the following sources: Tencent annual reports; *Inside Tencent* (Beijing: Plus Eight Star, 2009); Ali Farhoomand and Elsha Yiu, "Tencent's Business Model," University of Hong Kong case number HK 1003 (through Harvard Business Publishing); Feng Zhu and Aaron Smith,

"Baidu, Alibaba, and Tencent: The Three Kingdoms of the Chinese Internet," HBS No. 615-039 (Boston: Harvard Business Publishing, January 13, 2015); Willy Shih, Howard Yu, and Fang Liu, "WeChat: A Global Platform?," HBS No. 615-049 (Boston: Harvard Business Publishing, June 17, 2015); various analyst reports on Tencent Holdings Ltd. by Marketline (London, May 2013), Jefferies (London, February 2013 and March 2013), J.P. Morgan (New York, April 2013); and various public source information where listed below. I am grateful to various Tencent executives for interviews in November 2012 and November 2013, and particularly to Caitlyn Chen (editor in chief of Tencent's Online Media Group) for arranging them. Disclosure: In 2013, I was invited to give a paid keynote address (*Reinventing Media: Lessons from the News Industry*) at Tencent's Online Media Group's 10th anniversary celebration.

— **Pony Ma and Zhang Zidong** Arianna Huffington, "Pony Ma," *Time*, April 23, 2014; "Tencent's Ma Becomes China's Second-Richest Man on WeChat Mania," *Bloomberg Business*; Dorinda Elliott, "Tencent the Secretive, Chinese Tech Giant That Can Rival Facebook and Amazon," *Fast Company*, April 17, 2014.

— **for local telecom operators and paging centers** Farhoomandr and Yiu, "Tencent's Business Model."

— **to copy from the West** Huffington, "Pony Ma"; "Tencent's Ma Becomes China's," *Bloomberg Business*; Elliott, "Tencent the Secretive"; "An Internet with Chinese Characteristics," *Economist*, July 30, 2011.

— **AOL's ICQ** Elliott, "Tencent the Secretive"; "AOL Acquires Instant Message Firm," *CNET*, June 8, 1998; "ICQ Celebrates 100 Million Registered Users," TimeWarner, May 9, 2001; Nikhil Celly and W. H. Lo, "Tencent: Expanding from China to the World," University of Hong Kong case no. HK1009, June 21, 2013.

— **such as chat rooms and a mobile service** Elliott, "Tencent the Secretive"; Zhu and Smith, "Baidu, Alibaba, and Tencent: The Three Kingdoms of the Chinese Internet"; Celly and Lo, "Tencent"; "Internet Value-Added Service," Tencent, 2016.

— **to slow it down** Bruce Einhorn, "Tencent: March of the Penguins," *Bloomberg Business*, April 4, 2011.

— **into a single offering—for free** "Walkie Talkie," WeChat, 2015; Ryan Bushey, "300 Million People Use WeChat to Text with Strangers, but Most Americans

Probably Haven't Heard of It," *Business Insider*, December 16, 2013; Willy Shih et al., "WeChat: A Global Platform?"

— **as much as LinkedIn's and Twitter's combined** Annual reports of Tencent, LinkedIn, and Twitter.

Chapter 2

— **Hal Varian** Hal Varian, "Newspaper Economics: Online and Offline," Google Public Policy Blog, March 2010; "Newspaper Economics: Online and Offline," presentation to Federal Trade Commission, March 9, 2010.

— **beginning in the 1980s** "Demographic Trends in the 20th Century: Census 2000 Special Reports," United States Census Bureau, last modified November 2002.

— **aggregate newspaper readership** Hal Varian, "Newspaper Economics."

— **fell by 20 percent** Newspaper Association of America.

— **fully 74 percent** Ibid.

— **Figure 4** Data from Newspaper Association of America, various years; Pew Research Center (stateofthemedia.org), various years; U.S. Census Bureau; Statista. Thanks to Carolyn Brown for assistance in collecting the data.

— **of just 0.5 percent a year** Data from *New York Times* quarterly and annual reports.

Chapter 3

— **"A Theory of Interdependent Demand"** Jeffrey Rohlfs, "A Theory of Interdependent Demand for a Communications Service," *Bell Journal of Economics*, no. 1 (Spring 1974): 16–37.

— **Richard Schmalensee** Richard Schmalensee, "Jeffrey Rohlfs' 1974 Model of Facebook: An Introduction with A Theory of Interdependent Demand for a Communications Service by Jeffrey Rohlfs," *Competition Policy International* 7, no. 1 (Spring 2011).

— **Apple went head-to-head** David Yoffie and Eric Baldwin, "Apple Inc. in

2015," HBS No. 715-456 (Boston: Harvard Business Publishing, October 28, 2015); Erik Sandberg-Diment, "Personal Computers; Hardware Review: Apple Weighs In with Macintosh," *New York Times*, January 24, 1984; Michael Rogers, "Will Apple's Macintosh Beat IBM?," *Newsweek*, January 30, 1984.

— **one of the most-watched** Jacquelyn Smith, "Experts and Viewers Agree: Apple's '1984' is the Best Super Bowl Ad of All Time," *Forbes*, January 30, 2012.

— **"Personal computers were just beginning"** I am grateful to Carl Shapiro for an interview in November 2014.

— **antitrust policies for networked markets** Carl Shapiro, "Antitrust in Network Industries," United States Department of Justice, March 7, 1996; for more on the early literature on network effects, see also Michael Katz and Carl Shapiro, "Network Externalities, Competition, and Compatibility," *American Economic Review*, June 1985; Michael Katz and Carl Shapiro, "Technology Adoption in the Presence of Network Externalities," *Journal of Political Economy*, August 1986; Joseph Farrell and Carl Shapiro, "Dynamic Competition with Switching Costs," *RAND Journal of Economics*, Spring 1988; Michael Katz and Carl Shapiro, "Product Introduction with Network Externalities," *Journal of Industrial Economics*, March 1992; and Michael Katz and Carl Shapiro, "Systems Competition and Network Effects," *Journal of Economic Perspectives*, Spring 1994. For an early and comprehensive treatment of strategy in networked markets, see Carl Shapiro and Hal Varian, *Information Rules: A Strategic Guide to the Network Economy* (Boston: Harvard Business Review Press, 1998).

— **"We look for opportunities with network externalities"** Tarun Khanna and David Yoffie, "Microsoft – 1995 (Abridged)," HBS No. 799-003 (Boston, MA: Harvard Business Publishing), July 1998.

— **VHS won out over Betamax** Stanley M. Besen and Joseph Farrell, "Choosing How to Compete: Strategies and Tactics in Standardization," *Journal of Economic Perspectives* 8, no. 2 (Spring 1994): 117 – 31; Sangin Park, "Quantitative Analysis of Network Externalities in Competing Technologies: The VCR Case," *Review of Economics and Statistics* 86, no. 4 (November 2004): 937 – 45; Hiroshi Ohashi, "The Role of Network Effects in the US VCR Market, 1978 – 1986," *Journal of Economics & Management Strategy* 12, no. 4 (Winter 2003): 447 – 94.

— someone was to download it Matthew J. Salganik, Peter Sheridan Dodds, and Duncan J. Watts, "Experimental Study of Inequality and Unpredictability in an Artificial Cultural Market," *Science*, February 10, 2006.

— He told me about the events I am grateful to Scott Cook for an interview in May 2014 (all quotes attributed to him are from this interview).

— Yahoo! Auctions ultimately closed "Yahoo Plans to Close U.S. Auction Site," *New York Times*, May 9, 2007.

— "in this sandbox but me" Hayley Tsukayama, "Google Plus Review: Fun, Interesting, and Totally Empty," *Washington Post*, June 30, 2011.

— Facebook introduced Facebook Platform Mikolaj Jan Piskorski et al., "Facebook," HBS No. 808-128 (Boston: Harvard Business Publishing, rev. March 20, 2014); Michael Arrington, "Facebook Responds to MySpace with Facebook Connect," *TechCrunch*, May 9, 2008.

— Marketplace Stig Leschly et al., "Amazon.com—2002," HBS No. 803-098 (Boston: Harvard Business Publishing, November 21, 2002).

— the App Store John Markoff and Laura M. Holson, "Apple's Latest Opens a Developers' Playground," *New York Times*, July 10, 2008.

— to more than a billion Barbara Ortutay, "Facebook Tops 1 Billion Users," *Associated Press*, October 4, 2012; Julie Sloane, "Facebook Got Its $15 Billion Valuation—Now What?," *Wired*, October 26, 2007. Arrington, "Facebook Responds"; Brad Stone, "Facebook Aims to Extend Its Reach Across the Web," *New York Times*, November 30, 2008; Charlene Li, "Facebook Connect—Another Step to Open Social Networks," *Harvard Business Review*, May 17, 2008.

— iPhone users "iPhone App Store Downloads Top 10 Million in First Weekend," Apple.com, July 14, 2008.

— when it restricted its service Judd Cramer and Alan Krueger, "Disruptive Change in the Taxi Business: The Case of Uber," National Bureau of Economic Research, Working Paper No. 22083, March 2016.

— "product versus platform" See also Jean-Charles Rochet and Jean Tirole, "Platform Competition in Two-Sided Markets," *Journal of the European Economic Association* 1, No. 4 (June 2003), 990–1039; Mark Armstrong, "Competition in Two-Sided Markets," *RAND Journal of Economics*, 37, no. 3 (Autumn 2006),

668−91; Jean-Charles Rochet and Jean Tirole, "Two-Sided Markets: A Progress Report," *RAND Journal of Economics*, 37, no. 3 (Autumn 2006), 645−67.

— **in 1996** Nick Statt, "Rare Pokemon Card Attracts Record-Breaking $50k Offers on eBay," *CNET*, September 5, 2013.

— **indirect network effects** Andrei Hagiu, "Strategic Decisions for Multisided Platforms," *MIT Sloan Management Review*, Winter 2014; Andrei Hagiu and Simon Rothman, "Network Effects Aren't Enough," *Harvard Business Review*, April 2016; and Rita McGrath, "The Problem with Groupon's Business Model," *Harvard Business Review*, July 13, 2011.

Chapter 4

— **Schibsted** Information about Schibsted in this section and the rest of the book draws primarily on the sources listed earlier.

— **"Let me digress"** This and all other quotes from Sverre Munck are from interviews conducted in November 2006, April 2013, and October 2013, and email correspondence.

— **as early on as 1995** Anand and Hood, "Schibsted."

— **Terje Seljeseth** This and all other quotes from Terje Seljeseth are from interviews conducted in November 2006 and October 2013.

— **Robert Steen** All quotes from Robert Steen are from an interview conducted in November 2006.

— **with Yahoo! a few years later** Miguel Helft and Steve Lohr, "176 Newspapers to Form a Partnership with Yahoo," *New York Times*, November 20, 2006; Anand and Hood, "Schibsted."

— **"people who understood the business"** Interview with Terje Seljeseth, November 2006.

— **"The ad department"** Ibid.

— **"forget certain behaviors"** The idea of "forget, learn, and borrow" has been described in V. G. Govindarajan and Chris Trimble, *Ten Rules for Strategic Innovators: From Idea to Execution* (Boston: Harvard Business Review

Publishing, 2005), and is reminiscent of the "ambidextrous organization" described by Michael Tushman and Charles O'Reilly in *Winning Through Innovation: A Practical Guide to Leading Organizational Change and Renewal* (Boston: Harvard Business Publishing, 1997), and in Charles O'Reilly and Michael Tushman, "The Ambidextrous Organization," *Harvard Business Review* 82, no. 4 (2004): 74–81.

— **the dot-com crash** Anand and Hood, "Schibsted."

— **"Within a year"** Interview with Robert Steen, November 2006.

— **115 percent market share** Schibsted annual report.

— **"We thought Blocket"** This and all other quotes from Rolv-Erik Ryssdal are from an interview in October 2013.

— **"Today the valuation"** Ibid; and email correspondence with Sverre Munck, July 9, 2016.

— **"Our Finn model"** The Finn model was also successful in Austria, where a joint venture with the local media company Styria Medien Group was established in the mid-2000s based on the FINN technology and its B2C go-to-market strategy. According to Sverre Munck, Austria is the "exception that proves the rule: scaling globally at a rapid pace could not be done with this technology and go-to-market strategy" (email correspondence dated July 1, 2016).

— **"postponing management"** Interview with Terje Seljeseth, October 2013.

— **to merge their classifieds** Naspers' current CEO, Bob Van Dijk, worked for Schibsted in 2007–08.

— **"We are still not sure"** Interview with Carl Shapiro, November 2014.

— **"We started with a very small team"** All quotes in this section, unless otherwise stated, are from interviews with Espen Egil Hansen conducted in October 2013.

— *The Innovator's Dilemma* Clayton M. Christensen, *The Innovator's Dilemma: When New Technologies Cause Great Firms to Fail* (Boston: Harvard Business School Publishing, 1997).

— **"there were sections"** Interview with Torry Pedersen in March 2007; see also Anand and Hood, "Schibsted," for a description of differences between the online format and print format.

— **ESPN** Paul Melvin, "ESPN Launching New ESPN.com on Site's 20th Anniversary," *ESPN MediaZone*, March 31, 2015.

— **including** *The New York Times* Anand and Hood, "Schibsted."

Chapter 5

— **The** *New York Times* **Paywall** I am grateful to the following *New York Times* executives for various interviews conducted in April 2013, October 2013, April 2014, and March 2016: Martin Nisenholtz, David Perpich, Paul Smurl, and Denise Warren. The information about *The New York Times* in this section and the rest of this book draws primarily from these interviews and the following sources: Vineet Kumar, Bharat Anand, Sunil Gupta, and Felix Oberholzer-Gee, "The *New York Times* Paywall," HBS No. 512-077 (Boston: Harvard Business Publishing, rev. January 31, 2013); company quarterly and annual reports; and various public information sources cited where relevant.

— **The decision to tailor** Charging different prices to different consumers is often referred to as "price discrimination" by economists. One of the challenges in designing price discriminatory strategies is ensuring that consumers prefer the pricing bundle designed for them rather than that designed for another consumer group—this is referred to as the "incentive compatibility constraint" in pricing problems. Ensuring incentive compatibility requires a careful understanding of how preferences, and purchase decisions, of different consumers interact.

— **"largely on gut"** Interview with Denise Warren, November 2013.

— **"This effort was organized differently"** This and all other quotes from Martin Nisenholtz are from an interview in April 2013.

— **"We were coming out"** This and all other quotes from Denise Warren are from an interview in, November 2013.

— **would not pay for such content** Kumar, et al., "The *New York Times* Paywall."

— **Many observers were critical** Jason Rosenfeld, "*The New York Times*' Baffling Online Strategy," *Silicon Exit*, July 5, 2015.

— **"The lion's share"** Interviews with Martin Nisenholtz (April 2013) and Denise

Warren (October 2013).

— **Richard Fairbank and Nigel Morris** The description of Capital One's strategy draws primarily from Bharat Anand et al., "Capital One Financial Corp.," HBS No. 700-124 (Boston: Harvard Business School Publishing, April 24, 2000).

— **financial services firms in America** "Capital One Earns Place on Fortune 500," *Capital One*, April 14, 2013.

— **"Some of the workarounds"** This and all other quotes from David Perpich are from an interview in April 2014.

— **"Would people pay for digital"** This and all other quotes from Paul Smurl are from an interview in April 2014.

— **"Commodity Bundling"** William James Allen and Janet L. Yellen, "Commodity Bundling and the Burden of Monopoly," *Quarterly Journal of Economics* 90, no. 3 (August 1976): 475 – 98. Also see Adam Brandenburger and Barry Nalebuff, *Co-opetition* (New York: Currency Doubleday, 1997), p. 250 – 51, for a more informal treatment of price discriminatory bundling. While price discrimination expands the pie, bundling has also been analyzed as an entry barrier; see Barry Nalebuff, "Bundling as an Entry Barrier," *Quarterly Journal of Economics* 119, no. 1 (2004): 159 – 88.

Chapter 6

— **four billion videos** Edmund Ingham, "4B vs. 7B: Can Facebook Overtake YouTube as No. 1 for Video Views and Advertisers," *Forbes*, April 28, 2015.

— **"cord cutters"** Keach Hagey, "Cord-Cutting Is Accelerating," *Wall Street Journal*, December 10, 2015; "Americans Cutting the Cable TV Cord at Increasing Pace," *eMarketer*, December 10, 2015,.

— **"but then became unstoppable"** Vikas Bajaj, "Ready to Cut the Cord?," *New York Times*, April 6, 2013.

— **the five largest** In May 2016 Charter merged with Time Warner Cable, creating the country's second-largest cable provider.

— **"Music got transformed"** I am grateful to Ali Yurukoglu for an interview conducted in January 2014 (this and all other quotes attributed to him are from this interview).

— **Sling TV** "Sling TV to Launch Live, Over-the-Top Service for $20 Per Month; Watch on TVs, Tablets, Computers, Smartphones, Game Consoles," Dish.com, January 5, 2015; Emily Steel, "Dish Network Unveils Sling TV, a Streaming Service to Rival Cable (and It Has ESPN)," *New York Times,* January 5, 2015.

— **CBS announced its** Sarah Perez, "CBS Announces Its Own Live TV and Streaming Service, CBS All Access," *TechCrunch,* October 16, 2014; Emily Steel, "Cord-Cutters Rejoice: CBS Joins Web Stream," *New York Times,* October 16, 2014.

— **HBO made a similar announcement** Steel, "Cord-Cutters Rejoice."

— **"the most critically acclaimed network"** Derek Thompson, "First HBO, Then CBS: The Cable Bundle Is Slowly Coming Apart," *Atlantic,* October 16, 2014.

— **"the cable bundle isn't going anywhere"** Victor Luckerson, "The Cable-TV Bundle is Finally Starting to Unravel," *Time,* October 16, 2014.

— **each recognized something neat** The relevant papers are Gregory S. Crawford and Ali Yurukoglu, "The Welfare Effects of Bundling in Multichannel Television Markets," *American Economic Review* 102, no. 2 (April 2012): 643–85; Dmitri Byzalov, "Unbundling Cable Television: An Empirical Investigation," working paper, July 2010. See also Jacob Moak, "Regulation of the Pay Television Market," *Kentucky Law Journal* 103, no. 2 (January 2015): 291–309.

— **One business publication** Jim Edwards, "TV Is Dying, and Here Are the Stats That Prove It," *Business Insider,* November 24, 2013.

— **"The Dumb Pipe Paradox"** See Craig Moffett et al., "The Dumb Pipe Paradox," Bernstein Research, 2006; and Craig Moffett et al., "U.S. Telecommunications, Cable & Satellite: The Dumb Pipe Paradox, Revisited," Bernstein Research, June 11, 2009.

— **"dramatically counter-intuitive"** I am grateful to Craig Moffett for interviews conducted in March 2015 and June 2015 (all quotes attributed to Moffett are from these interviews).

— **some smaller cable companies** Victor Luckerson, "This Small Cable Operator May Help Unravel the Pay TV Industry," *Time,* October 1, 2014; Mari Silbey, "Is Dumb Pipe the Smart Move?," Light Reading, October 2, 2014, accessed June 7, 2016, http://www.lightreading.com/video/video-services/is-dumb-pipe-thesmart-move/d/d-id/711207.

— **Starz upped its charge** Julianne Pepitone, "Starz Videos Disappear from Netflix," *CNN Money*, February 29, 2012.

— **35 percent of all** Todd Spangler, "Netflix Streaming Eats Up 35% of Downstream Internet Traffic: Study," *Variety*, November 20, 2014; Adam Epstein, "Netflix Now Accounts for 35% of Bandwidth Usage in the US and Canada," *Quartz*, November 20, 2014.

— **at no additional cost** Michael Learmonth, "TV Everywhere—As Long As You Pay for It," *Advertising Age*, March 2, 2009; Andrew Hampp, "8 Things You Should Know About TV Everywhere," *Business Insider*, October 28, 2009.

— **from $300 to $58** Emily Steel, "Netflix, Growing, Envisions Expansion Abroad," *New York Times*, July 21, 2014; Yahoo! Finance stock quotes.

— **Netflix recovered impressively** Julia Greenberg, "Netflix Is So Hot Because It Gives Us What We Want: TV," *Wired*, July 2, 2015.

— **Time Warner Cable launched** Moffett, interview; see also Tom Lowry, "Time Warner Cable Expands Internet Usage Pricing," *Bloomberg*, March 31, 2009; Martin H. Bosworth, "Time Warner Cable Backs Down on Bandwidth Caps," *Consumer Affairs*, April 16, 2009.

— **$45 billion megamerger** Emily Steel et al., "Comcast Is Said to End $45 Billion Bid for Time Warner Cable," *New York Times*, April 23, 2015.

— **"accelerated industry regulation by a decade"** Moffett, interviews.

— **introduced usage-based pricing** Moffett, interviews. One of the few academic studies on usage-based pricing is by Aviv Nevo, John Turner, and Jonathan Williams, "Usage-Based Pricing and the Demand for Residential Broadband," *Econometrica* (forthcoming); they use data on broadband usage under current pricing plans to estimate what would happen if various forms of usage-based pricing were implemented. See also "Moving Towards Usage-Based Pricing," report by Cisco Internet Business Solutions Group, March 2013; Bruce Upbin, "The Netflix Effect: Results from a Revealing Study in Canada," *Forbes*, January 7, 2011; Gillian Shaw, "Netflix and Usage-Based Billing: Does It Make a Difference to Your Internet Bill?," *Vancouver Sun*, January 27, 2011; Alex Sherman, "Netflix Viewing Seen Swelling U.S. Cable Bills Next Year: Tech," *Bloomberg*

Business, November 30, 2011; David Lieberman, "Netflix Prepares to Respond as Broadband Providers Push Usage-Based Pricing," *Deadline*, September 25, 2013, accessed June 2016, http://deadline.com/2013/09/netflix-prepares-to-respond-as-broadband-providers-push-usage-based-pricing-596302.

Chapter 7

— **"the guy who keeps astronauts alive in space"** I am grateful to Karim Lakhani for an interview in December 2013.

— **NASA ran a two-week contest** Kevin J. Boudreau and Karim R. Lakhani, "The Confederacy of Heterogeneous Software Organizations and Heterogeneous Developers: Field Experimental Evidence on Sorting and Worker Effort," in Josh Lerner and Scott Stern, eds., *The Rate and Direction of Inventive Activity Revisited* (Chicago: University of Chicago Press, 2012), pp. 483–502.

— **Bara Reyna** From e-mail correspondence with Lakhani, June 2016.

— **For the contest** Eva C. Guinan, Kevin J. Boudreau, and Karim R. Lakhani, "Experiments in Open Innovation at Harvard Medical School," *MIT Sloan Management Review* 54, no. 3 (Spring 2013): 45–52.

— **"If you view community"** I am grateful to Anil Dash for an interview in December 2013. All quotes in this section from Dash are from this interview.

— **Mako Hill noticed something interesting** Benjamin Mako Hill, "Almost Wikipedia: What Eight Early Online Collaborative Encyclopedia Projects Reveal About the Mechanisms of Collective Action," in *Essays on Volunteer Mobilization in Peer Production* (Ph.D. diss. Massachusetts Institute of Technology, 2013). I am grateful to Benjamin Mako Hill for an interview in January 2014. All quotes in this section from Mako Hill are from this interview.

— **The norms on Wikipedia** I am grateful to Alan Wu for a very informative description of Wikipedia norms; interview conducted in April 2016.

— **is in the title itself** Anil Dash, "If Your Website's Full of Assholes, It's Your Fault," anildash.com: A Blog About Making Culture, July 20, 2011, accessed June 9, 2016, http://anildash.com/2011/07/if-your-websites-full-of-assholes-its-yourfault.html.

Chapter 8

— **Amazon's Kindle** I am grateful to Penguin Random House executives Markus Dohle and Madeline McIntosh for interviews conducted in October 2013. Information in this section draws on Bharat Anand and Peter Olson, "The Random House Response to the Kindle," HBS No. 709-486 (Boston: Harvard Business Publishing, February 27, 2009); Peter Olson and Bharat Anand, "The Kindle: Igniting the Book Business," *Book Business* 12, no. 4 (June 2009): 26 – 28. Disclosure: I taught a paid executive education program for senior executives at Penguin Random House in 2013 and 2015.

— **"Reinventing the Book"** Steven Levy, "Amazon: Reinventing the Book," *Newsweek*, November 17, 2007.

— **"If it's allowed to take hold"** Ken Auletta, "Publish or Perish: Can the iPad Topple the Kindle, and Save the Book Business?," *New Yorker*, April 26, 2010.

— **the top ten CEOs of the past decade** "The Entrepreneurs of the Decade: 2000 to 2009," *Inc.*, December 2009.

— **is the day big problems and questions arose** Luis Alfonso Dau and David T. A. Wesley, "Netflix Inc.: Streaming Away from DVDs," Northeastern University College of Business Administration no. W12850, via Harvard Business Publishing.

— *The Vanishing Newspaper* Philip Meyer, *The Vanishing Newspaper: Saving Journalism in the Information Age* (Columbia: University of Missouri Press, 2004).

— **6 percent in the year following 9/11** "The Impact of September 11, 2001, on Aviation," International Air Transport Association, 2010 report.

— **more than 21 percent—higher than almost any other company** Yahoo! Finance.

— **Some of the company's choices are well-known** Information about Walmart in this section is drawn primarily from Pankaj Ghemawat and Stephen Bradley, "Wal-Mart Stores in 2003," HBS No. 704-430 (Boston: Harvard Business Publishing, rev. January 30, 2004); David Yoffie and Renee Kim, "Wal-Mart

Update, 2011," HBS No. 711-546 (Boston: Harvard Business Publishing, rev. March 1, 2013); Juan Alcacer, Abhishek Agrawal, and Harshit Vaish, "Walmart Around the World," HBS No. 714-431 (Boston: Harvard Business Publishing, rev. December 6, 2013). Disclosure: I was invited as a paid speaker at a Walmart executive leadership program in 2016.

— **Take Amazon** Information about Amazon draws primarily from Stig Leschly et al., "Amazon.com—2002," HBS No. 803-098 (Boston: Harvard Business Publishing, rev. February 13, 2003); Pankaj Ghemawat, "Leadership Online (A): Barnes & Noble versus Amazon.com," HBS No. 798-063 (Boston: Harvard Business Publishing, rev. March 16, 2004); Jeffrey Rayport and Louie Dickson, "Amazon.com (A)," HBS No. 897-128 (Boston: Harvard Business Publishing, rev. April 9, 1998); John R. Wells et al., "Amazon.com, 2016," HBS No. 716-402 (Boston: Harvard Business Publishing, rev. May 10, 2016); Brad Stone, *The Everything Store: Jeff Bezos and the Age of Amazon* (Boston: Little, Brown, 2013); and company annual reports.

— **Book publishers have been experiencing** Information for this section primarily drawn from interviews with Markus Dohle and Madeline McIntosh (previously cited); Bharat Anand et al., "Random House," HBS No. 704-438 (Boston: Harvard Business Publishing, rev. April 2007); Anand and Olson, "The Random House Response to the Kindle."

— **a new TV talk show,** *Satyamev Jayte* I am grateful to Uday Shankar for interviews conducted in November 2013 and December 2013 (all quotes in this section are from these interviews).

— **Planned Journalism** This section primarily draws from "Fast and Slow," Svenska Dagbladet report, August 28, 2012; Schibsted annual reports; and interviews with various Schibsted executives (previously cited).

Chapter 9

— **Tencent is the most interesting** Information about Tencent in this section draws primarily from the various public sources listed earlier, and interviews with company executives in November 2013.

— **Facebook versus Tencent** Facebook and Tencent annual reports, respectively; and Yahoo! Finance.

— **the value of signals** Michael Spence, "Job Market Signaling," *Quarterly Journal of Economics* 87, no. 3 (August 1973): 355–74.

— **signal its quality through advertising** Paul Milgrom and John Roberts, "Price and Advertising Signals of Product Quality," *Journal of Political Economy* 94, no. 4 (1986): 796–821.

— **on the Hong Kong stock exchange** Nikhil Celly and W. H. Lo, "Tencent: Expanding from China to the World," University of Hong Kong case no. HK1009, June 21, 2013, Harvard Business Publishing.

— **"Virtual goods weren't big"** I am grateful to Ben Colayco for an interview conducted in January 2011.

— **"You're paying us with fake money?"** "Diary of a Wimpy Kid 2: Rodrick Rules Movie Clip 'Mom Bucks' Official (HD),' " video file, YouTube, posted by Clevver Movies, March 17, 2011.

— **When it first introduced** Rajiv Lal, "Harrah's Entertainment, Inc.", HBS No. 502-011 (Boston: Harvard Business Publishing, rev. June 14, 2004).

— **nonredeemable tokens** Alexis C. Madrigal, "Chuck E. Cheese's, Silicon Valley Startup: The Origins of the Best Pizza Chain Ever," *Atlantic*, July 17, 2013; David Wolman, *The End of Money* (Cambridge, MA: Da Capo Press, 2012).

— **China's Central Bank** David Barboza, "In China, New Limits on Virtual Currency," *New York Times*, June 30, 2009; Geoffrey Fowler and Juying Qin, "QQ: China's New Coin of the Realm?," *Wall Street Journal*, March 30, 2007; David Barboza, "Internet Boom in China Is Built on Virtual Fun," *New York Times*, February 5, 2007.

— **WeChat was the creation** Information in this section drawn primarily from public sources listed earlier; and interviews with various Tencent executives in November 2013.

— **article in *TechCrunch*** Frank Yu, "Why WeChat Is a Chinese Mobile Game Changer for Tencent," *TechCrunch*, July 16, 2012, accessed June 2016, http://technode. com/2012/07/16/why-wechat-is-a-chinese-mobile-game-changer-for-tencent.

Part 2

Chapter 11

— **"Most Powerful Persons in Sports"** Bharat Anand and Kate Attea, "International Management Group (IMG)," HBS Case No. 702-409 (Boston: Harvard Business Publishing, rev. September 16, 2002).

— **He'd practically invented the industry** Information about Mark McCormack and IMG in this section and the rest of the book is primarily drawn from Anand and Attea, "International Management Group"; Mark McCormack, *What They Don't Teach You at Harvard Business School: Notes from a Street-Smart Executive* (London: Bantam Press, 1986); Mark McCormack, *What They Still Don't Teach You at Harvard Business School* (London: Bantam Press, 1990); conversations with Mark McCormack in March and April 2002; and various public sources of information listed where relevant.

— **"I had no chance"** All quotes in this section are from Anand and Attea, "International Management Group."

— **"war" between Hollywood and Silicon Valley** Laura Sydell, "A California Civil War Over Internet Piracy," NPR.org, last modified February 23, 2012, accessed April 25, 2016, http://www.npr.org/2012/02/23/147294229/california-industries-spar-over-internet-piracy.

Chapter 12

— **in a single week in 2002** Felix Oberholzer-Gee and Koleman Strumpf, "The Effect of File Sharing on Record Sales," *Journal of Political Economy* 115, no. 1 (February 2007): 1 –42.

— **averaging 3 to 5 percent per year in the late 1990s** This and other data on CD sales are obtained from RIAA data, various years.

— **"Who Killed the Music Industry?"** See for example, Stephen Deusner, "Who Killed the Music Industry?" *Salon*, December 3, 2012, accessed June 7, 2016, http://www.salon.com/2012/12/03/who_killed_the_music_industry/; Kabir Sehgal, "Who Killed the Music Industry?," CNBC.com, August 11, 2015, accessed June 7, 2016, http://www.cnbc.com/2015/08/11/who-killed-the-music-industry-commentary.html. For more detailed explorations of the changes in the music industry, see Steve Knopper, *Appetite for Self-Destruction: The Spectacular Crash of the Record Industry in the Digital Age* (New York: Free Press, 2009); Jim Rogers, *The Death and Life of the Music Industry in the Digital Age* (London: Bloomsbury Academic, 2013); Mark Mulligan, *Awakening: The Music Industry in the Digital Age* (CreateSpace Independent Publishing Platform, 2015); Bharat Anand and Estelle Cantillon, "The Music Industry and the Internet," HBS No. 703-513 (Boston: Harvard Business Publishing, rev. January 4, 2004).

— the price of live concert tickets Alan B. Krueger and Marie Connolly, "Rockonomics: The Economics of Popular Music," *Handbook of the Economics of Art and Culture 1* (2006).

— Figure 9 Figure is adapted from Krueger's "Land of Hope and Dreams: Rock and Roll, Economics, and Rebuilding the Middle Class," lecture delivered at Rock and Roll Hall of Fame and Museum, June 12, 2013. Data for 2003 to 2014 on top 100 North American tours is from Pollstar *Year End Business Analysis Reports*. Data for 1981 to 2003 is from Krueger. Average ticket price for all North American concerts is assumed to grow at the same rate as the top 100 North American concerts. Thanks to Ben Chowdhury for assistance in data collection.

— The average price of a ticket Data from Krueger and Connolly.

— didn't much care There are exceptions, of course; see, for example, Taylor Swift, "For Taylor Swift, the Future of Music Is a Love Story," *Wall Street Journal*, July 7, 2014.

— "It doesn't affect me" The quotes attributed to the various artists in this paragraph of the text are from: Jeff Stone, "Neil Young Says Internet Piracy Is the 'New Radio,' Campaigns for a New Musical Format," IBTimes.com, February 9, 2013, accessed March 24, 2016, http://www.ibtimes.com/neil-young-says-internet-piracy-new-radio-campaigns-new-musical-format-1073582; "Artists Speak Out on Music Piracy," UpVenue, accessed March 24, 2016, https://www.upvenue.com/article/1590-musician-stances-on-music-piracy.html; James

Martin, "Radiohead's Ed O'Brien Interview Part 2," Midem Blog, 2010, accessed March 24, 2016, http://blog.midem.com/2010/01/exc/; Mike Masnick, "Lady Gaga Says No Problem If People Download Her Music; The Money Is in Touring," TechDirt, May 24, 2010, accessed March 24, 2016, https://www.techdirt.com/ articles/20100524/0032549541.shtml; *Daily Mail* Reporter, "Shakira Hits Back at Lily Allen in Illegal Downloading Row as She Claims File-Sharing 'Brings Me Closer to Fans,' " *Daily Mail*, October 20, 2009.

— **an artist took home** Jan Rivkin and Gerritt Meier, "BMG Entertainment," HBS No. 701-003 (Boston: Harvard Business Publishing, rev. September 22, 2005); Neil Strauss, "Pennies That Add Up to $16.98: Why CD's Cost So Much," *New York Times*, July 5, 1995.

— **more than 70 percent** Krueger and Connolly, "Rockonomics"; Felix Oberholzer-Gee and Koleman Strumpf, "File Sharing and Copyright," in *Innovation Policy and the Economy*, edited by Josh Lerner and Scott Stern (Chicago: National Bureau of Economic Research, 2010); *Billboard* Staff, "*Billboard* Money-Makers List: Music's Top Earners of 2014," *Billboard*, May 1, 2015.

— **upwards of $100 million** *Billboard* Staff, "*Billboard* Money-Makers List."

— **"many of the forces that are buffeting the U.S. economy"** Krueger, "Land of Hope and Dreams."

— **Using data on more than 200,000 concerts** This section describes the analysis in Alan Krueger, "The Economics of Real Superstars: The Market for Rock Concerts in the Material World," *Journal of Labor Economics* 23, no. 1, p. 1-30. See also Krueger and Connolly, "Rockonomics," and Julie Holland Mortimer, Chris Nosko, and Alan Sorensen, "Supply Responses to Digital Distribution: Recorded Music and Live Performances," *Information Economics and Policy*, 24, no. 1 (March 2012): 3-14.

— **although top bands** In a separate analysis, Mortimer et al. (2012) show that concert revenues grew faster for smaller bands than top artists during the period 1995-2004.

— **and popularized recently by** See the book by Adam Brandenburger and Barry Nalebuff, *Co-opetition* (New York: Currency Doubleday, 1997).

— **Two products are complements** An analogous definition applies to the cost side; Two products are complements if the cost of producing both is lower than the cost of producing each alone. Demand-side complementarities can arise in different ways: They can be technological complements (hardware and software), behavioral complements (for example, habit that causes consumers to purchase two products offered in succession), or informational complements (common brands). I will explore these different forms of complements in the rest of Part II. In Berry et al., we offer a more detailed, and related, categorization of the range of ways in which products can be complementary. For example, they can be "quantity complements" (left and right shoes), "cross-category complements" (hardware and software), or "dynamic complements" (television programs appearing at different times), among other reasons. See Steven Berry, Ahmed Khwaja, Vineet Kumar, Andres Musalem, Kenneth Wilbur, Greg Allenby, Bharat Anand, Pradeep Chintagunta, Michael Haneman, Przemyslaw Jeziorski, and Angelo Mele, "Structural Models of Complementary Choices," *Marketing Letters* 25, no. 3 (September 2014): 245 – 56.

— **"we're the beneficiaries, in all honesty"** "Larry Vallon on How Music Piracy has Changed the Concert Business," YouTube video file, uploaded by ArtistsHouseMusic, last accessed March 30, 2016, https://www.youtube.com/watch?v=xk-_zKFCdT4.

— **Music complements** See the discussion in Bharat Anand and Alexander Galetovic, "Strategies That Work When Property Rights Don't," in Gary Libecap, ed., *Intellectual Property and Entrepreneurship*, vol. 15 (Greenwich, CT: JAI Press, 2004); and Oberholzer-Gee and Strumpf, "File Sharing and Copyright."

— **Figure 10** Figure is adapted from Oberholzer-Gee and Strumpf, "File Sharing and Copyright." Data for digital and physical sales is from RIAA *Year End Shipment Statistics*; iPod sales data is from Apple Annual Reports; concert sales data is from Pollstar *Year End Business Analysis Reports*. After 2009, iPod functionality was integrated into the iPhone; while there are various estimates of the iPhone's effect on iPod sales, we take a conservative estimate here and assume that iPod functionality accounts for 5 percent of the value embedded in an iPhone. Further, we take a conservative estimate of North American iPod and iPhone sales as accounting for an average of 50 percent of worldwide sales across the years. Thanks to Ben Chowdhury for assistance in data collection.

Chapter 13

— **Apple and Complements** The analysis in this and the next section has benefited greatly from numerous conversations with Felix Oberholzer-Gee, and David Yoffie, over the years.

— **An Inconvenient Truth** The information about Apple in this section and the rest of this book draws in large part on David Yoffie and Mary Kwak, "Apple Computer—1999," HBS No. 799-108 (Boston: Harvard Business Publishing, rev. May 24, 1999); David Yoffie and Michael Slind, "Apple Computer: 2006," HBS No. 706-496 (Boston: Harvard Business Publishing, rev. May 30, 2007); David Yoffie and Penelope Rossano, "Apple Inc. in 2012," HBS No. 712-490 (Boston: Harvard Business Publishing, rev. August 14, 2012); David Yoffie and Eric Baldwin, "Apple Inc. in 2015," HBS No. 715-456 (Boston: Harvard Business Publishing, rev. October 28, 2015); Walter Isaacson, *Steve Jobs* (New York: Simon & Schuster, 2011); Adam Lashinsky, *Inside Apple: How America's Most Admired—and Secretive—Company Really Works* (New York: Business Plus, 2012); company annual reports; and public sources of information that are listed where relevant.

— **and a market share of 3 percent** Dennis Sellers, "Mac OS Global Market Share Shows Promise," *Macworld*, January 9, 2002, accessed March 30, 2016, http://www.macworld.com/article/1002940/marketshare.html.

— **"insanely great"** This is how Steve Jobs famously referred to the Macintosh at its launch event in 1984, and subsequently to many new products; see also Jessie Hartland, *Steve Jobs: Insanely Great* (New York: Schwartz & Wade, 2015); *Billboard* Staff, "Steve Jobs: A Collection of His Classic Quotes," *Billboard*, last modified October 5, 2011.

— **the iPod wasn't the first** Daryl Deino, "Five Portable Mp3 Players That Arrived Before the iPod," Examiner.com, May 25, 2013, accessed June 7, 2016, http://www.examiner.com/list/five-portable-mp3-players-that-arrivedbefore-the-ipod.

— **Between 2002 and 2013 more than ten billion songs** "iTunes Store Tops 10 Billion Songs Sold," Apple press information, Apple.com, February 25, 2010, accessed June 7, 2016, https://www.apple.com/pr/library/2010/02/25iTunes-Store-Tops-10-Billion-Songs-Sold.html.

— **Apple made almost nothing** Yoffie and Rossano, "Apple Inc. in 2012"; Yoffie and Baldwin, "Apple Inc. in 2015." In 2016, Apple's profits from iTunes were estimated to be growing slightly, but were still very small in relation to the rest of its business.

— **was only about $130** Slash Lane, "iPod Classic: The Last Hurrah for HDD-Based iPods?," *AppleInsider*, October 11, 2007, accessed June 7, 2016, http://appleinsider.com/articles/07/10/11/ipod_classic_the_last_hurrah_for_hdd_based_ipods; *MacNN* staff, "iPod Classic May Be a 'Stopgap' Device," *MacNN*, October 11, 2007, accessed June 7, 2016, http://www.macnn.com/articles/07/10/11/ipod.classic.teardown/.

— **"Thoughts on Music"** . . . **"DRM Free"** . . . **"create a truly interoperable music marketplace"** Memorandum by Steve Jobs, "Thoughts on Music," originally published on Apple's website, February 6, 2007, accessed March 30, 2016, http://web.archive.org/web/20080517114107/; http://www.apple.com/hotnews/thoughtsonmusic.

— **the numbers hadn't increased much** "Apple's iTunes Store Passes 35 Billion Songs Sold Milestone," *MacDailyNews*, May 29, 2014, accessed March 30, 2016; http://mac-dailynews.com/2014/05/29/apples-itunes-store-passes-35-billion-songs-sold-milestone-itunes-radio-now-has-40-million-listeners/.

— **"If anything can play on anything"** John Markoff, "Jobs Calls for End to Music Copy Protection," *New York Times*.

Chapter 14

— **A tire manufacturer** I owe this example to Felix Oberholzer-Gee.

— **"This isn't a device, it's a service"** Jeff Bezos quoted in Steven Levy, "Amazon:

Reinventing the Book," *Newsweek*.

— In 2009 Tata Motors Information about Tata Nano here and elsewhere in the book is drawn primarily from Krishna Palepu, Bharat Anand, et al., "Tata Nano— The People's Car," HBS No. 710-420 (Boston: Harvard Business Publishing, rev. March 28, 2011), and public sources where listed.

— Safety concerns Information in this paragraph also draws from Vikas Bajaj, "Tata's Nano, the Car That Few Want To Buy," *New York Times*, December 9, 2010; Pankaj Doval, "Cheapest Car Tag Hit Tata Nano: Creator," *Times of India*, August 21, 2014; Vipin Nair, "Tata Doubles Nano Warranty, Adds Maintenance Plan as Sales Fall," Bloomberg.com, December 9, 2010.

— revenue was more than Apple quarterly and annual reports.

— It had all of nine applications Yoni Heisler, "The History and Evolution of iOS, from the Original iPhone to iOS9," BGR.com, February 12, 2016, accessed June 6, 2016, http://bgr.com/2016/02/12/ios-history-iphone-features-evolution/.

— were accounting for more than 55 percent Katy Huberty et al., *The Mobile Internet Report*, Morgan Stanley research report, December 2009.

— During the first three days "iPhone App Store Downloads Top 10 Million in First Weekend," Apple Press info, July 14, 2008.

— and Android's was more than 75 percent Brad Reed, "It Could Be Worse: IDC Pegs BlackBerry's Market Share at 0.6%," BGR.com, February 12, 2014, accessed June 6, 2016, http://bgr.com/2014/02/12/blackberry-market-share-q4-2013.

— even bizarre, accessories John Fuller, "10 Bizarre iPod Accessories," HowStuff Works.com, accessed March 30, 2016, http://electronics.howstuffworks.com/bizarre-ipod-accessory.htm.

— the typical smartphone user Felix Richter, "The Average Smartphone User Has Installed 26 Apps," Statista, September 5, 2013.

— "Companies are sufficiently focused" I am grateful to Barry Nalebuff for interviews conducted in February 2014 and May 2016.

— View these frictions See the related discussion of interdivisional conflicts in Anand and Galetovic, "Strategies That Work When Property Rights Don't."

— "Rip, Mix, Burn" "Apple Unveils New iMacs with CD-RW Drives & iTunes

Software: Rip, Mix, Burn Your Own Custom Music CD's," Apple Press info, February 22, 2001, accessed March 30, 2016, https://www.apple.com/pr/library/2001/02/22Apple-Unveils-New-iMacs-With-CD-RW-Drives-iTunes-Software.html.

— **In early 2014 we analyzed** Research conducted by Bharat Anand, Brajesh Kumar, Venkat Srinivasan, and researchers at Rage Frameworks.

— **and more recently Facebook** Facebook's Instant Articles (created in 2015, and in order to upload articles at faster speeds) relies in large part on articles from traditional major publishers.

— **under a single umbrella** See, for example, efforts by Slovakian newspapers to create a combined paywall under Piano Media (William Baker, "A National Paywall that Works: Lessons from Slovakia," Columbia Journalism Review, February 4, 2012, and Catalina Albeanu, "It Takes Commitment: Lessons from Piano Media's paywalls," Journalism.co.uk, 21 April 2015, accessed July 11, 2016, https://www.journalism.co.uk/news/it-takes-commitment-lessons-from-piano-media-s-national-paywalls/s2/a564829.) In 2015, Piano Media and another paywall technology firm, TinyPass, merged into a single firm, Piano.

— **and would retain 70 percent** Thomas Catan, Jeffrey A. Trachtenberg, and Chad Bray, "U.S. Alleges E-Book Scheme," *Wall Street Journal*, April 11, 2012.

— **Subsequent antitrust investigations** *U.S. v. Apple, Inc.*, et al. (July 10, 2013).

Chapter 15

— **quantifying the impact of piracy** Stephen Siwek, "The True Cost of Sound Recording Piracy to the U.S. Economy," report by the Institute for Policy Innovation, August 21, 2007.

— **Stop Online Piracy Act** "H.R. 3261—Stop Online Piracy Act," Congress.gov, last modified December 16, 2011.

— **Figures 13, 14** All sales data is from RIAA *Year End Shipment Statistics*. Figure 14 shows CD unit sales normalized to a peak of 100. Thanks to Jonny Moran and Ben Chowdhury for assistance in data collection.

— **In a 2005 study** Oberholzer-Gee and Strumpf, "The Effect of File Sharing."

— **"It's one of those instances"** I am grateful to Felix Oberholzer-Gee for an interview conducted in August 2013.

— **wasn't that the paper had nailed** The paper, and others that followed it on the same topic, has been heavily scrutinized. One critique of the analysis is a "fallacy of composition": an observed relationship between file sharing and CD sales at the album level need not imply that the aggregate relationship is the same; see Stan Liebowitz, "How Reliable is the Oberholzer-Gee and Strumpf Paper on File-Sharing?" University of Texas at Dallas, Working Paper (2007); ideal data would also measure downloads and sales by person, rather than by album. Other studies on the same topic employ survey approaches; see, for example, Rafael Rob and Joel Waldfogel, "Piracy on the High C's: Music Downloading, Sales Displacement, and Social Welfare in a Sample of College Students," *Journal of Law and Economics* 49, no. 1 (2006): 29 – 62; and Joel Waldfogel, "File Sharing and Sales Displacement in the iTunes Era," *Information Economics and Policy* (2010), 22, no. 4, 306 – 14.

— **The declines could come from** Joe Flint and Shalini Ramachandran, "Cord-Cutting Weighs on Pay TV," *Wall Street Journal*, August 6, 2015; see also Craig Moffett et al., "The Poverty Problem," Bernstein Research, 2011, for an analysis of the estimated impact of the 2008 – 09 recession on lowest-quintile incomes and the demand for pay TV.

— **In 2014 Netflix's net promoter score** Rhys Wesley, "Net Promoter News: 2014 US Net Promoter Benchmarks at a Glance," CustomerGauge, March 13, 2014, accessed March 25, 2016, https://customergauge.com/news/2014-net-promoter-benchmarks/.

— **thanks in part to a Supreme Court ruling** Stan J. Liebowitz, "The Elusive Symbiosis: The Impact of Radio on the Record Industry," *Review of Economic Research on Copyright Issues* 1, no. 1 (2004): 93 – 118.

— **In *Universal v. Sony*** "1984: U.S. Supreme Court Decides *Universal v. Sony*, as VCR Usage Takes Off," History.com, 2016, accessed March 25, 2016, http://www.history.com/this-day-in-history/u-s-supreme-court-decides-universal-v-sony-as-vcr-usage-takes-off.

— One of the most careful Bart J. Bronnenberg, Jean-Pierre Dubé, and Carl F. Mela, "Do Digital Video Recorders Influence Sales?," *Journal of Marketing Research* 47, no. 6 (December 2010): 998 – 1010.

— In 2012, a broadcast network "NBC Universal's Prime-Time Olympic Viewership Soars Despite Time Delay," Instant.ly, accessed March 25, 2016, https://www.instant.ly/images/marketing/case-studies/Instantly_NBCOlympics_CaseStudy.pdf.

— in a celebrated 1983 survey The survey results were analyzed and published in R. C. Levin et al., "Appropriating the Returns from Industrial R&D," *Brookings Papers on Economic Activity*, 1987, 783 – 820.

— the study was repeated W. Cohen et al., "Protecting their Intellectual Assets: Appropriability Conditions and Why U.S. Manufacturing Firms Patent (Or Not)," National Bureau of Economic Research, 2000, Working Paper No. 7552.

— Michele Boldrin and David Levine Michele Boldrin and David K. Levine, *Against Intellectual Monopoly* (Cambridge: Cambridge University Press, 2010); see also Michele Boldrin and David K. Levine, "The Case Against Patents," *Journal of Economic Perspectives* 27, no. 1 (Winter 2013): 3 – 22.

— writing in this area See also James Anton and Dennis Yao, "Expropriation and Inventions: Appropriable Rents in the Absence of Property Rights," *American Economic Review* 84, no. 1 (March 1994): 190 – 209; James Anton and Dennis Yao, "Start-ups, Spin-offs, and Internal Projects," *Journal of Law, Economics & Organization* 11, no. 2 (October 1995): 362 – 78; Anand and Galetovic, "Strategies That Work When Property Rights Don't"; Bharat Anand and Alexander Galetovic, "How Market Smarts Can Protect Property Rights," *Harvard Business Review*, December 2004.

— You can stretch the list The necktie example is now renowned among strategy colleagues at Harvard Business School, even though I am not aware who deserves credit for the original example. It is also mentioned in Michael Porter, "The Five Competitive Forces That Shape Strategy," *Harvard Business Review*, January 2008.

— the problem of "perception" Jan Rivkin, "Key Concepts in a Module on Strategic Failure," HBS No. 706-471 (Boston: Harvard Business Publishing, rev.

March 21, 2006), 1 – 15.

— **of print and digital complementarities** Matthew Gentzkow, "Valuing New Goods in a Model with Complementarities: Online Newspapers," *American Economic Review* 97, no. 3 (June 2007): 713 – 44. Berry et al., "Structural Models of Complementary Choices," examines both the challenges that arise in estimating complementarities, and the range of ways in which this problem has been tackled in the economics, marketing, and strategy literatures.

— **Fantasy sports** The information about fantasy sports is drawn from Nando Di Fino, "A New Kind of Pocket Protection," *Wall Street Journal*, September 1, 2009; Ben McGrath, "Dream Teams," *New Yorker*, April 13, 2015; Adam Satariano, "How Fake Sports Are Turning Man Cave Dwellers into Millionaires," *Bloomberg Businessweek*, January 15, 2015; Chris Chafin, "Living the Dream," *Fast Company*, April 29, 2015; Leigh Steinberg, "Fantasy Football Madness," *Forbes*, August 28, 2012; Nico Newman, "History of Fantasy Sports," Fantasy-Sport.net, November 4, 2015, accessed March 25, 2016, https://fantasy-sport.net/history-of-fantasy-sports/; Miranda Green, "NFL's Shadow Economy of Gambling and Fantasy Football Is a Multibillion Dollar Business," *Daily Beast*, October 6, 2012, accessed June 7, 2016, http://www.thedailybeast.com/articles/2012/10/06/nfl-s-shadow-economy-of-gambling-and-fantasy-football-is-a-multibillion-dollar-business.html; Nicholas David Bowman et al., *Fantasy Sports and the Changing Sports Media Industry: Media, Players, and Society* (Lanham, MD: Lexington Books, 2016); Jay Correia, *Daily Fantasy Sports* (Pennsauken, NJ: BookBaby, 2016). I am very grateful to Varun Anand as well for many informative conversations about fantasy sports.

Chapter 16

— **the Indian television market** Information about the Indian television wars in this section is drawn primarily from Bharat Anand and Tarun Khanna, "Must Zee TV," HBS No. 700-102 (Boston: Harvard Business Publishing, rev. February 2003); Bharat Anand, "Competing over the Airwaves," *Smart Manager* Q102

(January – March 2002): 22 – 36. I am grateful to Zee TV executives for interviews in 1999, and to Uday Shankar for interviews in November 2013, December 2013, and March 2015.

— **"Competition is heating up"** Interview with Zee TV executive, October 1999.

— **This pattern of "sticking around"** See, for example, Roland Rust and Mark Alpert, "An Audience Flow Model of Television Viewing Choice," *Marketing Science* 3 (Spring 1984): 113 – 27; Ron Shachar and John Emerson, "Cast Demographics, Unobserved Segments, and Heterogeneous Switching Costs in a TV Viewing Choice Model," *Journal of Marketing Research* 37 (May 2000): 173 – 86; Nickolay Moshkin and Ron Shachar, "The Asymmetric Information Model of State Dependence," *Marketing Science* 21, no. 4 (2002): 1 – 20; Bharat Anand and Ron Shachar, "Advertising, The Matchmaker," *RAND Journal of Economics* 42, no. 2 (Summer 2011): 205 – 45.

— **at least four types of connections at work here** Ron Shachar and Bharat Anand, "The Effectiveness and Targeting of Television Advertising," *Journal of Economics & Management Strategy* 7, no. 3 (Fall 1998): 363 – 96; Bharat Anand and Ron Shachar, "Brands as Beacons: A New Source of Loyalty to Multiproduct Firms," *Journal of Marketing Research* 41, no. 2 (May 2004): 135 – 50.

— **sought to understand the magnitude** Shachar and Anand, "The Effectiveness and Targeting of Television Advertising."

— **"KBC worked as a program"** This and other quotes in this section are from interviews with Uday Shankar in November 2013 and December 2013.

— **Figures 17, 18** NFL contract values are from Kevin G. Quinn, *The Economics of the National Football League: The State of the Art* (New York: Springer, 2012). Regular season viewership data is from Nielsen Media Research. Thanks to Ben Chowdhury for assistance in data collection.

— **NBC is thought to have paid** Information about the 1990s TV deals in this section is drawn from Bharat Anand and Catherine M. Conneely, "Fox Bids for the NFL – 1993," HBS No. 704-443 (Boston: Harvard Business Publishing, December 11, 2003); Bharat Anand and Catherine M. Conneely, "Fox and the NFL – 1998," HBS No. 704-444 (Boston: Harvard Business Publishing, December 2003); Bill Carter, "The Media Business: Outbid on Pro Football, NBC Retains 'E.R.'

in Record Pact," *New York Times*, January 15, 1998; " 'ER' Doctors Rescue NBC," *CNN Money*, January 14, 1998.

— more than three times that of any other channel Frank Bi, "ESPN Leads All Cable Networks in Affiliate Fees," *Forbes*, January 8, 2015.

— "economics of superstars" Sherwin Rosen, "The Economics of Superstars," *American Economic Review* 71, no. 5 (December 1981): 845 – 58.

— "forced cable operators" Bharat Anand and Kate Attea, "News Corporation," HBS No. 9-702-425 (Boston: Harvard Business Publishing, rev. June 27, 2003).

— "We are not going to lose money" Adam Bryant, "Beyond the Bottom Line: The New Math of TV Sports," *New York Times*, January 18, 1998.

— benefited from the same sort Information about the Howard Stern and Sirius XM deals is from Howard Kurtz and Frank Ahrens, "Sirius Lands a Big Dog: Howard Stern," *Washington Post*, October 7, 2004; Felix Gillette, "Can SiriusXM Survive Without Howard Stern?," *Bloomberg Business*, March 11, 2015; Peter Lauria, "Howard Stern's New Deal: $2K a Minute," *Daily Beast*, last modified December 2009, accessed March 25, 2016, http://www.thedailybeast.com/articles/2010/12/09/howard-sterns-sirius-deal-the-400-million-contract.html; Georg Szalai, "Sirius XM Radio Ended 2010 with More Subscribers than Netflix," *Hollywood Reporter*, February 15, 2011.

Chapter 17

— The difference in TV ratings Jonathan Mahler, "The Tiger Bubble," *New York Times Magazine*, March 24, 2010; see also "Tiger's Impact on Golf Ratings," ESPN.com, February 19, 2010, accessed June 7, 2016, http://espn.go.com/blog/sportscenter/post/_/id/32264/tigers-impact-on-golf-ratings; and Roger Pielke, Jr., "Measuring the Tiger Effect," *Sporting Intelligence*, August 6, 2014.

— "There's nobody in the game" Interview with Phil Mickelson on *Charlie Rose Show*, July 25, 2011, accessed June 7, 2016, https://charlierose.com/videos/13705.

— "I certainly don't live like a king" Mahler, "The Tiger Bubble."

— "In 1996, only nine players" Donna Barbie, ed., *The Tiger Woods*

Phenomenon (Jefferson, NC: McFarland, 2012).

— **A 2013 study** Kevin Y. C. Chung, Timothy P. Derdenger, and Kannan Srinivasan, "Economic Value of Celebrity Endorsements: Tiger Woods' Impact on Sales of Nike Golf Balls," *Marketing Science* 32, no. 2 (March 1, 2013): 271–93.

— **he normally played in dropped 47 percent** "Tiger's Return Expected to Make PGA Ratings Roar," Nielsen, February 25, 2009, accessed March 25, 2016, http:// www.nielsen.com/us/en/insights/news/2009/tigers-return-expected-to-make-pga-ratings-roar.html.

— **In 2009 networks charged 30 percent less** Michael McCarthy, "Financial Impact for Golf Felt All Around with Tiger Woods Gone," *USA Today*, January 28, 2010.

— **or roughly $10 billion** Christopher Knittel and Victor Stango, "Celebrity Endorsements, Firm Value and Reputation Risk: Evidence from the Tiger Woods Scandal," *Management Science* 60, no. 1 (January 2014).

— **In an intriguing study** Ken Hendricks and Alan Sorensen, "Information and the Skewness of Music Sales," *Journal of Political Economy* 117, no. 2 (April 2009): 324–69.

— **Figure 20** Figure reproduced from Hendricks and Sorenson, "Information and the Skewness of Music Sales."

— **The Cuckoo's Calling** Liz Bury, "Cuckoo's Calling by JK Rowling: Did You Know?," *Guardian*, July 15, 2013; "JK Rowling Revealed as Author of *The Cuckoo's Calling*," BBC News, July 14, 2013, accessed March 25, 2016, http:// www.bbc.com/news/entertainment-arts-23304181; James B. Stewart, "Long Odds for Authors Newly Published," *New York Times*, August 30, 2013; Ewan Spence, "The Real Winner of The Cuckoo's Calling Was Amazon, not J.K. Rowling," *Forbes*, July 15, 2013.

— **in 2011, all ten were** "1981 Domestic Grosses," Box Office Mojo, March 29, 2016, accessed March 30, 2016, http://www.boxofficemojo.com/yearly/chart/?yr=1981&p=.htm.

— **Roughly 20 percent** Stephen Follows, "Hollywood Sequels by the Numbers," June 15, 2015, last accessed March 30, 2016, https://stephenfollows.com/hollywood-sequels-by-the-numbers.

— **recently ran an experiment** Bharat Anand and Aleksander Rosinski, "The Impact of Brands and Advertising on Perceptions of Editorial Quality," working paper.

— **Figures 21a–c** Figures are from the experimental treatments in Anand and Rosinski study.

— **an artist named Alex Goot** "GootMusic YouTube Channel Stats," VidStatsX, last modified March 25, 2016.

— **"fundamentally changed our entire approach"** I am grateful to Pieter du Toit for an interview in October 2015 (all quotes in this section are from this interview).

— **Figure 22** Data obtained from Pieter du Toit, *Beeld*.

— **"The skeptics said that digital"** I am grateful to Anne Messitte for an interview in October 2013 (all quotes in this section are from this interview).

— **vertical combinations between TV studios** For a history of the broadcast network industry, see Pankaj Ghemawat, "Fox Broadcasting Company," HBS No. 9-387-096 (Boston: Harvard Business Publishing, rev. April 2, 1993).

— **A recent study of vertical integration** Gregory Crawford et al., "The Welfare Effects of Vertical Integration in Multichannel Television Markets," National Bureau of Economic Research, Working Paper No. w21832, December 2015. They examine not just the benefits that come from avoiding the double markup but also the foreclosure effects that come from limiting content access to rival distributors, and find that "program access rules" allow markets to reap the benefits of integration without its associated cost. See also Tasneem Chipty, "Vertical Integration, Market Foreclosure, and Consumer Welfare in the Cable Television Industry," *American Economic Review* 91, no. 3 (June 2001): 428–53.

— **on a portfolio approach** Another, anticompetitive reason for the same observed behavior (also referred to as "tying") is that companies with market power bundle channels to make it harder for others to enter; see Barry Nalebuff, "Bundling as an Entry Barrier," *Quarterly Journal of Economics*, 119, no. 1, 159–87.

— **Fox News in 1996** See Anand and Attea, "News Corp."; "The State of the News Media 2012," Pew Research Center's Project for Excellence in Journalism,

2012, accessed June 7, 2016, http://www.pewresearch.org/2012/03/19/state-of-the-news-media-2012/.

— **$10 for every subscriber** Jesse Holcomb, Amy Mitchell, and Tom Rosenstiel, "Cable: CNN Ends Its Ratings Slide, Fox Falls Again," *The State of the News Media 2012*, Pew Center's Research Project for Excellence in Journalism, last accessed July 13, 2016, http://www.stateofthemedia.org/2012/cable-cnn-ends-its-ratings-slide-fox-falls-again/.

— **When Tencent decided to launch** I am grateful to Caitlyn Chen for interviews conducted in October and November 2013.

— **Schibsted discovered another way** I am grateful to Sverre Munck for interviews in April and October 2013 and to Carl-Nicolai Wessmann for an interview in January 2014 (all quotes in this section are from these interviews).

— **they've exploited connections** *after the fact* The distinction between "ex-ante" versus "ex-post" synergistic opportunities, and its corporate implications, is also examined in Bharat Anand, "Corporate Strategies for Media and Entertainment Businesses," HBS No. 705-479 (Boston: Harvard Business Publishing, rev. April 13, 2005).

— **"the stories change"** I am grateful to Uday Shankar for interviews conducted in November 2013 and December 2013.

— **When we looked at the data** Anand and Shachar, "Brands as Beacons: A New Source of Loyalty to Multiproduct Firms."

— **A 2003 study** Walter McDowell and Steven Dick, "Has Lead-in Lost Its Punch? An Analysis of Prime-Time Inheritance Effects Comparing 1992 with 2002," *International Journal on Media Management* 5, no. 4 (2003): 285–93. In a subsequent paper, Constança Esteves-Sorenson and Fabrizio Perretti obtained similar results using (even more accurate) data from Italian television: Constança Esteves-Sorenson and Fabrizio Perretti, "Micro-Costs: Inertia in Television Viewing," *Economic Journal* 122, no. 563 (September 2012): 867–902.

— **"Curated packages appeared to have value"** I am grateful to Andrew Rashbass for this interview in November 2013 (all quotes in this section are from this interview).

— **created a ratings bonanza** Paul J. Gough, "NBC Has Best Saturday Since

1990," *Hollywood Reporter*, August 17, 2008, accessed March 27, 2016, http://www.hollywoodreporter.com/news/nbc-has-best-saturday-1990-117622; "Michael Phelps: Saturday Night Fever on NBC," *Variety*, August 17, 2008; Bill Carter, "NBC Banks on Olympics as Springboard for New Shows," *New York Times*, August 12, 2012; "The Final Numbers Are In: Olympics a Huge Success for NBC," *Sports Media Journal*, August 13, 2012.

Chapter 18

— **IMG's story** Information about IMG throughout this section draws primarily from the sources listed earlier.

— **compared the market values** Larry H. P. Lang and Rene M. Stulz, "Tobin's Q, Corporate Diversification, and Firm Performance," *Journal of Political Economy* 102, no. 6 (December 1994): 1248–80.

— **"you can literally pick an advertiser's needs"** Lawrie Mifflin, "Making a Media Giant: The Overview; Viacom to Buy CBS, Forming 2D Largest Media Company," *New York Times*, September 8, 1999.

— **"I honestly believe"** Randall Stross, "Why Bricks and Clicks Don't Always Mix," *New York Times*, September 18, 2010.

— **"When Barnes & Noble started"** Ibid.

— **"S-curve of talent"** I am grateful to Peter Olson for an interview in September 2013.

— ***Showdown at Sherwood*** Richard Sandomir, "Golf; Duval-Woods Rushing to Daylight," *New York Times*, July 21, 1999.

— **was guaranteed NZ $3.7 million** "Ticket Sales Poor for New Zealand Open," *Golf Today*; "New Zealand Open Facing Big Loss," *Golf Today*, January 2002.

— **"They were the only ones"** "Online Extra: Peyton Manning's IMG Dream Team," *Bloomberg Business*, July 12, 2004.

— **offered a new twist** C. K. Prahalad and Gary Hamel, "The Core Competence of the Corporation," *Harvard Business Review*, May/June 1990.

— **a lively debate ensued** Jose Manuel Campa and Simi Kedia, "Explaining the

Diversification Discount," *Journal of Finance* 57, no. 4 (August 2002): 1731 – 62; Belén Villalonga, "Does Diversification Cause the 'Diversification Discount'?," *Financial Management* 33, no. 2 (2004): 5 – 27; Belén Villalonga, "Diversification Discount or Premium? New Evidence from the Business Information Tracking Series," *Journal of Finance* 59 (2004): 479 – 506; Bharat Anand and Samhita Jayanti, "Strategies of Unrelated Diversification," HBS No. 705-480 (Boston: Harvard Business Publishing, April 2005).

— the share of diversified firms Bharat Anand and Dmitri Byzalov, "Systematic Heterogeneity versus Average Effects in the Returns to Diversification," working paper, 2011.

Part 3

Chapter 20

— *"I've been traveling around the world"* I am grateful to Espen Egil Hansen for an interview in October 2013 (quotes in this section are from this interview).

— **"A Severe Contest Between Intelligence and Ignorance"** The information about *The Economist* in this section and the rest of the book is drawn primarily from the following sources: Felix Oberholzer-Gee, Bharat Anand, and Lizzie Gomez, "*The Economist*," HBS No. 710-441 (Boston: Harvard Business Publishing, rev. July 14, 2010); company annual reports, various years; Andreas Kluth, "Answering Questions about *The Economist*," andreaskluth.org, June 12, 2008, accessed June 6, 2016, https://andreaskluth.org/2008/12/06/answering-questions-about-the-economist; Andreas Kluth, "A Generalist among Generalists—I Move On," andreaskluth.org, March 19, 2009, accessed June 6, 2016, https://andreaskluth.org/2009/03/19/a-generalist-among-generalists-i-move-on/; Michael Hirschorn, "The Newsweekly's Last Stand: Why *The Economist* is thriving while *Time* and *Newsweek* fade," *Atlantic*, July – August 2009; and public sources of information that are listed where relevant. I am grateful to Andrew Rashbass and John Micklethwait for interviews in May 2009,

November 2009, and February 2010 (as part of our HBS case on *The Economist*), and to Chris Stibbs for interviews in October 2013 and December 2013, and subsequent email correspondence.

— **slightly under ninety full-time journalists** Email correspondence with Chris Stibbs, December 2013.

— **who paid more than $100 a year** By 2016, the subscription price was roughly $150 per year.

— **Digital product innovations** In 2014, *The Economist* introduced a daily briefing for the first time via its "Economist Espresso" paid smartphone app, designed to "bring you up to speed in just a couple of minutes at the start of the day" (Economist.com, November 6, 2014). The content continued to be faithful to its roots: short, witty, and with no links.

— **"increasingly, sites which wall themselves"** John Battelle, "From Pull to Point: How to Save *The Economist* and the *Journal* from Irrelevance," battellemedia. com, October 11, 2004.

— **subscription revenue increased by 6 percent** Oberholzer-Gee, Anand, et al., *"The Economist."*

— **advertising revenue and operating profit** *The Economist*, annual reports.

— **For the period 2000 to 2015** Ibid.

— **"the *Economist* prides itself"** Hirschorn, "The Newsweekly's Last Stand."

— **"If you take any single article"** Interviews with Andrew Rashbass, 2009 and 2011.

— **"It's our weekly package"** Quotes from Chris Stibbs, here and in the rest of the book, are from interviews in October 2013 and December 2013.

— **an emphasis on a single voice** "Why Are *The Economist*'s Writers Anonymous?," *Economist,* September 4, 2013.

— **"*The Economist's* marketing campaign"** Oberholzer-Gee, Anand, et al., *"The Economist."* See also Samuel Chan, *"The Economist:* Advertising or Ego Satisfaction?" October 9, 2012, http://www.officialsamuel.com/blog/the-economist-advertising/.

— **"intellectual scoops rather than informational ones"** David Carr, *"Newsweek*'s Journalism of Fourth and Long," *New York Times*, May 23, 2009.

— "As the number of news outlets" Jon Meacham, "Jon Meacham: The Editor's Desk," *Newsweek,* October 13, 2007.

— "While raising subscription" Matt Pressman, "Why *Time* and *Newsweek* Will Never Be *The Economist,*" *Vanity Fair,* April 20, 2009.

— sold the magazine for $1 Dealbook, "*Newsweek*'s Price Tag: $1," *New York Times,* October 7, 2010.

Chapter 21

— was first made explicit Paul Milgrom and John Roberts, "Complementarities and Systems: Understanding Japanese Economic Organization," *Estudios Económicos* 9, no. 1 (Winter/Spring 1994): 3 – 42.

— "We will argue that these features" Ibid.

— *Economics, Organization, and Management* Paul R. Milgrom and John Roberts, *Economics, Organization, and Management* (Englewood Cliffs, NJ: Prentice-Hall, 1992).

— "What Is Strategy" Michael E. Porter, "What Is Strategy?," *Harvard Business Review,* November 1, 1996.

— Lewis Carroll's *Through the Looking Glass* Lewis Carroll, *Through the Looking Glass, and What Alice Found There* (New York: Macmillan, 1898). See also William Barnett, *The Red Queen Among Organizations: How Competitiveness Evolves* (Princeton: Princeton University Press, 2008).

— "when the decisions that embody" Jan Rivkin, "Imitation of Complex Strategies," *Management Science* 46, no. 6 (June 2000): 824 – 44.

— researchers in distant fields I am grateful to Jan Rivkin for an interview in February 2014. See Jay Forrester, "Systems Dynamics and the Lessons of 35 Years," in Kenyon De Greene, ed., *A Systems-Based Approach to Policy Making* (New York: Springer, 1993); Stuart Kauffman, *The Origins of Order: Self-Organization and Selection in Evolution* (Oxford: Oxford University Press, 1993); S. Kauffman and S. A. Johnsen, "Co-Evolution to the Edge of Chaos: Coupled Fitness Landscapes, Poised States, and Co-Evolutionary Avalanches," *Journal of*

Theoretical Biology 149 (1991): 467-505.

— **Perhaps the most famous example** Information about Walmart in this section and the rest of part III is drawn primarily from Harvard Business School cases: Ghemawat and Bradley, "Wal-Mart Stores in 2003"; Yoffie and Kim, "Wal-Mart Update, 2011"; Alcacer, Agrawal, and Vaish, "Walmart Around the World"; company annual reports; and public sources where listed.

— **roughly 700 million miles** "Drive for Walmart," Walmart.com, last accessed March 30, 2016; http://careers.walmart.com/career-areas/transportation-logistics-group/drivers/.

— **including one by the company's founder** Sam Walton and John Huey, *Sam Walton, Made in America: My Story* (New York: Doubleday, 1992).

— **in Rogers, Arkansas** "Walmart: Our History," Walmart.com, 2016, http://corporate.walmart.com/our-story/our-history.

— **Edward Jones** Information about Edward Jones in this section is drawn primarily from David Collis and Troy Smith, "Edward Jones in 2006: Confronting Success," HBS No. 707-497 (Boston: Harvard Business Publishing, rev. March 21, 2012); David Collis and Michael Rukstad, "Can You Say What Your Strategy Is?," *Harvard Business Review*, April 2008, pp. 1-9. I am grateful to David Collis for conversations on this topic.

— **highest in the industry** Michael Porter and Gregory Bond, "Edward Jones," HBS No. 700-009 (Boston: Harvard Business Publishing, rev. June 15, 2000).

— **"best places to work"** "Edward Jones Ranks No. 6 on *Fortune* Magazine's Best Companies to Work For List," Edward Jones, August 3, 2015.

Chapter 22

— **Reed Hastings founded Netflix** Information about Netflix in this section draws primarily from Willy Shih et al., "Netflix," HBS No. 607-138 (Boston: Harvard Business Publishing, rev. April 27, 2009), and Keating, *Netflixed*.

— ***Being Digital*** Nicholas Negroponte, *Being Digital* (New York: Knopf, 1995).

— **"out of print"** Ibid.

— "binge watching" Brian Stelter, "New Way to Deliver a Drama: All 13 Episodes in One Sitting," *New York Times*, January 31, 2013. Recently, Michael Wolff has made the argument that Netflix's new model increasingly resembles, rather than replaces, traditional TV; see Michael Wolff, *Television Is the New Television: The Unexpected Triumph of Old Media in the Digital Age* (London: Portfolio, 2015).

— **industry watchers predicted doomsday** Information about the *New York Times* paywall in this section is drawn primarily from Kumar, Anand, et al., "The *New York Times* Paywall."

— **"Every newspaper is watching the experiment"** Tom Ashbrook, "Fees and Free-Riders: The News Content Paywall Debate," *WBUR: On Point with Tom Ashbrook*, March 28, 2011.

— **"The New York Times faces are very different"** Arthur Sulzberger, interviewed for "Riptide: What Really Happened to the News Business," a project of the Shorenstein Center on Media, Politics, and Public Policy, 2013–14.

— **"In modern media"** Jeff Roberts, "*New York Times* CEO Calls Digital Pay Model 'Most Successful' Decision in Years," Gigaom, May 20, 2013, accessed June 2016, https://gigaom.com/2013/05/20/new-york-times-ceo-calls-digital-pay-model-most-successful-decision-in-years.

— **"Start-ups would be wise to avoid"** Peter Vogel, "3 Lessons That Startups Can Learn from Facebook's Failed Credits Experiment," *TechCrunch*, October 13, 2012, accessed June 6, 2016, http://techcrunch.com/2012/10/13/3-lessons-that-startups-can-learn-from-facebooks-failed-credits-experiment; see also Tim Peterson, "Facebook Gives Up on Facebook Credits," *Adweek*, June 20, 2012.

— **Ask Walmart** Information in this section is drawn primarily from Alcacer et al., "Walmart Around the World," and Ghemawat and Bradley, "Walmart Stores in 2003." Pankaj Ghemawat has articulated a framework for examining how geographic distance shapes business expansion; see "Distance Still Matters: The Hard Reality of Global Expansion," *Harvard Business Review* 79, no. 8 (2001): 137–47.

— **Canada, Mexico, and the United Kingdom** Alcacer et al., "Walmart Around the World."

— **with strong unions** Mark Landler and Michael Barbaro, "Wal-Mart Finds That Its Formula Doesn't Fit Every Culture," *New York Times*, August 2, 2006.

— **American footballs in soccer-crazy Brazil** Ibid.

— **ice-fishing huts** Ian Katz, "Wal-Mart Spoken Here," *Bloomberg Business*, last modified June 23, 1997.

— **"replication and imitation"** Jan W. Rivkin, "Reproducing Knowledge: Replication Without Information at Moderate Complexity," *Organization Science* 12, no. 3 (May –June 2001).

— **Fresh & Easy** Tiffany Hsu, "Tesco to Pull Out of U.S. and Sell Fresh & Easy Markets," *Los Angeles Times*, April 17, 2013; Tom Geoghegan, "Why Is Tesco Struggling in the US?," *BBC News*, May 5, 2011.

— **"was difficult to re-create"** Rivkin, "Reproducing Knowledge."

— **Flipkart is the leading e-commerce** Information in this section draws primarily from Narayandas et al., "Flipkart: Transitioning to a Marketplace Model," HBS No. 516-017 (Boston: Harvard Business Publishing, rev. March 14, 2016) and public sources of information where listed.

— **recently described to me** I am grateful to Binny Bansal for an interview in November 2015 (all quotes in this section are from this interview).

— **the reasons for their success** Nivedita Bhattacharjee and Clara Ferreira-Marques, "India's E-Commerce Giant Flipkart in No Rush to Go Public," *Business Insider*, May 7, 2015.

— **"We had a digital unit"** I am grateful to Uday Shankar for an interview in March 2015 and to Ajit Mohan for an interview in August 2015 (all quotes in this section are from these interviews).

Chapter 23

— **"but as integrated ones"** Framing decisions as "integrated strategic alternatives" is an approach rooted in the idea of strategic fit; see Jan Rivkin, "An Options-Led Approach to Making Strategic Choices," HBS No. 702-433 (Boston: Harvard Business Publishing, December 2001), and A. G. Lafley and Roger

Martin, *Playing to Win: How Strategy Really Works* (Boston: Harvard Business Review Press, February 5, 2013).

— **"It's not about your organization"** I am grateful to Andrew Rashbass for this interview in November 2014 (all quotes in this section are from this interview).

— **with digital sales stabilizing at about 20 percent of the market** Andrew Nusca, "Print Books Are Far From Dead. But They're Definitely on the Decline," *Fortune*, September 24, 2015; Alexandra Alter, "The Plot Twist: E-Book Sales Slip, and Print Is Far From Dead," *New York Times*, September 22, 2015.

— **near the top in customer satisfaction** Information about Southwest drawn primarily from James Heskett and Roger Hallowell, "Southwest Airlines—1993 (A)," HBS No. 694-023 (Boston: Harvard Business Publishing, rev. April 2, 1997), and Ramon Casadesus-Masanell et al., "Two Ways to Fly South: Lan Airlines and Southwest Airlines," HBS No. 707-414 (Boston: Harvard Business Publishing, rev. March 15, 2010).

— **"Resisting the urge to say yes"** I am grateful to Chris Stibbs for an interview in October 2013 (all quotes in this section are from this interview).

— **"Because newspapers were natural monopolies"** I am grateful to Clark Gilbert for an interview in October 2013 (all quotes in this section are from this interview).

— **was in 200 syndication partnerships** *Deseret News* Staff, "*Deseret News* Leadership Recognized As Innovator of the Year," *Deseret News*, September 18, 2013.

— **During the 1984 presidential campaign** The Stahl-Darman exchange in 1984 has been documented in various sources; see, for example, Dan Schill, *Stagecraft and Statecraft: Advance and Media Events in Political Communication* (Lanham, MD: Lexington Books, 2009).

— **A few years ago** Bharat Anand and Rafael Di Tella, "Perceived Media Bias: Some Evidence on the Impact of Prior Beliefs and Source Awareness," working paper, 2009.

— **between a pair of journalists** This conversation is based on an actual interchange between Bill O'Reilly and Dan Rather on Fox News' *The O'Reilly Factor* in 2002.

— that website loading speed "Using Site Speed in Web Search Ranking," *Google Webmaster Central Blog*, April 9, 2010; see also Robinson Meyer, "72 Hours with Facebook Instant Articles," *Atlantic*, October 23, 2015.

— ease of getting a cab . . . or paying for it Leena Rao, "UberCab Takes the Hassle Out of Booking a Car Service," *TechCrunch*, July 5, 2010; Alexia Tsotsis, "Why Use UberCab When Calling a Cab Is Cheaper?," *TechCrunch*, October 26, 2010; Michael Arrington, "What If UberCab Pulls an Airbnb? Taxi Business Could (Finally) Get Some Disruption," *TechCrunch*, August 31, 2010.

— Fox News decided to enter Bharat Anand et al., "CNN and the Cable News Wars," HBS No. 707-491 (Boston: Harvard Business Publishing, rev. July 23, 2007).

— Differentiation was central to the Fox News strategy See Neil Bendle and Leon Li, "Fox News: Competing to Deliver the News," Case No. 13243 (Ivey Publishing, rev. Aug 20, 2013); Stefano DellaVigna and Ethan Kaplan, "The Fox News Effect: Media Bias and Voting," *Quarterly Journal of Economics* 122 (2007): 1187 – 1234; and Gregory Martin and Ali Yurukoglu, "Bias in Cable News: Persuasion and Polarization," working paper, May 27, 2016.

— we examined differentiation Bharat Anand and Dmitri Byzalov, "Spatial Competition in Cable News: Where Are Larry King and O'Reilly in Latent Attribute Space?," working paper, 2009.

— "make the interesting important and the important interesting" Interview with retired cable executive, October 2014.

— the average cost of making a movie Pamela McClintock, "$200 Million and Rising: Hollywood Struggles with Soaring Marketing Costs," *Hollywood Reporter*, July 31, 2014.

— studio spending increased Eric Buchman, "Why Are Movies More Expensive to Make than Ever When Tech Makes Them Easier to Make?" *Digital Trends*, December 10, 2014, accessed June 6, 2016, http://www.digitaltrends.com/movies/why-hollywood-movies-are-more-expensive-to-make-than-ever.

— The result was nail-biting opening-day releases Kirsten Acuna, "Movie Studios Are Setting Themselves Up for Huge Losses," *Business Insider*, March 6, 2013.

— **large up-front marketing spends** Anita Elberse, *Blockbusters: Hit-Making, Risk-Taking, and the Big Business of Entertainment* (New York: Henry Holt, 2013); McClintock, "$200 Million and Rising."

— **independents like Focus Features, Fox Searchlight** Sharon Waxman, "With Acquisition, Lions Gate Is Now Largest Indie," *New York Times*, December 16, 2003.

— **First, they paid their stars less—up front** Quotes are from interviews with senior movie studio executives between 2013 and 2015.

— **Few U.S. companies have matched** Information about Danaher in this section is drawn primarily from Bharat Anand, David Collis, and Sophie Hood, "Danaher Corporation," HBS No. 708-445 (Boston: Harvard Business Publishing, rev. November 30, 2015); share price information from Yahoo! Finance.

— **"It's so easy, given how prominent DBS"** All quotes attributed to Larry Culp in this section are from interviews in November 2014 and November 2015.

— **But let's revisit how things are** Information in this section draws from personal observations during tour of Tencent in November 2012 and November 2013; it also draws from interviews with Caitlyn Chen and Dylan Zhang in November 2014, for which I am grateful; see also Willy Shih et al., "WeChat: A Global Platform?"

Part 4

Chapter 25

— **"The future of advertising"** Michael Schrage, "Is Advertising Dead?," *Wired*, February 1, 1994.

— **"I just don't know which half"** "John Wanamaker," *Advertising Age*, The Advertising Century: A Special Report, March 29, 1999.

— **"In the one-to-one world the Net promises"** Esther Dyson, "Intellectual Value: A Radical New Way of Looking at Compensation for Owners," *Wired*, December 1994.

— **the Internet was interactive** John Deighton et al., "The Future of Interactive Marketing," *Harvard Business Review*, November/December 1996. For an economic analysis of how online advertising is shaping the structure of the advertising market, and relevant tradeoffs such as privacy versus targeting, see David Evans, "The Online Advertising Industry: Economics, Evolution, and Privacy," *Journal of Economic Perspectives* (2009), 23, no. 3, 37 – 60.

— **a whopping 88 percent** Michael Lewis, "Boom Box," *New York Times Magazine*, August 13, 2000.

— **"If no one watches commercials"** Ibid.

— **few companies anywhere elicited as much excitement** Caroline McCarthy, "Facebook Ads Makes a Flashy Debut in New York," *CNET*, last modified November 6, 2007, accessed March 9, 2016, http://www.cnet.com/news/facebook-ads-makes-a-flashy-debut-in-new-york/.

— **most of this information** Vauhini Vara, "Facebook Gets Personal with Ad Targeting Plan," *Wall Street Journal*, August 23, 2007

— **actually clicks on the ad** Dave Chaffey, "Display Advertising Clickthrough Rates," Smart Insights, April 2016, accessed June 6, 2016, http://www.smartinsights.com/internet-advertising/internet-advertising-analytics/display-advertising-clickthrough-rates.

— **falling every year** Dan Mitchell, "Online Ad Revenues Soar, but That's No Reason to Cheer," *Fortune*, December 19, 2012; PricewaterhouseCoopers, *IAB Internet Advertising Revenue Report: 2012 Full Year Results* (Interactive Advertising Bureau (IAB), 2013).

— **40 percent of U.S. households** *The Total Audience Report: Q4 2014* (n.p.: Nielsen, 2015).

— **$40 billion** Nick Petrillo, *IBISWorld Industry Report 51512: Television Broadcasting in the US* (IBISWorld, 2016).

— **households that owned a DVR and ones that did not** Bart J. Bronnenberg, Jean-Pierre Dubé, and Carl F. Mela, "Do Digital Video Recorders Influence Sales?," *Journal of Marketing Research* 47, no. 6 (December 2010): 998 – 1010.

— **despite Facebook's superior user data** Jim Edwards, "DATA: Google Totally Blows Away Facebook on Ad Performance," *Business Insider*, last modified May

15, 2012, accessed March 9, 2016, http://www.businessinsider.com/data-google-totally-blows-away-facebook-on-ad-performance-2012-5. A 2013 survey of 395 large-company marketers by Forrester Research revealed that Facebook created "less business value than any other digital marketing opportunity." See Nate Elliott, "An Open Letter to Mark Zuckerberg," October 28, 2013, accessed June 6, 2016, http://blogs.forrester.com/nate_elliott/13-10-28-an_open_letter_to_mark_zuckerberg.

— *The Affluent Society* John Kenneth Galbraith, *The Affluent Society*, 3rd ed. (Boston: Houghton Mifflin, 1976).

— of desirable information One of the first papers to offer a formal theory for the informative (matching) effect of advertising is Gene Grossman and Carl Shapiro, "Informative Advertising with Differentiated Products," *The Review of Economic Studies* 51, no. 1 (1984): 63 – 81. For a comprehensive review of the debates in advertising, see Kyle Bagwell, *The Economics of Advertising* (2001), (Cheltenham, UK: Edward Elgar). There are other ways, too, in which advertising affects behavior that have been the focus of the marketing literature; for example, through *affect* (influencing emotions, feelings) or *identity*.

— Berkeley professor Steve Tadelis I am grateful to Steve Tadelis for an interview in December 2015 (all quotes in this section are from this interview).

— a series of experiments Steven Tadelis, Chris Nosko, and Thomas Blake, "Consumer Heterogeneity and Paid Search Effectiveness: A Large-Scale Field Experiment," *Econometrica* 83, no. 1 (January 2015): 155 – 74.

— its own report David Chan et al., "Incremental Clicks Impact of Search Advertising," Google Inc. research report, accessed June 6, 2016, http://static.googleusercontent.com/media/research.google.com/en//pubs/archive/37161.pdf.

— promos for television programs Bharat Anand and Ron Shachar, "Advertising the Matchmaker," *RAND Journal of Economics* 42, no. 2 (Summer 2011): 205 – 45. See also Daniel Ackerberg, "Empirically Distinguishing Informative and Prestige Effects of Advertising," *RAND Journal of Economics* 32, no. 2 (2001): 316 – 33.

— "as some advertisers" "Pop-up Guidelines & Best Practices: A Discussion around our Final Recommendation," Interactive Advertising Bureau report

(2004), accessed July 14, 2016, http://www2.mediamind.com/data/uploads/
resourcelibrary/iab_pop-upguidelinesindustryreview.pdf.

— **"clicking on an ad"** "Cisco Annual Security Report: Threats Step Out of the
Shadows," news release, January 30, 2013.

— **Nielsen change its approach** Jason Lynch, "A First Look at Nielsen's Total
Audience Measurement and How It Will Change the Industry: Rollout Begins in
December," *Adweek*, October 20, 2015; Troy Dreier, "Nielsen to Roll Out Total
Audience Measurement Tool in December," streamingmedia.com, last modified
October 23, 2015, accessed March 9, 2016, http://www.streamingmedia.com/
Articles/News/Online-Video-News/Nielsen-to-Roll-Out-Total-Audience-
Measurement-Tool-in-December-107153.aspx.

— **Online CPMs are low and sinking** PricewaterhouseCoopers, *IAB Internet
Advertising Revenue Report: 2013 Full Year Results* (Interactive Advertising Bureau
(IAB), 2014).

— **of print CPMs** Mitchell, "Online Ad Revenues Soar."

— **on digital ads** "Digital Ad Spending Benchmarks by Industry: The Complete
eMarketer Series," eMarketer.com, May 2014, accessed June 6, 2016, https://
www.emarketer.com/public_media/docs/Digital_Ad_Spending_Benchmarks_
by_Industry-The_Complete_eMarketer_Series-05092014-FINAL.pdf. The digital
share of economy-wide advertising expenditures is greater than the share of
most individual firms since the distribution of firms that spend money on digital
ads is far broader than for other media such as television.

— **will solve marketing's problems** A fascinating recent study of "dynamic
retargeting" showed that since merely serving ads to people based on their
browsing history does not distinguish those who have already decided
whether or not to purchase the product and those who are still undecided,
companies may be wasting a lot of money; specifically, the study showed that
the effectiveness of personalized retargeted ads can be lower than generic brand
ads. See Anja Lambrecht and Catherine Tucker, "When Does Retargeting Work?
Information Specificity in Online Advertising," *Journal of Marketing Research* 50,
no. 5 (2013): 561–76.

— **"a long way to go"** Logan Koepke, "Online Ads' Black Box a Mystery, Even to Companies Themselves," EqualFuture, July 8, 2015, accessed June 6, 2016, https://www.equalfuture.us/2015/07/08/online-ads-black-box-adfisher.

— "The Theft of Credibility" David Dobbs, *The Atlantic*, Scientology, and the Theft of Credibility," *Wired*, January 16, 2013.

— "the *Atlantic*'s Scientology Blunder" Dan Gillmor, "The Lessons of the Atlantic's Scientology 'Sponsor Content' Blunder," *Guardian*, January 16, 2013.

— "We screwed up" Statement from *The Atlantic*, magnetmail.net, last modified January 2013, accessed March 9, 2016, https://www.magnetmail.net/actions/email_web_version.cfm?recipient_id=699462885&message_id=2459857&user_id=NJG_Atlan&group_id=0&jobid=12656579.

— Coke cups on *American Idol* Theresa Howard, "Real Winner of 'American Idol': Coke," *USA Today*, September 9, 2002, MONEY, 6B.

— new ice cream flavor for Walgreen's store brand Samantha Bomkamp, "Walgreen Has Starring Role in 'Celebrity Apprentice' Finale," *Chicago Tribune*, May 13, 2013.

— LG's home entertainment system "LG Invites 'All-Star Celebrity Apprentice' Viewers to Chat Live with Joan Rivers," *PR Newswire*, last modified April 24, 2013, accessed March 9, 2016, http://www.prnewswire.com/news-releases/lg-invites-all-star-celebrity-apprentice-viewers-to-chat-live-with-joan-rivers-204471441.html.

— "In most traditional content organizations" I am grateful to Janet Balis for an interview in May 2015 (all quotes attributed to her in this section are from this interview).

— "We were really the first" I am grateful to Paul Berry for an interview in August 2015.

— Recall the experiment on Anand and Rosinski, "The Impact of Brands and Advertising on Perceptions of Editorial Quality."

— advertising doesn't help only advertisers In a more sophisticated randomized experiment, Stanford professors Sahni and Nair (2016) examine how native advertising on the Zomato platform (a mobile app for restaurant searches) affects both propensity-to-purchase and propensity-to-confuse. Examining data on more than 200,000 users, they find that native advertising works not by "tricking" consumers into purchase: Consumers continue to search after viewing the native ad and, if they do eventually "decide to pick the advertised option, consumers reach it through search or organic clicks," suggesting low support for the "naïve consumer" view. See Navdeep Sahni and Harikesh Nair, "Native Advertising, Sponsorship Disclosure, and Consumer Deception: Evidence from Mobile Search-Ad Experiments," working paper.

— **"Newsrooms used to believe"** I am grateful to Raju Narisetti for interviews in July 2013 and September 2015.

Chapter 26

— **"That's how it all started"** I am grateful to John Winsor for interviews in November 2014, December 2014, and January 2015 (all quotes attributed to him in this part of the book are from these interviews).

— *Beyond the Brand* John Winsor, *Beyond the Brand: Why Engaging The Right Customers Is Essential to Winning in Business* (Chicago: Dearborn Trade, 2004).

— **thirteen times** See "Fruit of the Loom Names Crispin Porter + Bogusky New Ad Agency of Record," *BusinessWire*, last modified November 30, 2012, accessed March 9, 2016, http://www.businesswire.com/news/home/20121130005625/ en/Fruit-Loom-Names%C2%A0Crispin-Porter-Bogusky-New%C2%A0Ad-Agency; Maureen Morrison, "A Tale of Two Crispins: Why There Won't Be Another Agency of the Decade," *Advertising Age*, February 4, 2014; "MDC Partners Congratulates Crispin Porter + Bogusky on Being Named 'Agency of the Decade,' " *PR Newswire*, last modified December 16, 2009, accessed March 9, 2016, http://www.prnewswire.com/news-releases/mdc-partners-congratulates-crispin-porter-bogusky-on-being-named-agency-of-the-decade-79410487.html.

— *Baked In* Alex Bogusky and John Winsor, *Baked In: Creating Products and Businesses That Market Themselves* (Chicago: B2 Books/Agate, 2009).

— **what made certain TV ads viral** Thales Teixeira, "A Consumer-Centric Model of Viral Advertising Calibrated on Face-Tracking Data," Harvard Business School

Working Paper, March 2014; Thales S. Teixeira, "The New Science of Viral Ads," *Harvard Business Review*, March 2012.

— **study on the sharing of** *New York Times* **articles** Jonah Berger, *Contagious: Why Things Catch On* (New York: Simon & Schuster, 2013); Katherine L. Milkman, Liz Rees-Jones, and Jonah Berger, "The Secret to Online Success: What Makes Content Go Viral," *Scientific American*, April 14, 2015; John Tierney, "Good News Beats Bad on Social Networks," *New York Times*, March 18, 2013.

— **"engineering virality"** Thales Teixeira and Alison Caverly, "Mekanism: Engineering Viral Marketing," HBS No. 512-010 (Boston: Harvard Business Publishing, rev. April 16, 2013); Mark Borden, "The Mekanism Guarantee: They Engineer Virality," *Fast Company*, May 1, 2010; Lewis Howes, "How to Go Viral on YouTube: The Untold Truth Behind Getting Views," *Forbes*, August 9, 2012.

— **BuzzFeed would pick up** Felix Oberholzer-Gee, "BuzzFeed—The Promise of Native Advertising," HBS No. 714-512 (Boston: Harvard Business Publishing, rev. August 15, 2014); David Rowan, "How BuzzFeed Mastered Social Sharing to Become a Media Giant for a New Era," *Wired*, January 2, 2014.

— **"virality lift"** Sarah Kessler, "BuzzFeed's Jonah Peretti Is the Stephen Hawking of Radical Skateboarding Birds," *Fast Company*, September 14, 2012.

— **published a paper** Duncan J. Watts and Jonah Peretti, "Viral Marketing for the Real World," *Harvard Business Review*, May 2007, 22–23.

— **Procter & Gamble's campaign** Ibid.

— **150 million unique visitors** Oberholzer-Gee, "BuzzFeed—The Promise of Native Advertising."

— **humor, animals, lists, and pictures** Oberholzer-Gee, "BuzzFeed—The Promise of Native Advertising"; Andrew Rice, "Does BuzzFeed Know the Secret?," *New York* magazine, April 7, 2013; Lukas I. Alpert, "BuzzFeed Nails the 'Listicle'; What Happens Next?," *Wall Street Journal*, January 29, 2015.

— **"turned out to be eminently sharable"** Oberholzer-Gee, "BuzzFeed—The Promise of Native Advertising."

— **by Buzzfeed's models** Oberholzer-Gee, "Does BuzzFeed Know the Secret?" *New York*.

— **"losers starved"** Oberholzer-Gee, "BuzzFeed—The Promise of Native

Advertising."

— "they're kicking ass" Oberholzer-Gee, "Does BuzzFeed Know the Secret?"

— "Don't Buy This Jacket" Tim Nudd, "Ad of the Day: Patagonia," *Adweek*, November 28, 2011; "Don't Buy This Jacket," Patagonia, last modified 2011, accessed March 10, 2016, http://www.patagonia.com/email/11/112811.html.

— "think twice before they buy" "Don't Buy This Jacket, Black Friday and the *New York Times*," *The Cleanest Line* (Patagonia company blog), last modified 2011, accessed March 10, 2016, http://www.thecleanestline.com/2011/11/dont-buy-this-jacket-black-friday-and-the-new-york-times.html.

— *Worn Wear* "Worn Wear: a Film About the Stories We Wear—Presented by Patagonia," video file, 27:52, YouTube, posted by Patagonia, November 20, 2013, accessed March 10, 2016, https://www.youtube.com/watch?v=z20CjCim8DM.

— a series of free repair guides "Worn Wear," Patagonia, last modified 2016, accessed March 10, 2016, http://www.patagonia.com/us/worn-wear; "Patagonia Care & Repair," iFixit, last modified 2016, accessed March 10, 2016, https://www.ifixit.com/Patagonia.

— founded in 1973 Forest Reinhardt et al., "Patagonia," HBS No. 711-020 (Boston: Harvard Business Publishing, rev. October 19, 2010); "Company History," Patagonia, accessed March 10, 2016, http://www.patagonia.com/us/patagonia.go?assetid=3351.

— could use a toll-free line Paul B. Brown, "In 1988, Patagonia Was Full of Anti-Marketers," *Inc.*, March 1988.

— that lasted longer than anyone else's Brown, "In 1988, Patagonia."

— exceeded 40 percent Kyle Stock, "Patagonia's Confusing and Effective Campaign to Grudgingly Sell Stuff," *Bloomberg Business*, last modified November 25, 2013; Kyle Stock, "Patagonia's 'Buy Less' Plea Spurs More Buying," *Bloomberg Business*, August 28, 2013.

— "Is Giving Better Than Receiving?" Erik Oster, "EVB, Victors & Spoils Give 'The Gift of Giving' for JCPenney," *Adweek*, December 8, 2014.

— one of that site's most-watched commercials Garett Sloane, "JCPenney's 4 Cent Video Ads on Twitter Could Threaten YouTube's Longtime Dominance," *Adweek*, February 17, 2015.

— **Think social first, product later** Mikolaj Jan Piskorski, *A Social Strategy: How We Profit from Social Media* (Princeton, NJ: Princeton University Press, 2014).

— **Decoded** Anita Elberse and Kwame Owusu-Kesse, "Droga5: Launching Jay-Z's *Decoded*," HBS No. 513-032 (Boston: Harvard Business Publishing, July 25, 2012).

— **to creating ad copy for clients** Lauren Johnson, "Why Facebook Is Taking More of Its Advertising Work In-House," *Adweek*, October 1, 2015; Issie Lapowsky, "Tumblr Launches Creative Agency to Connect Artists with Advertisers," *Wired*, January 22, 2015; Ava Seave, "BuzzFeed's Director of Creative: 'Authentic Content Earns the Right to go Viral,' " *Forbes*, November 26, 2013.

— **"worst in the history of major retail"** Jim Edwards and Charlie Minato, "How Ex-CEO Ron Johnson Made JCPenney Even Worse," *Business Insider*, last modified April 8, 2013, accessed March 10, 2016, http://www.businessinsider.com/ron-johnson-disaster-timeline-apple-guru-failed-at-jcpenney-2013-4?op=1.

— **dropped from 84 percent to 56 percent** Dominic Green, "JCPenney Redesigned Its Logo So Many Times Nearly Half of America No Longer Recognizes It," *Business Insider*, last modified May 8, 2013, accessed March 10, 2016, http://www.businessinsider.com/jcpenneys-new-logo-2013-5.

— **"@jcpenney: Who kkmew theis was"** Danielle Wiener-Bronner, "JCPenney's 'Drunk' Super Bowl Tweets Were Really Just a Mitten-Selling Stunt," *Wire*, last modified February 3, 2014; Neha Prakash, "J.C. Penney Is Having a Little Too Much Fun at the Super Bowl," *Mashable*, last modified February 2, 2014, accessed March 10, 2016, http://mashable.com/2014/02/02/jc-penny-super-bowl/#Sdo6vmbUiqqB.

— **15 percent of the amount** Patricia Winters Lauro, *The Media Business: Advertising*; New Methods of Agency Payments Drive a Stake Through the Heart of the old 15% Commission," *New York Times*, April 2, 1999.

— **the urge for agencies to inflate costs** Ibid.

— **"If you aren't thinking about connecting"** "Secrets of Creative Management: Timeless Wisdom from David Ogilvy," citing quotes from *The Unpublished David*

Ogilvy (New York: Crown, 1987).

Chapter 27

— **"A revolution has begun"** "Creative Destruction," *Economist*, June 28, 2014.

— **whose delivery remained unchanged for nearly three centuries** Joel Rose, "How to Break Free of Our 19th-Century Factory-Model Education System," *Atlantic*, May 9, 2012.

— **One Ivy League professor** Michael Pupin, "Professor-Inventor Predicts Radio Universities," *Popular Science Monthly*, February 1923.

— **"The nation has become the new campus"** Susan Matt and Luke Fernandez, "Before MOOCs, 'Colleges of the Air,' " *Chronicle of Higher Education*, April 23, 2013, accessed June 9, 2016, http://chronicle.com/blogs/conversation/2013/04/23/before-moocs-colleges-of-the-air.

— **"Will the classroom be abolished"** Ibid. The quote is attributed to Bruce Bliven, writing for *The New Republic*, 1924.

— **Columbia, Tufts, Wisconsin, and Harvard** Matt and Fernandez, "Before MOOCs, 'Colleges of the Air.' "

— **"Gradually problems emerged"** Ibid.

— **or on educational institutions** Matt Novak, "Predictions for Educational TV in the 1930s," Smithsonian.com, last modified May 29, 2012, accessed March 10, 2016, http://www.smithsonianmag.com/history/predictions-for-educational-tv-in-the-1930s-107574983/?no-ist.

— **at least one online course** "2014 Online College Students: Comprehensive Data on Demands and Preferences," Learning House, last modified 2014, accessed March 10, 2016, http://www.learninghouse.com/ocs2014-report; Carl Straumsheim, "Identifying the Online Student," *Inside Higher Ed*, last modified June 3, 2014, accessed March 10, 2016, https://www.insidehighered.com/news/2014/06/03/us-releases-data-distance-education-enrollments.

— **its model was of a "hybrid university"** Kevin Carey, *The End of College* (New York: Riverhead Books, 2015).

— "all made sense—in theory" Ibid.

— first expressed more than a century ago Ibid.

— or more than 40 percent of all undergraduates "Skills for America's Future Community College Facts," Aspen Institute, last modified 2016, accessed March 10, 2016, http://www.aspeninstitute.org/policy-work/economic-opportunities/ skills-americas-future/what-we-do/community-college-facts.

— in their families to attend college "2014 Fact Sheet," American Association of Community Colleges, last modified 2014, accessed March 10, 2016, http://www. aacc.nche.edu/AboutCC/Documents/Facts14_Data_R3.pdf.

— of many education reform initiatives "Building American Skills Through Community Colleges," White House, accessed March 10, 2016, https://www. whitehouse.gov/issues/education/higher-education/building-american-skills- through-community-colleges.

— one hundred colleges and universities Bureau of Labor Statistics, *The Prominence of Boston Area Colleges and Universities*, by Denis M. McSweeney and Walter J. Marshall (2009).

— noted in their book Richard Arum and Josipa Roksa, *Academically Adrift: Limited Learning on College Campuses* (Chicago: University of Chicago Press, 2011).

— for a Silicon Valley hedge fund Sal Khan, *The One World Schoolhouse: Education Reimagined* (New York: Twelve, 2013); Claudia Dreifus, "It All Started with a 12-Year-Old Cousin," *New York Times*, January 27, 2014; Theresa Johnston, "Salman Khan: 'Keep It Simple,' " Stanford Graduate School of Business, last modified February 22, 2012, accessed March 10, 2016, https://www.gsb. stanford.edu/insights/salman-khan-keep-it-simple; Richard Adams, "Sal Khan: The Man Who Tutored His Cousin—and Started a Revolution," *Guardian*, April 23, 2013.

— "The worst time to learn" Khan, *The One World Schoolhouse*.

— "She said that her entire family" Adams, "Sal Khan: The Man Who Tutored His Cousin—and Started a Revolution."

— "a free world-class education" Colleen Walsh, "Education Without Limits," *Harvard Gazette*, last modified May 9, 2013.

— "consisted of exactly one person: me" Khan, *The One World Schoolhouse*.

— "more than ten times" Ibid.

— 750 million times Sally Peck, Matthew Pendergast, and Kat Hayes, "A Day in the Life of Khan Academy: The School with 15 Million Students," *Telegraph*, April 23, 2015.

— from Khan online David A. Kaplan, "Innovation in Education: Bill Gates' Favorite Teacher," *Fortune*; Peck, Pendergast, and Hayes, "A Day in the Life."

— Google invested, too Clive Thompson, "How Khan Academy Is Changing the Rules of Education," *Wired*, July 15, 2011.

— *Time* magazine's 100 Most Influential People Bill Gates, "The World's 100 Most Influential People: 2012—Salman Khan," *Time*, April 18, 2012.

— a $3 million trial "Khan Academy Resources for Maximizing Mathematics Achievement: A Postsecondary Mathematics Efficacy Study," Institute of Education Sciences, last modified 2014, accessed March 10, 2016, http://ies.ed.gov/funding/grantsearch/details.asp?ID=1521.

— Thrun had been a computer science professor Steven Leckart, "The Stanford Education Experiment Could Change Higher Learning Forever," *Wired*, March 20, 2012.

— Google Glass Max Chafkin, "Udacity's Sebastian Thrun, Godfather of Free Online Education, Changes Course," *Fast Company*, November 14, 2013.

— "It was this catalytic moment" Ibid.

— at 411 Ibid.; William J. Bennett, "Is Sebastian Thrun's Udacity the Future of Higher Education?," *CNN*, last modified July 5, 2012, accessed March 10, 2016, http://www.cnn.com/2012/07/05/opinion/bennett-udacity-education/.

— "I can't teach at Stanford again" Chafkin, "Udacity's Sebastian Thrun, Godfather."

— "edtech" Sarah Perez, "Software Eats Education: With $15 Million in Series B Funding, Andreessen Horowitz Bets on Udacity," *TechCrunch*, last modified October 25, 2012, accessed March 10, 2016, http://techcrunch.com/2012/10/25/software-eats-education-with-15-million-in-series-b-funding-andreessen-horowitz-bets-on-udacity/; Cat Zakrzewski, "Udacity Raises $105 Million Series D, Bringing Valuation to $1 Billion," *TechCrunch*, last modified November 11,

2015, accessed March 10, 2016, http://techcrunch.com/2015/11/11/udacity-raises-105-million-series-d-bringing-valuation-to-1-billion/.

— **edX** Katie Koch, "Educating Harvard, MIT—and the World," *Harvard Gazette*, last modified May 2, 2012.

— **$30 million** Ibid.

— **for content partnerships** "EdX Announces New Membership Structure; Expands edx.org," *edx*, last modified March 6, 2014, accessed March 10, 2016, https://www.edx.org/press/edx-announces-new-membership-structure.

— **made its courses free** Tamar Lewin, "Harvard and M.I.T. Team Up to Offer Free Online Courses," *New York Times*, May 2, 2012.

— **"the year of the MOOC"** Laura Pappano, "The Year of the MOOC," *New York Times*, November 2, 2012.

— **"MOOC revolution is here"** Thomas L. Friedman, "The Professors' Big Stage," *New York Times*, March 5, 2013.

— **diving for a decade** Srikant Datar, David Garvin, and Patrick Cullen, *Rethinking the MBA: Business Education at a Crossroads* (Boston: Harvard Business Review Press, 2010).

— **had written of a "flat world"** Thomas L. Friedman, *The World Is Flat: A Brief History of the Twenty-First Century* (New York: Farrar, Straus & Giroux, 2005).

Chapter 28

— **inverted classroom** Maureen J. Lage, Glenn J. Platt, and Michael Treglia, "Inverting the Classroom: A Gateway to Creating an Inclusive Learning Environment," *Journal of Economic Education* 31, no. 1 (Winter 2000): 30–43.

— **Sal Khan recently referred to** Khan, *The One World Schoolhouse*.

— **the havoc online education** Clayton M. Christensen, *Disrupting Class: How Disruptive Innovation Will Change the Way the World Learns*, expanded ed. (New York: McGraw-Hill, 2011).

— **broader debates swirling around undergraduate education** For different perspectives on this debate, see Fareed Zakaria, *In Defense of a Liberal Education*

(New York: Norton, 2015); Nannerl Keohane, "The Liberal Arts as Guideposts in the 21st Century," *Chronicle of Higher Education*, January 29, 2012; Scott Gerber, "How Liberal Arts Colleges Are Failing America," *Atlantic*, September 24, 2012; Victor Davis Hanson, "The Modern University Is Failing Students in Every Respect," *National Review*, April 9, 2015, accessed June 6, 2016, http://www.nationalreview.com/article/416673 /modern-university-failing-students-every-respect-victor-davis-hanson; Debra Humphreys and Patrick Kelly, "How Liberal Arts and Sciences Majors Fare in Employment," National Center for Higher Education Management Systems and the Association of American Colleges and Universities, 2014; "It Takes More than a Major: Employer Priorities for College Learning and Student Success," Hart Research Associates, April 10, 2013.

Chapter 29

— **"The Online Revolution Drifts Off Course"** Eric Westervelt, "The Online Education Revolution Drifts Off Course," NPR, last modified December 31, 2013, accessed March 11, 2016, http://www.npr.org/2013/12/31/258420151/the-online-education-revolution-drifts-off-course.

— **three outstanding second-year MBA** students The team referred to here that worked together to develop the content for the Economics for Managers course was: MBA students Erin Arnold, Ben Peterson, and Carolyn Wintner; doctoral student Thomas Covert; research assistants Jonathan Dahlberg and (later) Katherine Boren; and course manager Li Feng. My colleagues Jan Hammond and V. G. Narayanan had similarly outstanding teams working closely with them.

— **"three-to-five-minute rule"** Our efforts in building the learning model for HBX centered around trying to adapt the case method approach to a digital environment; at the same time, there has been a burgeoning literature on the "science of learning." For an impressive recent treatment, see Peter Brown, Henry Roediger, and Mark McDaniel, *Make It Stick: The Science of Successful Learning* (Cambridge, MA: Belknap Press of Harvard University Press, 2014).

— **by getting rid of them** Ramon Casadesus-Masanell and Maxime Aucoin,

"Cirque du Soleil—The High Wire Act of Building Sustainable Partnerships," HBS No. 709-411 (Boston: Harvard Business Publishing, rev. February 10, 2010).

— **many of the reasons why** Jan Rivkin provides an overview of the many reasons why firms fail in "Key Concepts in a Module on Strategic Failure," HBS No. 706-471 (Boston: Harvard Business Publishing, rev. March 21, 2006). In technological settings, Rebecca M. Henderson and Kim B. Clark describe an important reason for failure: firms' lock-in to existing product architectures. See "Architectural Innovation: The Reconfiguration of Existing Product Technologies and the Failure of Established Firms," *Administrative Science Quarterly* 35, no. 1 (1990): 9-30.

— **in his book** Christensen, *Disrupting Class*.

— **So was the media** "Online Education: The Disruption to Come," *Economist*, February 11, 2014; Todd Hixon, "Higher Education Is Now Ground Zero for Disruption," *Forbes*, January 6, 2014.

— **Originally articulated in the mid-1990s** Joseph L. Bower and Clayton M. Christensen, "Disruptive Technologies: Catching the Wave," *Harvard Business Review*, January 1995; Clayton M. Christensen, *The Innovator's Dilemma: When New Technologies Cause Great Firms to Fail* (Boston: Harvard Business Publishing, 1997, 2000).

— **far outdistanced Christensen's definition** Clayton M. Christensen, Michael E. Raynor, and Rory McDonald, "What Is Disruptive Innovation?," *Harvard Business Review*, December 2015.

— **a law of nature** See also Joshua Gans, *The Disruption Dilemma* (Cambridge, MA: MIT Press, 2016); Joshua Gans, "The Other Disruption," *Harvard Business Review*, March 2016; Andrew King and Baljir Baatarogtokh, "How Useful Is the Theory of Disruptive Innovation?," *MIT Sloan Management Review*, Fall 2015.

— **"I'm so excited to be starting"** Layla Siraj, email message to author, June 2014; Siraj kindly agreed to allow me to reproduce her email here.

— **"Remember when I said"** Lucas Carvalho, "HBX CORe: Harvard Business School—Week 1," LinkedIn blog, March 3, 2015, accessed June 6, 2016, https://www.linkedin.com/pulse/hbx-harvard-business-school-week-1-lucas-carvalho.

— **HBX Live** John A. Byrne, "Harvard Business School Really Has Created the Classroom of the Future," *Fortune*, August 25, 2015.

Chapter 30

— **"Will MOOCs Kill Universities?"** "Will MOOCs Kill University Degrees?," *Economist*, October 1, 2013; see also Zocalo Public Square, "Will Technology Kill Universities?," *Time*, March 18, 2015; Anne VanderMey, "Why Online Education Won't Kill Your Campus," *Fortune*, October 28, 2013.

— **"Is online learning a fad?"** Juan Cristóbal Bonnefoy, "MOOCs in Development: Fad or Future?," *Americas Quarterly*, Summer 2014; Michael Horn, "Avoid the Hype: Online Learning's Transformational Potential," *Forbes*, June 6, 2013.

— **Where online education** See, for example, John Hechinger, "Southern New Hampshire, A Little College That's a Giant Online," *Bloomberg*, May 9, 2013; Ilya Pozin, "Private Company Solves US Education Problem," *Forbes*, November 15, 2012; Anya Kamanetz, "Minerva Strives for Affordable Elitism," *New York Times*, November 1, 2013; and Claire Cain Miller, "Extreme Study Abroad: The World Is Their Campus," *New York Times*, October 30, 2015.

- Ackerberg, Daniel. "Empirically Distinguishing Informative and Prestige Effects of Advertising." *RAND Journal of Economics* (2001). 32, no.2, 316 – 33.
- Alcacer, Juan, Abhishek Agrawal, and Harshit Vaish. "Walmart Around the World." HBS No. 9-714-431. Boston: Harvard Business School Publishing, rev. December 6, 2013.
- Anand, Bharat. "Strategies of Related Diversification." HBS No. 705-481. Boston: Harvard Business Publishing, Revised April 11, 2005.
- Anand, Bharat, and Kate Attea. "International Management Group (IMG)." HBS No. 702- 409. Boston: Harvard Business Publishing, rev. September 16, 2002.
- ———. "News Corporation" HBS No. 702-425. Boston: Harvard Business Publishing, rev. June 27, 2003.
- Anand, Bharat, David Collis, and Sophie Hood. "Danaher Corporation." HBS No. 708-445. Boston: Harvard Business Publishing, rev. November 30, 2015.
- Anand, Bharat, and Alexander Galetovic. "Strategies That Work When Property Rights Don't." In *Intellectual Property and Entrepreneurship*, vol. 15, *Advances in the Study of Entrepreneurship, Innovation, and Economic Growth*, edited by Gary Libecap, 261 – 304. Greenwich, CT: JAI Press, 2004.
- ———. "How Market Smarts Can Protect Property Rights." *Harvard Business Review* 82, no. 12 (December 2004).
- Anand, Bharat, and Sophie Hood. "Schibsted." HBS No. 707-474. Boston: Harvard Business Publishing, April 16, 2007.
- Anand, Bharat, and Samhita Jayanti. "Strategies of Unrelated Diversification." HBS No. 705-480. Boston: Harvard Business Publishing, rev. April 11, 2005.
- Anand, Bharat, and Tarun Khanna. "Must Zee TV." HBS No. 700-122. Boston: Harvard Business Publishing, rev. February 10, 2003.
- Anand, Bharat, and Peter Olson. "The Random House Response to the Kindle." HBS No. N1-710-444. Boston: Harvard Business Publishing, rev. February 7, 2011.

• Anand, Bharat, and Ron Shachar. "Advertising the Matchmaker." *RAND Journal of Economics* 42, no. 2 (Summer 2011): 205–45.

• ———. "Brands as Beacons: A New Source of Loyalty to Multiproduct Firms." *Journal of Marketing Research* 41, no. 2 (May 2004): 135–50.

• Anderson, Chris. *The Long Tail: Why the Future of Business Is Selling Less of More.* New York: Hyperion Books, 2008.

• Anton, James, and Dennis Yao. "Expropriation and Inventions: Appropriable Rents in the Absence of Property Rights." *American Economic Review* 84, no. 1 (March 1994): 190–209.

• Armstrong, Mark. "Competition in Two-Sided Markets." *RAND Journal of Economics* 37, no. 3 (Autumn 2006): 668–91.

• Arum, Richard, and Josipa Roksa. *Academically Adrift: Limited Learning on College Campuses.* Chicago: University of Chicago Press, 2011.

• Bagwell, Kyle. *The Economics of Advertising.* Cheltenham, UK: Edward Elgar. 2001

• Barker, Rocky. *Scorched Earth: How the Fires of Yellowstone Changed America.* Washington, DC: Island Press, 2005.

• Barnett, William. *The Red Queen Among Organizations: How Competitiveness Evolves.* Princeton: Princeton University Press. 2002.

• Berger, Jonah. *Contagious: Why Things Catch On.* New York: Simon & Schuster, 2013.

• Berry, Steven T., et al. "Structural Models of Complementary Choices." *Marketing Letters* 25, no. 3 (September 2014): 245–56.

• Bogusky, Alex, and John Winsor. *Baked In: Creating Products and Businesses That Market Themselves.* Chicago: B2 Books/Agate, 2009.

• Boudreau, Kevin J., and Karim R. Lakhani. "The Confederacy of Heterogeneous Software Organizations and Heterogeneous Developers: Field Experimental Evidence on Sorting and Worker Effort." In Josh Lerner and Scott Stern, eds., *The Rate and Direction of Inventive Activity Revisited*, Chicago: University of Chicago Press, 2012. 483–502.

• Brandenburger, Adam, and Barry Nalebuff. *Co-opetition.* New York: Currency Doubleday, 1997.

- Bronnenberg, Bart J., Jean-Pierre Dubé, and Carl F. Mela. "Do Digital Video Recorders Influence Sales?" *Journal of Marketing Research* 47, no. 6 (December 2010): 998 – 1010.

- Brown, Peter, Henry Roediger III, and Mark McDaniel. *Make It Stick: The Science of Successful Learning.* Cambridge, MA: Belknap Press of Harvard University Press, 2014.

- Byzalov, Dmitri. "Unbundling Cable Television: An Empirical Investigation." Working paper, July 2010.

- Carey, Kevin. *The End of College: Creating the Future of Learning and the University of Everywhere.* New York: Riverhead Books, 2015.

- Caves, Richard E. *Creative Industries: Contracts Between Art and Commerce.* Cambridge: Harvard University Press. 2002.

- Celly, Nikhil, and W. H. Lo. "Tencent: Expanding from China to the World." University of Hong Kong case no. HK1009, June 21, 2013. Boston: Harvard Business Publishing.

- Chipty, Tasneem. "Vertical Integration, Market Foreclosure, and Consumer Welfare in the Cable Television Industry." *American Economic Review* 91, no. 3 (June 2001): 428 – 53.

- Chopra, Sunil, and Murali Veeraiyan. "Movie Rental Business: Blockbuster, Netflix, and Redbox." HBS No. KEL616. Kellogg School of Management, rev. March 2, 2016.

- Christensen, Clayton M. *Disrupting Class: How Disruptive Innovation Will Change the Way the World Learns.* Expanded ed. New York: McGraw-Hill, 2011.

- ———. *The Innovator's Dilemma: When New Technologies Cause Great Firms to Fail.* Boston: Harvard Business Publishing, 1997, 2000.

- Christensen, Clayton M., Michael E. Raynor, and Rory McDonald. "What Is Disruptive Innovation?" *Harvard Business Review*, December 2015.

- Chung, Kevin Y. C., Timothy P. Derdenger, and Kannan Srinivasan. "Economic Value of Celebrity Endorsements: Tiger Woods' Impact on Sales of Nike Golf Balls." *Marketing Science* 32, no. 2 (March 1, 2013): 271 – 93.

- Cohen, Wesley, Richard Nelson, and John Walsh. "Protecting Their Intellectual

Assets: Appropriability Conditions and Why U.S. Manufacturing Firms Patent (Or Not)." National Bureau of Economic Research, Working Paper No. 7552, 2000.

- Collis, David, and Michael Rukstad. "Can You Say What Your Strategy Is?" *Harvard Business Review*, April 2008.
- Collis, David, and Troy Smith. "Edward Jones in 2006: Confronting Success." HBS No. 707-497. Boston: Harvard Business Publishing, rev. March 21, 2012.
- Cramer, Judd, and Alan Krueger. "Disruptive Change in the Taxi Business: The Case of Uber." National Bureau of Economic Research, Working Paper No. 22083, March 2016.
- Crawford, Gregory, Robin Lee, Michael Whinston, and Ali Yurukoglu. "The Welfare Effects of Vertical Integration in Multichannel Television Markets." National Bureau of Economic Research, Working Paper No. w21832, December 2015.
- Crawford, Gregory S., and Ali Yurukoglu. "The Welfare Effects of Bundling in Multichannel Television Markets." *American Economic Review* 102, no 2 (April 2012): 643–85.
- Datar, Srikant, David Garvin, and Patrick Cullen. *Rethinking the MBA: Business Education at a Crossroads*. Boston: Harvard Business Review Press, 2010.
- Deighton, John, et al. "The Future of Interactive Marketing." *Harvard Business Review*, November/December 1996.
- Elberse, Anita. *Blockbusters: Hit-Making, Risk-Taking, and the Big Business of Entertainment*. New York: Henry Holt, 2013.
- Elberse, Anita, and Kwame Owusu-Kesse. "Droga5: Launching Jay-Z's Decoded." HBS No. 513-032. Boston: Harvard Business Publishing, July 25, 2012.
- Esteves-Sorenson, Constança, and Fabrizio Perretti. "Micro-Costs: Inertia in Television Viewing." *Economic Journal* 122, no. 563 (September 2012): 867.
- Evans, David. "The Online Advertising Industry: Economics, Evolution, and Privacy," *Journal of Economic Perspectives*, 23, no. 3 (2009): 37–60.
- Farhoomandr, Ali, and Elsha Yiu. "Tencent's Business Model." University of Hong Kong case no. HK 1003, July 5, 2013. Boston: Harvard Business

Publishing.

- Forrester, Jay. "Systems Dynamics and the Lessons of 35 Years." In Kenyon De Greene, ed., *A Systems-Based Approach to Policy Making*. New York: Springer, 1993.
- Franke, Mary Ann. *Yellowstone in the Afterglow: Lessons from the Fires*. Mammoth Hot Springs, WY: National Park Service, 2000.
- Galbraith, John Kenneth. *The Affluent Society*. 3rd ed. Boston: Houghton Mifflin, 1976.
- Gans, Joshua. *The Disruption Dilemma*. Cambridge, MA: MIT Press, 2016.
- Gentzkow, Matthew. "Valuing New Goods in a Model with Complementarities: Online Newspapers." *American Economic Review* 97, no. 3 (June 2007): 713 – 44.
- Ghemawat, Pankaj. "Distance Still Matters: The Hard Reality of Global Expansion." *Harvard Business Review* 79, no. 8 (2001): 137 – 47.
- ———. "Fox Broadcasting Company." HBS No. 387-096. Boston: Harvard Business Publishing, rev. April 2, 1993.
- ———. "Leadership Online (A): Barnes & Noble versus Amazon.com." HBS No. 798-063. Boston: Harvard Business Publishing, rev. March 16, 2004.
- Ghemawat, Pankaj, and Stephen Bradley. "Wal-Mart Stores in 2003." HBS No. 704-430. Boston: Harvard Business Publishing, rev. January 30, 2004.
- Govindarajan, Vijay, and Chris Trimble. *Ten Rules for Strategic Innovators: From Idea to Execution*. Boston: Harvard Business Review Press. 2005.
- Grossman, Gene, and Carl Shapiro. "Informative Advertising with Differentiated Products." *The Review of Economic Studies*, 51, no. 1 (1984): 63 – 81.
- Guinan, Eva C., Kevin J. Boudreau, and Karim R. Lakhani. "Experiments in Open Innovation at Harvard Medical School." *MIT Sloan Management Review* 54, no. 3 (Spring 2013): 45 – 52.
- Hagiu, Andrei. "Strategic Decisions for Multisided Platforms." *MIT Sloan Management Review*, Winter 2014.
- Hagiu, Andrei, and Simon Rothman. "Network Effects Aren't Enough." *Harvard Business Review*, April 2016.
- Hendricks, Ken, and Alan Sorensen. "Information and the Skewness of Music

Sales." *Journal of Political Economy* 117, no. 2 (April 2009): 324.

• Henry, Jeff. *The Year Yellowstone Burned: A Twenty-Five-Year Perspective.* Lanham, MD: Taylor Trade Publishing, 2015.

• Hill, Benjamin Mako. "Almost Wikipedia: What Eight Early Online Collaborative Encyclopedia Projects Reveal About the Mechanisms of Collective Action." In *Essays on Volunteer Mobilization in Peer Production.* Ph.D. diss., Massachusetts Institute of Technology, 2013.

• Interactive Advertising Bureau. IAB Internet Advertising Revenue Report: 2013 Full Year Results. 2014.

• ———. IAB Internet Advertising Revenue Report: 2012 Full Year Results. 2013.

• Isaacson, Walter. *Steve Jobs.* New York: Simon & Schuster, 2011.

• Katz, Michael, and Carl Shapiro. "Network Externalities, Competition, and Compatibility." *American Economic Review,* June 1985.

• ———. "Systems Competition and Network Effects." *Journal of Economic Perspectives,* Spring 1994.

• ———. "Technology Adoption in the Presence of Network Externalities." *Journal of Political Economy,* August 1986.

• Kauffman, Stuart. *The Origins of Order: Self-Organization and Selection in Evolution.* Oxford: Oxford University Press, 1993.

• Keating, Gina. *Netflixed: The Epic Battle for America's Eyeballs.* New York: Portfolio/Penguin, 2012.

• Khan, Salman. *The One World Schoolhouse: Education Reimagined.* New York: Twelve, 2013.

• Khanna, Tarun, and David Yoffie. "Microsoft – 1995 (Abridged)." HBS No. 799-003. Boston: Harvard Business Publishing.

• King, Andrew, and Baljir Baatarogtokh. "How Useful Is the Theory of Disruptive Innovation?" *MIT Sloan Management Review,* Fall 2015.

• Knittel, Christopher, and Victor Stango. "Celebrity Endorsements, Firm Value, and Reputation Risk: Evidence from the Tiger Woods Scandal." *Management Science* 60, no. 1 (January 2014).

• Knopper, Steve. *Appetite for Self-Destruction: The Spectacular Crash of the Record Industry in the Digital Age.* New York: Free Press, 2009.

- Krueger, Alan. "The Economics of Real Superstars: The Market for Rock Concerts in the Material World." *Journal of Labor Economics* 23, no. 1 (April 2004): 1–30.

- ———. "Land of Hope and Dreams: Rock and Roll, Economics, and Rebuilding the Middle Class." Lecture delivered at Rock and Roll Hall of Fame and Museum, June 12, 2013.

- Krueger, Alan, and Marie Connolly. "Rockonomics: The Economics of Popular Music." In *Handbook of the Economics of Art and Culture* 1, 667–719. Amsterdam and Boston: Elsevier North-Holland, 2006.

- Kumar, Vineet, Bharat Anand, Sunil Gupta, and Felix Oberholzer-Gee. "The *New York Times* Paywall." HBS No. 512-077. Boston: Harvard Business Publishing, rev. January 31, 2013.

- Kwak, Mary, and David B. Yoffie. "Apple Computer—1999." HBS No. 799-108. Boston: Harvard Business Publishing, March 1999.

- Lafley, A. G., and Roger Martin. *Playing to Win: How Strategy Really Works.* Boston: Harvard Business Review Press, 2013.

- Lage, Maureen J., Glenn J. Platt, and Michael Treglia. "Inverting the Classroom: A Gate way to Creating an Inclusive Learning Environment." *Journal of Economic Education* 31, no. 1 (Winter 2000): 30–43.

- Lal, Rajiv. "Harrah's Entertainment, Inc." HBS No. 502-011. Boston: Harvard Business Publishing, rev. June 14, 2004.

- Lambrecht, Anja, and Catherine Tucker. "When Does Retargeting Work? Information Specificity in Online Advertising." *Journal of Marketing Research* 50, no. 5 (2013): 561–76.

- Lang, Larry H. P., and Rene M. Stulz. "Tobin's Q, Corporate Diversification, and Firm Performance." *Journal of Political Economy* 102, no. 6 (December 1994): 1248.

- Lashinsky, Adam. *Inside Apple: How America's Most Admired—and Secretive—Company Really Works.* New York: Business Plus, 2012.

- Leschly, Stig, et al. "Amazon.com—2002." HBS No. 9-803-098. Boston: Harvard Business Publishing, rev. February 13, 2003.

- Levin, R. C., Alvin Klevorick, Richard Nelson, and Sidney Winter. "Appropriating the Returns from Industrial R&D." *Brookings Papers on Economic Activity* (1987): 783–820.

- Liebowitz, Stan. "How Reliable Is the Oberholzer-Gee and Strumpf Paper on File-Sharing?" University of Texas at Dallas. Working paper. 2007.
- Martin, Gregory, and Ali Yurukoglu. "Bias in Cable News: Persuasion and Polarization." Working paper, May 27, 2016.
- McCormack, Mark. *What They Don't Teach You at Harvard Business School: Notes from a Street-Smart Executive*. London: Bantam Press, 1986.
- ———. *What They Still Don't Teach You at Harvard Business School*. London: Bantam Press, 1990.
- McGrath, Rita. "The Problem with Groupon's Business Model." *Harvard Business Review*, July 13, 2011.
- Meyer, Philip. *The Vanishing Newspaper: Saving Journalism in the Information Age*. Columbia: University of Missouri Press, 2004.
- Milgrom, Paul, and John Roberts. "Complementarities and Systems: Understanding Japanese Economic Organization." *Estudios Económicos* 9, no. 1 (Winter/Spring 1994): 3–42.
- ———. *Economics, Organization and Management*. Englewood Cliffs, NJ: Prentice-Hall, 1992.
- Milkman, Katherine L., Liz Rees-Jones, and Jonah Berger. "The Secret to Online Success: What Makes Content Go Viral." *Scientific American*, April 14, 2015.
- Moak, Jacob. "Regulation of the Pay Television Market." *Kentucky Law Journal* 103, no. 2 (January 2015): 291–309.
- Moffett, Craig, et al. "The Dumb Pipe Paradox." Bernstein Research, 2006.
- ———. "U.S. Telecommunications, Cable & Satellite: The Dumb Pipe Paradox, Revisited." Bernstein Research, June 11, 2009.
- Mortimer, Julie Holland, Chris Nosko, and Alan Sorensen. "Supply Responses to Digital Distribution: Recorded Music and Live Performances." *Information Economics and Policy* 24, no. 1 (March 2012): 3–14.
- Moshkin, Nickolay, and Ron Shachar. "The Asymmetric Information Model of State Dependence." *Marketing Science* 21, no. 4 (2002): 1–20.
- Mulligan, Mark. *Awakening: The Music Industry in the Digital Age*. CreateSpace

Independent Publishing Platform, May 3, 2015.

- Nalebuff, Barry. "Bundling as an Entry Barrier." *Quarterly Journal of Economics* 119, no. 1 (2004): 159–88.

- Narayandas, Das, Sunil Gupta, and Rachna Tahilyani. "Flipkart: Transitioning to a Marketplace Model." HBS No. 516-017. Boston: Harvard Business Publishing, rev. March 14, 2016.

- National Park Service. "Interagencies Final Report on Fire Management, 1989." nps.gov. October 25, 2000.

- ———. "The Yellowstone Fires of 1988." nps.gov. 2008.

- Negroponte, Nicholas. *Being Digital*. New York: Knopf, 1995.

- Nevo, Aviv, John Turner, and Jonathan Williams. "Usage-Based Pricing and the Demand for Residential Broadband." *Econometrica* (forthcoming).

- Oberholzer-Gee, Felix. "BuzzFeed—The Promise of Native Advertising." HBS No. 714-512. Boston: Harvard Business Publishing, rev. August 15, 2014.

- Oberholzer-Gee, Felix, Bharat N. Anand, et al. "The Economist." HBS No. 710-441. Boston: Harvard Business Publishing, rev. July 14, 2010.

- Oberholzer-Gee, Felix, and Koleman Strumpf. "The Effect of File Sharing on Record Sales." *Journal of Political Economy* 115, no. 1 (February 2007).

- ———. "File Sharing and Copyright." In Josh Lerner and Scott Stern, eds., *Innovation Policy and the Economy*. Chicago: National Bureau of Economic Research, 2010.

- O'Reilly, Charles, and Michael Tushman, "The Ambidextrous Organization," *Harvard Business Review* 82, no. 4 (2004): 74–81.

- Palepu, Krishna, Bharat Anand, and Rachna Tahilyani. "Tata Nano—The People's Car." HBS No. 710-420. Boston: Harvard Business Publishing, rev. March 28, 2011.

- Park, Sangin. "Quantitative Analysis of Network Externalities in Competing Technologies: The VCR Case." *Review of Economics and Statistics* 86, no. 4 (November 2004): 937–45.

- Piskorski, Mikolaj Jan. *A Social Strategy: How We Profit from Social Media*. Princeton, NJ: Princeton University Press, 2014.

- Piskorski, Mikolaj Jan, et al. "Facebook." HBS No. 808-128. Boston: Harvard

Business Publishing, rev. March 20, 2014.

- Porter, Michael. "The Five Competitive Forces That Shape Strategy." *Harvard Business Review*, January 2008.
- ———. "What Is Strategy?" *Harvard Business Review*, November 1, 1996.
- Porter, Michael E., and Gregory C. Bond. "Edward Jones." HBS No. 700-009. Boston: Harvard Business Publishing, rev. June 15, 2000.
- Prahalad, C. K., and Gary Hamel. "The Core Competence of the Corporation." *Harvard Business Review*, May/June 1990.
- Rayport, Jeffrey, and Louie Dickson. "Amazon.com (A)." HBS No. 897-128. Boston: Harvard Business Publishing, rev. April 9, 1998.
- Reinhardt, Forest, et al. "Patagonia." HBS No. 711-020. Boston: Harvard Business Publishing, rev. October 19, 2010.
- Reinhart, Karen. *Yellowstone's Rebirth by Fire: Rising from the Ashes of the 1988 Wildfires*. Helena, MT: Farcountry Press, 2008.
- Rivkin, Jan. "Imitation of Complex Strategies." *Management Science* 46, no. 6 (June 2000): 824–44.
- ———. "Key Concepts in a Module on Strategic Failure." HBS No. 706-471. Boston: Harvard Business Publishing, rev. March 21, 2006.
- ———. "An Options-led Approach to Making Strategic Choices." HBS No. 702-433. Boston: Harvard Business Publishing, December 2001.
- ———. "Reproducing Knowledge: Replication Without Information at Moderate Complexity." *Organization Science* 12, no. 3 (May–June 2001).
- Rob, Rafael, and Joel Waldfogel. "Piracy on the High C's: Music Downloading, Sales Displacement, and Social Welfare in a Sample of College Students." *Journal of Law and Economics*, 49, no. 1 (2006): 29–62.
- Rochet, Jean-Charles, and Jean Tirole. "Platform Competition in Two-Sided Markets." *Journal of the European Economic Association* 1, no. 4 (June 2003): 990–1029.
- ———. "Two-Sided Markets: A Progress Report." *RAND Journal of Economics* 37, no. 3 (Autumn 2006): 645–67.
- Rogers, Jim. *The Death and Life of the Music Industry in the Digital Age*. London: Bloomsbury Academic, May 9, 2013.

- Rohlfs, Jeffrey. "A Theory of Interdependent Demand for a Communications Service." *Bell Journal of Economics*, no. 1 (Spring 1974): 16–37.
- Rosen, Sherwin. "The Economics of Superstars." *American Economic Review* 71, no. 5 (December 1981): 845.
- Sahni, Navdeep, and Harikesh Nair. "Native Advertising, Sponsorship Disclosure, and Consumer Deception: Evidence from Mobile Search-Ad Experiments." Working paper.
- Salganik, Matthew J., Peter Sheridan Dodds, and Duncan J. Watts. "Experimental Study of Inequality and Unpredictability in an Artificial Cultural Market." *Science*, February 10, 2006.
- Seamans, Robert, and Feng Zhu. "Responses to Entry in Multi-Sided Markets: The Impact of Craigslist on Local Newspapers." *Management Science* 60, no. 2 (February 2014): 476–93.
- Shachar, Ron, and Bharat Anand. "The Effectiveness and Targeting of Television Advertising." *Journal of Economics & Management Strategy* 7, no. 3 (Fall 1998): 363–96.
- Shapiro, Carl. "Antitrust in Network Industries." United States Department of Justice, March 7, 1996.
- Shapiro, Carl, and Hal Varian. *Information Rules; A Strategic Guide to the Network Economy*. Boston: Harvard Business Review Press, 1998.
- Shih, Willy, Steve Kaufman, and David Spinola. "Netflix." HBS No. 607-138. Boston: Harvard Business Publishing, rev. April 27, 2009.
- Shih, Willy, Howard Yu, and Fang Liu. "WeChat: A Global Platform?" HBS No. 9-615-049. Boston: Harvard Business Publishing, June 17, 2015.
- Simpson, Ross. *The Fires of '88: Yellowstone Park and Montana in Flames*. Helena, MT: Farcountry Press, 1989.
- Spence, Michael. "Job Market Signaling." *Quarterly Journal of Economics* 87, no. 3 (August 1973): 355–74.
- Stone, Brad. *The Everything Store: Jeff Bezos and the Age of Amazon*. Boston: Little, Brown, 2013.
- Tadelis, Steven, Chris Nosko, and Thomas Blake. "Consumer Heterogeneity and Paid Search Effectiveness: A Large-Scale Field Experiment." *Econometrica*

83, no. 1 (January 2015): 155-74.

- Teixeira, Thales. "A Consumer-Centric Model of Viral Advertising Calibrated on Face-Tracking Data." Harvard Business School Working Paper, March 2014.
- ———. "The New Science of Viral Ads." *Harvard Business Review*, March 2012.
- Tushman, Michael, and C. O'Reilly. *Winning Through Innovation: A Practical Guide to Leading Organizational Change and Renewal*. Boston, MA: Harvard Business School Press, 1997.
- Varian, Hal. "Newspaper Economics: Online and Offline." Google Public Policy Blog, March 2010.
- Villalonga, Belén. "Diversification Discount or Premium? New Evidence from the Business Information Tracking Series." *Journal of Finance* 59 (2004): 479-506.
- ———. "Does Diversification Cause the 'Diversification Discount'?" *Financial Management* 33, no. 2 (2004): 5-27.
- Waldfogel, Joel. "File Sharing and Sales Displacement in the iTunes Era." *Information Economics and Policy*, 22, no. 4 (2010): 306-14.
- Walton, Sam, and John Huey. *Sam Walton, Made in America: My Story*. New York: Doubleday, 1992.
- Watts, Duncan J., and Jonah Peretti. "Viral Marketing for the Real World." *Harvard Business Review*, May 2007.
- Williams, James Allen, and Janet L. Yellen. "Commodity Bundling and the Burden of Monopoly." *Quarterly Journal of Economics* 90, no. 3 (August 1976): 475-98.
- Winsor, John. *Beyond the Brand: Why Engaging the Right Customers Is Essential to Winning in Business*. Chicago: Dearborn Trade, 2004.
- Wolff, Michael. *Television Is the New Television: The Unexpected Triumph of Old Media in the Digital Age*. London: Portfolio, 2015.
- Yoffie, David, and Eric Baldwin. "Apple Inc. in 2015." HBS No. 715-456. Boston: Harvard Business Publishing, October 28, 2015.
- Yoffie, David, and Renee Kim. "Wal-Mart Update, 2011." HBS No. 711-546. Boston: Harvard Business Publishing, rev. March 1, 2013.
- Zakaria, Fareed. *In Defense of a Liberal Education*. New York: Norton, 2015.

• Zhu, Feng, and Aaron Smith. "Baidu, Alibaba, and Tencent: The Three Kingdoms of the Chinese Internet." HBS No. 615-039. Boston: Harvard Business Publishing, January 13, 2015.

바라트 아난드 BHARAT ANAND

하버드경영대학원 전략 담당 Harvard Business School(MBA) Strategy Unit 교수.
하버드대학교 경제학과를 우등 졸업하고 프린스턴대학교에서 경제학
박사학위를 받았다. 다양한 최고경영자 프로그램의 책임자로 활동하
며 전 세계 일류 기업들을 대상으로 경영자문을 하고 있다. 최근에는
하버드경영대학원의 디지털 학습 프로그램인 HBX를 만드는 데 크게
일조했으며, 현재 교수협회장으로 HBX 프로그램을 감독한다.
바라트 아난드는 전략 부문 중에서도 특히 디지털 기술 변화에 대응하
는 기업 전략에 탁월한 식견을 가진 것으로 유명하다. 신기술이 우리가
보고 읽고 듣는 것에 어떤 영향을 미치는지, 디지털 변화 한가운데에서
기업들이 어떻게 길을 찾아가야 하는지를 연구한 그는 우리에게 중요
한 한 가지를 당부한다.

"콘텐츠는 귀신입니다. 모든 것을 해결해줄 것처럼
 우릴 홀리지요. 이 함정에 갇히는 순간,
 패망의 길로 가는 겁니다."

그는 전 세계 수많은 사례를 분석하고, 관계자들을 한 명 한 명 직접
인터뷰한 끝에 특별한 솔루션을 제시한다.

"콘텐츠 자체에 집중하는 함정에서 벗어날 것.
대신, 연결 관계를 키워나갈 것."

바라트 아난드는 쉬운 듯 어렵고 어려운 듯 쉬워 보이는 이 메시지를
이 책 속에서 수백 개 기업의 실사례로 펼쳐내 보임으로써 독자들에
게 강력한 실전 가이드를 제시하고 있다.

woongjin
웅진씽크빅

리더스북은 ㈜웅진씽크빅 단행본사업본부의 브랜드입니다.